変革する 12 世紀

変革する12世紀

― テクスト／ことばから見た中世ヨーロッパ ―

岩波敦子 著

知泉書館

はじめに

　変革を生み出す力とは何だろうか。その根幹にあるのは，新しい知の息吹を積極的に取り入れる柔軟さと，時代を導く信念である。両者は相反するように思われるかもしれないが，信念とは，判断に迷う局面で失敗を恐れず決断を下すための拠り所となる導きの道標であり，過去の判断に固執する頑迷さとは異なり，時代の変化に俊敏に即応できなければ貫徹できはしない。万人に通用する信念がないのは，それがその人の生き方そのものだからであって，人の数だけ信念も存在するだろう。信念ということばを聴かなくなってから久しいが，そこには心の琴線に触れる何かがある。

　信念の相違が顕在化するのは合意形成の場だ。自他の生き方を左右すると同時に，社会的な性格を有する信念は，せめぎあいの中で時代の方向性を決定するキャスティング・ボードを握ることになる。

　だが信念を堅持することは容易ではない。理想と現実の狭間で，ときに譲歩を余儀なくされ，意見を曲げざるを得ない局面も出てくるだろう。そんなとき，他者との関係ばかりでなく，自分の中でどう折り合いを付けるのか。信念は，思い描く理想を実現する推進力となるが，同時に何かを諦める潔さと裏表一体になっているように思う。

　本書では，12世紀という群雄割拠の時代，一見時代の波に翻弄されるように見えながら，自分の生き方を貫き，時代のうねりを創っていった12世紀のグローバル・リーダーたち，知の新機軸に触れ，新たな知識を実践に活かしながら，教育を基盤にキャリアを積み，行動を通して知識を力に変えていった人々に着眼する。

　ヨーロッパが地理的・知的グローバリゼーションを経験し，12世紀ルネサンスと呼ばれた時代に，イスラーム世界から受容した新たな知との邂逅は，学識者に留まらず，社会変革を促す新機軸となった。多様化する価値観に直面し，刻々と変わる時代の流れを見極めながら，自分の

生きる道を模索した時代の導き手たちは、自己表現に優れ、様々な媒体を通じてメッセージを発信し、それを時代精神として具現化すると同時に、次世代への布石を打っていたのである。

　本書の二つ目の着眼点は、文書躍進の世紀と言われる12世紀ヨーロッパにおける表現媒体としてのテクストの諸相である。12世紀は「記憶から記録へ」のプロセスが飛躍的に進んだ文書主義の世紀だが、歴史叙述や公文書、公的書簡、さらには具象化された工芸品や通貨など、12世紀の多様なメディアを繙くと、テクストを中心とする記録が作成者の価値観を映し出すばかりではなく、共同体の記憶を新たに紡ぎ出すメディアとして機能していたことが明らかとなる。

　12世紀ヨーロッパにおいて、ローマ教皇、神聖ローマ皇帝、ビザンツ帝国、各王国の君主たち、そして勃興する都市の間で様々な思惑が絡み合う中、交渉の場で絶対的力を発揮したのはことばを操る能力であり、テクストに映し出される合意形成プロセスには、時代を導く統治理念や政治的表明など、ことばを巡る攻防が随所に立ち現れてくる。本書は、行政文書である皇帝・国王・司教証書の分析を通して、文書管理の躍進の背後にある心性の変化、すなわちときの流れによって損なわれてしまう人間の記憶（*memoria*）に対する疑いと、共同体の記憶を文書によって保全しようという時間意識の変化にも着目する。

　しかしながら視覚化された声である文書への重心の変位を、声の文化の否定と考えるのは早計だろう。私たちは記憶の保全における文書の優位性を自明のこととしているが、声の文化が長く支配的だった前近代社会では、現代とは異なる文脈で理解されなければならないからである。発せられた声である誓いが相互のことばを保証する手段として絶対的拘束力を示したように、声は聴覚による記憶の共有とその定着を促すのみならず、時空を超えて合意形成の礎となる力を有し続けていた。様々なテクストに表出することばの分析は、身体化された記憶として機能する声と、視覚化された記憶の総体であるテクストとの諸関係を明らかにすることにも繋がるだろう。

　本書の三つ目の着眼点は、時代・作者を超えてテクストを紡いでいく中世ヨーロッパ独特の歴史叙述のあり方である。誰が描いたかよりも何が描かれているかに重きが置かれていた中世の歴史叙述では、オリジナ

リティを前面に出すのではなく，先人の著作を継承しながら独自の視点を織り込んでいった。伝統の継承という縦糸と，新たな視点という横糸が織りなす，文字通り織り紡がれたテクスト（*textum*）は，微妙に色合いを変えながら時代精神を投影していたのである。

　様々なテクストにおける視点のずれが顕在化するのが，時代を牽引する君侯たちを描く著述家のまなざしだ。グローバルな人的ネットワークの形成によって自己実現を目指したリーダーたちの姿に向けられた書き手のまなざしは，書かれた出来事ばかりでなく，書かれなかった事実という影の部分にも映し出されている。先人たちのまなざしを受け継ぎながら，事実の取捨選択によって陰影が付けられたリーダー像は，時代が求める価値観を投影していたからである。

　変革を促す力とは何か。柔軟に，そして何より潔く生きる。時代を超えて通用する先導者たちの生き方に想いを馳せながら，グローバルに結び付いた人的紐帯を基盤に変革を促す波動をもたらした人々の姿を，知と行動の地平が格段に拡がり，経済そして政治的布置が大きく変容して真のボーダーレス時代を迎えた 12 世紀ヨーロッパという変革の時代に探りたい。

目 次

はじめに……………………………………………………………………iii

I　革新の世紀への布石

1　越境する人々……………………………………………………3
2　新しい学知を求めて……………………………………………5
3　知の最前線へ……………………………………………………8
4　12世紀ルネサンス ── 翻訳の時代…………………………10
　a）エウクレイデスの『原論』………………………………12
　b）プトレマイオスの『アルマゲスト』……………………13
　c）アリストテレスの翻訳……………………………………16
　d）ギリシア語からの翻訳……………………………………17

II　伝統と新機軸の相克
　── 君主・諸侯・都市の時代 ──

1　商業技術の発達とアラビア数字の実用化……………………19
2　権威の時代から新機軸の時代へ………………………………21
3　イタリア諸都市間の抗争と皇帝の介入………………………26
4　教会分裂と英独仏間の政治的駆け引き………………………31
5　フリードリヒ・バルバロッサとルイ7世……………………33
6　イングランドの状況……………………………………………37
7　1165年のヴュルツブルクの誓約………………………………38
8　英仏の思惑………………………………………………………41
9　第4次イタリア遠征とロンバルディア同盟…………………44

10	合意形成と領邦君主 …………………………………… 48
11	ダッセルのライナルト ………………………………… 51
12	ことばを巡る攻防 ……………………………………… 53
	a）「*beneficium*」を巡る争い …………………………… 53
	b）「帝国の栄誉（*honor imperii*）」…………………… 56
	c）ピサとの協約（*conventio*）（DDF I. 356, 357）… 61
	d）ジェノヴァとの協約（*conventio*）（DF I. 367）… 63
13	「神聖なる帝国 *sacrum imperium*」……………………… 65
14	古代ローマの復活 *renovatio* と復興 *restauratio* …… 69
15	古代ローマの称揚 ……………………………………… 73
16	権威か合意形成か ……………………………………… 75
	a）1177 年のヴェネチアの和約 ……………………… 75
	b）1183 年のコンスタンツの和約 …………………… 81
17	時代を描く歴史叙述 …………………………………… 84
	a）フライジンクのオットーとラヘヴィンの『皇帝フリードリヒ 1 世の事績』………………………………… 88
	b）都市の記憶――カッファーロとオベルトによる『ジェノヴァ編年誌』… 92
	c）モレーナのオットーとその息子による『皇帝フリードリヒのロンバルディアにおける事績についての書』… 96
	d）『ロンバルディアの圧搾と服従に関する匿名のミラノ市民の叙述』… 98
	e）サレルノ大司教ロムアルドの『世界年代記』…………… 100

Ⅲ　ことばを操る人たち

1	慣習的権利か新たな法制定か ………………………… 103
2	1158 年のロンカリアの帝国会議 ……………………… 106
3	時効年限と数的把握 …………………………………… 112
4	権利の更新と保全 ……………………………………… 115
5	誓いの法的拘束力――法行為としての誓い ………… 117
	a）相互盟約（*coniuratio*）……………………………… 118
	b）イタリア・コムーネの誓約 ……………………… 120
	c）誓約文言書札（*breve*）から規約書（*statutum*）へ … 123

		d) 誓いの声と文字 ………………………………………… 126
		e) 代理誓約——「王の魂にかけて (*in anima regis*)」………… 128
6	儀礼的パフォーマンスと政治的デモンストレーション ………… 133
7	文書作成と尚書局 …………………………………………… 138
	a) 書記のキャリア形成 ……………………………………… 140
	b) スタブロ修道院長ヴィーバルト ………………………… 143
	c) 帝国尚書局におけるヴィーバルト ……………………… 145
	d) ヴィーバルトの書簡写本 ………………………………… 148
	e) 書簡写本の編纂状況 ……………………………………… 152
	f) ヴィーバルトと書物 ……………………………………… 154
	g) ビザンツ外交とヴィーバルト …………………………… 156
	h) 筆頭書記官ヴォルトヴィン ……………………………… 158
	i) ヴィテルボのゴットフリート …………………………… 162
8	記憶から記録へ ……………………………………………… 167
	a) 人の記憶の不確かさへの危惧 …………………………… 167
	b) *memoria* 死者祈念と記憶／想起 —— 概念の拡がり ……… 169
	c) マインツ大司教証書 ……………………………………… 170
	d) 人の心 (*mens humana*) と心の眼 (*mentis oculus*)，そして忘却 (*oblivio*) への怖れ ………………………………… 176
	e) 皇帝／国王証書と司教証書との相互影響 ……………… 179
	f) ヴィーバルトと「*memoria*」……………………………… 180
	g) 文書に対するヴィーバルトの信頼 ……………………… 183
	h) 帝国尚書局の書記と「*memoria*」………………………… 186
	i) フランス国王証書と「*memoria*」………………………… 189
9	合意を保証するもの —— 証人の記憶と文書による記録 ………… 193
10	教育とキャリア ……………………………………………… 194
	a) 文官への登用と「*magister*」……………………………… 194
	b) 各地の文官たち …………………………………………… 198
11	移り変わりゆくときへの意識の高まりと今を見つめるまなざし ……………………………………………………………… 200
	a) 現世の移ろいやすさと天上の国 —— フライジンクのオットー ……… 203
	b) 今を評価する —— 時代の変化を映し出すことば …………… 209

c）今を記録する —— 都市史の登場とイタリア諸都市 …………………… 212
　　d）今を書き継ぐ —— イングランドの歴史叙述と時代の目撃者たち ……… 214

Ⅳ　君侯を描く，君侯が描く
—— 文書メディアと君侯たち ——

1　伝統の構築と君主像 ………………………………………………………… 219
2　ヴェルフェン家の野望 ……………………………………………………… 220
3　統治権／王位継承者を巡る争い …………………………………………… 222
4　ザクセン諸侯との対立 ……………………………………………………… 223
5　マティルデとの婚姻 ………………………………………………………… 225
6　ハインリヒ獅子公の誕生とブラウンシュヴァイク —— 君侯の
　　都市振興政策 ………………………………………………………………… 227
7　皇帝フリードリヒ・バルバロッサとの関係の変化 ……………………… 232
8　キアヴェンナの会見と軍役の義務 ………………………………………… 233
9　ハインリヒ獅子公の失墜 …………………………………………………… 237
10　二つの『スラブ年代記』 …………………………………………………… 239
11　二つの大公領の剥奪 ………………………………………………………… 243
12　ハインリヒ獅子公の亡命と復権 …………………………………………… 248
13　1184 年のマインツの宮廷会議と祝祭 ……………………………………… 250
14　シチリア王家との結婚交渉 ………………………………………………… 257
15　プランタジネット朝との結び付き ………………………………………… 261
16　グローバル・リーダーたちを支える家臣団 ……………………………… 265
　　a）ハインリヒ獅子公の家臣団 ……………………………………………… 265
　　b）文書行政と宮廷付き文官たち …………………………………………… 267
　　c）家人ミニステリアーレン ………………………………………………… 270
17　歴史叙述の時代 ……………………………………………………………… 273
　　a）ヴェルフェン家を描く …………………………………………………… 274
　　b）ハインリヒ獅子公を描く ………………………………………………… 278
　　c）イングランドの叙述 ……………………………………………………… 281
18　イェルサレム巡礼 …………………………………………………………… 283
19　歴史を書き継ぐ ……………………………………………………………… 289

	ハインリヒ獅子公と歴史編纂 ………………………………… 291
20	ハインリヒ獅子公の文化振興 …………………………………… 293
	a）『ハインリヒ獅子公の福音書』………………………………… 296
	b）カール大帝の後継者として …………………………………… 302
21	ハインリヒ獅子公の *memoria* …………………………………… 305
22	ハインリヒ獅子公の残光 ………………………………………… 307

V　グローバル・ネットワークの形成と歴史叙述
──史実とフィクションの狭間で──

1	グローバル・リーダーの育成 ── リチャード獅子心王とオットー
	4世 ……………………………………………………………… 312
2	選挙資金の調達とケルン商人 …………………………………… 319
3	ケルン商人『善人ゲールハルト』………………………………… 321
4	実在のモデル ── ゲールハルト・ウンマーセ ………………… 325
5	2人のオットー ── この世の栄誉と来世の栄光 ……………… 328
6	ジョン欠地王とオットー4世 …………………………………… 331
7	冠位を巡る争い ── シュヴァーベンのフィリップとオットー … 334
8	ニーダーラインの諸侯たち ……………………………………… 337
9	決戦への布石 ……………………………………………………… 346
10	「ブーヴィーヌの戦い」を語る ………………………………… 348

終章　グローバル・リーダーたちの12世紀

1	合意形成を保証する手段と担保 ………………………………… 358
2	都市の躍進と社会的紐帯の変容 ………………………………… 362
3	権威の顕示と合意形成を演出する場 …………………………… 364
4	ことばを操る ……………………………………………………… 368
5	共同体の記憶を紡ぐ ……………………………………………… 369

結びにかえて──史料の声を聴く …………………………………… 371

目次

参考文献……………………………………………………375
図版一覧……………………………………………………433
年　表………………………………………………………436
系　図………………………………………………………444
あとがき……………………………………………………447
索　引………………………………………………………451

変革する 12 世紀

——テクスト／ことばから見た中世ヨーロッパ——

12・13世紀のヨーロッパ中央部
(Wolfgang Stürner, Friedrich II., Darmstadt 2009 より作成)

I
革新の世紀への布石

1 越境する人々

　12世紀は変革・革新の時代である。その根底にあるのは，移動しながら交流する人々の，変革を恐れない柔軟さと行動力だ。

　過去を振り返るとき，私たちは「今」に引き比べ，何か条件が満たされていないと，先入観から否定的な判断をつい下してしまう。とりわけ物理的条件においてそうなりがちだが，交通手段が現代とは異なっているからといって，前近代社会は移動や交流に消極的だったと考えるのは早計だろう。

　そもそも中世ヨーロッパは移動を前提とする社会だったと言っても過言ではない。巡回統治を基盤とする北西ヨーロッパ社会では，領邦君主たちは領地を巡り，各地で宮廷を開いて裁判を司るだけでなく[1]，統治者としての姿を人々に顕示してその権威を高め，存在を顕在化することで求心力を呼び起こした[2]。諸侯たちは旅の途上「*palatium*」と呼ばれる

---

[1] Cf. Friedrcih Battenberg, Studien zum Personal des königlichen Hofgerichts im Mittelalter, in: Friedrich Battenberg und Filippo Ranieri (Hgg.), *Geschichte der Zentraljustiz im Mitteleuropa. Festschrift für Bernhard Diestelkamp zum 65. Geburtstag*, Weimar/Köln/Wien 1994, S. 61-77.

[2] Cf. Wilhelm Berges, Das Reich ohne Hauptstadt, in: *Das Hauptstadtproblem in der Geschichte*. Festgabe zum 90. Geburtstag Friedrich Meineckes gewidmet vom Friedrich-Meinecke-Institut an der Freien Universität Berlin, Tübingen 1952, S. 1-29; Hans Conrad Peyer, Das Reisekönigtum des Mittelalters, in: *Vierteljahrschrift für Sozial- und Wirtschaftsgeschichte* 51 (1964), S. 1-21; Karl Otmar von Aretin, Das Reich ohne Hauptstadt? Die Multizentralität der

館や修道院などで過ごしたが，堅牢な宿営地に辿り着くことができなければ，一族郎党引き連れて天幕で過ごしていた。カール大帝の豪華な天幕はよく知られているが，12 世紀にもイングランド国王ヘンリ 2 世が，皇帝フリードリヒ・バルバロッサへの贈り物として外交使節に巨大な天幕を持参させたことが，フライジンクのオットー（c.1112-58）とラヘヴィンによる『皇帝フリードリヒ 1 世の事績』に描かれている[3]。1184 年皇帝フリードリヒ・バルバロッサが主催したマインツ Mainz の宮廷会議と，2 人の息子の騎士叙任の刀礼に際して催された騎馬試合は，中世騎士文化を象徴する一大スペクタクルだ。アルプス以北の帝国全土からマインツに参集した 40 名を超える帝国諸侯は，帯同した総勢数万人もの人々とともに，急ごしらえで建設された家々の他天幕を張って宿営したという[4]。中世ヨーロッパの領邦君主にとって移動は統治の前提であり，私たちがイメージする，館で安寧に過ごす君主像はかなり時代が下ってからのことである。

　無論すべての人々が移動を前提に暮らしていたわけではないだろう。どの時代も，生業によって行動様式も行動範囲も異なるのは当然だからだ。重要なのは，異なる環境に身を置く，あるいは異邦人たちを受け入れ，多様性の中に暮らす心のインフラがどこまで整っているかどうかである。

　私たちが「十字軍」と呼ぶ，11 世紀末に始まったイェルサレム

Hauptstadtfunktionen im Reich bis 1806, in: Theodor Schieder, Gerhard Brunn (Hgg.), *Hauptstädte in europäischen Nationalstaaten,* München u. a. 1983, S. 5-13; Edith Ennen, Funktions- und Bedeutungswandel der 'Hauptstadt' vom Mittelalter zur Moderne, in: Theodor Schieder, Gerhard Brunn (Hgg.), *Hauptstädte in europäischen Nationalstaaten,* München u. a. 1983, S. 153-164; Rudolf Schieffer, Von Ort zu Ort. Aufgaben und Ergebnisse der Erforschung ambulanter Herrschaftspraxis, in: Caspar Ehlers (Hg.), *Orte der Herrschaft. Mittelalterliche Königspfalzen,* Göttingen 2002, S. 11-23; Andrea Stieldorf, Reiseherrschaft und Residenz im frühen und hohem Mittelalter, in: *Historisches Jahrbuch* 129 (2009), S. 147-178.

　3）　*Ottonis et Rahewini Gesta Friderici I. Imperatoris*, Georg Waitz (ed.), MGH SS rer. Germ. 46, 1912; *Ottonis Episcopi Frisingensis et Rahewini Gesta Frederici seu rectius cronica* (= *Bischof Otto von Freising und Rahewin: Die Taten Friedrichs, oder richtiger Cronica*), Adolf Schmidt (übers.), Franz-Josef Schmale (Hg.), Darmstadt 1965, 1986, （以下 *Gesta Friderici*), III. 7, S. 406 ff.

　4）　*La chronique de Gislebert de Mons*, Leon Vanderkindere (ed.), Bruxelles 1904; *Chronicle of Hainaut by Gilbert of Mons*, Laura Napran (trans.), Woodbridge 2005, [109], pp. 87-90.

Jerusalem への遠征は，騎士身分ばかりではなく，様々な階層の人々に刺激を与えた[5]。12，13 世紀に興隆を迎えたシャンパーニュの大市は，商品取引とともに両替や銀行業，為替手形，保険，簿記などの商業技術をヨーロッパ各地に広める機能を果たした[6]。年 6 回ラニー＝シュル＝マルヌ，バル＝シュル＝オーブ，プロヴァン，トロワ四つの都市で順繰りに開催されるシャンパーニュの大市には，北はハンザ商人，南はイタリア商人が来訪し，バルト海，北海，地中海を跨ぐ南北ヨーロッパ間の物流が活発化したが，都市のなかには入れ代わり立ち代わりヨーロッパ各地から訪れる遠隔地商人たちの商業拠点として，彼らが滞在する商館が構えられた。

活発化した人流と物流は，ヨーロッパ各地に勃興した「中世都市」の発展を促し，都市間ネットワークを緊密化したが，それらネットワーク構築の基盤となったのは，異なる文化，多様な価値観，そして新機軸を受け入れる柔軟な心だったのである。

2　新しい学知を求めて

多様性が促進されるには，外的条件の整備と内的変化が不可欠である。

異なる文化圏との接触によって促進されたのは商業活動だけではない。未知の文化との遭遇は，人々の心を拓いて知の水平を拡げ，新機軸を積極的に受容することで変革の時代を後押しした。

カロリング朝が礎を築いたヨーロッパ各地の知の拠点は，知のネットワークを通じて学識の平準化をある程度実現していた。学識者層を形成していた聖職者たちが追い求めたのは，キリスト教信仰に直接関わる神学のテクストばかりではなかった。真理の探究には数理科学を中心とす

---

[5]　十字軍に関しては，櫻井康人『十字軍国家の研究—イェルサレム王国の構造』名古屋大学出版会，2020 年。

[6]　シャンパーニュの大市に関しては，花田洋一郎『フランス中世都市制度と都市住民—シャンパーニュの都市プロヴァンを中心にして』九州大学出版会，2002 年をはじめとする一連の研究を参照。

る古代からの自然科学知が不可欠であり，知の探究者たちは信仰の境界線を越境することを厭わず，貪欲に新しい知識を追い求めたのである。学識者たちが新しい学識の詰まったメディアである手写本テクストの入手に躍起になる様子が，その書簡のやりとりから見えてくる[7]。

　新しい知識は，思弁的学問としてではなく，実践知として受容された。なかでも最先端の天文知が，積極的にイスラーム世界から取り入れられていた。暦法あるいは暦算法と呼ばれる復活祭計算法（computus）は，キリスト教信仰にとって最も重要な祝日である復活祭の期日決定に欠かせない知識であり，正確な暦作成のために天文学の知識が求められたのである[8]。見落としてならないのは，天文知が天体観測儀アストロラーベの使用法など実践的な知識とともに紹介された点だろう[9]。

　後に教皇シルウェステル2世になったオーリャックのゲルベルトゥス（c. 946-1003）は，若いときアル＝アンダルスで学び，天体観測儀アストロラーベや天球儀など最先端の実践知を北西ヨーロッパにもたらし，教育の場で用いた人物である[10]。写本に収録されているアバクス計算表には，「ゲルベルトゥスが数字とアバクスの様式をラテン世界に示した」と記載されており，ゲルベルトゥスがヒンドゥー・アラビア数字の祖型であるグーバー（Ghubar）記号をイスラーム世界から導入したことが示唆されている（図1-1）[11]。ゲルベルトゥスは，12世紀になってマームズ

---

　[7]　後に教皇シルウェステル2世になったオーリャックのゲルベルトゥスの書簡から，手写本の借用に躍起になる様子が窺える。ゲルベルトゥスは984年2／3月にオーリャック修道院長ゲラルドゥスに宛てて，Josephus Hispanus の De multiplication et de devisione を送ってくれるよう書簡を送っているが，同年4月にはジローナ／ヘローナ Gerona 司教に宛てて同書をランス大司教アダルベロに送付を依頼している。Harriet Pratt Lattin, Letters of Gerbert, with his papal privileges as Sylvester II, New York 1961, No. 25, pp. 63 f., No.33, p.70. 岩波敦子「アバクスからアルゴリズムへ—ヨーロッパ中世の計算法の系譜」『慶應義塾大学言語文化研究所紀要』第44号（2013），43-68頁。ここでは50頁参照。

　[8]　岩波敦子「適正な時の把握を目指して—カロリング朝の文教政策と暦算法（computus）論争」神崎忠昭・野元晋編『自然を前にした人間の哲学—古代から近代にかけての12の問いかけ』慶應義塾大学出版会，2020年，165-195頁。

　[9]　岩波敦子「ライヒェナウのヘルマヌスと中世ヨーロッパにおける天文学写本の伝播」『慶應義塾大学言語文化研究所紀要』第43号（2012），43-67頁。

　[10]　岩波敦子「ライヒェナウのヘルマヌスと中世ヨーロッパにおける天文学写本の伝播」46頁以下参照。

　[11]　ヨーロッパ・ラテン世界へのグーバー記号の導入に関する写本分析は，岩波敦子「アバクスからアルゴリズムへ—ヨーロッパ中世の計算法の系譜」参照。図版は，Menso

2 新しい学知を求めて 7

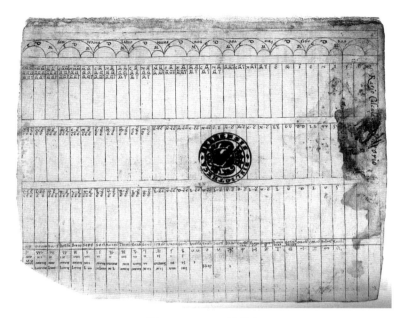

図 1-1　アバクス計算表
右上の欄に「ゲルベルトゥスが数字とアバクスの様式をラテン世界に（示した）」と
記載されている（Bern, Burgerbibliothek, Ms. 250, fol. 1r. ／ 10 世紀末の写本）

ベリのウィリアム（c.1090/96-1142/43）が，悪魔と手を結んだ人物とし
て描いた人物でもある（図 1-2）[12]。新機軸の導入によってもたらされた
文字と記号の呪術性が，畏怖の念を呼び起こしたことを伝えるエピソー
ドだが，信仰の垣根を超えて，異文化から積極的に知識を取り入れ，実
践的な教育に活かす姿勢は，時代を問わず真理を真摯に探究する学識者
に共通するものと言えるだろう。

Folkerts, „Boethius" Geometrie II: ein mathematisches Lehrbuch des Mittelalters, 1970 及び idem, The Names and Forms of the Numerals on the Abacus in the Gerbert Tradition, in: idem, Essays on Early Medieval Mathematics, Aldershot 2003 参照。
　12）William of Malmesbury, Gesta regum Anglorum (Deeds of the Kings of the English), vol. I, R. A. B. Mynors, R. M. Thomson and M. Winterbottom (eds. and trans.), Oxford 1998.

図 1-2

悪魔と手を結んだ人物として，右に描かれた教皇シルウェステル 2 世（ゲルベルトゥス）

（1460 年頃制作された写本の挿絵から）

(Pope Silvester II. and the Devil. Miniature from Martinus Oppaviensis' *Chronicon pontificum et imperatorum*, Cod. Pal. germ. 137, fol. 216v.)

3　知の最前線へ

　12 世紀になると新機軸への渇望は一層強くなった。12 世紀は度々イスラーム世界に十字軍が遠征した時代だが，まさに同時期，知の最前線にいる人々によって異文化から最先端の学識が摂取されていたのである。天文学の他，エウクレイデスの幾何学やアル＝フワリズミー（c. 780-ca. 850）の代数学，医学あるいは視学・光学などに関するより精度の高いテクストがアラビア文化圏から入ってきて，ラテン語に翻訳され，理論と実践の統合への礎が築かれた[13]。いわゆる「12 世紀ルネサン

13）　アラビア語訳されたギリシアの学知の包括的文献リストは，Gerhard Endress, in: *Grundriss der arabischen Philologie*, Bd. 2, Helmut Gätje (ed.), Wiesbaden 1987, S. 400-506 及び ibid. Bd.3, Wolfdietrich Fischer (ed.), Wiesbaden 1992, S. 3-152. ディミトリ・グタス『ギリシア思想とアラビア文化―初期アッバース朝の翻訳運動』山本啓二訳，勁草書房，2002 年，204-205 頁のギリシア語テクストとアラビア語対訳の一覧表も参照のこと。アラビア語の天文学文献のラテン語訳に関しては数多くの研究書がある。やや古い文献だが，写本解題は，Francis J. Carmody, *Arabic astronomical and astrological sciences in Latin translation: a critical bibliography*, Berkeley 1956.

ス」と呼ばれる時代である[14]。

 12世紀精力的に翻訳活動を繰り広げた翻訳者には，セベリャのヨハンネス（c. 1090-c. 1150）[15]，バースのアデラルドゥス（1075/80-c. 1152）[16]，クレモナのゲラルドゥス（c. 1114-87），チェスターのロベルトゥス（1141-47北スペインに滞在），ドミニクス・グンディサリヌス（1178/80頃までトレド滞在），そしてアヴェロエス（イブン・ルシュド1126-98）などが挙げられる。彼らによる翻訳の多くは1140年から1160年代に集中して行われていて，様々な分野の翻訳活動の推進によって，知識が相互に連関し，さらにその進度が加速したと言えるだろう。

 このような翻訳競争を可能にしたのは，バイリンガル，あるいはトリリンガルを育んだ多文化共生の風土醸成と――まだ偶然に左右される面が多いとしても――情報基盤となるテクストの伝播だ。その拠点となっ

---

 [14] 12世紀ルネサンスについてはハスキンズの古典的名著がある。Charles Homer Haskins, *The Renaissance of the twelfth century*, New York 1957. ハスキンズの研究を踏まえて中世の翻訳活動を的確に概観しているのは，Marie-Thérèse d'Alverny, "Translations and Translators", in: Robert L. Benson and Giles Constable (eds.), *Renaissance and Renewal in the twelfth century*, Cambridge Mass. 1982, pp. 421-462. 邦語文献としてはまず伊東俊太郎『12世紀ルネサンス』岩波書店，1993年；中世の科学知に関しては，Charles Homer Haskins, *Studies in the History of Mediaeval Science*, New York 1924, ²1926. 古代から中世の学識の継承を概観するには，David C. Lindberg, The transmission of Greek and Arabic Learning to the West, in: idem (ed.), *Science in the Middle Ages*, Chicago 1978, pp. 52-90; 翻訳ではE・グラント『中世における科学の基礎づけ』小林剛訳，知泉書館，2007年。

 [15] ドミニクス・グンディサリヌス Dominicus Gundissalinus とともにトレドの翻訳活動を推進した，セベリャのヨハンネス Johannes Hispalensis と Johannes Hispanus 及び同時代活躍した同名の翻訳者の同定に関する議論は，Marie-Thérèse d'Alverny, "Translations and Translators", pp. 444 ff.; Charles Burnett, "Michael Scotus and the Transmission of Scientific Culture from Toledo to Bologna via the Court of Frederick II Hohenstaufen, in: *Micrologus* 2 (1994), pp. 101-126, pp. 103 f.; idem, John of Seville and John of Spain: *a mise au point*, in: *Bulletin de philosophie médiévale* 44 (2002), pp. 59-78; Maureen Robinson, The Heritage of Medieval Errors in the Latin Manuscripts of Johannes Hispalensis (John of Seville), in: *Al-Qanṭara* 28-1 (2007), pp. 41-71; セベリャのヨハンネス Johannes Hispalensis の著作一覧は ibid., p. 60 参照；Maureen Robinson, The History and Myths surrounding Johannes Hispalensis, in: *Bulletin of Hispanic Studies*, vol. 80-4 (2003), pp. 443-470.

 [16] バースのアデラルドゥスについては，Charles Burnett の研究を参照。Charles Burnett, Adelard of Bath and Arabs, in: Jacqueline Hamesse, Marta Fattori (eds.), *Rencontres de cultures dans la philosophie médiévale: traductions et traducteurs de l'antiquité tardive au XIVe siècle : actes du Colloque international de Cassino, 15-17 juin 1989* / organisé par la Société internationale pour l'étude de la philosophie médiévale et l'Università degli Studi di Cassino, Louvain-la-Neuve 1990, pp. 89-107.

たのは，ラテン語，アラビア語，ヘブル語の多言語共生地であったイベリア半島のアル＝アンダルス地方，ラテン語，アラビア語，ギリシア語が共生するシチリア，そしてイタリア北東部だった。12世紀イスラーム圏との接触が日常的な多文化共生地域で，ムスリム支配下のキリスト教徒モサラベやユダヤ人たちが異文化間交流の促進に活躍，翻訳活動が精力的に行われた。新たな知識が集う多文化共生地域は向学心に燃える人々を誘い，これら知の交流地を結節点として新たな知識が各地に拡がっていったのである。

4　12世紀ルネサンス ―― 翻訳の時代

　12世紀に地中海世界で繰り広げられた翻訳運動の特徴の一つ目は，各々の学識者が領域横断的に多分野に渡る翻訳を行っている点である[17]。

　幾何学，代数学，医学，天文学など様々な翻訳を手がけたチェスターのロベルトゥスやバースのアデラルドゥス，あるいはトレドで活躍したクレモナのゲラルドゥスのように，中世の学識者たちは特定の分野に限定せず学究に取り組むのが通例だった。

　トレドでの翻訳活動を牽引したクレモナのゲラルドゥスは，古代から中世への学識の継承において70を超える重要な著作の翻訳を手がけた学識者である[18]。ゲラルドゥスは，プトレマイオスの『アルマゲスト』[19]，エウクレイデスの『原論』[20]と『与論 Data』，ガレノスの『医術テグニ』，

---

　17)　岩波敦子「中世地中海世界における科学知の継承と占星術的天文学」，神崎忠昭編『断絶と新生―中近世ヨーロッパとイスラームの信仰・思想・統治』慶應義塾大学出版会，2016年，31-55頁。

　18)　ゲラルドゥスの略歴は，ガレノスの Tegni の翻訳を収めた写本の序文で言及されている。Michael McVaugh による英訳は，Edward Grant, *A Source Book in Medieval Science*, Cambridge 1974, p. 35. ゲラルドゥスによる翻訳の一覧リストは，ibid., pp. 35-38 参照。

　19)　Paul Kunitzsch, Gerard's Translation of Astronomical Texts, Especially the *Almagest*, in: P. Pizzamiglio (ed.), *Gerardo da Cremona*, Cremona 1992, pp. 71-84; idem, Gerhhard von Cremona als Übersetzer des Almagest, in: M. Forstner (ed.), *Festgabe für Hans-Rudolf Singer, zum 65. Geburtstag am 6. April 1990*, Frankfurt a. M./New York/Paris 1991, S. 347-358.

　20)　Hubert L. Busard (ed.), *The Latin translation of the Arabic version of Euclid's Elements commonly ascribed to Gerard of Cremona*, Leiden 1984; Anthony Lo Bello (ed.), *Gerard of*

4 12世紀ルネサンス

　アルキメデスの『円の計測について』をはじめとするギリシアの自然科学知の他，アル＝フワリズミー（c. 780-c. 850）の『代数論』，アル＝キンディー（c. 801-c. 866）の『視覚論』，アル＝ファルガーニー（9世紀）の『天球の運動に関する天文学の諸要素について』やアル＝ファーラービー（c. 870-950）の『諸学の区分について』，イブン・アル＝ハイサムの『視覚論』，11世紀にコルドバで活躍したアル＝ザルカーリーの『トレド天文表』などイスラームの諸学識をアラビア語から[21]，さらにアリストテレスの著作のうち『自然学』『生成消滅論』『気象論』『天界地界論』などの自然学論稿，そして『分析論後書』をアラビア語から翻訳している。学識者たちは，学問領域の境界線を越境して先端知の導入に邁進していたのである。

　12世紀に繰り広げられた翻訳活動の特徴の二つ目は，同じ著作に対して複数の翻訳バージョンがある点である。ここでいう同じ著作とは同じ定本テクストとは限らない点に留意したい。

　ギリシアの学識の多くは，重要な知の媒介者であるアラビア語を経由しヨーロッパに伝えられたが，異なるルートを通って入手されたテクストにはそれぞれ註釈が加えられた。翻訳の原本となるテクストにも複数のバージョンが存在していたので，翻訳の精度すなわち原典に忠実かどうかは，翻訳者の技量のみならず，どの版を入手したかによって左右されることになった。学識者たちはより精度の高いテクストの入手に互いにしのぎを削り，最先端の学知の逸早い伝達を目指していた。

　異なる翻訳者による重複した翻訳の代表的な例が，エウクレイデスの『原論』，そしてプトレマイオスの『アルマゲスト *Almagest*』である[22]。

Cremona's translation of the commentary of Al-Nayrizi on Book I of Euclid's Elements of geometry, with an introductory account of the twenty-two early extant Arabic manuscripts of the Elements, Boston 2003.

　21）ゲラルドゥスによる一連の翻訳の概要は，14世紀の写本（例えば Paris, Bibliothèque Nationale, lat. 9335）から知ることができる。Axel Björnbo, Über zwei mathematische Handschriften aus dem Vierzehnten Jahrhundert, in: *Bibliotheca mathematica* 3 (1902), S. 63-75, Paris, Bibliothèque Nationale, lat. 9335 については S. 67-75 参照。Cf. d'Alverny, "Translations and Translators", ibid., pp. 452, n.136.

　22）これらの論稿の継受に関しては，岩波敦子「学知の旅，写本の旅―中世地中海世界における科学知の継受と伝播」，長谷部史彦編『地中海世界の旅人―移動と記述の中近世史』慶應義塾大学出版会，2014年，83-107頁参照。古代ローマにおいて土地測量 *agrimensura* を主とする応用幾何学への関心は高かったが，エウクレイデスのギリシア語テクストから直

a）エウクレイデスの『原論』

いわゆるユークリッド幾何学は，6世紀にボエティウスが翻訳した『幾何学論 De geometria』を通して中世ラテン世界に伝えられていたが[23]，ボエティウスによるオリジナル訳はその死後失われ，様々なテクストを加筆した拡大版が普及した[24]。そのため偽ボエティウス作『幾何学 Geometrie I, II』と呼ばれた当該の著作は，オーリャックのゲルベルトゥスの『幾何学 Geometria』，ノトカー・バルブスやウィトルウィウスなどの論稿を収めた『測量大全 Corpus Agrimensorum』と並んで[25]，古代から中世へとユークリッド幾何学を伝える重要な知の泉となっていた。

12世紀になるとエウクレイデスの『原論』は，より原典に近いテクストからラテン語に翻訳された（図1-3）。バースのアデラルドゥスによる翻訳が複数ある他[26]，クレモナのゲラルドゥス[27]，そしてバースのアデラルドゥスの『原論』訳を校訂したチェスターのロベルトゥスによる翻

接翻訳されたラテン語訳は現在伝来していない。Cf. B. L. Ullman, Geometry in the Medieval quadrivium, in: *Studi di bibliografia e di storia in onore di Tammaro de Marinis* 4 (1964), pp. 263-285. ここでは 264 頁。

23) Cf. Menso Folkerts, The Importance of the Pseudo-Boethian Geometria during the Middle Ages, in: *Boethius and the Liberal Arts: A Collection of Essays*, M. Masi (ed.), Berne 1981, pp. 187-209. ここでは p. 197. 中世の修道院で作成された所蔵目録によれば（Cf. G. Becker, *Catalogi bibliothecarum antiqui*, Bonn 1885; Bayerische Akademie der Wissenschaften in München, Paul Lehmann u.a., *Mittelalterliche Bibliothekskataloge Deutschlands und der Schweiz*, München 1918; Max Manitius, *Handschriften antiker Autoren in mittelalterlichen bibliothekskatalogen*, Leipzig 1935），ボエティウスによる著作のうち算術に関する論稿は 64，音楽に関する論稿は 52 収められているのに比して（Cf. Manitius, *Handschriften antiker Autoren*, S. 275-300），幾何に関する論稿は 18 の図書館にしか所蔵されていない。Cf. Folkerts, The Importance, p. 197.

24) 11世紀前半ロレーヌ地方の学識者によってまとめられた compilation である偽ボエティウス作 *Geometrie II* については，岩波敦子「アバクスからアルゴリズムへ―ヨーロッパ中世の計算法の系譜」，56 頁以下参照。Cf. Folkerts, The Importance, ここでは p. 187.

25) Carolus Thulin (ed.), *Opuscula agrimensorum veterum. Editio stereotypa editionis anni 1913 cum addendis*, Stuttgart 1971; Cf. Carl Thulin, *Zur Überlieferungsgeschichte des Corpus Agrimensorum*, Göteborg 1911, S. 9 ff.

26) *The first Latin translation of Euclid's Elements commonly ascribed to Adelard of Bath: books I-VIII and books X. 36-XV. 2*, Hubert L. Busard (ed.), Toronto 1983.

27) *The Latin translation of the Arabic version of Euclid's Elements commonly ascribed to Gerard of Cremona, introduction, edition and critical apparatus* by Hubert L. Busard, Leiden 1984.

4 12世紀ルネサンス

図 1-3　バースのアデラルドゥスによるエウクレイデスの『原論』のラテン語訳
現存する最古の写本より（大英図書館所蔵 Burney 275, fol. 293r, 1309-16 年）

訳がある[28]。12世紀半ばにはシチリアで，おそらくサレルノの医学生ヘルマヌスにより，アラビア語を経由せずにギリシア語から直接翻訳されている[29]。

b) プトレマイオスの『アルマゲスト』

もう一つ，複数の学識者による翻訳バージョンが存在するのが，プトレマイオスの『アルマゲスト』である（図 1-4）。天動説を唱えたプトレマイオスを中心とする古代ギリシアの天文知は，プリニウスやカルキディウス，マルティアヌス・カペッラ，マクロビウスなどを通じ，パラフレーズされた形でラテン世界に継承されていたが，12世紀にアラビア語，ギリシア語からそれぞれラテン語に翻訳された。

---

[28] *Robert of Chester's(?) Redaction of Euclid's Elements, the So-Called Adelard II Version*, 2 vols., Hubert L. Busard, Menso Folkerts (eds.), Basel 1992.

[29] J.E. Murdoch, Euclides Graeco-Latinus: A Hitherto Unknown Medieval Latin Translation of the Elements Made Directly from the Greek, in: *Harvard Studies in Classical Philology* 71 (1966), pp. 249-302; Hubert L. Busard, *The Mediaeval Latin Translation of Euclid's Elements made directly from the Greek*, Wiesbaden 1987.

図 1-4 『アルマゲスト』のラテン語写本
(フランス国立図書館所蔵, BNF Ms. lat. 16200, fol.1, 1210-20 年頃)

プトレマイオスの著作の仲介役としてとりわけ大きな役割を果たしたのが，イスラームの学識者アル＝キンディーの弟子アブー・マアシャル Abū Ma'šar（787-886）である。アブー・マアシャルの『大天文学序説 Introductorium Maius in Astronomiam』を通じて，プトレマイオスの天文知はより原典に近い形で中世ラテン世界に普及したといってよいだろう[30]。

12世紀半ば頃『アルマゲスト』を求めてトレドに向かったクレモナのゲラルドゥスは，1133年頃セベリャのヨハンネスによって翻訳されたアブー・マアシャルの『大天文学序説』[31]を参照して，『アルマゲスト』を翻訳したと考えられている[32]。1140年にはカリンティアのヘルマヌスもまた『大天文学序説』を翻訳しており[33]，アブー・マアシャルの著作のうち，『小天文学序説 Ysagoga minor』をバースのアデラルドゥスが同じ時期に翻訳している[34]。一方『アルマゲスト』のギリシア語からの直接の翻訳は1150年頃パレルモ Palermo で，エウクレイデスの『原論』

---

[30] Paul Kunitzsch, *Der Almagest: Die Syntaxis Mathematica des Claudius Ptolemäus in arabisch lateinischer Überlieferung*, Wiesbaden 1974; Richard Lemay, *Abu Ma'shar and Latin Aristotelianism in the twelfth century: the Recovery of Aristotle's Natural Philosophy through Arabic Astrology*, Beirut 1962. Lynn Thorndike, The Latin Translations of Astrological Works by Messahala, in: *Osiris* 12 (1956), pp. 49-72; Fuat Sezgin, *Geschichte des arabischen Schrifttums, VII*, Leiden 1979, pp. 139-151; Benjamin N. Dykes (trans. & ed.), *Introductions to Traditional Astrology: Abu Ma'shar & al-Qabisi*, Minneapolis 2010.

[31] 完成時期については，Charles Burnett, John of Seville and John of Spain: *a mise au point*, p. 61 以下参照。

[32] 翻訳の完成時期については議論がある。Charles Burnett, A Group of Arabic-Latin translators working in northern Spain in the mid-12th century, in: *The Journal of the Royal Asiatic Society of Great Britain and Ireland* 1 (1977), pp. 62-108, ここでは p. 73, n. 28 及び Richard Lemay, The True Place of Astrology in Medieval Science and Philosophy, in: Patrick Curry (ed.), *Astrology, Science and Society*, Woodbridge 1987, pp. 57-73. ここでは p. 65, n. 7.

[33] カリンティアのヘルマヌスによる著作及び翻訳については，Charles Homer Haskins, *Studies in the History of Mediaeval Science*, pp. 43-66; Charles Burnett, Arabic into Latin in Twelfth Century Spain: the Works of Hermann of Carinthia, in: *Mittellateinisches Jahrbuch* 13 (1978), pp. 100-134; idem, 'Hermann of Carinthia's Attitude towards his Arabic Sources', in: Christian Wenin (ed.), *L'homme et son univers au moyen âge : Actes du septieme Congres international de philosophie medievale, 30 Auot - 4 Septembre 1982,* Louvain-la-Neuve 1986, I pp. 307-322.

[34] Charles Burnett, K. Yamamoto, M. Yano (eds.), *The Abbreviation of the Introduction to Astrology: Together with the Medieval Latin Translation of Adelard of Bath*, Leiden/New York, 1994 (Arabic & Latin text).

同様おそらくサレルノの医学生ヘルマヌスによって完成されたと考えられている[35]。

c）アリストテレスの翻訳

12世紀の翻訳活動の特徴の三つ目は、知識の大波を引き起こしただけでなく、続く世紀に花開く知の種を蒔いたことにある。とりわけ大きな知識の花を咲かせたのがアリストテレスの一連のラテン語訳だ[36]。

先述したように、クレモナのゲラルドゥスが、アリストテレスの著作のうち『自然学』『生成消滅論』『気象論』『天界地界論』などの自然学論稿、そして『分析論後書』を翻訳しているが、中世ラテン世界におけるアリストテレスの受容に大きく寄与した学識者として忘れてならないのが、コルドバの法曹家門出身のアヴェロエス（イブン・ルシュド1126-98）である[37]。アヴェロエスは、『カテゴリー論』、『命題論』、『分析論前書』、『分析論後書』、『トポス論』、『詭弁論駁論』、『弁論術』、『詩学』、『自然学』、『天界地界論』、『生成消滅論』、『気象論』、『動物部分論』、『動物発生論』、『霊魂論』、『自然学小論集』、『形而上学』、『ニコマコス倫理学』など、アリストテレスのほぼすべての著作にラテン語註釈を加

---

35) Charles H. Haskins and Dean Putnam Lockwood, The Sicilian Translators of the Twelfth Century and the First Latin Version of Ptolemy's Almagest, in: *Harvard Studies in Classical Philology* 21 (1910), pp. 75-102; Charles H. Haskins, Further Notes on Sicilian Translation of the Twelfth Century, in: *Harvard Studies in Classical Philology* 23 (1912), pp. 155-166. 校訂写本に関する従来の研究については、伊東俊太郎『12世紀ルネサンス』岩波書店、1993年、194頁以下及び岩波敦子「学知の旅、写本の旅―中世地中海世界における科学知の継受と伝播」前掲書、93-95頁参照。

36) Aristoteles latinus Codicesと呼ばれるアリストテレス写本校訂プロジェクトによる緻密な文献学研究のお陰で、12世紀末までの翻訳について概要を把握することができる *Aristoteles latinus: codices*, Georgius Lacombe, A. Birkenmajer,, M. Dulong, Aet. Franceschini (eds.), 2 vols., Roma 1939-1955; *Aristoteles Latinus, codices: supplementa altera*, L. Minio-Paluello, G. Vebeke (ed.), Bruges 1961. それぞれの序文に中世の翻訳が概観されている。

37) アヴェロエスに関する著作は枚挙に暇がない。没後800年に開催されたドイツでの記念シンポジウム論文集にGerhard Endressが寄せたアヴェロエスの校訂一覧を挙げておく。Gerhard Endress, Averrois Opera. A Bibliography of editions and Contributions to the Text, in: Raif Georges Khoury (Hg.), *Averroes (1126-1198), oder, Der Triumph des Rationalismus: internationales Symposium anlässlich des 800. Todestages des islamischen Philosophen: Heidelberg, 7.-11. Oktober 1998*, Heidelberg 2002, pp. 339-381; アヴェロエスによるアリストテレスの著作の翻訳のインパクトに関しては、アダム・タカハシ『哲学者たちの天球―スコラ自然哲学の形成と展開』名古屋大学出版会、2022年。

えた。特筆すべきは，彼が原典の要約である小註釈，一部省略もある中註釈，原典すべてに註釈を加えた大註釈の三段階に分けて註釈を加えている点だろう[38]。

これらアヴェロエスの註釈に基づき，13世紀初頭にマイケル・スコット(-1235)は，アラビア語からアリストテレスの『自然学』，『天界地界論』，『生成消滅論』，『気象論』，『霊魂論』，『自然学小論集』，『形而上学』，『動物誌』を翻訳している[39]。

d) ギリシア語からの翻訳

12世紀ルネサンスというとアラビア語からの翻訳を中心に取り上げられる傾向が強いが，ギリシア語からのアリストテレス翻訳もまた13世紀以前に少なからず着手されていた[40]。それらの多くで中心的役割を担ったと従来考えられてきたヴェネチアのジャコモは[41]，『分析論後書』や『自然学』，『霊魂論』，それから『自然学小論集』のうち『記憶について』，『若さについて De iuventute』『人生の長さについて De longitudine vitae』『人生論』『気息について De respiratione』の五つ，そして Metaphysica vetustissima と呼ばれる『形而上学』の古い版をはじめ，数多くの重要なアリストテレスの著作を翻訳している。だが，ヴェ

---

38) アヴェロエスによるアリストテレスの註釈書のいくつかは校訂されているが，ここでは列挙しない。Cf. Gerhard Endress, Jan Aertsen, Klaus Braun (eds.), *Averroes and the Aristotelian Tradition*: *Sources, Constitution, and Reception of the Philosophy of Ibn Rushd (1126-1198): Proceedings of the Fourth Symposium Averroicum*, Cologne, 1996, Leiden 1999, pp.339-381. アヴェロエスによるアラビア語註釈，そのヘブル語訳，ラテン語訳の対照表は，ディミトリ・グタス『ギリシア思想とアラビア文化―初期アッバース朝の翻訳運動』山本啓二訳，勁草書房，2002年，巻末のあとがき245頁参照。

39) マイケル・スコットについてはいまだ不明な点が多い。Charles Burnett, Michael Scotus and the Transmission of Scientific Culture from Toledo to Bologna via the Court of Frederick II Hohenstaufen, in: *Micrologus* 2 (1994), pp. 101-126. 彼に関するモノグラフィーは，Silke Ackermann, *Sternkunden am Kaiserhof. Michael Scotus und sein Buch von dern Bildern und Zeichen des Himmels*, Frankfurt a. M. 2009. 彼はしばしば写本の中で「フリードリヒ2世の宮廷の占星術師 *Michael Scotus, astrologus Friderici imperatoris romanorum*」と紹介されている。Ibid., S. 39. マイケル・スコット作と考えられている著作については ibid., S. 53 ff. 参照。

40) 以下 Marie-Thérèse d'Alverny, "Translations and Translators", ibid., pp. 435 ff. 参照。Cf. L. Minio-Paluello, *Opuscula: The Latin Aristotle*, Amsterdam 1972 参照。

41) *Methaphysica Lib. I-IV, 4: Translatio Jacobi sive 'Vetustissima' cum scholiis et translation composite sive 'Vetus'*, Gudrun Vuillemin-Diem (ed.), (= *Aristoteles Latinus* 25.1-1a), Brussels 1970.

ネチアのジャコモによる翻訳と並んで，特定できない翻訳者たちの存在も看過してはならないだろう。『分析論前書』に関して言えば，八つの翻訳のうち6名が無名であるし[42]，トレドの参事会図書館で発見された『分析論後書』は，ヨハネスという名前以外不明の翻訳者の手によるものである。『生成消滅論』と『ニコマコス倫理学』の一部は別の無名の翻訳者によって[43]，また「*Physica Vaticana*」と呼ばれる『自然学』の1巻及び2巻の一部を翻訳した別の人物は[44]，『形而上学』の11巻を除いた1巻から10巻，12巻から14巻を翻訳している[45]。『自然学小論集』のうち，『眠りと目覚めについて *De somno et vigilia*』，そして『感覚と感知されるものについて *De sensu et sensato*』及び『夢占いについて *De divinatione per somnum*』はそれぞれ別の人物の手になる翻訳である。このように，より正確なテクストを目指して努力を惜しまない人々のお蔭で，知の継承が絶えることなく続けられてきたのである。

---

42) *Aristoteles Latinus*, L. Minio-Paluello, G. Vebeke (eds.), Bruges 1962, preface. Marie-Thérèse d'Alverny, "Translations and Translators", ibid., pp. 436 n. 61 参照。

43) *Ethica Nicomachea*, Rene A. Gauthier (ed.), (= *Aristoteles Latinus* 26.1-3), Leiden 1972-1974.

44) *Physica: Translatio Vaticana*, Auguste Mansion (ed.) (= Aristoteles Latinus 7.2), Bruges 1957.

45) *Methaphysica Lib. I-X, XII-XIV: Translatio anonyma sive "media"*, Gudrun Vuillemin-Diem (ed.), (= Aristoteles Latinus 25.2), Leiden 1976.

II

伝統と新機軸の相克
――君主・諸侯・都市の時代――

1　商業技術の発達とアラビア数字の実用化

　人流・物流の活発化は実用的な知識の伝達を促進したが，知の越境者たちは学識と実用の境界線も超えていった。とりわけ進んだのが商業分野での文書管理である。

　12世紀以降発展を遂げたシャンパーニュの大市など南北ヨーロッパ間で緊密化する交易ネットワークを通じて，手形決済や会計簿など文書による保証が進み，商業書簡の定期便，飛脚制度などの商業技術が各地に伝播していった[1]。交易圏の拡大は都市ごとに異なる通貨や度量衡の不便さを顕在化し，頻繁に行われる両替を簡便化する為替など，商業活動におけるグローバル・スタンダードの需要を惹起したのである。

　文書による保証形態と並んで漸次的に定着していったのが，数で世界を把握する数的把握の実用化である。現在私たちが用いるヒンドゥー・アラビア数字の祖型のグーバー（Ghubar）記号は，10世紀末あるいは11世紀には北西ヨーロッパに紹介され，0の概念も次第に知られるようになってはいたが[2]，12世紀になっても実用化への道はまだ端緒をひらいた段階だった（図2-1）。それまで文化基盤となっていた知識を根底から覆すものであればあるほど，新機軸の受容には時間がかかるからだ。

---

[1]　シャンパーニュの大市に関しては，花田洋一郎の一連の研究を参照のこと。
[2]　岩波敦子「アバクスからアルゴリズムへ――ヨーロッパ中世の計算法の系譜」『慶應義塾大学言語文化研究所紀要』第44号（2013），43-68頁。

20　　　　　　　　　Ⅱ　伝統と新機軸の相克

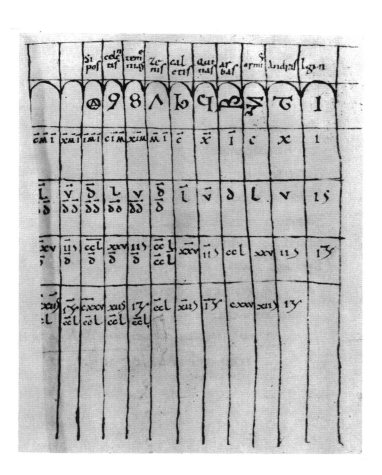

図2-1　アバクス計算表に記載されているグーバー記号
（Erlangen 379(e), fol. 35r ／ 11 世紀の写本）

その定着に貢献したのが，1202年ピサのフィボナッチ（c. 1170-c. 1240/50）が著した『計算の書 Liber Abaci』である（図2-2）[3]。フィボナッチはアラビア数字の知識を父親と過ごした北アフリカで学び，その有用性を『計算の書』で説いた。『計算の書』はアラビア数字を用いた整数と分数の乗除加減法，両替の換算，利子計算など商業技術についての指南書であるが，平方根や立方根，そしてフィボナッチの名を知らしめたフィボナッチ数列も紹介している。この書は商人たちの必携書として広く読まれ，アラビア数字の実用化を促した。見落としてならないのは，フィボナッチがいわゆる学識者ではなく，商業交易で都市の勃興を支えた商人教育の観点から数学の有用性を説いた点だ。フィボナッチの例が示すように，12世紀に勃興した中世都市各地で新機軸の導入に積極的な人々を通じて最先端の知識が受容され，実用化されていった。

　12世紀は商業活動，外交交渉，そして十字軍など様々な形で人々の移動が盛んになった時代だが，行動範囲の拡大は，伝達手段の革新・発展・平準化を促すとともに，異なる文化圏から来た人々との交流を促進し，変化を厭わないメンタリティーを醸成した[4]。空間的に拡がった知の水平線は人々の共通基盤となり，革新の時代への布石が打たれていたのである。

2　権威の時代から新機軸の時代へ

　このような変革・変容に対する意識の変化と柔軟な態度は，統治構造にも影響を与えた。人流・物流の拠点である都市は，情報に裏打ちされ

　3）　1202年のテクストは残っていない。現在流布しているテクストは，1227年マイケル・スコットに献呈された第2版を収めた写本による。翻訳は，*Fibonacci's Liber Abaci*, Laurence Sigler (trans.), New York 2002.

　4）　中世における新機軸と伝統に関しては，Wilfried Hartmann, „Modernus" und „antiquus": Zur Verbreitung und Bedeutung dieser Bezeichunugen in der wissenschaftlichen Literatur von dem 9. Bis zum 12. Jahrhundert, in: Albert Zimmermann and Gudrun Vuillemin-Diem (Hgg.), *Antiqui und Moderni: Traditionsbewußtsein und Fortschrittsbewußtsein im späten Mittelalter*, Berlin/Boston 1973 , S. 21-39; Elisabeth Gössmann, „Antiqui" et „moderni" im 12. Jahrhundert, in: ibid., S. 40-57; Elisabeth Gössmann, *Antiqui et moderni im Mittelalter: eine geschichtliche Standortbestimmung*, München 1974.

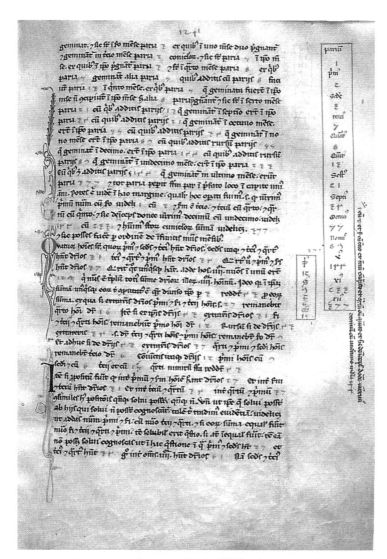

図2-2　フィボナッチが著した『計算の書 *Liber Abaci*』
（フィレンツェ国立図書館所蔵，Codice magliabechiano cs cl, 2616, fol. 124r）

たネットワークを形成し,経済力によってやがて帝国政治を方向付けるキャスティング・ボードを握るようになる。それを如実に表しているのが,ローマ教皇を巻き込んだ皇帝フリードリヒ・バルバロッサとローマ,ミラノをはじめとするイタリア諸都市との対立である[5]。

1152年3月にローマ国王（*Romanorum rex*）に選出されたフリードリヒ・バルバロッサ（c. 1122-90）は[6],イタリア王国（*regnum Italiae*）の統治強化を重要な政策の柱に据えた。教皇を領邦君主とせずに,元老院（*senatus*）による統治を推し進めていた都市ローマは[7],教皇によるローマ市政への介入を拒絶し,両者の関係は悪化していた[8]。しかし,教皇による世俗統治を否定するブレシアのアーノルドに扇動された急進者たちが枢機卿を襲い[9],ローマに聖務執行停止が宣言されると,執政官

---

[5] Gina Fasoli, Friedrcih Barbarossa und die italienische Städte, in: Gunther Wolf (Hg.), *Friedrich Barbarossa*, Darmstadt 1975, S. 149-183; 皇帝フリードリヒ・バルバロッサとイタリア諸都市に関する詳細な分析は,佐藤眞典『中世イタリア都市国家成立史研究』ミネルヴァ書房,2001年を参照。

[6] *Die Urkunden Friedrichs I.*, Heinrich Appelt (ed.), 5 Bde., MGH DD 10, Hannover 1975/79/85/90/90.（= 以下 DF I. ／複数形は DDF I. と略）,DF I. 5. スタブロ修道院長ヴィーバルトの書簡集に収められている,教皇エウゲニウス3世に宛てたいわゆる選出告知（Wahlanzeige）では,*Fridericus dei gratia Romanorum rex et semper augustus* と称している。Stefanie Dick, Die Königserhebung Friedrich Barbarossas im Spiegel der Quellen, in: *Zeitschrift der Savigny-Stiftung für Rechtsgeschichte, Germ. Abt.* 121 (2004), S. 200-237; Jan Paul Niederkorn, Zu glatt und daher verdächtig? Die Glaubenswürdigkeit der Schilderung der Wahl Friedrich Barbarossas (1152) durch Otto von Freising, in: MIÖG115 (2007), S. 1-9.

[7] Ingrid Baumgärtner, Rombeherrschung und Romerneuerung. Die römische Kommune im 12. Jahrhundert, in: QFIAB 69 (1989), S. 27-79. 中世における元老院の成立は,元老院証書から1144年8月8日から10月6日の間と推定されている。Ibid., S. 27, Anm. 1.

[8] Jürgen Petersohn, *Kaisertum und Rom in spätsalischer und staufischer Zeit. Romidee und Rompolitik von Heinrich V. bis Friedrich II.*, Hannover 2010, S. 83 ff.

[9] ブレシアのアーノルドのローマにおける影響に関する史料としては,ソールズベリのヨハネスによる *The Historia pontificalis of John of Salisbury*, Marjorie Chibnall (ed.), New York 1956, ND Oxford ²1986, c. 31, pp. 62 ff.; フライジンクのオットーによるアーノルドに関する否定的な描写は,*Gesta Friderici*, I. 29, S. 182: His diebus Arnaldus quidam religionis habitum habens, sed eum minime, ut ex doctrina eius patuit, servans, ex ecclesiastici honoris invidia urbem Romam ingreditur ac senatoriam dignitatem equestremque ordinem renovare ad instar antiquorum volens totam pene Urbem ac precipue populum adversus pontificem suum concitavit; ペトルス・アベラルドゥスはアーノルドの師と述べられている。Ibid., II. 30; Jürgen Petersohn, *Kaisertum und Rom in spätsalischer und staufischer Zeit*, S. 97; ローマにおけるアーノルドの影響に関しては,Michael Horn, *Studien zur Geschichte Papst Eugens III. (1145-1153)*, Frankfurt a. M u.a. 1992, ここでは S. 175 ff.; シュタウファー朝の君主,とりわけコンラート3世とローマのコムーネとの関係を記すコルヴァイのヴィーバルトの書簡に関する分析は,Matthias Thumser,

(senator) たちは助けを求めて教皇ハドリアヌス 4 世（在位 1154-59）のもとを訪れたのである[10]。

フリードリヒ・バルバロッサの前任者であるコンラート 3 世（1093/94-1152）と教皇エウゲニウス 3 世との間には，国王即位の際に教皇がコンラート 3 世を支援したことが示しているように友好関係が成立していた。一方教皇の助力を仰ぐことなく国王に選出されたフリードリヒ・バルバロッサにとって，ローマでの戴冠という重要な目的——教皇ハドリアヌス 4 世による戴冠は 1155 年 6 月 18 日である——を達成するために，教皇との協調関係は不可欠だったものの，両者の関係は不安定要素を孕んでいた。

フリードリヒ・バルバロッサは，1153 年 3 月 23 日コンスタンツにおいて，ローマ統治における教皇の介入を受け入れ，教皇の同意なしにシチリア国王ルッジェーロ 2 世（在位 1130-54）及びローマ市民とも和議を結ばないこと[11]，ローマは教皇の統治下におかれることを皇帝，教皇両者が代理人によって誓約を立て，文書にしたためた[12]。皇帝は教皇座の名誉（honor）と聖ペテロのレガーリアを護ること，その見返りとしてローマ教皇は「帝国の栄誉（honor imperii）」の保持をいわゆるコンスタンツ Konstanz の協約で約束したのである[13]。

コンスタンツに滞在していた皇帝に，ローディ Lodi から来た 2 人の商人が訪れ，これまで認められてきた市場開催がミラノによって禁じら

Die frühe römische Kommune und die staufischen Herrscher in der Briefsammlung Wibalds von Stablo, in: DA 57 (2001) S. 111-147.

10) Jürgen Petersohn, *Kaisertum und Rom in spätsalischer und staufischer Zeit*, S. 149.

11) シチリア王国の統治構造に関しては，高山博『中世地中海世界とシチリア王国』東京大学出版会，1993 年：同『中世シチリア王国の研究 異文化が交差する地中海世界』東京大学出版会，2015 年：Hiroshi Takayama, *Sicily and the Mediterranean in the Middle Ages*, London/New York 2019.

12) コンスタンツの協約の議定書と正式文書の比較に関しては，Odilo Engels, Zum Konstanzer Vertrag von 1153, in: Ernst Dieter Hehl, Hubertus Seibert, Franz Staab (Hgg.), *Deus qui mutat tempora: Menschen und Institutionen im Wandel des Mittelalters: Festschrift für Alfons Becker zu sienen 65. Geburtstag*, Sigmaringen 1987, S. 235-258.

13) DDF I. 51 及び 52; honor imperii については後述する。Peter Rassow, *Honor imperii. Die neue Politik Friedrich Barbarossas 1152-1159. Durch den Text des Konstanzer Vertrages ergänzte Neuausgabe*. Darmstadt 1940, ND 1960; より新しい研究は，Knut Görich, *Die Ehre Friedrich Barbarossas. Kommunikation, Konflikt und politisches Handeln im 12. Jahrhundert*. Darmstadt 2001.

れたと窮状を訴え出た[14]。11世紀以降，都市領主である司教から自治権を獲得，選出された執政官コンスルのもと市政が運営されるようになっていたイタリア都市コムーネは，周辺地域コンタードへの影響力を強めていた[15]。フライジンクのオットーが「自由をかくも愛する彼らは，権力の干渉から免れ，統治者よりも執政官によって統治されることを望む」[16]と書き記したイタリア都市コムーネの代表格ミラノの執政官は，ローディのコンスルだったモレーナのオットーによれば，ローディの主張を認めて市場の開催を命じる皇帝の書簡を公の場で読み上げると，都市の名誉が損なわれたと受け止め，怒りのあまり，皇帝の姿が描かれた印章の付いたその書簡を床にたたき付け，書簡もろとも足で踏みにじったという[17]。書簡のみならず皇帝の権威を象徴する印章を破壊するという暴挙は君主の名誉を傷つける重大な行為だった[18]。

---

14) *Ottonis Morenae eiusdemque a Frederico imperatore gestis continuatorum Libellus de rebus* (=以下 *Ottos Morena und seiner Fortsetzer Buch* と略) in: Franz-Josef Schmale (Hg. u. übers.), *Italienische Quellen über die Taten Kaiser Friedrichs I. in Italien und der Brief über den Kreuzzug Kaiser Friedrichs I.*, Darmstadt 1986, S. 34-239. ここでは S. 36 ff.; フリードリヒ・バルバロッサとローディ，ミラノとの関係については，佐藤眞典『中世イタリア都市国家成立史研究』57頁及び127頁以下参照.

15) Hagen Keller, *Adelsherrschaft und städtische Gesellschaft in Oberitalien: 9. bis 12. Jahrhundert*, Tübingen 1979; Gerhard Dilcher, Die staufische Renovatio im Spannungsfeld von traditionellem und neuem Denken. Rechtskonzeptionen als Handlungshorizont der Italienpolitik Friedrich Barbarossas, in: *Historische Zeitschrift* 276 (2003), Heft 3, S. 613-646. ここでは S. 622 以下 ; Cf. Gerhard Dilcher, *Die Entstehung der lombardischen Stadtkommune: Eine rechtsgeschichtliche Untersuchung*, Aalen 1967; Helmut Mauer (Hg.), *Kommunale Bündnisse Oberitaliens und Oberdeutschlands im Vergleich*, Sigmaringen 1987.

16) *Gesta Friderici*, II. 14, S. 308 f.: Denique libertatem tantopere affectant, ut potestatis insolentiam fugiendo consulum potius quam imperantium regantur arbitrio.

17) *Ottos Morena und seiner Fortsetzer Buch*, S. 42 f. ; Cf. Knut Görich, Geld und >honor<, Friedrch Barbarossa in Italien, in: Gerd Althoff (Hg.), *Funktionen und Formen der Kommunikation im Mittelalter*, Sigmaringen 2001, S. 177-200. ここでは S. 186.

18) Knut Görich, Unausweichliche Konflikte? Friedrich Barbarossa, Friedrich II. und der lombardische Städtebund in: Oliver Auge, Felx Biermann, Matthias Müller, Dirk Schultze (Hgg.), *Bereit zum Konflikt: Strategien und Medien der Konflikterzeugung und Konfliktbewältigung im europäischen Mittelalter*, Ostfidern 2008, S. 195-213. ここでは S. 202; Knut Görich, Geld und >honor<, Friedrch Barbarossa in Italien, S 180 f.; Norbert Schnitzler, Geschmähte Symbole, in: Klaus Schreiner, Gerd Schwerhoff (Hgg.), *Verletzte Ehre. Ehrkonflikte in Gesellschaften des Mittelalters und der Frühen Neuzeit*, Köln/Weimar/Wien 1995, S. S. 279-302, ここでは S. 298.

3 イタリア諸都市間の抗争と皇帝の介入

翌 1154 年の晩秋ロンカリア Roncaglia に滞在していた皇帝フリードリヒ・バルバロッサのもとへ，ローディとコモ Como の使者が訪れ，再びミラノの横暴を訴えた。するとその場に同席していたミラノの執政官 2 名は，銀貨 4,000 マルク（quattuor milia marchas argenti）の献上を約束したが[19]，フリードリヒ・バルバロッサの軍がミラノのコンタードを通過中，洪水と激しい雨に見舞われた際にミラノは援助の手を差し伸べなかった結果[20]，フリードリヒ・バルバロッサは，約束されたミラノからの支払いの受け取りを拒んだのである[21]。

イタリア諸都市間の争いに皇帝が干渉する事態は，パヴィーア Pavia とトルトーナ Tortona にも生じていた。皇帝の命令に従わず裁判への出頭を拒んだトルトーナに対し[22]，フリードリヒ・バルバロッサは厳しい措置に打って出た。1155 年 2 月から 4 月までトルトーナを包囲した皇帝軍は捕虜を処刑し，その遺体でトルトーナの飲み水を汚したという[23]。食料と飲料水を絶たれたトルトーナ市民は降伏し，公の場で皇帝

---

19) *Ottos Morena und seiner Fortsetzer Buch*, S. 46 f.; Cf. *Regesta Imperii*, IV, 2, 1 (= *Die Regesten des Kaiserreichs unter Friedrich I. 1152 (1122) - 1190*, 1. Lief.: 1152 (1122) - 1158), nach Johann Friedrich Böhmer, neubearbeitet von Ferdinand Opll, unter Mitwirkung von Hubert Mayr, Wien/Köln/Graz 1980, Nr. 253, S. 89 f. 及び *Carmen de gestis Friderici I. imperatoris in Lombardia*, I. Schmale-Ott (Hg.), Hannover 1962, S. 86, V. 2595-2613. ここでは S. 9, V. 249-250: Nulla dabit populus, nisi iuret, munera vester/ Se servaturum pacem decretaque nostra.

20) *Gesta Friederici*, II. 18, S. 314 f. ミラノ側の叙述では，パンなど必要な物資を調達した者たちに対し，皇帝側の兵士たちは略奪行為を働いたという。Civis Mediolanensis anonymi Narratio de Longobardie obpressione et subiectione, in: Franz-Josef Schmale (Hg. u. übers.), *Italienische Quellen über die Taten Kaiser Friedrichs I.*, S. 240-295. ここでは S. 242 f.

21) *Ottos Morena und seiner Fortsetzer Buch*, S. 50 ff. 皇帝フリードリヒ・バルバロッサとミラノ間の一連の対立に関しては，佐藤眞典『中世イタリア都市国家成立史研究』57 頁以下参照。

22) Knut Görich, Fragen zum Kontext der roncalischen Gesetze Friedrich Barbarossas, in: Gerhard Dilcher, Diego Quaglioni (Hgg.), *Gli inizi del diritto pubblico: l'età di Federico Barbarossa: legislazione e scienza del diritto = Die Anfänge des öffentlichen Rechts: Gesetzgebung im Zeitalter Friedrich Barbarossas und das Gelehrte Recht*, Bologna/Berlin 2007, S. 305-323. ここでは S. 307 ff.

23) *Gesta Friderici*, II. 23, S. 321 ff.

の足元にひれ伏して恭順の意を示した。「国王と神聖なる帝国の栄光と栄誉のために (*ob regis et sacri imperii gloriam et honorem*)」不可欠なこの行為によって，傷つけられた皇帝の名誉は回復されたように思われたが，翌日トルトーナはドイツ人とパヴィーア軍によって破壊されたのである[24]。

ローマでの戴冠に際し，ローマ市民たちは，皇帝に誠実と服従を示す代わりに (*pro fidelitate eorum ac servitio*)，金銭の支払い (*maximam pecuniam*) と三つの誓約 (*tria quoque a nobis iuramenta exquisierunt*) を要求した[25]。しかし一見慣習的なうわべを装ったこの要求に，フリードリヒ・バルバロッサは激怒し，「教皇と枢機卿の助言を受けたが，帝国を買うつもりはないし，人民に誓いを立てる義務は負っていない」と拒絶した[26]。1155年の戴冠前のこのやりとりを記すフライジンクのオットーの記述は，後述する1157年10月のブザンソン Besançon の帝国会議，すなわち教皇ハドリアヌス4世の書簡で用いられていた教皇から受け取る帝冠の標 (*insigne imperialis coronae*) を指す「*beneficium*」を，ダッセルのライナルトが「封土」と訳し，皇帝と教皇との緊張関係を先鋭化した事件の後，おそらく1158年夏までの期間に書かれたもので，フリードリヒ・バルバロッサとローマ市民との応酬の一部は，その影響を受けてフライジンクのオットーが一部脚色して描いたとも考えられる[27]。

---

24) この表現は，1155/56年頃成立した『都市トルトーナの破壊について *De Ruina civitatis Terdonae*』に表出するが，「*sacrum imperium*」という表現が用いられた極めて早い事例となる。Adolf Hofmeister, Eine neue Quelle zur Geschichte Friedrich Barbarossas. *De Ruina civitatis Terdonae*. Untersuchungen zum 1. Römerzug Friedrichs I., in: *Neues Archiv* 43 (1922), S. 143-157. ここでは S. 155 f.

25) *Gesta Friderici*, S. 86: Romani nuntios suos ad nos miserunt et maximam pecuniam pro fidelitate eorum ac servitio, tria quoque a nobis iuramenta exquisierunt. Inde cum domno papa et cardinalibus consilio inito, quia imperium emere noluimus et sacramenta vulgo prestare non debuimus, ut omnes dolos et machinamenta eorum declararemus; Cf. Jürgen Petersohn, *Kaisertum und Rom in spätsalischer und staufischer Zeit*, S. 151 ff.; Eduard Eichmann, Die römischen Eide der deutschen Könige, in: *Zeitschrift der Savigny-Stiftung für Rechtsgeschichte*, Kan. Abt. 6 (1916), S. 140-205. ここでは S. 196 ff.

26) *Gesta Friderici*, S. 86. これを伝えるフリードリヒ・バルバロッサがフライジングのオットーに宛てた書簡は，1157年3月24日以降に書かれたものである。Ibid., S. 82, Anm. 2.

27) *Gesta Friderici*, III. 11, S. 412; Schmale による *Gesta Friderici* の Edition への Einleitung, S. 13 ff.; Jürgen Petersohn, *Kaisertum und Rom in spätsalischer und staufischer Zeit*, S. 155 及び 325, Anm. 27.

ローマ市内に入城したフリードリヒ・バルバロッサは，1155年6月18日ローマで戴冠された。フリードリヒ・バルバロッサはすぐにローマをあとにして南下し，周辺の諸都市を抑えたが，慣れぬ暑さに苦しむことになった[28]。

「我が帝国の首都（*caput imperii nostrii*）」と呼んだローマ市民たちとの対立に直面したフリードリヒ・バルバロッサは，ローマのみならずイタリア諸都市間の勢力抗争にも巻き込まれていった[29]。その筆頭であるミラノ，コモ，ローディ間の度重なる衝突は，1158年11月ロンカリアで開催された帝国会議でいったん収束したかのように思われた。ミラノは誠実誓約，プファルツ（*palacia*）の建設[30]，賠償金の支払いとすべての国王大権の返還を受け入れ，統治権，裁判権の返還，執政官コンスル（*consules*）は選出後皇帝による任命を経て就任するという形での皇帝の関与を認めたが，これはイタリア諸都市が1122年のヴォルムスの和議以前から認められていたと主張する慣習的諸権利が侵害されることを意味していた[31]。皇帝によるポデスタ（Podestà）の任命をパヴィーア，ピアチェンツァ Piacenza，クレモナ Cremona，そしてローディは受け入れたが[32]，都市統治の職業的専門化と結び付いたポデスタ制への移行は，

---

28) Ferdinand Opll, *Das Itinerar Kaiser Friedrich Barbarossas (1152-1190)*, Wien/Köln/Graz 1978, S. 16 f.

29) Cf. DF I. 285（1159年10月末）...vel status urbis, que caput imperii nostri est, inquietari.

30) シュタウファー時期代のプファルツに関しては，Walter Hotz, *Pfalzen und Burgen der Stauferzeit. Geschichte und Gestalt*, Darmstadt 1981.

31) DDF I. Nr. 237-240, S. 27-32; 皇帝によって任命されたポデスタが行う宣誓については，Christoph Dartmann, Schrift im Ritual. Der Amtseid des Podestà auf den geschlossenen Statutencodex der italienischen Stadtkommune, in: *Zeitschrift für Historische Forschung* 31 (2004), S. 169-204. コンスルに関しては，エーディト・エネン『ヨーロッパの中世都市』佐々木克己訳，岩波書店，1987年，161頁参照。

32) Cf. Christoph Dartmann, Die Legitimation von Amtsgewalt in den oberitalienischen Städten des 12. Jahrhunderts zwischen kaiserlichen Ansprüchen und kommunaler Praxis, in: Gerhard Dilcher, Diego Quaglioni (Hgg.), *Gli inizi del diritto pubblico: l'età di Federico Barbarossa: legislazione e scienza del diritto = Die Anfänge des öffentlichen Rechts: Gesetzgebung im Zeitalter Friedrich Barbarossas und das Gelehrte Recht*, Bologna/Berlin 2007, S. 327-343. ここでは S. 330 f. 及び S. 340 参照。1161年 Tricafolia della Pusterla の Lodi のポデスタへの任命に関しては，*Ottos Morena und seiner Fortsetzer Buch*, S. 134 f. 1162年 Piacenza については，DF I. 362: Placentini recipient potestatem vel potestates, quem vel quos dominus imperator ibidem ordinare voluerit, sive Teutonicos sive Lombardos.

3 イタリア諸都市間の抗争と皇帝の介入　　　29

13世紀前半まで時間を要することになった[33]。

　1159年9月教皇ハドリアヌス4世が亡くなると，ハドリアヌスに強い影響力を持っていた枢機卿ロランド・バンディネッリ Roland Bandinelli（のちの教皇アレクサンデル3世，在位1159-81）と，親皇帝派のオクタヴィアヌス（のちのウィクトル4世，在位1159-64）の間で後継者争いが起こった[34]。皇帝フリードリヒ・バルバロッサは，1160年2月パヴィーアで開いた教会会議にロランドと彼を支持した枢機卿たちを召喚[35]，教皇ウィクトル4世支持を表明した[36]。その最中1161年初頭再び皇帝フリードリヒ・バルバロッサとミラノとの抗争が始まった。包囲され，その貯蔵食糧を焼き払われたミラノは和睦を申し入れたが，皇帝側の意見はなかなか一致を見なかった。その急先鋒に立っていたのが，1157年ブザンソンの帝国会議で，教皇ハドリアヌス4世の書簡で用いられていた教皇から受け取る帝冠の標（*insigne imperialis coronae*）を指す「*beneficium*」を「封土」と訳し，皇帝と教皇との緊張関係を先鋭化するきっかけを作ったダッセルのライナルトである[37]。ライナルトは，

---

33) ポデスタ制に関しては，山辺規子「ポデスタ―イタリアの都市をつなぐ役人」イタリア史研究会編『イタリア史のフロンティア』昭和堂，2022年，96-109頁。コムーネの司法に関しては，中谷惣「中世イタリアのコムーネと司法」『史林』89巻3号（2006年），444-463頁参照。

34) Cf. Johannes Laudage, *Alexander III. und Friedrich Barbarossa*, Köln/Weimar/Wien 1997.

35) DF I. 285.

36) *Gesta Friderici*, IV. 73 以下参照；Heinz Wolter, Friedrich Barbarossa und die Synode zu Pavia im Jahre 1160, in: Stefan Weinfurter, Hanna Vollrath (Hgg.), *Köln: Stadt und Bistum in Kirche und Reich des Mittelalters: Festschrift für Odilo Engels zum 60. Geburtstag*, Köln 1993, S. 415-453.

37) Walter Heinemeyer, „beneficium – non feudum sed bonum". Der Streit auf dem Reichstag zu Besançon 1157 (1969), in: *Archiv für Diplomatik* 15 (1969), S. 155-236. 特に，S. 201 ff.; Knut Görich, *Friedrich Barbarossa: Eine Biograhie*, S. 270 ff., S. 274 及び 278 f., 280 f.; ダッセルのライナルトについては，Julius von Ficker, *Reinald von Dassel: Reichskanzler und Erzbischof von Köln 1156-1167*, Köln 1850, Aalen 1966; Walther Föhl, Studien zu Rainald von Dassel. Rainalds Jugend und Studium, in: *Jahrbuch des kölnischen Geschichtsvereins* 17 (1935), S. 234-259; idem, Studien zu Rainald von Dassel II. Der Weg in die Reichskanzlei, in: *Jahrbuch des kölnischen Geschichtsvereins* 20 (1938), S. 238-260; Arnold Stelzmann, Rainald von Dassel und seine Reichspolitik, in: *Jahrbuch des kölnischen Geschichtsvereins* 25 (1950), S. 60-82; Rainer Maria Herkenrath, Rainald von Dassel als Verfasser und Schreiber von Kaiserurkunden, in: MIÖG 72 (1964), S. 34-62; Werner Grebe, Studien zur geistigen Welt Rainalds von Dassel, in: Gunther Wolf (Hg.), *Friedrich Barbarossa*, Darmstadt 1975, S. 245-296; Helmuth Kluger, Friedrich

1156年帝国尚書局長の職に就き，1159年夏イタリア大尚書官長を兼ねるケルン大司教に選出されていた。

　対立教皇の擁立を巡る争いは，独仏英の思惑が絡み，皇帝の思い描いたように簡単には進まなかった。1162年初春ミラノは降伏し，皇帝フリードリヒ・バルバロッサは大きな勝利を収めた[38]。モレーナのオットーによれば，1162年3月1日の木曜日，9名のコンスルと8名の騎士が剣を携えてローディに滞在中の皇帝のもとにやってきた。そして皇帝に対して恭順の意を示し，皇帝のお気に召せれば，皇帝の命に従うという誓いを立てるとともに，同様に市民にも誓約させることを約束した。続く日曜日にミラノからやってきた300名の騎士たちは36の小旗を皇帝に手渡し，その足元に口づけした。そしてミラノ市民の中で最も機略に富んだ師グインテルムス Guintelmus が，皇帝に全市を象徴する都市の鍵 (claves civitatis) を捧げ，さらに彼らは皇帝とその使節の命に従うと誓いを立てたという[39]。同年パヴィーアで迎えた復活祭はフリードリヒ・バルバロッサにとって勝利の祝いをも意味していた[40]。1163年10月フリードリヒ・バルバロッサは第3次イタリア遠征に着手したが，その半年後の1164年4月20日，彼が推すウィクトル4世が亡くなったのである。

Barbarossa und sein Ratgeber Rainald von Dassel, in: Stefan Weinfurter (Hg.), *Stauferreich im Wandel. Ordnungsvorstellungen und Politik in der Zeit Friedrich Barbarossas*, Sigmaringen 2002, S. 27-40.

　　38) Holger Berwinkel, *Verwüsten und Belagern: Friedrich Barbarossas Krieg gegen Mailand, 1158-1162*, Tübingen 2007.

　　39) *Ottos Morena und seiner Fortsetzer, Buch*, S. 174 f.

　　40) Hagen Keller, *Zwischen regionaler Begrenzung und universalem Horizont. Deutschland im Imperium der Salier und Staufer 1024 bis 1250*, Frankfurt a. M./ Berlin 1990. ここでは S. 405 f.; ミラノの降伏に関する同時代人のまなざしは，Jörg W. Busch, Die Erinnerung an die Zerstörung Mailands 1162. Die Rezeption und Instrumentalisierung des ersten Mailänder Laiengeschichtswerken, in: *Das Mittelalter* 5 (2000), S. 105-113; Frank Schweppenstette, *Die Politik der Erinnerung: Studien zur Stadtgeschichtsschreibung Genuas im 12. Jahrhundert*, Frankfurt a. M., u. a. 2003. ここでは S. 189 f.

4 教会分裂と英独仏間の政治的駆け引き

 2人の教皇が擁立される事態に陥った教会分裂は、シュタウファー、プランタジネット、カペー朝それぞれの陣営の思惑を浮かび上がらせる結果となった。

 教会分裂以前からイングランド、フランスは、互いに牽制しながら、時々の政局に左右されつつ帝国との外交交渉を進めていた。1158年ルイ7世（1120-80、在位1137-80）の娘マルグリットとヘンリ2世（1133-89、イングランド国王在位1154-89）の息子ヘンリとの結婚交渉によって両国はいったん和平を結んだものの、1か月後の8月にヘンリ2世がトゥールーズ獲得に乗り出すと、対立が再燃した。

 一方フリードリヒ・バルバロッサは、同年ロンカリアで開催された帝国会議で後述するロンカリア立法を成立させたが、ミラノの蜂起、クレーマ Crema の包囲などに追われる最中、1159年末に教皇ハドリアヌス4世が亡くなり、教会分裂に直面することになった[41]。

 アレクサンデル3世とウィクトル4世2人の対立教皇のうちどちらを推すかを、イングランド、フランスとも当初から明確にしていたわけではない。『皇帝フリードリヒ1世の事績』の中に収録されている、バンベルク司教エバーハルトがザルツブルク大司教エバーハルトに宛て送った書簡には、1160年1月パヴィーアでの教会会議にやってきたフランスの使節たちが「国王は、皇帝からの使節が来るまではどちらの教皇も選ぶことはない」と述べたと書かれている[42]。上記のエバーハルトの書簡には、ヘンリ2世はあらゆる点でフランス国王と同じくすると述べたという使節たちのことばが伝えられており[43]、教会会議の回状には、ヘンリ2世は書簡と使節を通じて会議の決定に同意したと記されてい

---

41) Franz-Josef Schmale, Friedrich I. und Ludwig VII. Im Sommer des Jahres 1162, S. 318 ff.

42) *Gesta Friderici*, IV. 81, S. 698.

43) Cf. Franz-Josef Schmale, Friedrich I. und Ludwig VII. Im Sommer des Jahres 1162, S. 320.

る[44]。

　ベルヒテスガーデン Berchtesgaden の首席司祭ハインリヒによれば，この会議の後ダッセルのライナルトがフランスに派遣されたというが詳細は不明である[45]。カンタベリー大司教テオバルトがヘンリ 2 世に宛てた書簡によれば，ライナルトはヘンリ 2 世のもとにも送られたという[46]。イングランド，フランス間の駆け引きは 1160 年 5 月の和平の締結によっていったん収束し，両国とも同じ教皇を支持することを約定した[47]。

　イングランドでは，1160 年 6 月末カンタベリー大司教テオバルトのもとロンドン London で開催された教会会議においてアレクサンデル 3 世支持が公に表明されたが[48]，ウィクトル 4 世の親族であり，ウィンチェスター司教ブロワのヘンリとその甥ダーラム司教のユーグの 2 人が反対していた[49]。12 世紀を代表する学識者の一人ソールズベリのジョン（c.1120-80）の書簡集には，イングランドとフランスの教会（*Anglicam et Gallicana ecclesia*）は，両国王の同意の下アレクサンデル 3 世を支持すると記したテオバルトの回書の写しが収められている[50]。一枚岩ではなかったにせよ，イングランド・フランス両国ともアレクサンデル 3 世支持に舵を切ったのである。

---

44)　*Gesta Friderici*, IV. 80, S. 694: Heinricus rex Anglorum per litteras et legatos suos consensit.

45)　*Gesta Friderici*, IV. 82, S. 702.

46)　Cf. Franz-Josef Schmale, Friedrich I. und Ludwig VII. Im Sommer des Jahres 1162, S. 320, Anm. 28; Martin Bouquet (éd.), Léopold Delisle (nouv. éd.), *Recueil des historiens des Gaules et de la France* 16 (= RHF), Paris 1968, p. 498, n. 13, p.499, n. 14.

47)　Franz-Josef Schmale, Friedrich I. und Ludwig VII. Im Sommer des Jahres 1162, S. 320.

48)　Wilhelm Janssen, *Die päpstlichen Legaten in Frankreich, vom Schisma Anaklets II. bis zum Tode Coelestins III. (1130-1198)*, Köln 1961, S.66 ff.; Franz-Josef Schmale, Friedrich I. und Ludwig VII. Im Sommer des Jahres 1162, S. 321.

49)　*The letters of Arnulf of Lisieux*, Frank Barlow (ed.), London 1939, n. 28, p. 43: qui se schismatico illi dicunt ob cognaitone coniunctos; *The letter collections of Arnulf of Lisieux*, Carolyn Poling Schriber (trans.), Lewiston 1997; Isabel Blumenroth, *Das Alexandrinische Schisma in Briefen und Ideenwelt des Arnulf von Lisieux und Johannes von Salisbury*, Göttingen 2021; Franz-Josef Schmale, Friedrich I. und Ludwig VII. Im Sommer des Jahres 1162, S. 321.

50)　*The Letters of John of Salisbury*, vol. 1: The Early Letters (1153-1161), W.J. Millor -H.E. Butler (eds.), London 1955, Nr. 130, pp. 226 f.；ソールズベリのジョンに関しては，柴田平三郎『中世の春―ソールズベリのジョンの思想世界』慶應義塾大学出版会，2002 年；甚野尚志『十二世紀ルネサンスの精神―ソールズベリのジョンの思想構造』知泉書館，2009 年参照。

5 フリードリヒ・バルバロッサとルイ7世

1161／62年の変わり目にアレクサンデル3世はジェノヴァ Genova を経てフランスへと向かっていた[51]。アレクサンデル3世がフランスを足掛かりにしたことを示しているのが，フランスの領土内で開催された教会会議の数である[52]。

1162年8月末にはウィクトル4世を推すフリードリヒ・バルバロッサと，アレクサンデル3世を推す国王ルイ7世との会見が企てられている。ソーヌ Saône 川に架かるサン・ジャン・ドゥ・ローヌ St. Jean-de-Losne の橋における会見の顛末は[53]，枢機卿ボソ[54]，ボーザウのヘルモルト[55]，『ケルン国王年代記 Chronica regia Coloniensis』[56]，そして会見に

---

51) Cf. Jürgen Petersohn, *Kaisertum und Rom in spätsalischer und staufischer Zeit*, S.201.

52) Frank Barlow, The English, Norman, and French Councils called to deal with the Papal Schism of 1159, in: *English Historical Review* 51 (1936), S. 264-268; 1160年のトゥールーズの教会会議は虚構である。Cf. Peter Classen, Das Konzil von Toulouse 1160: Eine Fiktion, in: DA 29 (1973), S. 220-223; Jürgen Petersohn, *Kaisertum und Rom in spätsalischer und staufischer Zeit*, S.198, Anm. 20.

53) Walter Heinemeyer, Die Verhandlungen an der Saone im Jahre 1162, in: DA 20 (1964), S. 155-189. ここでは S. 165, Anm. 40; 歴史叙述による描き方の相違に関しては, Beate Schuster, Das Treffen von St. Jean de Losne im Widerstreit der Meinungen. Zur Freiheit der Geschichtsschreibung im 12. Jahrhundert, in: *Zeitschrift für Geschichtswissenschaft* 43 (1995), S. 211-245; 服部良久『中世のコミュニケーションと秩序―紛争・平和・儀礼』京都大学学術出版会，2020年，第8章第2節「サン・ジャン・ドゥ・ローヌ会議（1162年）」194頁以下参照。

54) Boso, *Vita Alexandri III.*, Louis Duchesne (ed.), *Le Liber Pontificalis*, T. 2, Paris ²1955, pp. 397-446. ここでは pp. 397 ff. 及び p. 405; 英訳は，*Boso's Life of Alexander III.*, Peter Munz (intro.), G. M. Ellis (trans.), Oxford 1973. ここでは pp. 55 ff.

55) Helmold von Bosau, *Die Slawenchronik = Helmoldi Chronica Slavorum,* neu übertragen und erläutert von Heinz Stoob, Darmstadt ⁵1990, S. 316 f.

56) *Chronica regia Coloniensis, cum continuationibus in monasterio S. Pantaleonis scriptis aliisque historiae Coloniensis monumentis*, Georg Waitz (ed.), MGH SS rer. Germ. 18, Hannover 1880; 作者に関しては，Manfred Groten, *Klösterliche Geschichtsschreibung: Siegburg und die Kölner Königschronik*, in: *Rheinische Vierteljahrsblätter* 61 (1997), S. 50-78; Carl August Lückerath, *Coloniensis ecclesia, Coloniensis civitas, Coloniensis terra. Köln in der Chronica regia Coloniensis und der Chronica S. Pantaleonis*, in: *Jahrbuch des kölnischen Geschichtsvereins* 71 (2000), S. 1-41.

予定されていたサン・ジャン・ドゥ・ローヌにほど近いヴェズレー修道院の修道士であり，修道院長の書記でもあったポワティエのユーグなど[57]，様々な歴史叙述がそれぞれ異なった角度から描いている[58]。

フランス国王ルイの義兄弟であり，フリードリヒ・バルバロッサとウィクトル4世とも親族関係にあるシャンパーニュ伯トロワのアンリが両者を取り持つ使者となり[59]，会見の場として帝国とフランス王国の国境のサン・ジャン・ドゥ・ローヌのソーヌ川に架かる橋が選ばれた。その場で開催される交渉の場には[60]，フランス側はアレクサンデル3世を，帝国側はウィクトル4世を伴って臨むことになった[61]。残念なことに準備されていた取り決め，裁定を下す仲裁人の陣容の詳細は不明であるが，一連の顛末を描く前述の複数の叙述からおおよその再構成が可能である[62]。

サン・ジャン・ドゥ・ローヌで予定されていた会見の場に同席するために，ケルン Köln，マインツ，トリア Trier，マクデブルク Magdeburg，ブレーメン Bremen，ラヴェンナ Ravenna，リヨン Lyon，

---

57) *Hugonis Pictavini Liber de Libertate Monasterii Vizeliacensis*, Georg Waitz (ed.), MGH SS. 26, Hannover 1882, S. 143-150. ここでは S. 146.

58) Walter Heinemeyer, Die Verhandlungen an der Saone im Jahre 1162, ここでは S. 158 ff. 及び 176 ff.

59) 皇帝フリードリヒ・バルバロッサからフランス国王ルイに宛てた書簡でその旨知らせている。MGH Const., Bd.1, Ludwig Weiland (ed.), Hannover 1893 (＝以下 Const. 1 と略), Nr. 207; Walter Heinemeyer, Die Verhandlungen an der Saone im Jahre 1162, S. 162, Anm. 23.

60) この交渉の呼び名は歴史叙述によって異なる。皇帝フリードリヒ・バルバロッサがドイツの聖職者たちに送った回書では一般会議（*concilium generale*），ボーザウのヘルモルトの『スラブ年代記』では総宮廷会議（*celebris curia*），『ケルン国王年代記』では一般教会会議（*generalis synodus*），ポワティエのユーグの『ヴェズレー修道院の自由に関する書』では会議（*colloquium*）と称している。接見の開催に関しては，Walter Heinemeyer, Die Verhandlungen an der Saone im Jahre 1162, S. 166, Anm. 43; *colloquium, conventus, cuia, concilium* など会合，会見を示す用語の使用に関しては，Beate Schuster, Das Treffen von St. Jean de Losne im Widerstreit der Meinungen, S. 236 f. Schuster は，「*curia*」の用語が中部・北ドイツの記述にのみ見出せるとしている。一方中世初期の記述では，「*colloquium, placitum, conventus, curia,consilium*」が互換可能であったことを Althoff は指摘する。Gerd Althoff, Colloquium familiare – colloquium secretum – colloquium publicum. Beratung im politischen Leben des früheren Mittelalters, in: *Frühmittelalterliche Studien* 24 (1990), S. 145-167.

61) この点に関しては，各年代記とも一致している。Walter Heinemeyer, Die Verhandlungen an der Saone im Jahre 1162, S. 166, Anm. 44.

62) 個々の叙述の抄訳は，服部良久『中世のコミュニケーションと秩序─紛争・平和・儀礼』第8章第2節「サン・ジャン・ドゥ・ローヌ会議（1162年）」195頁以下参照。

ヴィエンヌ Vienne，ブザンソン大司教，ハインリヒ獅子公，辺境伯アルブレヒト熊公，シュヴァーベン大公フリードリヒ，テューリンゲン方伯ルートヴィヒ，バイエルン宮中伯のヴィッテルスバッハのオットー（バイエルン宮中伯 1156-80; バイエルン大公 1180-83）とその兄弟のフリードリヒとオットー，マイセン辺境伯オットーとその兄弟ディートリヒとデードを初め，聖俗の有力諸侯たちが大勢集っていた[63]。

その後の顚末に関しては，帝国側，フランス側で異なる描写があるものの，フランス国王ルイがアレクサンデル3世をその場に同伴する誓約を果たせなかった点では一致している[64]。最も詳細にそのときの様子を描写しているのが，クリュニー修道会ヴェズレー修道院の書記ポワティエのユーグによる『ヴェズレー修道院の自由に関する書』である。その場に居合わせた目撃者，あるいは彼が仕える修道院長がルイに同行していたと考えられるユーグによると，以下のような経緯だったという[65]。

シャンパーニュ伯トロワのアンリは，全権委任を携えて皇帝フリードリヒ・バルバロッサとフランス国王ルイ間の交渉に当たっていた。ルイの側は2人の教皇の選出の吟味に耳を傾け，両王国の人々の裁定に従い，両王国の信任を得ていたアンリの助言を尊重することを誓約によって保証していた[66]。司教，修道院長，貴族たちが集まり，2人の教皇が出席のもと，双方の側からどちらの教皇を選出するかを裁定する聖職者，騎士が選ばれること，そしてその裁定を双方の君主が受け入れることとなった[67]。アンリは，もしルイが前述の和議を受け入れず，調停に

---

63) Heinemeyer は同日フリードリヒ・バルバロッサによって発給された証書類（DDF. 387, 388）から 76 名の証人を数えている。Cf. Walter Heinemeyer, Die Verhandlungen an der Saone im Jahre 1162, S. 175, Anm. 83.

64) MGH Const. 1, Nr. 208, S. 290, Z. 29: sicut per sacramenta et firmissimas secritates preordinatum est.

65) Walter Heinemeyer, Die Verhandlungen an der Saone im Jahre 1162, S. 159.

66) *Hugonis Pictavini Liber de Libertate Monasterii Vizeliacensis*, MGH SS. 26, S. 146, Z. 38-41:..., ut iniret cum colloquium cum rege, adunatis utriusque regni optimatibus et aecclesiasticis viris, contestatus iureiurando, quod rex, audita utriusque apostolici electionis examinatione, iuxta discretionem personarum utriusque regni staret consilio suo, videlicet Henrici comitis.

67) *Hugonis Pictavini Liber de Libertate Monasterii Vizeliacensis*, S. 147, Z. 12-19: „Maiestatis tue reverentieet regni tui consulens utilitati, domine mi rex, inii colloquium super Ararim fluvium, quotu, domine mi rex, et imperatr Fredericus cum pontificibus et abbatibus atque optimatibus utriusque regni convenientes, presente apostolico tuo et imperatoris apostolico,

同意を示さなければ，自分がルイから授封されている封土を皇帝に託し，そののち皇帝から授封されるという誓いを立てている[68]。しかしながら 1162 年 8 月 29／30 日の 1 回目の会見は不首尾に終わった。ウィクトル 4 世を伴ったフリードリヒ・バルバロッサは夜半に到着したものの，昼間アレクサンデル 3 世を伴って橋で長い時間待っていたルイは待ちぼうけを食わされ，ディジョンに戻っていた[69]。アレクサンデルに同伴を拒否されたルイは，翌朝狩りの装いであたかも偶然通りかかったかのように橋にやってきた[70]。そして仲介者のアンリからの交渉条件の知らせが遅かったことを理由に延期を申し出たが，これをフリードリヒ・バルバロッサはいったんは拒絶している。

　同年 9 月に 2 度目の会見が企てられたが，今回も国王ルイはアレクサンデル 3 世を同伴できなかった。会見当日フリードリヒは自ら現れず，代理で現れたダッセルのライナルトが会見の場に出向き，皇帝の権限であるローマ教会の裁定を誰かに委ねたことはないと述べた[71]。これ

---

ex utraque parte eligentur probatissimi viri tam ecclesiastici quam militares, qui electionem utriusque apostolici diiudicabunt. Et si Rollani electio fuerit sanior comprobata, Octaviani electio cassabitur, et imperator procidet ad pedem Rollani. Si autem Voctoris electio prevaluerit, Rollanus adnullabitur, tu vero, domine rex, ad pedem Octaviani venies. Quod si Victorem deesse contigerit, imperator ab eo deficiens Alexandro tuo obediet. Si autem e converso Alexande defuerit, identidem decidet et rex Victori favebit.

　68)　*Hugonis Pictavini Liber de Libertate Monasterii Vizeliacensis*, S. 147, Z. 21-23: At vero, si tua maiestas noluerit nec predictis pactionibus acquiescere nec arbitrio iudicum assensum prebere, ego iureiurando iuravi, quod ad partes illius transibo et quicquid de fisco regis in feodum habeo, imperatori tradens, ab illo deinceps tenebo; Walter Heinemeyer, Die Verhandlungen an der Saone im Jahre 1162, S. 167, Anm. 47.

　69)　Cf. *Regesta Imperii*, IV, 2, 2 (= *Die Regesten des Kaiserreichs unter Friedrich I. 1152 (1122) - 1190*, 2. Lief.: 1158 - 1168), nach Johann Friedrich Böhmer, neubearbeitet von Ferdinand Opll, Wien/Köln 1991, S. 147, Nr. 1138. Boso,*Vita Alexandri III.*, p. 406. *Boso's Life of Alexander III.*, p. 56.

　70)　*Hugonis Pictavini Liber de Libertate Monasterii Vizeliacensis*, S. 147, Z. 34-37: Quo agnito, Theutonici sive Germani currentes adduxerunt eum cum festinatione maxima eadem die. Quem assumptum, imperator media nocte duxit eum supra pontis medium, statimque quasi pactionibus satisfecisset, recessit. Rex autem Ludowicus quasi venatum pergens, transit per nemus ad locum colloquii.

　71)　*Hugonis Pictavini Liber de Libertate Monasterii Vizeliacensis*, S. 148, Z. 14-16: nequaquam imperatorem talia dixisse, scilicet quod cuiquam permitteret consortium iudicandi Romanam Aecclesiam, quae e proprie sui iuris existebat; ボソによればライナルトは，教皇選挙に関する裁定は帝国の聖職者の権限であると述べた。Boso, *Vita Alexandri III.*, p. 407, l. 17-

は 1160 年 2 月パヴィーアで開催された教会会議での，皇帝だけがローマ教会の問題を裁定する権限を有するという主張に基づいている[72]。ルイは，皇帝側が協定（*pactio*）を履行しなかったと主張し，フリードリヒ・バルバロッサとの協定から自らは解放されたとして，自らの陣営に馬で駆け戻ったという[73]。

　ソーヌ川を挟んで陣営が構えられ，皇帝フリードリヒ・バルバロッサが主導した，皇帝とフランス国王，そして 2 人の対立教皇との会見は失敗に終わった。そして，ウィクトル 4 世が 1164 年 4 月 20 日に亡くなると，フランス国王ルイは状況が優勢になったアレクサンデル 3 世への支援を強化したのである[74]。

6　イングランドの状況

　イングランドは，ロンドンでの教会会議でアレクサンデル 3 世支持を決めていたが，その翌 1161 年 4 月 18 日カンタベリー大司教テオバルトが亡くなり，1162 年 5 月 27 日国王ヘンリ 2 世の強い推挙を受けて，国王の大法官トマス・ベケット（1119/20-70）が後任に選出された。このトマス・ベケットにパリウムが授けたのは，他でもないアレクサンデル 3 世だった[75]。

　ヘンリ 2 世とトマス・ベケットの蜜月に暗雲が陰り始めたのは，1163 年である。ベケットは「法廷における特権（*privilegium fori*）」に基づき，殺人，撲殺，暴行などの重罪を犯した聖職者を国王の裁判官たち

19: Mandat vobis dominus noster F. Imperator Romanorum et specialis advocatus Romane ecclesie quod ad nullos ecclesiarum prelatos de causa electionis Romani pontificis pertinet iudicium ferre, nisi ad eos tantum qui sub imperio Romano extistunt; Cf. Walter Heinemeyer, Die Verhandlungen an der Saone im Jahre 1162, S. 183.

72)　MGH Const. 1, Nr. 190.

73)　Walter Heinemeyer, Die Verhandlungen an der Saone im Jahre 1162, S. 184.

74)　Franz-Josef Schmale, Friedrich I. und Ludwig VII. Im Sommer des Jahres 1162, in: *Zeitschrift für bayerische Landesgeschichte* 31 (1968), S. 315-368.

75)　Hanna Vollrath, Lüge oder Fälschung? Die Überlieferung von Barbarossas Hoftag zu Würzburg im Jahr 1165 und der Becket-Streit, in: Stefan Weinfurter (Hg.), *Stauferreich im Wandel. Ordnungsvorstellungen und Politik in der Zeit Friedrich Barbarossas*, Sigmaringen 2002, S. 149-171, ここでは，S. 152 ff. 参照。

が裁くことを拒否した。犯した大罪に対し，聖職者は職位剥奪，聖職禄の召し上げ，終生修道院に蟄居など比較的軽い罰が下されることを，ヘンリ2世は不十分と見なした。そして同年10月，ヘンリ2世はイングランドの全聖職者に対し，重罪を犯した聖職者は教会裁判で有罪であると認められた場合はまず聖職位を剥奪されたうえで俗人として国王裁判にかけられ，身体刑に処せられることを認めさせようとしたのである。

教会法が適用される聖職者の特権を剥奪するこのクラレンドン法を巡って，国王ヘンリ2世とカンタベリー大司教トマス・ベケット間の対立が表面化した。トマス・ベケットは，教会法でまず職位が剥奪され，さらに国王裁判で身体刑に処せられるという二重の裁きに対し，同じ罪で二度罪を問われるべきではないと新たな法手続きに対し真っ向から反対した。それに対しヘンリ2世は古い慣習と王の威厳（*pars consuetudinum et dignitatum regni*）に基づき手続きの正しさを主張し，1164年1月クラレンドンで成文化させた[76]。

教皇を味方に付けたいヘンリ2世，そしてトマス・ベケット両者の間で，アレクサンデル3世は難しい判断を迫られていた。聖職者の諸権利の保持のために国王との対立も厭わないトマス・ベケットを支持すれば，ヘンリ2世が対立教皇支持に回る可能性があったからである。

7　1165年のヴュルツブルクの誓約

各利害者間で折衝が何度も試みられる中，1165年の聖霊降臨祭にヴュルツブルク Würzburg で帝国会議が招集され，アレクサンデル3世と，ウィクトル4世の後継者であるパスカリス3世のどちらの教皇を支持するかが話し合われた。皇帝フリードリヒ・バルバロッサはパスカリスを支持し，通例国王は代理を立てて誓約させるところを自ら誓いを立てて，アレクサンデル3世とその後継者を承認しないことを表明してい

---

76)　Hanna Vollrath, Lüge oder Fälschung? ここでは, S. 154, Anm. 18; *Select Charters and other illustrations of English constitutional history, from the earliest times to the reign of Edward the First*, William Stubbs (ed.), London 1913, pp. 161 ff.

る[77]。続いて40名の諸侯たちに誓約を求めたが[78]，教会分裂をもたらすこの決定への抵抗は大きく[79]，マクデブルク大司教ヴィッヒマンらは留保条件を付けて誓約に応じている[80]。

このヴュルツブルクの誓約には，イングランド国王ヘンリ2世の使節も加わっていた。ドイツのすべての聖俗諸侯が誓約を立てた後で，イングランドの使節であるイルチェスターのリチャードとオクスフォード

---

77) DF. I. 480, S. 396, Z. 36-39: … ipsi nos manu propria super sanctorum reliquias iuramentum publice prestitimus, quod Rolandum scismaticum vel eius successorem, quem pars ipsius elegerit, in papam numquam recipiemus nec ad eum recipiendum assensum umquam alicui prebebimus; Cf. Nr. 481; *Chronica regis Coloniensis*, Georg Waitz (ed.), MGH SS rer. Germ. 18, Hannover 1880, S. 116: ... ubi tam ipse imperator quam omnes principes iuraverunt quod ...; 君主の代理誓約に関しては後述する。Werner Goez, … iuravit in anima regis: Hochmittelalterliche Beschränkungen königlicher Eidesleistung, in: DA 42, 1986, S. 517-554. ここでは S. 529 f.; Cf. Knut Görich, *Friedrich Barbarossa: Eine Biographie*, S. 410, Anm. 81; 服部良久『中世のコミュニケーションと秩序―紛争・平和・儀礼』第8章第3節2「ヴュルツブルク宮廷集会における誓約」206頁以下参照；北嶋繁雄「「ヴュルツブルクの宣誓」（一一六五年）について」『文學論叢（愛知大学人文社会学研究所）』48 (1972), 57-87頁。

78) DF I. 480, S. 397, Z. 9-12: Idem quoque iuramentum archiepiscopi omnes et spiscopi atque electi, qui interfluerunt, numero XL super sancta dei evangelia manu propria, unusquisque sub stola sua, prestiterunt et publice firmaverunt.

79) ヴィッヒマンは，コンラート3世の息子でシュヴァーベン大公ローテンブルクのフリードリヒの皇帝への選出を，他の多くの諸侯たちと密約していたという。Cf. *Materials for the history of Thomas Becket*, vol. 5: Letters, James Craigie Robertson (ed.), London 1881, Wiesbaden Reprint 1965. Nr. 156: Epistola Herberti Boshamensis ad Alexandrum papam in persona Thomae Cantuariensis Archiepiscopi in exsilio positi, A.D. 1166, p. 286: Et adhuc litterae multum constanter asserebant quod Treve[re]nsis et Magdeburgensis et Saxeburgensis cum quibusdam suffraganeis suis, et filius regis Conradi, et dux Orientis avunculus ejus, et dux Bertolphus de Ciringia, et dux Welpho, et Fredericus frater domini Maguntini, et alii quamplures fautores juraverunt de novo imperatore faciendo, nisi iste de parte ecclesiae et libertate Alemanniae ad eorum arbitrium steterit; Cf. Wolfgang Georgi, Wichmann, Christian, Philipp und Konrad: Die »Friedensmacher« von Venedig?, in: Stefan Weinfurter (Hg.), *Stauferreich im Wandel. Ordnungsvorstellungen und Politik in der Zeit Friedrich Barbarossas*, Sigmaringen 2002, S. 41-84, ここでは S. 46 f.

80) *Materials for the history of Thomas Becket*, Nr. 98, Alexandro papae quidam amicus suus, A.D. 1165, p. 187: Sicque cum fletu et planctu maximo juravit primus Magdaburgensis, sub ea tamen conditione, si omnes alii qui aberant essent simul juraturi, et quod solutus esset a juramento quocumque tempore desineret regalia possidere; ibid., Nr. 99, p. 190: Magdaburgensis archiepiscopus tandem et cum lacrymis abjuravit, hoc adjecto, quamdiu regalia retinebit, et si omnes qui aberant idem jurent; Regesta Imperii, IV, 2, 2, Nr. 1475; Cf. Wolfgang Georgi, Wichmann, Christian, Philipp und Konrad: Die »Friedensmacher« von Venedig?, S. 48 f..

のジョンが代理誓約を行ったという[81]。

> 我々の高貴な同胞であるイングランド国民の王ヘンリによって我々のもとに送られた使節が，宮廷においてヘンリ王のために聖遺物にかけて，国王とその全王国は我々に対し誠実であること，我々が支持するパスカリスを我々とともに常に支持し，教会分裂を招くロランド（＝アレクサンデル3世）を支持することは決してないことを誓約した[82]。

ヴュルツブルクの誓約直前の1165年初頭，ケルン大司教ダッセルのライナルトが，フリードリヒの使節としてヘンリ2世のもとに派遣され，ハインリヒ獅子公とヘンリ2世の娘マティルデ，そして生まれて間もないフリードリヒ・バルバロッサの長男フリードリヒとヘンリ2世の3歳の娘アリエノールAliénorとの結婚の約束を取り付けていた。両王朝の命運を握るこの結婚交渉役に，フリードリヒ・バルバロッサの腹心の家臣であるケルン大司教ライナルトが任された背景には，後述するように，イングランドとケルンとの交易上の深い結び付きがあった[83]。

---

81) Cf. Hanna Vollrath, Lüge oder Fälschung?, S. 151. Vollrathは，フリードリヒ・バルバロッサの回書のみで伝えられているパスカリス支持の文言は皇帝側の意図的捏造と見ている。Ibid., S. 170; *Materials for the history of Thomas Becket*, Nr. 100: Fredericus imperator cunctis populis. A.D. 1165, p. 193 f.: Ac haec honorabiles legati illustris amici nostri Henrici, gloriosi Anglorum regis, ad nos ab ipso transmissi, in totius curiae nostrae praesentia super sanctorum reliquias ex parte regis Angliae publice juraverunt nobis, quod rex ipse cum toto regno suo in parte nostra fideliter stabit, dominum Paschalem, quem nos tenemus, nobiscum semper tenebit, de Rolando autem schismatico manutenendo nullatenus se de caetero intromittet.

82) Cf. DF I. 480 及び 481: Ad hec honorabiles legati illustoris amici nostri Henrici gloriosi Anglorum regis ad nos ab ipso transmissi in totius curie nostre presentia super sanctorum reliquias ex parte regis Anglie publice nobis iuraverunt, quod rex ipse cum toto regno suo in parte nostra fideliter stabit, dominum papam Paschalem, quem nos tenemus, nobiscum semper tenebit, de Rolando autem scismatico manutenendo nullatenus de cetero se intromittet.

83) ヘンリ2世は1157／1176年ケルン商人に特権状を付与している。ヘンリ2世はロンドンのケルン商館であるギルド・ホールを保護下に置き，これまで慣習的に存在していなかった，あるいは強制されることのなかった新たな税や規制をかけることを禁止し，とりわけワインに関してケルン商人が持ち込むライン産ワインをフランス産ワインと同じ条件で取引するという条件で優遇した。*Hansisches Urkundenbuch*, Bd. 1, Verein für hansische Geschichte (Hg.), Halle 1876. Nr. 13 と 14; *Die Quellen zur Hanse-Geschichte*, Rolf Sprandel (Hg.), Darmstadt 1982, S. 170 f. B.1; *Die Hanse*, Philippe Dollinger, neu bearbeitet von Volker Henn und

イングランド国王ヘンリ 2 世と皇帝フリードリヒ・バルバロッサが接近する中，イングランド使節として国王ヘンリ 2 世の最側近，ポワティエの大助祭イルチェスターのリチャードとオクスフォードのジョンが，ダッセルのライナルトに伴われてヴュルツブルクの帝国会議に出席した。トマス・ベケットに敵対する聖職者の彼らは，上記のようにイングランド国王ヘンリ 2 世の代理誓約を行い，パスカリス支持を表明したのである[84]。

8　英仏の思惑

一見すると，イングランド国王ヘンリ 2 世のもと，イングランド教会はパスカリス支持で一致したかのように見えるが，イングランドで著された年代記では必ずしもそう描かれてはいない[85]。おそらく 1177 年の教会分裂終結前に著された『メルローズ年代記 *Ex Annalbus Melrosensibus*』では，アレクサンデル 3 世は正当に選出され聖別され

Nils Jörn, Stuttgart 2012, S. 5 及び S. 503 f., Anhang, Nr. 2 も参照。年号が記載されていないこの特権状の発給時期を Hansisches Urkundenbuch では 1157 年，Dollinger も 1157 年としているが，新たになされたそのドイツ語翻訳では 1176 年としている。シュタウファー朝治世下の都市政策に関しては，Manfred Groten, Köln und das Reich. Zum Verhältnis von Kirche und Stadt zu den staufischen Herrschern 1151-1198, in: Stefan Weinfurter (Hg.), *Stauferreich im Wandel. Ordnungsvorstellungen und Politik in der Zeit Friedrich Barbarossas*, Sigmaringen 2002, S. 237-252; Thomas Zotz, Städtisches Rittertum und Bürgertum in Köln um 1200, in: Lutz Fenske, Werner Rösener, Thomas Zotz (Hgg.), *Institutionesn, Kultur und Gesellschaft im Mittelalter, Festschrift für Josef Fleckenstein*, Sigmaringen 1984, S. 609-638; Johannes Fried, Die Wirtschaftspolitik Friedrich Barbarossas in Deutschland, in: *Blätter für deutsche Landesgeschichte*120 (1984), S. 195-239; Hugo Stehkämper, Friedrich Barbarossa und die Stadt Köln. Ein Wirtschaftskrieg am Niederrhein, in: Hanna Vollrath, Stefan Weinfurter (Hgg.), *Köln. Stadt und Bistum in Kirche und Reich des Mittelalters. Festschrift für Odilo Engels zum 65. Geburtstag*, Köln 1993, S. 367-413; Odilo Engels, Beiträge zur Geschichte der Staufer im 12. Jahrhundert (I), in: DA 27 (1971), S. 373-456 (= idem, Erich Meuthen, Stefan Weinfurter (Hgg.), *Stauferstudien: Beiträge zur Geschichte der Staufer im 12. Jahrhundert*, Sigmaringen 1988, ²1996, S. 32-115).

84）Carlo Servatius, Zur Englandpolitik der Kurie unter Paschalis II, in: Ernst Dieter Hehl, Hubertus Seibert, Franz Staab (Hgg.), *Deus qui mutat tempora: Menschen und Institutionen im Wandel des Mittelalters: Festschrift für Alfons Becker zu sienen 65. Geburtstag*, Sigmaringen 1987, S. 173-190.

85）Cf. Hanna Vollrath, Lüge oder Fälschung?, S. 158.

た（*canonice electus et consecratus*）教皇であり，それに対して皇帝フリードリヒは暴政を敷くものとして描かれている[86]。また 1148 年から 1169 年まで『メルローズ年代記』に依拠し，ソールズベリのジョンやトマス・ベケットの書簡なども参照しているハウデンのロジャーも同様の描き方をしている[87]。ロジャーは，イルチェスターのリチャードとオクスフォードのジョンを破門したトマス・ベケットが属司教（*suffragator*）に送った書簡を年代記に挿入している。

> オクスフォードのジョンは，教会分裂を推し進める者たちに誓いを立てたことによって異端に陥ったが，この誓いにより，ほとんど絶えかかっていたドイツにおける教会分裂が再び勢いを盛り返した。またジョンは，すべての教会分裂を推し進めるものの中でも最も有名なケルンのライナルトと関係を持っていることによって異端である[88]。

ダッセルのライナルトが帝国とイングランド間の婚姻を取りまとめるためにイングランドを訪れた際も[89]，教皇との関係に影響を与えるこの婚姻の取り決めへの反応はイングランドにおいて一様ではなかった。多くの諸侯がライナルトに友好関係を示す接吻を与える一方で，大司法官のレスターのロバートは，大教会分裂者（*archischismaticus*）であるとし

---

[86]　*Ex Annalbus Melrosensibus*, MGH SS 27, S. 432-442. ここでは S. 435; *Chronica de Mailros codice unico in Bibliotheca Cottoniana servato, nunc iterum in lucem*, Joseph Stevenson (ed.), Edinburgh 1835; *The Church Historians of England, vol. IV, part I: Containing The Chronicles of John and Richard of Hexham. The Chronicle of Holyrood. The Chronicle of Melrose. Jordan Fantosme's Chronicle. Documents Respecting Canterbury and Winchester*, Joseph Stevenson (ed.), 1856, Reprint 2021. ここでは p. 128, A.D. 1159.

[87]　*Chronica Magistri Rogeri de Houedene (A.D. 732-1201)*, vol. 1, William Stubbs (ed.), London 1868, ND Wiesbaden 1964, p. 219（1162 年）；ハウデンのロジャーについては，有光秀行「イングランド宮廷とケルト的周縁―ロジャ・オヴ・ハウデンに着目して」『宮廷と広場』刀水書房，2002 年，47-65 頁；Hanna Vollrath, Lüge oder Fälschung?, S. 158, Anm. 36.

[88]　*Chronica Magistri Rogeri de Houedene (A.D. 732-1201)*, vol. 1, William Stubbs (ed.), pp. 237-240: *Epistola beati Thomae Cantuariensis archiepiscopi ad suffraganeos suos*, p. 238; Hanna Vollrath, Lüge oder Fälschung?, S. 158.

[89]　Jens Ahlers, *Die Welfen und die englischen Könige 1165-1235*, Hildesheim 1987, S. 44 ff.

てライナルトに接吻を与えることを拒んでいる[90]。

　イングランドと帝国との緊密な関係は，1165年のカール大帝の列聖にも認めることができるだろう[91]。1165年暮れフリードリヒ・バルバロッサは，彼が推す教皇パスカリス3世からカール大帝の列聖（*canonizatio*）の同意を得ているが，1161年2月7日教皇アレクサンデル3世によるエドワード証聖王の列聖，1163年10月13日ヘンリ2世による同王のウェストミンスターへの移送が影響を与えたと考えられる[92]。1166年1月8日付の列聖に関する皇帝証書（DF I. 502）に，イングランド国王ヘンリ2世の請願によってパスカリスの同意を取り付けたとあるように，列聖への動きにはイングランドとの協調関係が大きく影響した。

　当該の証書は[93]，翌日に発給されたアーヘンに付与した特権証書（DF I. 503）と密接に関連している。この証書は，アレクサンデル3世による教皇文書を手本とし[94]，カール大帝によるアーヘンへの特権付与に関わる偽証書（DKa I.295）に依拠しているが，後者の作成にはライナルトが何らかの形で関わっていただろうと推定されている[95]。偽証書には，

---

90)　*Ymagines Historiarum*, in: *The Historical Works of Master Ralph de Diceto, Dean of London*, William Stubbs (ed.), vol. 1, London 1876, ND Wiesbaden 1965, p. 318: Rege morante apud Westmustier, Reginaldus Coloniensis archiepiscopus venit in Angliam, accepturus uxorem Henrico duci Saxoniae Mathildem primogenitam filiam regis. Cui cum magnates sollenniter occurrissent, Robertus comes Legecestriae justiciarius regis illum archiscismaticum in osculum non recepit. Eversa sunt passim altaria super quae Missam illi celebrarunt scismatici; Cf. Jens Ahlers, *Die Welfen und die englischen Könige 1165-1235*, Hildesheim 1987, S. 45; Hanna Vollrath, Lüge oder Fälschung?, S. 158.

91)　服部良久『中世のコミュニケーションと秩序──紛争・平和・儀礼』第8章第4節「カール大帝の列聖」207頁以下参照。

92)　Jürgen Petersohn, Kaisertum und Kultakt in der Stauferzeit, in: idem (Hg.), *Politik und Heiligenverehrung im Hochmittelalter*, Sigmaringen 1994, S. 101-146, ここでは S. 108 ff.; idem, *Kaisertum und Rom in spätsalischer und satufischer Zeit: Romidee und Rompolitik von Heinrich V. bis Friedrich II.*, Hannover 2010, S. 46-79.

93)　この証書作成へのヴォルトヴィンの関与を Peyer は想定したが，これは Hausmann によって否定されている。Cf. DF I. 502 の Anm. 参照。

94)　Jürgen Petersohn, Saint-Denis – Westminster – Aachen. Die Karls-Translatio von 1165 und ihre Vorbilder, in: DA 31 (1975), S. 420-454, ここでは S. 436; Erich Meuthen, Barbarossa und Aachen, in: *Rheinische Vierteljahrsblätter* 39 (1975), S. 28-59, ここでは S. 54, Anm. 167; *Aachener Urkunden* 1101-1250, Erich Meuthen (bearb.), Bonn 1972.

95)　ライナルトの関与に関しては，Max Buchner, Das fingierte Privileg Karls des Großen für Aachen ── eine Fälschung Reinlads von Dassel ── und die Entstehung der Aachener „Vita

失われた証書を復元したもの，政治的配慮が働いて，ある特定の集団（受領者である場合が多い）に有利になるように捏造された証書があるが，これは捏造された証書である[96]。

前述のように，1165 年 5 月のヴュルツブルクの誓約直前の 1165 年初頭，外交に長けたライナルトは，フリードリヒ・バルバロッサの息子とハインリヒ獅子公と，プランタジネット朝ヘンリ 2 世の娘たちとの結婚交渉役に任じられ，イングランドに渡航していた。

イングランドにおける国王ヘンリ 2 世と大司教トマス・ベケットの対立に絡んできたのがフランス国王ルイ 7 世である。ヘンリ 2 世は大陸ではルイ 7 世を封建領主として戴く立場にある上に，ヘンリ 2 世の妃アリエノール（c.1124-1204）はルイ 7 世の最初の妃だった。ドーヴァー海峡を跨いで，ノルマンディ公領，アキテーヌ公領，アンジュー伯領など広大な領地とイングランドを治めるヘンリ 2 世を牽制する絶好の機会をルイ 7 世は見逃さずに，トマス・ベケットの亡命を受け入れた。三つ巴，いや五つ巴の状況下，以前より緊密に連絡を取り合っていたアレクサンデル 3 世がトマス・ベケット支援に舵を切ったことが，ヘンリ 2 世と皇帝フリードリヒとを近づけ，先のイングランド使節によるヴュルツブルクの誓約へと繋がったのである[97]。

9　第 4 次イタリア遠征とロンバルディア同盟

1167 年 1 月フリードリヒ・バルバロッサは第 4 次イタリア遠征に出発したが，イタリア・ロンバルディアにおける新しい統治形態の推進は，皇帝と良好な関係を保っていたパヴィーアやクレモナとの関係に影を落とすことになった。13 世紀のフランシスコ会士パヴィーアのトマゾはその理由の一つに，それまで助言者として重用していたクレモナの

Karoli Magni", in: *Zeitschrift der Aachener Geschichtsvereins* 47 (1925), S. 179-254.
　96)　12 世紀の活発な偽証書作成，特にブルゴーニュに関しては，西川洋一「フリードリヒ・バルバロッサの証書における王権と法」『国家学会雑誌』98 巻 1・2 号（1985 年），1-80 頁。ここでは 14 頁参照。
　97)　1170 年頃からフリードリヒ・バルバロッサはルイ 7 世との関係を強めていた。Cf. Ferdinand Opll, *Friedrich Barbarossa*, Darmstadt 1990, S. 108.

有識者 (*sapiens*) をフリードリヒが助言を得る側近 (*consilium secretum*) から遠ざけたことによる不信感の助長を挙げている[98]。イタリア諸都市の要求を退けたフリードリヒ・バルバロッサに対し[99]，1167 年 12 月 1 日ロンバルディア同盟が誓約を以って結成された。イタリア都市コムーネでは 12 世紀，13 世紀様々な交渉締結の場において代表による誓約に基づく約定が通用していたが，その代表格と言えるのがロンバルディア同盟結成だった（図 2-3）[100]。

1164 年結成されていたヴェローナ同盟に加入していたヴェローナ，パドヴァ Padova, ヴィチェンツァ Vicenza, ヴェネチア共和国に加えて，ミラノ，クレモナ，ベルガモ Bergamo, ブレシア Brecia, マントヴァ Mantova, フェッラーラ Ferrara, ピアチェンツァ，パルマ Parma, トレヴィーゾ Treviso, ローディの 14 都市が加入したロンバルディア同盟は，教皇アレクサンデル 3 世とも手を結んだ[101]。ロンバルディア同盟の結成に際して，皇帝寄りだったクレモナ，ローディ，ベルガモ，ブレシア，マントヴァ，フェッラーラは，皇帝への忠誠は損なわれることなく (*salva fidelitate imperatoris*)，皇帝の不当な行為には断固として立ち向

---

98) Thomas von Pavia, *Gesta imperatorum et pontificum*, Ernst Ehrenfeuchter (ed.), MGH SS 22, Hannover 1872, S. 483-528, ここでは S, 505 Z. 42-48; Cf. Knut Görich, *Friedrich Barbarossa: Eine Biographie*, München 2011, S. 363, Anm. 103.

99) Alfred Haverkamp, Die Regalien-, Schutz- und Steuerpolitik in Italien unter Friedrich Barbarossa bis zur Entstehung des Lombardenbundes, in: *Zeitschrift für Bayerische Landesgeschichte* 29 (1966), S. 3-156.

100) *Gli Atti del Comune di Milano fino all'anno MCCXVI*, Cesare Manaresi (ed.), Milano 1919, Nr. 56（1167 年 12 月 1 日）, pp. 83 ff.; 同年 4 月に Pontida 修道院において行われた誓約がロンバルディア同盟の礎となったという記録は同時代人の年代記などにはなく，1500 年頃 Bernardino Corio によって書かれたミラノの歴史 *Historia di Milano* に初めて登場する。ロンバルディア同盟に関しては，佐藤眞典『中世イタリア都市国家成立史研究』157 頁以下参照。

101) Alfred Haverkamp, Der Konstanzer Friede zwischen Kaiser und Lombardenbund (1183), in: Helmut Maurer (Hg.), *Kommunale Bündnisse Oberitaliens und Oberdeutschlands im Vergleich*, Sigmaringen 1987 (= V. u. F. 33), S. 11-44. モンテベッロの和議後さらにボローニャ，ラヴェンナ，リミニ，モデナ，レッジョ，パルマ，ボッビオ，トルトーナ，アレッサンドリア，ヴェルチェッリ，ノヴァーラの 11 都市が加わった。Ibid., S. 12, Anm. 3; Ferdinand Güterbock, *Der Friede von Montebello und die Weiterentwickelung des Lombardenbundes*, Berlin 1895; Christoph Dartmann, Medien in den städtischen Öffentlichkeit: innere Friedensschlüsse in den italienischen Kommunen des Mittelalters, in: Bent Jörgensen, Raphael Krug Christine Lüdke (Hgg.), *Friedensschlüsse: Medien und Konfliktbewältigung vom 12. bis zum 19. Jahrhundert*, 2008.

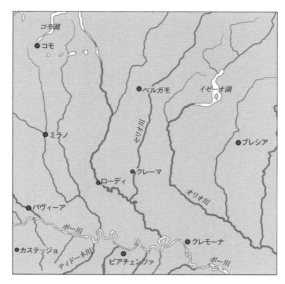

図 2-3　ロンバルディア諸都市①
(Knut Görich, *Friedrich Barbarossa: eine Biographie*, München 2011, p. 339 より作成)

かうことを確認している[102]。

　1167 年 5 月末に始まったトゥスクルム Tusculum の戦いでは，フリードリヒ・バルバロッサに軍配が上がった。ラテラノ宮殿を逃れたアレク

---

　102)　*Ottos Morena und seiner Fortsetzer Buch*, S. 204 f.: Qui omnes cum insimul coadunati fuissent ac mala et incommoda a procuratoribus imperatoris et missis sibi illata vicissim inter se retulissent, melius esse cum honore mori, si opporteret et aliter fieri non posset, quam turpiter et cum tanto dedecore vivere statuerunt. Quapropter illi statim fedus omnes inter se inierunt et concordiam atque pactum, hoc videlicet quod unaqueque civitas adiuvaret alteram, si imperator aut eius procuratores vel missi aliquam iniuriam vel malum am plius sine racione eis inferre vellent, firmiter inter se firmaverunt ac iureiurando - salva tamen, sicut dicebatur palam, imperatoris fidelitate – corroboraverunt... S. 206 ff.: ac postea id totum, pro quo venerant, per ordinem nuntiantes dixerunt, quatenus ipsi Laudenses cum Cremonensibus aliisque civitatibus omnibus secum coniuratis fedus salva tamen imperatoris fidelitate inirent, dicentes eis, quia omnes predicte civitates, si imperator vel eius missi seu procuratores aliquod malum amplius eis facere vellent, omnimodo et per omnia eos adiuvarent. Laudenses; Alfred Haverkamp, *Herrschaftsformen der Frühstaufer in Reichsitalien*, Teil II, Stuttgart 1971, S. 354; Gerhard Dilcher, Die staufische Renovatio im Spannungsfeld von traditionellem und neuem Denken, S. 635; 同盟に加わった都市内には皇帝支持者もいた。Cf. Alfred Haverkamp, Der Konstanzer Friede zwischen Kaiser und Lombardenbund (1183), S. 18 f.

9　第4次イタリア遠征とロンバルディア同盟　　　　　　　　　47

サンデル3世は，ベネヴェント Benevent でシチリア国王の庇護を受けて3年半過ごすことになった。一方勝利を収めたパスカリス3世は同年7月30日に正式に教皇座に登位し，その支持者たちを叙階したのである[103]。

　同年8月両者は和平 (*pactum*) を結び[104]，敗北したローマ市民たちは，皇帝に誠実誓約を誓い，ようやく長年に渡る抗争が皇帝側の勝利で終結を迎えたかに思われた。しかしながら同月初めローマ郊外にいた皇帝軍で疫病が流行り[105]，プラハ司教ダニエル，リエージュ司教アレクサンデル，ヴェルダン司教ヘルマン，そしてフリードリヒ・バルバロッサの右腕ダッセルのライナルト，ヴェルフ6世の唯一の嫡男ヴェルフ7世などフリードリヒ・バルバロッサを支えてきた有力諸侯たちが疫病に倒れ[106]，フリードリヒ・バルバロッサはモン・スニ峠 Col du Mont-Cenis

---

　103)　*Chronica regia Coloniensis, cum continuationibus in monasterio S. Pantaleonis scriptis aliisque historiae Coloniensis monumentis*, Georg Waitz (ed.), MGH SS rer. Germ. 18, Hannover 1880, S. 118; *Romualdi Salernitani Chronicon*, Calro Alberto Garufi (ed.) (Rerum Italicarum Scriptores, Nuova edizione, 7.1) Città di Castello 1935, p. 256; *Ottos Morena und seiner Fortsetzer Buch*, S. 224 ff.; Cf. Jürgen Petersohn, *Kaisertum und Rom in spätsalischer und staufischer Zeit*, S. 219.

　104)　証書の形では伝来していない。DF I. 533: Iuraverunt presents et iurabunt futuri senators et totus populus Romanus domino Friderico imperatori fidelitatem, et quod iuvabunt eum coronam imperii Romani retinere et defendere contra omnes homines, et iusticias suas tam infra urbem quam extra urbem iuvabunt eum retinere; et quod nunquam erunt nec in consilio nec in facto, ubi domnus imperator mala captione capiatur vel membrum perdat vel aliquod detrimentum in persona paciatur, et quod senatum non nisi per eum vel nuntium suum ordinabunt. Et haec observabunt sine fraude et malo ingenio. / Dominus imperator confirmabit senatum perpetuo in eo vigore, in quo nunc est, et augebit illum tali tenore, ut senatus per eum ordinetur et si subiectus fiat, et faciet inde privilegium cum sigillo auri, in quo contineantur haec: videlicet confirmation senatus, et quod faciet salva omnia iusta tenementa populi Romani, quantum ad imperatorem pertinent… (= *Chronica regia Coloniensis*, Georg Waitz (ed.), SS rer. Germ. 18, 1880, S. 118); Jürgen Petersohn, *Kaisertum und Rom in spätsalischer und staufischer Zeit*, S. 241.

　105)　*Ottos Morena und seiner Fortsetzer Buch*, S. 224 ff.; Peter Herde, *Die Katastrophe vor Rom im August 1167. Eine historisch-Epidemiologische Studie zum vierten Italienzug Friedrichs I. Barbarossa*, Stuttgart 1991.

　106)　*Ottos Morena und seiner Fortsetzer Buch*, S. 228 f.; *Ottonis Morena et continuatorum historia Frederici I. = Das Geschichtswerk des Otto Morena und seiner Fortsetzer über die Taten Friedrichs I. in der Lombardei)*, Ferdinand Güterbock (ed.), MGH. SS. rer. Germ. NS. 7, Berlin 1930, S. 206; Cf. Jürgen Petersohn, *Kaisertum und Rom in spätsalischer und staufischer Zeit*, S. 222 f.; Johannes of Salisbury, Letters, vol. 1: *The Early Letters (1153-1161)*, W. J. Millor, H. E. Butler (eds.), Edinburgh 1955; vol 2: *The Later Letters (1163-1180)*, W. J. Millor, C. N. L. Brooke

を通ってアルペン越えし，難局を切り抜けてまさに這う這うの体でドイツへ帰還したのである[107]。

10 合意形成と領邦君主

フリードリヒ・バルバロッサの統治においてキャスティング・ボードを握っていたのは，統治の決定プロセスに強い影響力を及ぼした領邦君主たちだった[108]。助言者たちが一堂に会する宮廷会議の場では，領邦君主間のパワー・バランスが顕在化したのである[109]。

巡行統治の時代，君主は宮廷／帝国会議を領土内の各地で開廷していた。宮廷会議には，大きく分けて，枢軸となる聖俗諸侯が集まり協

(eds.), Oxford 1979, Nr. 272, p. 558; *Gotifredi Viterbiensis Gesta Friderici*, Georg Waitz (ed.), MGH SS 22, Hannover 1872, S. 307-334. ここでは S. 324, Z. 771-808; *Die Chronik Ottos von St. Blasien und die Marbacher Annalen*, Franz-Josef Schmale (Hg. u. übers.), Darmstadt 1998, S. 15-157. ここでは S. 60-63.

107) Johannes of Salisbury, vol 2: *The Later Letters (1163-1180)*, Nr. 253, p. 510; *Chronica regia Coloniensis*, Georg Waitz (ed.), S. 120; ドイツ語訳は，*Die Kölner Königschronik*, Karl Platner (übers.), Wilhelm Wattenbach (bearb.), Leipzig 1896; Knut Görich, *Friedrich Barbarossa: Eine Biographie*, S. 369 及び S. 417-420; 服部良久『中世のコミュニケーションと秩序──紛争・平和・儀礼』第8章第5節，211頁参照。

108) 皇帝フリードリヒ・バルバロッサの宮廷の構成メンバーについては，Alheydis Plassmann, *Die Struktur des Hofes unter Friedrich I. Barbarossa nach den deutschen Zeugen seiner Urkunden*, Hannover 1998; フリードリヒ・バルバロッサの助言者たちについては，Christian Uebach, *Die Ratgeber Friedrich Barbarossas (1152-1167)*, Marburg 2008; Alheydis Plassmann, Dominik Büschken (Hgg.), *Staufen and Plantagenets: two empires in comparison*, Göttingen 2018; Plassmann の研究に関しては，西川洋一「12世紀ドイツ王権の宮廷」渡辺節夫編『ヨーロッパ中世の権力変成と展開』東京大学出版会，2003年，79-116頁。ここでは82頁以下参照 ; Hanna Vollrath, Politische Ordnungsvorstellungen und politisches Handeln im Vergleich. Philipp II. August von Frankreich und Friedrich Barbarossa im Konflikt mit ihren mächstigsten Fürsten, in: Joseph Canning, Otto Gerhard Oexle (Hgg.), *Political thought and the realities of power in the Middle Ages: Politisches Denken und die Wirklichkeit der Macht im Mittelalter*, Göttingen 1998, S. 33-51.

109) Theo Kölzer, Der Hof Friedrich Barbarossas und die Reichsfürsten, in: Peter Moraw (Hg.), *Deutscher Königshof, Hoftag und Reichstag im späteren Mittelalter*, Stuttgart 2002, S. 3-47（1992年10月7日の講演に基づく論文であり，以下の同名論文より詳細に論じられている）; Theo Kölzer, Der Hof Friedrich Barbarossas und die Reichsfürsten, in: Stefan Weinfurter (Hg.), *Stauferreich im Wandel. Ordnungsvorstellungen und Politik in der Zeit Friedrich Barbarossas*, Sigmaringen 2002, S. 75-92.

議する宮廷会議 (*curia*) と，構成員を拡大した一般宮廷会議（帝国会議）(*curia generalis/universalis*) の二つがあった。さらに協議の場である *colloquium* も，その構成員，議題によって対外的開放性を変えたのである[110]。宮廷を構成していたのは，聖俗の封建諸侯，自由身分と並んで，宮廷の管理運営に当たる内膳頭 (*dapifer*)[111]，主馬頭 (*marscalcus/marescallus*)[112]，侍従頭 (*cubicularius/camerarius*)[113]，献酌頭 (*pincerna*) などの非自由身分の家人ミニステリアーレン (*ministeriales*) たち，そしてしばしば礼拝堂司祭 (*capellani*) に任じられ，書記 (*notarii*) として宮廷の文書行政を司ると同時に，しばしば外交使節の役割を果たした文官たちである[114]。

イングランド国王ヘンリ2世の宮廷について著したウォルター・マップ (c. 1130-1209/10) が，『宮廷人の閑話』の冒頭で「宮廷は決して同じ状態には留まらない。私が立ち去ったとき，宮廷のことを私はよく知っていた。戻ってくると，私があとにしたところについてほとんど分からなくなってしまっていた。宮廷は私にとって見知らぬところであり，宮廷にとって私は見知らぬものになったのだ。宮廷はそのままだが，そこにいる構成員はすっかり変わってしまったのである」と述べているように[115]，宮廷は絶えず変化し，移ろいゆくこの世の営みそのものであった。諸侯たちは，巡行統治とともに各地で召集されたが，ロータル3世，コ

---

110) Werner Rösener, Die Hoftage Kaiser Friedrichs I. Barbarossa im Regnum Teutonicum, in: Peter Moraw (Hg.), *Deutscher Königshof, Hoftag und Reichstag im späteren Mittelalter*, Sigmaringen 2002, S. 359-386. 併用される *colloquium* と *curia* の語義の相違に関しては，ibid., S. 363; 12世紀の宮廷に関しては，服部良久『中世のコミュニケーションと秩序―紛争・平和・儀礼』第3章第3節「コミュニケーション空間としての王宮廷」58頁以下参照。特に宮廷と宮廷会議の区分の難しさに関しては65頁。

111) Wilhelm Pötter, *Die Ministerialität der Erzbischöfe von Köln*, S. 90.

112) Ibid., S. 96.

113) Ibid., S. 85.

114) Peter Ganz, Friedrich Barbarossa: Hof und Kultur, in: Alfred Haverkamp (Hg.), *Friedrich Barbarossa*, S. 623-650. ここでは S. 625 ff. 具体的な家人の事例については S. 629 ff.

115) Walter Map, *De Nugis curialium. Courtier's trifles*, (ed. and trans.) M. R. James, (rev.) C. N. L. Brooke et al., (Oxford Medieval Texts), Oxford 1983, p. 2: Scio tamen quod curia est tempus; temporalis quidem est, mutabilis et uaria, localis et erratica, numquam in eodam statu, permanens. In recessu meo totam agnosco, in reditu nichil aut modicum inuenio quod dereliquerim; extraneam uideo factus alienus. Eadem est curia, sed mutata sunt membra; 該当箇所の邦訳は，ウォルター・マップ『宮廷人の閑話』瀬谷幸男訳，論創社，2014年，12頁も参照。

ンラート3世，そしてフリードリヒ・バルバロッサと三代の君主に仕えた後述するヴィーバルトのように，経験，人脈がものをいう重要な外交案件で，助言者として度々個別に召喚される要人もいた。皇帝，あるいは国王の公的文書である証書の証人欄に登場する諸侯たちの人的構成の変遷は，事案に応じてメンバーが入れ替わりうる中世の宮廷における政治的意志決定プロセスを垣間見せてくれる[116]。

フリードリヒ・バルバロッサは1152年から1189年までの統治で，ドイツ王国（*Regnum Teutonicum*）内で156回，年平均にすると4回宮廷／帝国会議を開廷している[117]。開廷場所は45か所，最も多い開廷場所はヴォルムス Worms の13回，続いてヴュルツブルクとレーゲンスブルク Regensburg の12回，ニュルンベルク Nürnberg の10回，ウルム Ulm の9回と続く。ヴォルムス，マインツ，シュパイエル Speyer，フランクフルト Frankfurt などのラインフランケンと，ヴュルツブルク，ニュルンベルクこれらフランケンの地域，宮廷会議の約3分の1が開廷されている。その他にブルゴーニュで7回，イタリア王国で17回開かれた[118]。

教皇，各国の君主あるいはイタリア諸都市との外交交渉において示されたフリードリヒ・バルバロッサの行動は，各勢力間のパワー・バランスの中で，強いリーダーシップを発揮しようとする皇帝像を浮かび上がらせる。後述するハインリヒ獅子公との相克，対教皇庁政策における帝国の教会諸侯とのやりとりは，君主の政治的手腕とは合議の場でいかに合意形成へと導けるかだったことを示している。ドイツには，イタリア大尚書官長を務めるケルン大司教[119]，ドイツ大尚書官長のマインツ

---

116) 証書欄に名前が挙げられているからと言って100％その協議の場に陪席していたとは限らない。

117) 宮廷会議の開催数に関しては，研究者（Lindner, K.-H.Spieß）によって若干の相違があるが，帝国全土で179回から190回である。Michael Lindner, Die Hoftage Kaiser Friedrichs I. Barbarossa, in: *Jahrbuch für Geschichte des Feudalismus* 14 (1990), S. 54-74; Karl-Heinz Spieß, Der Hof Kaiser Barbarossas und die politische Landschaft am Mittel-Rhein, in: Peter Moraw (Hg.), *Deutscher Königshof, Hoftag und Reichstag im späteren Mittelalter*, Stuttgart 2002, S. 49-76;服部良久『中世のコミュニケーションと秩序―紛争・平和・儀礼』第3章第3節「コミュニケーション空間としての王宮廷」66頁以下参照。

118) Werner Rösener, Die Hoftage Kaiser Friedrichs I. Barbarossa im Regnum Teutonicum, S. 368，地図は S. 381.

119) 各ケルン大司教の宮廷滞在回数に関しては，Theo Kölzer, Der Hof Friedrich

大司教の他，そしてフリードリヒ・バルバロッサの統治下発言力を増しつつあったマクデブルク大司教らが有力諸侯として存在感を発揮していた[120]。とりわけフリードリヒ・バルバロッサが統治初期（1162年頃まで）最も信頼を置いていたのはバンベルク司教のエバーハルトだったとラヘヴィンが伝えている[121]。12世紀の帝国政治において，「帝国の栄誉（*honor imperii*）」の称揚という統治理念のもとに結束力を高めながら，協議の場での自己演出に優れていた領邦諸侯たちは，他者の眼にどう映るかを常に意識しつつ，互いに牽制し合っていたのである[122]。

11　ダッセルのライナルト

フリードリヒ・バルバロッサの統治を支えたのが，第2次イタリア遠征以降バンベルク司教エバーハルトに代わってその右腕となり，政局で重要な役割を演じた，かのダッセルのライナルトである[123]。ライナル

Barbarossas und die Reichsfürsten, S. 33 参照。

120) Walter Schlesinger, Bischofssitze, Pfalzen und Städten, im deutschen Itinerar Friedrich Barbarossas, in: *Aus Stadt- und Wirtschaftsgeschichte Sudwestdeutschlands. Festschrift für Erich Maschke, zum 75. Geburtstag*, Stuttgart 1975, S. 1-56; Dietrich Claude, *Geschichte des Erzbistums Magdeburg bis in das 12. Jahrhundert*, 2 Bde., Köln 1972/75; Ferdinand Opll, *Das Itinerar Kaiser Friedrich Barbarossas (1152-1190)*.

121) *Gesta Friderici*, IV. 32, S. 582; Walther Föhl, Bischof Eberhard II. von Bamberg, ein Staatsmann Friedrichs I., als Verfasser von Briefen und Urkunden, in: MIÖG 50 (1936), S. 73-132; Kurt Zeillinger, Friedrich Barbarossa, Wibald von Stablo und Eberhard von Bamberg, in: MIÖG 78 (1970), S. 210-223; エバーハルトは在任中（1146-70/72年）22回フリードリヒ・バルバロッサの宮廷に滞在している。Theo Kölzer, Der Hof Friedrich Barbarossas und die Reichsfürsten, in: Peter Moraw (Hg.), *Deutscher Königshof, Hoftag und Reichstag im späteren Mittelalter*, S. 34, Anm. 203 参照。

122) 意志形成の場である宮廷会議のコミュニケーション空間としての意義については，服部良久「宮廷集会の内と外―フリードリヒ・バルバロッサ即位初年の事例より」服部良久編著『コミュニケーションから読む中近世ヨーロッパ史』ミネルヴァ書房，2015年，17-39頁所収，儀礼と象徴的コミュニケーションに関してはGerd Althoff の前掲書，及び国内では服部良久『中世のコミュニケーションと秩序―紛争・平和・儀礼』を参照。

123) ダッセルのライナルトについては，Julius von Ficker, *Reinald von Dassel: Reichskanzler und Erzbischof von Köln 1156-1167*, Köln 1850, Aalen 1966; Walther Föhl, Studien zu Rainald von Dassel. Rainalds Jugend und Studium, in: *Jahrbuch des Kölnischen Geschichtsvereins* 17 (1935), S. 234-259; idem, Studien zu Rainald von Dassel II. Der Weg in die Reichskanzlei, in: *Jahrbuch des kölnischen Geschichtsvereins* 20 (1938), S. 238-260;

52   Ⅱ 伝統と新機軸の相克

トは 1167 年 8 月 14 日第 4 次イタリア遠征の途上疫病で亡くなったが，その死を嘆いたフリードリヒ・バルバロッサのことばが，ケルンの代官ゲールハルト，アルプハイムのハインリヒ，フォルマーシュタインのハインリヒに宛てた書簡にしたためられている。

> 彼は，どんな時も帝国の栄誉とその公益 (res publica) をいや増すことを彼個人の利益より優先し，余の栄誉に貢献すると思われることを常に情熱を傾けて推し進め，その粘り強い精神で希求していた[124]。

ニーダーザクセンのダッセル伯の息子として生まれたライナルトは，1122 年前後生まれのフリードリヒ・バルバロッサとほぼ同年代であり，その統治の初めから重要な助言者となっていた。ヒルデスハイム Hildesheim で学んだ後，おそらくフランスで高等教育を受けたライナルトは，若い頃から才能に秀で，簡素さを重んじるシトー会出身の教皇エウゲニウス 3 世が 1148 年ランスで招集した教会会議で，聖職者の華美な衣服に関する取り決めに反対して頭角を現している[125]。

ヒルデスハイムの聖堂首席司祭を経て 1156 年に帝国尚書局長 (cancellarius) の職に就いたライナルトは，皇帝の重要な助言者として対教皇政策の要になっていた。ライナルトは後述する 1157 年 10 月のブザンソンの帝国会議で，教皇ハドリアヌスの書簡の中の「beneficium」ということばを「封土」を訳し，皇帝と教皇との緊張関係を先鋭化する

Arnold Stelzmann, Rainald von Dassel und seine Reichspolitik, in: *Jahrbuch des kölnischen Geschichtsvereins* 25 (1950), S. 60-82; Rainer Maria Herkenrath, Rainald von Dassel als Verfasser und Schreiber von Kaiserurekunden, in: MIÖG 72 (1964), S. 34-62; Werner Grebe, Studien zur geistigen Welt Rainalds von Dassel, in: Gunther Wolf (Hg.), *Friedrich Barbarossa*, Darmstadt 1975, S. 245-296; Helmuth Kluger, Friedrich Barbarossa und sein Ratgeber Rainald von Dassel, in: Stefan Weinfurter (Hg.), *Stauferreich im Wandel. Ordnungsvorstellungen und Politik in der Zeit Friedrich Barbarossas*, Sigmaringen 2002, S. 27-40; 北嶋繁雄「ライナルト・フォン・ダッセル——一つの覚え書」『文學論叢（愛知大学人文社会学研究所）』100 (1992), 89-131 頁。

124) DF I. 535: Huius enim summum desiderium et perseverantis animi propositum semper extitit honorem imperii et rei publicae augumentum privatis suis commodis anteponere et, quicquid ad gloriam nostram conducere visum fuit, ardenter promovere; ドイツ語訳は，Helmuth Kluger, Friedrich Barbarossa und sein Ratgeber Rainald von Dassel, S. 26.

125) Cf. Helmuth Kluger, Friedrich Barbarossa und sein Ratgeber Rainald von Dassel, S. 27.

きっかけを作った人物だ。その折に教皇側使節だった枢機卿ロランド・バンディネッリ，後のアレクサンデル 3 世との確執が，教皇と皇帝の対立を先鋭化し，その後の和解成立を妨げる要因になったと言っても過言ではない。重要な政局での悪意ある通訳は，一触即発の危険を招いたが[126]，教皇座を巡るアレクサンデル 3 世とウィクトル 4 世という 2 人の対立教皇のどちらを選出するかを裁定するべく開かれた 1162 年 9 月サン・ジャン・ドゥ・ローヌでの教会会議でも，語学に堪能なライナルトがラテン語，フランス語，ドイツ語を操り翻訳を任されたのである[127]。

12　ことばを巡る攻防

a)「beneficium」を巡る争い

フライジンクのオットーそしてその後を書き継いだラヘヴィンは[128]，『皇帝フリードリヒ 1 世の事績』の中で，皇帝フリードリヒ・バルバロッサと教皇ハドリアヌス間の対立の一連の顛末を，引き金となったハドリアヌスからの書簡[129]，それを受けたフリードリヒによる帝国諸侯宛ての回書など[130]を引用しながら描いている[131]。

問題となった「beneficium」という表現は，ローマ教会が皇帝のために今までいかに心を尽くしてきたかを述べ，「もしさらに大きな「beneficia」をそなたが余の手から受け取るならば（si maiora beneficia

---

126) Knut Görich, *Friedrich Barbarossa: Eine Biographie*, S. 210, Anm. 194: Buttinger 2004, S. 134-141.

127) Walter Heinemeyer, Die Verhandlungen an der Saone im Jahre 1162, S. 181; Jürgen Petersohn, *Kaisertum und Rom in spätsalischer und staufischer Zeit*, S.199, Anm. 23 及び 24.

128) ラヘヴィンについては，Roman Deutinger, *Rahewin von Freising: ein Gelehrter des 12. Jahrhunderts*, Hannover 1999. ラヘヴィンがフライジンクのオットーから引き継いだ『年代記』の成立時期を，Deutinger は 1158 年から 1160 年の間と考えている。Deutinger, ibid., S. 17-19.

129) ハドリアヌスの書簡は，*Gesta Friderici*, III. 11, S. 410 ff. 及び 19, S. 432 f. 教皇側の反応については，ibid., III. 19, S. 430 f.

130) Ibid., III. 13.

131) Ibid., III. 25: Quanta dilectione sancta Romana ecclesia amplitudinem et *honorem imperii* vestri amplectatur, quam sine conscientia peccati vestram satis invita sustinuerit indignationem, et scripta presentia et in ore nostro posite vive vocis officium declarabit.

excellentia tua de manu nostra suscepisset)」，神の教会にとって大いなる利益がそなたによってもたらされるだろう，というくだりで登場する[132]。一見穏やかな文脈だが，すぐその後で，フリードリヒが母なる教会になされている恥辱に対し腕をこまねいて等閑視していると非難しており，Heinemeyer が指摘するように，「*beneficium*」という二義性を有する語が別の字義で受け止められる危険性を十分認識したうえで用いられた可能性は排除できない[133]。

皇帝側の様子を伝えた『皇帝フリードリヒ1世の事績』の中でラヘヴィンは，ライナルトの翻訳によって激高したフリードリヒの脳裏に浮かんだだろう，ラテラノ宮殿に描かれた絵画について記している[134]。くだんの絵には，皇帝ロータル3世が教皇から冠を受ける姿を描いていたと推定されており，「王は門の前に歩み出で，まず都市の栄誉を誓い，その後教皇の臣下となり教皇からから冠を受け取った（*Rex venit ante fores, iurans prius Urbis honores, Post homo fit pape, sumit quo dante coronam*）」ということばが添えられていたという[135]。

一触即発の状況下，「教皇からでないとすれば，いったい誰から皇帝は帝国を受け取るのか（*A quo ergo habet, si a domno papa non habet imperium?*）」という問いが発せられた[136]。このことばを放ったのが後に教皇アレクサンデル3世となるロランドだったかどうかは確言できないが，バイエルン宮中伯オットーは教皇使節の背中に剣の矛先をあてんばかりだったところを，その場を収めたのは他でもないフリードリヒだっ

---

132) Ibid., III. 11, S. 412: Neque tamen penitet nos desideria tue voluntatis in omnibus implevisse, sed, si *maiora beneficia excellentia tua de manu nostra suscepisset*, si fieri posset, considerantes, quanta ecclesie Dei et nobis per te incrementa possint et commoda provenire, non inmerito gauderemus;

133) Walter Heinemeyer, „beneficium – non feudum sed bonum".

134) *Gesta Friderici*, III. 12, S. 416 f. この絵に関しては，Anm. 47 参照。

135) Schmale はライナルトに近い『ケルン国王年代記 *Chronica regia Coloniensis*』との矛盾を指摘している。Cf. *Chronica regia Coloniensis, cum continuationibus in monasterio S. Pantaleonis scriptis aliisque historiae Coloniensis monumentis*, Georg Waitz (ed.), MGH SS rer. Germ. 18, Hannover 1880, S. 93; Cf. *Die Kölner Königschronik*, Karl Platner (übers.), Wilhelm Wattenbach (bearb.), Leipzig 1896; Gerd Althoff, Inszenierung verpflichtet. Zum Verständnis ritueller Akte bei Papst-Kaiser-Begegnungen im 12. Jahrhundert, in: *Frühmittelalterliche Studien* 35 (2001), S. 61-84, ここでは S. 74 ff.

136) *Gesta Friderici*, III. 12, S. 416 f.

12 ことばを巡る攻防

たという[137]。

　フリードリヒ・バルバロッサが領邦諸侯に送った一連のやりとりを伝える回書では[138]，教皇の書簡と教皇使節の無礼な振舞いによって宮廷では怒りが満ち溢れ，皇帝の御前で制止されなければ死が2人にもたらされかねなかったこと[139]，そして両剣論[140]と「神を畏れ，王を敬うように」[141]という聖書の句（ペテロ第一の手紙2章17節）に触れ，「皇帝は諸侯によって選出され，神のみから王国と帝国とを受領しており，神は二つの剣によって世界を統べるようにされたこと」[142]，「教皇から「*beneficium*」として帝冠を得たというものは，神の定め，ペテロの教えに反しており，虚偽を述べている」[143]と強く非難し，両剣論に関する両者の見解が先鋭化された形で表現されている。後にハドリアヌスは皇帝に宛てた書簡の中で，この「*beneficium*」は「封土（*feudum*）」ではなく，文字通り「善きことを行うこと＝恩恵」を指していると釈明しているが[144]，名誉を傷つけられることに敏感な皇帝の宮廷会議にいるものの怒りを招くには十分であり，後からいくら説明しても時すでに遅しだったのである。

　皇帝側の怒りに触れた2人の教皇使節，すなわち後に教皇アレクサンデル3世となるロランドと聖クレメンテのベルナルドが戻ると，教皇ハドリアヌスは各地の大司教・司教に回書を書き送った[145]。

---

137) Ibid., III. 12, S. 416 f.
138) 争点に関する箇所は，DF I. 186, S. 314, Z. 38-40: qualiter domus papa insigne imperialis coronae nobis contulerit neque tamen penitentia moveretur, si maiora excelllentia nostra ab eo beneficia suscepisset; Gesta Friderici III. 11, S. 410 ff.
139) Ibid., III. 12, S. 414 f.
140) Cf. Wilhelm Levison, Die mittelalterliche Lehre von den beiden Schwertern. Ein Vortrag, in: DA 9 (1952), S. 14-42.
141) 1. Petr. 2, 17.
142) DFI 186: Cumque per electionem principum a solo deo regnum et imperium nostrum sit, qui in passione Christi filii sui duobus gladiis necessariis regendum orbem subiecit, ... quicumque nos imperialem coronam pro beneficio a domno papa suscepisse dixerit, divinae institutioni et doctorinae Petri contrarius est et mendacii reus erit.
143) DFI 186: quicumque nos imperialem coronam pro beneficio a domno papa suscepisse dixerit, divinae institutioni et doctorinae Petri contrarius est et mendacii reus erit. Cf. *Gesta Friderici*, III. 13, S. 418 ff.
144) これに対するハドリアヌスの書簡は，ibid., III. 26, S. 450 f.
145) ハドリアヌスが聖職者に送った弁明書簡は，ibid., III. 19, S. 430 f. 当該の箇所

『皇帝フリードリヒ 1 世の事績』で引用されている教皇ハドリアヌスからフリードリヒへの最初の書簡では，「皇帝の冠の標を授ける (*imperialis insigne corone libentissime conferens*)」という表現と「もしさらに大きな「*beneficia*」をそなたが余の手から受け取るならば（*si maiora beneficia excellentia tua de manu nostra suscepisset*)」という一節は直接には結び付いてはいなかったのだが，教皇ハドリアヌスが各地の大司教・司教に書き送った回書では，「冠の標を「*beneficium*」として与えた（*insigne videlicet corone beneficium tibi contulimus*）」という表現がフリードリヒ・バルバロッサの怒りを買うきっかけになったこと，フリードリヒが教皇領への出入りを禁止したことを伝えている[146]。

この教皇からの回書に対するドイツの高位聖職者たちからの返書では，皇帝の選出に関して次のようなプロセス，すなわちマインツ大司教が第一声を発した後に，序列に従い他の諸侯たちが，塗油はケルン大司教が，そして戴冠はローマ教皇が行うと記されている。さらに皇帝は布告によってイタリアへの出入りを禁じてはいないこと，また巡礼者たちを含めて理に適った理由で教皇庁へ向かう人々に道を封鎖してはいないと抗議し[147]，誤解を後押ししたであろう，「王国と教皇庁との間の永遠に続く敵意の記念碑とならないように（教皇庁に掲げられていた）かの絵を破壊し，そこに添えられた文言を消し去るように」求めたのであった[148]。

b)「帝国の栄誉（*honor imperii*）」

フリードリヒ・バルバロッサの統治を象徴する理念として，長らく研究者の間で議論が交わされてきたのが「帝国の栄誉（*honor imperii*）」である[149]。このことばの法的性格を強く論じた Peter Rassow に対し[150]，Herbert Grundmann は慎重にこの概念の持つ多様な語義を指摘した[151]。

は，S. 432, Z. 6; Walter Heinemeyer, „beneficium – non feudum sed bonum". Der Streit auf dem Reichstag zu Besançon 1157 (1969), 特に, S. 201 ff.; Knut Görich, *Friedrich Barbarossa: Eine Biograhie*, S. 270 ff., S. 274 及び 278 f., 280 f.

146) *Gesta Friderici*, III. 19, S. 432 f.
147) Ibid., III. 20, S. 436 f.
148) Ibid., III. 20, S. 438: *Picture deleantur, scripture retraetentur, ut inter regnum et sacerdotium eterna inimicitiarum monimenta non remaneant.*

近年は Gerd Althoff が提唱した「象徴的コミュニケーション」の観点から[152]，Knut Görich は皇帝対教皇，皇帝対領邦諸侯，教皇対聖界諸侯といった二項対立ではなく，交渉の場における複合的なパワー・バランスの中で，自己の統治の正統性と権威をいかに表現・保持するかという文脈で理解されるべきだと主張している[153]。

中世ヨーロッパにおいて，自己演出の場である外交交渉で注意を払うのは交渉相手ばかりではない。諸侯たちは関係するすべてのステーク・ホルダーに自分がどうみられるかを常に意識しながら，その地位にふさわしい行動・振舞いによって権威を保持し，合意形成を図っていたからである。他者にどうみられるかという視点による自己演出が，象徴的コミュニケーションの手段として機能していた社会において，損なわれた名誉の回復は，何より優先すべき事案だったと言えるだろう。

「帝国の栄誉（*honor imperii*）」という表現が，フリードリヒ・バルバロッサの帝国政治で前面に押し出されたのは 1153 年のコンスタンツの協約である。興味深いのは，和約の事前交渉において作成された仮文書で「教皇の栄誉とペテロのレガーリア（*honorem papatus et regalia beati Petri*）」，「国王の栄誉（*honor regius*）」という表現と並んで用いられていた「王国の栄誉（*honor regni*）」2 か所のうち 1 か所が，本契約の文書では「帝国の栄誉（*honor imperii*）」に変更されている点である[154]。

---

149) *honor imperii* については様々な観点から論じられている。例えば，Gunther Wolf, Der »Honor Imperii« als Spannungsfeld von lex und sacramentum im Hochmittelalter, in: Gunther Wolf (Hg.), *Friedrich Barbarossa*, Darmstadt 1975, S. 297-322.

150) Peter Rassow, *Honor imperii. Die neue Politik Friedrich Barbarossas 1152-1159. Durch den Text des Konstanzer Vertrages ergänzte Neuausgabe*. Darmstadt 1940, ND 1960.

151) Herbert Grundmann, Rezension von Peter Rassow, *Honor Imperii*, in: Gunther Wolf (Hg.), *Friedrich Barbarossa*, Darmstadt 1975, S. 26-32 (= *Historische Zeitschrift* 164 (1941), S. 577-582), ここでは S. 30 f.

152) Gerd Althoff, *Spielregeln der Politik im Mittelalter. Kommunikation in Frieden und Fehde*, Darmstadt 1997; idem, Empörung, Tränen, Zerknirschung, »Emotionen« in der öffentlichen Kommunikation des Mittelalters, in: ibid., S. 258-281; idem (Hg.), *Formen und Funktionen öffentlicher Kommunikation im Mittelalter*, Sigmaringen 2001; idem, *Kontrolle der Macht: Formen und Regeln politischer Beratung im Mittelalter*, Darmstadt 2016.

153) Knut Görich, *Die Ehre Friedrich Barbarossas. Kommunikation, Konflikt und politisches Handeln im 12. Jahrhundert*. Darmstadt 2001.

154) DF I. 51: Dominus vero papa apostolice auctoritatis verbo una cum predictis cardinalibus in presentia prescriptorum legatorum domini regis promisit et obeservabit, quod

Grundmann が指摘するように，「帝国の栄誉（honor imperii）」あるいは「王国の栄誉（honor regni）」は，カロリング朝特に叙任権闘争で重要な概念としてハインリヒ4世の書簡でもしばしば用いられており[155]，決して新しく登場した概念ではなかったが，語句の入れ替えに政治的意図が込められていたと考えるのが妥当だろう。残念ながらいずれも原本は失われており，仮契約文書はスタブロ修道院のヴィーバルトの書簡集で[156]，本契約文書は1188／89年，1192年の写し，及び1245年のリヨンの教会会議で作成された転写で伝来している。仮契約文書がヴィーバルトの書簡集の中に収められていること，またその影響を窺わせる文言から，ヴィーバルトの文書作成への関与が指摘されているものの[157]，後述するヴィーバルトの書簡集には他に「帝国の栄誉（honor imperii）」という表現を見出すことはできない。

　1157年「*beneficium*」が論点となった教皇使節来訪の際の一連のやりとりで，ラヘヴィンは，三度「帝国の栄誉（honor imperii）」に言及し

---

eum sicut karissimum filium beati Petri honorabit et venientem pro plenitudine corone sue sine difficultate et contradictione, quantum in ipso est, in imperatorem coronabit et ad manutenedum atque augendum ac dilatandum *honorem regni* pro debito officii sui iuvabit./Et quicumque iusticiam et *honorem regni* conculcare aut subvertere ausu temerario presumpserit, dominus papa a regie dignitatis dilectione premonitus canonice ad satisfactionem eos commmonebit. Quodsi regi ad apostolicam admonitionem de iure et honore regio iusticiam exhibere contempserint, excommunicationis sententia innodentur.; DF I. 52: Dominus vero papa apostolice auctoritatis verbo una cum predictis cardinalibus in presentia prescriptorum legatorum domini regis promisit et obeservabit, quod eum sicut carissimum filium beati Petri honorabit et venientem pro plenitudine corone sue sine difficultate et contradictione, quantum in ipso est, ＊ imperatorem coronabit et ad manutenedum atque augendum ac dilatandum *honorem imperii* pro debito officii sui iuvabit./Et quicumque iusticiam et honorem regni conculcare ac subvertere ausu temerario presumpserint, dominus papa a regie dignitatis dilectione premonitus canonice ad satisfactionem eos commmonebit. Quodsi regi ad apostolicam ammonitionem de iure et honore regio iusticiam exhibere contempserint, excommunicationis sententia innodentur.

　　155) Gunther Wolf, Der »Honor Imperii« als Spannungsfeld von lex und sacramentum im Hochmittelalter, S. 30, Anm. 51.; フリードリヒ・バルバロッサ統治下の regnum と imperium に関しては，Rainer Maria Herkenrath, *Regnum und Imperium. Das „Reich" in der frühstaufischen Kanzlei (1138-1155)*, Wien 1969 (=in: Gunther Wolf (Hg.), *Friedrich Barbarossa*, Darmstadt 1975, S. 323-359), in: Gunther Wolf (Hg.), *Friedrich Barbarossa*, Darmstadt 1975, S. 323-359. Herbert Grundmann, Rezension zu Rassow, in: Gunther Wolf (Hg.),*Friedrich Barbarossa*, Darmstadt 1975, S. 26-32. ここでは S. 29.

　　156) *Monumenta Corbeiensia*, Philipp Jaffé (ed.), Nr. 407, S. 547.
　　157) Cf. DF I. 52.

ている[158]。皇帝側，教皇側いずれもが「帝国の栄誉」を重んじ高めることでは一致していたと述べたうえで[159]，回書の中でフリードリヒ・バルバロッサが，「都市（ローマ）の建立とキリスト教の創建以来今日まで栄光に満ち，減じられることのなかった帝国の栄誉（honor(em) imperii）が，今や「前代未聞の新奇さ（inaudita novitate）」と不遜な思い上がりによって侵害されるような混乱の侮辱を耐え忍ばなければならないくらいなら，死の危険に身を投じよう」と述べたことが記されている[160]。

　教皇と皇帝間の関係修復のために，教皇ハドリアヌスの使節2名がフリードリヒの使節を訪ねてフェッラーラにやってくると，皇帝使節たちはすでにモデナ Modena に旅立ったと聞き及んだ。『皇帝フリードリヒ1世の事績』の中でラヘヴィンは，珍しいことに彼らがこれまで見せることのなかった見せかけの謙譲でもって皇帝使節のもとに赴いたこと，そしてその理由として和平と「帝国の栄誉」に関わる命を受けていた」と批判めいた口調で述べていて[161]，「帝国の栄誉」が交渉の争点になっていたことが分かる。

　「帝国の栄誉（honor imperii）」は普遍的な徳を表す概念として理解されており，だからこそ教皇使節に対してなされた苛烈な行為に対して，「バイエルン Bayern とザクセン大公ハインリヒが，神聖なるローマ教会と帝国の栄誉への渇望のために（ob amorem sancte Romane ecclesie et

---

158) ラヘヴィンは，続きをオットーが亡くなった1158年からではなく1157年8月から始めている。

159) *Gesta Friderici*, III. 13, S. 418 f.: Cum enim nuper in curia Bisuntii essemus et de *honore imperii* et salute ecclesiarum debita sollicitudine tractaremus, venerunt legati apostolici, asserentes se talem legationem nostre afferre maiestati, unde *honor imperii* non parvum accipere deberet incrementum.

160) Ibid., III. 13, S. 420 f.: ne *honorem imperii*, qui a constitutione Urbis et Christiaue religionis institutione ad vestra usque tempora gloriosus et imminutus extitit, fidei vestre indivisa sinceritas tam inaudita novitate, tam presumptuosa elatione imminui patiatur, sciens, omni ambiguitate remota, quod mortis periculum ante vellemus incurrere, quam nostris temporibus tante confusionis obprobrium sustinere. (= DF I. 186, S. 315, l. 17-21).

161) Ibid., III. 24, S. 446 f.: Hisdem diebus Heinricus et Iacinctus, supra dicti nuntii Adriani pape, Ferrariam venerant, auditoque quod legati imperatoris Mutinam redissent, non sperantes ipsos sibi occurrere, humilitatis formam prebentes, quod insolitum antea fuerat, ad eos pergunt, expositaque causa legationis, quod scilicet ea, que pacis esseut et *honor imperio*, in mandatis haberent, dimittuntur.

honorem imperii）報復した」[162]のである。

　ハインリヒ獅子公の援護もあって，教皇使節とともに面会が叶ったトリエント司教アルベロは，来訪の目的を尋ねる皇帝フリードリヒに対して丁重に挨拶した後で，「ローマ教会がどれほど皇帝の偉大さと帝国の栄誉（honor imperii）を重んじているか，そして意識しないまま過ちを犯し，その憤慨を招いてしまったことをどんなに重く受け止めているかを，眼前の文書のみならず生きたことばで示したい」と釈明した[163]。彼らが持参した書簡を読み上げ，翻訳したのは他でもないフライジンクのオットーだった[164]。

　教皇はその書簡の中で，「「*beneficium*」は，字句通り「善く為すこと」すなわち恩恵を指す語であり，（皇帝側が理解したように）封土を意味するものでは決してないこと（Hoc enim nomen ex bono et facto est editum, et dicitur beneficium aput nos non feudum, sed bonum factum）」[165]，「聖なる書物にあるように，我々は封土の授与ではなく，神の恩恵によって，その祝福と善き御業によって治め，そして守り育くまれていること（in universo Sacre Scripture corpore invenitur, ubi ex beneficio Dei, non tamquam ex feudo, sed velut ex benedictione et bono facto ipsius to gubernari dicimur et nutriri」），また「皇帝の冠の標を汝に授与する（contulimus tibi insigne imperialis corone）」とは，冠を載せる行為と理解している（Per hoc enim vocabulum contulimus nil aliud intelleximus, nisi quod superius dictum est imposuimus）」[166]と説明している。

　帝国の栄誉がフリードリヒ・バルバロッサの統治理念として次第に重みを増していく様子は，「栄誉（honor）」と結び付いた語句が用いられた証書数の増加に看取できるだろう。フリードリヒ統治下では文書統治が強化され，発給された証書数が格段に増加している点に留意しな

　　162）　Ibid., III. 24, S. 446 f.: Hanc tamen inmanitatem Heinricus nobilissimus dux Baioarie et Saxonie ob amorem sancte Romane ecclesie et *honorem imperii* non multo post probe vindicavit..
　　163）　Ibid., III. 25, S. 448 f.: Quanta dilectione sancta Romana ecclesia amplitudinem et *honorem imperii vestri* amplectatur, quam sine consciencia peccati vestram satis invita sustinuerit indignationem, et scripta presentia et in ore nostro posite vive vocis officium declarabit.
　　164）　ラヘヴィンも同伴していたと思われる。Cf. Ibid., III. 25, S. 449, Anm. 34.
　　165）　当時の *beneficium* の解釈に関しては，ibid., III. 26, S. 450 f., Anm. 36 参照。
　　166）　Ibid., III. 26, S. 450 f.

ければならないが，次に示すように，1152 年から 1158 年の間では「栄誉（honor）」が用いられている語句は 20 か所なのに対し，1158 年から 1167 年では急増して「帝国の栄誉（honor imperii）」あるいはそれに類する表現は 117 か所となっている。中でもこの時期統治の軸となっていたロンバルディア都市が受領者もしくはイタリア政策に関する案件を扱った証書での使用が顕著である[167]。

1162 年から 1164 年にかけてフリードリヒ・バルバロッサは，ピサ 1162 年 4 月 6 日（DF I. 356），ピアチェンツァ 1162 年 5 月 11 日（DF I. 362），ジェノヴァ 1162 年 6 月 9 日（DF I. 367），クレモナ 1162 年 6 月 13 日（DF I. 369），ラヴェンナ 1162 年 6 月 26 日（DF I. 372），ルッカ 1162 年 7 月 15 日以降（DF I. 375），マントヴァ 1164 年 5 月 27 日（DF I. 442）などイタリア都市コムーネと次々と協約（conventio/ concordia/ pactio）を結んでいる[168]。

そのうち，DDF I. 356, 357, 367, 372, 444, 465, 526 では，同じ証書内で「honor imperii」あるいはそれに類する語句が複数回登場するが，中でも重要なのが対シチリア海戦で要となるピサ，ジェノヴァと，皇帝フリードリヒ・バルバロッサが結んだ協約（conventio）である[169]。

c）ピサとの協約（conventio）（DDF I. 356, 357）

1162 年 4 月 6 日パヴィーアでピサに対して発給された DF I. 356 は，彼らが帝国から得た諸権利が認められるとともに，シチリア国王グリエルモ 1 世に対する出兵を約束した極めて長い証書である[170]。この証書では，後述するように，ピサ側が皇帝に対して立てた誓約が繰り返し述べ

---

167) フリードリヒ・バルバロッサがイタリア諸勢力を受給者として発布した証書全体の分析に関しては，佐藤眞典『中世イタリア都市国家成立史研究』239 頁以下参照。

168) ピアチェンツァ concordia，ルッカは reconciliatio，クレモナは conventio, pactio, concordia 併用。取り交わされた協約の呼称については，Josef Riedmann, *Die Beurkundung der Verträge Friedrich Barbarossas mit italienischen Städten: Studien zur diplomatischen Form von Vertragsurkunden im 12. Jahrhundert*, Wien 1973, S. 171 も参照。

169) Frank Schweppenstette, *Die Politik der Erinnerung*, S. 189 ff. 及び S. 246 ff.

170) この証書については，Josef Riedmann, *Die Beurkundung der Verträge Friedrich Barbarossas mit italienischen Städten: Studien zur diplomatischen Form von Vertragsurkunden im 12. Jahrhundert*, Wien 1973, S. 48 ff.；西川洋一「フリードリヒ・バルバロッサの証書における王権と法」ここでは 67 頁以下参照。

られており，その中で「帝国の栄誉（honor imperii）」が言及されている。

オリジナルが現存するこの証書は[171]，金印が付され，書記 Rainald C が作成したものを[172]，帝国大尚書官長であり，ピサとの難しい交渉を任されていたダッセルのライナルトが認証している[173]。4か所のうち2か所は「narratio」の中で，ピサの人々が帝国の栄誉と栄光そして国家の立場を増し高めてきたという文脈で[174]，また同席した者たちが立てた誓約のうち，ピサのコンスルであるランベッコが皇帝フリードリヒ・バルバロッサに対し立てた誠実誓約（sacramentum fidelium/sacramentum fidelitatis）の中で[175]，2か所「帝国の栄誉」が登場する。

当該の誠実誓約は，1158年ライナルトとバイエルン宮中伯ヴィテルスバッハのオットーが教皇への使節として行った誓約に呼応している[176]。1158年の誓約では，帝権を象徴する「帝冠とイタリアにおけ

---

171) Friedrich Hausmann, *Reichskanzlei und Hofkapelle unter Heinrich V. und Konrad III.*, Stuttgart 1956, Abb. 16（ファクシミリ部分）.

172) 書記の呼称については後述する。

173) ブーフのクリスティアンも同行している。クリスティアンは，1162年から帝国尚書局長に，1165年からはマインツ大司教に任じられていた。*Die Urkunden Friedrichs I., Einleitung. Verzeichnisse*, Heinrich Appelt (bearb.), Bd. 5, Hannover 1990. S. 18 f.; Knut Görich, *Friedrich Barbarossa: Eine Biographie*, S. 36. Dieter Hägermann, Die Urkunden Erzbischof Christians I. von Mainz als Reichslegat Friedrich Barbarossas in Italien, in: *Archiv für Diplomatik* 14 (1968), S. 202-301; idem, Beiträge zur Reichlegation Christians von Mainz in Italien, in: *Quellen und Forschungen aus italienischen Archiven und Bibliotheken* 49 (1969), S. 186-238, ここでは S. 188 f.; Frank Schweppenstette, *Die Politk der Erinnerung*, S. 46 f.;

174) DF I. 356, S. 199, Z. 19-20: honorem et gloriam imperii atque statum rei publice ipsi pre ceteris gloriose semper adauxerint et semper augere proposerint.... Z. 25-28: Placet igitru nostre clementie, ut Pisanus populus pro sua fide ac devotione honestissimum de nobis semper accipiat emolumentum, ut eo ferventiores ad promovendum honorem imperii semper existant, quo fidem et strennuitatem patrum suorum honestis moribus et perspicuis virtutum operibus emulantur.

175) S. 200, Z. 44 と S. 202, Z. 28.

176) MGH Const. 1, Nr. 171: Ego iuro, quod ammodo inantea ero fidelis domino meo Friderico Romanorum imperatori contra omnes homines, sicut iure debeo domino et imperatori, et adiuvabo eum retinere coronam imperii et *omnem honorem eius in Italia*, nominatim et specialiter civitatem N. et quicquid in ea iuris habere debet, vel in omni virtute comitatus vel episcopatus N. Regalia ei non auferam ibidem ac alibi, et si fuerint ablata, bona fide recuperare, et retinere adiuvabo. Neque in consilio ero nec in facto, quod vitam vel membrum vel *honorem suum* perdat vel mala capitione tenatur. Omne mandatum eius, quod ipse mihi fecerit per se vel per epistlam suam qut per legatum suum de facienda iusticia, fideliter observabo, et illud audire vel recipere vel complere nullo malo ingenio evitabo. Haec omnia observabo fide bona sine fraude. Sic me Deus adiuvet et haec sancta quatuor euvangelia.

るそのあらゆる栄誉を維持するように援助する (adiuvabo eum *retinere coronam imperii* et *omnem honorem eius in Italia*)」となっているのに対し[177]，1162年のピサとの協定証書では，帝国とその栄誉を損なうことなく，「その帝冠，帝国，栄誉を維持するように援助する（iuvabo eum *retinere coronam suam* et *imperium et honorem*）」と述べられている[178]。

皇帝フリードリヒ・バルバロッサがピサに対して，軍役中に彼らに損害を与えたものを帝国平和喪失（アハト）に処し，その損害が補償されない限りそれを解除することがないことを約束した DF I. 357 では，「帝国の栄誉（*honor imperii*）」は 5 か所[179]，ピアチェンツァと結んだ協約（*concordia*）では 1 か所用いられている[180]。

d）ジェノヴァとの協約（*conventio*）(DF I. 367)

フリードリヒがジェノヴァに対し 1162 年 6 月 9 日発給した DF I. 367 もまた，ピサへの DF I. 356 同様極めて長く，皇帝の代理人，ジェノヴァ側，そして封建諸侯たちの誓約文言が記された証書である[181]。モナコ Monaco からポルトヴェネーレ Portovenere までの沿岸を授封し，コンスルを自由に選出すること[182]，ジェノヴァが海を挟んだ両岸で所有し

---

177) Peter Classen, Corona imperii. Die Krone als Inbegriff des römisch-deutschen Reiches im 12. Jahrhundert, in: idem, *Ausgewählte Aufsätze*, (= V u. F. 28), Sigmaringen 1983, S. 503-514.

178) DF I. 356, S. 202, Z. 11-20: Hoc est iuramentum, quod Lambertus consul Pisanorum fecit et quod facient omnes consules Pisani et commune civitatis domino Friderico Romanorum imperatori, scilicet consules, quicumque modo sunt, et futuri, quicumque de cetero erunt, debent facere: In nomine domini amen. Ego Lambertus consul iuro, quod ab hac hora inantea fidelis ero domino Friderico Romanorum imperatori, sicut de iuro debeo domino et imperatori meo, et non ero in facto vel consilio, quod perdat vitam suam vel membra vel imperium vel *honorem suum*, et iuvabo eum *retinere coronam suam* et *imperium et honorem*, quo navigio ire potero et in illis terris, que sunt iuxta marinam et nominatim civitatem Pisanam cum comitatu suo et districtu, contra omnes homines et, si perdiderit, iuvabo eum recuperare bona fide.

179) DF I. 357.

180) DF I. 362, S. 212, Z. 33-36: Nec erunt in consilio vel in facto, quod perdat membra vel vitam vel *honorem vel imperium vel regalia sua* vel civitatem Placentiam vel comitatum vel episcopatum et, si perdiderit. Adiuvabunt eum recuperare.

181) Josef Riedmann, *Die Beurkundung der Verträge Friedrich Barbarossas mit italienischen Städten*, S. 53 ff.; Frank Schweppenstette, *Die Politik der Erinnerung*, S. 189 ff.; 英訳は, *Caffaro, Genoa and the twelfth-century*, Martin Hall and Jonathan Phillips (trans.), Farnham/Burlington, 2013, London 2016, pp. 196-203. 記載されている MGH の Edition 番号は誤り。

182) コンスルをはじめとするイタリア都市の統治形態については，齋藤寛海・山辺規

てきた諸権利，すべての城塞，港，レガーリア，財産，法を承認し，シチリア王国を手中に収めた折には，交易活動の優遇措置を認めること，彼らの同意なしにはシチリア国王と和平も停戦も締結しないことが確約された[183]。この証書はオリジナルではなく，13世紀の公証人シモン・ドナーティによる転写で伝来しているが，先述したピサとの協約 DF I. 356 同様金印が付されていたことが分かっている[184]。

この証書では5か所，繰り返し「帝国の栄誉 (honor imperii)」が言及されているが，そのうち1か所で，ジェノヴァの海上での戦闘での活躍を望みつつ，「陸上のみならず海上においてもローマ帝国の栄光と栄誉を拡大する (non solum in terra sed etiam in mari gloriam et honorem Romani imperii dilatare)」と述べられている。そしてピサのコンスルの誠実誓約にほぼ対応しており，ジェノヴァのコンスルが立てた誠実誓約もまた，ピサ同様一人称で記されている。

ラヴェンナにおけるコンスルの選出，叙任，誓約等都市との取り決めが詳細に記された 1162 年 6 月 26 日のラヴェンナとの協約 (conventio) (DF I. 372) では，「帝国の栄誉 (honor imperii)」という表現ではないが，「honor」に関連する語句が5か所で用いられている[185]。

このように皇帝フリードリヒ・バルバロッサの統治において，イタリア諸都市との協調関係強化の重要な時期に発給された協約文書において，「帝国の栄誉」が集中して頻出している。中でもピサ (DF I. 356)，ピアチェンツァ (DF I. 362)，ジェノヴァ (DF I. 367)，ラヴェンナ (DF I. 372) との協約文書は，原本が失われているものもあるが (DFI. 367, DF I. 372)，緻密な証書研究から，帝国尚書局で作成されたことが分かって

子・藤内哲也編『イタリア都市社会史入門—12 世紀から 16 世紀まで』昭和堂，2008 年所収，高田京比子による第 3 章「支配のかたち」を参照。

[183] フリードリヒ・バルバロッサの対シチリア政策は，Hubert Houben, Barbarossa und die Normannen. Traditionelle Zuge und neue Perspektiven imperialer Süditalienpolitik, in: Alfred Haverkamp (Hg.), *Friedrich Barbarossa. Handlungsspielräume und Wirkungsweisen des staufischen Kaisers*, Sigmaringen 1992, S. 109-128.

[184] *Liber iurium reipublicae Ianuensis I*, no. 236 bis 238; Josef Riedmann, *Die Beurkundung der Verträge Friedrich Barbarossas mit italienischen Städten*, S. 53, Anm. 82.

[185] Cf. Josef Riedmann, *Die Beurkundung der Verträge Friedrich Barbarossas mit italienischen Städten: Studien zur diplomatischen Form von Vertragsurkunden im 12. Jahrhundert*, Wien 1973, S. 46 ff.

おり，1153年のコンスタンツの協約で転換点を迎えた「帝国の栄誉」あるいは「栄誉（honor）」が，帝国とイタリア諸都市との関係構築を成功させるキーワードとして用いられたことが確認できる。

　イタリア諸都市との駆け引きが続く中で，「帝国の栄誉（honor imperii）」は，1168年から1180年までの証書では17か所と激減する一方で，教会に結び付いた表現が増えている。1181年から1190年までの時期はさらに減って6か所，その他に改竄もしくは偽文書で6か所あるが，「honor」が法と裁治（ius/iura/iudicia/iurisdictio）とともに用いられた表現が増加する。特定の概念が用いられる文脈の変化は，統治の軸の変容を映し出していると言えるだろう。

13　「神聖なる帝国 *sacrum imperium*」

　フリードリヒ・バルバロッサの統治理念の中核をなす「帝国の名誉（honor imperii）」とともに，「神聖なる帝国（sacrum imperium / sacratissimum imperium）」[186]という表現が，フリードリヒ・バルバロッサの治世下，帝国尚書局で作成された皇帝証書に頻繁に登場するようになった。後述するように，ローマの元老院でも1148年に「神聖なる」という表現が確認できるように，12世紀半ば「神聖なる sacer」という文言は，政治的表象として重要な意味を体現するようになっていく[187]。

　「神聖なる帝国（sacrum imperium）」という語句は，長年研究者の間で大きな関心を集めており[188]，帝国尚書局長，さらにケルン大司教となり皇帝フリードリヒ・バルバロッサの統治に大きく関与したライナルトがその導入に関与したのではないかと論じられてきたが，確言はできない[189]。

　1159年夏，帝国大尚書官長として皇帝を支えるケルン大司教に選出

186）　DDF I. 209, 254, 267, 369, 405, 406（偽文書），409, 410, 413, 445, 500.
187）　Ingrid Baumgärtner, Rombeherrschung und Romerneuerung, S. 47.
188）　Gottfried Koch, *Auf dem Wege zum Sacrum Imperium: Studien zur ideologischen Herrschafts-begrundung der deutschen Zentralgewalt im 11. und 12. Jahrhundert*, Berlin 1972.
189）　Werner Grebe, Studien zur geistigen Welt Rainalds von Dassel, S. 276 ff.

されたライナルトは，登位以前からブザンソンの帝国会議におけるようにその優れた言語能力を巧みに操り，フリードリヒ・バルバロッサの統治を左右する役割を演じるとともに，尚書局長として重要な案件を扱う皇帝証書の作成に関与していた[190]。ライナルトは，ケルン大司教への登位前年の1158年，尚書局長としてかのロンカリア立法前後に発給された複数の証書を認証している。

「神聖なる帝国（sacrum imperium）」という表現が帝国の公的文書で最初に確認できるのは，フライジンクのオットーの『皇帝フリードリヒの事績 Gesta Friderici』II. 52 中に収められた，1157年の皇帝フリードリヒ・バルバロッサがミラノ出兵を呼びかける書簡（DF I. 163）である[191]。これより 1，2 年早い 1155／56 年頃，フリードリヒ・バルバロッサが 1154 年に行ったイタリア遠征で破壊されたトルトーナについて著された『都市トルトーナの破壊について De Ruina civitatis Terdonae』の中でも，「国王と神聖なる帝国の栄光と名誉のために（ob regis et sacri imperii gloriam et honorem）」という表現が用いられている[192]。

1145年マクデブルクに宛てたコンラート 3 世の国王証書に，「帝国の取り決めに関する神聖なる文書（sacra imperialis constitutionis scripta）」という表現が登場する[193]。「神聖なる（sacer）」という文言の導入はビザン

---

190) Rainer Maria Herkenrath, Rainald von Dassel als Verfasser und Schreiber von Kaiserurekunden, in: MIÖG 72 (1964), S. 34-62.

191)「sacrum」または「sacratissimum imperium」という表現は，DDF I. 209, 254, 267, 341, 342, 369, 405, 406, 409, 410, 413, 445, 500 などに表出する。Cf. Dietrich Lohrmann, Politische Instrumentalisierung Karls des Großen durch die Staufer und ihre Gegner, in: *Zeitschrift des Aachener Geschichtsvereins* 104/105 (2002/2003), S. 95-112, S. 101 及び Anm. 21;「神聖ローマ帝国 sacrum imperium romanum」という表現が用いられるようになるのは 1184 年 11 月ミラノ司教に宛てた皇帝証書である（DF I. 881, S. 122, Z. 28）。Cf. Jürgen Petersohn, *Rom und der Reichstitel «Sacrum Romanum Imperium»*, Stuttgart 1994, S. 78-80. コンラート 3 世は国王であって，皇帝の座には就いていない。

192) Adolf Hofmeister, Eine neue Quelle zur Geschichte Friedrich Barbarossas. *De Ruina civitatis Terdonae*. Untersuchungen zum 1. Römerzug Friedrichs I., in: *Neues Archiv* 43 (1922), S. 143-157. ここでは S. 155.

193) *Die Urkunden Konrads III. und seines Sohnes Heinrich*, MG DD IX, Friedrich Hausmann (bearb.), Wien-Köln-Graz 1969, Nr.125, S. 225; Gottfried Koch, *Auf dem Wege zum Sacrum Imperium: Studien zur ideologischen Herrschafts-begrundung der deutschen Zentralgewalt im 11. und 12. Jahrhundert*, S. 273.

ツ帝国の影響が指摘されており[194]，後述するように，ビザンツ帝国との外交交渉で重要な役割を演じ，ビザンツ皇帝と外交書簡を作成していたヴィーバルトが当該の証書の草案を練っていることから[195]，この語句の由来をヴィーバルトと『ユスティニアヌス法典 Corpus iuris civilis』の影響に求めることも可能だろう[196]。

「神聖なる帝国（sacrum imperium）」という表現は，一時期モンテ・カッシーノ修道院長の任にあったヴィーバルトが軍事的保護を求めて皇帝ロタル3世に宛てた書簡の中にも登場するが，これはヴィーバルト自身ではなく，モンテ・カッシーノ修道院の司書（bibliothecarius）で年代記者であるペトルス・ディアコヌス（c. 1107-59）の草案によるものである[197]。ペトルス・ディアコヌスは，コンラート3世に捧げられた著作『Notae litterarum』の中でも「神聖なる帝国」という表現を用いていて[198]，この概念の導入へのペトルス・ディアコヌスの関与を窺わせるが，残念ながら決定的な証左はない。

「神聖なる帝国」という表現は，定式文言例集である『コーデックス・ウダルリキ Codex Udalrici』の一節を手本として作成された，1157年6

---

194) Heinrich Appelt, Die Kaiseridee Friedrich Barbarossas, in: Gunther Wolf (Hg.), *Friedrich Barbarossa*, Darmstadt 1975, S. 208-244, ここでは S. 223 f. (= *Sitzungsberichte der Österr. Akademie der Wiss., Phil.-hist. Klasse* 252, 4, Wien 1967, S. 3-32. ここでは S. 16); ビザンツの影響に関しては，Eleni Tounta, Byzanz als Vorbild Friedrich Barbarossas, in: Stefan Burkhardt, Thomas Metz, Bernd Schneidmüller, Stefan Weinfurter (Hgg.), *Staufisches Kaisertum im 12. Jahrhundert. Konzepte – Netzwerke – Politische Praxis*, Regensburg 2010, S. 159-174.

195) DKo III. 125.

196) Rainer Maria Herkenrath, *Regnum und Imperium. Das „Reich" in der frühstaufischen Kanzlei (1138-1155)*, S. 51, Anm. 277; ローマ（法）に起源を有する法観念が，ヴィーバルトの関与が推定される証書に表出している点に関しては，西川洋一「フリードリヒ・バルバロッサの証書における王権と法」，ここでは 18 頁以下及び 36 頁註 84 参照；近年改めてヴィーバルトの影響を論じる研究が出ている。Vedran Sulovsky, *Sacrum imperium*: Lombard Influence and the 'Sacralization of the State' in the Mid-twelfth Century Holy Roman Empire (1125-1167), in: *German History*, Volume 39, Issue 2, June 2021, pp. 147-172. ここでは p. 152.

197) *Monumenta Corbeiensia*, Philipp Jaffé (ed.), Nr. 11, Nr. 12; Heinrich Appelt, Die Kaiseridee Friedrich Barbarossas, S. 224; Martina Hartmann, *Studien zu den Briefen Abt Wibalds von Stablo und Corvey*, S. 14 ff.; Jürgen Petersohn, *Kaisertum und Rom in spätsalischer und staufischer Zeit*, S. 64 f.

198) Petrus Diaconus, *Notae litterarum more vetusto*, Theodor Mommsen (ed.), in: *Grammatici latini* 4 (1864), S. 331-346. ここでは S. 333 f.:...de sacri vestri imperii incolumitate deo conservatori omnium gratias egi; Jürgen Petersohn, *Kaisertum und Rom in spätsalischer und staufischer Zeit*, S. 65.

月23日付のシトー会修道院ヴァルケンリート Walkenried 宛ての証書でも用いられている[199]。当該の『コーデックス・ウダルリキ』の一節は，11世紀レーゲンスブルクの修道士オトローによって偽造された，聖エメラム修道院 St. Emmeram に宛て発給されたアルヌルフの偽証書である[200]。

Appelt が早くから指摘していたように，証書文言に関しては帝国尚書局と深い関わりを持っていたバンベルク Bamberg，ヴュルツブルクの影響と[201]，以前より低下していたとしても，皇帝フリードリヒ・バルバロッサ周辺で作成された文書におけるヴィーバルトの影響を低く見積もることはできない[202]。

「*sacer*」の使用に関しては，原本では伝来してはいないものの，1151年のローマ教会のローマにおける文書作成官スクリニアリウス（*scriniarius*）に対する文書の中でも「*Filippus sacri Romani imperii scriniarius*」という語句が用いられており，12世紀半ばこの概念の使用を確認できる[203]。9世紀に「*sancte Romane ecclesie scriniarius*」として登場するスクリニアリウス（*scrinarius*）は，教皇の典礼とローマにおける教会儀礼の他，12世紀からは儀式規定書（*Ordines*）における皇帝の

---

199) DF I.171: Si religiosis personis, que sub obtentu sacre religionis iugitur divinis mancipantur officiis, aures serenitatis nostre benigno favore accomodaverimus et aliquid de imperialis munificentie indulgentia emolumentum eis contulerimus, liquido credimus eos promptiores in sustentatione nostri *sacri imperii* et devotiores in orationis constatntia pro nobis semper permanere atque apud remuneratorem omnium bonorum divinis nos premiis remunerari. Cf. Heinrich Appelt, Die Kaiseridee Friedrich Barbarossas, in: Gunther Wolf (Hg.), *Friedrich Barbarossa*, Darmstadt 1975, S. 208-244. ここでは S. 220.

200) Friedrich Hausmann, Formularbehelfe der frühen Stauferkanzlei. Untersuchungen über deren Herkunft, Verwendung und Verhältnis zur Unrkundensanmmlung des Codex Udalrici, in: MIÖG 50 (1958), S. 68-96. ここでは，S. 74.

201) Heinrich Appelt, Die Kaiseridee Friedrich Barbarossas, S. 221.

202) Martina Hartmann, *Studien zu den Briefen Abt Wibalds von Stablo und Corvey sowie zur Briefliteratur in der frühen Stauferzeit*, Hannover 2011; *Das Briefbuch Abt Wibalds von Stablo und Corvey*, Martina Hartmann (ed.), 3 Teile, MGH Briefe d. dt. Kaiserzeit 9. Hannover 2012, T. 2, Ep. 219, S. 465 f.

203) *scriniarius* に関しては，Paul Kehr, Scrinium und Palatium. Zur Geschichte des päpstlichen Kanzleiwesens im XI. Jahrhundert, in: MIÖG Ergänzungsband 6 (1901), S. 70-112; Jürgen Petersohn, Kaiserliche Scriniare in Rom bis zum Jahre 1200, in: QFIAB 75 (1995), S. 1-31; idem, *Kaisertum und Rom in spätsalischer und staufischer Zeit*, S. 243 ff.; Cf. Ingrid Baumgärtner, Rombeherrschung und Romerneuerung, S. 50, Anm. 75.

戴冠の際の称賛 (laudes) に関わる役職であった[204]。

14 古代ローマの復活 renovatio と復興 restauratio

1144年夏,教皇の支配を脱却することを目指して復活したローマの元老院は,統治機構としてカピトリーノの丘 Capitolino で再び息を吹き返し[205],市民による自律的統治の正当性を様々な形で顕示した[206]。

Percy Ernst Schramm は "*Kaiser, Rom und Renovatio*" において,ローマの復活と再興への希求の端緒が開かれた時期を1030年頃としたが[207],建築物や彫像など具象化された古代ローマの遺産は,11,12世紀に古代ローマへの憧憬を喚起していた[208]。このような古代ローマの復活の意識を,フライジンクのオットーは『年代記あるいは二つの国の歴史 *Chronica sive Historia de duabus civitatibus*』の中で「彼らは古代の都市の威厳を復活させることを希求し,元老院を打ち立てた。(*antiquam Urbis dignitatem renovare cupientes ordinem senatorem ... constituent.*)」

---

204) Cf. Jürgen Petersohn, Kaiserliche Scriniare in Rom, S. 2; *Die Ordines für die Weihe und Krönung des Kaisers und der Kaiserin*, ed. Reinhard Elze, MGH Fontes iur. Germ. 9, Hannover 1960, S. 226; Cf. Bernhard Schimmelpfennig, Die Bedeutung Roms im päpstlichen Zeremoniell, in: Bernhard Schimmelpfennig, Ludwig Schmugge (Hgg.), *Rom im hohen Mittelalter*, S. 47-63. ここでは S. 48 ff. と 59 f.

205) Ingrid Baumgärtner, Rombeherrschung und Romerneuerung, S. 32 f., Anm. 12; Heribert Bloch, The New Fascination with Ancient Rom, in: R. L. Benson, G. Constable (eds.), *Renaissance and Renewal in the Twelfth Century*, Cambridge Mass. 1982, pp. 615-636.

206) Ingrid Baumgärtner, Rombeherrschung und Romerneuerung. S. 28.

207) Percy Ernst Schramm, *Kaiser, Rom und Renovatio: Studien und Texte zur Geschichte des römischen Erneuerungsgedanken vom Ende des karolingischen Reiches bis zum Investiturstreit*, Leipzig/Berlin1929, Darmstadt ³1963, Teil 1, S. 193 ff.; Cf. Jürgen Petersohn, *Kaisertum und Rom in spätsalischer und staufischer Zeit*, S. 49, 53, Anm. 39.

208) Arnold Esch, Spolien. Zur. Wiederverwendung antiker Baustücke und Skulpturen im mittelalterlichen Italien, in: *Archiv für Kulturgeschichte* 51 (1969) S. 1-64, ここでは S. 26 ff.; Peter Cornelius Claussen, Renovatio Romae. Erneuerungsphasen rämischer Architektur im 11. und 12. Jahrhundert, in: Bernhard Schimmelpfennig, Ludwig Schmugge (Hgg.), *Rom im hohen Mittelalter. Studien zu den Romvorstellunegn und zur Rompolitik vom 10. bis zum 12. Jahrhundert: Reinhard Elze zur Vollendung seines siebzigsten Lebensjahres gewidmet*, Sigmaringen 1992, S. 87-125; 古代の彫像をローマから輸入したウィンチェスター司教ブロワ Blois のヘンリについては, *The Historia pontificalis of John of Salisbury*, Marjorie Chibnall (ed.), c. 40, p.79.

と表現している[209]。

1144年統治を自らの手に取り戻すことを表明した都市ローマが[210]、その正当性を顕示する自己表現の場としたのが様々な公的文書である。1143年から1149年の間にコンラート3世に宛てた書簡で「ローマの元老院と人民（Senatus populusque Romanus）」という象徴的な表現が使用されている[211]。「神聖な（sacer）」という形容詞を冠した「神聖なる元老院（sacer senatus）」という表現が初出する[212]、1148年10月23日、元老院証書には「神聖なる元老院の印章（sigillum sacri senatus）」が付せられている他、元老院を基準にした年数が用いられており[213]、都市の証書では

---

209) *Ottonis epsicopi Frisingensis Chronica sive Historia de duabus civitatibus*, Adolf Hofmeister (ed.), MGH SS rer. Germ. 45, Hannover 1912, VII 27, S. 353; *Otto von Freising, Chronik oder die Geschichte der zwei Staaten*, Adolf Schmidt (übers.), Walther Lammers (Hg.), mit einem Literaturnachtrag von Hans-Werner Goetz, Darmstadt 1960, 1990, ⁶2011, S. 634 f.: Populus vero Romanus volens, ut eos per obsides et sacramentum ad durissima precepta, id est ut muris ruptis omnes provincia cederent, cogeret, dum nobilissimus ac liberalissimus sacerdos tam irrationabili et inhumanae peticioni annuere nollet, seditionem movent ac in ipso impetu in Capitolio venientes, antiquam Urbis dignitatem renovare cupientea ordinem senatorum, qui iam per multa curricula temporum deperierat.

210) Ingrid Baumgärtner, Romerneuerung im Zeichen der Praxis?, S. 68; ローマの市政、司法制度に関しては、Ingrid Baumgärtner, Rombeherrschung und Romerneuerung, S. 54 ff.; idem, Die normativen Grundlagen des Rechtslebens in der Stadt Rom und die Entwicklung der Gesetzgebung, in: A. Gouron, A. Rigaudiere (ed.), *Renaissance du pouvoir legislatif et genese de l'etat*, Montpellier 1988, pp. 13-27. ここでは pp. 16 ff.; Cf. Jürgen Petersohn, *Kaisertum und Rom in spätsalischer und staufischer Zeit*, S. 90 f.; Theodor Hirschfeld, Das Gerichtswesen der Stadt Rom vom 8. Bis 12. Jahrhundert wesentlich nach stadtromischen Urkunden, in: *Archiv für Urkundenforschung* 4 (1912), S. 419-562; Louis Halphen, *Etudes sur l'administration de Rome au Moyen Age (751-1252)*, Paris 1907, ND Genève 1981.

211) この書簡は失われている。*Monumenta Corbeiensia*, Philipp Jaffé (ed.), (= Bibliotheca rerum Germanicarum 1), Berlin 1864, ND Aalen 1964, Nr.214-216, pp. 332-336 = *Codice diplomatico del Senato romano dal MCXLIV al MCCCXLVII* (= CDSR と略), a cura di Franco Bartoloni, Roma 1948, p. 2, Nr. 4; Cf. Herbert Bloch, Der Autor der „Graphia aurae urbis Romae", in; DA 40 (1984), S. 55-174. ここでは S. 153.

212) Cf. Robert L Benson, Political Renovatio: Two Models from Roman Antiquity, in: Robert L. Benson, Giles Constable (eds.), *Renaissance and Renewal in the Twelfth Century*, Cambridge Mass. 1982, pp. 339-386, ここでは S. 340; 国王証書への使用は、Gottfried Koch, *Auf dem Wege zum Sacrum Imperium: Studien zur ideologischen Herrschafts-begrundung der deutschen Zentralgewalt im 11. und 12. Jahrhundert*, Berlin 1972. ここでは S. 271 f.

213) CDSR Nr. 3 (CDSR, Nr. 3 は Nr. 12 で伝えられている), p. 14: renovationis [vero] sac[ri] senatus anno. Vº.; p. 16: per manum Iohannis fidelis scribe senatus presens privilegium scribi et sigillo *sacri senatus* signari clericisque dari iussimus...; Ingrid Baumgärtner, Rombeherrschung und Romerneuerung, S. 44, Anm. 48; idem, Romerneuerung im Zeichen der

賃貸借を「更新する」という語義で使用されていた「renovare」が,「復活・再生」を表す「renovatio」という文脈で登場している[214]。

翌 1149 年 7／10 月元老院からコンラート 3 世に宛てた書簡文書でも，発信者として「consiliatores curiae sacri senatus」という表現が用いられ[215],これ以降「神聖なる元老院（sacer senatus)」は「復興（restauratio)／復活（renovatio)」とともに[216],年号表記として[217],しばしば用いられるようになった[218]。とりわけ 1151 年のピサとの講和条約で用いられた文言「Data ... in consistorio novo palatii in renovationis vero

---

Praxis? Der Bibliothekar im kommenalen Zusammenhang, in: Bernhard Schimmelpfennig, Ludwig Schmugge (Hgg.), *Rom im hohen Mittelalter. Studien zu den Romvorstellunegn und zur Rompolitik vom 10. bis zum 12. Jahrhundert: Reinhard Elze zur Vollendung seines siebzigsten Lebensjahres gewidmet*, Sigmaringen 1992, S. 65-77. ここでは S. 66; Cf. Jürgen Petersohn, *Kaisertum und Rom in spätsalischer und staufischer Zeit*, S. 92, Anm. 57; Baumgärtner は，主の受肉年（anno domini) ではなく元老院を基準とした年号の導入に，南イタリアの影響の可能性を指摘している。Ingrid Baumgärtner, Geschichtsbewußtsein in hochmittelalterlichen italienischen Privaturkunden, in: Hans-Werner Goetz (Hg.), *Hochmittelalterliches Geschichtsbewußtsein im Spiegel nichthistoriographischer Quellen*, Berlin 1998, S. 269-292. ここでは S. 281.

214) Ingrid Baumgärtner, Romerneuerung im Zeichen der Praxis?, S. 66, Anm. 4.

215) CDSR, Nr. 6. 1 年前の文書では *senatus populusque Romanus* という表現が用いられていた。CDSR, Nr. 5, p.4; Cf. Ingrid Baumgärtner, Rombeherrschung und Romerneuerung, S. 45, Anm. 50.

216) この二つの概念の区分に関する考察は，Gerhart B. Ladner, Terms and Ideas of Renewal in the Twelfth Century, in: idem, *Images and Ideas in the Middle Ages. Selected Studies in History and Art*, Bd. II, Roma 1983, S. 687-726.

217) 年号表記以外に *restauratio* が用いられている例は，コンラート 3 世宛ての書簡の中で用いられた *Romani imperii restauratio* 一例のみである。Cf. Ingrid Baumgärtner, Romerneuerung im Zeichen der Praxis?, S. 66.

218) CDSR Nr. 12 への追記, p. 17 (1150 年 7 月 15 日): per stabilitatem *sacri* ac reverendi senatus iussimus; Nr. 11 (1151 年 3 月 12 日：ピサとの講和条約), p. 13: Data ... in consistorio novo palatii in renovationis vero seu restaurationis *sacri senatus* anno. VII.; Nr. 13 (1151 年 8 月 27 日), p. 20: Quam scribere precepimus Iohannem fidelem cancellarium (*sacri se*) *natus*; Nr. 17, pp. 24-25 (1160 年 1 月 23 日): cancellario *sacri senatus*, ut supra scritum est, ad perpetuam stabilitatem scribere mandavi,..Actum .XVJ. anno restaurationis senatus; Nr. 18 (1162 年 3 月 27 日): Actum ... renovationis autem senatus anno. XVIIJ.; Nr. 39 (1185 年 6 月 8 日), p. 64 ff.: Nos senatores alme Urbis decreto amplissimi ordinis *sacri senatus* litteras memoriales fieri facimus... Auctoritate itaque omnipotentis Dei *sacrique senatus* decreto; Nr. 42 (1188 年 5 月 31 日：クレメンス 3 世との条約), p. 71: decreto amplissimi ordinis *sacri senatus*; Nr. 44 (1191 年 5 月 28 日), p. 79: Nos senatores alme Urbis decreto amplissimi ordinis *sacri senatus* constituimus; Nr. 54 (1198 年 1 月 27 日), p. 87: ante Petrum de Paulo Rubeo *sacri senatus* iustitiarium et iudex vicedomino senatoris ... a dicto domno Petro Pauli Rubei iustitiario iudex et vicedomino sacri palatii; Nr. 55 (1201 年 10 月 6 日): Actum anno. LVIII. renovationis senatus.

seu restaurationis sacri senatus anno. VII.」は，元老院の自律的な裁判管轄権を内外に示していると言えるだろう[219]。Baumgärtner が指摘しているように，1163 年から 1190 年代の終わりまで「元老院の復興／復活 (*restauratio senatus/ renovatio senatus*)」が発給年号と結び付けて用いられなくなったのは，元老院の復活・復興をことさら強調する意味を失ったためと考えられる[220]。語句の選択には外交的意図が明示されていたのである。

　一方裁判官や書記，スクリナリウスなどの役職に「神聖な (*sacer*)」が用いられるケースが 11 世紀以降確認される[221]。1011 年には教皇証書を作成する筆頭尚書官長レオ (*protoscriniar Leo*) に用いた事例がある他[222]，「神聖なる宮廷の裁判官 (*iudices sacri palatii*)」あるいは「神聖なるラテラノの宮廷の裁判官 (*iudices sacri palatii Lateranensis*)」という表現がローマ以外でも 1061 年にピサ Pisa で用いられており[223]，ローマの領域支配を受けていた例えばファルファ Farfa などにおいても 11 世紀の半ばから確認できる[224]。

---

219)　Cf. Ingrid Baumgärtner, Romerneuerung im Zeichen der Praxis?, S. 67.

220)　Ingrid Baumgärtner, Romerneuerung im Zeichen der Praxis?, S. 66.

221)　Reinhard Elze, Das "sacrum palatium Lateranense" im 10. und 11. Jahrhundert, in: *Studi Gregoriani per la storia di Gregorio VII e della riforma gregoriana.* 4 (1952) S. 27-54. ここでは S. 33; *scriniarius* に関しては，Paul Kehr, Scrinium und Palatium. Zur Geschichte des päpstlichen Kanzleiwesens im XI. Jahrhundert, in: MIÖG *Mitteilungen des Instituts für Österreichische Geschichtsforschung*, Ergänzungsband 6 (1901), S. 70-112; Jürgen Petersohn, Kaiserliche Scriniare in Rom bis zum Jahre 1200, in: *Quellen und Forschungen aus italienischen Archiven und Bibliotheken* 75 (1995), S. 1-31; idem, *Kaisertum und Rom in spätsalischer und staufischer Zeit*, S. 243 ff.; Cf. Ingrid Baumgärtner, Rombeherrschung und Romerneuerung, S. 50, Anm. 75; ローマにおける帝国のスクリナリウス *scrinarius* は 1170 年頃から登場する。Jürgen Petersohn, Kaiserliche Scriniare in Rom, S. 2.

222)　Cf. Ingrid Baumgärtner, Rombeherrschung und Romerneuerung, S. S.49, Anm. 70; Jürgen Petersohn, *Kaisertum und Rom in spätsalischer und staufischer Zeit*, S. 80 ff.; 教皇庁の統治構造については，藤崎衛『中世教皇庁の成立と展開』八坂書房，2013 年。

223)　Rudolf Hiestand, Iudex sacri Lateranensis palatii, in: DA 43 (1987) S. 62-80; Peter Classen, Richterstand und Rechtswissenschaft in italienischen Kommunen des 12. Jahrhunderts, in: idem, Johannes Fried (Hg.), *Studium und Gesellschaft im Mittelalter*, Schriften der MGH 29, Stuttgart 1983, S. 27-126. ここでは S. 73 f.; Johannes Fried, *Die Entstehung des Juristenstandes im 12. Jahrhundert*, Köln/Wien 1974, S. 25 f.; Cf. Ingrid Baumgärtner, Rombeherrschung und Romerneuerung, S. 48.

224)　Cf. Ingrid Baumgärtner, Rombeherrschung und Romerneuerung, S. 48 f., Anm. 69; Farfa（1051 年 4 月 29 日）: Hubaldus iudex sacri palatii in einer sententia vom 29. April 1051, I.

15 古代ローマの称揚

　なぜ12世紀に古代ローマの復活と再興が，都市ローマのスローガンとなったのか，ローマ称揚の機運の高まりの理由を特定することはできないが[225]，クリュニー修道院長だったペトルス・ウェネラビリス（在位1122-56）が，トゥールーズ Toulouse の修道士レーモンに宛てた詩の一節で述べているように[226]，12世紀前半に過去の繁栄を謳歌していた都市ローマの凋落ぶりを嘆く言説が数多くみられる[227]。

　古代ローマの称揚は，歴史叙述においても顕在化した。その代表が，『黄金の都市ローマの記述 Graphia aureae Urbis Romae』である[228]。13世紀の写本で伝えられている『黄金の都市ローマの記述』は[229]，四つから構成されている[230]。1) ペトルス・ディアコヌスが1137年以前に著した『トロイア族の歴史 Ystoria gentis Troiane』を再編集した『ノアからロムルスまでの歴史 Historia Romana a Noe usque ad Romulum』[231]，

Giorgi, Ugo Balzani (eds.), *Il Regesto di Farfa*, Bd.4, Roma 1888, p. 225.

225) Tilman Struve, *Roma caput mundi. Die Gegenwart Roms in der Vorstellung des Mittelalters*, in: Franz-Reiner Erkens und Hartmut Wolff (Hgg.), V*on Sacerdotium und regnum: geistliche und weltliche Gewalt im frühen und hohen Mittelalter: Festschrift für Egon Boshof zum 65. Geburtstag*, Köln 2002, S. 153-179; Jürgen Petersohn, *Rom und der Reichstitel "Sacrum Romanum imperium"*, Stuttgart, 1994.

226) Giles Constable (ed.), *The Letters of Peter the Venerable I*, Cambridge Mass. 1967, ep. 117: Versus domini Petri Abbatis ad Raimvndvm Tolosanvm monachvm, pp. 309 ff.: Scribis Romanas te cernere uelle ruinas. Si temptare mihi tale placeret iter.; Cf. Peter Cornelius Claussen, Renovatio Romae. Erneuerungsphasen römischer Architektur im 11. und 12. Jahrhundert, S. 94.

227) Gerd Tellenbach, Die Stadt Rom in der Sicht ausländischer Zeitgenossen (800-1200), in: *Saeculum: Jahrbuch für Universalgeschichte* 24 (1973), S. 1-40.

228) Percy Ernst Schramm, *Kaiser, Rom, Renovatio*, Leibzig 1929, Bad Homburg ³1963, Teil 2, S. 68-111 (= idem, in: *Kaiser, Könige und Päpste. Gesammelte Aufsätze zur Geschichte des Mittelalters 3: Beiträge zur allgemeinen Geschichte, 3. Teil: Vom 10. bis zum 13. Jahrhundert*, Stuttgart 1969, S. 313-359); Herbert Bloch, Der Autor der „Graphia aurae urbis Romae", in; DA 40 (1984), S. 55-174; Cf. Ingrid Baumgärtner, Rombeherrschung und Romerneuerung, S. 54 f.; Jürgen Petersohn, *Kaisertum und Rom in spätsalischer und staufischer Zeit*, S. 49-57.

229) Codex Florenz, Laurentianus Plut. LXXXIX inf. 41, ff. 33v-37v.

230) Cf. Jürgen Petersohn, *Kaisertum und Rom in spätsalischer und staufischer Zeit*, S. 50 f.

231) Percy Ernst Schramm, *Kaiser, Könige und Päpste*. ここでは S. 319-321.

2）1140年から43年にまとめられ，都市ローマに在る古代の建造物などを記述した『都市ローマの驚異 Mirabilia Urbis Romae』[232]，3）1131年から1137年にかけてまとめられ，1150年頃加筆修正された皇帝ロタール3世について記した『ローマ帝国の威厳の書 Liber dignitatum Romani imperii』[233]，4）10世紀末に著された『パトリキウス Patricius』は，裁判官の任命とローマ市民への受け入れの際に述べる定式文言である[234]。

1154年末以降にこの四つの著作を匿名でまとめたのはおそらくペトルス・ディアコヌスと想定される[235]。

1107年頃生まれ1150年代末に亡くなったペトルス・ディアコヌス Petrus Diaconus は，ベネディクト会の総本山モンテ・カッシーノ修道院に奉献児童（puer oblatus）として預けられた。これまでペトルス・ディアコヌスに関しては，モンテ・カッシーノ修道院で作成された偽文

232）Percy Ernst Schramm, *Kaiser, Rom, Renovatio*, Leipzig 1929, Bad Homburg ³1963, Teil 2: Exkurse und Texte, S. 105-111 (= idem, *Kaiser, Könige und Päpste*, ここでは S. 322-338); Cf. Jürgen Petersohn, *Kaisertum und Rom in spätsalischer und staufischer Zeit*, S. 46 f.; *Mirabilia Urbis Romae. Die Wunderwerke der Stadt Rom*, Gelinde Huber-Renenich, Martin Wallraff, Katharina Heyden und Thoma Krünung (Hgg.), Freiburg i. B. 2014; 『都市ローマの驚異 *Mirabilia Urbis Romae*』に関しては，神崎忠昭「『ローマの都の驚異 *Mirabilia Urbis Romae*』考—「ガイドブック」あるいは政治的文書」長谷部文彦編『地中海世界の旅人―移動と記述の中近世史』慶應義塾大学出版会，2014年，109-136頁。

233）Schramm は *Libellus de cerimoniis aule imperatoris* の一部と考えた。Percy Ernst Schramm, *Kaiser, Könige und Päpste*, S. 338-353. S. 352 f. に Nr. 20 から 22 として収録されている。その成立年代に関しては研究者によって異なり，Schramm は 1030 年頃と，他の研究者は 10 世紀の後半から末にかけてと推定している。Cf. Jürgen Petersohn, *Kaisertum und Rom in spätsalischer und staufischer Zeit*, S. 50 f.; Bloch はこの著作もペトルス・ディアコヌスの手になると考えている。Edition は，Herbert Bloch, Der Autor der „Graphia aurae urbis Romae", S. 160-171. 作品については S. 127 ff.; idem., Peter the Deacon's Vision of Byzantium and a Rediscovered Treatise in his Acta S. Placidi, in: *Bisanzio, Roma e l'Italia nell'alto Medioevo : 3-9 aprile 1986*, Spoleto 1988, pp. 797-847. ここでは p. 800.

234）写本にはそれぞれ 1) Qualiter patricius sit faciendus, 2) Qualiter iudex sit faciendus, 3) Qualiter Romanus fieri debeat という題目が付けられている。Cf. Herbert Bloch, Der Autor der „Graphia aurae urbis Romae", S. 88.

235）Percy Ernst Schramm, *Kaiser, Rom, Renovatio*, Teil 1, S. 188 ff.; Reinhard Elze, Das „sacrum palatium Lateranese" im 10. Und 11. Jahrhundert, ここでは S. 50; Robert L. Benson, Political Renovatio: Two Models from Roman Antiquity, in: Robert L. Benson, Giles Constable (ed.), *Renaissance and Renewal*, pp. 339-386; Herbert Bloch, Der Autor der „Graphia aurae urbis Romae", S. 141; Arnold Esch, Spolien. Zur. Wiederverwendung antiker Baustücke und Skulpturen im mittelalterlichen Italien, S. 26 ff.

書への関与が研究者の注目を集めてきた[236]。

先述したようにペトルス・ディアコヌスは，コンラート 3 世に捧げられた著作『*Notae litterarum*』の中で「神聖なる帝国（*sacrum imperium*）」という表現を用いており[237]，彼が編纂に関わったと考えられる前述の『黄金の都市ローマの記述 *Graphia aureae Urbis Romae*』もローマの称揚を通じて，古代ローマ帝国を継承した「神聖なる帝国」を根拠付ける意図を有していたと考えられる[238]。

16　権威か合意形成か

a）1177 年のヴェネチアの和約

1174 年に始まった第 5 次イタリア遠征で，教皇とロンバルディア同盟，皇帝との抗争と交渉は新たな局面を迎えた。フリードリヒ・バルバロッサは，1175 年から 1177 年にかけてクレモナを仲介役に据え，ロンバルディア同盟との交渉を重ねている[239]。1175 年のモンテベッロでいっ

---

[236] Petrus Diaconus の偽文書とその歴史著述の評価に関しては，Hagen Keller, Die Herrscherurkunden: Botschaft des Privilegierungsaktes – Botschaft des Privilegientextes, in: Fondazione Centro italiano di studi sull'alto Medioevo (ed.), *Fondazione Centro italiano di studi sull'alto Medioevo* (= Settimane di studio della Fondazione Centro italiano di studi sull'alto Medioevo 52), Spoleto 2005, vol. 1, pp. 231-278, ここでは p. 249 ff. 及びペトルス・ディアコヌスが作成した皇帝ロータル 3 世の偽証書（DLo.III. 120）に関しては，pp. 270 ff.; Petrus Diaconus に関しては，Erich Casper, *Petrus Diaconus und die Monte Cassineser Fälschungen: Ein Beitrag zur Geschichte des Italienischen Geisteslebens im Mittelalter*, Berlin 1909; Heinz Zatschek, Zu Petrus Diaconus. Beiträge zur Entstehungsgeschichte des Registers, der Fortsetzung der Chronik und der Besitzbestätigung Lothars III. für Monte Cassino, in: *Neues Archiv* 47 (1928), S. 174-224; Hartmut Hoffmann, Chronik und Urkunde in Montecassino, in: *Quellen und Forschungen aus italienischen Archiven und Bibliotheken* 51 (1971), S. 93-206; idem, Petrus Diaconus, die Herren von Tusculum und der Sturz Oderisius' II. von Montecassino, in: DA 27 (1971), S. 1-109; idem, Studien zur Chronik von Montecassino, in: DA 29 (1973), S. 59-162; Herbert Bloch, Tertullus' Sicilian Donation and a Newly Discovered Treatise in Peter the Deacon's Placidus Forgeries, in: *Fälschungen im Mittelalter, Teil IV: Diplomatische Fälschungen (II)*, 1988, S. 97-128.

[237] Cf. Jürgen Petersohn, *Kaisertum und Rom in spätsalischer und staufischer Zeit*, S. 65, Anm. 89.

[238] Cf. Ingrid Baumgärtner, Rombeherrschung und Romerneuerung, S. 65; Herbert Bloch, Der Autor der „Graphia aurae urbis Romae", S. 152 ff.

[239] DF I. 638（1175 年 4 月 16／17 日）；DF I. 648（1176 年 3 月）；DF I. 650（1176 年

たん仮和解が結ばれたが[240]，最終合意には至らず不首尾に終わった[241]。翌1176年5月レニャーノの戦いで敗北したフリードリヒ・バルバロッサは，教皇のアレクサンデル3世との和解交渉を再開し，1176年11月初めアナーニ Anagni にて，皇帝，教皇そして諸都市の代表が皇帝側の全権を与えられた仲介者（mediatores）となり，15日間の長い交渉を経て和平に向けての仮契約を締結[242]，翌1177年5月ヴェネチアで再度交渉が始まり，夏にようやく休戦が誓約されたのである[243]。

休戦の協約への過程で，皇帝フリードリヒ・バルバロッサの全権委任を携えて（cum plenaria potestate）[244]，マクデブルク大司教ヴィッヒマン[245]，マインツ大司教クリスティアン[246]とヴォルムス司教に選出されて

7月末）；DF I. 652（1176年7月以降）；DF I. 653（1176年7月29日）；DF I. 660（1176年12月12日）；DF I. 665（1177年1月もしくは2月）；DF I. 712（1177年9月）；Cf. Const. 1, Nr. 259-273: Pax Veneta.

240) Walter Heinemeyer, Der Friede von Montebello (1175). in: DA 11 (1954/55), S. 101-139; Josef Riedmann, Die Beurkundung der Verträge Friedrich Barbarossas mit italienischen Städten. (= Österreichische Akademie der Wissenschaften., phil.-hist. KL, SB 291, 3.) 1973, S. 105 ff.; Ferdinand Güterbock, *Der Friede von Montebello und die Weiterentwickelung des Lombardenbundes*, Berlin 1895.

241) 服部良久『中世のコミュニケーションと秩序──紛争・平和・儀礼』第9章「ヴェネツィアの和」217頁以下参照。

242) DF I. 658（1176年11月初め Agnani）。この証書の翻訳は，服部良久『中世のコミュニケーションと秩序──紛争・平和・儀礼』第9章「ヴェネツィアの和」222頁以下参照。Knut Görich, Frieden schließen und Rang inszenieren. Friedrich I. Barbarossa in Venedig 1177 und Konstanz 1183, in: Alheydis Plassmann, Dominik Büschken (Hgg.), *Staufen and Plantagenets: two empires in comparison*, Göttingen 2018, S. 19-52. ここでは，S. 30 f. 及び idem, *Friedrich Barbarossa: Eine Biographie*, S. 384.

243) DFI. 689（1177年8月1日以前）. Const. 1, Nr. 259, S. 360-362; Lorenz Weinrich (Hg.), *Quellen zur deutschen Verfassungs-, Wirtschafts- und Sozialgeschichte bis 1250*, Nr. 72, S. 286 ff.; Ferdinand Güterbock, Kaiser, Papst und Lombardenbund nach dem Frieden von Venedig, in: QFIAB 25 (1933/34), S. 158-191. ここでは S. 185 ff.

244) Boso, *Vita Alexandri III.*, p. 433, l. 33.

245) Dietrich Claude, *Geschichte des Erzbistums Magdeburg bis in das 12. Jahrhundert*, Bd. 2, Köln 1975, S. 71-82.

246) Wilfried Schöntag, *Untersuchungen zur Geschichte des Erzbistums Mainz unter den Erzbischöfen Arnold und Christian I (1153-1183)*, Darmstadt/Marburg 1973; Dieter Hägermann, Die Urkunden Erzbischof Christians I. von Mainz als Reichslegat Friedrich Barbarossas in Italien, in: *Archiv für Diplomatik* 14 (1968), S. 202-301; idem, Beiträge zur Reichlegation Christians von Mainz in Italien, in: QFIAB 49 (1969), S. 186-238. 皇帝が推した大司教候補であるヴィッテルスバッハのコンラート Konrad von Wittelsbach に関しては，Siglinde Oehring, Erzbischof Konrad I. von Mainz im Spiegel seiner Urkunden und Briefe (1161-1200), Darmstadt 1973. コンラートは

いたコンラートらドイツの聖界諸侯が，アナーニに滞在していた教皇アレクサンデル 3 世との交渉に臨み[247]，秘密裏に交渉が行われたことを，枢機卿ボソそしてサレルノ大司教ロムアルドも記している[248]。

『アレクサンデル 3 世の生涯 Vita Alexandri III.』をまとめた枢機卿ボソは，おそらくトスカーナ出身で，枢機卿ピサのグイドの仲介により教皇庁で仕えることになり，1135 年スペインへの使節の中に初めて登場する。ボソを見出したグイドが 1149 年亡くなると[249]，ロランド・バンディネッリ（のちのアレクサンデル 3 世）が 1155 年 3 月その後任に任命されるまで，ボソは教皇庁の尚書局で書記（scriptor S.R.E.）としてその任を果たした。教皇ハドリアヌス 4 世は，1154 年彼を内膳頭に任じ，さらに 1157 年 1 月にはロランドの後任として SS. Cosmae et Damiani の助祭枢機卿に任じられた[250]。

教皇と皇帝の名誉と諸権利（honor et iura）そして都市の自由（libertas）が問われるこの交渉をまとめることは容易ではなかったが，複数の交渉

後にアレクサンデル 3 世側に与している。Cf. Wolfgang Georgi, Wichmann, Christian, Philipp und Konrad: Die »Friedensmacher« von Venedig?, in: Stefan Weinfurter (Hg.), *Stauferreich im Wandel. Ordnungsvorstellungen und Politik in der Zeit Friedrich Barbarossas*, Sigmaringen 2002, S. 41-84. ここでは S. 43, Anm. 5.

247) Wolfgang Georgi, *Friedrich Barbarossa und die auswärtigen Mächte: Studien zur Aussenpolitik 1159-1180*, Frankfurt a. M. 1990; idem, Legatio uirum sapientem requirat. Zur Rolle der Erzbischöfe von Köln als königlich-kaiserliche Gesandte, in: Stefan Weinfurter, Hanna Vollrath (Hgg.), *Köln: Stadt und Bistum in Kirche und Reich des Mittelalters: Festschrift für Odilo Engels zum 60. Geburtstag*, Köln 1993, S. 61-124; idem, Wichmann, Christian, Philipp und Konrad: Die »Friedensmacher« von Venedig?, in: Stefan Weinfurter (Hg.), *Stauferreich im Wandel. Ordnungsvorstellungen und Politik in der Zeit Friedrich Barbarossas*, Sigmaringen 2002, S. 41-84.

248) Boso, *Vita Alexandri III.*, p. 434; *Romualdi Salernitani Chronicon*, Calro Alberto Garufi (ed.) (Rerum Italicarum Scriptores, Nuova edizione, 7.1) Città di Castello 1935, pp. 32-297, ここでは p. 267.

249) ピサ Pisa のグイド Guido はヴィーバルト及びヴィートのアーノルト Arnold von Wied と 20 年来知己を得ていた。Cf. Bernd Schütte, Nachrichtenaustausch und persönliche Beziehungsgefüge im Spiegel von Wibalds Briefbuch, in: *Concilium medii aevi* 10 (2007), S. 113-151, S. 126 ff.; Michael Horn, *Studien zur Geschichte Papst Eugens III. (1145-1153)*, Frankfurt a. M u.a. 1992. ここでは S. 287.

250) Odilo Engels, Kardinal Boso als Geschichtsschreiber. ここでは S.148 以下参照。Peter Munz, Papst Alexander III. Geschichte und Mythos bei Boso, in: *Saeculum* 41 (1990), S. 115-129.

ルートを使い分けながら,慎重にかつ粘り強く交渉が続けられた[251]。一方彼らを取り巻く列強諸国も交渉の成り行きを指をくわえて見守っていたわけではなかった。ディスのラルフによれば,1176年11月12日ビザンツ皇帝マヌエル1世(1118-80),フリードリヒ・バルバロッサ,ランス大司教ギョーム,ハインリヒ獅子公,フランドル伯フィリップの使者がウェストミンスターのヘンリ2世の宮廷で外交交渉を行っている[252]。

　皇帝使節たちはアレクサンデルに対して,トスカーナ女伯マティルデ遺領の教皇への返還を含めた和平調停を仮約束し,教皇の命令と許可なしには,ヴェネチア Venezia から15マイル離れたキオッジャ Chioggia よりヴェネチアに近づかないことを誓約した[253]。教皇アレクサンデル3世との仮調停を聴いたフリードリヒ・バルバロッサは激怒し,「帝国の威信より教皇アレクサンデルの名誉を重んじている」と交渉に当たった

---

　　251) Wolfgang Georgi, Wichmann, Christian, Philipp und Konrad: Die »Friedensmacher« von Venedig?, S. 78 f.; ボソとロムアルドの描写の他にヴェネチアの出来事を記す史料に関しては, Rodney M. Thomson, An English Eyewitness of the Peace of Venice 1177, in: *Speculum* 50 (1975), pp. 21-32.

　　252) *Ymagines Historiarum*, in: *The Historical Works of Master Ralph de Diceto, Dean of London*, vol. 1, William Stubbs (ed.), London 1876, ND Wiesbaden 1965, p. 416: Sub iisdem diebus nuncium Manuelis Constantinopolitani, nuncium Frederici Romani imperatoris, nuncium Willelmi Remensis archiepiscopi, nuncium Henrici ducis Saxonici, nuncium Philippi Flandrensium comitis, quos varia trahebant negotia, tanquam ex condicto simul in curia regis Anglorum conspiceres ii^{do} idus Novembris apud Westmostier.; 服部良久『中世のコミュニケーションと秩序―紛争・平和・儀礼』第9章「ヴェネツィアの和」223頁以下参照。

　　253) この一連の外交交渉については,交渉の場に居合わせたサレルノ大司教ロムアルドが詳述している。*E Romoaldi Archiepiscopi Salernitati Chronico* = Aus der Chronik des Erzbischofs Romoald v. Salerno, in: Franz-Josef Schmale (Hg. u. übers.), *Italienische Quellen über die Taten Kaiser Friedrichs I.*, S. 308-371. ここでは S. 332 f.: Papa autem habito cum nuntiis regis Sicilie et Lombardis consilio respondit: " Nobis quidem placet admodum, ut imperator Cloiam, que a Venetiis quindecim distat milibus, cum paucis veniat ea tamen conditione, quod vos in anima vestra iurare faciatis, ut postquam illuc venerit, absque nostro mandato et licentia ulterius non procedat. " Iuramento itaque in hunc modum prestito Coloniensis archi episcopus cum quibusdam aliis Cesenam ad imperatorem venit et eum cum suis Cloiam usque deduxit. Quidam autem populares Veneti cognito imperatoris adventu ad eum accedentes ceperunt illi studiose suggerere, ut absque mandato pape et licentia Venetias securus intraret, firmiter promittentes, quod eorum consilio et auxilio pacem posset cum ecclesia et Lombardis pro sua voluntate componere; このやりとりは証書には出てこない。Cf. DF I. 687(1177年7月22日)。

16 権威か合意形成か　　　　　　　　　79

聖界諸侯たちを非難した[254]。しかし，もし皇帝が交渉案を受け入れなければ，皇帝抜きで和平をまとめ，アレクサンデル3世支持に回る姿勢を見せると[255]，ついにフリードリヒ・バルバロッサは妥協案を受け入れた[256]。1177年7月マクデブルク大司教ヴィッヒマン[257]，マインツ大司教クリスティアン[258]とケルン大司教フィリップ，トリア大司教アーノルト，ヴォルムス司教に選出され，度々交渉に随行していたコンラート，尚書局長ゴットフリート，そして筆頭書記官のヴォルトヴィンが皇帝側

---

254) *E Romoaldi Archiepiscopi Salernitati Chronico*, S. 328 f. (= *Romualdi Salernitani Chronicon*, p. 278, l.3-5): aduersus eos uehementer indignatus infremuit, asserens illos in hoc tractatu pacis magis Alexandri pape honore et commodo quam dignitati imperii prouidisse.

255) Cf. *E Romoaldi Archiepiscopi Salernitati Chronico*, S. 342 f. (= *Romualdi Salernitani Chronicon*, pp. 282 f.): Cancellarius uero et alii ecclesiastici principes, qui pacis consummationem plurium affectabant, spiritu libertatis assumto imperatori viva voce dixerunt: "Bene debet imperialis maiestas recolere, quod quidam e nostris ex mandato uestro Anagniam accedentes, cum Alexandro papa de pace ecclesie et imperii, de pace regis Sicilie et Lombardorum tractatum habuimus. Et ipse, utpote uir sanctus, pacis cupidus et amator, nostro consilio et hortatu Campaniam deserens, Uenetias iam intrauit, paratus ea que de bono pacis promiserat, firmiter consumari. Uos autem, ut credimus, suggesione prauorum hominum a consilio nostro uultis recedere, et a pacis proposito declinare. Nos uero ex iure debiti, quo imperio tenemur adstricti, parati sumus uobis, ut domino, in temporalibus obedire et pro regalibus, que tenemus, consuetu, uobis seruitium facere. Sed quia nostrorum estis corporum, non animarum dominus nolumus pro uobis animas nostras perdere er terrena celestibus anteferre. Quare noscat imperialis discretio, quod nos de cetero Alexandrum in catholicum papam recipimus, et ei ut patri in spiritualibus obediemus. Idolum uero, quod erexistis in Tuscia, nullatenus adoramus."; Boso, *Vita Alexandri III.*, p. 433; Hermann Kamp, *Friedensstifter und Vermittler im Mittelalter*, Darmstadt 2001, S. 182; Wolfgang Georgi, Wichmann, Christian, Philipp und Konrad: Die »Friedensmacher« von Venedig?, S. 63 f.

256) *Romualdi Salernitani Chronicon*, p. 283: Quibus auditis, imperator, operante eo, quicorda principum, sicut uult et quando uult, humiliat et inclinat, leonina feritate desposita ouinam mansuetudinem induit, et eis humiliter et benigne respondit dicens: „Noscat uestra fidelitas, dilectissimi, quod non est mee uoluntatis consilium uestrum deserere, et pacis per uos tractate propositum euitare, quin potius uolumus ea, que uestro sunt ordinata consilio, firmiter observare. Ut autem a uestris cordibus omnis super hoc dubitationis scrupulus excludatur, comiti Henrico de Diessa, qui est in presentiarum, precipimus, ut uobiscum et cum cardinalibus Uenetias ueniens, coram papa in anima mea iuret, quod ex quo Uenetias intrauero, in ania mea iurare faciam, quod pacem ecclesie et imperii, regis Sicilie et Lombardorum, sicut disposita est et tractata, firmiter obseruabo, et de ea obseruanda precepto nostro duodecim principes nostri simile iuramentum prestabunt."; Boso, *Vita Alexandri III.*, p. 433, l. 25 ff.

257) Dietrich Claude, Geschichte des Erzbistums Magdeburg bis in das 12. Jahrhundert. 2 Bde., Köln 1972/75.

258) Knut Görich, *Friedrich Barbarossa: Eine Biographie*, S. 36.

の交渉人となり[259]，シチリア国王グリエルモ 2 世（c. 1153-89）とサレルノ大司教ロムアルドも同席の上，ヴェネチアでシチリア国王とは 15 年の和平を[260]，ロンバルディア同盟とは 6 年間の休戦を約束する和約が成立した[261]。この 6 年の間は休戦状態（*treuga*）にあり[262]，聖職者，俗人，都市に対しても皇帝は誠実誓約を立てることを命じないこと，君主に誠実に仕えず，君主から叙任を受けないことを理由として裁定が下されないこと，また同盟都市はこれらの事柄に関して裁判に召喚されないことが定められた一方で[263]，トスカーナ女伯マティルデ遺領の教皇への返還は削除された[264]。

　皇帝フリードリヒ・バルバロッサ，教皇アレクサンデル 3 世，シチリア国王グリエルモ 2 世，そしてビザンツ皇帝など列強の統治者の駆け引きばかりでなく，ヴェネチア共和国，対立するミラノ，クレモナをはじめそれぞれの利害関係から，ロンバルディア同盟も決して一枚岩ではなかった[265]。難航した外交交渉を経て，1177 年夏ようやく和平が成立

259) DF I. 687; Cf. Knut Görich, *Friedrich Barbarossa: Eine Biographie*, S. 437 f. 及び idem, Frieden schließen und Rang inszenieren. Friedrich I. Barbarossa in Venedig 1177 und Konstanz 1183, ここでは S. 31; Gerd Althoff, *Kontrolle der Macht: Formen und Regeln politischer Beratung im Mittelalter*, Darmstadt 2016, ここでは，S. 237 f.; Wortwin に関しては，Friedrich Hausmann, Wortwin, Protnotar Kaisers Friedrich I. und Stiftspropst zu Aschaffenburg, in: *Aschaffenburger Jahrbuch für Geschichte, Landeskunde und Kunst des Untermaingebietes* 4 (1957), S. 321-372.

260) DF I. 694.

261) DF I. 689.

262) Knut Görich, Frieden schließen und Rang inszenieren. Friedrich I. Barbarossa in Venedig 1177 und Konstanz 1183, in: Alheydis Plassmann, Dominik Büschken (Hgg.), *Staufen and Plantagenets: two empires in comparison*, S. 19-52. ここでは S. 31 f.

263) MGH Const. 1, Nr. 259 Treuga cum Lombardis: 5. Imperator vero usque ad VI annos preditos non compellet aliquem clericum vel laicum predicte Societatis iurare sibi fidelitatem, ne sententiam dabit nec faciet dari in aliquem predicte Societatis pro fidelitate et servitio sibi non exhibito vel investura sibi non petita infra predictum tempus treugue.

264) MGH Const. 1, Nr. 264 と 265; Stefan Weinfurter, Venedig 1177. Wende der Barbarossa-Zeit? Zur Einführung, in: Stefan Weinfurter (Hg.), *Stauferreich im Wandel. Ordnungsvorstellungen und Politik in der Zeit Friedrich Barbarossas*, Sigmaringen 2002, S. 9-25. ここでは S. 13.

265) Walter Heinemeyer, Die Verträge zwischen dem Oströmischen Reiche und den italienischen Städten Genua, Pisa und Venedig vom 10. bis 12. Jahrhundert, in: *Archiv für Diplomatik* 3 (1957), S. 79-161; 各都市間のせめぎあいに関しては，イタリアの研究を踏まえた Alfred Haverkamp, Der Konstanzer Friede zwischen Kaiser und Lombardenbund (1183), S. 23

したが，ヴェネチアでの和約締結のために，ヴェネチアを訪れた人々は 8,420 名を下らなかったという[266]。この和解の場で繰り広げられた荘厳な儀礼行為については後述するが，9 月 17 日ヴェネチアにて 12 名の諸侯たちが誓約を行い，休戦を確約したのである[267]。

b) 1183 年のコンスタンツの和約

約束された 6 年間の休戦状態が期限を迎える 1183 年，ピアチェンツァで再び和平に向けての交渉が開始された。

和平交渉では，皇帝がロンバルディア同盟の慣習的権利を認める代わりに，都市側は皇帝による執政官の任命権と国王大権レガーリアに対する課税を受け入れるという案で，皇帝側の全権使節であるアスティ Asti 司教，辺境伯グエルキオ（ギュルツイオ）のヘンリクス（ヘンリコ）とシルヴァ・ベネディクタ Silva Benedicta のカルトジオ会修道士テオドリクス間で交渉が進められた[268]。皇帝はイタリア諸都市が選出したコンスルを承認，任命し，都市側は皇帝にレガーリアに対する税を支払い，誠実誓約によって皇帝への支援を約束することが定められた。この交渉を成立させるために，都市側は銀貨 15,000 マルクの支払いを受け入れ，さらに仲介者に銀貨 1,000 マルク支払うことになった。前者の金額は，ジェノヴァで 6,400 名の奴隷，あるいは 170 軒の立派な家屋を購入でき

---

ff. 参照。

266) *Historia ducem Venedicorum*, H. Simonsfeld (ed.), MGH Scriptores 14, Hannover 1883, S. 72-97. ここでは S. 82 ff.; Stefan Weinfurter, Venedig 1177. Wende der Barbarossa-Zeit?, S. 9; Alheydis Plassmann, Barbarossa und sein Hof beim Frieden von Venedig unter verschiedenen Wahrnehmungsperspektiven, in: Stefan Weinfurter (Hg.), *Stauferreich im Wandel. Ordnungsvorstellungen und Politik in der Zeit Friedrich Barbarossas*, Stuttgart 2002, S. 85-106; Knut Görich, Ehre als Ordnungsfaktor. Anerkennung und Stabilisierung von Herrschaft unter Friedrich Barbarossa und Friedrich II., in: Bernd Schneidmüller, Stefan Weinfurter (Hgg.), *Ordnungskonfigurationen im hohen Mittelalter*, Ostfildern 2006 (= V. u. F. 64), S. 59-92. ここでは S. 84; Gerd Althoff, Friedrich Barbarossa als Schauspieler? Ein Beitrag zum Verständnis des Friedens von Venedig (1177), in: Trude Ehlert (Hg.), *Chevaliers errants, demoiselles et l'autre: Höfische und nachhöfische Literatur im europäischen Mittelalter. Festschrift für Xenja von Ertzdorff*, Göppingen 1998, S. 3-20.

267) Const. 1, Nr. 271, S. 372, Z. 36-42; Cf. DF I. 707:(1177 年) 9 月 17 日：*Romualdi Salernitani Chronicon*, p. 283; Friedrich Hausmann, Wortwin, S. 351 f.

268) DDF I. 842, 843, 844.

図 2-4　ロンバルディア諸都市②
（Knut Görich, *Friedrich Barbarossa: eine Biographie*, München 2011, p. 376 より作成）

る金額であった[269]。

　争いの種となっていた，教皇アレクサンデル 3 世に因んで命名されたロンバルディア同盟の拠点アレッサンドリア Alessandria は[270]，皇帝に因んだカエサリーナ Caesariea という名前に変えるという巧妙な解決案が提示された[271]。1183 年 4 月 30 日ピアチェンツァの聖アントニオで厳かにミサが行われた後，誓約を以って仮契約が締結された[272]（図 2-4）。

　1183 年 6 月，厳粛な宮廷会議（*solempnis curia*）が開催され，少なくとも 8 名の大司教及び司教，2 名の修道院長，4 名の大公，3 名の辺境伯，14 名の伯，さらに多くの帝国ミニステリアーレンが参集していたコンスタンツに[273]，25 名を超えるイタリア同盟側の使節が来訪し，誓約によって和議が結ばれた[274]。ピアチェンツァでの仮契約に賛同していた皇帝側の諸侯たちの多くがこの誓約に参与していなかったが，イタリア同盟側は 17 都市，64 名が誓約を立てた[275]。執政官は皇帝に誠実誓約を

---

269) Knut Görich, *Friedrich Barbarossa: Eine Biographie*, S. 495, Anm. 168: DF. I. 844; MGH Const. 1 Nr. 290, 291, S. 403 ff.; Alfred Haverkamp, Der Konstanzer Friede zwischen Kaiser und Lombardenbund (1183), S. 33, Anm. 92 及び S. 36.

270) Knut Görich, *Friedrich Barbarossa: Eine Biographie*, S. 373; idem, *Die Ehre Friedrich Barbarossas*, Darmstadt 2001, S. 264 Anm. 499.

271)　DF I. 841.

272)　Const. 1, Nr. 291; Alfred Haverkamp, Der Konstanzer Friede zwischen Kaiser und Lombardenbund (1183), S. 36; Knut Görich, *Friedrich Barbarossa: Eine Biographie*, S. 495.

273)　Const. I, Nr. 293, S. 418; Alfred Haverkamp, Der Konstanzer Friede zwischen Kaiser und Lombardenbund (1183), S. 38.

274)　Const. I, Nr. 293-295: Pax Constatiensis, Juni 25 - Nov. 22.

275)　Alfred Haverkamp, Der Konstanzer Friede zwischen Kaiser und Lombardenbund

行い，黄金の都市の鍵が手渡された[276]。皇帝への恭順が公の場で演出され，皇帝の至高権が確認された様子が 13 世紀に制作された『封建の書 Libri feudorum』の写本に描かれている[277]。フリードリヒ・バルバロッサはイタリア諸都市がこれまで享受してきた慣習的権利を承認し[278]，また 25 リブラを超える訴額の上訴案件に関しては，最高審を司る皇帝が「都市の法と慣習に従って（secundum leges et mores illius civitatis）」裁定を

(1183), S. 39, Anm. 112.

276) この様子を伝える聖ブラジウス年代記の Edition は以下二つである。① *Die Chronik von St. Blasien und die Marbacher Annalen*, Franz-Josef Schmale (Hg. u. übers.), Darmstadt 1998. ② *Ottonis de Sancto Blasio Chronica*, Adolf Hofmeister (ed.), MGH SS rer. Ger. 47, Hannover/Leipzig 1912, 1-88. 該当箇所は，cap. 27, S. 39, Z. 1-8: Circa idem tempus Fridricus imperator apud Constanciam in pentecoste generali curia celebrata legatos Mediolanensium omniumque civitatum Italie antea sibi rebellancium subiectionem ultroneam insigniaque civitatum cum clavibus aureis offerentes ac per hoc se dediticios demonstrantes suscepit ipsosque indulta venia gratiam imperialem pacemque patrie reportantes cum gaudio remisit; Cf. Knut Görich, Frieden schließen und Rang inszenieren. Friedrich I. Barbarossa in Venedig 1177 und Konstanz 1183, S. 45; Cf. Knut Görich, *Friedrich Barbarossa: Eine Biographie*, S. 497 ff.

277) Knut Görich, *Friedrich Barbarossa: Eine Biographie*, S. 498: Abb. 35 Miniaturen; Obertus de Orto が息子たちに宛てた 2 通の書簡にロンバルディアのレーン法に関する包括的説明が書かれており，これが『封建の書 Libri feudorum』の基盤となった。Peter Classen, Richterstand und Rechtswissenschaft in italienischen Kommunen des 12. Jahrhunderts, in: idem, Johannes Fried (Hg.), Studium und Gesellschaft im Mittelalter, Schriften der MGH 29, Stuttgart 1983, S. 27-126. ここでは S. 59 f.; Hagen Keller, *Adelsherrschaft Und Städtische Gesellschaft in Oberitalien. 9.bis 12. Jahrhundert*, Tubingen 1979. ここでは S. 21-24.

278) DF I. 848: 1. Nos Romanorum imperator Fridericus et filius noster Henricus Romanorum rex concedimus *vobis civitatibus, locis et personis societatis regalia et consuetudines vestras tam in civitate quam extra civitatem*, videlicet Verone et castro eius et suburbiis et aliis civitatibus, locis personis societatis, in perpetuum, videlicet ut in ipsa civitate omnia habeatis, sicut hactenus habuistis vel habetis; *extra vero omnes consuetudines sine contradictione exerceatis*, quas ab antiquo exercuistis vel exercetis scilicet in fodro et nemoribus et pascuis et pontibus, aquis et molendinis, sicut ab antiquo habere consuevistis vel habetis, in exercitu, in munitionibus civitatum, *in iurisdictione tam in criminalibus causis quam in pecuniariis*, intus et extra, et in ceteris, que ad commoditatem spectant civitatum. ... 14. Libellarie et precarie in suo statu permaneant *secundum consuetudinem unicuisque civitatis*, non obstante lege nostra, que dicitur imperatoris Friderici, nisi in ea civitate, que sponte eam servare voluerit. ... 20. Sentenție quoque, *que iure et secundum leges et consuetudines contra aliquem vel aliquos de societate late sunt, teneant*, si tamen de iure contra eos tenerent, si gratiam imperatoris haberent. Contra aliquem vel aliquos de societate late sunt occasione guerre vel discordie seu discordie ecclesie, in irritum deducantur. ... 29. Et si qua controversia de feudo orta fuerit inter nos et alium, qui sit de societate, per pares illius civitatis vel episcopatus, in qua discordia agitur, *secundum illius civitatem consuetudinem* in eodem episcopatu terminetur, nisi nos in Lombardia fuerimus. Tunc enim in audientia nostra, si nobis placuerit, causa agitabitur.

下すとされた[279)]。他方，同盟側は司教の選出に際し，皇帝に年銀貨2,000マルク（この額については交渉の余地があるとされた）を支払う対価として[280)]，裁判権と統治権である裁治権（*iurisdictio*）が認められた[281)]。皇帝フリードリヒ・バルバロッサとイタリア諸都市間の長年に渡る争いはこの1183年のコンスタンツの和約によってようやく決着をみたのである[282)]。

17　時代を描く歴史叙述

　フリードリヒ・バルバロッサとイタリア都市コムーネとの協約の中でもピサそしてジェノヴァとの協約は極めて長く，利害関係者それぞれの関与に関する情報が含まれている。しかしこれらは例外であって，確定された事実のみを伝える証書には自ずと限界があり，交渉プロセスであるロビー活動を垣間見せてくれることはほとんどない[283)]。それを補完するのが歴史叙述であり，立場の異なる史料群があればあるほど，歴史の陰に潜む重要なやりとりが垣間見え，平面的になりがちな歴史像に奥行をもたらしてくれる。

　皇帝フリードリヒ・バルバロッサ，教皇アレクサンデル3世，ビザンツ皇帝マヌエル1世，シチリア国王グリエルモ，そしてイタリア諸都市間の攻防に関しては，異なった立場から描かれた歴史叙述が数多く

---

279)　DF I. 848: 10. In causis appellationum si quantitas XXV libras imperialium excesserit, appellatio ad ipsum licite fiat salvo iure et moribus Brixiensis ecclesie in appellationibus, ita tamen, quod non cogantur in Alamanniam ire, sed nos habebimus proprium nuntium in civitate vel episcopatu, qui de ipsa appellatione cognoscat et iuret, quod bona fide causas examinabit, et diffiniet *secundum leges et mores illius civitatis* infra duos menses a contestatione litis vel a tempore appellationis recepte, nisi iusto inpendimento vel consensu utriusque partis remanserit.

280)　DF I. 848: 3. Vorbemerkung, S. 71 も参照。

281)　DF I. 848: 23.

282)　Gerhard Dilcher, Die staufische Renovatio im Spannungsfeld von traditionellem und neuem Denken, ここでは S. 638, Anm. 64; DDF I. 843, 844 及び 848 参照；邦訳（抄訳）は，亀長洋子『西洋中世史料集』東京大学出版会，2000年，163頁以下参照。

283)　服部良久「宮廷集会の内と外―フリードリヒ・バルバロッサ即位初年の事例より」31頁以下参照。

フライジンクのオットー，そしてオットーを引き継ぎラヘヴィンが1160年までを描いた『皇帝フリードリヒ1世の事績』[285]，ジェノヴァのコンスルだったカッファーロとそのあとを書き継いだオベルトによる『ジェノヴァ編年誌』[286]，ローディの裁判官，書記そしてコンスルだったモレーナのオットーとその息子が書き継いだ『皇帝フリードリヒのロンバルディアにおける事績の書 Libellus de rebus ab imperatore Frederico in Longobardia gestis』[287]，1155／56年頃まとめられ，1154年のイタリア遠征でフリードリヒ・バルバロッサによって破壊されたトルトーナ Tortona について記述した『都市トルトーナの破壊について De Ruina civitatis Terdonae』[288]，1162年以降著された匿名のおそらくベルガモ Bergamo 出身の作者による6歩格の詩『ロンバルディアにおける皇帝フリードリヒ1世の事績の歌 Carmen de gestis Friderici I. imperatoris in Lombardia』[289]，1167年頃まとめられた『プラハのヴィ

---

284) Barbara Frenz, Barbarossa und der Hoftag von Roncaglia (1158) in der Historiographie des 12. und 13. Jahrhunderts, in: Gerhard Dilcher, Diego Quaglioni, *Gli inizi del diritto pubblico: l'età di Federico Barbarossa: legislazione e scienza del diritto = Die Anfänge des öffentlichen Rechts: Gesetzgebung im Zeitalter Friedrich Barbarossas und das Gelehrte Recht* (Hgg.), Bologna/Berlin 2007, S. 101-123. ここでは S. 102 ff.; Roman Deutinger, Imperiale Konzepte in der hofnahen Historiographie der Barbarossazeit, in: Stefan Burkhardt, Thomas Metz, Bernd Schneidmüller, Stefan Weinfurter (Hgg.), *Staufisches Kaisertum im 12. Jahrhundert. Konzepte – Netzwerke – Politische Praxis*, Regensburg 2010, S. 25-39.

285) Rahewin については，Roman Deutinger, *Rahewin von Freising: ein Gelehrter des 12. Jahrhunderts*, Hannover 1999. ラヘヴィンがフライジンクのオットーから引き継いだ『年代記』の成立時期を，Deutinger は1158年から1160年の間と考えている。Deutinger, ibid., S. 17-19.

286) Ex annalibus Ianuensibus auctore Oberto, in: *Italienische Quellen über die Taten Kaiser Friedrichs I.*, S. 296-307.

287) *Ottonis Morenae eiusdemque continuatorum Libellus de rebus a Frederico imperatore gestis* (= *Ottos Morena und seiner Fortsetzer Buch über die Taten Friedrich Barbarossas*), in: Franz-Josef Schmale, *Italienische Quellen über die Taten Kaiser Friedrichs I. in Italien und der Brief über den Kreuzzug Kaiser Friedrichs I.*, Darmstadt 1986, S. 34-239; Ferdinand Güterbock (Hg.), *Das Geschichtswerk des Otto Morena und seiner Fortsetzer über die Taten Friedrichs I. in der Lombardei*, Berlin 1930 ND 1964.

288) Adolf Hofmeister, Eine neue Quelle zur Geschichte Friedrich Barbarossas. *De Ruina civitatis Terdonae*. Untersuchungen zum 1. Römerzug Friedrichs I., in: *Neues Archiv* 43 (1922), S. 143-157.

289) *Carmen de gestis Friderici I. imperatoris in Lombardia*, I. Schmale-Ott (Hg.), Hannover 1962, S. 86, V. 2595-2613. 出身地に関しては，ibid., Einleitung, S. XI ff. フリード

ンセントの編年史 Vincentii Pragensis annales』など[290]，複眼的視点でこの時代に光を当てる歴史叙述がある。枢機卿ボソによる『アレクサンデル3世の生涯 Vita Alexandri III.』は，1165／66年頃前半部がまとめられ，後半は1177年のヴェネチアの和約1年後の1178年頃までを描いており[291]，教皇庁に近い同時代人の目線で，重要な情報を提供している。さらに『ミラノ市民の作者によるロンバルディア Lombardia における皇帝フリードリヒ1世の事績 Gesta Federici I imperatoris in Lombardia auctore cive Mediolanensi』とも呼ばれ，ミラノの俗人の作者（おそらく書記）が，1162年のミラノの敗北と降伏など，フリードリヒ・バルバロッサによるロンバルディア政策をミラノ側の視点から描いた『ロンバルディアの圧搾と服従に関する匿名のミラノ市民の叙述』[292]，1177年のヴェネチアの和約前後の時期の主たる文献史料であり，1178年までを描いたサレルノ大司教ロムアルドの手になる『世界年代記』[293]，1186／87年にまとめられた詩人グンテルによる6歩格の歴史

リヒ・バルバロッサのロンカリア立法に関しては，S. 86, V. 2609-11: Nec minus ipse novam legem promulgat, ut omnes / Imperio gentes subiecte federa pacis / Perpetue teneant. Cf. Thomas Szabó, Römischrechtliche Einflüsse auf die Beziehung des Herrschers zum Recht, Eine Studie zu vier Autoren aus der Umgebung Friedrich Barbarossas, in: QFIAB 53 (1973), S. 34-48. ここでは S. 40, Anm. 20.

290) Vinzenz von Prag, *Vincentii Pragensis annales (1140-1167)*, Wilhelm Wattenbach (ed.), MGH SS 17, Hannover 1861, S. 658-683.

291) Boso, *Vita Alexandri III.*, Louis Duchesne (ed.), *Le Liber Pontificalis*, vol. 2, Paris ²1955, pp. 397-446; 英訳には，*Boso's Life of Alexander III.*, Peter Munz (intro.), G. M. Ellis (trans.), Oxford 1973; Boso に関しては，Odilo Engels, Kardinal Boso als Geschichtsschreiber, in: Georg Schwaiger (Hg.), *Konzil und Papst. Historische Beiträge zur Frage der höchsten Gewalt in der Kirche, Festgabe für Hermann Tüchle*, München/Paderborn/Wien 1975, S. 147-168; Peter Munz, Papst Alexander III. Geschichte und Mythos bei Boso, in: *Saeculum* 41 (1990), S. 115-129.

292) Civis Mediolanensis anonymi Narratio de Longobardie obpressione et subiectione, in: Italienische Quellen über die Taten Kaiser Friedrichs I., S. 240-295.

293) *Romualdi Salernitani, Chronicon*, Calro Alberto Garufi (ed.) (= Rerum Italicarum Scriptores, Nuova edizione, 7.1) Città di Castello 1935, pp. 32-283; *E Romoaldi archiepiscopi Salernitani chronico*, in: *Italienische Quellen über die Taten Kaiser Friedrichs I.*, Franz-Josef Schmale (Hg. u. übers.), S, 308-371; Hartmut Hoffmann, *Hugo Falcandus und Romuald von Salerno*, in: DA 23 (1967), S. 116-170; Donald J. A. Matthew, *The Chronicle of Romuald of Salerno*, in: Ralph Henry Carless Davis, John Michael Wallace-Hadrill (eds.), *The Writing of History in the Middle Ages. Essays presented to Richard William Southern*, Oxford 1981, pp. 239-274; Detlev Zimpel, *Die Weltchronik Bischof Romualds von Salerno. Überlegungen zur Verfasserschaft und zum Anlaß der Abfassung*, in: Thomas Martin Buck (Hg.), *Quellen, Kritik,*

17　時代を描く歴史叙述

叙事詩『リグリヌス Ligurinus』[294]，ヴィテルボのゴットフリートの『フリードリヒの事績 Gesta Friderici』と『パンテオン Pantheon』[295]，13世紀初頭に成立した『聖ブラジウスのオットーの年代記 Ottonis de Sancto Blasio Chronica』[296]，1229／30年に成立したウルスベルクのブルヒャルトの『年代記』[297]などが挙げられる。ながらく尚書局の書記と考えられ，1160年以降ダッセルのライナルト周辺にいたアルヒポエタ Archipoeta は[298]，近年ケルンの聖アンドレアスの聖職者で教会法の知識を有するゴットフリートではないかという同定の試みが行われている[299]。

　このようにフリードリヒの時代を描いた歴史叙述が複数存在しており，ロンカリア立法，1167年のロンバルディア同盟結成の前後，そして1177年のヴェネチアの和約前後の時期は，証書類などの公文書と並

Interpretation. Festschrift für Hubert Mordek, Frankfurt am Main 1999, S. 183-193.

　　294) Gunther der Dichter, Ligurinus, Erwin Assmann (Hg.), Hannover 1987. ドイツ語の部分訳は，Barbara Frenz, Barbarossa und der Hoftag von Roncaglia (1158) in der Historiographie des 12. und 13. Jahrhunderts, S. 107; フリードリヒ・バルバロッサのロンカリア立法に関しては，Thomas Szabó, Römischrechtliche Einflüsse auf die Beziehung des Herrschers zum Recht, S. 40, Anm. 20.

　　295) Gotifredi Viterbiensis Gesta Friderici, Georg Heinrich Pertz (ed.), MGH, Scriptores in Folio, 22, Hannover 1872, S. 307-334; Friedrich Hausmann, Gottfried von Viterbo, Kapellan und Notar, Magister, Geschichtsschreiber und Denker, in: Alfred Haverkamp (Hg.), Friedrich Barbarossa. Handlungsspielräume und Wirkungsweisen des staufischen Kaisers, Sigmaringen 1992, S. 603-621; Odilo Engels, Gottfried von Viterbo und seine Sicht des staufischen Kaiserhauses, in: Hubert Mordek (Hg.), Aus Archiven und Bibliotheken. Festschrift für Raymund Kottje zum 65. Geburtstag, Frankfurt a. M. 1992, S. 327-345; Maria E. Dorninger, Gottfried von Viterbo. Ein Autor in der Umgebung der frühen Staufer, Stuttgart 1997; Loren J. Weber, The Historical Importance of Godfrey of Viterbo, in: Viator 25 (1994), pp. 153-196.

　　296) Die Chronik Ottos von St. Blasien und die Marbacher Annalen, Franz-Josef Schmale (Hg. u. übers.), Darmstadt 1998, S. 15-157; フリードリヒ・バルバロッサによるロンカリアにおける慣習的権利の追認と法の制定に関しては，ibid., S.42: ... ibique renovatis antiquis legibus novas de suo premulgavit.

　　297) Quellen zur Geschichte der Welfen und die Chronik Burchards von Ursberg, Matthias Becher (Hg. u. übers.), Darmstadt 2007.

　　298) Die Gedichte des Archipoeta, kritisch bearb. von Heinrich Watenphul, Heinrich Krefeld (Hgg.), Heidelberg 1958. ここでは S. 22 f.; Werner Grebe, Studien zur geistigen Welt Rainalds von Dassel, S. 261; 北嶋繁雄「ケルンのアルヒポエタ（大詩人）について」『文學論叢（愛知大学人文社会学研究所）』128 (2003), 378-356頁。

　　299) ペーター・ランダウ「アルキポエタ：ドイツの最初の詩人法律家―バルバロッサ期の政治的詩人の同定のために」西川洋一訳，『国家学会雑誌』124巻7・8号（2011年），545-597頁；Cf. Knut Görich, Friedrich Barbarossa: Eine Biographie, S. 347, Anm.49.

んで個人が著した私的な歴史叙述が,同時代人のまなざしを示す重要な史料となっている[300]。とりわけ 12 世紀中葉以降ジェノヴァ,ローディ,ミラノ,ピサなどのイタリア都市コムーネでは,書記あるいは役人など俗人による歴史叙述が書き著されていて[301],時代の再構成に必要な複眼的視点を提供している[302]。

以下これら歴史叙述を描いた作者たちをいくつかに絞って簡単に紹介しよう。

a）フライジンクのオットーとラヘヴィンの『皇帝フリードリヒ 1 世の事績』

フライジングのオットーとラヘヴィンによる『皇帝フリードリヒ 1 世の事績』は,フリードリヒ・バルバロッサの統治初期を語るうえで欠かすことのできない帝国側の視点を提供している[303]。教皇やビザンツ皇帝との書簡のやりとりやロンカリア立法に関する記述などが『皇帝フリードリヒ 1 世の事績』で伝来していて,史料としての価値も極めて高い[304]。

---

300) Arnold Esch, Überlieferungs-Chance und Überlieferungs-Zufall als methodisches Problem des Historikers, in: *Historische Zeitschrift* 240 (1985), S. 529-570.

301) Jörg W. Busch, *Die Mailänder Geschichtsschreibung zwischen Arnulf und Galvaneus Flamma. Die Beschäftigung mit der Vergangenheit im Umfeld einer oberitalienischen Kommune von späten 11. bis zum frühen 14. Jahrhunderts*, München 1997, S. 45 f., Anm. 45-50; idem, Die Erinnerung an die Zerstörung Mailands 1162. ここでは S. 1.

302) 証書が歴史の再構成においては限定的な情報しか提供しえない点に関しては,服部良久「宮廷集会の内と外―フリードリヒ・バルバロッサ即位初年の事例より」服部良久編著『コミュニケーションから読む中近世ヨーロッパ史』17-39 頁所収,ここでは特に 35 頁参照。

303) Franz-Josef Schmale, Die Gesta Friderici I. Imperatoris Ottos von Freising und Rahewins. Ursprüngliche Form und Überlieferung, in: DA 19 (1963), S. 168-214; この著作に関する邦語文献としては,佐藤眞典『中世イタリア都市国家成立史研究』ミネルヴァ書房,2001 年,23-56 頁参照。

304) 1167 年に発給された DF I. 534 では証拠としてオットーの『年代記』の文言が挿入されている。Cf. Thomas Zotz, Königtum und Reich zwischen Vergangenheit und Gegenwart in der Reflexion von Herrscherurkunden des deutschen Hochmittelalters, in: Hans-Werner Goetz (Hg.), *Hochmittelalterliches Geschichtsbewußtsein im Spiegel nichthistoriographischer Quellen*, Berlin 1998, S. 237-255. ここでは S. 239; フライジンクのオットーの歴史叙述に関しては,Hans-Werner Goetz, *Das Geschichtsbild Ottos von Freising: Ein Beitrag zur historischen Vorstellungswelt und zur Geschichte des 12. Jahrhunderts*, Köln 1984; Hans-Werner Goetz, *Geschichtsschreibung und Geschichtsbewußtsein im hohen Mittelalter*, Berlin 1999, ²2009. とりわ

フライジングのオットーが，天地創造から描いた世界年代記の『年代記あるいは二つの国の歴史 Chronica sive Historia de duabus civitatibus』を甥である皇帝フリードリヒに献呈したのは，1146 年に完成してから 10 年後 1157 年秋のことである[305]。1147 年から 49 年にかけての時期は第 2 回十字軍でパレスティナに赴くなど，オットーがしばしば旅の途上にあったためだが，献呈後ほどなくしてその数々の功績を記すことを目的とした『皇帝フリードリヒ 1 世の事績』に取り掛かった[306]。だが修道院長を務めていたモリモン修道院でのシトー会総会に向かう途上病に倒れ，1158 年 9 月 22 日 50 歳を待たずにオットーは亡くなってしまう[307]。この書の執筆を引き継ぎ 2 年後に完成させたのが，オットーの弟子であり，フライジンク司教座聖堂付き司祭（capellanus）で尚書局長を務めたラヘヴィンだった[308]。

オットーの『年代記あるいは二つの国の歴史』の序文には，オットーの口述筆記をラヘヴィンが行ったことが記されている[309]。その優れた文章力からおそらくオットーと同じくラヘヴィンもパリで教育を受けた可能性は否定できないものの[310]，当時バイエルンやオーストリアでポワ

け S. 188 ff. 及び S. 205 ff.; Joachim Ehlers, *Otto von Freising: ein Intellektueller im Mittelalter: eine Biographie*, München 2013.

305) Leopold Josef Grill, Das Itinerar Ottos Freising, in: Herwig Ebner (Hg.), *Festschrift für Friedrich Hausmann*, Granz 1977, S. 153-177.

306) *Otto Bischof von Freising, Chronik oder die Geschichte der zwei Staaten* (= *Ottonis episcopi Frisingensis Chronica sive Historia de duabus civitatibus*), Adolf Schmidt (übers.), Walther Lammers (Hg.), Darmstadt ⁶2011, S. 4: Itaque si vestrae placuerit maiestati gestorum vestrorum nobilissimam in posterorum memoriam stilo commendare seriem, per notarios vestrae celsitudinis digestis capitulis mihique transmissis 及び『皇帝フリードリヒ 1 世の事績』の冒頭に付されている皇帝フリードリヒがオットーの宛てた書簡 S. 1 参照。Gesta Friderici, S. 1, Z. 5-8.

307) Cf. Joachim Ehlers, *Otto von Freising: ein Intellektueller im Mittelalter: eine Biographie*, München 2013, S. 215.

308) 『皇帝フリードリヒ 1 世の事績』へのラヘヴィンの関与については，Franz-Josef Schmale, *Gesta Friderici*, Einleitung, S. 32 ff. 及び Roman Deutinger, *Rahewin von Freising: ein Gelehrter des 12. Jahrhunderts*, Hannover 1999, S. 17-19.

309) *Chronica sive Historia de duabus civitatibus*, S. 6: et capellanum nostrum Ragewinum, qui hanc historiam ex ore nostro subnotavit.

310) Wilhelm Wattenbach, *Deutschlands Geschichtsquellen im Mittelalter bis zur Mitte des dreizehnten Jahrhunderts*, Bd. 2, Darmstadt 1971, S. 280.; Roman Deutinger, *Rahewin von Freising: ein Gelehrter des 12. Jahrhunderts*, S. 11, Anm. 32.

ティエのギルベルトゥスやペトルス・ロンバルドゥスの著作が知られていたように，故郷フライジンクでオットーのもとラヘヴィンは高い教育を受けていたと考えられる[311]。オットーに比して史料が少なくその出自については詳細が不明なラヘヴィンは[312]，フライジンクの聖堂参事会士となった後に，助祭に任じられており，低い身分の出ではなかったと推定できる[313]。しばしば史料に登場する近辺地域に多い名前であることがその特定を困難にしているが，フライジンク司教の証書でわずかにその足跡を辿ることが可能である[314]。

ラヘヴィンは師オットーの最後の旅にも同行し，その死をロンカリアに滞在していた皇帝フリードリヒに知らせている。12世紀の帝国政治を考えるうえで極めて重要なロンカリアの帝国会議を目の当たりにしただろうラヘヴィンは，時代の目撃者としてそれらを『皇帝フリードリヒ1世の事績』に書き記した[315]。

『皇帝フリードリヒ1世の事績』を書いたオットーもしくはラヘヴィンの手になるオリジナル写本は伝来していないが，12世紀後半おそらく献呈版からおそらくハーゲナウ Hagenau（アグノー）で転写された C1 = Ca (Paris, Bibliothèque Nationale, lat. 18408) をはじめとする3系統の18写本を Schmale は確認した。さらに，Deutiger はどの系統にも入ら

---

[311] Peter Classen, Zur Geschichte der Frühscholastik in Österreich und Bayern, in: *Ausgewählte Aufsätze von Peter Classen*, Sigmaringen 1983, S. 279-306; Rudolf Goy, *Die Überlieferung der Werke Hugos von St. Viktor. Ein Beitrag zur Kommunikationsgeschichte des Mittelalters*, Stuttgart 1976, S. 536-551; Roman Deutinger, *Rahewin von Freising: ein Gelehrter des 12. Jahrhunderts*, S. 12 f.

[312] ラヘヴィンの生涯については，Roman Deutinger, *Rahewin von Freising: ein Gelehrter des 12. Jahrhunderts*, S. 7 ff.; Hans Peter Apelt, *Rahewins Gesta Friderici I. Imperatoris: ein Beitrag zur Geschichtsschreibung des 12. Jahrhunderts*, München 1971.

[313] Deutinger は帝国ミニステリアーレンの Lauterbach の Adalgoz の息子であり，Weihenstephan 修道院に入ったラヘヴィンである可能性を指摘している。Roman Deutinger, *Rahewin von Freising: ein Gelehrter des 12. Jahrhunderts*, S. 9 f.

[314] 初出は1144年12月9日である。Alois Weissthanner, Regesten des Freisinger Bischofs Ottos I. (1138-1158), in: *Analecta Sacri Ordinis Cisterciensis* 14 (1958), S. 151-222, Nr. 53; Roman Deutinger, *Rahewin von Freising: ein Gelehrter des 12. Jahrhunderts*, S. 10 f. 及び S. 14 ff.; Johann Paul Ruf, *Studien zum Urkundenwesen der Bischöfe von Freising im 12. Und 13. Jahrhundert*, Diss. München 1914, S. 25 f.

[315] *Gesta Friderici*, IV. 3, S. 512: Porro, qui principes et obtimates eidem curiae interfuisse a nobis visi sunt, ut meminimus.

ない 1 写本を加えて 26 写本，さらに古い図書目録に記載された 2 写本を追加で挙げている[316]。Deutinger の研究により 26 写本のうち五つが 12 世紀，一つが 13 世紀の写本であり，残りが 15 世紀もしくは 16 世紀に制作された手写本であることが分かっている[317]。うち 13 が完本だったもの，12 が部分的な抄録，さらに所蔵目録に記載されている 4 写本があるが，現存する手写本の多くがバイエルン，オーストリアの地域に流布していた。

　4 巻からなる『皇帝フリードリヒ 1 世の事績』のうち最初の 2 巻が皇帝フリードリヒの統治を身近に見ていたオットーが執筆したが，その描き方は分量においても内容においても均質ではない。第 1 巻は 71 章からなり，皇帝ハインリヒ 4 世と教皇グレゴリウス 7 世の間で勃発した叙任権闘争から国王コンラート 3 世の死までを扱っている。第 2 巻は 58 章あり，1152 年の皇帝フリードリヒのアーヘンでの戴冠から始まり，ミラノやトルトーナ，ローマをはじめイタリア都市コムーネとの対立，帝国諸侯間の争いがとりわけ 1154 年から 56 年にかけての時期について詳細に記されている（II. 11-58）一方で，フリードリヒ・バルバロッサの統治初期の施策を語るうえで欠かせない 1153 年のコンスタンツの協約には全く触れていない[318]。

　オットーの生前から『皇帝フリードリヒ 1 世の事績』の執筆に関わっていたラヘヴィンは[319]，その続きをオットーが亡くなった 1158 年からではなく 1157 年 8 月から始めている。59 章からなる第 3 巻ではブザンソンの帝国会議及び教皇ハドリアヌスとの書簡など教皇庁との対立と交渉，そしてミラノの降伏など 1158 年秋までを描き，87 章からなる第 4 巻では 1158 年 11 月ロンカリアで開催された帝国会議の様子や，クレモナとピアチェンツァ間の争い，ミラノによる新たな反抗と敗北，イングランドとフランス，ハンガリー国王からの使節に関する記述の他，教皇ハドリアヌス 4 世の死による教皇庁の分裂など 1160 年 2 月までの時

---

316) Roman Deutinger, *Rahewin von Freising: ein Gelehrter des 12. Jahrhunderts*, S. 27.
317) Ibid., S. 28 ff.
318) Cf. Franz-Josef Schmale, *Gesta Friderici*, Einleitung, S. 17.
319) *Gesta Friderici*, IV. 14, S. 542, Z. 24 f.: Ego autem, qui huis operis principium eius ex ore adnotavi; Roman Deutinger, *Rahewin von Freising: ein Gelehrter des 12. Jahrhunderts*, S. 17; Franz-Josef Schmale, *Gesta Friderici*, Einleitung, S. 42.

期を詳細に記していて，ヴィテルボのゴットフリートの『フリードリヒの事績』や詩人グンテルの『リグリヌス』などに大きな影響を与えた[320]。

b）都市の記憶——カッファーロとオベルトによる『ジェノヴァ編年誌』

イタリア諸都市側から見た皇帝フリードリヒとの交渉プロセスに関する記録を提供しているのが『ジェノヴァ編年史 Cafari et continuatorum Annales Ianuenses』である[321]。『ジェノヴァ編年史』は，10世紀に遡るジェノヴァの名望家出身のカッファーロ Caffaro di Rustico da Caschifellone（現在の Castrofino）によって[322]，1120／21年頃書き始められた，中世で最も初期の俗人による歴史叙述である[323]。1500年までの手写本は六つ，中世期以降の手写本が少なくとも21ある。パリ国立図書館（Paris, Bibliothèque Nationale, ms. lat. n. 10136）所蔵の最も古い12／13世紀の写本は，ジャコポ・ドリアによるジェノヴァの公的な記録と見なされている[324]。Luisi Tommaso Belgrano はこの手写本を用いて校訂本を編纂したが，この手写本から作成された13世紀の写本が他の手写本の母型となったことを近年 Antonio Placanica の研究が明らかにして

---

320) Roman Deutinger, *Rahewin von Freising: ein Gelehrter des 12. Jahrhunderts*, S. 149 ff.

321) *Cafari et continuatorum Annales Ianuenses, a. 1099-1294*, Georg Heinrich Pertz (ed.), MGH SS 18, Hannover 1863, S. 11-356; *Annali genovesi di Caffaro e de' suoi continuatori*, Luigi Tommaso Belgrano (ed.), Nuova ed., 2 vols., Roma 1967; *Ex annalibus Ianuensibus auctore Oberto*, in: *Italienische Quellen über die Taten Kaiser Friedrichs I.*, S. 296-307; *Caffaro, Genoa and the twelfth-century*, Martin Hall and Jonathan Phillips (trans.), Farnham/Burlington 2013, London 2016.

322) John Dotson, 'The Genoese Civic Annals: Caffaro and his Continuators', p. 56.

323) Richard D. Face, Secular History in Twelfth-Century Italy: Caffaro of Genoa, in: *Journal of Medieval History* 6, 2 (1980), pp. 169-184; Chris Wickham, The Sense of the Past in Italian Communal Narratives, in: *The Perception of the Past in Twelfth-Century Europe*, Paolo Magdalino (ed.), London 1992, pp. 173-189; Frank Schweppenstette, *Die Politik der Erinnerung, Studien zur Stadtgeschichtsschreibung Genuas im 12. Jahrhundert*, Frankfurt a. M., u. a. 2003; John Dotson, 'The Genoese Civic Annals: Caffaro and his Continuators', in: *Chronicling History: Chroniclers and Historians in Medieval and Renaissance Italy*, Sharon Dale, Alison Williams Lewin and Duane J. Osheim (eds.) University Park, PA, 2007, pp. 55-85; カッファーロについては，エーディト・エネン『ヨーロッパ都市文化の創造』佐々木克己訳，知泉書館，2009年，320頁以下参照。

324) Martin Hall and Jonathan Phillips (trans.), *Caffaro, Genoa and the twelfth-century*, p. 43.

いる[325]。

　1080年頃生まれ，1122年から1149年まで8度コンスルを務めたカッファーロは[326]，度々都市の使節を務め，1100年夏には聖地に赴いて自ら十字軍を見聞し，1125年には7隻のガレー船団を率いてピサと戦った[327]。1099／1100年から始まるこの都市年代記は，カッファーロの個人的な記録として書き始められたが，1152年コンスルと参事会の前で披露され[328]，1163年まで80歳を超えるカッファーロによって書き続けられたが，1166年にカッファーロが亡くなると[329]，1169年に都市の尚書局長を務めていたオベルト Oberto Nasello/Obertus Nasellus がその仕事を引き継ぎ，1173年まで書き続けた[330]。その後1294年まで保管されることを目的として都市の書記によって，継続的に書き継がれた[331]，この『ジェノヴァ編年史』は，私人の覚書から都市当局公認の歴史叙述（*comuni cartulario*）へとその性格を変えた稀有な歴史書である[332]。

---

　325)　Frank Schweppenstette, *Die Politik der Erinnerung*, ここでは S. 65; Antonio Placanica, L'opera storiografica di Caffaro, in: *Studi Medievali*, Serie 3, 1 (1995), pp. 1-62.

　326)　3回（1122, 1125, 1127年）はコムーネ（*de comuni*）のコンスルと裁判を司る（*de placitis*）コンスル職を兼務し，その他にコムーネ（*de comuni*）のコンスル（1141, 1146, 1149年）を3回，裁判を司る（*de placitis*）コンスル職を2回（1130, 1144年）務めた。Frank Schweppenstette, *Die Politik der Erinnerung*, S. 58.

　327)　*Ex annalibus Ianuensibus auctore Oberto*, in: *Italienische Quellen über die Taten Kaiser Friedrichs I.*, S. 18; カッファーロに関して詳しくは，Frank Schweppenstette, *Die Politik der Erinnerung*, S. 51 ff.

　328)　口頭での公の場での告知とその法的拘束力に関しては，Peter Johanek, Zur rechtlichen Funktion von Traditionsnotiz, Traditionsbuch und Siegelurkunde, in: *Recht und Schrift im Mittelalter*, Peter Classen (Hg.), Sigmaringen 1977, S. 131-162. ここでは S. 132 ff., S. 155; 年代記の公での披歴及びコムーネ文書の挙証を保証する（*publici testes*）に関しては，Frank Schweppenstette, *Die Politik der Erinnerung*, S. 92 f.

　329)　*Ex annalibus Ianuensibus auctore Oberto*, in: *Italienische Quellen über die Taten Kaiser Friedrichs I.*, S. 18.

　330)　Frank Schweppenstette, *Die Politik der Erinnerung*, S. 2.

　331)　Ibid., S. 1 f.; イタリア都市の公証人制度 Notariat については，Andreas Meyer, *Felix et inclitus notarius: studien zum italienischen Notariat vom 7. bis zum 13. Jahrhundert*, Tübingen 2000; Petra Schulte, *Scripturae publicae creditur: das Vertrauen in Notariatsurkunden im kommunalen Italien des 12. und 13. Jahrhunderts*, 2003; idem, „Omnis homo sciat et audiat". Die Kontrolle kommunalen Handelns in Como im späten 12. und 13. Jahrhundert, in: *Mélanges de l'École française de Rome. Moyen âge* 110-2 (1998), pp. 501-547.

　332)　Hans-Werner Goetz, *Geschichtsschreibung und Geschichtsbewußtsein im hohen Mittelalter*, Berlin 1999, ²2009, S. 373.

カッファーロは，ジェノヴァのコンパーニャ (compagna) や 1122 年以降始まったコンスルの職に就いた者たちの名前について詳細に記録している。1154 年にイタリアに現れた皇帝フリードリヒ・バルバロッサに対して，ジェノヴァからの使節として丁重に扱われたカッファーロの記述は好意的で[333]，このときの様子を描いているフライジングのオットーの『皇帝フリードリヒ 1 世の事績』によれば，ジェノヴァからの贈り物として獅子やダチョウ，鸚鵡などがもたらされたという[334]。

　カッファーロの主たる関心は，十字軍及び東方におけるジェノヴァの活躍と地中海情勢だった。カッファーロは，『ジェノヴァ編年史』の他にも，1083 年から 1109 年までを描いた『東方の諸都市の解放について De liberatione civitatum orientis/ Liberatio Civitatum Orientis』[335]，第 2 回十字軍の時期に当たる 1147 年から 1148 年（ジェノヴァ船団の帰還は 1149 年）ジェノヴァによるイベリア半島と都市アルメリア Almeria とトルトーザ Tortosa の攻略について記述した『アルメリアとトルトーザ Tortosa 攻略史 Historia Captionis Almarie et Tortuose』[336]，1099 年から 1133 年の間のジェノヴァ司教を記した『ジェノヴァ司教の名声 Notitia Episcoporum Ianuensium』[337]，『1121 年ローマへのジェノヴァ使節について』，『イェルサレム王国略史 Regni Iherosolymitani Brevis Hystoria』[338] を著したとされ，いずれもパリ国立図書館所蔵の写本 Paris, Bibliothèque Nationale, ms. lat. n. 10136 に収録されている。

　カッファーロの後を引き継いで『ジェノヴァ編年史』を書き継いだオベルトは，1164 年から 1173 年までを著した。1135 年に司教文書に

---

333) Cf. Frank Schweppenstette, *Die Politik der Erinnerung*, S. 162 ff.

334) *Gesta Friderici*, II. 17, S. 314 f.

335) *Annali genovesi di Caffaro e de' suoi continuatori*, Luigi Tommaso Belgrano (ed.), Nuova ed., 2 vols., Roma 1967, pp. 98-124; Martin Hall and Jonathan Phillips (trans.), *Caffaro, Genoa and the twelfth-century*, pp. 29 ff.; Frank Schweppenstette, *Die Politik der Erinnerung*, S. 75 ff.

336) *Annali genovesi di Caffaro e de' suoi continuatori*, Luigi Tommaso Belgrano (ed.), pp. 78-89; この著作については，Martin Hall and Jonathan Phillips (trans.), *Caffaro, Genoa and the twelfth-century*, pp. 36 ff.; Frank Schweppenstette, *Die Politik der Erinnerung*, S. 2.

337) Ibid., S. 73 ff.

338) *Annali genovesi di Caffaro e de' suoi continuatori*, Luigi Tommaso Belgrano (ed.), pp. 125-149; Martin Hall and Jonathan Phillips (trans.), *Caffaro, Genoa and the twelfth-century*, pp. 41 f.; Frank Schweppenstette, *Die Politik der Erinnerung*, S. 78 f,

17　時代を描く歴史叙述

証人として登場し，1141年からジェノヴァの尚書局長を，1151年から1163年まで7度コンスルを務めたオベルトは[339]，カッファーロ同様内政・外政に通じていた人物だった。オベルトが務めた尚書局長の職位は呼び名として通用しており，オベルトの息子ウゴも同じく用いている[340]。とりわけ海上交易でジェノヴァの競合相手だったピサが皇帝側に接近していく描写は，オベルトの視点が前面に出ていると言えるだろう[341]。

1175年初頭に亡くなったオベルトの後を引き継ぎ，1195年になって1174年から1196年までの部分を記述したのは，市の役人オットボーノ・スクリボ Ottobono Scribo である[342]。コンスルからポデスタ制へ政治体制が変化した1197年から1219年まで，20年以上編年史の執筆に当たったオットボーノの後任者オゲリオ・パーネ Ogerio Pane の記述では，都市内の政治状況に関する記述が淡々と描かれている[343]。

ジェノヴァはコンスルによる統治からポデスタへ，そしてポポロから1262年再びポデスタ制へと目まぐるしい変化を経験したが[344]，コムーネの記憶を紡ぐ記録である『ジェノヴァ編年史』もまた紡ぎ手たちの変容を経験した。1099／1100年都市の名望家カッファーロが始めた『ジェノヴァ編年史』は，1264年以降になると一人の書き手から，2名の法曹家，2名の俗人の4名体制で継続された[345]。名前が判明しているだけで18名が関与する形で書き継がれた『ジェノヴァ編年史』は[346]，1294

---

339)　裁判を司る（*de placitis*）コンスルを6回（1147, 1149, 1151, 1153, 1157, 1163年），コムーネ（*de comuni*）のコンスル1回（1155年）務めている。Frank Schweppenstette, *Die Politik der Erinnerung*, S. 35, Anm. 69 及び S. 81.

340)　Ibid., S. 80.

341)　Ibid., S. 81.

342)　John Dotson, 'The Genoese Civic Annals: Caffaro and his Continuators', p. 62; Michele Campopiano, The Problems of Origins in Early Communal Historiography: Pisa, Genoa, and Milan Compared', in: Marco Mostert and Anna Adamska (ed.). *Uses of the Writeten Word in Medieval Towns. Medieval Urban Literacy II*, Marco Mostert and Anna Adamska (ed.), 2 vols, Utrecht Studies in Medieval Literacy 28, Turnhout 2014, pp. 227-250.

343)　Cf. John Dotson, 'The Genoese Civic Annals: Caffaro and his Continuators', p. 63.

344)　ジェノヴァの歴史に関する概観は，Steven A. Epstein, *Genoa & the Genoese, 958-1528*, Chapel Hill, N.C. 1996.

345)　この体制の変化については，John Dotson, 'The Genoese Civic Annals: Caffaro and his Continuators', p. 66.

346)　Ottobono Scriba 以降携わった書き手のリストは，Martin Hall and Jonathan Phillips

年ジェノヴァの有力家系の出であるヤコポ・ドリア Jacopo Doria が最後を締め括り，彼の死で終わりを告げたのである。

c）モレーナのオットーとその息子アケルブスによる『皇帝フリードリヒのロンバルディアにおける事績についての書』

モレーナのオットーとその息子アケルブスによる『皇帝フリードリヒのロンバルディアにおける事績についての書 Libellus de rebus ab imperatore Frederico in Longobardia gestis』は，皇帝フリードリヒ・バルバロッサとミラノを中心とするイタリア諸都市との抗争を描いた同時代史である。

モレーナ家は市の重要な役職コンスルあるいはポデスタを任じられたローディの名望家であり，オットーは，抗争の発端となったローディの裁判官，書記そしてコンスルを務めた。オットーが1153年から1161年までを描き，その後1161／62年から1164年までを息子アケルブスが書き継いた本書は，皇帝寄りの立場で一連の出来事を詳しく記している[347]。

ロータル3世の治世下，裁判官そして使節 (judex et missus) だった父オットー同様[348]，オットーの2人の息子マンフレドゥスとアケルブスのうちアケルブスは，コンラート3世の治世下裁判官そして使節となった。フリードリヒ・バルバロッサのもとで1160年5月そして1162年3

(trans.), *Caffaro, Genoa and the twelfth-century*, p. 61.

[347] Otto Morena, Acerbus Morena, *Anonymus de rebus Laudensibus*, Philipp Jaffé (ed.), in: Georg Heinrich Pertz (ed.), MGH SS. 18, Hannover 1863, S. 582-659. ここでは S. 584 ff.; *Ottonis Morenae eiusdemque continuatorum Libellus de rebus a Frederico imperatore gestis (= Ottos Morena und seine Fortsetzer Buch über die Taten Friedrich Barbarossas)*, in: Franz-Josef Schmale (Hg. u. übers.), *Italienische Quellen über die Taten Kaiser Friedrichs I. in Italien und der Brief über den Kreuzzug Kaiser Friedrichs I.*, Darmstadt 1986, S. 34-239; Franz-Josef Schmale, Überlieferung und Text des 'Libellus' des Otto Morena und seiner Fortsetzer, in: DA 41 (1985), S. 438-459.

[348] 1111年以前に生まれたと考えられるオットーは，生涯ローディ司教の書記の任にあり，彼自身が発給に携わった皇帝ロータル3世の証書では，オットーが裁判官そして使節に任じられたと記されているという。Cf. *Ottonis Morena et continuatorum historia Frederici I.*, Ferdinand Güterbock (ed.), S. IX; Franz-Josef Schmale, *Italienische Quellen über die Taten Kaiser Friedrichs I. in Italien und der Brief über den Kreuzzug Kaiser Friedrichs I.*, オットーに関しては，S. 8参照。

月と4月に,敗北したミラノから,ポデスタの一人として皇帝に対する誠実誓約を受けている。さらに1167年皇帝の裁判官となったアケルブスは,1167年フリードリヒ・バルバロッサのローマ遠征に随行し,敗北したローマ市民による皇帝への誠実誓約の立役者となった。同年ローマ近郊に滞在する皇帝軍を襲った疫病によってアケルブスも倒れ,帰郷すること叶わず同年10月18日シエナで亡くなり埋葬された[349]。親子2代に渡って皇帝を支える重要な役割を演じた一族だったと言えるだろう。アケルブスが1164年まで記した後,以降の記述を書き継いだ3人目の作者については詳細が不明であるが,アケルブスに近い立場にいた人物と推測される[350]。1167年末はロンバルディア同盟が結ばれた時期に当たり,ローディと皇帝の関係も変化していた。正確な日時,関与した人物の名を挙げている点,ローディの対立相手であるミラノに対しても客観的に記述している点をSchmaleが指摘しているように[351],都市の中枢に近い立場にいた人物によって書き継がれたと考えられる。

　本書を伝える手写本系統は二つある。オリジナルバージョンに近いと想定されるL(L_1= Codex J 46 sup., Biblioteca Ambrosiana, 15世紀;L_2= Codex H 121 inf., Biblioteca Ambrosiana, Milano, 16世紀前半;L_3= 16世紀半ばの断片,L_4= 1629年のBaldoniの校訂版に収録)は,中世ラテン語の特徴を有している一方で,13世紀に制作されたと考えられるM(M_1= Codex 98, Gräflich Schönbornchen Schloßbibliothek Pommersfelden, Schloss Weissenstein;M_2= Codex Morbio 48, Biblioteca Nazionale Braidense, 14世紀末;M_3= ms. XXI, A. 51, Biblioteca Comunale Laudense, Lodi, 16世紀後半)はより正確な古典ラテン語で書かれている[352]。

---

349) Cf. Franz-Josef Schmale, *Italienische Quellen über die Taten Kaiser Friedrichs I. in Italien und der Brief über den Kreuzzug Kaiser Friedrichs I.*, S. 8.

350) この作者に関してSchmaleはオットー自身が再びペンを執った可能性を指摘している。Cf. Franz-Josef Schmale, *Italienische Quellen über die Taten Kaiser Friedrichs I. in Italien und der Brief über den Kreuzzug Kaiser Friedrichs I.*, S. 10.

351) Franz-Josef Schmale, *Italienische Quellen über die Taten Kaiser Friedrichs I. in Italien und der Brief über den Kreuzzug Kaiser Friedrichs I.*, S. 11.

352) 写本の伝来状況に関してはより詳細に,*Das Geschichtswerk des Otto Morena und seiner Fortsetzer über die Taten Friedrichs I. in der Lombardei (Ottonis Morenae et continuatorum historia Frederici I.)*, Ferdinand Güterbock (ed.), MGH SS rer. Germ. N. S. 7, Berlin 1930, S. XXVIII-XXXVI; Franz-Josef Schmale, *Italienische Quellen über die Taten Kaiser Friedrichs I. in Italien und der Brief über den Kreuzzug Kaiser Friedrichs I.*, S. 11 f.

d）『ロンバルディアの圧搾と服従に関する匿名のミラノ市民の叙述』

ミラノの俗人の作者（おそらく書記／公証人 notarius）によって，1162年のミラノの敗北と降伏をはじめ，フリードリヒ・バルバロッサによる1177年までのロンバルディア政策をミラノ一市民の視点から描いているのが，『ロンバルディアの圧搾と服従に関する匿名のミラノ市民の叙述 Civis Mediolanensis anonymi Narratio de Longobardie obpressione et subiectione』である。この著作に関しては佐藤眞典『中世イタリア都市国家成立史研究』で詳述されているので，ここでは伝来状況を中心にごく簡単に触れるに留めたい[353]。

1162年の降伏後ミラノを追われ，皇帝の役人たちにより圧政を強いられた人々が，1167年にロンバルディア同盟を結ぶに至った経緯を描くこの歴史叙述を著したのは，穀類やワイン売買と価格管理の任務に就いていた匿名の俗人である[354]。1162／63年に著し始め，1167／68年に補遺が付されたこの書は，1174年から1177年まで別の書き手によってさらに書き継がれた。ミラノの一市民から見た，1177年のヴェネチアの和約に関する教皇側の姿勢が描かれている同時代人による重要な記録である[355]。

本書はタイトルなしで伝来しており，① L. A. Muratori による『イタリアにおけるフリードリヒの事績について De rebus gestis Friderici I. in ltalia』[356]，② G. H. Pertz による『ミラノ編年史 Annales Mediolanenses』[357]，③ O. Holder-Egger による『ロンバルディアにおける皇帝フリードリヒ1世の事績 Gesta Federici I. imperatoris in Lombardia』[358]，そして④ F.- J. Schmale による『ロンバルディアの圧搾

---

[353] この著作の叙述に関しては，佐藤眞典『中世イタリア都市国家成立史研究』73頁以下参照。

[354] Civis Mediolanensis anonymi Narratio de Longobardie obpressione et subiectione, S. 272; Franz-Josef Schmale, Italienische Quellen über die Taten Kaiser Friedrichs I. in Italien und der Brief über den Kreuzzug Kaiser Friedrichs I., S. 14.

[355] Jörg W. Busch, Die Erinnerung an die Zerstörung Mailands 1162, S. 108.

[356] De rebus gestis Friderici I. in ltalia, Lodovico Antonio Muratori (ed.), Rerum Italicarum scriptores, SS. 6, S. 1173-1195.

[357] Annales Mediolanenses, Georg Heinrich Pertz (ed.), MGH SS. 18, Hannover 1863, S. 357-378.

[358] Gesta Frederici I. Imperatoris in Lombardia, Oswald Holder-Egger (ed.), MGH SS rer. Germ. 27, Hannover/Leipzig 1892, S. 14-64.

と服従に関する匿名のミラノ市民の叙述 Civis Mediolanensis anonymi Narratio de Longobardie obpressione et subiectione』[359]と，それぞれ異なるタイトルを掲げた四つの校訂本がある。

　テクストは，17世紀の写本 A（= Brera A. F. 9.30, Milano）と B（= Paris, BN. lat. 4931）の 2 写本系統で伝来している。書かれた形に近いと推定される写本 A は，オリジナルから直接複写されたテクストではなく，早くても 13 世紀に制作された写本からの写しで，この祖型となったテクストが 12 世紀末もしくは 13 世紀初頭ピアチェンツァの年代記者ヨハネス・コダネルス Johannes Codagnellus に提示され，より反シュタウフェン的色彩が強められた『悲しみと嘆き，威厳，苦難，試練と苦悩の書 Libellus tristie et doloris, augustie et tribulationis, passionum et tormentorum』となったと推定されている[360]。このヨハネス・コダネルスによるテクストは，13 世紀初頭に制作された B（= Paris, BN. lat. 4931）で伝来しており，O. Holder-Egger による MGH の校訂本に，ヨハネス・コダネルスによるテクストが並行して収められているのはそのためである[361]。本テクストは，一つの祖型から複数の書写者の手によって新たなテクストが生み出される，中世ヨーロッパ独特のテクスト生成を垣間見せてくれる。

　Jörg W. Busch による詳細な研究によれば，11 世紀から 14 世紀までに著されたミラノの歴史叙述は 26，その他に同時期ロンバルディアで著され，後にミラノの著述者たちによって取り入れられたテクストが 10 ある。多くが聖職者によるものだが，12 世紀後半から 13 世紀前半にかけて俗人によるテクストが集中して誕生している[362]。

---

359) 1154 年から 1168 年までは Civis Mediolanensis anonymi Narratio de Longobardie obpressione et subiectione, in: Italienische Quellen über die Taten Kaiser Friedrichs I., Franz-Josef Schmale (Hg. u. übers.), S. 240-295 に収録。

360) Cf. Franz-Josef Schmale, Italienische Quellen über die Taten Kaiser Friedrichs I. in Italien und der Brief über den Kreuzzug Kaiser Friedrichs I., S. 16.

361) Paris, Bibliothèque Nationale, lat. 4931, f. 58rb-70va. Johannes Codagnellus の著作との関係については，Gesta Frederici I. Imperatoris in Lombardia, Oswald Holder-Egger (ed.), Hannover/Leipzig 1892, S. 5 ff. 及び Jörg W. Busch, Die Mailänder Geschichtsschreibung zwischen Arnulf und Galvaneus Flamma, S. 84-96 及び S. 133-137; Jörg W. Busch, Die Erinnerung an die Zerstörung Mailands 1162. Die Rezeption und Instrumentalisierung des ersten Mailänder Laiengeschichtswerken, in: Das Mittelalter 5 (2000), S. 105-113.

362) Jörg W. Busch, Die Mailänder Geschichtsschreibung zwischen Arnulf und Galvaneus

e）サレルノ大司教ロムアルドの『世界年代記』[363]

モレーナのオットーを引き継ぎ，1167年のローマでの皇帝軍の様子を唯一正確に描いていると考えられるのが，サレルノ大司教のロムアルド（c. 1115-81/82）である[364]。天地創造から1178年までを描いたロムアルドの年代記は，イタリアにおける最初の普遍史といっていいだろう[365]。1153年から1181年までサレルノ大司教だったロムアルドは，教皇と皇帝，そしてイタリア都市コムーネ間で結ばれた1177年のヴェネチアの和約の場に居合わせた生き証人であり[366]，それを記録に残した歴史家の一人である。

中世期に制作された手写本が三つ伝来するこの『世界年代記』は，記載の過ちや不正確さにもかかわらず[367]，重要な同時代の記録である。おそらく12世紀末に遡り，17世紀初頭までサレルノ大聖堂に保管されていたVatican Latin 3973が最も古い手写本だが，何回か追加修正が繰り返されており，原本オリジナルのままではないと推定される[368]。他に13世紀に制作されたParis, BN MS lat. 4933，14世紀のRome San Pietro E 22がある。

全編を通じてロムアルドの手によるかどうかについては，複数の研

Flamma, S. 35.

363）校訂版は，*Romualdi Salernitani Chronicon*, Calro Alberto Garufi (ed.) (Rerum Italicarum Scriptores, Nuova edizione, t.7. pt.1, Città di Castello 1935, pp.32-283; *Romoaldi II. archiepiscopi Salertani Annales a. 893-1178*, Wilhelm Arndt (ed.), Hannover 1886, MGH SS 19, S. 387-461; *E Romoaldi archiepiscopi Salernitani chronico*, in: Franz-Josef Schmale (Hg. u. übers.) , *Italienische Quellen über die Taten Kaiser Friedrichs I. in Italien und der Brief über den Kreuzzug Kaiser Friedrichs I.*, Darmstadt 1986, S, 308-371; Hartmut Hoffmann, Hugo Falcandus und Romuald von Salerno, in: DA 23 (1967), S. 116-170.

364）Cf. Franz-Josef Schmale, *Italienische Quellen über die Taten Kaiser Friedrichs I.*, S. 20.

365）Donald J. A. Matthew, *The Chronicle of Romuald of Salerno*, in: Ralph Henry Carless Davis, John Michael Wallace-Hadrill (eds.), *The Writing of History in the Middle Ages. Essays presented to Richard William Southern*, Oxford 1981, pp. 239-274. ここではp. 239.

366）*Romualdi Salernitani Chronicon*, Calro Alberto Garufi (ed.), pp. 293-294: Haec autem omnia quae praediximus ita gesta fuisse nulli dubitationis vel incredulitatis scrupulum moveant quia Romualdus secundus Salernitanus archiepiscopus qui vidit et interfuit scripsit haec et sciatis quia verum est testimonium ejus.

367）Cf. Carl Erdmann, Nachrichten, Nr. 646, in: *Neues Archiv* 48 (1930), pp. 510-512.

368）Donald J. A. Matthew, *The Chronicle of Romuald of Salerno*, p. 241 f.

究者が疑問を呈しており[369]，Zimpel はフゴ・ファルカンドゥス Hugo Falcandus との親近性を指摘している[370]。

残念ながら校訂版に関しては現状では理想的な状況とは言えない。Carlo A. Garufi の edition はテクスト全編を含んでいるが正確さに問題があり，Wilhelm Arndt による MGH 版では 893 年から始まっている[371]。Franz-Josef Schmale による，より精度の高い校訂版は，1177 年のヴェネチアの和約に関する部分を中心に収録している。

---

[369] Detlev Zimpel, *Die Weltchronik Bischof Romualds von Salerno. Überlegungen zur Verfasserschaft und zum Anlaß der Abfassung*, S. 184; Donald J. A. Matthew, *The Chronicle of Romuald of Salerno*, pp. 239 f.; Franz-Josef Schmale, *Italienische Quellen über die Taten Kaiser Friedrichs I.*, S, 22.

[370] Detlev Zimpel, *Die Weltchronik Bischof Romualds von Salerno*, S. 188 ff.; Falcandus の著した *Liber de Regno Sicilie* については，Hugues Falcand, *Le livre du royaume de Sicile : intrigues et complots à la cour normande de Palerme (1154-1169)*, texte présenté et traduit par Egbert Türk, Turnhout 2011; *The History of the Tyrants of Sicily by 'Hugo Falcandus' 1154-69*, Graham A. Loud, Thomas Wiedemann (trans.), Manchester/New York 1998.

[371] *Romoaludi II archiepiscopi Salernitani annales*, Wilhelm Arndt (ed.), in: MGH SS XIX, Hannover 1866, S. 387-461. ここでは S. 398; Cf. Detlev Zimpel, *Die Weltchronik Bischof Romualds von Salerno*, S. 183, Anm. 4.

III

ことばを操る人たち

1　慣習的権利か新たな法の制定か

　フリードリヒ・バルバロッサとイタリア都市コムーネとの対立は，1122年のヴォルムスの和議で確認された権利の回復及び皇帝の立法権と，イタリア都市コムーネが慣習的に享受してきた権利との衝突であった[1]。これまで保有していた権利を従前のまま主張するのか，現在の視点・文脈で問い直すのかには大きな相違が存在する。統治者交代に際し発給される更新・確認証書の増加は，所与の権利はいつまで効力を持ちうるのかという法の有限性に関わっており[2]，慣習的権利の有効性と持

---

　　1)　Josef Riedmann, *Die Beurkundung der Verträge Friedrich Barbarossas mit italienischen Städten: Studien zur diplomatischen Form von Vertragsurkunden im 12. Jahrhundert*, Wien 1973; Gerhard Dilcher, Die staufische Renovatio im Spannungsfeld von traditionellem und neuem Denken, S. 634 f.

　　2)　Hermann Krause, Dauer und Vergänglichkeit im mittelalterlichen Recht, in: *Zeitschrift für Savigny-Stiftung der Rechtsgeschichte*, Germ. Abt., 75 (1958), S. 206-251; idem, Die Rolle der Bestätigung in der Hohenstaufenzeit, in: Ursula Floßmann, *Rechtsgeschichte und Rechtsdogmatik. Festschrift Hermann Eichler zum 70. Geburtstag am 10. Oktober 1977*, Wien/New York 1977, S. 387-409; 法慣習（consuetudo）における時間意識と歴史性については，Gerhard Dilcher, Die staufische Renovatio im Spannungsfeld von traditionellem und neuem Denken. Rechtskonzeptionen als Handlungshorizont der Italienpolitik Friedrich Barbarossas, in: *Historische Zeitschrift* 276 (2003), Heft 3, S. 613-646; idem, Zeitbewußtsein und Geschichtlichkeit im Bereich hochmittelalterlicher Rechtsgewohnheit, in: Hans-Werner Goetz (Hg.), *Hochmittelalterliches Geschichtsbewußtsein im Spiegel nichthistoriographischer Quellen*, Berlin 1998, S. 31-54; idem, Der Gedanke der Rechtserneuerung im Mittelalter, in: *Geschichte der Zentraljustiz in Mitteleuropa, Festschrift für Bernhard Diestelkamp*, Friedrich Battenberg, Filippo Ranieri (Hgg.), Weimar/

統性に関わる根源的問いかけだった。この問題は、ヴォルムスの協約で顕在化したが、誰が教皇に選出されたとしても、神の代理人としてその継続した有効性に疑いをはさむ余地のない法人格を有する教皇庁とは異なり、例えば皇帝ハインリヒ5世に宛てられた教皇文書が後任の統治者にも有効であるかどうかは決して自明ではなかったのである[3]。

後述するように、コンラート3世の治世下、慣習的に保有していた権利の更新・再確認証書において、洗練された豊かな表現が序文で用いられるようになった[4]。これは同時期「移ろいゆくときによって失われる記憶への疑い」が証書において表出する現象と無関係ではない。

トスカーナ女伯マティルデの依頼を受けて、イルネリウス（1125年以降死亡）が法学校を創設したと考えられてきたボローニャ Bologna は[5]、

Köln/Wien 1994, S. 1-16; idem, Mittelalterliche Rechtsgewohnheit als methodisch-theorethisches Problem, in: Gerhard Dilcher, Heiner Lück, Rainer Schulze, Elmar Wadle, Jürgen Weitzel, Udo Wolter (Hgg.), *Gewohnheitsrecht und Rechtsgewohnheiten im Mittelalter*, Berlin 1992, S. 21-65; idem, Gesetzgebung als rechtserneuerung. Eine Studie zum Selbstverständnis mittelalterlicher Leges, in: *Rechtsgeschichte als Kulturgeschichte: Festschrift für Adalbert Erler zum 70. Geburtstag*, Aalen 1976, S. 13-35; Helmut G. Walther, Das gemessene Gedächtnis. Zur politisch-argumentativen Handhabung der Verjährung durch gelehrte Juristen des Mittelalters, in: Albert Zimmermann (Hg.), *Mensura, Mass, Zahl, Zahlensymbolik im Mittelalter*, Berlin /New York 1983, S. 212-233. ここでは S. 217 f.

3) Gerhard Dilcher, Der Gedanke der Rechtserneuerung im Mittelalter, S. 5.

4) *Die Urkunden Konrads III. und seines Sohnes Heinrich*, Friedrich Hausmann (bearb.), Wien/Köln/Graz 1969 (= DKo III. と略), DKo III. 22: Si religiosorum viroum dignis et iustis peticionibus benigne acquiescimus, si illorum utilitatibus paterne consulimus, si iura et libertatem ecclesiis dei antiquitus collatam renovandam conservamus et confirmamus, et antecessorum nostrorum regum sive imperatorum exempla imitando tenemus et id nobis ad presentis vite feliciter cursum peragendum et ad eternam vitam promerendam nobis profuturum non dubitamus; DKo III. 46: si privilegia ecclesiis dei antiquitus collata renovando confirmamus, si libertatis iura eisdem racionabiliter concessa retinemus et conservamus, procul dubio predecessorum nostrorum regum sive imperatorum exempla sequendo tenemus et id nimirum tam ad presentis vite felicem cursum peragendum quam ad future vite beatitudinem promerendam nobis profuturum non dubitamus; DKo III. 47: Si ecclesias deo dicatas promovemus, si bona eisdem collata nostro studio et labore retinemus et conservamus et ipsarum privilegia renovando confirmamus, antecessorum nostrorum regum seu imperatorum devotionis limitem exequimur; Gerhard Dilcher, Königliche Privilegienerneuerung und kirchliches Reformdenken bei Konrad III., in: Clausdieter Schott und Claudio Soliva (Hgg.), *Nit anders denn liebs und guets: Petershauser Kolloquium aus Anlass des achtzigsten Geburtstags von Karl S. Bader*, Sigmaringen 1986, S. 47-55. ここでは S. 48 及び S. 50 f.

5) イルネリウスの著作に関しては、Hermann Kantorowicz, *Studies in the Glossators of the Roman Law. Newly Discoverd Writings of the Twelfth Century*, Cambridge 1938, Scientia Aalen

法学教育のメッカとして，12世紀初頭以来『ユスティニアヌス法典 Corpus iuris civilis』の編纂・註釈が進み，やがて大学へと組織化されていった[6]。女伯マティルデの宮廷裁判官たちは，その領地がハインリヒ5世に譲渡されるとハインリヒのもとで任務に当たることになった[7]。そのためイルネリウスは，1116年から1118年の間に発布されたハインリヒ5世の証書に11回裁判官（iudex）として登場している[8]。

すでにハインリヒ5世，コンラート3世治世下，国王の宮廷とボローニャの法学者との間には接触があったと考えられるが[9]，皇帝フリードリヒ・バルバロッサの対イタリア都市政策において，ボローニャをはじめとするローマ法学者の役割を低く見積もることはできないだろう[10]。ボローニャで法学を学ぶ学生をおそらく念頭に置いた，学生の移動を保証する有名な特権状「アウテンティカ・ハビタ Authentica Habita」が

1969, S. 33 ff.; ボローニャの法学校の創設者と考えられてきたイルネリウス Irnerius の同定に関しては，Johannes Fried, «...Auf Bitten der Markgräfin Mathilde» Werner von Bologna und Irnerius, in: Klaus Herbers (Hg.), Europa an der Wende vom 11. zum 12. Jahrhundert: Beiträge zu Ehren von Werner Goez, Stuttgart 2001, S. 171-201. ここでは特に S.177.

6) Johannes Fried, Die Rezeption Bologneser Wissenschaft in Deutschland während des 12. Jahrhunderts, in: Viator (1990), S. 103-145; Christoph H. F. Meyer, Europa lernt eine neue Sprache: Das römische Recht im 12. Jahrhundert, in: Bernd Schneidmüller, Stefan Weinfurter, Alfried Wieczorek (Hgg.), Verwandlungen des Stauferreichs: drei Innovationsregionen im mittelalterlichen Europa, Darmstadt 2010, S. 321-335; Knut Görich, Friedrich Barbarossa: Eine Biograhie, S. 304 f.; Helmut G. Walther, Die Anfänge des Rechtsstudiums und die kommunale Welt Italiens im Hochmittelalter, in: Schulen und Studium im sozialen Wandel des hohen und späten Mittelalters, Johannes Fried (Hg.), Sigmaringen 1986. S. 121-162.

7) Johannes Fried, Die Entstehung des Juristenstandes im 12. Jahrhundert, S. 47 f.

8) Tilman Struve, Die Rolle des römischen Rechts in der kaiserlichen Theorie vor Roncaglia, in: Gerhard Dilcher, Diego Quaglioni (Hgg.), Gli inizi del diritto pubblico: l'età di Federico Barbarossa: legislazione e scienza del diritto = Die Anfänge des öffentlichen Rechts: Gesetzgebung im Zeitalter Friedrich Barbarossas und das Gelehrte Recht, Bologna/Berlin 2007, S. 71-99. ここでは S. 77.

9) Johannes Fried, Die Entstehung des Juristenstandes im 12. Jahrhundert, S. 49-52; Cf. Tilman Struve, Die Rolle des römischen Rechts in der kaiserlichen Theorie vor Roncaglia, S. 82.

10) フリードリヒ・バルバロッサが重用したミラノの法学者 Obertus de Orto に関しては，De Ruina civitatis Terdonae の cap. 1 参照。Adolf Hofmeister, Eine neue Quelle zur Geschichte Friedrich Barbarossas. De Ruina civitatis Terdonae. Untersuchungen zum 1. Römerzug Friedrichs I., S. 144; Jürgen Dendorfer, Roncaglia: Der Beginn eines lehnrechtlichen Umbau des Reiches?, in: Stefan Burkhardt, Thomas Metz, Bernd Schneidmüller, Stefan Weinfurter (Hgg.), Staufisches Kaisertum im 12. Jahrhundert. Konzepte – Netzwerke – Politische Praxis, Regensburg 2010, S. 111-132. ここでは S. 119 f.

発布されたのも、ボローニャの法学者たちの重用と密接に関わっている[11]。

2　1158年のロンカリアの帝国会議

1158年ロンカリアで開催された宮廷会議で、4名のボローニャのローマ法学者（*quattuor magistris/iudices*）[12]、すなわちブルガルス Bulgarus[13]、マルティヌス・ゴシア Martinus Gosia[14]、フゴ Hugo de Porta Ravennate[15] そしてヤコブス Jacobus の他、28名の法学者（*iudices*）の助言のもとまとめられたいわゆるロンカリア立法は[16]、1) 貨幣鋳造権、関税徴収権、通行税、港湾使用権などの国王大権レガーリアに関する取り決め

---

11) DF I. 243; Const. 1, Nr. 178; Winfried Stelzer, Zum Scholarenprivileg Friedrich Barbarossas (Authentica „Habita"), in: DA 34 (1978), S. 123-165; Kurt Zeillinger, Das erste Lehensgesetz Friedrich Barbarossas, das Scholarenprivileg (*Authentica Habita*) und Gottfried Viterbo, in: *Römische Historische Mitteilungen* 26 (1984), S. 191-217; Thomas Szabó, Römischrechtliche Einflüsse auf die Beziehung des Herrschers zum Recht. Eine Studie zu vier Autoren aus der Umgebung Friedrich Barbarossas, in: QFIAB 53 (1973), S. 34-48. 邦訳は勝田有恒『西洋法制史選II 中世』創文社、1978年、99頁以下及び徳橋曜『世界史資料5 ヨーロッパ世界の成立と膨張 17世紀まで』歴史学研究会編、岩波書店、2007年、97頁以下参照

12) ラヘヴィンは *iudices* と表現している。*Gesta Friderici*, IV. 6, S. 520.

13) ブルガルスの著作に関しては、Hermann Kantorowicz, *Studies in the glossators of the Roman law: Newly discovered writings of the 12th century*, Cambridge 1938, Aalen 1969, S. 68 ff. その著作 *Materia Institutionum* に関しては、S. 65 ff., S. 241 ff.

14) マルティヌスの著作に関しては、Hermann Kantorowicz, *Studies in the glossators of the Roman law*, S. 86 ff., S. 253 ff.

15) フゴの著作に関しては、Hermann Kantorowicz, *Studies in the glossators of the Roman law*, S. 103 ff., S. 267 ff.; Johannes Fried, *Die Entstehung des Juristenstandes im 12. Jahrhundert*, S. 93 f.

16) Otto Morena は 4名の他 28名の法学者がいたと記している。*Ottos Morena und seiner Fortsetzer Buch*, S. 90 f.; Cf. *Gesta Friderici*, IV. 6, S. 520 f. Anm. 50; ボローニャ以外の法学校に関しては、Peter Classen, Italienische Rechtsschulen außerhalb Bolognas, in: Johannes Fried (hg.), *Studium und Gesellschaft im Mittelalter*, Stuttgart 1983, S. 29-45; idem, Richter, Rechtslehrerund Politik in Mailand, in: Johannes Fried (Hg.), *Studium und Gesellschaft im Mittelalter*, Stuttgart 1983, S. 45-68. ロンカリア立法のうち、レガーリエンに関する勅法の邦訳は、勝田有恒『西洋法制史選II 中世』創文社、1978年、98頁以下及びレガーリア、租税とラントフリーデの冒頭部分は、西川洋一『西洋中世史料集』東京大学出版会、2000年、161頁以下参照。

「*Constitutio de regalibus*」[17]，2）すべての高権と裁判権は君主（*princeps*）にあり，すべての裁判官はその職を誓約を以って（*iusiurandum prestare*）君主から受領すべきことについて述べた「*Lex omnis iurisdicio et districtus*」[18]，3）国王の宮廷開設権「*Lex palatia*」[19]，4）国王の租税徴収権に関する「*Lex tributum*」[20]，そして 5）ラントフリーデ[21]の五つからな

---

17) DF I. 237: Regalia sunt hec: Arimanie, vie publice, fulmina navigabiliaet ex quibus fiunt navigabilia, portus, ripatica, vectigalia, que vulgo dicuntur tho(!)lonea, monete, mulctarum penarumque compendia, bona vacantia, et que indignis legibus auferuntur, nisi que spetialiter quibusdam concedantur, et bona contrahentium incestas nuptias et dampnatorum et proscriptorum, secundum quod in novis constitutionibus cavetur, angariarum et parangariarum et plaustrorum et navium prestationes, et extraordinaria collatio ad felicissimam regalis numinis expeditionem, potestas constituendorum magistratuum ad iustitiam expediendam, argentarie, et palatia in civitatibus consuetis, piscationum et redditus et salinarum, et bona commitentium crimen maiestatis, et dimidum thesauri inventi in loco cesaris, non data opera, vel in loco religioso; si data opera, totum ad eum pertinet; ロンカリア立法の数か月後皇帝の尚書局が作成した 1159 年 2 月 15 日 Asti に付与した皇帝証書には，受給者の求めに応じて追記されたと考えられる部分に，国王大権として森林使用権，度量衡，漁業権などが列挙されている。Cf. Heinrich Appelt, Friedrich Barbarossa und das römische Recht, in: Gunther Wolf (Hg.), *Friedrich Barbarossa*, Darmstadt 1975, S. 58-82. ここでは S. 66 f.; DF I. 259, S. 65, Z. 24 ff.: *Hec itaque regalia esse dicuntur* : moneta, vie publice, aquatica, flumina publica, molendina, furni, forestica, mensure, bancatica, ripatica, portus, argentarie, pedagia, piscationis reditus, sestaria vini et frumenti et eorum que venduntur ad mensuram, placita, batalia, rubi, restitutiones in integrum minorum et alia omnia, que ad regalia iura pertinent; ロンカリアで定められたこの国王大権は，帝国全土に適用されるものではなかったと考えられる。Cf. Irene Ott, Der Regalienbegriff im 12. Jahrhundert, in: *Zeitschrift der Savigny-Stiftung für Rechtsgeschichte, Kan. Abt.* 35 (1948), S. 234-304; Cf. Heinrich Appelt, Friedrich Barbarossa und das römische Recht, S. 72; 1159 年 9 月 1 日のミラノとの合意も参照。Const. 1, Nr. 174, S. 243. 9: Regalia, veluti monetam, theoloneum, pedaticum, portus, comitatus et alia similia, si qua sunt, commune Mediolanensium dimittet et ultra se non intromittet... ; 11，12 世紀のレガーリア概念に関しては，Johannes Fried, Der Regalienbegriff im 11. Und 12. Jahrhundert, in: DA 29 (1973), S. 450-528.

18) DF I. 238: Omnis iurisdictio et omnis districtus apud principum est et omnes iudices a principe administrationem accipere debent et iusiurandum prestare, qaule a lege constitutum est.

19) DF I. 239: Palacia et pretoria habere debet princeps in his locis, in quibus ei placuerit.

20) DF I. 240: Tributum dabatur pro capite, tributum dabatur pro agro. Pro capite dabatur denarius, qui X denarios in se continebat, nomen et ymaginem cesaris in se continens. Pro agro dabatur aut annona aut aurum aut argentum aut es aut vestes aut aurum coronarium aut navicularia functio, quia secundum diversa loca diversa erat prestatio. Pro annona decimam dari quedam leges insinuare videntur. Dabatur autem tributum secundum diversa tempora diverso modo, alia per quinquennium, quo completo urbs Romana lustrabatur, unde lustrum dicitur, post per sinuglos annos, ex quo era ab Augusto fuit constituta; alia per singulas kalendas, unde kalendarium appellatur.

21) DF I. 241（= Const. 1, 176, S. 245-247).

るが，証書形式では伝来していない[22]。さらに 6) 1154 年 12 月 5 日に発布されたレーン法に関する定め（DF I. 91 = Const. 1. 148）が更新された[23]。ロンカリア立法は，ローマ法に基づいた新たな法体系の整備というより，係争になっている条項について適宜ローマ法が参照されたものと考えられる[24]。ロンカリア立法で顕在化した都市の慣習的権利と皇帝による立法の優位を巡る問題は法の成文化を促したが，ロンカリア立法について詳しく記したフライジンクのオットーとラヘヴィンの『皇帝フリードリヒ 1 世の事績』には，「余あるいはそなたらの法（ius）が文書にしたためられるならば，制定される際には，誠実（honestum），適正（iustum）であり，実行可能（possibile），必要不可欠（necessarium），有益（utile）であり，場所と時宜に適っている（loco temporique conveniens）ことに留意しなければならない，そしてそれゆえ法を制定する際には，余もそなたらも細心の注意を払わなければならない」こと，さらに「法（ius）を定めたら（dum ius condimus），最大限の注意を払わなければならず，いったん法律（leges）が定められたら（cum leges institute fuerint），それらに関して裁定されるのではなく，それらに従って裁定しなければ

---

22) ラントフリーデとレーン法に関する定めは，ラヘヴィンの『皇帝フリードリヒの事績』の第 4 巻 10 章に依拠している。DF I. 241 の註参照。Gerhard Dilcher, Die staufische Renovatio, S. 634 f.; Tilman Struve, Die Rolle des römischen Rechts in der kaiserlichen Theorie vor Roncaglia, S. 89; Marie Theres Fögen, Römisches Recht und Rombilder im östlichen und westlichen Mittelalter, in: Bernd Schneidmüller und Stefan Weinfurter (Hgg.), Heilig-Römisch-Deutsch: das Reich im mittelalterlichen Europa, Dresden 2006, S. 57-83; ロンカリア立法の法的形式に関しては，西川洋一「フリードリヒ・バルバロッサの証書における王権と法」ここでは 55 頁以下参照；Lex palaci et pretoria, Lex palatia, Lex tributum に関しては，Vittore Colorni / Gero Dolezalek (übers.), Die drei verschollenen Gesetze des Reichstages bei Roncaglia, wieder aufgefunden in einer Pariser Handschrift (Bibl. Nat. Cod. Lat. 4677), Aalen 1969.

23) DF I. 242; Kurt Zeillinger, Das erste Lehensgesetz Friedrich Barbarossas, das Scholarenprivileg (Authentica Habita) und Gottfried Viterbo, in: Römische Historische Mitteilungen 26 (1984), S. 191-217. イタリアにおける皇帝フリードリヒ・バルバロッサとイタリア諸都市との政治的軋轢に関しては，Gina Fasoli, Friedrich Barbarossa und die italienische Städte, in: Gunther Wolf (Hg.), Friedrich Barbarossa, Darmstadt 1975, S. 149-183; 1154 年のレーン法に関しては，西川洋一「フリードリヒ・バルバロッサの証書における王権と法」，ここでは 54 頁以下参照。

24) Gerhard Dilcher, Das staufische Herrschaftskonzept in der roncalischen Gesetzgebung und im Konstanzer Frieden: Tragende Prinzipien und innere Widersprüche, in: Gerhard Dilcher, Diego Quaglioni (Hgg.), Gli inizi del diritto pubblico: l'età di Federico Barbarossa: legislazione e scienza del diritto = Die Anfänge des öffentlichen Rechts: Gesetzgebung im Zeitalter Friedrich Barbarossas und das Gelehrte Recht, Bologna/Berlin 2007, S. 19-46.

ならない」とフリードリヒが言明したことが記されている[25]。ロンカリア帝国会議での協議は，皇帝にとっては権威と名誉に関わり，イタリア都市にとっては都市の発展の礎となる自治権の死守という互いに譲歩できない問題であった[26]。

1158年11月ロンカリアの帝国会議の場に居合わせたラヘヴィンは，『皇帝フリードリヒ1世の事績』の第4巻でロンカリアの宮廷会議の様子を詳しく語っている[27]。

大勢の取り巻きを連れてやってきた皇帝フリードリヒは，ポー川の畔に天幕を張らせた。ポー川の向こう側にはミラノ陣営が陣取っていた。設営された多種多様な天幕が，様々な国・地域から大勢の諸侯たちがやってきたことを示していた。また軍備を整えた人々とともに，工房などを備えた職人や商人たちが陣営を形作り，即席の街が出来上がっていた。

皇帝とミラノ側の激しい応酬で幕を開けたロンカリアの帝国会議では，4名の学識者，すなわちボローニャの法学者ブルガルス，マルティヌス・ゴシア，フゴそしてヤコブスの助言を得て，国王大権[28]，イタリア諸都市がポデスタ，コンスルを初め都市の役人たちを自分たちの意志で選ぶ権利の承認，誓約による確約，平和の維持（ラントフリーデ）[29]，そして「ラテン人に関してはこれまで十分な形で文書にしたためられていなかった（*apud Latinos scripto nondum sufficienter expressum fuerat*）」レー

---

25) *Gesta Friderici*, IV. 4, S. 516 f.: Sive ergo ius nostrum sive vestrum in scriptum redigatur, in eius constitutione considerandum est, ut sit honestum, iustum, possibile, necessarium, utile, loco temporique conveniens, ideoque tam nobis quam vobis, dum ius condimus, cautius previdendum est, quia, cum leges institute fuerint, non erit liberum iudicari de eis, sed oportebit iudicare secundum ipsas.

26) Jürgen Dendorfer, Roncaglia: Der Beginn eines lehnrechtlichen Umbau des Reiches?, in: Stefan Burkhardt, Thomas Metz, Bernd Schneidmüller, Stefan Weinfurter (Hgg.), *Staufisches Kaisertum im 12. Jahrhundert. Konzepte – Netzwerke – Politische Praxis*, Regensburg 2010, S. 111-132.

27) *Gesta Friderici*, IV. S. 510 ff.

28) Ibid., IV. 7, S. 520 ff. ラントフリーデに関しては字句通り紹介しているのに対し国王大権レガーリアに関してはおそらく参照できる文書が手元になかったために，その場に居合わせたラヘヴィンの記憶に依拠していると考えられる。国王大権に関しては，Johannes Fried, Der Regalienbegriff im 11. und 12. Jahrhunderts, S. 454 f.; Cf. Barbara Frenz, Barbarossa und der Hoftag von Roncaglia (1158) in der Historiographie des 12. und 13. Jahrhunderts, S. 112.

29) Ibid., IV. 9, S. 522 f.

ン法に関してなど[30]，重要な勅法が定められた。

フリードリヒ・バルバロッサのロンカリア立法に関して，ヴィテルボのゴットフリートはその『フリードリヒの事績』の中で，4名のローマ法学者のことばとして次のように語っている。

> あなたは生ける法（lex viva）であり，法を授け，取り消し，制定することができます。公たちはあなたの裁き次第で立ち上がりも，倒れもします。王たちはあなたの裁きによって統治します。命ある法（lex animata）は望むことを行うのです[31]。

ラヘヴィンは，皇帝の正当性を根拠付けるために，忘れられた諸権利に再び光を当てたにすぎないと説明している[32]。ロンカリアの帝国会議の場にいたラヘヴィンは，そのときの様子を以下のように描いている。

---

30) Ibid., IV. 10, S. 522 f.

31) *Gotifredi Viterbiensis Gesta Friderici*, (ed.) Georg Waitz, MGH SS 22, Hannover 188, S. 307-334. ここでは S. 316 Z. 27-29: Tu lex viva potes dare, solvere, condere leges. Stantque caduntque duces, regnant te iudice reges; Rem quocumque velis lex animata geris; Cf. Thomas Szabó, Römischrechtliche Einflüsse auf die Beziehung des Herrschers zum Recht, S. 40, Anm. 20; Tilman Struve, Vorstellungen von «König» und «Reich» in der zweiten Hälfte des 12. Jahrhundert, in: Stefan Weinfurter (Hg.), *Stauferreich im Wandel. Ordnungsvorstellungen und Politik in der Zeit Friedrich Barbarossas*, Sigmaringen 2002, S. 288-311. ここでは S. 300, Anm. 65.

32) *Gesta Friderici*, III. 57, S. 506 f.: Deinde generalem curiam omnibus Italis civitatibus et primoribus aput Roncalias in festo beati Martini celebrandam indicit, ubi et leges pacis promulgaret et de iustitia regni, que multo iam tempore aput illos obumbrata in desuetudinem abierat, per necessaria sapientum collatione dissereret diuque obsoletam elucubraret; Gerhard Dilcher, Der Gedanke der Rechtserneuerung im Mittelalter, in: *Geschichte der Zentraljustiz in Mitteleuropa, Festschrift für Bernhard Diestelkamp*, Friedrich Battenberg, Filippo Ranieri (Hgg.), Weimar/Köln/Wien 1994, S. 1-16; フリードリヒ・バルバロッサによる立法行為を，ラヘヴィン（*Gesta Friderici*, IV. 5 S. 518 Z. 24-29: condendis legibus）もゴットフリート（*Gotifredi Viterbiensis Gesta Friderici* (MGH SS 22) S. 316, Z. 27-29: condere leges; *Pantheon*, S. 258, Z. 11-16: conditor legis）も詩人グンテル（Gunther der Dichter, *Ligurinus*, Erwin Assmann (Hg.), Hannover 1987, S. 423-24, VIII, V. 468-476: Ipse quidem, quamvis divino munere princeps/ Summus in orbe ferar legumque immunis et expers/ Non servire quidem cogar, sed *condere jura*/ Fas habeam, vestris cupio disponere cuncta/ Conciliis, vestro non egre spondeo iussu/ Vel sancire novas vel priscis legibus uti./ Nam nihil – ut verum fatear – magis esse decorum/ Aut regale puto quam legis iure solutum,/ Sponte tamen legi sese supponere regem）も制定する *condere* と表現している。Cf. Thomas Szabó, Römischrechtliche Einflüsse auf die Beziehung des Herrschers zum Recht. ここでは S. 42.

2　1158年のロンカリアの帝国会議　　111

ミラノ大司教オトベルトは，滔々と皇帝をたたえることばを述べた後で，次のように発言したという。

> 民に対するすべての立法権はあなたに委ねられていることをお知り下さい。あなたの意志は，次のことばの通り法 *ius* なのです。すなわち君主のお気に召すものは法となる力を持っています。というのは，民は君主に，民のすべての統治権（*imperium*）と力（*potestatem*）を譲渡しているからです。すなわち皇帝が書簡（*epistola*）によって定め，判決を下して決定し，布告（*edictum*）によって命令したことは，法であることは明白です[33]。

しかしながら，法の実効性は，立法行為の正当性のみならず，当事者の合意に依拠するものであり，その意味で「書かれた法」の有効性を強調するロンカリア立法は，両者のバランスを崩す可能性を孕んでいた[34]。皇帝による立法と法慣習（*consuetudo*）のいずれが優先されるべきかを巡る攻防は[35]，都市の自律性を侵害し[36]，異なる法慣習に対して普遍的な法規範を適用しようとする皇帝フリードリヒ・バルバロッサに対する抵抗でもあった。

---

33)　*Gesta Friderici*, IV. 5, S. 518, Z. 24-29.: Scias itaque omne ius populi in condentis legibus sibi concessum. Tua voluntas ius est, sicut dicitur: Quod principi placuit, legis habet vigorem, cum populus ei et in eum omne suum imperium et potestatem concesserit. Quodcumque enim imperator per epistolam constituerit vel cognoscens decreverit vel edicto preceperit, legem esse constat. これは，ユスティニアヌス法典の学説彙纂 Digesta 1.4.1 に依拠している。英訳は，*The Digest of Justinian, Volume 1*, Alan Watson (ed.), Philadelphia 1998, 2009, p. 14: 1. 4 Enactments by emperors, 1. Therefore, whatever the emperor has determined by a letter over his signature or has decreed on judicial investigation or has pronounced in an interlocutory matter or has prescribed by an edict is undoubtedly a law. These are what we commonly call constitutiones (enactments). Cf. Barabara Frenz, Barbarossa und der Hoftag von Roncaglia (1158) in der Historiographie des 12. und 13. Jahrhunderts, S.108; ボヘミア国王 Wenzel は 1152 年頃ユスティニアヌス法典の同じ箇所に依拠し，皇帝の立法権に言及した書簡を送っている。*Monumenta Corbeiensis*, Philipp Jaffé (ed.) S. 539 ff. Nr. 404. ここでは S. 542. Cf. Tilman Struve, Die Rolle des römischen Rechts, S. 84, Anm. 63.

34)　Cf. Knut Görich, *Friedrich Barbarossa: Eine Biographie*, S. 492.

35)　Cf. Rudolf Köbler, Consuetudo legitime praescripta. Ein Beitrag zur Lehre vom Gewohnheitsrecht und vom Privileg, in: *Zeitschrift der Savigny-Stiftung für Rechtsgeschichte*, Kan. Abt. 8 (1918), S. 154-194. 慣習法と法慣習の関係性については，Reiner Schulz, «

後にロンカリア立法の法的有効性に関して，1177年のヴェネチアの和約でミラノ側の法学者ギラルドゥス・ペスタ Girardus Pesta（Gerardus Cagapista）が，ボローニャの法学者によるロンカリアでの裁定（sententia）は，裁定ではなく皇帝の一方的な命令（iussio）であり[37]，その場に居合わせなかった不在の者に対して下された裁定（sententia）は有効性を持たないこと[38]，またかの時代（ハインリヒ4世）に行われた支払いは長らく記憶から欠落しており，両者どちらの側の人間も想起することができる者はいないし[39]，教会を苦しめたハインリ4世は主君（dominus）ではなく，暴君（tirannus）と呼ばれていると反論した[40]。そのうえで，この交渉で約定された事柄を書面にしたためることを求めたのである[41]。

3 時効年限と数的把握

慣習法と制定法との相克の中で浮かび上がってくるのが，時効年限へ

Gewohnheitsrecht » und « Rechtsgewohnheiten « im Mittelalter -Einführung, in: Gerhard Dilcher, Heiner Lück, Rainer Schulze, Elmar Wadle, Jürgen Weitzel, Udo Wolter (Hgg.), *Gewohnheitsrecht und Rechtsgewohnheiten im Mittelalter*, Berlin 1992, S. 9-20; 慣習に基づく権利と特権状に関しては，Elmar Wadle, Gewohnheitsrecht und Privileg – Allgemeine Fragen und ein Befund nach Königsurkunden des 12. Jahrhunderts, in: ibid., S. 116-148; 法慣習（*consuetudo*）における時間意識と歴史性については，Gerhard Dilcher, Zeitbewußtsein und Geschichtlichkeit im Bereich hochmittelalterlicher Rechtsgewohnheit, in: Hans-Werner Goetz (Hg.), *Hochmittelalterliches Geschichtsbewußtsein im Spiegel nichthistoriographischer Quellen*, Berlin 1998, S. 31-54; Knut Görich, *Friedrich Barbarossa: Eine Biographie*, S. 494, Anm. 165: Johannes Fried, *Die Entstehung des Juristenstandes im 12. Jahrhundert*, S. 133-137 及び S. 140.

36）圧政を強いる暴君へのミラノ側の激しい非難は，*Gesta Friderici*, IV 5, S. 518 f.

37）*E Romoaldi archiepiscopi Salernitani chronico*, S. 324: Quod autem dixisti apud Ronicaliam a Bononiensibus iudicibus contra nos sententiam fuisse prolatam sententiam, sed imperatoriam iussionem.

38）Ibid.: secundum leges enim in absentes prolata sententia nullius est roboris vel valoris.

39）Ibid.: propter antiquitatem temporis iam pene perdidere memoriam, nec vivit aliquis nostrum vel vestrum, qui bene possit illius temporis dicta vel facta recolere.

40）Knut Görich, Der Herrscher als parteiischer Richter. Barbarossa in der Lombardei, in: *Frühmittelalterliche Studien* 29 (1995), S. 273-288; idem, *Friedrich Barbarossa: Eine Biographie*, S. 493.

41）*E Romoaldi archiepiscopi Salernitani chronico*, S. 326: Quod si hoc imperatori grave resident et videtur, pacem, que inter nos et eum per Cremonenses tractata fuit et in scriptis redacta. 同頁，Anm. 40 参照．

の言及である[42]。時効に関する定めは，国王コンラート 3 世による 1147 年ノナントーラ Nonantola[43]，1147 年ピサ[44]の聖職者が受領者の二つの証書においても確認できるが[45]，フリードリヒ・バルバロッサが発給した皇帝証書の 24 件で，200 年，100 年，40 年，30 年もしくは全く上限なしという文言がしたためられる[46]。時効への言及は，とりわけ皇帝は立法者として時効を定める権限を有すると見なす古代からの法観念を有していたイタリアの教会，修道院などを受領者として発給された証書で多く用いられ[47]，フリードリヒ・バルバロッサの統治最初の 10 年間

---

42) 時効に関しては，まず Hermann Krause, Dauer und Vergänglichkeit im mittelalterlichen Recht, in: *Zeitschrift für Savigny-Stiftung der Rechtsgeschichte, Germ. Abt.*, 75 (1958), S. 206-251; Dieter Nörr, *Die Entstehung der longi temporis praescriptio* (= Arbeitsgemeinschaft für Forschung des Landes Nordrhein-Westfalen. Geisteswissenschaften 156), Köln/Opladen 1969; Helmut G. Walther, Das gemessene Gedächtnis. Zur politisch-argumentativen Handhabung der Verjährung durch gelehrte Juristen des Mittelalters, S. 217 f.；その他 Gerhard Dilcher の一連の研究論文を参照。時効に関する証書へのローマ法の影響に関しては，西川洋一「フリードリヒ・バルバロッサの証書における王権と法」，ここでは 20 頁以下参照。時効年限に関しては，1231 年のフリードリヒ 2 世のメルフィ勅法集成で定められている。*Die Konstitutionen Friedrichs II. für das Königreich Sizilien*, Wolfgang Stürner (ed.), MGH Const. 2, Suppl., Hannover 1996, III 37, 38, 39.

43) DKo III. 110（草案と書記は帝国尚書局の Heribert）．

44) DKo III. 191: Preterea statuimus, ut numquam *temporis prescriptione* predicti canonici iura sua et possessiones perdant.

45) Jürgen Petersohn, Kaiser, Papst und römisches Recht im Hochmittelalter. Friedrich Barbarossa und Innozenz III. beim Umgang mit dem Rechtsinstitut der langfristigen Verjährung, in: Jürgen Petersohn (Hg.), *Mediaevalia Augiensia. Forschungen zur Geschichte des Mittelalters*, Stuttgart 2001, S. 307-355. ここでは S. 310 f.

46) DDF I. 31 (Bd. 1, S. 54, Z. 19), 33 (Bd. 1, S. 57, Z. 29), 52 (Bd. 1, S. 89, Z. 4), 98 (Bd. 1, S. 166, Z. 23), 246 (Bd. 2, S. 43, Z. 35), 249 (Bd. 2, S. 46, Z. 45 - S. 47, Z.1), 251 (Bd. 2, S. 49, Z. 27), 252 (Bd. 2, S. 52, Z. 14), 255 (Bd. 2, S. 56, Z. 22), 257 (Bd. 2, S. 58, Z. 26), 267 (Bd. 2, S. 75, Z. 14), 278 (Bd. 2, S. 89, Z. 32), 309 (Bd. 2, S. 128, Z. 20), 314 (Bd. 2, S. 135, Z. 39-40), 315 (Bd. 2, S. 137, Z. 28), 378 (Bd. 2, S. 244, Z. 23), 382 (Bd. 2, S. 250, Z. 5), 413 (Bd. 2, S. 298, Z. 43), 414 (Bd. 2, S. 301, Z. 1-2), 422 (Bd. 2, S. 311, Z. 25), 669 (Bd. 3, S. 180, Z. 4-5), 677 (Bd. 3, S. 194, Z. 3-4), 697 (Bd. 3, S. 225, Z. 41-43), 728 (Bd. 3, S. 267, Z. 41-43); Jörg Jarnut, Barbarossa und Italien. Zeitvorstellungen im staatlichen und politischen Denken des Kaisers, in: Hans-Werner Goetz (Hg.), *Hochmittelalterliches Geschichtsbewußtsein im Spiegel nichthistoriographischer Quellen*, Berlin 1998, S. 257-267. ここでは S. 261; Jürgen Petersohn, Kaiser, Papst und römisches Recht im Hochmittelalter, S. 310 ff.

47) 帝国尚書局作成と特定できる証書には草案者／書記を括弧内に記す。DDF I. 31, 33（草案と書記は帝国尚書局の Arnold II. C), 246, 249 (Rainald G), 251, 252, 255 (Rainald G), 257 (Rainald G), 267 (Rainald H), 278, 309 (Rainald G), 314, 315, 413 (Rainald H), 414 (Rainald H), 422 (Rainald C/Christian E), 669 (Burkhard), 677 (Burkhard?), 697 (Burkhard), 728 (Burkhard);

1163 年までに集中している[48]。該当する証書のうち草案者／書記を特定できないものを含めて，帝国尚書局で作成された証書が約 3 分の 2 を占め，一時期に集中しているとはいえ時効年限に関する言及が皇帝証書に表出する点が目を引く。

正当な権利の主張に長期間の権利の保持を根拠としたのが，1153 年のコンスタンツの協約である[49]。100 年来の状態を正当な根拠として，ローマ市民は教皇そしてローマ教会に服するものとされた。1162 年ピサとの協約では過去に遡って 30 年以上保有していた権利を認めるとしており[50]，具体的な年限に関する言及が登場している。他方コンスルの選出と叙任，レガーリアの行使を定めたクレモナ[51]あるいはルッカ Lucca[52]との協約では具体的な年限を定めることなく，皇帝フリードリヒが定めたように双方の後継者もまた将来双務を負うことと定めている。一元的ではないにせよこのように明確な時効年限を設定した証書が発給されている事実は，法の有効性に対する意識に何らかの変化が生じており，それを明示する必要性が認識されていたことを窺わせるだろう[53]。

Jürgen Petersohn, Kaiser, Papst und römisches Recht im Hochmittelalter. S. 309; DF I. 257 に関しては，西川洋一「フリードリヒ・バルバロッサの証書における王権と法」20 頁参照。

48) DDF I. 31, 33, 246, 249, 251, 252, 255, 257, 267, 278, 309, 314, 315, 356, 362, 367, 372, 413, 414, 422.

49) DF I. 52; Jörg Jarnut, Barbarossa und Italien. Zeitvorstellungen im staatlichen und politischen Denken des Kaisers, S. 261; ローマ法の影響に関しては，Jürgen Petersohn, Friedrcih Barbarossa und Rom, in: Alfred Haverkamp (Hg.), *Friedrich Barbarossa. Handlungsspielräume und Wirkungsweisen des staufischen Kaisers*, Sigmaringen 1992, S. 129-146. ここでは S. 132.

50) DF I. 356（1162 年 4 月 6 日), S. 199, Z. 32 ff.: ... et totum, quod regno et imperio pertinet sive de marchia vel alio modo quoquo iure vel consuetudine vel pertinuit retro a XXX annis et pertinebit in civitate Pisana et eius districtu per terras et insulas.

51) DF I. 369, S. 230 = Const. 1, Nr, 212（1162 年 6 月 13 日): Statuimus ergo et imperiali nostre auctoritatis confirmatione roboramus, quatenus hec a nobis inter imperium et civitatem vestram facta atque corroborata concordia perpetuo rata et inconvulsa permaneat. Et de omnibus suprascriptis commune Cremonense et consules investimus ita, ut, *quod in hac pagina prescriptum est*, a nobis ac successoribus nostris regibus et imperatoribus vobis ac civitati vestre stabiliter conservetur, et vos ac vestra civitas nobis ac nostris successoribus regibus et imperatoribus in hiis, que similiter prescripta sunt, tam in pactione quam fidelitate perpetuo sitis obligati.

52) DF I. 375（1162 年 7 月 15 日以降).

53) Hermann Krause, Dauer und Vergänglichkeit im mittelalterlichen Recht, S. 209.

4 権利の更新と保全

　古き良き法という法諺が端的に示しているように，慣習的に認められていた権利に重きを置く中世社会では，権利関係が争われた際には，どちらがより以前から正当に当該の権利を保持していたかが争点となった。しかしながら権利証書には，当該の諸権利がいつ，どのような形で認められたか明示されていない場合が少なくなかったために[54]，統治者あるいは権利継承者の交代時に権利関係を確認する証書の発給が求められた[55]。証書は，新たに獲得した権利を承認するばかりでなく，文書の形で保証されていない，慣習的に保有してきた権利を巡る係争への備えとして機能したのである[56]。

　12世紀になるとこのいわゆる確認証書が多く発給されるようになったが[57]，確認文書の増加は，権利主張における文書の挙証力への信頼が高まったためと考えられる。この権利保全意識の質的変化を示すのが証書内に用いられる「更新する（*renovare*）」という表現である。

　皇帝ロータル3世は1125年から1137年まで足かけ13年の統治期間で偽文書を含めて131通の証書を発給しているが，その中で「*renovare*」は4通5か所にしか登場しない[58]。他方1137年から1152年まで足かけ16年間で，偽文書を含めて298通発給された国王コンラート3世の証書では，「更新する（*renovare*）／更新（*renovatio*）」，「更新し，確認する（*renovare et confirmare*）」[59]，「繰り返すことによって更新し，更新すること

---

54) Ibid., S. 215.

55) Hermann Krause, Die Rolle der Bestätigung in der Hohenstaufenzeit, S. 393 ff.

56) Dauerformeln に関しては，Hermann Krause, Dauer und Vergänglichkeit im mittelalterlichen Recht, S. 219.

57) Krause は，1152年から1167年までのフリードリヒ・バルバロッサの統治のうち85％が確認証書だったとする。Hermann Krause, Die Rolle der Bestätigung in der Hohenstaufenzeit, S. 388.

58) DLo. III. 36, S. 60, Z. 32; 39, S. 64, Z. 14, 15; 41, S. 67, Z. 46; 51, S. 82, Z. 36.

59) DKo III. 22, S. 36, Z. 26; 136, S. 246, Z. 25; 137, S. 248, Z. 16; 199, S. 360, Z. 26; 252, S. 440, Z. 4; 264, S. 458, Z. 6; 276, S. 477, Z. 44（偽文書）; S. 504, Z. 34; 291, S. 504, Z. 34（偽文書）.

116　　　Ⅲ　ことばを操る人たち

によって確認する（*iterando renovare et renovando confirmare*）」[60]，「更新し，強固にする（*renovare et corroborare <roborare>*）」[61]，「更新することによって確認する（*renovando confirmare*）」[62]，「更新したものを保存し，確認し，世の先人たる王と皇帝の範を真似，保持する（*renovandam conservare et confirmare*）」[63]，「余の更新と確認（*nostra renovatio et confirmatio*）」が（すべてのときに *omni evo*）変更なく保持されるように[64]，「余による更新の確認を何人も損なうことを企てないように（*nullus … huius nostrae renovationis confirmatioem infringere presumat*）」[65]といった表現で頻出している[66]。これは，後述するように移ろいゆくとき人間の記憶（*memoria*）の不確かさに対する言及が証書の序文に定着していく過程と表裏一体の関係にあると言えるだろう[67]。Dilcher が指摘しているように，権利の更新を意味する「*renovare*」は，12 世紀以前にも権利証書で用いられており[68]，その意味で新機軸とは言えないが，その使用例の増加と強調は新たな文脈で捉え直さなくてはならない。12 世紀半ば，皇帝証書のみならず各地で発給される証書数の急増が認められるのも，文書による挙証への信頼が増していく過程を示している。

　しかし，証書に必ず複数の証人の名が記載され[69]，重要な案件であればあるほど，数多くの証人の名が列挙されている事実は，文書のみでは

　60）　DKo III. 3, S. 6, Z.15: quartus vero imperator augustus iterando renovavit et renovando auctoritate sua et privilegio confirmavit.

　61）　DKo III. 43, S. 71, Z. 12, 30; 148, S. 272, Z. 17.

　62）　DKo III. 20, S. 35, Z. 3; 46, S. 78, Z. 4, 12: si privilegia ecclesiis dei antiquitus collata renovando confirmanus, si libertatis iura eisdem racionabiliter concessa retinemus et et conservamus,...; 47, S. 80, Z. 4; 55, S. 92, Z. 35; 64, S. 113, Z. 21; 104, S. 185, Z. 41.

　63）　DKo III. 22, S. 38, Z. 10.

　64）　DKo III. 1, S. 2, Z. 35; 21, S. 36, Z. 41; 22, S. 38, Z. 35; 46, S. 78, Z. 20; 47, S. 80, Z. 29.

　65）　DKo III. 137, S. 248, Z. 26 ff.

　66）　一部先んじる証書から表現をそのまま引用している。Cf. DKo III. 3, 20, 43, 264.

　67）　法慣習（*consuetudo*）における時間意識と歴史性については，Gerhard Dilcher の一連の研究論文を参照：「*diversitas temporum*」と「*renovare*」に関しては，Adalbert Erler, Necessitas als Impuls der Rechtserneuerung, in: *La formazione storica del diritto moderno in Europa*, vol. 1, Firenze 1977, pp. 113-122.

　68）　Gerhard Dilcher, Der Gedanke der Rechtserneuerung im Mittelalter, S. 8 f.

　69）　Cf. DKo III. 47, S. 80, Z. 29: Huic etiam nostre renovationi et confirmationi testes idoneos, qui presentes fuerunt, adhibemus, quorum nomina hec sunt...

挙証力が十分ではなかったことを示している。すなわち当該の法行為が争われた際には，証書の授受という象徴的儀礼行為を通じて記憶に留められた法行為を「現在化」する役割を証人が担っていたのである[70]。

12世紀に確認できる行政文書である証書数の飛躍的増加は，記憶から記録へと，法文化における挙証手段が次第に文書へと軸足を移していく過程を確かに映し出している[71]。しかしこの変化は不可逆的ではなく，文書の存在のみでは主張の正当性を証明することはできなかった。12世紀の帝国統治においては政治的儀礼を伴う合意形成のプロセスそのものが重要であり，完結した法行為を記した証書の存在のみでは利害関係者の対立を最終的に解決することは難しかったのである。

5　誓いの法的拘束力 —— 法行為としての誓い

紛争解決の際に確約を保証したのが「誓い」である。別の機会に論じたように，中世ヨーロッパ社会における「誓い」は，単なる個人的約束ではなく，覆すことのできない法的な拘束力を有する社会的行為であった[72]。現在も，アメリカ大統領が就任する宣誓式で聖書に手を載せて宣誓するように[73]，聖遺物に触れながら「誓い」が立てられるのは，単なる象徴的儀礼ではなく，聖性を帯びることで「誓い」が解き放ちがたい呪縛となって保証と確約を与えるからである[74]。

---

70)　象徴的儀礼行為である証書の授与から，法実務としての証書による授与への法行為の変容に関しては，Harold Steinacker, 'Traditio cartae' und 'traditio per cartam' ein Kontinuitätsproblem, in: *Archiv für Diplomatik: Schriftgeschichte, Siegel, und Wappenkunde* 5 (1960), S. 1-72；証書発給の際の儀礼的行為による集団的記憶の生成に関しては，服部良久『中世のコミュニケーションと秩序—紛争・平和・儀礼』第1章第3節「中世盛期の政治的コミュニケーション」12頁以下参照。

71)　文書化のプロセスが早く進んだイングランドに関しては，Michael T. Clanchy, *From Memory to Written Record. England 1066-1307*, Chichester ³2013.

72)　岩波敦子『誓いの精神史—中世ヨーロッパの《ことば》と《こころ》』講談社選書メチエ，2007年。

73)　ラテン語でも「誓い」を表す語には「*iuramentum*」あるいは「*sacramentum*」がある。本書では，就任宣誓や雪冤宣誓のように定式化された語句となっている場合に主として宣誓という表現を用いる。

74)　Paolo Prodi (Hg.), *Glaube und Eid: Treuformeln, Glaubensbekenntnisse und*

a) 相互盟約 (*coniuratio*)

　誓いへの絶対的信頼は，裁判における雪冤宣誓 (*iuramentum purgatorium*) など中世ヨーロッパの様々な場面で顕在化する。

　皇帝フリードリヒ・バルバロッサの対イタリア政策においても，度々「誓い」が，協約や和平を確約する保証として，難しい外交交渉をまとめる鍵となった[75]。1158年第2次イタリア遠征に出発する前，皇帝フリードリヒは尚書局長ダッセルのライナルトとバイエルン宮中伯ヴィッテルスバッハのオットーをイタリア諸都市に派遣し，自分に対する誠実誓約を確約する交渉をさせており，フライジンクのオットーとラヘヴィンによる『皇帝フリードリヒ1世の事績』に，ヴェローナ及び他の都市の市民たちが聖書に触れながら (*tactis sacrosanctis promitti fecerunt*) 立てた誓約のことばが記されている[76]。

　先述したように，1162年は皇帝フリードリヒとイタリア都市コムーネとの関係が重要な局面を迎えた年だが，イタリア諸都市に個別に発給した皇帝証書にも誓約が登場する。例えば1162年3月7日フリードリヒ・バルバロッサがローディでクレモナに発給した証書 (DF I. 353) では，自分に忠誠を示しているクレモナにクレーマの城に対する権利を認め，何人もその地に築城しないこと，ミラノが誓約を立てて約束するな

---

sozialdisziplinierung zwischen Mittelalter und Neuzeit, München 1993; idem, *Das Sakrament der Herrschaft. Der politische Eid in der Verfassungsgeschichte des Okzidents*, übers. von Judith Elze, Berlin 1997; Lothar Kolmer, Promissorische Eide im Mittelalter (Regensburger historische Forschungen, 12), Kallmünz 1989.

　　75) Uwe Prutscher, *Der Eid in Verfassung und Politik Italienischer Städte: Untersuchungen im Hinblick auf die Herrschaftsformen Kaiser Friedrich Barbarossas in Reichsitalien*, Gießen 1980; Knut Görich, *Friedrich Barbarossa: Eine Biographie*, S. 176; Frank Schweppenstette, *Die Poltik der Erinnerung*, S. 198 f.; Thomas Scharff, Zur Sicherung von Verträgen in Eiden kommunaler Amtsträger und in Statuten (ca. 1150-1250), in: Hagen Keller, Jörg W. Busch (Hgg.), *Statutencodices des 13. Jahrhunderts als Zeugen pragmatischer Schriftlichkeit: die Handschriften von Como, Lodi, Novara, Pavia und Voghera*, München 1991, S. 15-24; Petra Schulte, Friedrich Barbarossa, die italienischen Kommunen und das politische Konzept der Treue, in: *Frühmittelalterliche Studien* 38 (2004), S. 153-172. ここでは S. 161 f. ロンバルディア同盟との休戦交渉に当たった都市側の代表者，皇帝側の使節が行った誓約に関しては，Knut Görich, *Friedrich Barbarossa: Eine Biographie*, S. 377 f., S. 487, 488, Anm. 144: DF. I. 842, 54 Z. 29-31.

　　76) *Gesta Friderici*, III. 21, S. 438 f. 及び III 23, S. 440 ff.; 誠実誓約の内容は，MGH *Const*. I, Nr. 171, S. 237; Cf. Uwe Prutscher, *Der Eid in Verfassung und Politik Italienischer Städte*, S. 1.

ら恩顧を与えるだろうと述べた[77]。

　同じくクレモナに発給した1162年6月13日の皇帝証書（DF I. 369）は，コンスルの選出と任命，レガーリアの行使に関して皇帝とクレモナ間で結ばれた協約だが，その中で「いかなる都市とも相互盟約（coniuratio）を結んではならず，また誠実誓約は5年目に更新されるように」という一節が見られる[78]。

　人々が水平的に結び付き合う相互盟約（coniuratio）は，古代ローマ社会でも重要な機能を果たしており，中世特有の現象形態ではない。だが，中世ヨーロッパでは，相互盟約は社会的紐帯の礎として機能した一方で[79]，上位権力者に対する抵抗勢力として危険視され，度々禁止されている。ジェノヴァに代表されるように，イタリアの都市コムーネは誓いを絆とした誓約団体（iuramentum compagne/ iuramentum de comuni）として成立したが[80]，解き放ちがたい誓約によって結ばれた人的紐帯は，上位権力者にとって危険性を常に孕んでいたからである[81]。

---

[77]　DF I. 353, S. 194. Z. 32-35: Quodsi forte ad gratiam et misericordiam nostram Mediolanenses receperimus, in eo sacramento, quod nobis facient, eos iurare faciemus et sacramento astringemus, quod neque in consilio neque in facto aliquo modo erunt, quod aliqua occasione aliquid istorum fiat, que in presenti privilegio nostro interdicimus et fieri prohibemus.

[78]　DF I. 369, S. 229, Z. 17: Volumus etiam, ut cum nulla civitate coniurationem sine parabola nostra faciatis et quolibet quinto anno sacramentum fidelitatis nostre renovari faciatis, ab illis, qui nondum fecerint. 誓約更新の要求は，誓約によって担保されていた中世の双務的関係が，明確な期限設定によってその時限的効力を示すことになったと言える。Cf. Gerhard Dilcher, Die staufische Renovatio im Spannungsfeld von traditionellem und neuem Denken, S. 641 f.; Hermann Krause, Die Rolle der Bestätigung in der Hohenstauferzeit. Dargelegt an den frühen Barbarossa-Urkunden, in: Ursula Floßmann (Hg.), Rechtsgeschichte und Rechtsdogmatik. Festschrift für Hermann Eichler, Wien/New York 1977, S. 387-409.

[79]　エーディト・エネン『ヨーロッパ都市文化の創造』佐々木克巳訳，317頁以下及びエーディト・エネン『ヨーロッパの中世都市』佐々木克巳訳，161頁参照。

[80]　ジェノヴァのコンパーニャ（compagna）の1157年の誓約に関しては，Codice diplomatico della repubblica di Genova, a cura di Cesare Imperiale di Sant' Angelo, 1859-1940, vol. 1, Roma 1936, Torino 1969, Nr. 285, pp. 350-359 所収; Christoph Dartmann, Politische Interaktion in der italienischen Stadtkommune (11.-14. Jahrhundert), Ostfildern 2012, S. 130 ff.; Gerhard Dilcher, Die Entstehung der lombardischen Stadtkommune: Eine rechtsgeschichtliche Untersuchung, S. 142 ff.

[81]　「coniuratio」は共謀を意味する「conspiratio」と同義となりえた。クレモナ市民が司教ランドルフ Landulf に対し共謀し（conspirassent），相互盟約を行った（coniurassent）とした例としては，Bresslau がおそらく1037年秋に発給されたと考えたコンラート2世の証書 DK II. 251 がある。Cf. Frank Schweppenstette, Die Politik der Erinnerung, S. 28 ff.

例えば1157年と1167年2度，皇帝フリードリヒ・バルバロッサはトリアの相互盟約（*coniurationes*）を禁じているし[82]，1158年のロンカリア帝国会議でもラントフリーデに関する立法の中で，都市内あるいは都市間，人同士，都市と人の間の相互盟約を禁じている[83]。

相互盟約はしばしば非難の対象となった。2人の対立教皇選出に際して，1160年2月パヴィーアで開催された教会会議で，アレクサンデル3世を擁立する人々の間で相互盟約（*coniuratio*）が結成されたことが言及されており[84]，1167年にマクデブルク大司教ヴィッヒマンがケルンの聖職者たちとハインリヒ獅子公に対して結んだ相互盟約や[85]，1180年ハインリヒ獅子公の失脚の際に，諸侯たちが相互盟約（*coniuratio*）を利用しようとしたとリューベックのアーノルトが伝えている[86]。「誓い」という断ち切りがたい絆で結ばれた相互盟約は，体制に反対する不安分子を生み出す母体ともなる可能性を人々は熟知していたのである。

b) イタリア・コムーネの誓約

前述した皇帝，教皇，諸侯そして，1167年12月に成立したロンバルディア同盟結成時の誓約など[87]，イタリア都市コムーネ間の外交交渉に

---

82) Knut Schulz, Die Ministerialität in rheinischen Bischofsstädten, in: *Stadt und Ministerialität*, in: Erich Maschke und Jürgen Sydow (Hgg.), *Stadt und Ministerialität : Protokoll der IX. Arbeitstagung des Arbeitskreises für Südwestdeutsche Stadtgeschichtsforschung, Freiburg i. Br., 13.-15. November 1970*, Stuttgart 1973, S. 16-42, ここでは S. 30; Sonja Zöller, *Kaiser, Kaufmann und die Macht des Geldes: Gerhard Unmaze von Köln als Finanzier der Reichspolitik und der "Gute Gerhard" des Rudolf von Ems*, München 1993, S. 54 f.

83) *Gesta Friderici*, IV. 10, S. 530 f.: Conventicula quoque et omnes coniurationes in civitatibus et extra, etiam occasione parentele, inter civitatem et civitatem et inter personam et personam sive inter civitatem et personam omnibus modis fieri prohibemus et in preteritum factas cassamus, singulis coniuratorum pena unius libre auri percellendis.

84) MGH Const. 1., Nr. 190.

85) これに関しては，*Helmoldi Chronica Slavorum*, II. c. 103, S. 358: facta est coniuracio valida omnium contra unum; cf. Claudia Garnier, *Amicus amicis, inimicus inimicis: politische Freundschaft und fürstliche Netzzwerke im 13. Jahrhundert*, Stuttgart 2000, S. 16 f.

86) Arnold von Lübeck, *Arnoldi Chronica Slavorum*, Johann Martin Lappenberg (ed.), MGH SS rer. Germ. 14, Hannover 1978, II, 2, S. 39: Facta est igitur coniuratio valid a adversus eum.

87) 誓約文言は，*Gli Atti del Comune di Milano fino all'anno MCCXVI*, Cesare Manaresi (ed.), Milano 1919, Nr. 56, p. 83: Ego iuro quod adiuvabo Venetiam, Veronam et castrum et suburbia et Vincentiam et Paduam et Tarvisium et Ferrariam et Cremonam, Brisiam et Pergamum,

関する数々の事例が示しているように，ヨーロッパにおいて「誓い」は人的紐帯に絶対的拘束力を与え，誓いを破ることは社会への反逆と見なされるという共通理解が存在していた。

　ここでもう一度証書に表出する「誓い」に焦点を当てて検討してみよう。

　「帝国の栄誉（*honor imperii*）」への言及が見られる 1162 年 4 月 6 日のピサとの協約証書（DF I. 356），同年 6 月 9 日のジェノヴァとの協約（DF I. 367）いずれも，文書を作成したのは帝国尚書局の書記 Rainald C と考えられている。両文書は類似点が少なくないが，とりわけ都市のコンスルが行った誠実誓約（*sacramentum fidelitatis*）の文言に重なりが見られる。

　海運都市ピサとジェノヴァは，海上交易の重要な拠点であるコルシカ島，サルデーニャ Sardegna を巡って競合しており，1149 年 4 月 17 日ピサとジェノヴァ間では，コンスルとコムーネによる誓約によって同盟が締結されていた[88]。皇帝フリードリヒと都市間でそれぞれ結ばれた協約文書においても誓約が協約の要として登場する[89]。1162 年 4 月 6 日のピサとの協約証書では，ピサの同意なしにシチリア王グリエルモ 1 世と和平，休戦を結ばないことを確約する旨が述べられ，皇帝フリードリヒの代わりに，ライン宮中伯コンラート，大公オダリク，ルゲンベルク伯のゲプハルト，彼の兄弟のハーゼンブルク伯マルクアルトとブルカルト

Mediolanum, Placentiam, Laudem, Parmam, Mantuam et omnes homines et omnia loca quaecumque fuerint in hac concordia, cum his predictis civitatibus et ceteris qui in concordia fecerint nobiscum hoc sacramentum, contra omnem hominem quicumque voluerit nobiscum facem querram aut malum, eo quod velit nos plus facere quam fecimus a tempore Henrici regis usque ad introitum imperii Frederici.

　88) *Codice diplomatico della repubblica di Genova*, vol.1, Nr. 195, pp. 243-247. 誓約文言は，以下の通り。nos consules faciemus iurare .M. homines nostre civitatis quos nobis petierint tenere firma ea que in brevi scripta fuerint, ad quod opulus iuraverit coram legatis missis a consulibus Ianue ad unum mensem, postquam ipsi ad nos venerint, nisi eorum licentia remanserit. Et faciemus iurare ad unum hominem idem sacramentu in communi parlamento in anima populi, et quandocumque consules intraverint faciemus hoc sacramenteis iurare. Et quando populus Pisanus iuraverit obedire consulibus de comuni et publico negotio nostre civitatis, faciemus predicta sacramenta unicuique iterum iurare.

　89) Cf. Frank Schweppenstette, *Die Politik der Erinnerung: Studien zur Stadtgeschichtsschreibung Genuas im 12. Jahrhundert*, S. 43 ff. 及び S. 199; Uwe Prutscher, *Der Eid in Verfassung und Politik Italienischer Städte: Untersuchungen im Hinblick auf die Herrschaftsformen Kaiser Friedrich Barbarossas in Reichsitalien*, Gießen 1980.

が宣誓を行い[90]，ピサの執政官コンスルであるランベッロもピサの使節とともに誓約を立て[91]，この協定は将来，都市側も皇帝フリードリヒの後継者となる国王と皇帝も双方誓約によって確約することとされた[92]。

一方ジェノヴァの諸権利を認めた1162年6月9日の協約（DF I. 367）では，皇帝は誠実誓約を行わないものは何人もジェノヴァのコンスルに受け入れないこと[93]，コンスルのもとで人民宣誓を行う（in sacramento populi）ジェノヴァ市民は，コンスルが皇帝に対して行う誠実誓約を遵

---

90) DF I. 356, S. 202, Z. 3-5: Hii vero sunt, qui hoc sacramentum fecerunt: dominus Cunradus videlicet illustris palatinus comes Rheni, Odalricus dux, Gebehardus comes de Luggenberge et frater eius comes Marquardus, Burchardus de Hasenburc.

91) 誓約は以下の通り。DF I. 356, S. 202, Z. 11-20: Hoc est iuramentum, quod Lambertus consul Pisanorum fecit et quod facient omnes consules Pisani et commune civitatis domino Friderico Romanorum imperatori, scilicet consules, quicumque modo sunt, et futuri, quicumque de cetero erunt, debent facere: In nomine domini amen. Ego Lambertus consul iuro, quod ab hac hora inantea fidelis ero domino Friderico Romanorum imperatori, sicut de iuro debeo domino et imperatori meo, et non ero in facto vel consilio, quod perdat vitam suam vel membra vel imperium vel *honorem suum*, et iuvabo eum *retinere coronam suam* et *imperium et honorem*, quo navigio ire potero et in illis terris, que sunt iuxta marinam et nominatim civitatem Pisanam cum comitatu suo et districtu, contra omnes homines et, si perdiderit, iuvabo eum recuperare bona fide. Et iuro, quod commune Pisanorum faciet ostem et expedicionem per mare cum sua fortia, postquam imperatoris exercitus intrabit Apuliam et movebit per illos terminos, qui sunt in scripto facto inter Pisanos et imperatorem, et ibit ad exercitum imperatoris, quantocius poterit sine fraude et malo ingenio et iuvabit dominum imperatorem conquistare Siciliam et Apuliam et Calabriam et principatum Capue, quo suo poterit navigio et in illis terris, que sunt iuxta marinam. ... S. 203, Z. 4-16: Ego Lambertus consul cum legatis Pisanis, qui mecum sunt, pro civitate nostra paciscor et convenio cum domino Friderico Romanorum imperatore, quod fidelitatem, quam ei facio, et sacramentum omnes Pisani consules, qui modo sunt, iurabunt unusquisque propria manu et quicumque aliquo tempore et futuri sunt seu aliquis, qui regimen habebit civitatis, et Pisani debent facere. Pisani et eorum consules semper facient et observabunt omnibus successoribus eius regibus et imperatoribus, quando requisitum fuerit ab eis per imperatorem seu regem aut per se aut per suos certos nuncios, et firmaverint preceptum factum a domino Friderico Romanorum imperatore, sicut ab ipso factum et firmatum est, quod facere debent. Si autem aliquis futurorum regum seu imperatorem expetierit a Pisanis ostem vel eos guerram facere voluerit, secundum quod de Domino Friderico Romanorum imperatore dictum est, faciet eos securos, quemadmodum dominus Fridericus Romanorum imperator fecit.

92) DF I. 356, S. 202, Z. 45 f.- S. 203, Z. 2: Hoc omnia observabo sine fraude et malo ingenio, nisi iusto dei impendimento remanserit vel concordia utriusque partia. Isti iuraverunt: Lambertus consul, Villanus, Heinricus, Bozius, Sigerius, et Obizo.

93) この句は，ピサとの協約でもコンスルの誓約中に見られる。Cf. DF I. 356, S. 202, Z. 43-45: Et hec supradicta omnia, ut dicta sunt, observabo toto tempore mei consulatus et non recipiam aliquem in consolatum, qui hoc sacramentum non faciat.

守することを誓うこと，誓いを立てていないすべてのジェノヴァ市民によって4年ごとにこの誓約は更新されることが定められた[94]。皇帝側の代表としてアーヘンの代官 (*advocatus*) ヴィルヘルムが宣誓を行っている[95]。フリードリヒ・バルバロッサがラヴェンナのコンスルの選出，叙任，そして誓約に関して定めた1162年6月26日のラヴェンナとの協約でも類似の取り決めが行われている[96]。

特筆すべきは，「……が誓約を立てた」という三人称で度々証書に登場する誓いの文言が，イタリア・コムーネ側の誓約のみ一人称で表現されている点である[97]。証書形式では発給者が通常用いる一人称表現を，その場に居合わせた第三者にも一人称で語らせることによって，生きた声を文字によって視覚化し，臨場感あふれる形で表現した極めて興味深い事例と言えるだろう[98]。

c）誓約文言書札（*breve*）から規約書（*statutum*）へ

なぜイタリア・コムーネ側の誓約文言が一人称で挿入されたのだろうか。当該の証書はいずれも受領者作成ではなく，帝国尚書局で作成された証書である。先述のように，フライジンクのオットーとラヘヴィンに

---

94) DF I. 367, S. 224, Z. 22-29: Et iuro, quod nullum recipiam in consulatu Ianuensi, qui hoc sacramentum omne non iuraverit. Et quicumque Ianuensis civis sub nostro consulatu iurabit in sacramento populi, ipse iurabit, quod ipsam fidelitatem, quam consules domino imperatori iurant, ut idem per se observabit. Hoc sane intellecto, quod consules Ianuenses ordinare debeant de expeditione bona fide, qui ire debeant aut pro civitate remanere, et sic fiat. Et omni IIII^{to} anno hoc iuramentum ab omnibus Ianuensibus renovabitur, qui illud non iuraverint ; 英訳は Martin Hall and Jonathan Phillips (trans.), *Caffaro, Genoa and the twelfth-century*, Farnham/Burlington, 2013, London 2016, pp.196-203.

95) S. 223, Z. 33-35.: Ut autem auctore domino ista sunt perpetuo valitura, W(illel)mus advocatus Aquisgrani per nostram parabolam et per nostrum preceptum iuravit super nos, quod hec omnia observabimus.

96) DF I. 372.

97) 12世紀の国王証書の様式に関しては，西川洋一「フリードリヒ・バルバロッサの証書における王権と法」20頁，誓約文言を特権状に挿入することによる双務関係の明示に関しては，69頁以下参照。

98) ロンバルディア同盟においても人称の変化が見られる。Cf. Thomas Behrmann, Anmerkungen zum Schriftgebrauch in der kommunalen Diplomatie des 12. und frühen 13. Jahrhunderts, in: Hagen Keller, Thomas Behrmann (Hgg.), *Kommunales Schriftgut in Oberitalien: Formen, Funktionen, Überlieferung*, München 1995, S. 265-281, ここでは S. 27, Anm. 39 及び 40.

124　　　　　　　　　　Ⅲ　ことばを操る人たち

よる『皇帝フリードリヒ１世の事績』には，1158年第２次イタリア遠征出兵時，ヴェローナ及び他の都市の市民たちが聖書に触れながら立てた誠実誓約のことばが記されている[99]。合意形成過程を詳細に記したフライジンクのオットーとラヘヴィンによる『皇帝フリードリヒ１世の事績』に，誓約をわざわざ一人称で挿入することで，イタリア都市コムーネ側の誓約の主体性を強調したと考えられる。イタリア都市コムーネのコンスルの就任宣誓では一人称複数が，コンパーニャの誓約 (iuramentum compagne) では一人称単数で誓約が立てられていた[100]。興味深いのは誓約の立て方である。イタリア都市コムーネにおける就任時宣誓に関して詳細な研究をまとめた Dartmann によれば，コンパーニャの誓約では一人一人誓約を立てるのではなく，先唱者が述べた宣誓の有効性を同意の声あるいは身振りで保証したという[101]。

　イタリア都市コムーネでは12世紀半ば以降，口頭での誓約の補助機能を果たす誓約文言書札 (breve/brevia) が作成された[102]。個別の紙葉に個々の誓約を記し，年ごとに新たに編み直されたこの誓約文言書札は，ジェノヴァでは1143年と1157年[103]，ピサでは1162年と1164年[104]，ピ

99) *Gesta Friderici*, III. 23, S. 440 ff. (= MGH *Const.* I, Nr. 171, S. 237): Ego iuro, quod ammodo in antea ero fidelis domino meo Frederico Romanorum imperatori contra omnes homines, sicut iure debeo domino et imperatori, et adiuvabo eum retinere coronam imperii et omnem honorem eius in Italia, nominatim et specialiter civitatem illam et quicquid in ea iuris habere debet, vel in omni virtute comitatus vel episcopatus N. regalia sua ei non auferam ibidem nec alibi, et si fuerint ablata, bona fide recuperare et retinere adiuvabo. Neque in consilio ero neque in facto, quod vitam, membrum vel honorem suum perdat vel mala captione teneatur. Omne mandatum eius, quod ipse mihi fecerit per se vel per epistolam suam aut per legatum suum de facienda iustitia, fideliter observabo et illud audire vel recipere vel campiere nullo malo ingenio evitabo. Hec omnia observabo fide bona sine fraude. Sic me Deus adiuvet et hec sancta quatuor ewangelia.

100) Christoph Dartmann, *Politische Interaktion in der italienischen Stadtkommune (11.-14. Jahrhundert)*, S. 131 f.

101) Ibid., S. 288 ff.

102) Hagen Keller, Oberitalienische Statuten als Zeugen und als Quellen für den Verschriftlichungsprozeß im 12. Und 13. Jahrhunderts, in: *Frühmittelalterliche Studien* 22 (1988), S. 286-314. ここでは S. 300.

103) *Codice diplomatico della repubblica di Genova*, vol. 1, Nr. 128（1143年のコンスルの breve），pp. 153-166. ここでは pp. 161 f.; Nr. 285（1157年のコンパーニャの breve），pp. 350-359.

104) *Statuti inediti della città di Pisa: dal XII al XIV secolo*, Francesco Bonaini (ed.), Firenze 1854, pp. 3-15, 23-40.

アチェンツァでは 1167, 1171, 1182 年に伝来している。レファレンスを可能にする書札形態は，同じ誓約文言の繰り返しを可能にした[105]。

個別の紙葉に個々の誓約を記した誓約文言書札 breve は，やがて契約に際して行われたすべての誓約を記した法書（liber iuris），13 世紀になると規約書（statutum）の形で編纂され[106]，これら書冊体にかけてコンスルやポデスタの就任時宣誓も行われるようになった[107]。1196 年にはミラノのコンスルあるいはポデスタは誓約（sacramentum）が記載された書札（breve/brevia）にかけて誓いを立てるものと定められ[108]，1212 年のミラノとピアチェンツァ間の契約文書には，双方の rector あるいはコンス

---

[105] *Gli Atti del Comune di Milano fino all'anno MCCXVI*, Cesare Manaresi (ed.), Milano 1919, Nr. 56（1167 年 12 月 1 日), pp. 83 ff. と Nr. 63, pp. 91 f., Nr. 69, pp. 99 f. と Nr. 89, pp. 125 ff.; Thomas Behrmann, Anmerkungen zum Schriftgebrauch in der kommunalen Diplomatie des 12. und frühen 13. Jahrhunderts, S. 270 及び Anm. 31.

[106] 12, 13 世紀の文書化の過程を示す上部イタリアの *statutum* に関しては，Hagen Keller, Oberitalienische Statuten als Zeugen und als Quellen für den Verschriftlichungsprozeß im 12. Und 13. Jahrhunderts, S. 299 ff.; Hagen Keller, Jörg W. Busch (Hgg.), *Statutencodices des 13. Jahrhunderts als Zeugen pragmatischer Schriftlichkeit: die Handschriften von Como, Lodi, Novara, Pavia und Voghera*, München 1991; Jörg W. Busch, Zum Prozeß der Verschriftlichung des Rechtes in lombardischen Kommunen des 13. Jahrhunderts, in: *Frühmittelalterliche Studien* 25 (1991) S. 373-390. ここでは S. 385 ff.

[107] Thomas Scharff, Zur Sicherung von Verträgen in Eiden kommunaler Amtsträger und in Statuten (ca. 1150-1250), in: Hagen Keller, Jörg W. Busch (Hgg.), *Statutencodices des 13. Jahrhunderts als Zeugen pragmatischer Schriftlichkeit*, S. 15-24; Thomas Behrmann, Anmerkungen zum Schriftgebrauch in der kommunalen Diplomatie des 12. und frühen 13. Jahrhunderts, S. 273; Christoph Dartmann, Schrift im Ritual: der Amtseid des Podestà auf den geschlossenen Statutencodex der italienischen Stadtkommune, in: *Zeitschrift für Historische Forschung* 31 (2004), S. 169-204; idem, *Politische Interaktion in der italienischen Stadtkommune (11.-14. Jahrhundert)*, Ostfildern 2012. ここでは S. 183, Anm. 51; idem, Der Lombardenbund regionale Koordination und mediterrane Bezüge im hochmittelalterlich Oberitalien, in: *Städtebünde und städtische Außenpolitik: Träger, Instrumentarien und Konflikte während des hohen und späten Mittelalters: 55. Arbeitstagung in Reutlingen, 18.-20. November 2016*, Roland Deigendesch, Christian Jörg (Hgg.), Ostefidern 2019, S. 47-65; idem, *Politische Interaktion in der italienischen Stadtkommune (11.-14. Jahrhundert)*, Ostfildern 2012; Chris Wickham, *Sleepwalking into a New World. The Emergence of Italian City Communities in the Twelfth Century*, Princeton 2015.

[108] *Gli Atti del Comune di Milano fino all'anno MCCXVI*, Cesare Manaresi (ed.), Nr. 194, p. 275: Et tenentur omnes predicti consules quod facient poni et scribi suprascripta sacramenta in brevibus super quibus iurant consules comunis seu potestas et consules iusticie Mediolani; Thomas Scharff, Zur Sicherung von Verträgen in Eiden kommunaler Amtsträger und in Statuten (ca. 1150-1250), S. 16 参照。

ルによって誓約が立てられる書札 (breve/brevia) が言及されている[109]。Thomas Scharff が指摘するように[110]，1202 年，1215 年に「*sacramentum regiminis*」と呼ばれていた文書が[111]，1221 年には「*sacramentum*」と「*statutum*」が同義語として併記して用いられるようになり[112]，様々な取り決めが記入された規約書 (*statutum*) の遵守を「*rectores*」が誓うことでその遂行が担保されたことが 1246 年明記されている[113]。「*sacramentum*」から「*statutum*」への移行は，ミラノとほぼ同時期の 1220 年から 1230 年にかけてヴェルチェッリ Vercelli でも確認できており，慣習法が成文化されていく時期と重なっている[114]。

d) 誓いの声と文字

しかしながら 13 世紀上部イタリア諸都市で確認できる，音声化されたことばである誓約を記した書札 (*breve*) から法書の形で編纂された規約書 (*statutum*) への移行を，誓いの声から文書への法的根拠の変容と

---

109) *Gli Atti del Comune di Milano fino all'anno MCCXVI*, Cesare Manaresi (ed.), Nr. 361, p. 482: Et singulis quinquenniis huiusmodi sacramenta renovabimus infra mensem postquam requisitum a nobis fuerit et in brevi comunis Mediolani et Piacentie, supra quo rectores et consules ipsarum civitatum iurare debent, poni fatiemus; Thomas Scharff, Zur Sicherung von Verträgen in Eiden kommunaler Amtsträger und in Statuten (ca. 1150-1250), S. 16.

110) Thomas Scharff, Zur Sicherung von Verträgen in Eiden kommunaler Amtsträger und in Statuten (ca. 1150-1250), S. 17 及び Anm. 14; Hagen Keller, Oberitalienische Statuten als Zeugen und als Quellen für den Verschriftlichungsprozeß im 12. und 13. Jahrhunderts, S. 302, Anm. 59.

111) *Gli Atti del Comune di Milano fino all'anno MCCXVI*, Cesare Manaresi (ed.), Nr. 244, p. 345: Item rectores civitatum in suo sacramento regiminis singulis annis iurent predictam concordiam et societatem a se observare; ibid., Nr. 387, p. 510: Et in sacramento regiminis rectoris vel rectorum et consulum iusticie illius civitatis Mediolani contineatur et scriptum sit quod teneantur hanc concordiam et sotietatem servare sicut supra legitur.

112) *Gli Atti del Comune di Milano nel secolo XIII, vol. 1: 1217-1250*, Maria Franca Baroni (ed.), Milano 1976, Nr. 85, p. 114: Et potestas sive rectores .... teneantur predicta ponere et tenere in statuto et sacramento potestatis sive rectorum utriusque civitatis ..., et de statuto et sacramento potestatis sive rectorum utriusque civitatis non possit removeri nisi de voluntate conscilii utriusque civitatis tocius vel maioris partis.

113) *Gli Atti del Comune di Milano nel secolo XIII, vol. 1: 1217-1250*, Maria Franca Baroni (ed.), Nr. 468, p. 683: Et suprascripta statuta seu ordinamenta perpetuo debeant stare et remanere in statutisser in libro statuorum comunis Mediolani super quibus iurant et iurabunt rectores civitatis Mediolani.

114) Hagen Keller, Oberitalienische Statuten als Zeugen und als Quellen für den Verschriftlichungsprozeß im 12. Und 13. Jahrhunderts, S. 292 及び S. 306.

簡単に結論付けるのは早計だろう。前述のように，ポデスタが行う就任宣誓時には規約書（statutum）にかけて誓いを立て[115]，誓いという発せられたことばを通じてその場に居合わせた関与者の声の記憶に刻み込まれた法行為が[116]，文字へと置き換えられ，文書の中にしたためられることによって，口頭による約定が視覚化され，生きたことばを呼び起こすことが可能となった。だが，口頭から文書への軸足の重心移動は，ある時期を境にして不可逆的に生じた変化ではなく，公の場で口頭で行われる誓いと文書化された約定は，北西ヨーロッパのライン都市同盟（1254/55年）[117]などで確認されるように相互補完関係にあった[118]。文書はレファレンス機能を有するのみならず，逆行できない時間の流れの中で行われた行為を再現可能にするが，誓いの文言を文書の形で視覚化するこれら一連の文書は，声と文字という視聴覚の協働によるヨーロッパの記憶文化の一端を示す極めて重要な証左なのである[119]。

---

115) Christoph Dartmann, Schrift im Ritual: der Amtseid des Podestà auf den geschlossenen Statutencodex der italienischen Stadtkommune, in: *Zeitschrift für Historische Forschung* 31 (2004), S. 169-204; Hagen Keller, Christoph Dartmann, Inszenierung von Ordnung und Konsens: Privileg und Statutenbuch in der symbolischen Kommunikation mittelalterlicher Rechtsgemeinschaften, in: Gerd Althoff (Hg.), *Zeichen - Rituale - Werte: internationales Kolloquium des Sonderforschungsbereichs 496 an der Westfälischen Wilhelms-Universität Münster*, Münster 2004, S. 201-223. ここでは S. 213 ff., 218 f.

116) Cf. *Codice diplomatico della repubblica di Genova*, vol.1, Nr. 128（1143 年 の コンスル の breve）, pp. 153-166, ここ では pp. 161 f.; *Politische Interaktion in der italienischen Stadtkommune (11.-14. Jahrhundert)*, S. 133.

117) *Quellen zur Verfassungsgeschichte des Römisch-Deutschen Reiches im Spätmittelalter (1250-1500)*, ausgewählt und übersetzt von Lorenz Weinrich, Darmstadt 1983. ここでは，S. 12 ff.

118) Thomas Behrmann, Anmerkungen zum Schriftgebrauch in der kommunalen Diplomatie des 12. und frühen 13. Jahrhunderts, S. 268 ff., S. 280; Walter Heinemeyer, Studien zur Diplomatik mittelalterlicher Verträge vornehmlich des 13. Jahrhunderts, in: *Archiv für Urkundenforschung* 14 (1936), S. 321-413. ここでは S. 356 f.; Thomas Behrmann, „Ad maiorem cautelam", Sicherheitsgedanken, Zukunftbewußtsein und schriftliche Fixierung im Rechtsleben der italienischen Kommunen in: *Quellen und Forschungen aus italienischen Archiven und Bibliotheken* 72 (1992), S. 26-53.

119) ヨーロッパ社会における記憶術に関しては，Frances A. Yates, *The Art of Memory*, London 1966; Mary Carruthers, *The Book of Memory: A Study of Memory in Medieval Culture*, Cambridge 1990, 2008. 翻訳は，メアリー・カラザース『記憶術と書物―中世ヨーロッパの情報文化』柴田裕之（その他）訳，工作舎，1997 年；Anselm Haverkamp, Renate Lachmann (Hgg.), *Gedächtniskunst. Raum - Schrift - Bild. Studien zur Mnemotechnik*, Frankfurt a. M. 1991; Janet Coleman, *Ancient and Medieval Memories*, Cambridge 1992; 前近代社会における文化的記憶については，Aleida Asssmann, Dietrich Harth (Hgg.), *Mnemosyne. Formen und Funktion der*

e）代理誓約──「王の魂にかけて（in anima regis）」

ロンカリア立法のレーン法に関する定めにおいても明確に君主は誠実誓約から除外されており[120]、その後は自ら誓約せず代理人を立てて行うのが通例だった。1153年のコンスタンツの協約のための協議書及び本契約の文書でも、教皇の使節が教皇の代わりに、フリードリヒ・バルバロッサの代理として帝国（王国）ミニステリアーレンが、「王の魂にかけて（in anima regis）」代理誓約を行っている[121]。

「誓い」と国王が発することばの絶対性に関しては、フリードリヒ・バルバロッサの5番目の息子コンラートの教育係だった詩人グンテルが[122]、『リグリヌス Ligurinus』の中で以下のように述べている。

---

kulturellen Erinnerung, Frankfurt a. M., 1991; Aleida und Jan Assmann, Chritof Hardmeier (Hgg.), Schrift und Gedächtnis. Beiträge zur Archäologie der literarischen Kommunikation, München 1993; Anselm Haverkamp, Reinhart Herzog, Renate Lachmann (Hgg.), Memoria. Vergessen und Erinnern, München 1993: Jan Assmann, Das kulturelle Gedächtnis. Schrift, Erinnerung und politische Identität in frühen Hochkulturen, München 1992; Aleida Assmann, Erinnerungsräume. Formen und Wandlungen des kulturellen Gedächtnisses, München 1999. 翻訳は、アライダ・アスマン『想起の空間──文化的記憶の形態と変遷』安川晴基訳、水声社、2007年；Idem, Geschichte im Gedächtnis : von der individuellen Erfahrung zur öffentlichen Inszenierung, München 2007; Idem, Das neue Unbehagen an der Erinnerungskultur : eine Intervention, München 2013. 翻訳は、『想起の文化──忘却から対話へ』安川晴基訳、岩波書店、2019年；Idem, Formen des Vergessens, Göttingen 2016.

120） Gesta Friderici, IV. 10, S. 528 f.: Illud quoque sanccimus, ut in omni sacramento fidelitatis imperator nominatim excipiatur.

121） DF I. 51, S. 86: Dominus siquidem rex iurare faciet unum de ministerialibus regni in anima regis et ipse idem manu propria data fide in manu legati domini pape promittet, quod ipse nec trevam nec pacem faciet cum Romanis nec cum Rogerio Sicilie sine libero consensu et voluntate Romane ecclesie et domini pape Eugenii vel successorum eius, qui tenorem subscripte concordie tenere cum rege F(riderico) voluerint, et pro regni viribus laborabit Romanos subiugare domino pape et Romane ecclesie, sicut unquam fuerunt a centum annis retro.; DF I 52: Dominus siquidem rex unum de maioribus ministerialibus regni fecit in anima regis iurare et ipse idem propria manu data fide in manu legati domini pape promisit, quod ipse nec treugam nec pacem faciet cum Romanis nec cum Rogerio Sicilie sine libero consensu et voluntate Romane ecclesie et domini pape Eugenii vel successorum suorum, qui tenorem subscripte concordie cum eodem rege Friderico tenere voluerint, et pro regni viribus ＊ laborabit Romanos subiugare domino pape et Romane ecclesie, sicut melius umquam fuerunt a centum retro annis; Cf. Werner Goez, … iuravit in anima regis: Hochmittelalterliche Beschränkungen königlicher Eidesleistung, in: DA 42, 1986, 517-554. ここでは S. 527; Odilo Engels, Zum Konstanzer Vertrag von 1153, S. 238 f. 及び S. 241 ff.

122） グンテルは、低い身分にもかかわらず教育係に任じられた。Ligurinus, X, 619 f.: nos nominis alti Non sumus; Peter Ganz, Friedrich Barbarossa: Hof und Kultur, S. 636.

5 誓いの法的拘束力

国王の御ことばに表れているのは／単なる誓約以上の至高性と正義／国王の唇は決して欺いてはならず／その高貴な口は決して嘘をついてはならない／国王のことばはすべて神聖で極めて重い意味を持ち／いったん発せられたら，そのことばは後戻りはできぬのだ[123]。

フリードリヒ・バルバロッサは，1165年聖霊降臨祭のヴュルツブルクの誓約で，パスカリスとその後継者を支持し，対立教皇アレクサンデル3世とその後継者を承認しないと，極めて例外的に代理を立てずに，自ら誓いを立てている[124]。そしてドイツ諸侯たちにも誓約を求めたが[125]，教会分裂をもたらすこの決定への抵抗は大きかった[126]。皇帝フリードリヒ・バルバロッサの片腕であり，アレクサンデル3世との交渉に当たったダッセルのライナルトは涙ながらに誓いを立てたという[127]。マクデブルク大司教ヴィッヒマンは留保条件を付けて誓約に応じている

---

123) Gunther der Dichter, *Ligurinus*, Erwin Assmann (Hg.), Hannover 1987, S. 258, III, V. 510-516: Regem iurare minori/ Turpe reor ; nudo ius et reverencia verbo/Regis inesse solet quovis iuramine maior./ Non decet in labiis versari lubrica regis,/ Non decet ore sacro mendacia cudere regem:/ Sancta et plena suo sunt regia pondere verba,/ Dicta semel nullum paciuntur iure recursum. ドイツ語の部分訳は，Barbara Frenz, Barbarossa und der Hoftag von Roncaglia (1158) in der Historiographie des 12. und 13. Jahrhunderts, S. 107: «Im bloßen Wort des Königs erscheinen / Sichtbar Hoheit und Recht, noch mehr als in jeglichem Eidschwur. / Niemals dürfen sich Königslippen betrügerisch zeigen, / Niemals auch der erhabene Mund sich Lügen erfinden: / Heilig und reich an Bedeutung sind alle Worte des Königs, / Rückkehr dulden sie nicht, sobald sie erst ein Mal gesprochen.»; Knut Görich, *Friedrich Barbarossa: Eine Biographie*, S. 178.

124) DF. I. 480, S. 396, Z. 36-39: … ipsi nos manu propria super sanctorum reliquias iuramentum publice prestitimus, quod Rolandum scismaticum vel eius successorem, quem pars ipsius elegerit, in papam numquam recipiemus nec ad eum recipiendum assensum umquam alicui prebebimus; Cf. Nr. 481; *Chronica regis Coloniensis*, Georg Waitz (ed.), S. 116: ... ubi tam ipse imperator quam omnes principes iuraverunt quod ...; 君主の代理誓約に関しては，Werner Goez, ⋯ iuravit in anima regis: Hochmittelalterliche Beschränkungen königlicher Eidesleistung, S. 529 f.; Cf. Knut Görich, *Friedrich Barbarossa: Eine Biographie*, S. 410, Anm. 81; Hanna Vollrath, Lüge oder Fälschung? Die Überlieferung von Barbarossas Hoftag zu Würzburg im Jahr 1165 und der Becket-Streit, in: Stefan Weinfurter (Hg.), *Stauferreich im Wandel. Ordnungsvorstellungen und Politik in der Zeit Friedrich Barbarossas*, Sigmaringen 2002, S. 149-171: Cf. DF. I. 481, S. 399, Z. 2-3.

125) DDF I. 482, 483.

126) Cf. Wolfgang Georgi, Wichmann, Christian, Philipp und Konrad: Die »Friedensmacher« von Venedig?, S. 46 f.

127) Knut Görich, *Friedrich Barbarossa: Eine Biographie*, S. 409 f.

が[128]，どちらの教皇を支持するかを巡って誓約を立てることに対するドイツ諸侯の強い抵抗は，帝国諸侯にとって誓約の拘束力がいかに強かったかを如実に示していると言えるだろう。

　1177年のヴェネチアの和約の交渉過程においても，交渉代理人が立てた誓約の履行を巡って，ヴェネチアの元首（ドージェ）と市民，教皇そして皇帝の使者間でやりとりが繰り返された[129]。教皇の赦しなくヴェネチアには入らないという皇帝の代理人による誓約にもかかわらず皇帝がヴェネチアに入ることに元首は抵抗を示していた。それに対して，近郊のキオッジャに待機している皇帝フリードリヒの報復を恐れて，入市を認めることを求める市民の間でひと悶着が繰り拡げられた。皇帝の

---

　　128) *Materials for the history of Thomas Becket*, vol. 5: Letters, James Craigie Robertson (ed.), Nr. 98: Alexandro papae quidam amicus suus, A. D. 1165, p. 187 f.: Sic ergo propria manu supradictum praestitit juramentum, eo tamen ad verbum archiepiscopi Magdaburgensis determinato, ut si vos et schismaticum illum eodem tempore obire contingeret, et cardinales utriusque partis in aliquem unanimiter convenirent, liberum sibi esset eum recipere, sit amen (quod quidem Coloniensis fecit apponi) de imperatoris assensu eadem electio proveniret. Deinde qui praesentes erant principes, sicut supra dictum est, suum praestitere singuli juramentum. Cum vero ad episcopos ventum esset, dicerentque omnes excepto Verdensi velle se potius regalibus cedere quam hujusmodi sacramenta praestare, responsum est eis oportere eos, vellent, nollent, juramentum facere, et regalia restinere. Sicque cum fletu et planctu maximo juravit primus Mgadeburgensis, sub ea tamen conditione, si omnes alii qui aberant essent simul juraturi, et quod solutus esset a juramento quocumque tempore desineret regalia possidere. Panamburgensis vero episcopus, post multas et varias excusationes, ita ipsi imperatori juravit, quod quamdiu voluerit regalia retinere, secundum quod ei proprius sensus dictaverit, eidem imperatori super negotio consilium et auxilium ministrabit. Verdensis et intrusus Halberstaldensis absolute, sicut Coloniensis, juraverunt. Virdunensis et Frisingensis, per archiepiscoporum suorum absentiam excusati, juramentum facere minime sunt coacti, sed habita licentia libere ad propria redierunt, usque ad festum beatorum apostolorum Petri et Pauli sibi licentiam impetrantes. Hi tantummodo principes juraverunt: dux Saxoniensis, marchio Albertus, comes palatinus, frater imperatoris, et quidam sororius imperatoris. Hi sunt archiepiscopi qui juraverunt: Magdaburgensis et Pamburgensis, sub conditione tamen praenomitata. Coloniensis autem et duo suffraganei ejus absolute juraverunt. Filius vero Conradi, qui ad curiam cum mille quingentis militibus venit, ut audivit fieri mentionem de juramento, recessit. Patriarcha Aquileiensis non adfuit, neque aliquis suffraganeorum suorum; similiter nec Salisburgensis, vel aliquis suorum; nec Treverensis, vel aliquis suorum. Et multi de principibus non adfuerunt; Cf. Wolfgang Georgi, Wichmann, Christian, Philipp und Konrad: Die »Friedensmacher« von Venedig?, S. 48 f. 約定的誓約に関しては，Lothar Kolmar, *Promissorische Eide im Mittelalter*, S. 340.

　　129) *E Romualdi Archiepiscopi Salernitati Chronico*, S. 334 f. ヴェネチアの元首（ドージェ）に関しては，中平希『ヴェネツィアの歴史―海と陸の共和国』創元社，2018年。ここでは39頁及び99頁以下参照。

ヴェネチア入市を認めることに抵抗を示しながら逡巡する教皇と，教皇が皇帝に対して立てた，王国の栄光と名誉を愛し，そのために力を尽くすという誓いを盾に，元首とヴェネチア市民の態度を非難する皇帝側の様子が描かれていて[130]，交渉の担保として機能する誓約の拘束力と重要性が窺える。

前年11月アナーニで取り決められた仮協定の文書ではフリードリヒ・バルバロッサの代理誓約を誰が行うのかは言及されていないが[131]，1177年7月22日，本協定に向けての協議においては，グロイチュ伯デードと帝国ミニステリアーレンで内膳頭のジゲボトの2人によって代理誓約が行われている。枢機卿や領邦君主が集まる中，教皇，シチリア国王そしてロンバルディア諸都市の面前で2人が行った代理誓約の文言は，以下の通りである[132]。

> 私伯デードは，皇帝がその代理として私に命じられた以下の誓約を行う。すなわち今なされる誓約は今後撤回されることはない。私はヴェネチアに入る皇帝の命令に従い，その代理として (in anima sua)，すべての不平や異議が取り除かれ，仲介者 (mediatores) によって定められ文書にしたためられたように，教会と和平を，また

---

130) Ibid., S. 336 ff. 皇帝側の主張は，S 336: Et vos ei ex iuramento tenemini sui regni gloriam et honorem diligere et pro eius commodo plurimum laborare.

131) DF I. 658, S. 165: Imperator vero pacem ipsam firmabit iuramento suo et confirmationem corroborabit scripto suo cum subscriptione sua et principum.

132) MGH Const. 1, Nr. 261, S. 365; Boso, *Vita Alexandri III.*, Louis Duchesne (ed.), p. 439: Unde factum est quod in audientia eorumdem cardinalium et principum Dedoni comiti, filio C. marchionis, precepit ut in anima sua coram domno papa, nuntiis regis Sicilie ac Lombardis, publice iuraret in hunc modum: *Ego comes Dedo iuro quod domnus imperator mandavit mihi ut in anima sua iurarem iuramentum quod nunc facturus sum, et postquam mandavit non revocavit mandatum. Et ego ex mandato imperatoris iuro in anima sua quod ex quo venerit Venetias, omni questione et contradictione amota, faciet iurari in anima sua quod pacem Ecclesie, sicut disposita est per mediatores et scripta, et pacem regis Sicilie usque ad XV annos, sicut scripta est, et treuguam Lombardorum, sicut est per mediatores utriusque partis dispositum, et in scripto quod est apud eosdem mediatores continetur, bona fide servabit, et principes suos hoc ipsum iurare faciet.* Simili modo precepit Sigilboth camerario suo in hunc modum: *Ego Sigilboth iuro quod ex quo domnus imperator venerit Venetias, predictum iuramentum pacis Ecclesie et regis Sicilie et treuge Lombardorum faciet prestari in anima sua, et principes similiter iurare faciet*; Cf. Werner Goez, … iuravit in anima regis: Hochmittelalterliche Beschränkungen königlicher Eidesleistung, S. 548.

文書にあるようにシチリア国王と15年間に至る間，和平を，ロンバルディア都市と休戦（*treuga*）すること，そして仲介者によって両者に定められたように，また仲介者のいるところで文書にしたためられたことを良き信仰によって保持し，諸侯たちにこれを誓わせることを誓約する。

8月の本協定に向けて，ディーツ伯ハインリヒが皇帝の代理誓約を行い[133]，続いて10名の帝国諸侯が誓いを立てた[134]。その誓約の文言は，シチリア王グリエルモ2世に同行していたサレルノ大司教のロムアルド[135]，そしてアレクサンデル3世の生涯について記した枢機卿ボソが伝えている[136]。

1177年9月の教皇と皇帝の協定に至るまでの過程で，帝国諸侯[137]，ロンバルディア諸都市とも[138]，それぞれ繰り返し誓約を立てて交渉締結

---

[133] MGH Const. 1, Nr. 265, S. 367 f.; DF I. 707, S. 242; Boso, *Vita Alexandri III.*, p. 440: Tunc imperator coram pontifice stans, in communi auditorio precepit comiti Henrico de Des quatinus in anima sua juraret quod pacem Ecclesie atque imperii, et pacem regis Scilie usque ad XV annos, et treuguam Lombardorum a Proximis kalendis augusti ad VI annos, sicut per mediatores utriusque partis dispositum et scriptum est, bona fide servabit; Cf. DF I. 694, S. 218 = E Romualdi *Archiepiscopi Salernitati Chronico* = Aus der Chronik des Erzbischofs Romoald v. Salerno, in: Franz-Josef Schmale (Hg. u. übers.), *Italienische Quellen über die Taten Kaiser Friedrichs I.*, Darmstadt 1986, S, 308-371. ここでは S. 345 f. 及び S. 364 f.; *Romualdi Salernitani* Chronicon, p. 283; Romuald von Salerno, MGH SS 19, S. 451 f.; Alexander iii. Brief an Erzbischof Richard von Canterbury, Migne PL 200, Sp. 1140.

[134] MGH Const. 1, Nr. 264; Romuald は 12 名と書いているが（*E Romualdi Archiepiscopi Salernitati Chronico*, S. 346 f. 及び S. 354 f., Anm. 65)，Boso は，マインツ大司教クリスティアン Christian, ケルン大司教フィリップ Philipp, マクデブルク大司教ヴィッヒマン Wichmann, トリア大司教アーノルト Arnold, パッサウ司教ディートボルト Dietbold, ヴォルムス司教に選出されていたコンラート Konrad, マントヴァ司教ガッシドニウス Gassidonius, 筆頭書記官 *protonotarius* のヴォルトヴィン Wortwin（Arduin），尚書局長のゴットフリート Gottfried（Spitzenberg-Helfenstein 伯家出身），モンフェラート辺境伯コンラート Graf Konrad von Montferrat の 10 名の名前を挙げている（Boso, *Vita Alexandri III.*, p. 440)。Görich は，この誓約行為は同等の立場で行われたとする。Knut Görich, Frieden schließen und Rang inszenieren. Friedrich I. Barbarossa in Venedig 1177 und Konstanz 1183, S. 45.

[135] *Romualdi Salernitani Chronicon*, Calro Alberto Garufi (ed.), p. 282, l. 5; *E Romualdi Archiepiscopi Salernitati Chronico*, S. 354 f.

[136] MGH Const. 1, Nr. 264 解説参照。

[137] MGH Const. 1, Nr. 265.

[138] MGH Const. 1, Nr. 266.

に保証を与えているが[139]，1183年コンスタンツの和約に至るピアチェンツァでの交渉過程でも，皇帝が代理人である内膳頭ジーベンアイヒのルドルフを通して，「王の魂にかけて（in anima regis）」誓約を立てることが定められた[140]。6月25日には，皇帝側のジーベンアイヒのルドルフ，そして17都市から64名の代表使節が列席し，ピアチェンツァでまとめられた和議のための仮協定に基づき，ジーベンアイヒのルドルフが皇帝フリードリヒ・バルバロッサと彼の息子ハインリヒ6世の魂にかけて代理誓約を行い（in animam nostrum jurari），続いて16名の領邦君主が，その後17の都市の代表者が誓約を立てた[141]。

皇帝と教皇，そしてイタリア諸都市との対立において，誓いはまさに政治的デモンストレーションの発露であったのである[142]。

6 儀礼的パフォーマンスと政治的デモンストレーション

誓約と深く結び付いているのが儀礼的パフォーマンスである。儀礼的パフォーマンスは必ずしも一義的ではなく，記憶として紡がれ，伝統となる過程で新たな意味を帯びてくる[143]。私たちが今手にする史料群は，

---

139) DFI. 689（1177年8月1日以前）. Const. 1, Nr. 259, S. 360-362; Lorenz Weinrich (Hg.), *Quellen zur deutschen Verfassungs-, Wirtschafts- und Sozialgeschichte bis 1250*, Nr. 72, S. 286 ff.

140) MGH Const. 1, 292, 293（6月25日）; Knut Görich, *Friedrich Barbarossa: Eine Biographie*, S. 496, Anm. 169; 代理誓約に関する一覧リストは，Werner Goez, … iuravit in anima regis: Hochmittelalterliche Beschränkungen königlicher Eidesleistung, S. 548.

141) DF I. 848, S. 71 Z. 9-16 = MGH Const. 1, Nr. 293（6月25日）, S. 416 ff.; Knut Görich, Frieden schließen und Rang inszenieren. Friedrich I. Barbarossa in Venedig 1177 und Konstanz 1183, S. 19; Knut Görich, *Friedrich Barbarossa: Eine Biographie*, S. 497, Anm. 173; Alfred Haverkamp, Der Konstanzer Friede zwischen Kaiser und Lombardenbund (1183), S. 42.

142) Knut Görich, Frieden schließen und Rang inszenieren. Friedrich I. Barbarossa in Venedig 1177 und Konstanz 1183. ここでは S. 37 ff.

143) 儀礼の場がインタラクティブな複合的メディアであるという重要な指摘に関しては，服部良久「宮廷集会の内と外―フリードリヒ・バルバロッサ即位初年の事例より」ここでは20及び26頁参照：政治的コンテクストにおける儀礼的パフォーマンスに関しては，Gerd Althoff, *Spielregeln der Politik im Mittelalter. Kommunikation in Frieden und Fehde*, Darmstadt 1997; idem, Empörung, Tränen, Zerknirschung, »Emotionen« in der öffentlichen Kommunikation des Mittelalters, in: ibid., S. 258-281; idem (Hg.), *Formen und Funktionen öffentlicher Kommunikation im Mittelalter*, Sigmaringen 2001.

パフォーマンスが繰り広げられたコミュニケーション空間である場を映し出すばかりではなく，記録を残した同時代人たちがその行為をどのように解釈し，後世に伝えようとしたのか，そしてそれらを受け継いだ後世の人々がそこから何を読み取り，再びときの流れに解き放ったのか，歴史を紡ぐ伝承者の意図を示す記憶の集合体である。記録はあくまで歴史の表層に浮かび上がってくる点に過ぎず，私たちはそれを繋ぎ合わせて理解する必要がある。その意味で，記憶の共有化を目的とする儀礼行為を理解する際には，とりわけ時間軸の変位に留意しなければならないだろう。

　1177年のヴェネチアの和約は周到な外交交渉を経て成立したが，皇帝フリードリヒ・バルバロッサと教皇アレクサンデル3世の邂逅では，荘厳華麗な政治的デモンストレーションが繰り広げられた[144]。この様子を枢機卿ボソ，サレルノ大司教ロムアルドの他，『ヴェネチア元首の歴史 Historia ducem Venedicorum』など複数の記録が伝えている[145]。

　7月24日日曜日，ヴェネチア元首と大司教に同伴されて，皇帝フリードリヒはヴェネチアに入市した。サン・マルコ広場には，イタリア，ドイツばかりではなく，ブルゴーニュ，フランス，イングランド，スペイン，ハンガリーから使節が来訪しており[146]，8,420名もの人々が集まっ

　144）Klaus Schreiner, Vom geschichtlichen Ereignis zum historischen Exempel. Ein denkwürdige Begegnung zwischen Kaiser Friedrich Barbarossa und Papst Alexander III. In Venedig 1977 und ihre Folgen in Geschichtsschreibung, Literatur und Kunst, in: Peter Wapnewski (Hg.), *Mittelalter-Rezeption DFG-Symposion 1983*, Stuttgart 1986, S. 145-176; idem, »Gerechtigkeit und Frieden haben sich geküßt« (Ps. 84,11). Friedensstiftung durch szmbolosches Handeln, in: Johannes Laudage (Hg.), *Träger und Instrumentarien des Friedens im hohen und späten Mittelalter*, Sigmaringen 1996, S. 37-86; Gerd Althoff, Friedrich Barbarossa als Schauspieler? Ein Beitrag zum Verständnis des Friedens von Venedig (1177), in: Trude Ehlert (Hg.), *Chevaliers errants, demoiselles et l'autre: Höfische und nachhöfische Literatur im europäischen Mittelalter. Festschrift für Xenja von Ertzdorff*, Göppingen 1998, 3-20, ここでは S. 8 f.

　145）*Historia ducem Venedicorum*, H. Simonsfeld (ed.), MGH SS 14, Hannover 1883, S. 72-97; このときの詳しい様子は，服部良久『中世のコミュニケーションと秩序──紛争・平和・儀礼』京都大学学術出版会，2020年，第9章第6節「サン・マルコにおける和解の儀礼」231頁以下，それぞれの特徴については，240頁参照。

　146）*Historia ducem Venedicorum*, S. 82 f.: 11. Anno, inquam, Domini 1177, cum ex principibus et magnatibus Alemanie, Francie, Anglie et Hispanie et Ungherie et totius Italie, tam ecclesiasticis quam secularibus, plures in civitate Veneciarum convenissent....

ていたと伝えられている[147]。

　大司教や枢機卿，及びロンバルディア同盟諸都市の大司教たちも大勢詰め寄せ，ミラノとラヴェンナの大司教は教皇に最も近い右座を占めるのはどちらかを巡り争っていた。

　このような喧嘩の中，皇帝フリードリヒが入場した。そのときの様子を枢機卿ボソ[148]とサレルノ大司教のロムアルド[149]，そしてその場に居合わせたイングランド人が目撃証人として伝えている[150]。フリードリヒは宿営地のサン・ニコロ・ディ・リドから船でサン・マルコ広場の停泊地までやってきた。そこから皇帝は徒歩で教皇の前に歩み寄った。ジャンブルーのシギベルトゥスの年代記の続編『*Continuatio Aquicinctina*』によればフリードリヒは裸足であったという[151]。衆目の面前でフリードリヒは，皇帝のマントを脱ぎ，教皇の前で全身を床に延べて平伏（*deditio*）し[152]，まず教皇の足元，それからその膝に接吻した[153]。教皇は皇帝を立ち上がらせ[154]，接吻し，祝福を与えた。するとドイツからの出席者が「主，あなたを讃えます（*Te deum laudamus*）」と高らかに声を上げ，その声は星まで響き渡ったという[155]。それから2人はともにサン・マ

---

147) 以下，Stefan Weinfurter, Venedig 1177. Wende der Barbarossa-Zeit?, S. 9 f. 参照。

148) Boso, *Vita Alexandri III.*, Louis Duchesne (ed.), *Le Liber Pontificalis*, vol. 2, Paris ²1955, pp. 397-446. 英訳は，Boso' *Life of Alexander III.*, Peter Munz (intro.), G. M. Ellis (trans.), Oxford 1973. ここでは pp. 105 ff.; Boso に関しては，Odilo Engels, Kardinal Boso als Geschichtsschreiber, in: Georg Schwaiger (Hg.), *Konzil und Papst. Historische Beiträge zur Frage der höchsten Gewalt in der Kirche, Festgabe für Hermann Tüchle*, München/Paderborn/Wien 1975, S. 147-168; Peter Munz, Papst Alexander III. Geschichte und Mythos bei Boso, in: *Saeculum* 41 (1990), S. 115-129.

149) *Romualdi Salernitani Chronicon*, Calro Alberto Garufi (ed.) (= Rerum Italicarum Scriptores, Nuova edizione, 7.1) Città di Castello 1935, pp.32-283; *E Romoaldi archiepiscopi Salernitani chronico*, in: *Italienische Quellen über die Taten Kaiser Friedrichs I.*, Franz-Josef Schmale (Hg. u. übers.), S, 308-371; Hartmut Hoffmann, Hugo Falcandus und Romuald von Salerno, in: DA 23 (1967), S. 116-170; Donald J. A. Matthew, The Chronicle of Romuald of Salerno, in: Ralph Henry Carless Davis, John Michael Wallace-Hadrill (eds.), *The Writing of History in the Middle Ages. Essays presented to Richard William Southern*, Oxford 1981, pp. 239-274; Detlev Zimpel, Die Weltchronik Bischof Romualds von Salerno. Überlegungen zur Verfasserschaft und zum Anlaß der Abfassung, in: Thomas Martin Buck (Hg.): *Quellen, Kritik, Interpretation. Festschrift für Hubert Mordek*, Frankfurt am Main 1999, S. 183-193.

150) Rodney M. Thompson, *De pace Veneta relatio*. An English Eyewitness of the Peace of Venice 1177, in: *Speculum* 50 (1975), pp. 21-32.

151) *Sigeberti Gemblacensis, Continuatio Aquicinctina a. 1138-1237*, Ludwig C. Bethmann (ed.), MGH SS 6, Hannover 1844, S. 405-438. 1177年に関して S. 415.

ルコ大聖堂に歩みを進め，そこでフリードリヒは再び教皇の祝福を受けた。

翌 25 日の聖ヤコブの祝日，教皇は，総大司教，大司教，司教，枢機卿たちとサン・マルコ大聖堂でミサを行い，皇帝フリードリヒも恭順の意を持って参列した[156]。教皇が民に向けて語りかけた説教を聴こうと皇帝が近づく姿を見て，アクイレイア総大司教が理解を助けるためにラテ

152) *deditio* に関しては，Gerd Althoff, Das Privileg der deditio. Formen gütlicher Konfliktbeendigung in der mittelalaterlichen Adelsgesellschaft, in: idem, *Spielregeln der Politik im Mittelalter: Kommunikation in Frieden und Fehde*, Darmstadt 1997, S. 99-125; Cf. Geoffrey Koziol, *Begging Pardon and Favor. Ritual and Political Order in Early Medieval France*, Ithaca/London 1992; Knut Görich, Frieden schließen und Rang inszenieren. Friedrich I. Barbarossa in Venedig 1177 und Konstanz 1183, S. 27 f., 37, 45; Knut Görich, *Friedrich Barbarossa: Eine Biographie*, S. 342 ff.

153) Rodney M. Thompson, *De pace Veneta relatio*. An English Eyewitness of the Peace of Venice 1177, S. 31: ...et primum pedes, deinde genua illius deosculatus est; Boso, *Vita Alexandri III*., pp. 439 f.: ⋯ et in communi visone pacis bonum expectantium, desposita clamide prostravit se in terram, et deosculatis eius tanquam primi apostolorum pedibus, vere pare pacis osculum sibi devotisseime dedeit; *E Romualdi Archiepiscopi Salernitati Chronico*, S. 346 = *Romualdi Salernitani Chronicon*, pp. 284 f.: Cumque ad papam appropiasset, tactus diuino spiritu, Deum in Alexandro uenerans, imperiali dignitate postposita, reiecto pallio, *ad pedes pape totum se extenso corpore inclinauit*. Quem Alexander papa cum lacrymis benigne eleuans, receipt in osculo et benedixit, moxque a Teotonicis »Te deum« laudamus est excelsa uoce cantatum;「*osculum pedis*」と呼ばれる足元への口づけで，皇帝が足元に口づけした事例は二つある。一つ目はハインリヒ 5 世の戴冠の際，二つ目はフリードリヒ・バルバロッサとハドリアヌス 4 世の Sutri における最初の会談である。Gerd Althoff, Friedrich Barbarossa als Schauspieler? Ein Beitrag zum Verständnis des Friedens von Venedig (1177), S. 9; Klaus Schreiner, »er küsse mich mit dem Kuß seines Mundes« (osculetur me osculo oris sui, Cant 1,1). Metaphorik, kommunikative und herrschaftliche Funktion einer symbolischen Handlung, in: Horst Wenzel und Hedda Ragotzky (Hgg.), *Höfische Repräsentation: das Zeremoniell und Zeichen*, Tübingen 1990, S. 89-132; Horst Wenzel, *Höfische Repräsentation: symbolische Kommunikation und Literatur im Mittelalter*, Darmstadt 2005.

154) 1225 年頃ハレ近郊の聖ペータースベルク修道院で成立した『ペータースベルク Petersberg 年代記』は，教皇が遜っている皇帝を立ち上がせるのをためらい，オトマルク辺境伯ディートリヒ Dietrich が非難めいた質問を投げかけたと記している。*Chronicon Montis Sereni*, Ernst Ehrenfeuchter (ed.), MGH SS 23, Hannover 1874, S. 130-230. 1177 年は S. 156; このときの様子は，服部良久『中世のコミュニケーションと秩序─紛争・平和・儀礼』京都大学学術出版会，2020 年，第 9 章第 7 節 3「平伏・足への接吻」242 頁参照。

155) Boso, *Vita Alexandri* III., pp. 439 f.: Tunc replete sunt omnes gaudio magno, et pre nimia letitia vox conclamantium in *Te Deum laudamus* insonuit usque ad sydera.

156) *E Romualdi Archiepiscopi Salernitati Chronico*, S. 348 = *Romualdi Salernitani Chronicon*, p. 285: deuote satis et humiliter.

ン語の説教をドイツ語に通訳したという[157]。ミサ前に入場の先導を行ったのと同様に[158]，ミサを終えた教皇が馬に乗る際にフリードリヒは，鐙(あぶみ)を抑え，しばらくの間手綱を引くという馬丁奉仕 (stratoris officium) を行っている[159]。8月1日日曜日には，ヴェネチア大司教の館でフリードリヒは公の場で告解を行っている。司教，枢機卿を従え玉座に坐している教皇の隣の座を占めた皇帝フリードリヒは，皇帝の衣を脱ぎ，自分の罪を告白し，そのことばをマインツ大司教が通訳した[160]。そののち10名の帝国諸侯が誓約を立てている[161]。

157) *E Romualdi Archiepiscopi Salernitati Chronico*, S. 348 = *Romualdi Salernitani Chronicon*, p. 285: Cumque dicto euangelio papa ascendisset pulpitum, ut alloqueretur populum, imperator accedens proprius, cepit uerba eius attentius auscultare. Cuius deuotionem papa diligenter attendens, uerba, que ipse litterariore proferebat, fecit per patriarcham Aquileie in lingua Teotonica euidenter exponi.

158) *E Romualdi Archiepiscopi Salernitati Chronico*, S. 348= *Romualdi Salernitani Chronicon*, p. 285: Imperator autem, ut humilitatem, quam corde conceperat, opera demonstraret, *sumto stratoris officio*, pallium deposuit, manu uirgam accepit, laycos de choro expulit et papa ad altare solemniter et processionaliter uenientiuiam tamquam ostiarius preparauit.

159) *E Romualdi Archiepiscopi Salernitati Chronico*, S. 348 = *Romualdi Salernitani Chronicon*, p. 285: Finita aute missa, cum papa ad suum palatium uellet redire, imperator dexteram eius accipiens, eum usque ad portas ecclesie satis honeste deduxit. Cumque equum suum album de more uellet ascendere, imperator ex alia parte accedens streuam eius tenuit, et postquam equum ascendit, ipsum aliquantulum stratoris more per freni lora deduxit, quem papa benedicens, ad hospitium redire permisit; Boso は, 海までの距離が近くはなかったので, 教皇は, 皇帝が *stratoris officium* をなそうとしたものと見なしたとしている。Boso, *Vita Alexandri III.*, S. 440: Cum autem frenum acciperet et stratoris officium vellet implere, pontifex, quia iter usque ad mare nimis videbatur prolixum, pro facto habuit quod affectuose voluit exhibere; 馬丁奉仕 (*stratoris officium*) に関しては, Robert Holzmann, Zum Strator- und Marschalldiesnst, in: *Historische Zeitschrift* 145 (1932), S. 301-350; Gerd Althoff, Inszenierung verpflichtet. Zum Verständnis ritueller Akte bei Papst-Kaiser-Begegnungen im 12. Jahrhundert, S. 71 ff.; 服部良久『中世のコミュニケーションと秩序──紛争・平和・儀礼』京都大学学術出版会, 2020年, 第9章第7節4「馬丁奉仕」245頁参照。

160) *E Romualdi Archiepiscopi Salernitati Chronico*, S. 350 = *Romualdi Salernitani, Chronicon*, p. 286: Postquam papa loqui desiit, imperator, deposito pallio, de suo faldestolio surgena, cepit in lingua teotonica concionari, Christiano cancellario uerba sua uulgariter exponente.

161) Romuald は12名と書いているが (*E Romualdi Archiepiscopi Salernitati Chronico* = Aus der Chronik des Erzbischofs Romoald v. Salerno, in: *Italienische Quellen*, S. 354 f.), Boso は, マインツ大司教クリスティアン, ケルン大司教フィリップ, マクデブルク大司教ヴィッヒマン, トリア大司教アーノルト, パッサウ司教ディートボルト, ヴォルムス司教に選出されていたコンラート, マントヴァ司教ガッシドニウス Gassidonius, 筆頭書記官 (*protonotarius*) のヴォルトヴィン, 尚書局長のゴットフリート, モンフェラート辺境伯コンラートの10名の名前を挙げている。Boso, *Vita Alexandri III.*, p. 440.

マリア被昇天の祝日の前日の 8 月 14 日の晩，和平のために協議を重ねてきたすべての関係者が出席する荘厳華麗な会合の場が設けられた[162]。教皇の指示に従って皇帝と出席者は手に火を点けられた蠟燭を持ち，教皇の合図で火が消されたが，これはこの和平を妨げるものの魂も，教会の意向如何で吹き消される可能性を象徴的に示していたのだという[163]。

7 文書作成と尚書局

Clanchy が「記憶から記録へ」と的確に表現したイングランドでは，12 世紀は文書行政が目覚ましく進み[164]，文書による保証への信頼が増し，文書行政が大きく躍進した時代と言われる。

確かに帝国においても，皇帝ロタル 3 世は 1125 年から 1137 年まで足かけ 13 年の統治期間で偽文書を含めて 131 通の証書を，国王コンラート 3 世は 1137 年から 1152 年まで足かけ 16 年間の治世で偽文書を含めて 298 通発給していて[165]，ロタル 3 世では年平均 10 通に対して，コンラート 3 世では 18 通と，倍近く発給数が増えている。さらにフリードリヒ・バルバロッサの統治下で発給数が格段に増加し，1152 年から 1190 年まで足かけ 39 年間で，偽文書を含めて 1,249 の証書類が発給され，年平均にすると 32 通に上る[166]。このような急激な発給数はあ

---

162) ヴェネチアを訪れた人々の数に関しては，ケルン大司教は 400 名，マインツ，マクデブルク大司教は各 300 名，オーストリア公は 160，ケルンテン大公が 125，ホラント伯は 60 名ともなっていたという。*Historia ducum Veneticorum*, S. 84, 87 f.; 教会の祝日に宮廷会議を開催することに関しては，Hans Martin Schaller, Der heilige Tag als Termin mittelalterlicher Staatsakte, in DA 30 (1974), S. 1-24.

163) *E Romualdi Archiepiscopi Salernitati Chronico*, S. 368 =*Romualdi Salernitani Chronicon*, p. 293: Et sicut he candele extinguuntur, sic eorum anime eterne uisionis lumine et claritate priuentur. « cumque candele proiecte essent de manibus et extincte, imperator alta uoce cum aliis: « Fiat, fiat », pariter acclamauit. Sicque concilium celebratum est et solutum.

164) Michael T. Clanchy, *From Memory to Written Record. England 1066-1307*, Chichester ³2013.

165) 偽文書は 33 通：DKo III. 13, 16, 17, 34, 45, 70, 78, 86, 94, (95), 105, 109, 147, 151, 171, 173, (220), 274-289.

166) Cf. Martina Hartmann, *Studien zu den Briefen Abt Wibalds von Stablo und Corvey*

7 文書作成と尚書局

たかも帝国において文書行政体制が整備されていったかのような印象を与えるが，12世紀には組織化された尚書局と呼べる統制された文書管理体制が，十分に整備されていたわけではない[167]。

尚書局長（cancellarius）が証書発給業務を統括してはいたが[168]，巡行統治の時代，統治者とともに移動する書記たちが証書作成に当たる他，フリードリヒ・バルバロッサの皇帝証書の現存する原本の約30％が受領者作成の証書であるように[169]，当地の受領者が作成する受領者作成文書の割合も高かった。作成された証書は，受領者の手元に置かれ，いつ，どこでどのような内容の証書を発給したかを示す控えが尚書局で作成されることはなかった。例外は後述するスタブロ修道院長ヴィーバルトの書簡写本のごとく，作成に当たった書記が備忘録として写し取った控えである。

書記には，尚書の文案を作成する草案者（dictator）と文言を獣皮紙に書く文字通りの書記（notarius）の二つの職分があり，前者は尚書局長が担うことも多かったが，その中には，政局において重要な役割を演じる者も少なくなかった。コンラート3世の統治から教皇，ビザンツ皇帝との外交交渉の要となっていたスタブロ修道院長ヴィーバルト[170]，「ア

---

sowie zur Briefliteratur in der frühen Stauferzeit, Hannover 2011. ここでは S. 111 f.

167) 尚書局に関する古典的研究である Hans Walter Klewitz, Cancellaria. Ein Beitrag zur Geschichte des geistlichen Hofdienstes, in: DA 1 (1937), S. 44-228 は，制度概念として尚書局（cancellaria）が用いられるようになるのは13世紀以降であることを明らかにした。Cf. 西川洋一「フリードリヒ・バルバロッサの証書における王権と法」ここでは5頁以下参照：ロタール3世治世下の尚書局については，Wolfgang Petke, Kanzlei, Kapelle und königliche Kurie unter Lothar III. (1125-1137) (= Forschungen zur Kaiser- und Papstgeschichte des Mittelalters. Beihefte zu J.F. Böhmer, Regesta Imperii V), Köln/Wien 1985; Staufer 朝の尚書局に関しては，Heinrich Appelt 門下の研究者によって詳細に研究されている。特にフリードリヒ・バルバロッサ治世下の証書作成に関しては，その体制，各尚書局長，筆頭書記，書記，受領者作成の状況，証書作成に際し参照された教則写本など詳しい分析が，Die Urkunden Friedrichs I., Heinrich Appelt (ed.), MGH DD 10, Hannover 1990, Bd. 5 にまとめられている。

168) Bernd Schütte, Studien zu den königlichen Kanzlern in frühstaufischer Zeit (1138-1197), in: Archiv für Diplomatik 58 (2012), S. 169-238.

169) フリードリヒ・バルバロッサ治世下で作成され，オリジナルが伝来している454通のうち，140通が受領者作成である。Die Urkunden Friedrichs I., Heinrich Appelt (ed.), 5 Bd., MGH DD 10, Hannover 1990, S. 74-80; Cf. Knut Görich, Friedrich Barbarossa: Eine Biographie, S. 182 f.; 服部良久『中世のコミュニケーションと秩序──紛争・平和・儀礼』第3章，359頁，註36参照。

170) Wibald に関しては，Heinz Zatschek, Wibald von Stablo, Studien zur Geschichte der

ウテンティカ・ハビタ」の草案作成者ではないかと考えられているヴィテルボのゴットフリートの他[171]，1175年モンテベッロと1176年7月末パヴィーアでの協約の交渉プロセスにおいて，皇帝側の使者として同行していたヴォルトヴィンは1165年秋から皇帝証書作成に携わり，1172年から筆頭書記官になっていた[172]。

a) 書記のキャリア形成

証書に名が記される尚書局長，あるいは証人として名前が記載されることのある筆頭書記官（protonotarius）と異なり，名前が記されていない書記は，文体，書体から数多く同定されているものの[173]，出自などの個人データは不明な場合が多い[174]。しかしながら書記から尚書局長に登位した者などから，書記たちのキャリア形成をある程度推定することが可能である[175]。尚書局の構成員は流動的だったが，12世紀半ばコンラー

Reichskanzlei und Reichspolitik unter den älteren Staufern (= MIOG, Ergbd.10), 1928, S. 237-495; Franz Josef Jakobi, *Wibald von Stablo und Corvey (1098-1158): benediktinischer Abt in der frühen Stauferzeit*, Aschendorff 1979; その皇帝証書への関与は，Friedrich Hausmann, *Reichskanzlei und Hofkapelle unter Heinrich V. und Konrad III.*, Stuttgart 1956, S. 171 f.; Kurt Zeillinger, Friedrich Barbarossa, Wibald von Stablo und Eberhard von Bamberg, in: MIÖG 78 (1970), S. 210-223.

171) Johannes Fried, Die Rezeption Bologneser Wissenschaft in Deutschland während des 12. Jahrhunderts, in: *Viator* 21 (1990), S. 103-145. ここではS. 103.

172) 筆頭書記官（protonotarius）に関しては，Kurt Zeillinger, Die Anfänge des Protonotariats in der Reichskanzlei unter den Frühstaufern, in: *Römische Historische Mitteilungen* 30 (1988), S. 53-86.

173) Friedrich Hausmann, *Reichskanzlei und Hofkapelle unter Heinrich V. und Konrad III.*, Stuttgart 1956; Kurt Zeillinger, Die Notare der Reichskanzlei in den ersten Jahren Friedrich Barobarossas, in: DA 22 (1966), S. 472-555; Walter Koch, *Die Reichskanzlei in den Jahren 1167 bis 1174: eine diplomatisch-paläographische Untersuchung*, Wien 1973; idem, *Die Schrift der Reichskanzlei im 12. Jahrhundert (1125-1190): Untersuchungen zur Diplomatik der Kaiserurkunde*, Wien 1979; Josef Riedmann, Studien über die Reichskanzlei unter Friedrich Barbaross in den Jahren 1156-1166, in: MIÖG 75 (1967), S. 322-402, 76 (1968), S. 23-105; Rainer Maria Herkenrath, *Die Reichskanzlei in den Jahren 1174 bis 1180,* Wien 197; idem, *Die Reichskanzlei in den Jahren 1181 bis 1190*, Wien 1985.

174) 筆頭書記官となったHeinrich von WiesenbachやWortwin, Robertなど一部の書記に関しては，聖職禄を得た教会に関する証書などで同定されている。Kurt Zeillinger, Die Notare der Reichskanzlei in den ersten Jahren Friedrich Barobarossas, S. 484 ff.; Rainer Maria Herkenrath, Zwei Notare Friedrich Barbarossas und des Reichslegaten Christian von Buch, in: MIÖG 73 (1965), S. 247-268. ここではS. 259 ff.

175) 尚書局長であり，後にケルン大司教となるダッセルのライナルトもまた書記として活動し，証書の文言に大きな影響を与えた。Rainer Maria Herkenrath, Rainald von Dassel als

7 文書作成と尚書局　　　　　　　　　141

ト3世のもと皇帝証書の作成に携わっていた書記たちがフリードリヒ・バルバロッサへの政権移行後も引き続き証書作成に当たっているように[176]，政権の交代後も証書作成に携わることによって，尚書局で作成される証書の伝統様式が継承されていたのである[177]。

　彼ら書記は，その時々の尚書局長の名をとって，例えばケルンの司教座聖堂首席司祭で自ら書記として証書作成に関わり，後にケルン大司教になったヴィート Wied 伯家のアーノルト2世が尚書局長であれば[178]，Arnold II. A, B, C と同定記号が付けられている。ちなみに Arnold II. B は前述のスタブロ修道院長ヴィーバルトであり，ヴィーバルトは，後述するように皇帝証書の文言様式の継承に多大な影響を与えた人物である[179]。アーヘンの聖堂首席司祭で宮廷礼拝堂の司祭だったアルバート Albert[180] やヘリベルト Heribert[181]，その間違いの多さから読み書きに

Verfasser und Schreiber von Kaiserurkunden, in: MIÖG 72 (1964), S. 34-62.

176) Wibald, Herbert, Arnold H がそれに当たる。Kurt Zeillinger, Die Notare der Reichskanzlei in den ersten Jahren Friedrich Barobarossas, in: DA 22 (1966), S. 472-555.

177) 尚書局の継承に携わった書記については，Friedrich Hausmann, *Reichskanzlei und Hofkapelle unter Heinrich V. Und Konrad III.*, Stuttgart 1956, コンラート3世からフリードリヒ・バルバロッサの統治にかけて書記として活動したヴィーバルト、アルベルト、ヘリベルト、ハインリヒに関しては，ibid., S. 138-292; 証書で用いられる表現等の継承に関しては，Heinz Zatschek, Über Formularbehelfe in der Kanzlei der älteren Staufer, in: MIÖG 41 (1926). S. 93-107; Friedrich Hausmann, Formularbehelfe der frühen Stauferkanzlei. Untersuchungen über deren Herkunft, Verwendung und Verhältnis zur Unrkundensanmmlung des Codex Udalrici, in: MIÖG 50 (1958), S. 68-96; Rainer Maria Herkenrath, *Regnum und Imperium. Das „Reich" in der frühstaufischen Kanzlei (1138-1155)*, Wien 1969.

178) Heinz Wolter, *Arnold von Wied, Kanzler Konrad III. und Erzbischof von Köln*, Köln 1973; Rainer Maria Herkenrath, Rainald von Dassel als Verfasser und Schreiber von Kaiserurkunden, S. 34; Hans Hirsch, Erzbischof Arnold II. von Köln als Schreiber von Diplomen Konrads III., in: *Rheinische Vierteljahrsblätter* 7 (1937), S. 161-171.

179) 例えば (semper) augustus は，Wibald が Intitulatio に導入した。Rainer Maria Herkenrath, *Regnum und Imperium. Das „Reich" in der frühstaufischen Kanzlei (1138-1155)*, S. 46 f.; Cf. Kurt Zeillinger, Das erste Roncalische Lehensgesetz Friedrich Barbarossas, S. 196.

180) Rainer Maria Herkenrath, Zur Lebensgeschichte des frühstaufischen Notars Albert, in: DA 20 (1964), S. 562-567; idem, Der frühstaufische Notar Albert von Sponheim, in: *Zeitschrift des Aachener Geschichtsvereins* 80 (1970), S. 73-98; Wolfgang Georgi, Legatio uirum sapientem requirat. Zur Rolle der Erzbischöfe von Köln als königlich-kaiserliche Gesandte, in: Stefan Weinfurter, Hanna Vollrath (Hgg.), *Köln: Stadt und Bistum in Kirche und Reich des Mittelalters: Festschrift für Odilo Engels zum 60. Geburtstag*, Köln 1993, S. 61-124. ここでは，S. 90 f.

181) コンラート3世の尚書局で長らく書記を務め，1159年からはアーヘンの聖堂首席司祭（在位1159-63）になった Heribert に関しては，Erich Meuthen, Die Aachener Pröpste bis

障害があったのではないかと考えられる Arnold D[182]，あるいはヴィテルボのゴットフリートと同定されている Arnold II. C やヴォルトヴィン，あるいは 1162 年イタリア諸都市との協約（conventio）で「帝国の栄誉（honor imperii）」が表出する証書を複数（DDF I. 356, 362, 367, 372）作成した Rainald C のように，多くの重要な事案を扱った証書作成に携わったばかりか，外交使節の一人として派遣された書記たちは少なくない。またローマ法の知識を有する Rainald H をダッセルのライナルト自身だとする研究者もいるように[183]，書記たちの中には草案者としてその知識と教養を証書文言の中に盛り込み，当時の学識水準ばかりでなく，統治の新機軸を垣間見せてくれる者たちもいた[184]。帝国尚書局の書記たちのリクルート先は様々であるが，シュタウファー朝下ではアーヘンの宮廷礼拝堂付きの聖職者[185]，あるいはバンベルク，ヴュルツブルクなどの聖職者たちであった[186]。

1152 年 4 月から翌 1153 年 4 月の 1 年間で 24 の証書作成に関わった

---

zum Ende der Stauferzeit, in: *Zeitschrift des Aachener Geschichtsvereins* 78 (1966/7), S. 5-95. ここでは S. 37-41; Wolfgang Georgi, Legatio uirum sapientem requirat, S. 89.

182) Arnold II. D に関しては，Rainer Maria Herkenrath, Ein Legastheniker in der Kanzlei Barbarossas. Studien zum kaiserlichen Notar Arnold II. D (1152-1155), in: *Archiv für Diplomatik* 33 (1987), S. 269-291.

183) Rainer Maria Herkenrath, Reinald von Dassel als Verfasser und Schreiber von Kaiserurkunden, S. 34-62; Heinrich Appelt, Die Kaiseridee Friedrich Barbarossas, S. 219 ff.; 研究者間の意見の相違に関しては，西川洋一「フリードリヒ・バルバロッサの証書における王権と法」，ここでは 19 頁及び 31 頁，註 74 参照。

184) ローマ法学に関する知識，とりわけ「特権理論」の影響に関しては，西川洋一「フリードリヒ・バルバロッサの証書における王権と法」20 頁以下参照。

185) Cf. Erich Meuthen, Die Aachener Pröpste bis zum Ende der Stauferzeit; idem, Barbarossa und Aachen, S. 52. アーヘンの聖堂首席司祭（1180-85/6），帝国尚書局長（1176-86）であり，後にヴュルツブルク司教（1186-90）になったゴットフリート Gottfried は，1165 年のカール大帝の列聖に際してまとめられた『カールの生涯 *Karls Vita*』の編者だと考えられている。Cf. Jürgen Petersohn, Saint-Denis – Westminster – Aachen. Die Karls-Translatio von 1165 und ihre Vorbilder, S. 447; Otto Mayer, Eine Kapelle des hl. Kaisers Heinrich im Würzburger Dom der Stauferzeit, in: Dieter Harmening (Hg.), *Volkskultur und Geschichte. Festgabe für Josef Dünninger, zum 65. Geburtstag*, Berlin 1970. S. 452-462; Rudolf Schieffer, Hofkapelle und Aachener Marienstift bis in Staufische Zeit, in: *Rheinische Vierteljahrsblätter* 51 (1987), S. 1-21.

186) Heinrich von Fichtenau, Bamberg, Würzburg und die Stauferkanzlei, in: MIÖG 53 (1939), S. 241-286; Siegfried Haider, *Das bischöfliche Kapellanat. 1: Von den Anfängen bis in das 13. Jahrhundert*, Wien/Köln/Graz, 1977; Kurt Zeillinger, Die Notare der Reichskanzlei in den ersten Jahren Friedrich Barobarossas, in: DA 22 (1966), S. 472-555.

Arnold II. Cのように[187]，ある時期集中して活動する書記もいた。皇帝フリードリヒ・バルバロッサの証書の公刊に当たった Heinrich Appelt 門下の研究者たちを中心に，この Arnold II. C は，バンベルクの聖堂参事会学校で教育を受けた後，おそらくボローニャで法学を学んだヴィテルボのゴットフリートと同定されている[188]。Arnold II. C は，その書体の特徴から教皇庁の尚書局で教育を受け[189]，皇帝フリードリヒ・バルバロッサと後にウィクトル4世となる枢機卿オクタヴィアヌス Octavianus とのパイプ役となり[190]，さらには1154年12月のロンカリアにおける最初のレーン法に関する証書と[191]，1155年の「アウテンティカ・ハビタ」作成に関わったと推定されている[192]。

b) スタブロ修道院長ヴィーバルト

ロータル3世（c. 1075-1137，国王在位1125-，皇帝在位1133-37），コンラート3世（国王在位1138-52），フリードリヒ・バルバロッサ（国王在位1152-，皇帝在位1155-90）と三代の皇帝・ドイツ国王に仕えたスタブ

---

187) Kurt Zeillinger, Die Notare der Reichskanzlei in den ersten Jahren Friedrich Barobarossas, S. 526 ff.; Cf. Loren J. Weber, The Historical Importance of Godfrey of Viterbo, S. 168, Anm. 92.

188) Friedrich Hausmann, Gottfried von Viterbo, Kapellan und Notar, Magister, Geschichtsschreiber und Denker, S. 612; Kurt Zeillinger, Das erste Roncalische Lehnsgesetz Friedrich Barbarossas, S. 208 f.; Gerhard Baaken, Zur Beurteilunge Gottfrieds von Viterbo, in: Karl Hauck, Hubert Mordek (Hgg.), *Geschichtsschreibung und geistiges Leben im Mittelalter: Festschrift für Heinz Löwe zum 65. Geburtstag*, Wien 1978, S. 372 ff. ここでは S. 385：これらの見解を慎重に検討しているのが，Loren J. Weber, The Historical Importance of Godfrey of Viterbo, S. 169, Anm. 100.

189) Friedrich Hausmann, Gottfried von Viterbo, Kapellan und Notar, Magister, Geschichtsschreiber und Denker, S. 609; Kurt Zeillinger, Zwei Diplome Friedrich Barbarossas für seine römischen Parteigänger (1159), in: DA 20 (1964), S. 568-581. ここでは S. 572, Anm. 32：皇帝証書への教皇証書の影響については，Karl Helleiner, Der Einfluß der Papsturkunde auf die Diplome der deutschen Könige im zwölften Jahrhundert, in: MIÖG 44 (1930), S. 21-53.

190) Kurt Zeillinger, Die Notare der Reichskanzlei in den ersten Jahren Friedrich Barobarossas, S. 527 f.; Cf. Loren J. Weber, The Historical Importance of Godfrey of Viterbo, S. 169.

191) DF I. 91 及び DF I. 242; Kurt Zeillinger, Das erste Roncalische Lehnsgesetz Friedrich Barbarossas, das Scholarenprivileg (*Authentica Habita*) und Gottfried von Viterbo, in: *Römische historische Mitteilungen* 26 (1984), S. 191-217.

192) Winfried Stelzer, Zum Scholarenprivileg Friedrich Barbarossas (Authentica „Habita"), in: DA 34 (1978), S. 123-165.

ロ修道院長ヴィーバルトは，教皇及びビザンツ皇帝への外交使節として重責を担う他[193]，国王証書作成において大きな足跡を残している[194]。

ニーダーロートリンゲン地方出身のヴィーバルトは，1098年に生まれた。ドイツのルーペルト（c.1070-29）のいるリエージュで学んだ後[195]，1117／18年ヴォルソールのベネディクト修道院に入った。後に書簡のやりとりの中で「学友」と呼んでいることから，おそらくリエージュ Liège の参事会学校で，後に帝国尚書局長[196]，ケルン大司教になったヴィート伯のアーノルト（c. 1098-1156）と知己を得たようだ[197]。「学友」にはもう一人ギリシア語が堪能で，1136年にはロタル3世の使節としてビザンツに赴いたハーフェルベルクのアンセルム（c.1099-58）もいる[198]。1118年1月スタブロ修道院に移り，修道院学校で教鞭をとったヴィーバルトは，1130年11月16日，同修道院長に選出され，翌1131年4月叙任されている。領土拡張を狙うシチリア王ルッジェーロ2世と帝国の紛争中の1137年ロタル3世のイタリア遠征に同行した

---

193) Wolfgang Petke, *Kanzlei, Kapelle und königliche Kurie unter Lothar III. (1125-1137)*, S. 415-419; ビザンツ皇帝マヌエル1世とコンラート3世との書簡のやりとりは，*Das Briefbuch Abt Wibalds von Stablo und Corvey*, Martina Hartmann, (Hg.), 3 Bde. MGH Briefe d. dt. Kaiserzeit 9 (Hanover, 2012), Nr. 202, 212, 217, 219, 316, 317, 411, 412; Vedran Sulovsky, *Sacrum imperium*: Lombard Influence and the 'Sacralization of the State' in the Mid-twelfth Century Holy Roman Empire (1125-1167), pp. 149 ff.

194) ヴィーバルトについての邦語文献は，岩波敦子「12世紀の外交官・修道院長ヴィーハルトの生涯」宮崎揚弘編『続・ヨーロッパ世界と旅』法政大学出版局，2001年，108-142頁。西川洋一「12世紀ドイツ王権の宮廷」渡辺節夫編『ヨーロッパ中世の権力変成と展開』東京大学出版会，2003年，79-116頁，ここでは99頁以下参照。服部良久『中世のコミュニケーションと秩序——紛争・平和・儀礼』京都大学学術出版会，2020年，特に第4章77頁-85頁参照。フリードリヒの統治初期の時期におけるコルヴァイ修道院を預かったヴィーバルトとシュヴァーレンベルク伯家との抗争については，服部良久「宮廷集会の内と外——フリードリヒ・バルバロッサ即位初年の事例より」服部良久編著『コミュニケーションから読む中近世ヨーロッパ史』ミネルヴァ書房，2015年，17-39頁所収，ここでは27頁以下参照。

195) ヴィーバルトがルーペルトに宛てた書簡は，*Monumenta Corbeiensia*, Philipp Jaffé (ed.), Nr. 1.

196) 1138年4月8日付の証書で尚書局長として登場する。

197) Heinz Wolter, *Arnold von Wied, Kanzler Konrad III. und Erzbischof von Köln*, Köln 1973.

198) J. W. Braun, Studien zur Überlieferung der Werke Anselms von Havelberg, in: DA 28 (1972), S. 133-209.

ヴィーバルトは[199]，同年 11 月 19 日モンテ・カッシーノの修道院長に選出されたが，皇帝軍の撤退とともに起こった修道院内の不穏な動きにより同年のうちにその任を辞さざるを得なかった[200]。

ヴィーバルトは，皇帝の尚書局での働きを通じて，教皇エウゲニウス 3 世（在位 1145-53）との信頼関係を築くなど，帝国外交の要の役割を演じるようになっていった[201]。1147 年第 2 回十字軍に参戦したコンラート 3 世の不在中には，息子ハインリヒを支える役割を任されている[202]。

c）帝国尚書局におけるヴィーバルト

ドイツ国王コンラート 3 世のもと帝国尚書局の文書作成に精力的に関わったヴィーバルトは，コンラート 3 世の選出に尽力し，1139 年にはその尚書局で活動を始めている。彼の学友ヴィート伯のアーノルトが 1138 年から尚書局長に任じられていることも，証書作成に加わる契機になったと考えられる[203]。

彼の師であるラインハウゼンのラインハルトとモンテ・カッシーノのペトルス・ディアコヌスが褒めたたえているように[204]，スタブロ修道院

---

199) Martina Hartmann, *Das Briefbuch Abt Wibalds von Stablo und Corvey*, Einleitung, S. X ff.; ヴィーバルトの移動の行程 Itinerar については，Martina Hartmann (ed.), *Das Briefbuch Abt Wibalds von Stablo und Corvey*, T.1, S. XIII-XX.

200) ヴィーバルトのモンテ・カッシーノ修道院長選出に関しては，Hagen Keller, Die Herrscherurkunden: Botschaft des Privilegierungsaktes – Botschaft des Privilegientextes, pp. 266 ff.; ヴィーバルトがモンテ・カッシーノ修道院の修道士たちに送った書簡は，Martina Hartmann, *Studien zu den Briefen Abt Wibalds von Stablo und Corvey sowie zur Briefliteratur in der frühen Stauferzeit*, Hannover 2011, S. 38 ff.

201) ヴィーバルトは，フリードリヒ・バルバロッサの国王選出後，フリードリヒが栄誉と名誉を求め，不正を許さない人物であること，またその有能さ，雄弁さをたたえ，国王選出を承認するよう進言する書簡を教皇エウゲニウスに送っている。Const. 1, Nr. 138 (= *Monumenta Corbeiensia*, Philipp Jaffé (ed.), Nr. 375). Cf. Heinrich Appelt, Die Kaiseridee Friedrich Barbarossas, S. 211.

202) Martina Hartmann, *Studien zu den Briefen Abt Wibalds von Stablo und Corvey sowie zur Briefliteratur in der frühen Stauferzeit*, S. 66; Franz Josef Jakobi, *Wibald von Stablo und Corvey (1098-1158): Benediktinischer Abt in der frühen Stauferzeit*, Aschendorff 1979, S. 68 f.

203) アーノルトは 1151 年にケルン大司教に選出されている。

204) Martina Hartmann, *Das Briefbuch Abt Wibalds von Stablo und Corvey*, 3 Teile, Hannover 2012. ここでは Nr. 22; Franz Josef Jakobi, *Wibald von Stablo und Corvey (1098-1158)*, S. 268; Martina Hartmann, *Studien zu den Briefen Abt Wibalds von Stablo und Corvey*, S. 21 f., Anm. 125; ペトルス・ディアコヌスの偽証書作成に関しては，西川洋一「フリードリヒ・バルバロッサの証書における王権と法」ここでは 34 頁註 70 参照

の豊かな蔵書によって古典教育の素養を身に付け[205]，修辞学とりわけキケロに傾倒していたヴィーバルトの秀でた教養は，そのローマ法に関する知識と並んで[206]，皇帝の書簡，証書などの文書作成において大いに役立つことになった。

教育の重要性を十二分に認識していたヴィーバルトは，皇帝／国王尚書局で発給した証書内で「*magister*」の称号を初めて導入した人物であり[207]，証書冒頭の Intitulatio で用いられる「*semper augustus*」や後述する「*memoria*」文言「人間の記憶は儚く，移ろいやすい」をはじめ[208]，フリードリヒ・バルバロッサの証書で定着した文言の多くがヴィーバルトに遡る表現と考えられる[209]。後に重要な統治理念となる「帝国の栄誉 (*honor imperii*)」をフリードリヒ・バルバロッサの文書で逸早く用いたのはヴィーバルトだった可能性も指摘されている[210]。ヴィーバルトは，当時帝国尚書局長で後にケルン大司教になったダッセルのライナルトがヒルデスハイムの聖堂首席司祭だった時代から彼と交流があり[211]，ライナルトを介してフリードリヒ・バルバロッサの統治理念として定着した可能性は否定できない。「帝国の栄誉 (*honor imperii*)」はフリードリヒ・バルバロッサの帝国尚書局で作成された証書で，複数の書記によって用

---

205) 1105 年のスタブロ修道院の蔵書目録には 152 冊が記されている。J. Gessler, Les catalogues des bibliothèques monastiques de Lobbes et de Stavelot, in : *Revue d'Histoire Ecclésiastique* 29 (1933), pp. 86-96. ここでは pp. 86 ff.

206) ローマ（法）に起源を有する法観念が，ヴィーバルトの関与が推定される証書に表出している点に関しては，西川洋一「フリードリヒ・バルバロッサの証書における王権と法」，ここでは 18 頁以下及び 36 頁註 84 参照。

207) Rainer Maria Herkenrath, Studien zum Magistertitel in der frühen Stauferzeit, in: MIÖG 88 (1980), 3-35. ここでは S. 6.

208) Atsuko Iwanami, *memoria et oblivio. Die Entwicklungs des Begriffs memoria in Herrscherurkunden in Hochmittelalter*, Berlin 2004.

209) Kurt Zeillinger, Das erste Roncalische Lehensgesetz Friedrich Barbarossas, S. 196.

210) Jürgen Petersohn, *Kaisertum und Rom in spätsalischer und staufischer Zeit*, S. 338 f.; おそらく 1157 年に作成された Mandat DF. I. 180, S. 303, Z. 33-36: Aequtum estet valde imperialem magnificentiam decet, ut personae, que imperio nostro promtiori devotione obsequuntur et á nobis artius diligantur et ab omnibus, qui *imperii nostri honorem* diligunt, cum debita reverentia conservetur. Vgl. Heinz Krieg, *Herrscherdarstellung in der Stauferzeit, Friedrich Barbarossa im Spiegel seiner Urkunden und der staufischen Geschichtsschreibung*, (= V u. F. Sonderband 50), Ostfildern 2003. ここでは S. 253.

211) Martina Hartmann, *Das Briefbuch Abt Wibalds von Stablo und Corvey*, Nr. 189, 190, 195, 196.

いられ，重要な統治理念として定着していった[212]。12世紀にはまだ流動

---

212) DF I. 233（1158年11月24日，D=草案：RH），S. 23, Z. 2-4: Omnium fidelium imperii nostri preces iuste semper admittende sunt, in hys precipue negociis exaudiente, in quibus pie earum devotio et sancte ecclesie dei et *imperii nostri* subservit *honori*; DF. I. 348（1162年1月20日，S=書記：RC，D：RCの影響），S. 187, Z. 5-10: Imperialem decet excellentiam fideles quosque dignis beneficiis sublevare et munifico promovere successu, ut et ad serviendum alacriores fiant domestici et in bonam spem fiducialibus erigantur alieni. Unde quia quoslibet imperii fideles eorumque necessitates pre oculis habere debemus, maxime tamen ad domesticos fidei [Gal 6, 10] respiciendum ess censemus, qui pro *imperii honore* et nostro amore se ipsoset sua cottidianae morti exponere non formidant; DF I. 350（1162年2月26日 S：RC, D：おそらくRC），S. 189, Z. 19-22: Apud nostram maiestatem bona fides et sincera devotio semper locum habuit et fideles illi augmentum honoris et gratiae iure apud nos debent invenire, quorum merita et preclara servicia circa *honorem nostrum et imperii* sepius calarescere cognovimus; DF I. 357（おそらく1162年4月，S&D：UB, Diktateinfluss des RCの影響），S. 204, Z. 20-23: ... nos ob sinceritatem vestrae devotionis et propter fidei puritatem, quam circa *honorem imperii* et nostrum corde servastis et opere semper implevistis, vos tanquam fidelissimos diligere semper et amplecti specialius pre ceteris volumus; DF I. 358（1162年4月7日，S：UB，D：RCの影響のもとおそらくUB），S. 205, Z. 17-22: Apud nostram maiestatem fides et devotio fidelium semper locum habuit illorum precipue, quorum merita plurimis devocionis indiciis et vere fidei argumentis circa *honorem imperii* ac nostrum omni tempore, omni hora omnique necessitate claruerunt. Quanto enim potioribus beneficiis a nostra imperiali excellentia nostri fideles ac devoti magnificentius augentur, eo alacrius corda minus fidelium ad serviendum fideliter imperio tante largitionis ac bonitatis exemplo incitantur; DF I. 367（1162年6月9日，S：RC, D：おそらくRC），S. 221, Z. 24-41: Licet ad decorem et *honorem imperii* et ad nostram simul gloriam spectet universos imperii nostri fideles confovere et tueri, diligere et amplecti, ad illorum tamen precipue tutelam propensius studium et vigilantiorem curam merito debemus adhibere, de quorum devotione, de quorum servitio et labore circa exaltationem nostre corone melior spes nobis incipit arridere et fidutia provenire. Congruum igitur et rationabile videtur nos eorum obsequia fidelia cum largiflua benignitate et imperiali munificentia ad servitium et *honorem imperii* benignius applicare, quorum industria et virium potentia ad conservandum rei publice statum pre ceteris gloriosum conferre potest incrementum. Unde, quia Ianuensem civitatem a prima sui fundatione apud suum inter alias civitates maritimas altius extulisse et perspicuis virtutum atque multarum probitatum operibus terra marique omni tempore prepolere veraciter audivimus, placuit nostre maiestati tantorum viroum omnium videlicet Ianuensium fidelitatem eligere, tenere et cum omni benivolentia pre aliis conservare eosque in commune congruis honoribus et amplioribus beneficiis semper honorare, presertim cum nos ipsorum servitiis et strenuis laboribus gratanter uti maxime in mari navalibus bellis velimus iuxta illud nostre voluntatis propositum, quo non solum in terra, sed etiam in mari gloriam et *honorem Romani imperii* dilatare modis omnibus et corroborare intendimus ad desideramus; DF I. 368（1162年6月10日，S+D：おそらくRC），S. 226, Z. 21-24: Apud nostram maiestatem fides et devotio semper locum habuit et nostri fideles suo non possunt desiderio fraudari, illi precipue, qui in personarum periculo usque ad sanguinis effusionem et in rerum dispendio pro *imperii honore* fideliter decertaverunt; DF I. 377（1162年7月27日，S+D：RG），S. 242, Z. 35-38: Clementia imperialis omnibus bene merentibus benefacere semper consuevit dignumque vodetur ac iustum, ut, qui fidem sinceram circa *imperii honorem* cum devota servitute servaverunt, a nostra

的な組織であった帝国尚書局で作成された証書には，証書作成に携わったその時々の草案者の個性が映し出されており，新しい概念の導入には草案者の関与を同定することが可能なのである[213]。

d) ヴィーバルトの書簡写本

ヴィーバルトは作成に関わった外交書簡や証書類を書簡集の形で残している[214]。1146年から1157年までの期間の書簡類を収めたこの書簡集は，161葉に約450の書簡と証書類の写しが収められ，長くスタブロStablo/Stavelot修道院にあったオリジナル写本[215]，そして複数の複写写本の形で伝来している[216]。収録されている書簡類の内訳は，ヴィーバル

---

maiestate beneficia recipiant potiora; DF I. 387（1162年9月7日，S+D：おそらくRG）: Inclinare precibus fidelium nostra semper consuevit benignitas et bene de se merentium votis benignum assensum prebere numquam recusavit, illorum precipue, quorum devotionem et sinceram fidelitatem circa *honorem* et servicium *imperii* ipsorum exhibitio operum frequencius comprobavit; DDF. I. 526（1167年2月10日，S+D：Wortwin），S. 467, Z. 32-35 : Ab imperialis clementiae memoria nunquam labi vel excidere debent fidelium obsequia, illorum precipue qui pro fidelitate et *honore imperii* personas laboribus attriverunt et substanciam rerum suarum expensis et sumptibus consumpserunt; DF. I. 555（1169年，草案はGottfried von Viterbo），S. 18, Z. 14-17: Imperatoria dignitate constringimur et predecessorum nostrorum consuetudine convenimur, ut eos, qui ad *honorem* et exaltationem *imperii* diu fideliter et fructuose laboraverint, condignis beneficiis ac dignitatibus honoremus.

213) 草案者の特定が可能となる点については，西川洋一「フリードリヒ・バルバロッサの証書における王権と法」5頁以下参照。

214) Martina Hartmann, *Das Briefbuch Abt Wibalds von Stablo und Corvey*, Bd. 1, S. XX f. 収録上の書簡数に関しては，S. XXXVIII；この書簡集の特徴については，Timothy Reuter, Gedenküberlieferung und -praxis im Briefbuch Wibalds von Stablo, in: Karl Schmid und Joachim Wollasch (Hgg.), *Der Liber vitae der Abtei Corvey: Studien zur Corveyer Gedenküberlieferung und- praxis und zur Erschließung des Liber Vitae*, 1989, S. 161-177, ここではS. 162; Timothy Reuter, Rechtliche Argumentation in den Briefen Wibalds von Stablo, in: Hubert Mordek (Hg.), *Papsttum, Kirche und Recht im Mittelalter: Festschrift für Horst Fuhrmann zum 65. Geburtstag*, Tübingen 1991, S. 251-264; 写本の伝来状況に関しては，Hartmut Hoffmann, Das Briefbuch Wbalds von Stablo, in: DA 63 (2007), S. 41-69. ここではS. 41 f.

215) ヴィーバルト自身が書きとめたオリジナル写本は，Liège, Archives de l'état abbaye impériale de Stavelot-Malmedy, MS I 341. Cf. Martina Hartmann, *Das Briefbuch Abt Wibalds von Stablo und Corvey*, Bd. 1, S. XX f.

216) 複写写本は四つ。①Liège, Archives de l'état abbaye impériale de Stavelot-Malmedy, MS I 342（16世紀に作成された最も古い複写写本，一部欠落，143葉，紙），②Liège, Archives de l'état abbaye impériale de Stavelot-Malmedy, MS I 343（18世紀），③Bruxelles; Bibliothèque Royale, II 1446（18世紀初頭，437頁，紙），④Bruxelles; Bibliothèque Royale, II 19616-19617（17世紀）。

ト宛ての書簡が146，ヴィーバルトが草案に関わった書簡が149，第三者の書簡が136，公的文書が16である[217]。

書簡写本がまとめられた1146年はヴィーバルトがコルヴァイCorvey修道院長に任じられた時期であり，1157年はフリードリヒ・バルバロッサの命を受けてビザンツ皇帝マヌエルのもとに赴いた時期に当たる。ヴィーバルト自身と複数の書記によって綴られているこの書簡集は[218]，13.5-14 × 21-22cmの携帯可能な小型写本で[219]，入念に誂えた獣皮紙は使用されていないことなどから[220]，移動に6/7日間ほどかかる二つの修道院を治め[221]，皇帝の外交使節としても移動の多かったヴィーバルトの実用的な携行書（vademecum）だったという点で研究者はほぼ一致している[222]。ヴィーバルト及びその周辺にいた複数の書き手たちによって綴られたこの書簡写本を新しく編纂しなおしたハルトマンは，記録的要素より文学的自叙伝的色彩の強いいわゆる書簡集ではなく書簡写本と定義したが[223]，外交使節など移動の途上でヴィーバルトが参照する目的あるいは備忘録として作成されたものと考えられる。1147年3月から1151年6/8月までの4年強の期間にヴィーバルトとおそらく彼の書記によって書き留められた文書が318である一方で，1151年から1157年9月の6年間では138であり，収録された文書には時期による差が大き

---

217) Franz Josef Jakobi, *Wibald von Stablo und Corvey (1098-1158)*, S. 24, Anm. 73; Martina Hartmann, *Das Briefbuch Abt Wibalds von Stablo und Corvey*, S. XXXVIII.

218) Heinz Zatschekは16名，Hartmut Hoffmannは数行携わった書記を含めて33名を同定している。Heinz Zatschek, *Wibald von Stablo, Studien zur Geschichte der Reichskanzlei und Reichspolitik unter den älteren Staufern*, S. 479-492; Hartmut Hoffmann, Das Briefbuch Wbalds von Stablo, S. 45 ff. Martina Hartmann, *Das Briefbuch Abt Wibalds von Stablo und Corvey*, S. XLII f.

219) Martina Hartmann, Das Briefbuch Abt Wibalds von Stablo und Corvey, S. XXI.

220) Ibid., S. XXXVIII.

221) Timothy Reuter, Gedenküberlieferung und -praxis im Briefbuch Wibalds von Stablo, S. 162, Anm. 13; Bernd Schütte, Nachrichtenaustausch und persönliche Beziehungsgefüge im Spiegel von Wibalds Briefbuch, S. 120.

222) Timothy Reuter, Gedenküberlieferung und -praxis im Briefbuch Wibalds von Stablo, S. 161 f.; Martina Hartmann, *Das Briefbuch Abt Wibalds von Stablo und Corvey*, S. XXXII; Franz Josef Jakobi, *Wibald von Stablo und Corvey (1098-1158): Benediktinischer Abt in der frühen Stauferzeit*, Aschendorff 1979, S. 24 ff.

223) Martina Hartmann, *Studien zu den Briefen Abt Wibalds von Stablo und Corvey*, S. 97.

い[224]。

　フリードリヒ・バルバロッサの国王選出を告げる1152年3/4月教皇エウゲニウス3世に宛てて送られたいわゆる選出告知や[225]，1153年コンスタンツの協約に至る，ローマで行われた交渉人たちによる教皇エウゲニウス3世と皇帝フリードリヒ間の和議締結を伝える文書のように[226]，この書簡集にのみ伝来している記録や，教皇エウゲニウス3世への書簡[227]，ハドリアヌス4世，あるいはビザンツ皇帝マヌエル1世とコンラート3世との外交文書など，列強間の交渉の様子を伝える貴重な史料を提供している。とりわけ，ヴィーバルトが重要な助言者として活躍したコンラート3世の証書類298（うち偽証書33）のうち43がヴィーバルトの書簡本で伝来している[228]。

　また完全な形では伝来していないが，1146/47年のコンラート3世の十字軍参戦に関するやりとりや[229]，1148年秋シチリア国王ルッジェーロ2世が，国王コンラート3世に反旗を翻すようドイツ諸侯に促した文書[230]，あるいは1150年初頭クレルヴォーのベルナルドゥスがシチリア国王ルッジェーロ2世とドイツ国王コンラート3世の仲介を申し出た書簡[231]，さらには1152年3/4月ヴィーバルトが帝国尚書局の書記

---

224) Martina Hartmann, *Das Briefbuch Abt Wibalds von Stablo und Corvey*, S. LXXII; Bernd Schütte は，少なからず失われた文書があったと推測している。Bernd Schütte, Nachrichtenaustausch und persönliche Beziehungsgefüge im Spiegel von Wibalds Briefbuch, S. 114.

225) DF I. 5.

226) DF I. 51: Hec est forma concordie et conventionis inter dominum papam Eugenium et dominum regem Romanorum Fridericum constituta mediantibus... ; Cf. Odilo Engels, Zum Konstanzer Vertrag von 1153, S. 238 ff.

227) ヴィーバルトは，フリードリヒ・バルバロッサの国王選出後，フリードリヒ・バルバロッサが栄誉と名誉を求め，不正を許さない人物であることを告げつつ，その有能さ，雄弁さをたたえ，国王選出を承認するよう進言する書簡を教皇エウゲニウスに送っている。Const. 1, Nr. 138. Cf. Heinrich Appelt, Die Kaiseridee Friedrich Barbarossas, S,211.

228) Martina Hartmann, *Das Briefbuch Abt Wibalds von Stablo und Corvey*, Teilband 3 の Konkordanz 参照 ; Martina Hartmann, *Studien zu den Briefen Abt Wibalds von Stablo und Corvey*, S. 111.

229) Dep. 13 (Schmale-Ott, S. 74) 及び 15 (S. 390, 8 ff.). Martina Hartmann, *Studien zu den Briefen Abt Wibalds von Stablo und Corvey*, S. 64 f.

230) Dep. 50-53. Martina Hartmann, *Studien zu den Briefen Abt Wibalds von Stablo und Corvey*, S. 77 f.

231) Dep. 74. Martina Hartmann, *Studien zu den Briefen Abt Wibalds von Stablo und*

ヴュルツブルクのハインリヒに書き送ったフリードリヒ・バルバロッサの選出を教皇に伝える文書の草案[232]や,都市ローマとシュタウファー朝の君主とりわけコンラート3世の戴冠権を巡る攻防など[233],12世紀の帝国政治を探るうえで極めて重要な文書が収められている。

往復書簡のうち片方しか伝来していないものとして,少なくともヴィーバルトが発信者の書簡が26通,(ヴィーバルトがその作成に関与した)教皇エウゲニウス3世と国王コンラート3世の外交書簡のうち15が散逸したと考えられる[234]。また,フライジングのオットーとラヘヴィンの『皇帝フリードリヒ1世の事績』に収められた書簡類との重なりから,ヴィーバルトと近い関係にあったオットーが,帝国尚書局及び書記として重要な外交文書の作成に当たっていたヴィーバルトから文書を入手した可能性が指摘されている[235]。フリードリヒ・バルバロッサに関して言えば,1152年3月の国王選出からヴィーバルトがビザンツに出発

Corvey, S. 84.

232) Dep. 94 (S. 732, 10 ff.). Martina Hartmann, *Studien zu den Briefen Abt Wibalds von Stablo und Corvey*, S. 93.

233) コムーネとの関係を明らかにする史料的価値については,Matthias Thumser, Die frühe römische Kommune und die staufischen Herrscher in der Briefsammlung Wibalds von Stablo, in: DA 57 (2001) S. 111-147.

234) Martina Hartmann, *Studien zu den Briefen Abt Wibalds von Stablo und Corvey*, S. 26. 書簡のやりとり及び書簡を届ける使者に関しては,Bernd Schütte, Nachrichtenaustausch und persönliche Beziehungsgefüge im Spiegel von Wibalds Briefbuch, in: *Concilium medii aevi* 10 (2007), S. 113-151; Martina Hartmann, *Studien zu den Briefen Abt Wibalds von Stablo und Corvey*, S. 105; Wolfgang Georgi, Legatio uirum sapientem requirat S. 61-124; Stephan Freund, Boten und Briefe. Formen und Wege bayerisch-italienischer Kommunikation im Früh- und Hochmittelalter, in: Heinz Dopsch u.a. (Hgg.), *Bayern und Italien. Politik, Kultur, Kommunikation (8.-15. Jahrhundert). Festschrift für Kurt Reindel zum 75. Geburtstag*, (= Zeitschrift für bayerische Landesgeschichte. Beiheft 18) 2001, S. 55-103. Bernd Schneidmüller, Briefe und Boten im Mittelalter. Eine Skizze, in: Wolfgang Lotz (Hg.), *Deutsche Postgeschichte. Essays und Bilder*, 1989, S. 10-21; Volker Scior, Stimme, Schrift und Performanz. ,Übertragungen' und ,Reproduktionen' durch frühmittelalterliche Boten, in: Britta Bussmann u.a. (Hg.), *Übertragungen. Formen und Konzepte von Reproduktion in Mittelalter und Früher Neuzeit*, (Trends in Medieval Philology 5) 2005, S. 77-99.

235) Roman Deutinger, *Rahewin von Freising: ein Gelehrter des 12. Jahrhunderts*, Hannover 1999. S. 94 f.; Cf. S. Martina Hartmann, *Studien zu den Briefen Abt Wibalds von Stablo und Corvey*, S. 114. 例えば,コンラート3世に宛てた教皇エウゲニウス3世の書簡(*Monumenta Corbeiensia*, Philipp Jaffé (ed.), Nr. 185 = Martina Hartmann, *Das Briefbuch Abt Wibalds von Stablo und Corvey*, Nr. 200)が *Gesta Friderici*, I. 67 に収録されている。コンラート3世とビザンツ皇帝ヨハンネス2世コムネノス及びその息子マヌエル1世との外交書簡(DKo III. 69, DKo III. 126)もまた *Gesta Friderici*, I. 26 に収録されている。

する1157年秋まで発給されたフリードリヒ・バルバロッサの証書118のうち16がヴィーバルトの書簡写本に収められているのに対し,『皇帝フリードリヒ1世の事績』には32の書簡,訓令,法令,教会会議記録が収められている[236]。ヴィーバルトがフリードリヒ・バルバロッサに仕えたのが統治初めの5年強であることを考慮しても,帝国政治の中枢から次第に距離を置いていったヴィーバルトの情報収集を巡る状況が浮かび上がってくるだろう[237]。

収められた書簡のうち4分の3が1146年からコンラート3世が亡くなる1152年までを占めていて[238],ヴィーバルトが1131年から長年修道院長を務めたスタブロ修道院に関する文書より,オリジナル写本原本が伝来したコルヴァイ修道院に関する文書数の方が多い[239]。これはコルヴァイ修道院の所領を巡る権利関係に関する係争が大きく影響していると考えられる。両修道院に発給された権利証書は,教皇エウゲニウス3世が1148年に両修道院にその権利を承認した文書を除き[240],それぞれの修道院が所有するカルチュレールには収められているが,書簡写本には収録されていない[241]。

e) 書簡写本の編纂状況

12世紀の帝国政治を知るうえで極めて重要な史料集成であるヴィーバルトの書簡写本は早くから注目され,何種類かの校訂版が存在す

---

[236] Cf. *Das Briefbuch Abt Wibalds von Stablo und Corvey*, S. XXXIV 及び Hartina Hartmann, *Studien zu den Briefen Abt Wibalds von Stablo und Corvey*, S. 116; 訓令に関しては, Ferdinand Opll, Das kaiserliche Mandat im 12. Jahrhundert (1125-1190), in: MIÖG 84 (1176), S. 209-327.

[237] その状況を示すヴィーバルトの書簡は, Hartina Hartmann (Hg.), *Das Briefbuch Abt Wibalds von Stablo und Corvey*, Nr. 338（Eberhard II. von Bamberg 宛て）, Nr. 416（Friedrich Barbarossa 宛て）。Cf. Martina Hartmann, ibid., S. XX 及び S. XXXI; ヴィーバルトの情報収集の状況と人的ネットワークに関しては, Bernd Schütte, Nachrichtenaustausch und persönliche Beziehungsgefüge im Spiegel von Wibalds Briefbuch, in: *Concilium medii aevi* 10 (2007), S. 113-151.

[238] Martina Hartmann, *Das Briefbuch Abt Wibalds von Stablo und Corvey*, S. XXXIX.

[239] Edition, Einleitung, S. 72.

[240] 部分的に伝来している。Dep. 36 と 37 (S. 125, 18 ff.). Martina Hartmann, *Studien zu den Briefen Abt Wibalds von Stablo und Corvey*, S. 73.

[241] Cf. Joseph Halkin, C.-G. Roland (ed.), *Recueil des chartes de l'Abbaye de Stavelot-Malmedy* 1, 1909; Cf. DKo III 159, 161, 179, 181, 182, 221, 232, 245.

る。まず Martène と Durant が 1724 年に編纂した版[242]，Jaffé が 1864 年に編纂された Jaffé 版[243]，そして 2011 年 Hartmann によって編纂された MGH 版の三つの校訂版がある。前二つは Codex に収録されている順序ではなく年代順に並べ替えられている。一方 Hartmann による MGH 版は，年代順ではなく写本 Codex に収録されている順序に従い編纂され，作成時の作者の意図を読み取ることを可能にしている[244]。その他に雑誌論文に発表された Zatschek による校訂版と[245]，未刊行だが編纂に向けて準備された Zatschek のほぼ完成した手稿がある[246]。ミュンヘンの MGH に保管されているこの手稿は，1969 年に刊行された Hausmann によるコンラート 3 世の証書集に利用されている。さらに 1975 年 MGH のプロジェクトとして公式に認められ，Reuter が編纂に向けて進めていた草稿データがある[247]。

ヴィーバルトの書簡写本は，ザルツブルク大司教エバーハルト 1 世（在位 1147-64）が 1159 年の教会分裂勃発以降の記録を残すために 87 の文書を収集・編纂させたアドモント Admont 書簡集[248]，あるいは 306 の書簡を 1180 年頃編纂したテーゲルンゼー Tegernsee 書簡集と並んで[249]，

242) Edmond Martène, Ursin Durant, *Veterum scriptorium et monumentorum amplissima collectio*, vol. 2, 1724.

243) *Monumenta Corbeiensia,* Philipp Jaffé (ed.), (= Bibliotheca rerum Germanicarum 1), Berlin 1864, ND Aalen 1964.

244) Martina Hartmann, *Das Briefbuch Abt Wibalds von Stablo und Corvey*, S. XXV f.

245) Heinz Zatschek, *Wibald von Stablo, Studien zur Geschichte der Reichskanzlei und Reichspolitik unter den älteren Staufern* (= MIOG, Ergbd.10), Wien 1928, S. 237-495. Hartmann は，保存状態の悪かった写本を現在よりもよく解読できただろう Zatschek 版の有用性を指摘している。Martina Hartmann, *Das Briefbuch Abt Wibalds von Stablo und Corvey*, S. XXVII, Anm. 45.

246) 予定されていた Zatschek による Wibald の書簡集編纂の背景については，ibid., S. XXVII f.

247) Martina Hartmann, *Das Briefbuch Abt Wibalds von Stablo und Corvey*, S. XXIX f.; idem, Timothy Reuter and the edition of Wibeld of Stavelot's letter collection for the MGH, in: *Challenging the Boundaries of Medieval History: The Legacy of Timothy Reuter*, Patricia Skinner (ed.), Turnhout, 2009, pp. 185-191.

248) 写本は，Wien, ÖNB 629. Edition は，*Die Admonter Briefsammlung*, Günther Hödl, Peter Classen (eds.), MGH Briefe der deutschen Kaiserzeit 6, 1983 München, S. 35-148; Günther Hödl, Die Admonter Briefsammlung 1158-1162, in: DA 25 (1969), S. 347-470, 及び in: DA 26 (1970), S. 150-199; Martina Hartmann, *Studien zu den Briefen Abt Wibalds von Stablo und Corvey*, S. 110.

249) 写本は，München Clm 19411. Edition は，*Die Tegernseer Briefsammlung des 12.*

12世紀の帝国政治あるいは領邦統治を繙くうえで第一級の史料を提示している。12世紀の帝国政治を知るうえで極めて重要な史料集であるヴィーバルトの書簡写本に並ぶ書簡集としては，12世紀後半，ソワッソン司教で長らくフランス王国の宮廷尚書局長を務めていたシャンフルーリ Champfleury のユーグが，フランス国王宛ての書簡を集めた書簡集がある[250]。

f) ヴィーバルトと書物

1146年10月20日コルヴァイ修道院長にも任じられたヴィーバルトは，写本特に古典の収集，修道院の蔵書の充実に努めている[251]。貴重な書物のなかでもヴィーバルトがとりわけ力を注いだ著作収集を物語るのが，彼が編纂させたキケロ写本 Berliner Codex lat. 2^0 252 と呼ばれる手写本である[252]。

ヴィーバルトの書簡には，当時まだヒルデスハイムの聖堂首席司祭だったかのダッセルのライナルトとの写本の貸し借りを巡るやりとりが収められていて，自分の手元にない書物を貸してほしいと，貴重なテクストの入手に躍起になる姿が見て取れる[253]。ライナルトはキケロの『農地法について De lege agraria』，マルクス・アントニウス Marcus Antonius に対する弾劾『フィリッピカ Philippica』，書簡集を送った代わりに[254]，ヴィーバルトにアウルス・ゲッリウスの『アッティカの

Jahrhunderts, Helmut Plechl (ed.), MGH Briefe der deutschen Kaiserzeit 8, Hannover 2002; Martina Hartmann, *Studien zu den Briefen Abt Wibalds von Stablo und Corvey*, S. 110.

250) 当該の写本（Bibl. Vat., Reg. Lat. 179）は12／13世紀の変わり目にパリのサン・ヴィクトル修道参事会に移送された。Jürgen Petersohn, *Kaisertum und Rom in spätsalischer und staufischer Zeit*, S. 203, Anm. 42.

251) Paul Lehmann, Corveyer Studien, in: *Erforschung des Mittelalters* 5 (1962), S. 94-178; Hartmut Hoffmann, *Bücher und Urkunden aus Helmarshausen und Corvey*, Hannover 1992. ここでは S. 47 ff.; idem, *Buchkunst und Königtum im ottonischen und frühsalischen Reich*, 2 Bde., Stuttgart 1986, S. 127-129.

252) Hartmut Hoffmann, *Bücher und Urkunden aus Helmarshausen und Corvey*, S. 62 f.; idem, *Das Briefbuch Wbalds von Stablo und Corvey*, S. 50, Anm. 19; Martina Hartmann, *Das Briefbuch Abt Wibalds von Stablo und Corvey*, S. LXXVI. f.

253) *Monumenta Corbeiensia*, Philipp Jaffé (ed.), S. 326, Nr. 207 ; S. 327, Nr. 208; S. 331, Nr. 212; S. 331, Nr. 213.

254) Martina Hartmann, *Das Briefbuch Abt Wibalds von Stablo und Corvey*, Teil 2, Nr. 189, S. 401 f.

夜 Noctes Atticae』，オリゲネスの『雅歌註解 In Cantica canticorum』を貸してほしいと依頼したが，それに対しヴィーバルトは，『アッティカの夜』は手元にないので，ユリウス・フロンティヌスの『軍略 Strategemata』を送ると返信している[255]。ヴィーバルトの書簡集を新たに編纂した Martina Hartmann は，14 世紀に広く知られるようになるフロンティヌスの『軍略』をヴィーバルトが 12 世紀半ば修道院に所蔵していることに言及していた点に注目し[256]，他にも 12 世紀に流通するようになったオウィディウスの『黒海からの書簡 Epistolae ex Ponto』やマクロビウスの『サトゥルナリア Saturnalia』などへの言及から，ヴィーバルトが 12 世紀の古典文芸の最前線にいたことを指摘している[257]。他にもウァレリウス・マクシムスの『Factorum et dictorum memorabilium libri』が，スタブロに由来する写本 Firenze, Laurenziana Ashiburnham 1899（9 世紀）に収められている[258]。

教父たちの著作と並んで同時代人たちに関する言及も興味深い。師（magister）マネゴルトへの書簡の中で[259]，当代最も学識のある者（doctissimi viri）としてランのアンセルムやシャンポーのギョーム，サン・ヴィクトルのフゴ（c. 1097-1141）などを挙げ，フゴの著作『文法論 De grammatica』や『秘跡論 De sacramentis』，1124／30 年頃成立したコンシュのギョーム（c.1090/91-c.1155）の『宇宙の哲学 Philosophia mundi』，ペトルス・ロンバルドゥス（1095/1100-60）の『詩篇註解 Commentarius in Psalmos』，ホノリウス・アウグストドゥネンシスの『霊魂の宝石 Gemma animae』などからの引用が認められる[260]。

---

255) Ibid., Nr. 190, S. 404: ... pro Angelio noctium atticarum, quem ad presens habere nequaquam potuimus, librum, quem grece Stratagemmaton vocant, quod militare est.

256) Martina Hartmann, Das Briefbuch Abt Wibalds von Stablo und Corvey, S. LXXVII f.; Leighton Durham Reynolds, Texts and Transmission: a survey of the Latin classics, S. 172.

257) Martina Hartmann, Das Briefbuch Abt Wibalds von Stablo und Corvey, Nr. 142, S. 306; Leighton Durham Reynolds, Texts and Transmission, S. 234.

258) ヴィーバルトによるウァレリウス・マクシムス Valerius Maximus についての言及 は，Martina Hartmann, Das Briefbuch Abt Wibalds von Stablo und Corvey, Nr. 142, S. 295; Leighton Durham Reynolds, Texts and Transmission, S. 428.

259) Martina Hartmann, Das Briefbuch Abt Wibalds von Stablo und Corvey, Nr. 142, S. 293.

260) 以下 Hartmann の分析を参照。Martina Hartmann, Das Briefbuch Abt Wibalds von Stablo und Corvey, S. LXXIX.

g）ビザンツ外交とヴィーバルト

12世紀前半，東西両帝国は良好な関係にあった。ドイツ国王コンラート3世の妃ゲルトルートの姉妹であるズルツバッハのベルタ（後の皇妃イレーネ）とビザンツ皇帝マヌエル1世が婚姻関係を結んでいたからである[261]。さらにハインリヒが早逝したため実現することはなかったものの，コンラート3世の息子ハインリヒ6世とビザンツ皇帝マヌエル1世の姪との婚姻も計画されており，コンラート3世とマヌエル1世の間で，両国の友好関係構築のために頻繁に外交書簡がやりとりされていた[262]。ヴィーバルトはコンラート3世の助言者として宮廷で大きな影響力を持っていたが，修辞学の素養があり文才優れたヴィーバルトが両者間の外交書簡作成に当たっていた[263]。

コンラート3世の死後，シュヴァーベン大公フリードリヒ・バルバロッサが国王に選出されたことを記した1152年の選挙告知は，宮廷で影響力を強めつつあったバンベルク司教エバーハルトとともにヴィーバルトがその草案作成に関与している[264]。信頼を得ていた教皇エウゲニウス3世に承認を進言する書簡を送り，フリードリヒの国王登位に功あったヴィーバルトだが，フリードリヒ・バルバロッサの統治においては以前ほど重用されなくなっていったことは前述の通りである[265]。

---

261) Ibid., S. LXXXVII; Hanna Vollrath, Konrad III. und Bysanz, in: *Archiv für Kulturgeschichte* 59 (1977), S. 321-365; Paul Magdalino, *The empire of Manuel I Komnenos, 1143-1180*, Cambridge 1993.

262) ヴィーバルトの書簡本に収められているビザンツ皇帝マヌエル1世からコンラート3世宛ての書簡は，Martina Hartmann, *Das Briefbuch Abt Wibalds von Stablo und Corvey*, Nr. 202, 212, ハインリヒ（6世）からマヌエル1世宛て Nr. 217, フリードリヒ・バルバロッサからマヌエル1世宛て 386 (= J 410), マヌエル1世とヴィーバルト間のやりとりは Nr. 219, 316, 317, 411, 412.

263) ヴィーバルトが師（magister）マネゴルト Manegold に宛てた書簡 Nr. 142 (= J167) は，彼の古典の素養を遺憾なく示している。

264) DF I. 5 の Anm.; MGH Const. 1, Nr. 137, S. 191; ibid., Nr. 138. *Monumenta Corbeiensia*, Philipp Jaffé (ed.), Nr. 375; Heinz Zatschek, *Wibald von Stablo, Studien zur Geschichte der Reichskanzlei und Reichspolitik unter den älteren Staufern*, S. 418 ff.; Walther Föhl, Bischof Eberhard II. von Bamberg, ein Staatsmann Friedrichs I., als Verfasser von Briefen und Urkunden, S. 107 ff.; Rainer Maria Herkenrath, *Regnum und Imperium. Das „Reich" in der frühstaufischen Kanzlei (1138-1155)*, S. 324 f.

265) Martina Hartmann, *Das Briefbuch Abt Wibalds von Stablo und Corvey*, S. XX; ibid., Nr. 338（Eberhard II. von Bamberg 宛て），Nr. 416（Friedrich Barbarossa 宛て）。フリードリヒ・バルバロッサがヴィーバルトのこれまでの貢献に対する報酬として軍役の対価に与えた

とはいえ，1153年9月フリードリヒ・バルバロッサがホーブルクのアデラと離婚した後に，ビザンツ皇帝マヌエル1世に宛てて，マヌエル1世の親族と婚姻を結ぶ用意があるという提案を書き送った書簡がヴィーバルトの書簡本に収められているように，ビザンツ皇帝の信頼を得ていたヴィーバルトは，フリードリヒの宮廷においてもビザンツ外交で引き続き欠かせぬ存在であった[266]。さらにヴィーバルトは，1155年8月半ば[267]と1157年10月6日以降の2度，使節としてビザンツ宮廷に派遣されている。

ヴィーバルトの学友の一人ハーフェルベルクのアンセルムはギリシア語が堪能で[268]，1136年ロタル3世の使節としてビザンツに赴き，ハギア・ソフィア大聖堂で東方教会との論争を行った人物である[269]。ヴィーバルトもアンセルムほど堪能ではなかったとしても，全くギリシア語の素養がなければ重要なビザンツ外交に駆り出されることはなかっただろう。芸術の面でもヴィーバルトがビザンツからもたらした影響が認められる[270]。ヴィーバルトは，おそらくビザンツ皇帝マヌエル1世の娘とフリードリヒ・バルバロッサの息子との婚姻を成立させるために使節として送られたと考えられるが，この構想が実現することはなかった[271]。ビ

権利に関しては，DF I. 44.

266) この書簡（Nr. 386）は，フリードリヒ・バルバロッサの証書集には収録されていない。なぜ収録しなかったかについては，*Die Urkunden Friedrich Barbarossas*, Heinrich Appelt (ed.), Bd. 4, 1990, S. 507 (= Anhang I: Nicht aufgenommene Briefe). Cf. Martina Hartmann, *Das Briefbuch Abt Wibalds von Stablo und Corvey*, S. XXXII. フリードリヒ・バルバロッサの結婚に関しては，Eduard Hlawitschka, Weshalb war die Auflösung der Ehe Friedrich Barbarossas und Adelas von Hohburg möglich, in: DA 61 (2005), S. 509-536.

267) *Gesta Friderici*, II. 38.

268) アンセルムに関しては，J. W. Braun, Studien zur Überlieferung der Werke Anselms von Havelberg, in: DA 28 (1972), S. 133-209; 12世紀のギリシア語からの翻訳に関しては，Walter Berschin, *Griechisch-Lateinisches Mittelalter. Von Hieronimus zu Nikolaus von Kues*, Bern/München 1980. ここでは S. 260 f.

269) この論争については，アンセルム Anselm が1149年頃著された著作 Antikeimenon に記している（Migne, PL 188, Sp. 1139-1248）。Jay T. Lees, *Anselm of Havelberg. Deeds into words in the Twelfth Century*, Leiden/New York 1998. ここでは pp. 164 ff.; Cf. Martina Hartmann, *Das Briefbuch Abt Wibalds von Stablo und Corvey*, S. LXXXVII.

270) Olaf B. Lader, Kreuze und Kronen. Zum byzantinischen Einfluß im >Krönungsbild< des Evangeliars Heinrichs des Löwen, in: Johannes Fried, Gerhard Oexle (Hgg.), *Heinrich der Löwe. Herrschaft und Repräsentation*, Sigmaringen 2003, S. 199-238, ここでは S. 210.

271) Odilo Engels, Beiträge zur Geschichte der Staufer im 12. Jahrhundert (II), in: Franz-

ザンツ皇帝との交渉からの帰途，ビトリア Bitolia で亡くなったヴィーバルトの遺体は，彼が晩年その所領の保全に力を尽くしたコルヴァイではなく，1131 年から長年修道院長を務めていたスタブロに移送され，1159 年 7 月 26 日埋葬されたのであった。

h）筆頭書記官ヴォルトヴィン

フリードリヒ・バルバロッサの統治において，とりわけ重要な外交交渉の場に同席していたのが筆頭書記官のヴォルトヴィンである[272]。ヴォルトヴィンは，教皇アレクサンデル 3 世，シチリア国王グリエルモ 2 世，そしてロンバルディア諸都市との和平協定の場である 1177 年のヴェネチアの和約に同席し，交渉者の一人として名を連ねている。

ヴォルトヴィンは，おそらく彼の叔父でノイミュンスターの聖堂参事会長（*decanus*）であった同名のヴォルトヴィンとともに[273]，ヴュルツブルクのノイミュンスター参事会に関する 1159 年の証書に登場している[274]。証書上彼の名を 1198 年まで確認できることから，参事会士となった 1159 年にはおそらく 25 歳前後，逆算して 1130 年から 1135 年頃生まれたのではないかと推定される[275]。若ヴォルトヴィン（*Wortwinus iunior*）としていくつかの証書の証人に名前が記されたのち，1165 年 8

Reiner Erkens und Hartmut Wolff (Hgg.), *Von Sacerdotium und regnum: geistliche und weltliche Gewalt im frühen und hohen Mittelalter: Festschrift für Egon Boshof zum 65. Geburtstag*, Köln 2002, S. 423-459. ここでは S. 434 f.

272) ヴォルトヴィンの高い学識については，西川洋一「12 世紀ドイツ王権の宮廷」渡辺節夫編『ヨーロッパ中世の権力変成と展開』東京大学出版会，2003 年，79-116 頁。ここでは 111 頁，註 51。

273) この Wortwin は，1113 年ノイミュンスターの寄進文書に証人として登場する（StA Würzburg: Standbuch Nr. 184, pag. 81 f.）。1128 年には「*decanus*」として司教証書に（MB 45 (1899), S. 6, Nr. 3 = Original, HStA München, H. Würzburg U, Nr. 6277），1161 年の証書の証人にその名がみえ（① RB 1 (1822), S. 241 = Original HstA München, H. Würzburg U, Nr. 7049，② RB 1 (1822), S. 242 = Original HstA München, H. Würzburg U, Nr. 5656），1162 年に後任の聖堂参事会長 Richer の名が証書の証人として挙げられていることから（RB 1 (1822), S. 247 = Original HstA München, H. Würzburg U, Nr. 5657），おそらく 1161／62 年に亡くなったと考えられる。Cf. Friedrich Hausmann, Wortwin, Protonotar Kaisers Friedrich I. und Stiftpropst zu Aschaffenburg, S. 326.

274) Cf. Friedrich Hausmann, Wortwin, S. 325, Anm. 14: StA Würzburg, Standbuch, Nr. 184, pag. 105-107.

275) Cf. Friedrich Hausmann, Wortwin, S. 326.

月18日皇帝フリードリヒ・バルバロッサの皇帝証書に（*Wortwinus de Nouo*）として登場する[276]。その後皇帝証書の作成に度々関わったヴォルトヴィンは，Hausmannなどの文体・書体比較研究により，4名の尚書局長のもと活動した書記Christian G ＝ Philipp A ＝ Heinrich B ＝ Gottfried G と同定されている[277]。

フリードリヒ・バルバロッサの尚書局でヴォルトヴィンの前任者として筆頭書記官を務めていたヴュルツブルクのハインリヒも，同じくノイミュンスター参事会の出身だったように[278]，1161年以降ヴュルツブルク司教の証書の作成に関わった経験は，皇帝の尚書局への登竜門となっていた[279]。

ヴォルトヴィンが関わった重要な皇帝証書として挙げられるのが，1165年9月にヴォルムスで発給された聖職者の動産遺言に関する証書（DF I. 492），そして1166年初頭にアーヘンで発給された二つの証書（DF I. 502とDF I. 503）である。一つ目の証書は，ヴォルムスの聖職者が死の床で行った相続の無効の主張に対し，教会法の定めに基づいてその主張を聖職者たちが退け，それに続いてコンスタンティヌス帝とヴァレンティニアヌス帝の勅法を引き合いに出して[280]，聖職者側の主張を有効とした宮廷会議の決定が記されており，その作成にヴォルトヴィンが関与している。西川が指摘しているように，ドイツ国王証書にローマ法源が直接引用されている最初の証書であり，ヴォルトヴィンの学識法に関する知識のみならず，受領者であるヴォルムスの聖職者が法規範として掲げた，教会法による法実務を示す重要な証書である[281]。二つ目は1166

---

276) DF I. 489.
277) Friedrich Hausmann, Wortwin, S. 329.
278) Cf. Friedrich Hausmann, Wortwin, S. 328; Heinrichに関しては，Heinrich von Fichtenau, Bamberg, Würzburg und die Stauferkanzlei, S. 256 ff.
279) Friedrich Hausmann, Wortwin, S. 337.
280) ヴァレンティニアヌス帝としているのは誤りである。西川洋一「フリードリヒ・バルバロッサの証書における王権と法」，ここでは52頁註156参照。
281) 西川洋一「フリードリヒ・バルバロッサの証書における王権と法」，ここでは48頁以下参照。ドイツ国王証書にローマ法源が直接引用されている証書としては，1136年レーエン法に関するロタール3世の証書DLo III. 105があるが，これは国王尚書局外で上部イタリアの書記によって作成された。Cf. DLo III. 105 の序文及び Heinrich Appelt, Friedrich Barbarossa und das römische Recht, S. 69.

年1月8日カール大帝の列聖に際して[282]、アーヘンのマリア聖堂参事会とドイツ王国の首都たるアーヘン市（civitatem Aquisgranum, que caput et sedes regni Theutonici est）にすべての権利と自由を承認した確認文書であり[283]、三つ目は、1166年1月9日に発給されたアーヘン（Aquisgranum locus regalis）が受領者の皇帝証書である[284]。

1月末フランクフルトまで宮廷に同行したヴォルトヴィンはヴュルツブルクに一時期戻り、ヴュルツブルク司教証書の証人欄に登場している[285]。その後ヴォルトヴィンは再びフリードリヒ・バルバロッサの一行に加わり、教皇アレクサンデル3世に対する出兵に同行し、数々の証書を作成した。なかでも疫病が発生し、大勢の犠牲者を出した後1167年8月6日にローマのS. Bartolomeo all'Isola教会を受領者として作成された皇帝証書は、金印と蠟の印章が付された特別なものであった[286]。

1167年、疫病によって壊滅的な打撃を受け、ようやくパヴィーアに辿り着いた皇帝一行から離脱したヴォルトヴィンは[287]、再び故郷のヴュルツブルクに帰還し、同年後半にはヴュルツブルク司教ヘロルトの司教証書を作成している[288]。

1168年7月にヴュルツブルクで宮廷会議が開かれた際に作成された皇帝証書は、帝国尚書局で研鑽を積んだヴォルトヴィンが、故郷ヴュルツブルクで司教を受領者とした重要な証書の作成に関与したことを示している。当該の証書は、ヴュルツブルク司教ヘロルトによる東フランケン大公領の獲得に関するもので、前任者のヴュルツブルク

---

282) Erich Meuthen, Barbarossa und Aachen, in: *Rheinische Vierteljahrsblätter* 39 (1975), S. 28-59. フリードリヒ・バルバロッサは、7回アーヘンに滞在している。①1152年3月8日から14日（3月9日アーヘンで戴冠）、②1153年8月、③1157年5月6日、④1165年12月29日カールの列聖の前後数週間、⑤1169年8月15日（4歳の息子ハインリヒの戴冠に際して）、⑥1171年8月から10月にかけての数週間、⑦1174年3月24日から31日アーヘンで宮廷会議を開催。

283) DF I. 502, S. 433, Z. 28 f. Gerhard Rauschen, *Die Legende des Karls des Großen im 11. Und 12. Jahrhundert*, Leipzig 1890. ここでは S. 154 ff.

284) DF I. 503.

285) RB 1 (1822), S. 259 = Original HStA München, Nürnberger Archiv, Brandenburg-Ansbach U. Fasc. 2 67, Nr. 19.

286) DF I. 534.

287) DF I. 540.

288) HUb.2, 1 (1891), S. 79, Nr. 101: Original StA Marburg: B 87 (Kl. Schlüchtern).

司教ハインリヒ2世も同様に証書を作成させていた[289]。結局「*ducatus Wirzeburgensis*」という称号のみ認められることになったのだが，ヴュルツブルク司教にとって極めて重要な事案を扱ったこの証書の草案者としてヴォルトヴィンが関わっていたのである[290]。

　1168年，1169年とヴュルツブルクで活動していたヴォルトヴィンは，1170年に再び皇帝証書の作成に関与している。そのキャリアに大きな転機が訪れるきっかけとなったのは1172年だった。帝国尚書局の筆頭書記官だったハインリヒが同年6月22日に亡くなり，その後任に任命されたのである。さらにヴュルツブルク司教座の聖堂参事会士にも選ばれ，その聖職禄を得ることになったが，この職には帝国尚書局長ゴットフリートも任じられており，書記のキャリア形成におけるヴュルツブルクと帝国尚書局との繋がりを示している[291]。

　1174年から1178年にかけて，ヴォルトヴィンは度々皇帝証書の証人欄に登場している。1174年末に再燃したロンバルディア同盟との抗争に同行したヴォルトヴィンは，尚書発給業務のみならず，極めて難しい政治的局面で，教皇とロンバルディア同盟との外交交渉を担う一員に選ばれた。

　ヴォルトヴィンは，1176年のレニャーノ Legnano での敗北により，譲歩せざるを得なかった皇帝フリードリヒ・バルバロッサ側の代表使節の一人として，マクデブルク大司教ヴィッヒマン，マインツ大司教クリスティアン，ヴォルムス司教に選出されていたコンラートら帝国列強の聖界諸侯と並んで外交の表舞台に登場し，枢機卿ボソは『アレクサンデル3世の生涯』で，彼らを帝国の有力者（*maiores imperii*）と呼んでいる[292]。

　1176年11月アナーニでの交渉を踏まえて両者間の取り決めを記した

---

　289) Friedrich Hausmann, *Reichskanzlei und Hofkapelle unter Heinrich V. und Konrad III.*, Stuttgart 1956, S. 161 f. 及び S. 165.

　290) DF I. 546. この証書は原本が二つ作成されており，一つは蠟の印象，もう一つは金印が付されている。Friedrich Hausmann, Wortwin, S. 341; Friedrich Hausmann, Formularbehelfe der frühen Stauferkanzlei. Untersuchungen über deren Herkunft, Verwendung und Verhältnis zur Unrkundensanmmlung des Codex Udalrici, in: MIÖG 50 (1958), S. 68-96.

　291) Heinrich von Fichtenau, Bamberg, Würzburg und die Stauferkanzlei, in: MIÖG 53 (1939), S. 241-286.

　292) Boso, *Vita Alexandri III.*, S. 431.

1177年7月22日付の証書には，マクデブルク大司教ヴィッヒマン，ケルン大司教フィリップ，マインツ大司教クリスティアン，トリア大司教アーノルトなど帝国列強の聖界諸侯と並んで，再びヴォルトヴィンの名が署名者の一人として挙げられている[293]。

皇帝の公的文書を作成する尚書局の筆頭書記官とはいえ，上位に尚書局長もいる中で，帝国の行方を左右する外交の場に名を連ねていたことは，ヴォルトヴィンがいかに重用されていたかを示唆していると言えるだろう。ヴォルトヴィンは，1180年1月25日を最後に帝国尚書局の筆頭書記官の職を離れ[294]，故郷ヴュルツブルクのノイミュンスター，続いてアッシャフェンブルク Aschaffenburg，さらにマインツのサン・ヴィクトルの首席司祭に任命され，故郷フランケンの地で任務に当たっていたが，1186年再び政治の表舞台に登場する。トリア大司教座の二重選挙などを巡って，皇帝フリードリヒ・バルバロッサが教皇ウルバヌス3世に宛てた書簡を持参する3名のうちの一人に，ヴォルトヴィンが選ばれている[295]。

i) ヴィテルボのゴットフリート（1125頃-91以降死亡）

おそらく1125年頃ローマからおおよそ65km離れたヴィテルボ Viterbo で生まれたゴットフリートは，1133年頃ロタル3世の治世下バンベルク司教オットー1世の治めるバンベルクの聖堂参事会学校に入った[296]。ゴットフリートが携わったロンカリアにおける最初のレーン法に，彼のローマ法の知識が反映されていることから，ボローニャで法

---

293) DF I. 687.

294) DF I. 791. Cf. *Die Urkunden Friedrich Barbarossas* (ed.) Heinrich Appelt,, Bd. 5, 1990, S. 23.

295) 他の2名はシュパイアーの聖堂参事会士アンドレアス，マクデブルクのルドルフ *magister* Ludolf である。Const. 1, Nr. 315, S. 444 ff. ここでは S. 446。これら3名は，ザルツブルク大司教アダルベルト Adalbert 3世がロマノ枢機卿に宛てた書簡も持参していた。Ibid., Nr. 316, S. 446 ff.

296) Friedrich Hausmann, Gottfried von Viterbo, Kapellan und Notar, Magister, Geschichtsschreiber und Denker, S. 618; Gerhard Baaken, Zur Beurteilung Gottfrieds von Viterbo, in: Karl Hauck, Hubert Mordek (Hgg.), *Geschichtsschreibung und geistiges Leben im Mittelalter: Festschrift für Heinz Löwe zum 65. Geburtstag*, Köln/Wien 1978, S. 373-396; Maria E. Dorninger, *Gottfried von Viterbo. Ein Autor in der Umgebung der frühen Staufer*, Stuttgart 1997, S. 33 f.

7 文書作成と尚書局　　　　163

　学の知識を学んだのではないかと推定されている[297]。

　彼が著した『パンテオン』には，ゴットフリートが，皇帝ロータル2世（3世の過ち）のもと教育を受け，国王コンラート3世下で宮廷礼拝堂司祭（*capellanus*）に任じられ，皇帝フリードリヒ1世のもとでも40年間宮廷礼拝堂司祭及び書記（*notarius*）として活動し，さらにはフリードリヒの息子で，後の国王ハインリヒ6世（国王在位1169-，皇帝在位1191-97）にも仕えたと記されている[298]。ゴットフリートはおそらくハインリヒ6世の教育係を務めていたと考えられる[299]。1152年4月20日からフリードリヒ・バルバロッサの尚書局で活動を始め，翌1153年4月24日までの1年間で約29の証書作成に関わっている[300]。最も重要なのは随行した1154年から1155年の第1次イタリア遠征でゴットフリートが作成に携わった，ロンカリアにおける最初のレーン法に関する証書と帝国内における学生の移動を保証した「アウテンティカ・ハビタ」だ[301]。1155年1月教皇ハドリアヌスと皇帝フリードリヒの間で更新されたコンスタンツの協約にゴットフリートが証人として名を挙げられており，ゴットフリートがフリードリヒの宮廷で若くして頭角を現したことを示していると言えるだろう。

　ゴットフリートは，1151年にはフランクフルトの律修参事会の司祭（*capellanus*）として証人欄に登場し，1158年には首席司祭，マインツの聖堂付き司祭（*capellanus*），1160年3月末にはアシャッフェンブルクの参事会士としてマインツ大司教の証書に登場する。

　297）Kurt Zeillinger, Das erste roncaglische Lehensgesetz Friedrich Barbarossas, S. 216 f..

　298）*Gotifredi Viterbiensis Pantheon*, Georg Waitz (ed.), MGH SS 22, Hamburg 1872, S. 107-307. ここでは S. 281, Z. 16-20: ego ab imperatore Lothario secundo(!), qui natione Saxonicus fuit, in scolis tener educatus, et a successore eius domino rege Conrado III. in capellanum receptus, atque a domino Frederico imperatore primo per annos 40 sub nomine capellini et notarii honoratus, et a domino rege Henrico, filio Frederici, valde dilectus et veneratus.

　299）Cf. Odilo Engels, Friedrich Barbarossa im Urteil seiner Zeitgenossen, in: idem, *Stauferstudien. Beiträge zur Geschichte der Staufer im 12. Jahrhundert*, Sigmaringen ²1996, S. 225-245, ここでは S. 228.

　300）Kurt Zeillinger, Die Notare der Reichskanzlei in den ersten Jahren Friedrich Barobarossas, in: DA 22 (1966), S. 472-555, ここでは S. 551; Friedrich Hausmann, Gottfried von Viterbo, Kapellan und Notar, Magister, Geschichtsschreiber und Denker, S. 610 f.

　301）Winfried Stelzer, Zum Scholarenprivileg Friedrich Barbarossas (Authentica „Habita"), in: DA 34 (1978), S. 123-165.

ゴットフリートが，他の帝国尚書局の書記と異なるのは，いわゆる行政文書以外の著作を複数著している点である[302]。皇帝フリードリヒ・バルバロッサの尚書局に仕え，重要な外交交渉の場にも同席したゴットフリートだが，その歴史叙述の評価に関しては研究者の間で評価が分かれている[303]。

ゴットフリートの著作を時系列でみてみよう[304]。1183年頃皇帝フリードリヒの息子ハインリヒ6世に献呈されている最初の著作『君侯の鏡 Speculum regum』では，カール大帝，ザリエル朝の統治者を経てハインリヒが正統な統治者であることが論じられている。伝来する12の写本の多くが15世紀に制作されたものである[305]。

1185年に著された『当代の記憶 Memoria seculorum』，そして『記憶の書 Liber memorialis』もまた同じくハインリヒに捧げられた。『記憶の書 Liber memorialis』というタイトルが付けられているが，いわゆる死者祈念の書とは異なり，神の創造から始まり，フランク王国の歴史，コンラート3世の治世，シュタウファー朝までの歴史叙述を試みている。

さらに1185年から1187年にかけて，それまでの著作を基に『普遍の書 Liber universalis』を著したが，この著作は国王となったハインリヒ6世と教皇グレゴリウス8世に献じられた著作である。

ゴットフリートの『フリードリヒの事績 Gesta Friderici』は，1155年から1178年までのフリードリヒの統治と1180年のハインリヒ獅子公の失墜までを[306]，47章立て，韻文詩の形式で描いている[307]。フリードリヒによる第1次イタリア遠征[308]，ローマでの戴冠，ミラノの蜂起と

---

302) Siegfried Haider, Zum Verhältnis von Kapellanat und Geschichtsschreibung im Mittelalter, in: Karl Hauck, Hubert Mordek (Hgg.), *Geschichtsschreibung und geistiges Leben im Mittelalter: Festschrift für Heinz Löwe zum 65. Geburtstag*, Wien 1978, S.102-138.

303) Odilo Engels, Gottfried von Viterbo und seine Sicht des staufischen Kaiserhauses, in: Hubert Mordek (Hg.), *Aus Archiven und Bibliotheken. Festschrift für Raymund Kottie zum 65. Geburtstag*, Frankfurt a. M. 1992, S. 326-345; それに対し，否定的な意見を述べているのが，Loren J. Weber, The Historical Importance of Godfrey of Viterbo, in: *Viator* 25 (1994), pp. 153-196.

304) ゴットフリートの著作は，Gottfried von Viterbo = *Gotifredi Viterbiensis Opera*, Georg Waitz (ed.), MGH SS XXII, Hamburg 1872, S. 1-338; 各著作については，Maria E. Dorninger, *Gottfried von Viterbo. Ein Autor in der Umgebung der frühen Staufer*, S. 47 ff. 参照。

305) Maria E. Dorninger, *Gottfried von Viterbo. Ein Autor in der Umgebung der frühen Staufer*, S. 60 ff.

その包囲[309]，ウィクトル4世とアレクサンデル3世という2名の教皇擁立などが同時代人の視点で描かれていて[310]，オットーとラヘヴィンによる『皇帝フリードリヒ1世の事績』を補完する視点を提供している。

　『普遍の書』をコンパクトな世界史にまとめた『パンテオン』は，加筆された複数のバージョンがある。1187年頃著された最初の版Cは教皇ウルバヌス3世に，1188年にまとめられた版Dはその後継者であるグレゴリウス8世に献じられている。『パンテオン』の最後の版Eは1191年に完成し，この時点ではすでに亡くなっていた教皇グレゴリウス8世に献じられた。版Dを伝える3写本には『ハインリヒ6世の事績 Gesta Heinrici VI.』が収録されていて，1189年から1198年までのイタリアにおける混乱状況，すなわちシチリア王グリエルモ2世の死，タンクレッドの登位，1191年4月14日のハインリヒの戴冠と失敗に終わったナポリ包囲，皇帝の病気，そして皇帝が亡くなったという誤った情報ゆえにサレルノで捕らえられたコンスタンツェを伴わない帰還が描かれている[311]。

　『パンテオン』は40余りの写本で伝わっており，これは46の写本が現存しているフライジンクのオットーの『年代記あるいは二つの国の歴史』に匹敵する数だと言えよう。フライジンクのオットーの『年代記あるいは二つの国の歴史』を収めた46写本のうち11が12世紀に，13世

---

　　　306) *Gotifredi Viterbiensis Gesta Friderici*, c. 42-47. ハインリヒ獅子公に関する部分は，もともと独立した著作としてまとめられたと Waitz は考えている。*Gotifredi Viterbiensis Gesta Friderici*, Georg Waitz (ed.), MGH SS 22, Hannover 1872, S. 307-334, ここでは praef. S. 4, Z. 40. Cf. Maria E. Dorninger, *Gottfried von Viterbo. Ein Autor in der Umgebung der frühen Staufer*, S. 89, Anm. 119.
　　　307) Cf. Ibid., S. 50 及び S. 83 ff.
　　　308) *Gotifredi Viterbiensis Gesta Friderici*, c. 1, Z. 19-30. Cf. Heinrich Appelt, Friedrich Barbarossa und die italienischen Kommunen, in: Gunther Wolf (Hg.), *Friedrich Barbarossa*, Darmstadt 1975, S. 83-103, ここでは S. 88 ff.
　　　309) *Gotifredi Viterbiensis Gesta Friderici*, c. 1, Z. 112-129.
　　　310) Ibid., c. 10-15, Z. 268-330.
　　　311) Gottfried von Viterbo = *Gotifredi Viterbiensis Opera*, Georg Waitz (ed.), S. 334-338. ここでは S. 335-336, l. 72-88; Cf. Maria E. Dorninger, *Gottfried von Viterbo. Ein Autor in der Umgebung der frühen Staufer*, S. 53, Anm. 92.

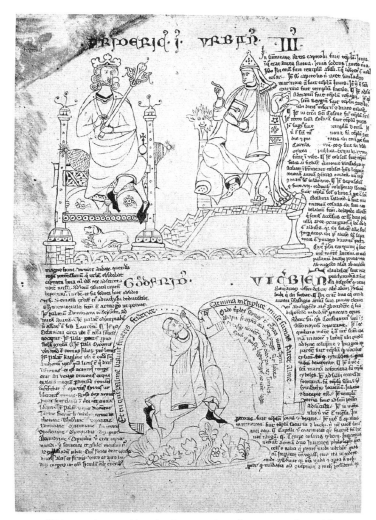

図3-1　ヴィテルボのゴットフリートの『パンテオン』の挿絵
皇帝フリードリヒ・バルバロッサ（向かって左側），教皇ウルバヌス3世に同書を献呈するゴットフリートが下段に描かれている

（フランス国立図書館所蔵，BNF Ms. lat. 4895 A, fol. Av. ／ 14世紀初頭）

紀前半には5,1450年から1510年の間に26制作されている[312]。14, 15世紀に失われた写本があることを留保しなければならないが、フライジンクのオットーの『年代記あるいは二つの国の歴史』は、オットーの死後13世紀の半ばには廃れ、15世紀以降再び関心を呼び起こしたと言えるだろう。

一方ゴットフリートの『パンテオン』を収めた写本は41伝来している。そのうち12世紀末もしくは13世紀の写本が15、14世紀13、15世紀に12制作されており、中世を通じてコンスタントに読み継がれていたと言える。その地理的範囲も、オットーの『年代記あるいは二つの国の歴史』が南ドイツあるいはオーストリアの修道院で制作されているのに対して、『パンテオン』はザクセン、アルザス、ロレーヌ地方、南北イタリア、イングランド、スペイン、ポーランドなどヨーロッパの広範囲に拡がっている[313]（図 3-1）。

8　記憶から記録へ

a）人の記憶の不確かさへの危惧

フライジンクのオットーが、その著作『年代記、あるいは二つの国の歴史』で事象の移ろいやすさ（*mutabilitas rerum*）について度々言及しているように[314]、12世紀は、ときの流れによる事象の変化を人々が強く意識した時代である。

この新たな時間意識と並行して顕在化したのが、人間の記憶に対する疑いと、記憶を補完する文書化の促進だ[315]。一見当たり前のように思わ

---

312) Alphons Lhotsky, Das Nachleben Ottos von Freising, in: *Aufsätze und Vorträge, Bd.1: Europäisches Mittelalter: Das Land Österreich*, München 1970, S. 29-48; Cf. Loren J. Weber, The Historical Importance of Godfrey of Viterbo, p. 154.

313)　Cf. Weber, p. 155.

314)　Hans-Werner Goetz, *Das Geschichtsbild Ottos von Freising. Ein Beitrag zur historischen Vorstellungswelt und zur Geschichte des 12. Jahrhunderts*, Köln/Wien 1984, S. 89 ff.

315)　中世ヨーロッパにおける実務文書については、ミュンスターで研究プロジェクト Sonderforschungsbereich 231 „Träger, Felder, Formen pragmatischer Schriftlichkeit im Mittelalter" を核として多彩な研究が推進された。Hagen Keller, Klaus Grubmüller, Nikolaus Staubach (Hgg.), *Pragmatische Schriftlichkeit im Mittelalter*, München 1992; Hagen Keller,

れる記憶から記録への移行を，現代人の視点で理解するのは危険である。私たちは文書管理を自明のこととしているが，口承文化の前近代社会に生きた人々は，現代とは比較にならない記憶力を操り，記憶こそが社会の共通基盤を形成していた[316]。前述したように，発給される証書に証人の名が列挙されているのは，その事案に関する記憶を「現在化」できる関与者として，証書の提示 (ostensio chartae) の場に居合わせた証人の存在が紛争解決の際に重要だったからである[317]。

ロータル3世治世下で発給された証書類131に対してコンラート3世では298，さらにフリードリヒ・バルバロッサでは1,249の証書類が

Christel Meier, Thomas Scharff (Hgg.), *Schriftlichkeit und Lebenspraxis. Erfassen, Bewahren, Verändern*, München 1999; ハーゲン・ケラー「中世の伝承に見るヨーロッパ文字文化の発展―所見と考察（資料）」西川洋一訳，『大阪市立大学法学雑誌』37巻2号 (1990年), pp. 265-287。

316) 記憶に関する文献は，本書127頁，註119参照。

317) Hagen Keller, Die Herrscherurkunden: Botschaft des Privilegierungsaktes – Botschaft des Privilegientextes, ここでは p. 233; idem, Stefan Ast, Ostensio cartae. Italienische Gerichtsurkunden des 10. Jahrhunderts zwischen Schriftlichkeit und Performanz, in: *Archiv für Diplomatik: Schriftgeschichte, Siegel, und Wappenkunde* 53 (2007), S. 99-122; Petra Schulte, „Omnis homo sciat et audiat". Die Kontrolle kommunalen Handelns in Como im späten 12. und 13. Jahrhundert, in: *Mélanges de l'École française de Rome. Moyen âge* 110,2 (1998), pp. 501-547; 証書発給の際の儀礼的行為に関しては，Geoffrey Koziol, *Begging Pardon and Favor: Ritual and Political Order in Early Medieval France*, Ithaca/London 1992; B.M. Bedos-Rezak, Ritual in the royal chancery: Text, image, and the presentation of kingship in medieval French diplomas (700-1200), in: Heinz Duchhardt, Richard A. Jackson, David J. Sturdy (ed.), *European Monarchy: Its Evolution and Practice from Roman Antiquity to Modern Times*, Stuttgart 1992, pp. 27-40; Hagen Keller, Christoph Dartmann, Inszenierung von Ordnung und Konsens: Privileg und Statutenbuch in der symbolischen Kommunikation mittelalterlicher Rechtsgemeinschaften, in: Gerd Althoff (Hg.), *Zeichen - Rituale - Werte : internationales Kolloquium des Sonderforschungsbereichs 496 an der Westfälischen Wilhelms-Universität Münster*, Münster 2004, S. 201-223; Hagen Keller, The Privilege in the Public Interaction of the Exercise of Power: Forms of Symbolic Communication Beyond the Text, in: Marco Mosert, P. S. Barnwell (ed.), *Medieval Legal Process. Physical, Spoken and Written Performance in the Middle Ages*, Turnhout 2011, pp. 75-108; 証書発給の際の儀礼的行為による集団的記憶の生成に関しては，服部良久『中世のコミュニケーションと秩序―紛争・平和・儀礼』京都大学学術出版会，2020年，第1章第3節「中世盛期の政治的コミュニケーション」12頁以下参照。イタリア都市の証人に関しては，Guy P. Marchal, Memoria, Fama, Mos Maiorum. Vergangenheit in mündlicher Überlieferung im Mittelalter, unter besonderer Berücksichtigung der Zeugenaussagen in Arezzo von 1170/80, in: *Vergangenheit in mündlicher Überlieferung* (Hg.) Jürgen von Ungern-Sternberg, Hansjörg Rau (Colloquium Rauricum 1), Stuttgart 1988, S. 289-319.

発給されており[318]，12世紀半ばから後半帝国で発給される証書数が格段に増加しており，証書数の増加は，法文化における挙証手段が次第に記憶から文書へと移り変わっていく過程を示している。しかし，それは文書のみで紛争が解決されることを意味してはいなかった。フリードリヒ・バルバロッサとイタリア都市コムーネ間の交渉過程で確認できたように，紛争解決において重要なのは，あくまで当事者及び関係者間の合意形成プロセスだったからである。

　紛争解決における解決手段として文書への信頼が高まりつつあったことを示しているのが，証書に用いられている「記憶（memoria）」を巡る文言である。証書冒頭の Arenga/preambule と呼ばれる序文に当たる部分に，「人間の記憶は不確かでときの移ろいとともに忘れ去られやすい，なので以下文書に記す」ことを発給の理由として挙げる証書が12世紀半ば頃登場するのである[319]。この memoria を巡る変容については，かつて事例を挙げて詳しく扱ったので，ここでは要点のみ整理しておきたい。

b) memoria 死者記念と記憶／想起 —— 概念の拡がり

　ことばは生きている。ことばは，時代の息吹を逸早く察知し，新たな解釈を身に纏い，用いられる文脈で意味を変える。時代によってことばが指し示す字義は同じではなく，その変化は時代を映し出す鏡である。誰かを想い起こすこと，想い出，あるいは心的メカニズムである記憶／想起を意味する「memoria」もまた，同時代であっても常に同じ解釈の可能性を提示していたわけではない。

　私たちは心的メカニズムとしての記憶／想起から死者を想い起こすという字義が派生し，前者を前提に後者が用いられたと考えがちだが，必ずしもそうとは言い切れない。中世の行政史料で遭遇する「memoria」は，多くが人間の記憶メカニズムという文脈ではなく，寄進に関する

---

318) Cf. Martina Hartmann, *Studien zu den Briefen Abt Wibalds von Stablo und Corvey sowie zur Briefliteratur in der frühen Stauferzeit*, S. 111 f.

319) Atsuko Iwanami, *memoria et oblivio. Die Entwicklungs des Begriffs memoria in Herrscherurkunden in Hochmittelalter*, Berlin 2004.

「死者の想起」と結び付いていた[320]。

　私たちが記憶と結び付ける「*memoria*」が新しい文脈で史料に登場するには，人間の記憶という心的メカニズムへの理解と関心が共通基盤となっていなければならないだろう[321]。12世紀半ば頃から，証書の序文で，「人間の記憶は時とともに移ろい，忘却の彼方に沈み込む。だから忘れたりないがしろにされることがないように以下文書に記す」と証書発給の意義を説明する表現が登場し，定着していく過程を確認できる。わざわざ文書に記す理由を掲げる前提には，法行為を文書によってより長い時間軸で保証しようという心性の変化が存在している。気を付けなければならないのは，指摘したようにこの文書化のプロセスが「記録から記憶へ」の単純な移行を意味したのではない点である。

c）マインツ大司教証書

　記憶を意味する「*memoria*」表現が証書に定着していくプロセスは，マインツ大司教証書に見て取ることができる。当該の文言は，証書の本文ではなく，*Arenga/preambule* と呼ばれる証書序文に登場する。

　証書の序文は[322]，後継者たちに向けたごく事務的な定式文言のみで済まされる場合がある一方で，*narratio* や *dispositio* と呼ばれる本文とは関係なく，聖書からの引用や修辞句など自由な表現が可能であり，文書草案者の教養・文章力が表出する部分でもある[323]。皇帝／国王証書の

---

[320]　「死者祈念」を意味する *memoria* は，Karl Schmid, Joachim Wollasch を中心として，長らく中世研究の中心的テーマだったといっても過言ではない。Karl Schmid, Joachim Wollasch (Hgg.), *Memoria: der geschichtliche Zeugniswert des liturgischen Gedenkens im Mittelalter*, München 1984; Karl Schmid, Joachim Wollasch (Hgg.), *Das Gedächtnis, das Gemeinschaft stiftet*, München/Zürich 1985; Otto Gerhard Oexle, Memoria und Memorialüberlieferung im früheren Mittelalter, in: *Frühmittelalterliche Studien*, 10 (1976), S. 70-95; idem, *Memoria in der Gesellschaft des Mittelalters*, Göttingen1994; idem, *Memoria als Kultur*, Göttingen 1995. ライヒェナウの死者祈念に関しては，甚野尚志「ライヒェナウ修道院の『記念書』―カロリング王権と祈禱兄弟契約」渡辺節夫編『ヨーロッパ中世の権力変成と展開』東京大学出版会，2003年，7-40頁。

[321]　Gillian Rosemary Evans, Two Aspects of 'Memoria' in Eleventh and Twelfth Century Writings, in: *Classica et Medievalia* 32 (1971-80), S. 263-278.

[322]　Heinrich Fichtenau, *Arenga. Spätantike und Mittelalter im Spiegel von Urkundenformel*, Wien/Köln/Graz 1957.

[323]　Heinrich Fichtenau, Rhetorische Elemente in der ottonisch-salischen Herrscherurkunde, in: MIÖG 68 (1960), S. 39-62.

序文に関しては，HausmannとGawlikによるコンコーダンスが，その概要を摑む基盤を提供しているが[324]，12世紀半ばまで「*beata memoria, memoria bona, celebris memoria, digna memoria, diva memoria, felix memoria, pia memoria*」など，「*memoria*」が特定の個人と結び付いた典礼に関する文脈で用いられており[325]，時代にそぐわない「*memoria*」表現の使用は，偽証書のメルクマールとなりえた[326]。

マインツの司教証書は，12世紀半ば大司教ハインリヒ1世下（在位 1142-53）で表現豊かな序文が定着していった[327]。シュタウファー朝の統治者たちと微妙な関係にあり，1153年には廃位されてしまったハインリヒ1世は，発給した司教証書の中で「*pastor, pater, cultor, gubernator, speculator*」などの語を用いて司教の職務上の義務を強調している[328]。ハインリヒ治世下で用いられた表現は，その後継者ブーフのクリスティアン（在位 1165-83），ヴィッテルスバッハのコンラート（マインツ大司教 1162-65，1183-1200；1177-83 ザルツブルク大司教）にも継承された[329]。

1140年代に司教のもとで働いた書記マグヌスは本文後の結語文（*corroboratio*）で「記憶は時とともに消散してしまう（*cum tempore labitur memoria*）」という句を用いている[330]。

1140年代末から1160年代初頭までマインツ大司教証書の作成に携わっていたゲルノートは[331]，ハインリヒ1世下，宮廷礼拝堂に入り，1158年には「*magister*」[332]，1171年には聖シュテファン大聖堂 St.

---

324) Friedrich Hausmann und Alfred Gawlik, *Arengenverzeichnis zu den Königs- und Kaiserurkunden von den Merowingern bis Heinrich VI.*, München 1987.

325) Atsuko Iwanami, *memoria et oblivio*, S. 128 f.

326) Ibid., *memoria et oblivio*, S. 129, Anm. 602.

327) Karl-Heinz Ullrich, *Die Einleitungsformeln (Arengen) in den Urkunden des Mainzer Erzbischofs Heinrich I. (1142-1153)*, Diss. Marburg 1961, S. 3 ff. ハインリヒ1世下で発給された証書のうち83%（92中71）が長文の *Arenga* を伴っている。

328) Ibid., S. 28 ff. 及び S. 167.

329) Atsuko Iwanami, *memoria et oblivio*, S. 27.

330) Peter Acht (Hg.), *Mainzer Urkundenbuch*, Bd. 2, Teil 1:1137-1175, Darmstadt 1968, Nr. 70 (1145). Cf. Nr. 3, 20, 71, 72, 74, 85, 199, 331.

331) 証書上最初に確認できるのは，1148年である。*Mainzer Urkundenbuch*, Bd. 2, Teil 1, Nr. 109.

332) *Mainzer Urkundenbuch*, Bd. 2, Teil 1, Nr. 240.

Stephan の教師（scholasticus）として証書に登場し[333]，ハインリヒ 1 世の後任のアーノルト（在位 1153-60），ブーフのクリスティアン，そしてヴィッテルスバッハのコンラートと，大司教の職位を巡って分裂が起こった際にも 1171 年まで複数の大司教のもとで活動している[334]。ゲルノートが作成した司教証書で，「ときの経過によって後世忘れさられたり，ないがしろにされたりことのないように（*ne forte succedentium temporum vetustate veniant in oblivionem et negligentiam*）」という，取り決められた事案が時間の経過とともに忘却の彼方に消えてしまう危うさを指摘する表現が定着していった[335]。大司教アーノルトは，ドイツ国王コンラート 3 世下で帝国大尚書官長を務め，国王の宮廷礼拝堂の聖職者だったが[336]，アーノルトの司教証書において以前より優美で表現豊かな文言が用いられていて，ゲルノートはアーノルトが発給した，受領者作成以外の司教証書すべての草案，作成に関与している[337]。

ゲルノート以降，「ときの移ろいによって忘れられたりないがしろにされたりすることがないように文書に書き留める」という表現が，大司教証書のみならず，マインツ周辺でとりわけ 1180 年代以降広く見出される。12 世紀後半以降類似の表現が定着していく様子は他の司教文書においても確認されており[338]，画一的な定式文言ではなく様々なヴァリエーションで，ときの流れ[339]，人間の儚さ，記憶の不確かさが文書作成

---

333) Ibid., Bd. 2, Teil 1, Nr. 335. マインツ大司教証書の編纂に当たった Acht は，ゲルノートは当初から教師（*scholasticus*）だったと推定している。*Mainzer Urkundenbuch*, Bd. 2, Nr. 109 の前文参照。Cf. Rainer M. Herkenrath, Studien zum Magistertitel in der frühen Stauferzeit, S. 12 f.

334) ゲルノートは 1177 年まで証書で確認できる。*Mainzer Urkundenbuch*, Bd. 2, Nr. 403.

335) Nr. 159 (1151), Nr. 197 (1154), Nr. 209 (1155), Nr. 232 (1158), Nr. 244 (1159). Cf. Nr. 173 (1152) では，「のちの時代に忘れ去られることなく，後世の善き手本となるように *memorie commendare, ne succedentium temporum vetustate veniat in oblivionem, sed posteritati bene operandi forma sit et exemplum*」といった表現が用いられている。Cf. Atsuko Iwanami, *memoria et oblivio*, S. 28 ff.

336) Cf. Friedrich Hausmann, *Reichskanzlei und Hofkapelle unter Heinrich V. und Konrad III.*, Stuttgart 1956, S. 122 ff. 及び S. 293.

337) Atsuko Iwanami, *memoria et oblivio*, S. 28.

338) Magdeburg, あるいは Würzburg ではとりわけ 1200 年代以降広く定着が確認できる。Cf. Atsuko Iwanami, *memoria et oblivio*, S. 32 ff. 及び S. 50 ff.

339) 時間の経過を巡る表現には，*succedentium temporum vetustate* の他，*per annorum*

8　記憶から記録へ

の理由として挙げられるようになっていった[340]。一見言うまでもない理由のようだが，ある時期から記憶の曖昧さと，文書作成を正当化する表現が，異なる書記による証書で広く表出する事実は，時間の経過が人の営みに与える影響を強く意識すると同時に，文書による確かな論拠を必要とする，挙証力を巡る認識の変化を表していると言えるだろう[341]。ケルン大司教の司教証書でも12世紀半ばから「記憶 (memoria)」をモチーフとした表現が用いられていて[342]，「忘却 (oblivio)」が単独で用いられ

---

revolutiones (Mainzer Urkundenbuch, Bd. 2, Nr. 252 (1160)), processu temporis, longo temporum intervallo (Cartulaire du chapitre de la cathédrale d'Amiens, Tome I, par J. Roux, Amiens 1905, Nr. 55 (1177), Nr. 80 (1191) の corroboratio), longi temporis decursum (Magdeburg, Nr. 408 (1185)), temporum mutabilitas (Urkundenbuch zur Geschichte der, jetzt die Preussischen Regierungsbezirke Coblenz und Trier bildenden mittelrheinischen Territorien, Heinrich Beyer, Leopold Eltester und Adam Goerz (Hgg.), Bd.2: Vom Jahre 1169 bis 1212, Coblenz 1865 (= UB Trier 2), Nr. 71 (1185); Nr. 72 (1185)), temporum lapsu (DF.I. 745 (1178)), lapsu temporis (DF I. 787 (1179)), cum lapsu temporum (Chartes de l'abbaye de Saint-Martin de Tournai, par Armand d'Herbomez, Bruxelles 1898, Nr.148 (1189)) などがある。

340)　Mainzer Urkundenbuch, Bd. 2, Nr. 507 (1187): Tempus edax rerum omnia facta humana secum in oblivionem trahit, nisi aut litterarum suffragio aut vivo testimonio ad memoriam hominum, que labilis est, revocentur; Nr. 536 (1190): Propter fragilem humane conditionis memoriam seu ad malignantium hominum dolositatem repellendam certa scriptorum indicia cum sint necessaria, presentis auctoritate pagine universorum tam presentium quam futurorum notificandum duximus memorie; Nr. 599 (1193/94): Quoniam in rebus humanis nichil firmum, nichil est satbile, litterarum suffragiis utendum est, ut, quod humana memoria non retinet, scripture stabilitas omnibus inculcet; Nr. 641 (1196): Ut ea, que humana ordinat dispensatio, memorie commendari valeant, scriptis digne annotantur, alioquin mutua successione temporum in oblivionem facile labuntur; Nr. 701 (1199): Quoniam humanarum rerum incertus est eventus et mobilis fortuna in utramlibet partem facile declinatur, non solum presentia, verum etiam futura ratio nos admonet intueri. Presens itaque per scriptum posterorum transmittimus memorie presentem contractum in nostril presentia celebratum; Cf. Atsuko Iwanami, memoria et oblivio, S. 28 ff.

341)　Atsuko Iwanami, memoria et oblivio, S. 52, Anm. 209, ヴュルツブルク司教証書O 64 (1220): Memoriabiles fidelium contractus, ut propter fluxam temporum laibilitatem a mortalium non recedant memoria, tenaci scriptorium expedit testimonio roborare.

342)　Urkundenbuch für die Geschichte des Niederrheins oder des Erzstifts Cöln, der Fürstenthümer Jülich und Berg, Geldern, Meurs, Cleve und Mark und der Reichsstifte Elten, Essen und Werden, Th. J. Lacomblet (Hg.), Bd. 1, Düsseldorf 1840, ND 1960, Nr. 379 (1154): Ad huius itaque ueritatis uirtutum insuperabilem. Factum quod supra diximus per presentem paginam memorie iussimus commendari. ne quod iusticia simul et gratia pace quieta composuit. Iniquitas fingens obliuionem aut inscienciam. Retractandi querat occasionem in posterum; Nr. 407 (1164); Nr. 410 (1165) : Quoniam debilitati humane memorie et generationum generationumque fluxui obliuio subrepere solet; Nr. 415 (1166): Que ad excellentem domus dei decorem tempore nostri presulatus, et per nostrum ministerium dignatio superna ordinauit. uiuacitati scripture necessarium

る場合もあり[343]，特に 1166 年を中心に集中して用いられている点が目を引く[344]。重要なのは，ヴュルツブルクで見られるように，時期にそぐわない「*memoria*」を用いた豊かな表現は，後世作成された偽証書であることを示すメルクマールとなりうる点だ[345]。

証書の発給数の増加は文書への信頼の証左であり，13 世紀イタリア都市コムーネで文書数の増加に比して証人に関する言及が減じている事実は，人間の記憶に対する疑いのみならず，将来の係争回避を目的として文書化が進んでいったことを示している[346]。しかし，トリア大司教の証書表現が明らかにしているように，文書による確かな論拠の必要性の表明は，人の記憶を体現する証人の役割を否定するものではなく[347]，文

---

duximus committere. ne in posterum in re ordinatissima et ad exemplum uirtutis memoria dignissima obliuio errorem. error turbationem possit inducere; Nr. 418 (1166): Gesta mortalium tum ex iugi temporum reuolutione. tum *pro crebra rerum temporalium mutatione. humanam memoriam facillime pretereunt*; Nr. 419 (1166) : Unde notum facimus tam presentium diligentie quam et futurorum memorie; Nr. 433 (1169) [偽文書？]; Nr. 434 (1169) : ne ea que aguntur in tempore simul cum tempore labantur. *poni solent in dictis testium et scripture memorie perrennari*; Nr. 474 (1180): Omnia igitur que ad pacem reformandam, et ad eam in perpetuum conseruandam bene ordinata sunt. ne longinquitate temporis obscuretur forma ueritatis. sicut sunt ceebrata uerborum suffragio. ita ad eternam memoriam fidelis perpetuanda sunt scripture beneficio.

343) Nr. 413 (1166) : ... et laudabile, et diuine maiestati studium acceptabile lites dirimere discordes ad concordiam reuocare. institutiones et iura ecclesiarum que uariis euentibus et *temporum mutatione sepius in dubietatem seu obliuionem ueniunt revocare et congruis firmamentis in suo statu conseruare*; Nr. 414 (1166) : Suadet prouidentia. requirit necessitas. ut *oblivionis molestie quam mundanrum actuum multiplicitas et humane vite parere consueiut fragilitas. uiuacis remedio scripture occurramus.*

344) Atsuko Iwanami, *memoria et oblivio*, S. 142 f.

345) Ibid., S. 49 f. Anm. 188.

346) Thomas Behrmann, Von der Sentenz zur Akte. Beobachtungen zur Entwicklung des Prozeßschriftgutes in Mailand, in: Hagen Keller, Thomas Behrmann (Hgg.), *Kommunales Schriftgut in Oberitalien: Formen, Funktionen, Überlieferung*, München 1995, S. 70-91. ここでは S. 84 f.; Thomas Behrmann, Verschriftlichung als Lernprozeß: Urkunden und Statuten in den lombardischen Stadtkommunen, in: *Historisches Jahrbuch* 111 (1991), S. 385-402; Hagen Keller, Vorschrift, Mitschrift, Nachschrift. Instrumente des Willens zu vernunftgemäßen Handeln und guter Regierung in den italienischen Kommunen des Duecento, in: idem, Christel Meier, Thomas Scharff (Hgg.), *Schriftlichkeit und Lebenspraxis im Mittelalater. Erfassen, Bewahren, Verändern,* München 1999.

347) *Urkundenbuch zur Geschichte der, jetzt die Preussischen Regierungsbezirke Coblenz und Trier bildenden mittelrheinischen Territorien*, Leopold Eltester und Adam Goerz (Hgg.), Bd 3: Vom Jahre 1212 bis 1260, Coblenz 1874 (= UB Trier 3), Nr. 25 (1214): Quoniam memoria hominum labilis est et multe circa eos versantur astucie, ea que legitime et racionabiliter egimus,

書の存在のみで係争が解決されたわけではなかった。口頭での交渉過程を再現できる証人の声（vox testium）あるいはことばが，確定した事実を記録した文書による保証と並んで言及されており，両者は互いに相殺し合うものではなく，補完関係にあるものだった[348]。記憶から記録へと形を変えた「memoria」が，両者の懸け橋として機能したのである。

　文書と証人による声の保証の相互補完関係を端的に語っているのが，既得権を確認した1138年にマインツ大司教アダルベルトが発給した確認証書である。当該の証書はベネディクト会聖アルバン修道院に宛てて，カール大帝，大司教リヒョルフによって授与されたインムニテート（immunitas）を確認したものだが，証言のため召集され，自ら見（viderant），かつ（身をもって）認識した（didicerant）教会に仕える者たちの誓いによって（iuramento）確証されたうえで，インムニテートが認められた領域の周囲を聖遺物を掲げて練り歩き，その場に居合わせた者たちの身体的記憶となって権利関係が現在化されたのである[349]。

---

presentis scripti patrocinio et *subscriptorum virorum testimonio* corroborare decrevimus; Nr. 26 (1214): Facile per diuturnitatem et revolutionem temporum a memoria labitur hominum, *quod nec scripto nec subscriptione testium perennatur*; Nr. 28 (1214) : Quoniam diuturna revolutione temporum rerum ante gestarum mentibus *hominum facile subrepit oblivio*, ideo dignum duximus rem dignam memoria scripti testimonio roborare; Nr. 152 (1220): Quia facile a memoria hominum labitur, *quod non scripto nec testibus perhennatur*, dignum duximus memorie commendare facta nostra inconvulsa permanere; Nr. 172 (1221): *Vita brevis hominum, fallax est memoria*, quare humana consuevit astutia actus suos tenacis scripture testimonio commendare; Nr.223 (1224): *Vita brevis hominum, fallax est memoria*, unde humana consuevit astucia actus suos tenacis scripture testimonio commendare; Nr. 239 b (1224): *Vita brevis hominum, fallax est memoria*, unde humana consuevit astucia actus suos tenacis scripture testimonio commendare; Nr. 468 (1232): Per diuturnitatem et revolutionem temporum a memoria labitur hominum, quod nec scripto nec subscriptione testium perhennatur.

　348）　UB Trier 3, Nr. 56 (1216): Quod gerendum inspirat hominibus divina ratio, sic debet fieri ratum et stabile, quod non possit processu temporis improborum calumpnia revocari. Universa namque negotia, que traduntur et *voci testium* et litterarum memorie, firmiora solent permanere. A presentis vite curriculo demigrant homines et vivit littera et per eam vivunt diutius actiones; Nr. 373 (1229): Ea que in tempore geruntur tam scripture, quam *vive voci testimonio* ad maiorem certitudinem solent commendari; Nr. 582 (1237/38): Ea que geruntur in tempore ne simul labantur cum tempore, poni solent *in linguis testium et scripture memorie* perempnari.

　349）　*Mainzer Urkundenbuch*, Bd. 2, Nr. 3 (1138): Unde ipse nostre auctoritatis accepta licentia cum pacis ecclesie familiaribus, quibus nota erat res, quemadmodum ipsi viderant et vera relatione didicerant, prius tamen iuramento confirmata veritate coram his, qui huic convocati erant testimonio, et sicut a glorioso rege Karolo magno et beate memorie Richolfo archiepiscopo, prefate

d) 人の心 (*mens humana*) と心の眼 (*mentis oculus*), そして忘却 (*oblivio*) への怖れ

人間の記憶に対する不信は, 心のメカニズムへの関心の裏返しでもある。証書という実務文書に現れてくる「時は水の流れのように過ぎていき, 人の心は忘却に傾き, ないがしろにされやすい (*tempora pretereunt more fluentis aque. Et mens humana procliuis est ad oblivionem et capax est ignorantie*) … 長い時間を経ると文書なしにはたやすく人間の認知から (*a cognitione hominis*) 消えてしまう」という表現は, 心 (*mens*) のメカニズムへの関心を端的に示している[350]。「人の心 (*mens humana*)」という表現は, アンジェ Angers 司教区のロンスレー修道院では11世紀半ばに登場し, 間隔を置いて用いられているが[351], とりわけ 1163 年サン・ジョルジュ第2代修道院長ジャンとロンスレー女子修道院長エンマ間の証書には, 豊かな文章でつづられた長い序文の中で人間の心に関する説明

---

fundatoribus ecclesie, antiquitus terminatum fuerat, emunitatis iam dicte ambitum, sicut mos est, cum reliquiis precedentes circueunt, subsequentibus melioribus civitatis tam clericis quam laicis.

350) UB Trier 2, Nr. 35 (1179): Quoniam tempora pretereunt *more fluentis aque. et mens humana procliuis est ad oblivionem et capax est ignorantie*. recte ad consulendum huic imbecillitati usu litterarum inuentus est. ut per eum ad noticiam et memoriam reuocetur. quod longo temporum spatio antiquatum sine scripture adminiculo facilius *a cognitione hominis elaberetur*. Inde est quod presens factum quia nec a ratione exorbitat. Nec a bona consuetudine deuiat. ratum inconuulsumque permanere uolentes presenti pagina ad notitiam tam presentium quam futurorum transmittimus; Cf. Atsuko Iwanami, *memoria et oblivio*, S. 59 f. 水の流れのようにという句に関しては, S. 110 f., Anm. 530 ; *Cartulaire de l'abbaye de Ronceray d'Angers (1028-1184)*, publié par Paul Marchegay, Angers 1854. Nr. 259 (c. 1110): Quoniam quidem mortale hominum genus diu stare non potest et omnia que in mundo sunt, *more fluentis aque*, preteruntia sunt, superest ut illorum gesta memorie nostre commendemus; Nr. 185 (1151): Quoniam homines et eorum memoriam, *more fluentis aque*, de die in diem perterire conspicimus, res gestas ad memoriam diuturniorem scripbere disposuimus.

351) *Cartulaire de l'abbaye de Ronceray d'Angers (1028-1184)*, Nr. 235 (c. 1040): Quoniam *mens humana brevi tempore deficit et labitur*, ideo quod firmiter et diu retinere desideratur vivaci memorie litterarum perhenniter commendetur; Nr. 201 (1161): Quoniam *mens humana brevi tempore deficit et labitur*, ideo quod firmiter et diu retinere desideratur vivaci memorie litterarum perhenniter commendetur; Nr. 313 (1090-1110): Quoniam *mens humana brevi tempore deficit et labitur*, ideo quod firmiter et firmius retineri desideratur vivaci memorie litterarum perhenniter commendetur; Nr. 194 (c. 1115): Quoniammens humana adeo fluxa est ut ea que presentialiter agit vix retinere possit, ut firmius prolixius que agimus teneamus, memorie litterarum tradere curavimus; Nr. 320 (1161): Quoniam *mens humana brevi tempore deficit et labitur*, ideo quod firmiter et diu retinere desideratur, vivaci memorie litterarum perhenniter commendetur.

が述べられている[352]。モレーム修道院でも 12 世紀の最初の四半世紀に登場するが[353]，いずれも定式化された文言ではない。

　心（mens）のメカニズムへの関心を示しているのが，「心の眼（mentis oculus）」という表現である[354]。「心の眼」という表現は，1157 年「beneficium」を巡って教皇との間に軋轢が生じたあのブザンソンでのやりとりを帝国諸侯に告げた皇帝フリードリヒ・バルバロッサの回書の中でも，皇帝の冠の標を教皇が皇帝に授けたという教皇の見解に関する重要な箇所で，そのやりとりの光景を「心の眼で絶えず見ざるをないのだが」という表現で登場する[355]。

---

352)　Nr. 272 (1163) : Erga tot et tantas mundi hujus sollicitudines, *sensus et mens hominis* tociens agitatur et tot terrenorum perturbationibus circumquaque pulsa confunditur, quod si forte inter aliquos rei alicujus conditio aliqua fiat quam jugi memoria reservari semper oporteat, tam cito labitur illa *ab humana et fragili mente* quod, si in posterum velit et necessarium sit retractare quomodo et quibus presentibus aut a quibus factum est, aut vix aut nunquam sine litterarum traditione *ad cognitionem rei* illius poterit amplius pervenire. Et quia *mortalium etas atque memoria*, labendo semper et absque reditu transeundo, sic evanescit, antiqua majorum sollertia providendo decrevit litteris memorabilibus commendare quicquid per se non poterat fragilis homo retinere.

353)　*Cartulaire de l'abbaye de Molesme ancien diocèse Langres 916-1250*, publié par Jacques Laurent, Tome II, Paris 1911. Nr. 92（1127 年 以 前）: Vale congruum et idoneum est litteris assignari quod posterorum nostrorum fidei volumus commendare, quatinus quod *humane mentis labilis memoria* obliviscendo quandoque poterat amittere, litterarum apiscibus tenatius valeat reservare; Nr. 205 (1111-1130): Quoniam *labilis est humane mentis memoria et oblivioni* plerumque obnoxia, ... ; Nr. 223 (1111-1115) : Quoniam *labilis est humane mentis intencio et oblivioni* multocies obnoxia, ... ; Nr. 216 (1111-1124) : Quia *mortalis vite labente curruculo mentibus mortalium* quasi naturaliter inheret oblivio, presentium futurorumque scripto revocetur memoria.

354)　UB Trier 3, Nr. 29 (1215): Notum igitur facimus universitati vestre, quod nos dirigentes mentis oculos ad corpus ecclesie Trevirensis, quod dolentes dicimus; *Actes des princes Lorrains, 2ème série: Princes ecclésiastiques, I: Le évêques de Metz, B: Etinenne Bar 1120-1162*, par Michel Parisse, Nancy, Nr. 94 (1149-1158): Viri prudentis est non tantum presentia conspicere, sed quid in posterum possit accidere sollicite *mentis oculos* contemplari.

355)　DF I. 186, S. 314, Z. 38-40: Quos cum prima die adventus sui honorifice suscepissemus et secunda, ut mos es, ad audiendam legationem suorum cum principibus nostris consedissemus, ipsi quasi de mammona iniquitatis inflati de altitudine superbiae, de fastu arrogantiae, de execlabili tumidi cordis elatione legationem apostolicis litteris conscriptam nobis presentaverunt, quarum tenor talis erat, quod *pre oculis mentis semper deberemus* habere, qualiter domus papa insigne imperialis coronae nobis contulerit neque tamen penitentia moveretur, si maiora excelllentia nostra ab eo beneficia suscepisset.

死すべき人間の記憶と無くなることのない文書を対比し[356]，儚い人間の生を克服する手段である文書によって確かなものとするという表現は[357]，不確かな記憶が人を欺く危険性と[358]，ときの経過を強く意識し，世代交代とともに失われる記憶への警鐘であった[359]。

「memoria」を巡るもう一つの視角は，修辞学の影響である。「人生は短く人の記憶は失われやすく，欺くのだ」という表現は，1172年にヴュルツブルクの受領者作成で発給された皇帝フリードリヒ・バルバロッサの証書にも登場するが[360]，ドイツの司教証書より早く，アンジェの聖オーバン，あるいは聖ブノワ・シュル・ロワールでは12世紀前半用いられている[361]。

地域を越えて類似の表現で広く表出するこの句は，セネカの『人生の

---

356) UB Trier 2, Nr. 246 (1209): Quum eorum que geruntur ab hominibus memoria sepe perit ipsis morientibus et diuturnitas temporis super hiis que aliquando certa fuerunt. posteritatem in dubium trahit. antiquitas felici prouisione modum adinuenit. *per quem testium mortalitati per scripturam immortalem subueniretur. ut scilicet in locum testium deficientium ad rei geste seriem probandam succedat fides instrumentorum*; UB Trier 3, Nr.5 (1213): Quoniam eorum que geruntur ab hominibus memoria sepe perit ipsis morientibus et diuturnitas temporis super hiis que aliquando certa fuerunt, posteritatem in dubium trahit, antiquitas felici provisione modum adinvenit, *per quem testium mortalitati per scripturam immortalem subveniretur, ut scilicet in locum testium deficientium, ad probandam rei geste seriem succedat fides instrumentorum.*

357) UB Trier 2, Nr. 33 (1179): Cum *humana uita fragilis sit*. et dubia. et *hominum memoria labilis et transitoria. necessarium est. ut mortalium pacta roborentur per scripta*; Cf. Atsuko Iwanami, *memoria et oblivio*, S. 61.

358) Nr. 350 (1228): Quoniam *oblivionis incommodo humana plerumque laborat infirmitas*, que non sine periculo in posterum possent ignorari, litterarum memorie digne debent commendari.

359) Nr. 393 (1230): Generatio preterit et generatio advenit, *cunctorumque facta hominum a memoria dilabuntur temporum diuturnitate si scripto non redigantur.*

360) DF I. 590 (1172): Quoniam *labilis et brevis est humana memoria*, predeccorum nostrorum regum et imperatorum constuit scripturarum auctoritas testimonio commendare, que *transeuntium temporum antiquitas a memoria hominum consuevit alienare.*

361) *Cartulaire de l'abbaye de Saint-Aubin d'Angers*, publié par le Comte Bertrand de Broussillon, Tome II, Paris 1903. Nr. 438 (1123): Quoniam *vita brevis est et memoria fallax*, temporis acta nostri litteris mandare decrevimus; Nr. 804 (1157-1189): Quoniam *vita brevis est et memoria labilis*, si quid memoriter retinere voluus literis commendamus; *Recueil des chartes de l'abbaye de S. Benoît-sur-Loire*, par M. Prou, A. Vidier, Paris/ Orléans 1900, Nr. 123 (c. 1125): Quoniam *humana vita brevis est labisque memoria*, executionem gestarum rerum decrevit antiquitas commendare memorie litterarum; Nr. 174 (1161-1167) : Quoniam *humana vita brevis est labilis que memoria*, que utilia et digna relatu videntur litterarum memorie commendare patrum decrevit auctoritas.

短さについて』を思い起こさせるものの,『人生の短さについて』には全く同じ表現では出てこない。

e）皇帝／国王証書と司教証書との相互影響

興味深いのは，この表現が12世紀後半，時差はありながら1180年頃からドイツ司教証書で広く用いられるようになった点である。

先述したように，皇帝／ドイツ国王の証書作成には，受領者作成と並んで，各地の聖界諸侯の宮廷からリクルートされた聖職者たちがその任に当たっていた。とりわけ帝国の大尚書官長のマインツ大司教とケルン大司教，さらにヴュルツブルク司教配下から帝国尚書局に登用されている書記が少なくなかった。これらの書記たちは，皇帝／国王証書の伝統を継承するとともに[362]，例えばマインツや，ヴュルツブルク，そしてバンベルクのように[363]，書記たちの出身地の聖界諸侯の証書作成で用いられていた定式文言を皇帝証書に導入することもあった。皇帝／国王証書と聖界諸侯の作成する証書間には，人的レベルで相互に影響関係が存在していたと言える。

この相互影響を跡付ける一つの鍵となるのが「memoria」を巡る諸相である。例えばリエージュ司教区出身のトリア大司教アーノルト1世（在位1169-83）の証書は，同じくリエージュ出身と推定される書記が作成した皇帝証書の文言との重なりを示している。共通する文書表現の導入は，各地で育成された文官のキャリア形成を垣間見せているのである[364]。

皇帝証書と司教証書を比較し，後世の人々の記憶に留めるために文書にしたためる必要性に言及する事例を追っていくと，この表現の導入を

---

[362] Walter Koch, Zu Sprache, Stil und Arbeitstechnik in den Diplomen Friedrich Barbarossas, in: MIÖG 88 (1980), S. 36-69.

[363] Heinrich von Fichtenau, Bamberg, Würzburg und die Stauferkanzlei, in: MIÖG 53 (1939), S. 241-286; Peter Johanek, *Die Frühzeit der Siegelurkunde im Bistum Würzburg*, Würzburg 1969; ヴュルツブルクの司教証書と定式文言集 *Codex Udalrici* との関係については, idem, Zur Geschichte der Reichskanzlei unter Friedrich Barbarossa, in: MIÖG 86 (1978), S. 27-45, S. 40 ff.; バンベルクの司教証書に関しては, Hans-Ulrich Ziegler, Das Urkundenwesen der Bischöfe von Bamberg von 1007 bis 1139. Mit einem Ausblick auf das Ende des 12. Jahrhunderts, in: *Archiv für Diplomatik* 27 (1981), S. 1-110, 28 (1982), S. 158-189.

[364] Atsuko Iwanami, *memoria et oblivio*, S. 58 f.

探るうえで鍵となる人物が浮かび上がってくる。それはあのヴィーバルトである。

f）ヴィーバルトと「*memoria*」

先述したように，熱心にキケロの著作を収集したヴィーバルトは，修辞学の素養を身に付け，それを外交書簡などに活かした人物である。ヴィーバルトはコンラート3世のもと，40を超える国王証書の作成に関与しているが[365]，皇帝証書の作成に関与する以前に，彼が教育を受けたリエージュ周辺の司教証書やスタブロ修道院文書にその痕跡を残している。

スタブロ修道院文書は後世の写しの形で伝来しているものが多く，作成者の同定が難しい場合が多いが，ヴィーバルトが証人として名を挙げられている証書に，他では見られない表現が用いられている。おそらくヴィーバルトが草案者であり，書記として名が挙げられている証書に[366]，事績（*res gestae*）の記憶を後世に伝えることの有用性を強調し[367]，ないがしろにされたり過ちによって失われることがないよう文書（遺言書）に記し，記憶に留めるという表現が登場している[368]。他にもヴィーバルトが修道院長として関与し，おそらくヴィーバルトが草案した証書にも，記憶に長く留めることを可能とする文書への信頼が表現されている[369]。見落としてならないのは，文書による保証を強調する表

---

365) Friedrich Hausmann, *Reichskanzlei und Hofkapelle unter Heinrich V. und Konrad III.*, Stuttgart 1956, S.167 ff.

366) Friedrich Hausmann, *Reichskanzlei und Hofkapelle unter Heinrich V. und Konrad III.*, Stuttgart 1956, S.167 ff.; Heinz Zatschek, *Wibald von Stablo, Studien zur Geschichte der Reichskanzlei und Reichspolitik unter den älteren Staufern*, S. 270; Heinrich Fichtenau, *Arenga. Spätantike und Mittelalter im Spiegel von Urkundenformel*, Wien/Köln/Graz 1957, S. 132, Anm. 50.

367) *Recueil des chartes de Stavelot-Malmedy I*, par Joseph Halkin et C.-G. Roland, 1909, Nr.143 (1124): Quia non improvide *neque inutiliter rerum gestarum memoria ad posteros transmittitur*, nos utilitati et quieti fratuum nostrorum providentes, ea que nostris temporibus et per nos de ecclesia de Braz acta sunt, ad noticiam successorum veraci testamento destinare curavimus.

368) Nr. 145 (1126): Quia saluberrima institutione *rerum gestarum ordo ad confirmandas* ecclesiarum possesiones *ad posteros transmittamus*, nos quoque nequem posteritatis nostre error vel ignorantia involvat, quid de curte nostra Calko consulentibus et comparentibus fratiribus nostris egerimus *litteris testamenti nostri memorie commendare curavimus*.　… Testes: Wibaldus huis testamenti scriptor.

現ばかりでなく，実務的にもヴィーバルトの管理下で文書数が格段に増えている点である[370]。

　文書の作成そして保存の重視は，「散逸したものを集め，収集したものを保存する (*dispersa congregare et congregata conservare*)」という表現に結実している[371]。類似の表現が，ヴィーバルト自身が書きしたためた証書で用いられているが[372]，記憶に留めることは，正しい状態に復帰させ，あるべき秩序を維持することを意味していた[373]。ヴィーバルトは，後述するように，後年修道院長となるコルヴァイ修道院において前任者たちの下でないがしろにされてきた同修道院の所領を回復し，文書にしたため，後世忘れ去られる危険を回避し，法的に確実にしようと尽力している[374]。

---

369) Nr. 168 (1139): … *presenti scripto nostro ad posterum nostrorum memoriam transmittere curavimus*…Coroborratio: Quod nos episcopate banno nostro firmavimus, et peticione fratrum nostrorum majoris ecclesie canonicorum *per presentem paginam memorie longiori commendavimus*. Cf. Nr. 169 (1139). ヴィーバルトの関与については，Friedrich Hausmann, *Reichskanzlei und Hofkapelle unter Heinrich V. und Konrad III.*, S. 174; *Recueil des chartes de Stavelot-Malmedy I*, Nr. 175 (c.1140): Cum in rebus nobis a Deo commissis, sive secundum rationem utilitatis sive secundum necessitatem dispensationis, aliquid ordinamus aut statuimus, *dignum est ut ad posterorum memoriam scripto diligenter transmittamus*.

370) Atsuko Iwanami, *memoria et oblivio*, S. 146.

371) Nr. 156 (1132): Quoniam oportet nos, sicut promisimus, *dispersa congregare et congregata conservare*, nos in rebus ecclesie nostre nimium neglectis et dilapsis proposuimus Dei miseratione studium restaurandi cum omni sollictitudine impendere.

372) Nr. 244 (1153) : Prelationis sarcina et officii nostri institutum nos constanti ratione hortatur, ut *non solum congregata servare et ad recte vivendi disciplinam moderari debeamus, set etiam dispersa congregare et ad justicie normam revovcare*, et ea, que vel a nobis recte geruntur vel ab antiquis prave acta corriguntur litterarum beneficio attentius memorie commendare. … Wibaldus Stabulensis abbas subscripsi.

373) Atsuko Iwanami, *memoria et oblivio*, S. 146; Nr. 157 (1135): Utiliter satis ac provide *rerum gestarum ordo ad notitiam futurorum acripto transmittitur*, ne per ignorantiam legi … permutetur; Nr. 181 (1146): Sicut necessairum est ea que a potentioribus tradunturr firmis privilegiorum monimentis roborari, ita nichilominus constat esse utilimum, si vel quod a subditis suis prelatis aut majoribus conceditur certis quibusdam signorum attestationibus confirmetur, non quod viri religiosi sua umquam concessa immutare velint vel debeant, sed *ne posterorum oblivio aut ignorantia predecessorum instituta tempore aliquo immutare presumat*; Nr. 183 (1146): Utiliter multum et provide conscribuntur ea que a nobis de possessionibus monasterii nostri geruntur, ut videlicet reditus et possessiones statuto tempore sine diminutione solvantur, et in singulis quibusque rebus quid, qua utilitate poscente, vel qua *necessitate cogente actum sit, a posteris nostris non ignoretur*.

374) Cf. 岩波敦子「12世紀の外交官・修道院長ヴィーバルトの生涯」宮崎揚弘編『続・

ないがしろにされたり，過ちが生じることがないように文書（遺言書）に記し，記憶に留めるという表現は，ヴィーバルトが草案を練り，自ら書き記したコンラート3世の証書にも登場する[375]。全く同じ表現ではないが，スタブロ修道院の文書で表出する表現と基本となる考え方は一致しており，それ以前類似の表現は国王証書で用いられてはいない。ヴィーバルトが草案し，ヘリベルト（長くコンラート3世の下で書記として活動，1140年から1146年にかけての期間及びフリードリヒ・バルバロッサ下でも1152年以降散発的に証書作成に携わり，1163年にはブザンソン大司教に登位[376]）が作成した国王証書にも，「memoria」表現が用いられている[377]。

ヴィーバルトの書簡集にも同様の表現が認められる[378]。学友ハーフェルベルクのアンセルムや[379]，コンラート3世からビザンツ皇帝マヌエルへの外交書簡などでも記憶の重要さに触れており[380]，キケロ著作の収集に関してダッセルのライナルトに書き送った書簡では，忘却とないがしろにされる危険性と収集する意義について言及が見られる[381]。テクスト

ヨーロッパ世界と旅』法政大学出版局，2001年，108-142頁。

375) DKo III. 90 (1143): Quecumque inter homines regni nostri in dubium venerint et iudiciis competentibus secundum legum tramitem in nostra et principum nostrorum audientia finaliter decisa fuerint, dignum arbitramur, ut *ad posterorum memoriam scriptis evidentibus transmittantur, ne postmodum inde ulla oblivionis vel erroris occasio valeat oboriri*. ヴィーバルトは類似した表現を Groningen の首席司祭 *praepositus* に送った書簡でも用いている。Cf. *Monumenta Corbeiensia*, Nr. 210 (1149): *ad posterorum memoriam, ne per oblivionem aut per negligentiam error aliquis oboriatur, scripto transmittere*.

376) ヘリベルトに関しては，*Die Urkunden Friedrichs I.*, Heinrich appelt (bearb.), 10. Bd., 5. Teil, Hannover 1990, S. 29 以下及び S. 51. Erich Meuthen, Die Aachener Pröpste bis zum Ende der Stauferzeit, in: *Zeitschrift des Aachener Geschichtsvereins* 78 (1966/7), S. 5-95 も参照。

377) DKo III. 125 (1145): Principalis excellentie providentiam decet, ut ea, que a rectoribus ecclesiarum de sacris earum possessionibus vel ordinationibus aut commutationibus sub nostro conspectus sive ex iudicio sive ex partium consensu fiunt, *teneaciori scriptorum memorie contradantur, ne postera etas rerum gestarum ignara aliquo errore seu dissensione fatigetur*.

378) *Monumenta Corbeiensia*, (ed.) Philipp Jaffé, Nr. 96 (c. 1148), Nr. 150 (c. 1149).

379) Nr. 159 (c. 1149).

380) Nr. 237 (1150): nulla potest rerum oblivio a anime nostre tenaci memoria evellere.

381) Nr. 208 (1149 ?): Nec vero, ut cetera omittamus, pati possumus, quod illud nobile ingenium, illa splendida inventa, illa tanta *rerum et verborum ornamenta oblivione et negligentia depereant*; set ipsius opera universa, quantacunque inveniri poterunt, in unum volumen confici volumus, nichil habentes cum illis commune, qui quanto ditiores sunt tanto mahis egent et, omissis liberalibus studiis, circa transitoria solliciti sunt, et *congregant ut dispergant et dispergunt ut*

の愛好者であり，その重要性を熟知していたヴィーバルトは[382]，決して伝統に固執していたわけではない。むしろ文書による保証という新機軸を実践の場で積極的かつ柔軟に導入していたのである[383]。

g）文書に対するヴィーバルトの信頼

コンラート3世からフリードリヒ・バルバロッサの治世への転換期に，両君主に仕え，重要な外交交渉に携わるだけでなく，証書作成にも関与したヴィーバルトは，文書への信頼が変容していく過程を体現している。コンラート3世がランス Reims のサン・レミ修道院に発給した証書を確認文書の形で再発給したフリードリヒ・バルバロッサの証書には，手本となった DKo III. 140 では用いられていない「この案件の承認を記した文書によって確認した（per hanc pragmatice sanctionis paginam confirmavimus）」という表現が登場するが，この証書はヴィーバルトの草案による[384]。

ヴィーバルトが文書を信頼し，権利の保全のために証書を積極的に利用する姿勢が顕著に表れているのが，二つ目の修道院長職に就いたコルヴァイ修道院に発給された証書群である。

コルヴァイ修道院長に就任したヴィーバルトは，近隣の二つの女子修道院フィッシュベック Fischbeck とケムナーデ Kemnade を巡る係争に巻き込まれていた[385]。十字軍への参戦について討議された1147年のフランクフルトの宮廷会議で，コルヴァイ修道院へのフィッシュベックとケムナーデ，及びヘアフォート Hereford の併合に関する複数の国王証

---

congregent.

382) Friedrich Hausmann, *Reichskanzlei und Hofkapelle unter Heinrich V. und Konrad III.*, S. 232.

383) Atsuko Iwanami, *memoria et oblivio*, S. 148.

384) DF I. 2, S. 5, Z. 16-20: Et quoniam ad honoris nostri exellentiam pertinet tam distorte facta reformare quam recte gesta roborare, iudicium, quod super eadem re in curia predecessorum nostrorum regum videlicet et imperatorum ordine legitimo promulgatum est, per hanc pragmatice sanctionis paginam confirmavimus decernentes, ...; Hermann Krause, Die Rolle der Bestätigung in der Hohenstaufenzeit, S. 401.

385) Franz Josef Jakobi, *Wibald von Stablo und Corvey (1098-1158)*, S. 83 ff.; Friedrich Hausmann, *Reichskanzlei und Hofkapelle unter Heinrich V. und Konrad III.*, S. 193; 服部良久『中世のコミュニケーションと秩序─紛争・平和・儀礼』京都大学学術出版会，2020年，第4章「ローカルな紛争と王宮廷─バルバロッサとヴィーバルトの書簡より」77頁以下参照。

書が発給されているが[386]，これら国王証書はいずれもヴィーバルト自身の草案によるものであった[387]。

国王コンラート3世から厚い信任を得，かつ視覚化された文書の挙証力を信頼していたヴィーバルトは，1147年に発給されたコルヴァイ修道院へのケムナーデの併合を再度確認する，同じ内容の国王証書を3通作成させている。同じ内容を記した証書が3通発給された DKo III. 245 のうち一通は紫地に金字で記し，金印が付された豪華な証書であり[388]，他の2通の証書は蠟の印章が付された通常の形態の証書である[389]。豪華証書ではオットー2世とテオファヌの結婚証書の事例が有名であるが[390]，一修道院の権利を認める証書としては極めて例外的である。

ヴィーバルトは，スタブロ修道院に対してすでに同様の豪華な皇帝証書を以前発給してもらっていた。スタブロ修道院とマルムディ Malmedy 修道院の統合と，共同の修道院長選挙，皇帝の保護，所領の確認，税の免除などを認めた1137年9月22日付の皇帝ロタル3世の証書は，ドイツ地域の受領者に発給された豪華証書の中では最初のものであり，その草案を練ったのはやはりヴィーバルト自身だった[391]。1152年国王フリードリヒ・バルバロッサは，国王選挙に功あったヴィーバルトの功績に報いるために[392]，コンラート3世によるコルヴァイ修道院への国王証書 DKo III. 245 を原本として，豪華な国王証書を再び発給させている（図3-2）[393]。

---

386) DKo III. 179, 180, 181, 182.
387) DKo III. 182, Or., Münster StA, Kaiserurkunde Nr. 104 (= Fürstentum Corvey, Urk. Nr. 51).
388) DKo III. 245, Or., Münster StA, Kaiserurkunde Nr. 105 (= Fürstentum Corvey, Urk. Nr. 51 a).
389) Or., Münster StA, Kaiserurkunde Nr. 106, 107 (= Fürstentum Corvey, Urk. Nr. 52, 53).
390) Cf. Hans K. Schulze, *Die Heiratsurkunde der Kaiserin Theophanu und das römisch-deutsche Reich 972-991*, Hannover 2007.
391) DLo III. 119. 当該の写本の書記は Engelbert である。Atsuko Iwanami, *memoria et oblivio*, S. 150, Anm. 737; 豪華証書に関しては，Carlrichard Brühl, Purpururkunden, in: Kurt-Ulrich Jäschke, Reinhard Wenskus (Hgg.), *Festschrift für Helmut Beumann zum 65. Geburtstag*, Sigmaringen 1977, S. 3-21.
392) Friedrich Hausmann, *Reichskanzlei und Hofkapelle unter Heinrich V. und Konrad III.*, S. 234.
393) DF I. 11 (1152). 残念ながら当該の証書はおそらく1634年に消失している。Cf. Atsuko Iwanami, *memoria et oblivio*, S. 150, Anm. 739.

8　記憶から記録へ

図3-2　1138年4月11日国王コンラート3世が
スタブロ修道院に発給した証書（DKo III. 5）

ヴィーバルトが豪華証書によって証書の権威を高めようとした事実は，とりもなおさず通常の証書を提示するのみでは権利の保全には十分ではなかったと考えていたことの裏返しだろう[394]。

　信仰共同体が共有する「記憶」を後世の人々に確実にするために，『生命の書 Liber Vitae』の制作によって死者祈念を称揚し[395]，典礼芸術の高揚にも務めていたヴィーバルトは[396]，視覚を通じた記憶の「現在化」の有用性を熟知し，時空を超えた記憶の共有と保全のために，様々なテクストを効果的に利用していたのである[397]。

h）帝国尚書局の書記と「memoria」

　ヴィーバルトが先鞭を付けた国王証書における新たな「memoria」表現は，12世紀半ば以降皇帝フリードリヒ・バルバロッサの皇帝証書でも受け継がれていった。草案者によって表現，使用頻度には違いがあるものの，「memoria」が皇帝証書に導入されていく過程を跡付けることができる[398]。Arnold II.D[399]，Arnold H (Albert)[400]，Rainald G[401]，Rainald C[402]，Rainald H[403]と書記によってそれぞれ異なる表現のバリエーションは，単に定式文言として模倣されたのではなく，ときの経過によって失われやすい記憶を補完する手段として文書の必要性を強調する表現が，時代の要請を反映していたことを示している。書記の養成に用いられた定式文言集『コーデックス・ウダルリキ Codex Udalrici』[404]の影響を受

---

[394] 係争における証書の挙証力に関しては，Elmar Wadle, Gewohnheitsrecht und Privileg – Allgemeine Fragen und ein Befund nach Königsurkunden des 12. Jahrhunderts, S. 128 f.

[395] Karl Schmid, Joachim Wollasch (Hgg.), *Der Liber Vitae der Abtei Corvey*, 1989.

[396] Susanne Wittekind, *Altar – Reliquiar -Retabel: Kunst und Liturgie bei Wibald von Stablo*, Köln 2004.

[397] Cf. 岩波敦子「12世紀の外交官・修道院長ヴィーバルトの生涯」宮崎揚弘編『続・ヨーロッパ世界と旅』法政大学出版局，2001年，108-142頁。

[398] Atsuko Iwanami, *memoria et oblivio*, S. 133 ff.

[399] DF I. 78 (1154); DF I. 105 (1155).

[400] DF I. 150 (1156); DF I. 209 (1158).

[401] DF I. 253 (1159); DF I. 420 (1163); DF I. 454 (1164); DF I. 466 (1164); DF I. 467 (1164); DF I. 506 (1166).

[402] DF I. 350 (1162); DF I. 353 (1162); Rainald C もしくは Christian E の草案によるのが，DF I. 422 (1163).

[403] DF I. 375 (1162); DF I. 410 (1163); DF I. 445 (1164).

[404] *Codex Udalrici*, Klaus Nass (Hg.), 2 Teile., Wiesbaden 2017; Friedrich Hausmann,

けていない書記たちが,「*memoria*」表現を用いていることもこれを裏付けているだろう[405]。注目すべきは,「記憶に留め,眼前に持つ」という表現が複数の書記によって度々用いられている点である[406]。

　イタリア外交でも重要な役割を果たし,1165 年以降皇帝証書の作成に関与,1172 年から 1180 年まで筆頭書記官に任じられたヴォルトヴィンは,1160 年以降ハインリヒ 2 世,ヘロルトの治世下ヴュルツブルク司教証書の作成に関与しているが,ヴュルツブルクでは「*memoria*」に関して特に目立った表現を用いてはいない。帝国尚書局でより洗練された表現を身に着けたヴォルトヴィンは,1166 年から 67 年にかけて,そして 1171 年に作成した皇帝証書で,ときの経過と「*memoria*」に関する文言を用いている[407]。ヴォルトヴィン同様に,ある時期集中して

Formularbehelfe der frühen Stauferkanzlei. Untersuchungen über deren Herkunft, Verwendung und Verhältnis zur Unrkundensanmmlung des Codex Udalrici, in: MIÖG 50 (1958), S. 68-96; *Codex Udalrici* の教則本としての過度な評価に関する注意を喚起しているのが,Walter Koch, Zu Sprache, Stil und Arbeitstechnik in den Diplomen Friedrich Barbarossas, S. 51.

　405) Atsuko Iwanami, *memoria et oblivio*, S. 134, Anm. 635.

　406) Rainald C と推測されるのが,DF I. 350 (1162): in memoria et pre oculis habentes; Christian E と推測されるのが,DF I. 421 (1163): pre oculis habentes et magna eorum servitia in memoria retinentes; Rainald C もしくは Christian E と推測されるのが,DF I. 422 (1163): in memoria retinentes et pre oculis semper habere volentes; Rainald G による草案は,DF I. 466 (1164): in memoria retinentes et pre oculis habentes と DF I. 467 (1164): in memoria retinentes et pre oculis habentes.

　407) DF I. 517 (1166): Imperatorie maiestatis nostre deposcit equitas, suadet pietas, ut suam cuique iustitiam conservare debeamus et fidelium nostrorum pacta et conventiones nec non quoslibet rationabiles contractus approbare et *auctoritate scripti nostri corroborare et memorie commendare, ne forte ob annorum revolutionem et hominum decessionem et successionem veniant in oblivionem et negligentiam*; DDF I. 531 (1167): Ratio suadet et necessarium esse iustitia ipsa demonstrat, ut, quicquid aliquo tempore clementia imperialis de sua largitate fidelibus suis erogat vel distribuit, *litterarum apicibus pro memoria commendetur, ne per successiones temporum concessiones vel donationes regum aut imperatorum aliqua oblivione depereant* vel ex levi occasione cordibus posterorum dubietatis vulnus infligant; DF I. 534 (1167): Dignitas imperii Romani in optimum statum roboratur et rei publice plurimum confert, si ea, *que celebri digna sunt memoria, in scriptis redigantur et ad omnium posterorum noticiam congruo ordine transferantur, ne forte per negligentiam sive per ignorantiam rerum gestarum veritas deperat vel per successiones temporum totus ordo rerum dubius apud homines relinquatur*; DDF I. 574 (1171): Placet maiestati nostre et congruum atque rationabile videtur, ut omnis nostra ordinatio, assensus et confirmatio de diversis contractibus, qui inter diversas ecclesias vel personas frequenter eveniunt, in scripto redigatur et i*n memoria atque notitia per successiones temporum posteris relinquatur*; Cf. Atsuko Iwanami, *memoria ete oblivio*, S. 136. ヴォルトヴィンは他に二つの証書で *memoria* を用いている。DF I. 522 (1167); DF I. 526 (1167).

「*memoria*」を用いているのがウルリヒ B である。ウルリヒ B は作成に関わった皇帝証書 40 のうち七つで「*memoria*」表現を用いている[408]。1174 年から 1179 年の間書記として活動し，第 5 回イタリア遠征に同伴したブルクハルトは，この間皇帝証書作成の中心人物として活動し[409]，書記ゴットフリート G に影響を与えた[410]。ブルクハルトは，序文と並んで[411]，結語文でも「*memoria* 表現を用いている他[412]，単独で忘却（*oblivio*）の危険性を[413]，多くはときの経過への言及ともに述べている[414]。ブルクハルト」は 1178 年に集中して使用しており，特定の表現が受領者や発給場所によらず書記の選択に依拠していたことを示している[415]。

ゴットフリート G はその活動の初期にはブルクハルトの影響が認められるものの，1180 年代初頭から独自の，極めて洗練された表現で「*memoria*」モチーフを用いている[416]。とりわけ重要なのが，ハインリヒ獅子公から大公領を剥奪したいわゆるゲルンハウゼン証書だろう。この冒頭の序文でもときの流れと人間の記憶の不確かさが言及されている[417]。ゴットフリート G はロベルトなど他の書記にも影響を与え，「*memoria*」モチーフが皇帝証書に着実に定着していくプロセスを確認できる[418]。

---

408) DF I. 566 (1170), DF I. 570 (1170), DF I. 571 (1170), DF I. 573 (1170), DF I. 582 (1171). うち二つ（DF I. 566, 570）はその関与を推測させる。Cf. Atsuko Iwanami, *memoria et oblivio*, S. 138.

409) Walter Koch, Zu Sprache, Stil und Arbeitstechnik in den Diplomen Friedrich Barbarossas, S. 41.

410) Einleitung zu DF I. (= MGH, *Die Urkunden Friedrichs I.*, (ed.) Heinrich Appelt, Teil 5, Hannover 1990, S. 46.

411) DF I. 633 (1174); DF I. 750 (1178); DF I. 755 (1178); DF I. 782 (1179);

412) DF I. 698 (1177); DF I. 747 (1178); DF I. 748 (1178); DF I. 749 (1178); DF I. 753 (1178); DF. I. 741 (1178).

413) DF I. 715 (1177).

414) DF I. 745 (1178); DF I. 752 (1178); DF I. 771 (1179); DF I. 787 (1179).

415) Atsuko Iwanami, *memoria et oblivio*, S. 139 f.

416) DF I. 795 (1180); DF I. 798 (1180); DF I. 799 (1180); DF I. 825 (1182); DF I. 876 (1184); DF I. 881 (1184); DF I. 885 (1184); DF I. 947 (1186); DF I. 968 (1188); DF I. 909 (1185); DF I. 1004 (1189).

417) DF I. 795; Quoniam *humana labilis est memoria et turbe rerum non sufficit, predecessorum etatis nostre divorum imperatorum et regum diva decrevit auctoritas litteris annotare, que fluentium temporum antiquitas a noticia hominum consuevit alienare.*

418) DF I. 814 (1181); DF I. 831 (1182); DF I. 835 (1182); DF I. 845 (1183); DF I. 972

12世紀司教証書や修道院文書で登場した「*memoria*」は，皇帝証書でも様々な書記たちによって用いられていった。ときに類似の表現が見られるものの，単なる書き写された修辞文言ではなく，ヴァリエーションに富んだ洗練された表現は，そこに共有された意識の変化が映し出されている証左である。1160年代の「*memoria*」モチーフの集中的表出は，同時期受領者が作成した皇帝証書でも確認できる[419]。さらに証書で扱った事案や受領者にかかわらず，帝国尚書局の書記ウルリヒBは1170年，ブルクハルトは1178年，ゴットフリートGは1180年代に集中して用いている。

i) フランス国王証書と「*memoria*」

12世紀後半皇帝証書に頻出する「*memoria*」モチーフの地理的分布の参照軸を提供しているのが，フランス国王証書である[420]。コンラート3世，フリードリヒ・バルバロッサの治世に対応するルイ7世の国王証書が未刊行であり，包括的な分析は難しいが，ルイ6世（1108-37）の国王証書は興味深い結果を示している[421]。後世の写しの形で伝来しているものが多いので，その分析には注意を要するが，統治最初の6年間（在位1108-13）に発給された55の国王証書のうち40に序文が記され[422]，その後序文を伴う証書数の減少が見られる[423]。尚書局長ガーランディアのエティエンヌのもと，「文書による *litterarum memoria / cyrographi*

(1188).

[419] DF I. 60 (1153); DF I. 298 (1160); DF I. 554 (1169); DF I. 628 (1174): *Rerum bene gestarum memoriam litteris annotare consuevit antiquitas, ne posteritatem latere contingeret, quod preterita etas per iusticiam terminasset*; DF I. 959 (c. 1187): Ea, que coram maiestatis nostre presencia legitime diffiniuntur, *imperialis necesse est auctoritatis scripto confirmari*, quatinus exinde vigorem accipiant et *temporis prolixitate memorie bone non fraudentur*.

[420] カペー王権の中央統治機構に関しては，渡辺節夫「カペー王権と中央統治機構の発展」渡辺節夫編『ヨーロッパ中世の権力変成と展開』東京大学出版会，2003年，147-183頁，尚書局長を含む国王大官職に関しては，155頁以下参照。

[421] Cf. Atsuko Iwanami, *memoria et oblivio*, S. 153 ff.

[422] *Recueil des Actes de Louis VI roi de France (1108-1137)*, publié sous la direction de Robert-Henri Bautier par Jean Dufour, Tome III: Introduction, Paris 1993, pp. 127 f.

[423] Jean Dufour, Typologie des actes de Philippe Ier (1060-1108) et de Louis VI (1108-1137), rois de France, in: *Typologie der Könihgsurkunden*, Jan Bistricky (Hg.), Olmütz 1998, S. 65-99, S. 85.

memoriae の保持」に関する文言が，若干の語句の入れ替えはあるもののほぼ同じ表現で繰り返し用いられている[424]。その中のいくつかで人間の軽率さ（levitas humanae）と忘却への怖れが引き合いに出されている[425]。

興味深いのは，パリのノートルダムの聖職者たちが国王尚書局で活動した 1112／13 年から 1120 年にかけての時期[426]に一度のみ用いられ[427]，それ以降尚書局長ガーランディアのエティエンヌ（1120-27），シェシーのシモン（1128-32），再びガーランディアのエティエンヌが尚書局長に

---

424) *Recueil des Actes de Louis VI roi de France (1108-1137)*, Tome I: 1108-1125, publié sous la direction de Robert-Henri Bautier par Jean Dufour, Paris 1992. Nr. 19 (1108): *Quia cuncta quae in mundo fiunt, nisi litterarum memoria teneantur*, vel fere vel penitus ad nihilum deduci cognoscuntur; Nr. 24 (1108); Nr, 27 (1109); Nr. 30 (1109); Nr. 34 (1109); Nr. 41 (1110); Nr. 43 (1110); Nr. 45 (1110); Nr. 49 (1111); Nr. 52 (1111); Nr. 56 (1111); Nr. 57 (1111); Nr.65 (1112); Nr. 68 (1112); Nr. 72 (1112); Nr. 97 (1114).

425) Nr. 45 (1110): *Quia cuncta quae mundo fiunt, nisi cyrographi memoria teneantur*, vel fere vel penitus ad nihilum deduci cognoscuntur, dignum ac valde necessarium ducimus, ut ea saltem quae catholicae agimus, *ne levitatis humanae incuria penitus irrita fiant*, litterarum memoriae commendemus; Nr. 49 (1111): *Quia cuncta quae mundo fiunt, nisi litterarum memoria teneantur*, vel fere vel penitus ad nihilum deduci cognoscuntur, dignum et valde necessarium ducimus ut ea saltem *que de morte anime cogitantes* nobis ipsis divinitus thesaurizamus, *ne humanae levitatis oblivione deleantur, cyrographi memorie commendemus*; Nr. 56 (1111): *Quia cuncta quae mundo fiunt, nisi cyrografi memoria teneantur*, vel fere vel penitus ad nihilum deduci cognoscuntur, dignum ac valde necessarium ducimus ut univera memoria digna et ea precipue que nobis ipsis catholice thesaurizamus, providentes *in posterum ne poenitatus oblivioni tradantur* vel alicujus usurpatoris invidia infirmari vel irrita fieri valeant, *litterarum memorie commendemus*; Nr. 57 (1111): *Quia cuncta quae mundo adherentia, nisi cyrografi memoria teneantur, humanae levitatis infirmate vel fere vel penitus oblivioni tradi cognoscuntur*, dignum ac valde necessarium ducimus, ut univerra que memoria indigent et ea precipue que divine agimus, ne penitus irrita fiant, *litterarum memoriae commendemus*; Nr. 65 (1112): *Quia cuncta quae mundo adherentia, nisi cyrografi memoria teneantur, humanae levitatis incuria cognoscuntur*, necessarium ducimus ut ea saltem que digna memoria agimus, ne penitus irrita fiant, *litterarum memorie commendemus*; Nr. 68 (1112): Constat apud omnes quos veritatis intellectus illustrat, quia cuncta quae in mundo fiunt, *nisi cyrographi memoria recensentur, humnae levitatis incuria vel fere vel penitus ad nichilum deduci cognoscuntur. Necessarium igitur memoriae commendemus*; Nr. 72 (1112): Quia cuncta que mundo fiunt, *nisi litterarum memoria teneantur*, vel fere vel penitus ad nihilum deduci cognoscuntur, necessarium et perutile duximus, ut ea saltem que catholice agimus, *ne humanae levitatis incuria penitus oblivioni tradantur, cyrographi novtate recensemus*; Nr. 97 (1114): Quecumque in mundo fiunt, *quia temporalem finem habent, vento oblivionis facile delentur, nisi memorie litterarum infigantur.*

426) *Recueil des Actes de Louis VI roi de France (1108-1137)*, Tome III: Introduction, p. 73.
427) Nr. 97 (1114).

返り咲いた 1132 年から 1137 年にかけての時期には用いられなくなった点である。その理由としてこの時期の国王証書には序文が付されていない場合が多いことが挙げられるが，1108 年から 1112 年まで頻出していることを考えるとこの変化は顕著である。いずれにせよ 1112 年から 1113 年に転換点があったと言えるだろう[428]。

修辞学の教育拠点であったオルレアン Orléans との関連で言えば，オルレアン出身の聖職者，のちの尚書局長シェシーのシモンがおそらく作成した[429]，オルレアンの聖十字架聖堂参事会 St. Croix が受領者の国王証書の結語文で「memoria」が一度用いられている[430]。オルレアンの聖十字架聖堂参事会のカルチュレールでは「memoria/oblivio」に関する使用例がいくつか見出されるものの[431]，国王証書の文言への直接の影響は認められない[432]。

いくつかの国王証書の序文で，儚い人間の記憶がときの流れによって失われていくことに対して文書化の有益性を訴える表現が確認できるが[433]，これらのうちドリュー Dreux の聖エティエンヌ St. Étienne の受領者作成を疑わせる証書では，草案者の文章力が映し出された表現が用いられている[434]。

---

[428] Cf. Atsuko Iwanami, *memoria et oblivio*, S. 156.

[429] *Recueil des Actes de Louis VI roi de France (1108-1137)*, Tome III, p. 38.

[430] Nr. 88 (1113): Itaque ne cursus temporis labente, vento oblivionis tradatur, verum sinui memorie reponatur, sigillo nostro assignari precepimus.

[431] *Cartulaire de Sainte-Croix d'Orléans (814-1300)*, par Joseph Thillier et Eugène Jarry, Paris 1906. Nr. 68 (1110-1111): *Quoniam rerum gestarum memoria litteris veracious et sine errore recolitur, utile duximus nos,* scilicet capitulum Sancte Crucis, et abbas Sancti Petri Carnotensis, pactum societatis, que inter nos in capitulo nostro a omnibus concessa est, *litterarum memorie commendare*; Nr. 75 (1155): Pulcherime consuetudinis usus apud nos inolevit ut pactiones quas cum aliquibus facimus *scripto et memorie commendemus, quatinus quod fragili perire poterat in memoria vivaci conservaretur in littera*.

[432] Cf. Atsuko Iwanami, *memoria et oblivio*, S. 157.

[433] Nr. 284 (c. 1129): Quia *humane fragilitatis invalescente defectu et vita brevis et memoria labilis est, expedit literis mandari ea que utilitas exigit diuturniore memoria retineri*; Nr. 303 (1131): Quia, *humane fragilitatis invalescente deffectu, et vita brevis et memoria labilis est, expedit litteris mandari ea que utilitas exigit diuturniore memoria retineri*; Nr. 318 (1132): Quia, *humane fragilitatis invalescente deffectu, et vita brevis et memoria labilis est*, expedit *litteris mandari ea que utilitas exigit diuturniore memoria retineri*.

[434] Nr. 280 (1120-1129): Quoniam *inter cetra temporalia generationi et corruptioni subjacentia homo videtur a nobis res fluxa et fragilissima*, inde racionabiliter minori conjicimus

フランス国王証書で特徴的なのは，序文ではなく結語文で「*memoria*」表現が定着，定式文言化していく過程である。先述のように序文を伴った証書の減少に伴う変化と推定されるが，1117年，1119年にそれぞれ一度用いられたのち[435]，1119年以降はルイ6世の治世の1137年まで105の証書の結語文で「*oblivio*」単独で定式文言として定着している[436]。いくつかの証書では，皇帝証書では序文で確認できた「ときの流れによって忘却の彼方に消し去られたり，後世の人々によって無効にされたりすることがないように」という表現が結語文に登場する[437]。

---

opera ijus frequentius perire, quippe que videmus de die in diem per temporis inconstacionam ad nichilum devenire; unde nos, incommoditati inservientes, quedam *humana opera memorie commendare decernimus scripte cedule noticia.*

435) *Recueil des Actes de Louis VI roi de France (1108-1137)*, Tome I., Nr. 121 (1117) : Verumtamen, quia *humane fragilitatis est, quod ea etiam que cotidie sub nostra peraguntur presentia subito a nostra elabuntur memoria, presentiam cartam,* consuetudines et iura Parisiensis episcopi liquido exponentem, fieri precepimus, ut auctoritate nostra resurgat antiquitas et libertas ecclesiastice possessionis et, *vivente scripto pervigil memoria casum excludat repentine oblivionis*; Nr. 148 (1119): Ut autem *hoc memorie firmiter traderetur, scripto commendavimus* et sigilli nostri auctoritate et manus nostre impressione corroboravimus.

436) Nr. 149 (1119): Quod *ne valeat oblivione deleri, scripto commendavimus et, ne possit a posteris infringi,* sigilli nostri auctoritate et nominis nostri karactere firmari et corroborari disposuimus; 以下若干の語句の入れ替えはあるがほぼ同じ表現で, Nr. 150 (1119); Nr.158 (1120); Nr. 160 (1120); Nr. 162 (1120); Nr. 162 (1120); Nr. 165 (1120); Nr. 166 (1120); Nr.167 (1120); Nr. 168 (1120); Nr. 169 (1120); Nr. 170 (1120); Nr. 174 (1120); Nr. 177 (1121); Nr. 181 (c.1121); Nr. 184 (1121); Nr. 185 (1121); Nr. 186 (1121); Nr. 188 (1121); Nr. 190 (1122); Nr. 194 (1122); Nr. 195 (1122); Nr. 206 (c. 1123); Nr. 207 (1123); Nr. 208 (1123); Nr. 213 (1124); Nr. 214 (1124); Nr. 218 (1124); Nr. 219 (1124); Nr. 220 (1124); Nr. 222 (1124); Nr. 223 (1124); Nr. 224 (1124); Nr. 225 (1124); Nr. 226 (1124); Nr. 231 (1125); Nr. 232 (1125); Nr. 233 (1125); Nr. 235 (1125); Nr. 238 (1126); Nr. 240 (1126); Nr. 241 (c. 1126); Nr. 242 (1126); Nr. 243 (1126); Nr. 252 (1127); Nr. 253 (1127); Nr. 254 (1127); Nr. 256 (1127); Nr. 261 (1128); Nr. 262 (1128); Nr. 263 (1128); Nr. 266 (1128); Nr. 269 (1128); Nr. 270 (1128); Nr. 273 (1128); Nr. 274 (c. 1128); Nr. 275 (1128); Nr. 289 (1129); Nr. 294 (1130); Nr. 296 (1130); Nr. 297 (1130); Nr. 303 (1131); Nr. 304 (1131); Nr. 305 (1131); Nr. 310 (1131 ; Nr. 318 (1132); Nr. 321 (1132); Nr. 325 (1132); Nr. 327 (1132); Nr. 328 (1132); Nr. 329 (11132); Nr.330 (1132); Nr. 331 (1132); Nr. 332 (1132); Nr. 336 (1133); Nr. 338 (1133); Nr. 339 (1133); Nr. 344 (c. 1133); Nr. 345 (1134); Nr. 348 (ante 1134); Nr. 350 (1134); Nr. 351 (1134); Nr. 352 (1134); Nr. 353 (1134); Nr. 354 (1134); Nr. 356 (1134); Nr. 358 (1134); Nr. 360 (1134); Nr. 361 (1134); Nr. 365 (1135); Nr. 367 (1135); Nr. 374 (1136); Nr. 375 (1136); Nr. 376 (1136); Nr. 377 (1136); Nr. 378 (1136); Nr. 381 (1136); Nr. 382 (1136); Nr. 383 (1136); Nr. 384 (1136); Nr. 391 (1137); Nr. 392 (1137); Nr. 393 (1137); Nr. 402 (1131-1137).

437) *Recueil des Actes de Louis VI roi de France (1108-1137)*, Tome II: 1126-1137, publié sous la direction de Robert-Henri Bautier par Jean Dufour, Paris, Nr. 272 (1128): Hoc autem, *ne per succedentia tempora posset oblivione deleri aut a posteris nostris infirmari,* scripto

9　合意を保証するもの —— 証人の記憶と文書による記録

　皇帝／国王証書，司教証書，修道院文書の分析から，その時期には地域的差があるものの，12世紀に北西ヨーロッパの広範囲に渡って，時間の経過に翻弄される人間という存在の弱さと記憶の儚さによる忘却の危険性を回避するために，文書にしたためる意義と必要性を強調する言説が多彩な表現で表出する過程を確認できた。

　文書に残す意義をあらためて強調した背景には，証書発給に際して，有限の存在である証人による口頭での証言だけでなく，文書によって長期間に渡る挙証力を確保する必要性が強く認識され始めた点が背景にあるだろう。時期は限定されるものの12世紀半ば皇帝証書において時効年限が言及されるのもこの文脈で理解する必要がある。

　証人の記憶と文書による記録は互いに補完し合う合意を保証する手段であり，重要な事案であればあるほど数多くの証人の名が証書に列挙されている事実は，地域差があるにせよ[438]，単純に「記憶から記憶へ」と挙証力が変化したと一まとめに括る危険性を十二分に示している。文書より人間の記憶に信頼を置く社会だったからこそ，わざわざ人間の記憶の不確かさを理由として文書にしたためる意義を強調する必要があったのである。重要なのは合意の確認において記憶を「現在化」するプロセスであり，証書の挙証力を保証するのはそこに記された証人であって，長い時間を経て関係する証人を召喚することが難しい場合などに文書が参照されたと考えるべきだろう。

　文書の存在のみで権利を保全するのが難しかったことを象徴的に示し

---

commendavimus et sigilli nostri auctoritate ac nominis nostri karactere firmavimus; Nr. 285 (1129): Haec autem, *ne per succedentia tempora possent oblivione deleri aut a posteris infirmari*; Nr.288 (1129): Quod *ne per succedentia tempora oblivione posset deleri aut a posteris nostris infirmari*, scripto commendavimus et sigilli nostri auctoritate nominisque nostri caractere firmavimus; Nr. 307 (1131): Hec autem, *ne per succedentia tempora possent oblivione deleri vel a posteris nostris infirmari*.

　　438)　Michael T. Clanchy, *From Memory to Written Record. England 1066-1307*, Chichester ^{3}2013.

ているのが，挙証力を高めるためにヴィーバルトが発給させた豪華証書と，同じ内容を記した複写証書の作成である。文書の存在のみでは係争相手を納得させることが難しかったからこそ，豪華写本によって権威付け，複数の証書を作成することで保証を確実にしようと試みたのである。

　フランス国王証書が示しているように，定式化されやすい結語文に比して，皇帝証書あるいは帝国内の司教証書の序文に表出する表現の豊かさは，その形態ばかりでなく，文体においても証書が有していた表現媒体としての可能性を端的に表している。その意味で一見無味乾燥と捉えられがちな証書という行政文書に表出する新たな表現は，時代の変化を映し出す鏡であり，作成に携わった草案者が選んだことばは，書記個人の恣意的な選択ではなく，当時の社会が求めていた時代精神の表れと言えるのである。

10　教育とキャリア

　証書の作成のみならず，重要な外交交渉の使節の任を務め，時代の目撃者として歴史叙述を著した文官たちは，教育によって頭角を現した。ここで12世紀における教育とキャリアについて，これまで紹介した事例を含めて改めて概観しておきたい。

a）文官への登用と「*magister*」

　12世紀，3人の皇帝・国王に仕え，重要な外交書簡の作成に当たり，教皇・ビザンツへの外交使節として活躍したヴィーバルトは，修辞学の優れた素養によって重用された人物であり，彼の学友のアンセルムもまたギリシア語に堪能でビザンツ帝国との外交において要となった。

　教育によってキャリアを積んだ彼ら文官たちは，高位聖職者として宮廷において重要な助言者であった。フリードリヒ・バルバロッサの統治初期1156年に帝国尚書局長の任に就き，1157年10月のブザンソンの帝国会議で通訳となって，皇帝と教皇との緊張関係を先鋭化するきっかけを作ったダッセルのライナルトは，ニーダーザクセンのダッセル伯の

息子として生まれ，ヒルデスハイムで学んだ後，おそらくフランスで高等教育を受けたと思われる。若い頃から才能に秀で，とりわけその言語能力を買われて様々な政局で重要な役割を演じたライナルトは，さらにイタリア大尚書官長を兼務するケルン大司教に登位し皇帝の右腕として活躍した。

　文書作成能力を買われて尚書局で文官の任に当たった書記たちのなかには，学問を修め「*magister*」と呼ばれている者たちが数多く登場する。教育の重要性を十二分に認識していたヴィーバルトが，皇帝／国王尚書局で発給した証書内で「*magister*」の称号を初めて導入したと考えられていることはすでに述べたが[439]，筆頭書記官ハインリヒが証書で度々「*magister*」として名を挙げられている事例が，教皇やイタリア諸都市が受給者の証書で確認できる[440]。その他にもボヘミア国王ウラディスラフとオーストリア公ヤゾミルゴットのハインリヒとの交渉において，筆頭書記官ハインリヒとディーツ伯ハインリヒを推挙もしくは派遣する旨を記したザルツブルク大司教エバーハルト（DF I. 481）とシュタイアーマルク辺境伯オトカール宛ての文書（DF I. 432）の中で「*magister*」という語句が用いられている。ヴォルトヴィンの後継者として筆頭書記官となり，さらにはヴェルダン司教に登位したルドルフもまた「*magister*」と呼ばれている[441]。

　他にも礼拝堂司祭で「*magister*」と呼ばれたシュテファヌスが[442]，1158年コンスタンティノープル Constantinople に戻るビザンツ皇帝マヌエル・コムネノスの使節を同伴したのもギリシア語を解していたからと考えられる[443]。

　1161年には礼拝堂司祭でやはり「*magister*」と呼ばれたパガヌスが皇帝の使節（*missus*）としてローディに滞在し，後にフリードリヒ・バル

---

439)　Rainer M. Herkenrath, Studien zum Magistertitel in der frühen Stauferzeit, S. 6.
440)　DDF I. 28（受領者は修道院 S. Benedetto Po），52（教皇エウゲニウス3世宛てコンスタンツの協約文書），98（教皇ハドリアヌス4世に宛てたコンスタンツの協約の更新文書），343（パドヴァ），52（トリエント）。Cf. Rainer M. Herkenrath, Studien zum Magistertitel in der frühen Stauferzeit, S. 6, Anm. 18; 以下 Peter Ganz, Friedrich Barbarossa: Hof und Kultur, in: Alfred Haverkamp (Hg.), *Friedrich Barbarossa*, S. 623-650 ここでは S. 626 参照。
441)　DDF I. 669, 730, 732, 747, 752.
442)　DDF I. 356, 459.
443)　Otto von Freising, *Gesta Friderici*, II. 55, S. 388 f.

バロッサによってコモのポデスタに任じられている[444]。「magister」のダニエルは，ブルゴーニュで皇帝フリードリヒ・バルバロッサの使節と皇妃ベアトリクスの書記の役目を果たした[445]。

このように教育を受けた人材の登用は，フリードリヒ・バルバロッサにとって重要な施策だったといってよいが，ハインリヒ6世の治世下では「magister」の称号を有した文官の数が，イタリアが受給者の数例を除き激減している[446]。

高等教育を受けて「magister」と呼ばれる場合に具体的に何を修めたか不明である場合がほとんどだが[447]，文官への登用の際に高等教育の中でとりわけこの時期に重視されていたのは法学だろう。

ながらく尚書局の書記と考えられ，1160年以降ダッセルのライナルト周辺にいたアルヒポエタは[448]，近年ケルンの聖アンドレアス St. Andreas の聖職者で教会法の知識を有するゴットフリートではないかという同定の試みが行われてきたのは先述の通りである[449]。

礼拝堂司祭として皇帝フリードリヒ・バルバロッサの尚書局に仕え，重要な会議にも同行したヴィテルボのゴットフリートは，1133年頃ロタル3世の治世下バンベルクの聖堂参事会学校で学んだが[450]，ゴットフ

---

444) DF I. 343, S. 180.
445) Rainer M. Herkenrath, Studien zum Magistertitel in der frühen Stauferzeit, S. 7.
446) Ibid., S. 12.
447) 例外としては1186年パヴィーアで発給された証書 DF I. 938 の証人欄に登場する3名の magistri のうちの一人 magister Cuno medicus et capellanus noster である。「medicus」とあるように，医学を修めたことが窺える。Cf. Rainer M. Herkenrath, Studien zum Magistertitel in der frühen Stauferzeit, S. 12.
448) Die Gedichte des Archipoeta, kritisch bearb. on Heinrich Watenphul, Heinrich Krefeld (Hgg.), S. 22 f.; Werner Grebe, Studien zur geistigen Welt Rainalds von Dassel, S. 261.
449) ペーター・ランダウ「アルキポエタ：ドイツの最初の詩人法律家—バルバロッサ期の政治的詩人の同定のために」西川洋一訳，『国家学会雑誌』124巻7・8号（2011年），545-597頁 ; Cf. Knut Görich, Friedrich Barbarossa: Eine Biographie, S. 347, Anm. 49; Peter Ganz, Friedrich Barbarossa: Hof und Kultur, S. 640.
450) Odilo Engels, Gottfried von Viterbo und seine Sicht des staufischen Kaiserhauses, in: Hubert Mordek (Hg.), Aus Archiven und Bibliotheken. Festschrift für Raymund Kottie zum 65. Geburtstag, Frankfurt a. M. 1992, S. 326-345; Loren J. Weber, The Historical Importance of Godfrey of Viterbo, in: Viator 25 (1994), pp. 153-196; Friedrich Hausmann, Gottfried von Viterbo, Kapellan und Notar, Magister, Geschichtsschreiber und Denker, ここ で は S. 618; Gerhard Baaken, Zur Beurteilung Gottfrieds von Viterbo, in: Karl Hauck, Hubert Mordek (Hgg.), Geschichtsschreibung und geistiges Leben im Mittelalter: Festschrift für Heinz Löwe zum 65.

リートが携わったロンカリアのレーン法にローマ法の知識が反映されていることから[451]、ボローニャで法学の知識を学んだのではないかと推定されている。ゴットフリートは、ボローニャで学ぶ学生を念頭において作成された、帝国内における学生の移動を保証した「アウテンティカ・ハビタ」の作成にも関与している[452]。

ゴットフリートは、皇帝証書の中で度々「magister」と称されているが[453]、公文書の作成に当たる他、『君侯の鏡 Speculum regum』、『普遍の書 Liber universalis』、1155年から1178年までのフリードリヒの統治と1180年のハインリヒ獅子公の失墜までを韻文詩の形式で描く『フリードリヒの事績 Gesta Friderici』[454]、『パンテオン Pantheon』など様々な著作を著した[455]。『パンテオン』にはフリードリヒの息子で後の国王ハインリヒ6世にも仕えたとあり[456]、ハインリヒ6世の教育係を務めたと推定される[457]。ゴットフリートは、フリードリヒ・バルバロッサの尚書局で活動を始め、翌1153年4月24日までの1年間で約29の証書作成に関わっている[458]。1155年1月更新されたコンスタンツの協約で、ゴット

Geburtstag, Köln/Wien 1978, S. 373-396; Maria E. Dorninger, *Gottfried von Viterbo. Ein Autor in der Umgebung der frühen Staufer,* Stuttgart 1997, S. 33 f.

451) Kurt Zeillinger, Das erste roncaglische Lehensgesetz Friedrich Barbarossas, S. 216 f..

452) Winfried Stelzer, Zum Scholarenprivileg Friedrich Barbarossas (Authentica „Habita"), in: DA 34 (1978), S. 123-165.

453) DF I. 555; Gerhard Baaken, Zur Beurteilung Gottfrieds von Viterbo, S. 373 ff.; Rainer M. Herkenrath, Studien zum Magistertitel in der frühen Stauferzeit, S. 7.

454) *Gotifredi Viterbiensis Gesta Friderici,* c. 42-47. ハインリヒ獅子公に関する部分は、もともと独立した著作としてまとめられたと Waitz は考えている。*Gotifredi Viterbiensis, Gesta Friderici,* Georg Waitz (ed.), MGH SS 22, Hannover 1872, S. 307-334, ここでは praef. S. 4, Z. 40. Cf. Maria E. Dorninger, *Gottfried von Viterbo. Ein Autor in der Umgebung der frühen Staufer,* S. 89, Anm. 119.

455) Ernst Schulz, Die Entstehungsgeschichte der Werke Gotfrids von Viterbo, in: *Neues Archiv* 46 (1925), S. 86-131.

456) *Gotifredi Viterbiensis Pantheon*, Georg Waitz (ed.), S. 281, Z. 16-20: ego ab imperatore Lothario secundo(!), qui natione Saxonicus fuit, in scolis tener educatus, et a successore eius domino rege Conrado III. in capellanum receptus, atque a domino Frederico imperatore primo per annos 40 sub nomine capellini et notarii honoratus, et a domino rege Henrico, filio Frederici, valde dilectus et veneratus.

457) Cf. Odilo Engels, Friedrich Barbarossa im Urteil seiner Zeitgenossen, in: idem, *Stauferstudien. Beiträge zur Geschichte der Staufer im 12. Jahrhundert,* Sigmaringen ²1996, S. 225-245. ここでは S. 228.

458) Kurt Zeillinger, Die Notare der Reichskanzlei in den ersten Jahren Friedrich

フリートが証人としてその名を挙げられているのは、フリードリヒの宮廷で若くして頭角を現したことを示す証左である点は指摘した通りである。

b) 各地の文官たち

帝国尚書局ばかりではなく、各地の司教に仕える聖堂付き司祭 (*capellanus*) たちもまた、教育により登用のチャンスを広げた[459]。1140年代末から1160年代初頭まで帝国大尚書官長の一人マインツ大司教証書の作成に携わり、「ときの経過によって後世忘れさられたり、ないがしろにされたりすることのないように (*ne forte succedentium temporum vetustate veniant in oblivionem et negligentiam*)」という表現で「*memoria*」概念を頻繁に使用したゲルノートは、1148年から1177年にかけてハインリヒ、アーノルト、コンラート3名の大司教のもと活動している[460]。ゲルノートは、大司教ハインリヒ1世下聖堂付き司祭となり、1158年には「*magister*」[461]、1171年には聖シュテファン大聖堂の聖職禄を得て聖堂参事会学校で教師となって、教師 (*scholasticus*) としても証書に登場する[462]。

マインツ同様帝国尚書局登用への登竜門となっていたヴュルツブルクでも、司教エンブリヒョ (在位1127-46) の証書作成に携わっていたと推定される聖堂参事会学校の教師 (*scholasticus*) ゴツェリーンが、司祭、書記そして教師の職に就いていたものたちと並んで司教証書の作成に当たっている[463]。皇帝証書をはじめ各地の司教証書を作成した書記たちのキャリアを、(*scholasticus*) としての聖職禄の有無をも合わせて丁寧に分析したHerkenrathによれば、ヒルデスハイムでは司教証書を作成した書記とその地の参事会学校の教師間の関係がより明確であるとい

Barobarossas, S. 551; Friedrich Hausmann, Gottfried von Viterbo, Kapellan und Notar, Magister, Geschichtsschreiber und Denker, S. 610 f.

459) Siegfried Haider, *Das bischofliche Kapellanat I*, MIOG Erg. Bd. 25, Wien/Köln/Graz 1977.
460) Rainer M. Herkenrath, Studien zum Magistertitel in der frühen Stauferzeit, S. 12 f.
461) *Mainzer Urkundenbuch*, Bd. 2, Teil 1, Nr. 240.
462) Ibid., Nr. 335.
463) Peter Johanek, *Die Frühzeit der Siegelurkunde im Bistum Würzburg*, Würzburg 1969, S. 202 f.; Rainer M. Herkenrath, Studien zum Magistertitel in der frühen Stauferzeit, S. 13 f.

う[464]。

　教育によって歴史に名を残す機会を得た人物として忘れてならないのは，フライジングのオットーの後1160年まで『皇帝フリードリヒ1世の事績』を書き継いだラヘヴィンである[465]。フライジングで書記を務め，豊かな教養を身に着けていたラヘヴィンは[466]，1160年代になって「*magister*」と呼ばれている[467]。

　「*magister*」の呼称は高等教育機関で収めた教育の内容を必ずしも語るものではなかったが，中には外国での修学が分かる事例もある。

　マクデブルク大司教ヴィッヒマンが教皇ウルバヌス3世に宛てた書簡の中で「*magister Ludolfus Magdeburgensis*」として言及されているルドルフは，『マクデブルク・ショッペンSchöppen年代記』によれば，パリで学び，カンタベリーCanterburyの聖トマス・ベケットの学友だったという[468]。だが，前出の年代記は14世紀に成立したものであり，後にヴィッヒマンの後任としてマクデブルク大司教となるルドルフに対する「*magister*」の呼称は，単にその博識を強調したにすぎないという可能性は否定できない[469]。

　裁判官であり，外交使節としても活躍し，エメサのネメシウスの書をギリシア語から翻訳し，フリードリヒ・バルバロッサと人間の本性について対話したピサのブルグンディオは[470]，皇帝フリードリヒ・バルバ

---

464) Rainer M. Herkenrath, Studien zum Magistertitel in der frühen Stauferzeit, S. 14.
465) Roman Deutinger, *Rahewin von Freising: ein Gelehrter des 12. Jahrhunderts*, Hannover 1999.
466) Winfried Stelzer, Altmann von St. Florian, in: MIÖG 84 (1976), S. 60-104, ここでは S. 90 ff.
467) Johann Paul Ruf, *Studien zum Urkundenwesen der Bischöfe von Freising im 12. und 13. Jahrhundert*, S. 26; Rainer M. Herkenrath, Studien zum Magistertitel in der frühen Stauferzeit, S. 15.
468) *Chroniken der deutschen Städte vom 14. bis ins 16. Jahrhundert*, Die Historische commision bei der königliche Akademie der wissenschaften (Hg.), Bd. 7, Leipzig 1869, S. 122; Rainer M. Herkenrath, Studien zum Magistertitel in der frühen Stauferzeit, S. 17.
469) Rainer M. Herkenrath, Studien zum Magistertitel in der frühen Stauferzeit, S. 18.
470) Peter Classen, *Burgundio von Pisa. Richter - Gesandter – Übersetzer*, Heidelberg 1974; Nemesius d'Emese, *De natura hominis. Traduction de Burgundio de Pise*, Gerard Verbeke, J. R. Moncho (eds.), Corpus Latinum Commentariorum in Aristotelem Graecorum Suppl. 1, Leiden 1975, S. 1: naturas rerum cognoscere et earum causas scrire; Peter Ganz, Friedrich Barbarossa: Hof und Kultur, S. 636.

ロッサの5番目の息子の教育係を務めた。『リグリヌス Ligurinus』を著した詩人グンテルが必ずしも高い身分の生まれではなかったように[471]，身分という後ろ盾がなくともその学識によって認められることが可能だった。

　彼ら文官たちは，封建関係に基づく人的紐帯によって結ばれ，騎士身分のミニステリアーレン層と並んで，皇帝の宮廷を支える家臣団を形成していた[472]。彼らの登用はその人材の個人的資質に基づくものであり，ヨーロッパ各地で大学が成立する前夜のこの時期，学識の有無がキャリア形成に直結し，重要な政局において判断を左右する役割を演じる可能性を拓いたのである。

11　移り変わりゆくときへの意識の高まりと今を見つめるまなざし

　人間の記憶への疑いと記録への軸足の変化の背後には，時間の流れへの意識の高まりが存在している。12世紀は，ときの流れを人々が強く意識した時代であり，神が司る永遠へと至る救済史や終末論と並んで，世界の始原から現在までを記す普遍史，世界年代記や編年史，あるいは個人に特化した事績録や都市の記録など，ときに関わる様々なジャンルのテクストが著された[473]。ドイツのルーペルト[474]，オルデリクス・ウィ

---

471)　*Ligurinus*, X, 619 f.: nos nominis alti non sumus; Peter Ganz, Friedrich Barbarossa: Hof und Kultur, in: Alfred Haverkamp (Hg.), *Friedrich Barbarossa*, S. 636.

472)　宮廷官僚に関しては，Werner Rösener, Hofämter an mittelalterlichen Fürstenhöfen, in: DA 45 (1989), S. 485-550; Alheydis Plassmann, *Die Struktur des Hofes unter Friedrich I. Barbarossa nach den deutschen Zeugen seiner Urkunden*, Hannover 1998; フリードリヒ・バルバロッサの助言者たちについては，Christian Uebach, *Die Ratgeber Friedrich Barbarossas (1152-1167)*, Marburg 2008; Alheydis Plassmann, Dominik Büschken (Hgg.), *Staufen and Plantagenets: two empires in comparison*, Göttingen 2018; Plassmannの研究に関しては，西川洋一「12世紀ドイツ王権の宮廷」渡辺節夫編『ヨーロッパ中世の権力変成と展開』東京大学出版会，2003年，79-116頁。ここでは82頁以下参照；Peter Ganz, Friedrich Barbarossa: Hof und Kultur, S. 629.

473)　中世の歴史叙述に関しては数多くの研究がある。研究史の概観及び文献情報は，Hans-Werner Goetz, *Geschichtsschreibung und Geschichtsbewußtsein im Hohen Mittelalter*, Berlin ²2009; 中世の歴史叙述に関しては，Anna-Dorothee von den Brincken, *Studien zur lateinischen*

タリス (1075-c.1142)[475]，ライヒェルスベルクのゲルホー (c.1092/93-1169)[476]，サン・ヴィクトルのフゴ[477]，ハーフェルベルクのアンセルム[478]，フライジンクのオットー[479]，そしてソールズベリのジョンなどを輩出し[480]，事績録，あるいは家門意識を醸成した歴史叙述や地域に根差した都市史などが著された 12 世紀は[481]，人々がときに向き合い，終末・救済へと至る時間軸の中に現在を位置付けるとともに[482]，今を見つめ，語り継ぐことに意義を見出した時代と言える。

Weltchronistik bis in das Zeitalter Ottos von Freising, Düsseldorf 1957; Peter Classen, Res gestae, Universal History, Apocalypse: Visions of Past and Future, in: Robert L. Benson, Giles Constable (eds.), *Renaissance and Renewal in the Twelfth Century*, Cambridge. Mass. 1982, pp. 387-420; 中世特に 11，12 世紀の時間意識に関しては，Bernard Guenée. Les premiers pas de l'histoire de l'historiographie en Occident au XIIe siècle, in: *Comptes rendus des séances de l'Académie des Inscriptions et Belles-Lettres* 127e année, N. 1 (1983). pp. 136-152; Giles Constable, Past and Present in the Eleventh and Twelfth Centuries. Perceptions of Time and Change, in: *L'Europa dei secoli XI e XII fra novità e tradizione: sviluppi di una cultura. Atti della décima Settimana Internazionale di Studio* (Mendola, 25-29 agosto 1986) (Pubblicazioni dell'Università Cattolica del Sacro Cuore. Miscellanea del Centro di Studi Medioevali 12) Mailand 1989, pp. 135-170; Paul Magdalino (ed.), *The Perception of the Past in Twelfth-Century Europe*, London/Rio Grande 1992; Hans-Werner Goetz, Die Gegenwart der Vergangenheit im früh und hochmittelalterlichen Geschichtsbewußtsein, in: *Historische Zeitschrift* 255 (1992), S. 61-97; Giles Constable, *Medieval thought and historiography*, London 2017; Elisabeth Mégier, *Christliche Weltgeschichte im 12. Jahrhundert: Themen, Variationen und Kontraste: Untersuchungen Hugo von Fleury, Ordericus Vitalis und Otto von Freising*, Frankfurt a. M./New York 2010; 終末論に関しては，Hans-Werner Goetz, Endzeiterwartung und Endzeitvorstellung im Rahmen des Geschichtsbildes des früheren 12. Jahrhunderts, in: Werner Verbeke, Daniel Verhelst, Andries Welkenhuysen (eds.), *The Use and Abuse of Eschatology in the Middle Ages* (Med. Lov. I, Studia 15) Leuven 1988, S. 306-332; Martin Pickave, Jan A. Aertsen,(Hgg.), *Ende und Vollendung: Eschatologische Perspektiven im Mittelalter (mit einem Beitrag zur Geschichte des Thomas-Instituts der Universität zu Köln anlässlich des 50. Jahrestages der Institutsgrundung*, 2001; 中世の歴史叙述に関する近年の論文集では，E. A. Winkler, C. P. Lewis (eds.), *Rewriting History in the Central Middle Ages*, 900-1300, Turnhout 2022; 歴史叙述以外の史料に立ち現れてくる時間意識に関しては，Hans-Werner Goetz (Hg.), *Hochmittelalterliches Geschichtsbewußtsein im Spiegel nichthistoriographischer Quellen*, Berlin 1998; 中世の歴史叙述全般に関する邦語文献は，橋口倫介「中世の年代記—その著作意図を巡って」，上智大学中世思想研究所編『中世の歴史観と歴史記述』創文社，1986 年，39-67 頁。12 世紀における歴史への関心の高まりに関しては，池上俊一「十二世紀の歴史叙述と歴史意識」同書，89-107 頁。中世盛期の世界年代記に関しては，寺田龍男「ハインリヒ・フォン・ミュンヘンの『世界年代記』—研究の現状と課題」『北海道大学メディア・コミュニケーション研究』71 (2018)，111-142 頁参照。

474) Wilhelm Kahles, *Geschichte als Liturgie. Die Geschichtstheologie des Rupertus von Deutz* (Aevum Christianum 3), Münster 1960.

475) Marjorie Chibnall (ed. & trans.), *The Ecclesiastical History of Orderic Vitalis*, 6 vols.,

時間認識に変化が生まれたことを示しているのが，ときに関わる諸概念である。12 世紀は，過去の権威「antiqui/auctoritas」に新機軸「moderni/modernus」を対置し，新機軸を肯定的に捉える新たな時間意識が生み出された時期だと言われる[483]。ことばが指し示す語義には揺らぎがあって，用いられる文脈は時代によって異なっているが，叙任権闘争の時期，「modernus」という概念の使用を巡って教皇派，皇帝派に相違が見られるように[484]，同時代人であってもそれぞれの立場によって一様ではない。また同一人物であってもその時々異なるニュアンスで用いるのは言うまでもないだろう[485]。注目すべきなのは，その概念の頻出と新たな文脈での使用である。

Oxford 1969-1980; idem, *The World of Orderic Vitalis*, Oxford 1984; idem, *The World of Orderic Vitalis: Norman monks and Norman knights*, Woodbridge 1996; Charles C. Rozier, Daniel Roach, Giles E. M. Gasper & Elisabeth van Houts (eds.), *Orderic Vitalis: life, works and interpretations*, Woodbridge 2019.

476) Erich Meuthen, *Kirche und Heilsgeschichte bei Gerhoh von Reichersberg* (Studien und Texte zur Geistesgeschichte des Mittelalters 6), Leiden/Köln 1959; Peter Classen, *Gerhoch von Reichersberg: Eine Biographie. Mit einem Anhang über die Quellen, ihre handschriftliche Überlieferung und ihre Chronologie*, Wiesbaden 1960.

477) Jerome Taylor (trans.), *The Didascalicon of Hugh of Saint Victor*, New York 1961, 1991; Joachim Ehlers, *Hugo von St. Viktor: Studien zum Geschichtsdenken und zur Geschichtsschreibung des 12. Jahrhunderts* (= Frankfurter historische Abhandlungen 7), Wiesbaden 1973; フゴの著作の伝来状況に関しては，Rudolf Goy, *Die Überlieferung der Werke Hugos von St. Viktor: Ein Beitrag zur Kommunikationsgeschichte des Mittelalters* (Monographien zur Geschichte des Mittelaletrs, Bd. 14), Stuttgart 1976; フゴの教育論に関しては，Ivan Illich, *Im Weinberg des Textes: als das Schriftbild der Moderne entstand. Ein Kommentar zu Hugos „Didascalicon"*, Frankfurt a. M. 1991. 邦訳は，イヴァン・イリイチ『テクストのぶどう畑で』岡部佳世訳，法政大学出版局，1995 年。

478) Kurt Fina, Anselm von Havelberg. Untersuchungen zur Kirchen und Geistesgeschichte des 12. Jahrhunderts, in: *Analecta Praemonstratensia* 32 (1956), S. 69-101, S. 193-227; ibid. 33 (1957), S. 5-39, S. 268-301; ibid. 34 (1958), S. 13-41; 甚野尚志「12 世紀の歴史叙述—ハーフェルベルクのアンセルムスと終末論的歴史」甚野尚志・益田朋幸編『ヨーロッパ中世の時間意識』知泉書館，2012 年，27-47 頁。

479) Hans-Werner Goetz, *Das Geschichtsbild Ottos von Freising. Ein Beitrag zur historischen Vorstellungswelt und zur Geschichte des 12. Jahrhunderts*, Köln/Wien 1984; Johannes Spörl, Die „Civitas Dei" im Geschichtsdenken Ottos von Freising, in: Walther Lammers (Hg.), *Geschichtsdenken und Geschichtsbild im Mittelalter*, Darmstadt 1961, S. 298-320; 北嶋繁雄「オットー・フォン・フライジンクの歴史思想」『愛知大学文学論叢』62 号（1979），1-29 頁。

480) Klaus Guth, *Johannes von Salisbury (1115/20-1180). Studien zur Kirchen-, Kultur und Sozialgeschichte Westeuropas im 12. Jahrhundert* (Münchener Theologische Studien 20), St. Ottilien 1978; Michael Wilks (ed.), The World of John of Salisbury, Oxford 1984,1994; 甚野尚志

a）現世の移ろいやすさと天上の国 ── フライジンクのオットー

『年代記，あるいは二つの国の歴史』と『皇帝フリードリヒ 1 世の事績』を著したフライジンクのオットーは，永遠の不変性（*eternorum stabilitas*）に対して[486]，ときの移ろいやすさ（*temporum mutabilitas*），そしてこの世の移ろいやすさ（*mutabilitas mundi*）を対置し[487]，この世の事象の移ろいやすさ（*mutatio rerum*）をその叙述の中心に据えて，救済史の視点とこの世の事象を記録する事績録の両面から，時代の変容とときの経過に着眼した稀有な存在である。

ここで改めて，オットーの経歴について触れておきたい。国王コン

『十二世紀ルネサンスの精神─ソールズベリのジョンの思想構造』知泉書館，2009 年。

481）　ヴェルフェン家の歴史叙述に関しては，岩波敦子「ハインリヒ獅子公の誕生─新たな統治者像の生成と伝統」『中世ヨーロッパの「伝統」テクストの生成と運動』赤江雄一・岩波敦子編，慶應義塾大学出版会，2022 年所収，149-202 頁；有光秀行「二人の年代記作家はイングランドとノルマンディをいかにとらえたか」『史学雑誌』100-1 号（1991），74-99 頁。

482）　中世の学識者に最も大きな影響を与えたのはいうまでもなくアウグスティヌスである。12 世紀の時間認識については，ホノリウス・アウグストドゥネンシス Honorius Augustodunensis（c.1080-1140），サン・ヴィクトルのフゴを挙げておきたい。Cf. 岩波敦子「ときを記録する─中世ヨーロッパの時間意識と過去─現在─未来」徳永聡子編『神・自然・人間の時間─古代・中近世のときを見つめて』慶應義塾大学出版会，2024 年，55-88 頁。ここでは 57 頁以下参照。

483）　Walter Freund, *Modernus und andere Zeitbegriffe des Mittelalters*, Köln/Graz 1957; Wilfried Hartmann, „Modernus" und „antiquus": Zur Verbreitung und Bedeutung dieser Bezeichunungen in der wissenschaftlichen Literatur von dem 9. Bis zum 12. Jahrhundert, in: Albert Zimmermann and Gudrun Vuillemin-Diem (Hgg.), *Antiqui und Moderni: Traditionsbewußtsein und Fortschrittsbewußtsein im spaten Mittelalter*, Berlin/Boston 1973 , S. 21-39; Elisabeth Gössmann, „Antiqui" et „moderni" im 12. Jahrhundert, in: ibid., S. 40-57; Elisabeth Gössmann, *Antiqui et moderni im Mittelalter: eine geschichtliche Standortbestimmung*, München 1974. *modernus/moderni* に関する古典的研究としては，M.-D. Chenu, Notes de lexicographic philosophique médiévale. Antiqui, moderni, in: *Revue des sciences philosophiques et théologiques* 17 (1928), pp. 82-94; Johannes Spörl, Das Alte und das Neue im Mittelalter, in: *Historisches Jahrbuch* 50 (1930), S. 299-334, S. 498-524.

484）　Walter Freund, *Modernus und andere Zeitbegriffe des Mittelalters*, S. 63 ff.

485）　Wilfried Hartmann, „Modernus" und „Antiquus": Zur Verbreitung und Bedeutung dieser Bezeichungen in der wissenschaftlichen Literatur vom 9. Bis zum 12. Jahrhundert, , in: Albert Zimmermann, *Antiqui und Moderni. Traditionsbewußtsein und Fortschrittsbewußtsein im späten Mittelalter*, Berlin/New York 1974, S. 21-39. ここでは S. 24 f.

486）　Cf. Walther Lammers, Weltgeschichte und Zeitgeschichte, in: idem, *Vestigia Mediaevalia. Ausgewählte Aufsätze zur mittelalterlichen Historiographie, Landes- und Kirchengeschichte*, Wiesbaden 1979, S. 88-108. ここでは S. 95 f.

487）　Cf. Hans-Werner Goetz, *Das Geschichtsbild Ottos von Freising*, S. 89 ff.

ラート3世（在位 1138-52）の異母兄弟であるオットーは，1112年頃おそらくウィーン近郊のクロースターノイブルク Klosterneuburg でオーストリア辺境伯レオポルト3世の息子として生まれた。12世紀ラン Laon，シャルトル Chartres，ランスなどの聖堂参事会学校と並ぶ学知の拠点となっていたパリに留学し，サン・ヴィクトルのフゴをはじめとする学識者のもとで学んだオットーは[488]，1133年故郷への帰途15人の高貴な生まれの同伴者たちとともにモリモン修道院に立ち寄り，そこで全員シトー会に入会している[489]。

1089年ディジョン郊外にモレームのロベールが創建したシトー会修道院は，12世紀前半改革派修道院として多くの貴族の子弟を惹き付けた。シトー会の精神的指導者であり，教皇の助言者としても活躍したクレルヴォーのベルナルドゥスが1153年に亡くなった頃には，約350を数えるシトー会修道院が創建されていた[490]。入会後約5年経った1137／38年頃にモリモン修道院長となったオットーは，程なくしてフライジンク司教に任じられている。

オットーの同時代人の歴史叙述としては，1139年ベック修道院でその著作に触れたハンティンドンのヘンリ（c.1088-1157）が重要な歴史書と評価し[491]，12世紀後半になってニューバラのウィリアムやウェールズのゲラルドゥスによってその信憑性に疑念が示された[492]，モンマスのジェフリ（c.1100-55）による『ブリタニア列王史 *Historia regum Britanniae*』[493]，マームズベリのウィリアムが著した『イングラン

---

488) Otto von Freising, *Chronik oder Die Geschichte der zwei Staaten*, Walther Lammers (ed.), S. XXV.

489) Ibid., S. XXVI.

490) Ibid., S. XIX.

491) Cf. Giles Constable, Past and Present in the Eleventh and Twelfth Centuries. Perceptions of Time and Change, p. 142; ヘンリの著作は，Henry, Archdeacon of Huntingdon, *Historia Anglorum: the history of the English people*, Diana Greenway (ed. & trans.), Oxford 1996.

492) Giles Constable, Past and Present in the Eleventh and Twelfth Centuries. Perceptions of Time and Change, p. 139; idem, Forgery and Plagiarism in the Middle Ages, in: *Archiv für Diplomatik* 29 (1983), S. 1-41.

493) Geoffrey of Monmouth, *The history of the kings of Britain an edition and translation of De gestis Britonum (Historia regum Britanniae)*; Michael D. Reeve (ed.), Neil Wright (trans.), Woodbridge 2007; 邦訳は，ジェフリー・オヴ・モンマス著『ブリタニア列王史──アーサー王ロマンス原拠の書』瀬谷幸男訳，南雲堂，2007.

ド国王の事績 *Gesta Regum Anglorum*』[494]そして『新しい歴史 *Historia novella*』[495]が挙げられる。12世紀は各王朝で歴史書が編纂されたが，オットーの独自性は，前述のように，救済史とこの世の事象を記録する事績録の両方を著し，時代の変容とときの経過を描いた点にある。

　オロシウスとアウグスティヌスの『神の国』を範として著された『年代記，あるいは二つの国の歴史』は，第1巻がローマ帝国の始まりまで，第2巻はローマ帝国の内乱，すなわちユリウス・カエサルとポンペイウスの争いとカエサルの殺害，そして主の受肉まで，第3巻は皇帝コンスタンティヌスとキリスト教帝国，ギリシアへの王国（*regnum*）の移譲，第4巻はオドアケルとルーギ人の王国への侵入，第5巻はカール大帝の時代，フランク人への移行と彼の孫の王国及び帝国の分割，第6巻はハインリヒ4世の時代，すなわち聖俗両剣の分裂（*scisma*），皇帝の破門（*anathema*），教皇グレゴリウス7世のローマからの追放とそのサレルノ Salerno での死まで，7巻はローマ市民の蜂起とコンラート3世の治世9年目1146年までを，第8巻ではアンチキリストと死者の復活，そして神の国の実現を描いている。『年代記，あるいは二つの国の歴史』は，1143年頃書き始められ，1145年からオットーボイレン Ottobeuren 修道院長だったイジングリムに1146年頃まず献呈され[496]，1156／57年に改訂されて——ただし1146年までを扱った点には変更なく——改めて甥である皇帝フリードリヒに献呈された[497]。

　冒頭に付せられた皇帝フリードリヒに捧げられた献呈文では，ときにかかる曇りゆえに生じる事象の移ろいやすさ（*mutatio rerum*）についてまとめるようにというご下命があったと記されている[498]。オットーボイ

---

[494] William of Malmesbury, *Gesta regum Anglorum: The history of the English kings*, R. A. B. Mynors (ed.& trans.), completed R. M. Thomson, M. Winterbottom, 2 vols. Oxford 1998-1999.

[495] William of Malmesbury, *Historia novella: the contemporary history*, Edmund King (ed.), (trans.) K. R. Potter, Oxford 1998.

[496] Isingrim は，修道院長になるまではアウクスブルクの St. Ulrich und Afra の修道士だった。

[497] Otto von Freising, *Chronik oder Die Geschichte der zwei Staaten*, Walther Lammers (ed.), Darmstadt ^{6}2011, wbg Academic, 2018, S. XIV; Cf. *Ottonis episcopi Frisingensis Chronica sive Historie de Duabue Civitatibus*, Adolf Hofmeister (ed.), SS. rer. Germ. 45, Hannover 1912, Praefatio XII ff.

[498] Otto von Freising, *Chronik oder Die Geschichte der zwei Staaten*, S. 2: Petivit vestra imperialis maiestas a nostra parvitate, quatenus liber, qui ante aliquot annos de *mutatione rerum* a

レン修道院長だったイジングリムに宛てた献呈文にも，この世の事象の変化と不安定さについて (de rerum temporalium motu ancipitique statu) 思いを巡らせてきたことに言及し，この世の変化は留まることができないと述べており[499]，これらが執筆の動機となって著されたことが分かる。

　安定することのない現世のときの移ろいやすさは，献呈文以外の箇所でも『年代記，あるいは二つの国の歴史』で度々言及されていて[500]，それらを記すために同書をまとめたこと[501]，そして現世の移ろいやすさを示す歴史を記して，変わることのない天上の国を明らかにするという執筆の意図が示されている[502]。第8巻の冒頭でも，この世の無常さや

---

nobis ob nubilosa tempora conscriptus est, vestrae transmitteretur serenitati.

499) Ibid., S. 10: Sepe multumque volvendo mecum de *rerum temporalium motu ancipitique statu*, vario ac inordinato proventu, sicut eis inherendum a sapiente minime considero, sic ab eis transeundum ac migrandum intuitu rationis invenio; ibid., S. 10: Proinde quia *temporum mutabilitas stare non potest*, ab ea migrare, ut dixi, sapientem ad stantem et permanentem eternitatis civitatem debere quis sani capitis negabit?

500) Ibid., S. 14: Alter vero contra eos, qui temporibus Christianis priora preferentes inaniter garriebant, de rerum humanarum variis ac miserrimis eventibus, bellis bellorumque discriminibus, regnorum mutationibus, utilissimam ab orbe condito usque ad tempus suum texuit hystoriam. Quorum vestigia sequendo sie de utraque dicere proposuimus, ut tenorem hystoriae non omittamus, quatinus et religiosus auditor, quid in mundanis rebus ob innumeras mutationum miserias abhorrendum sit, anim. advertat ac studiosus seu curiosus indagator non confusam rerum preteritarum ao seriem inveniat; ibid., S. 16: De huius igitur erumpnosa mutabilitate, de illius felici stabilitate locuturus Deum, qui huius turbulentam confusionem patienter tolerat, illius iocundam tranquillitatem visione sui auget et glorificat, invocemus, quatinus eius auxilio ea, quae sibi placent, dicere possimus; ibid., S. 186: Sufficiunt ad comprobandam mortalium mutabilitatem mala quae posuimus, multisque de civibus mundi dictis ad cives Christi ac Christiana tempora festinandum arbitramur. Meminisse enim lectorem volumus nos ad ostendendas mutabilium rerum miserias conflictationes seculi ponere ex promisso debere, quatinus earum consideratione ad regni Christi quietem permanentemque sine fine felicitatem transeundum rationis intuitu ducamur; ibid., S. 366: Sed quia de rerum mutationibus regnorumque imminutionibus ad ostendendos mortalium casus mundique instabiles rotatus scribere proposui, sicut supra dixisse me memini, cum Roma parturiretur, Babylonia finem accepit, sie et modo, dum regnum Francorum, ut ita dixerim, seminaretur, Roma sub Augustulo suo in ultima senectute, id est a condicione sua M ° CC 0 XX 0 VII 0 anno, barbaris tradita occasum minatur; ibid., S. 374: Nos vero non solum credere, sed et videre quae premissa sunt possumus, dum mundum, quem pro mutatione sui contempnendum predixerunt, nos iam deficientem et tanquam ultimi senii extremum spiritum trahentem cernimus; ibid., S. 426: Igitur cum regnum Francorum, ad quod post in numeras, quas supra dixi, mutationes regnum Roma.norum devenerat, cum et ipsum ad ostendendas mortalium miserias ac instabiles mundi rotatus auctor omnium Deus in illo, ad quem profecerat, statu manere nollet, in se ipsum miserabiliter dividi ac per hoc desolari et imminui permisit.

ときの流れが言及され，絶えず移り変わり，真の信仰を知らぬこの世を啓示の光が照らし，聖俗両権が一つとなって，神の国が地上で実現すると述べている[503]。

「この世の移ろいやすさ（*mutabilitas*）」という考え自体は，オットー独自の表現では無論ない。オロシウス，そして12世紀にはときを「事象の変化（*vicissitudo rerum*）」と論じたホノリウス・アウグストドゥネンシス[504]，ライヒェルスベルクのゲルホー[505]，そして流れゆくときの世界である現世を，ときの外部にあって変化を知らない永遠と対置したサン・ヴィクトルのフゴが現世を「移ろいの連続（*succesio mutabilitatis*）」として捉えているし[506]，コンシュのギョームもまたボエティウスの註釈において，「ときの移ろい（*mutatio temporalium/mutabilitas/temporalium*

---

501) Ibid., S. 164: Exhinc Affricanum, quo num quam maius Romani perpetiere bellum, tam famosum quam magnitudine ac diuturnitate sui insigne, tam multis ac variis malorum eventibus est perpetratum, ut solum ad mortalium erumpnarum mutabilitates sufficere valeat comprobandas. Quod quia alii satis luculenter per ordinem executi sunt, nos brevitatis causa, presertim cum non curiositatis gratia, sed ad ostendendas caducarum rerum calamitates scribamus, hystoriam stringere volumus. Non enim, ut exemplo illo rum, qui fortiter se gessisse arbitrati sunt, alios ad bella accendamus, sed ut in bellis variiisque alternantium rerum casibus mutabilium miserias ostendamus, bellorum ac rerum nutantium seriem teximus.

502) Ibid., S. 428: Igitur omnibus regnis mundi inuninutis, cum et Francorum, qui ultimi Romam habere meruerunt, ex quo divisum est, mino ratum apparet regnum, nos, *qui ad ostendendas mutationes rerum res gestas scribimus*, hac regni mutatione tanquam sufficienti argumento ad regni caelestis immutabilitatem missi huic quinto operi finem imponamus.

503) Ibid., VIII, S. 584.

504) Honorius Augustodunensis, *Imago mundi*, c.2, 3, PL172, Sp. 147A. Valerie I. J. Flint (ed.), in: *Archives d'Histoire Doctorinale et Littéraire du Moyen Age* 49 (1983), pp.7-153. ここでは，p. 92.

505) Gerhohus Praepositi Reicherspergensis, *Expositio in psalmos 88*, PL 194, Paris 1841-1864, col. 917 A: *Intellexisti cogitationes meas* et meorum *de longe,* id est ab aeterno: quia tu nec localiter *longe,* nec localiter prope es, qui ubique es, et in quo locus omnis est; sed quia temporalitas et aeternitas longe distant inter se non locali distantia, sed considerationis differentia, cum in altero sit finis et principium, in altero neutrum horum; et alterum currat sui mobilitate, alterum stet sui immobilitate: tu *a longe* diceris *intelligere cogitationes*; ibid., col. 917 B: humanas et mutabiles, quas tu vides in tua immutabili aeternitate. Vides quoque *de longe* abeuntes a te in regionem longinquam, ubi pascant porcos; Cf. Erich Meuthen, *Kirche und Heilsgeschichte bei Gerhoh von Reichersberg*, S. 20 f.

506) *Hugonis de Sancto Victore Adnotationes elucidatoriae in Pentateucbon*, c. 7, PL 175, col. 36 B; Cf. Hans-Werner Goetz, *Das Geschichtsbild Ottos von Freising*, S. 89.

mutabilitas）に言及し[507]，とき（tempus）は移ろいゆくものの運動（motus mutabilium rerum）であると論じている[508]。

　12世紀に数多くの歴史叙述が著された背景には，池上も指摘しているように叙任権闘争と十字軍が引き起こした衝撃の影響があったと考えられるが[509]，現世で起こる数々の政争に直面した人々の間で，移ろいゆくこの世の無常さへの意識が高まり，変容する現世の意味を救済史の中で問う姿勢が生まれたからである。

　ときの流れへの強い意識は，ときを救済史の中に位置付けるだけでなく，近い時間軸の事象を記録する事績録の執筆を促した。『年代記，あるいは二つの国の歴史』とは異なり，近現代史的視点で描かれたのが，度々触れた『皇帝フリードリヒ1世の事績』である。第1巻ではハインリヒ4世からコンラート3世までを，第2巻で1152年から1157年までのフリードリヒ・バルバロッサの時代を扱った本書は，フリードリヒ・バルバロッサの統治初期を語るうえで欠かすことのできない帝国側の視点を提供する第一級の史料である[510]。教皇やビザンツ皇帝との書簡のやりとりやロンカリア立法に関する記述など『皇帝フリードリヒ1世の事績』で伝来している史料もあり，史料としての価値も極めて高い[511]。1158年に亡くなったオットーの後，その書記としてオットーの仕

---

[507] *Glosae super Boetium, Guillelmi de Conchis*, cura et studio Lodi Nauta, Turnhout 1999. 例えば p. 4, l. 30; ibid., Liber I, p. 9, l. 5-7 : Miser est ille cuius animus mutatur mutatione temporalium extollendo si fiant prospera, deprimendo si fiant aduersa; 他にも「*mutabilitas/mutabiles*」等が散見される。Ibid., I m.1, p. 15, I. pr. 1, p. 18, pr. 2, p. 104, II pr. 8, p. 124, III m. 9, p. 145, VI m. 3, pp. 234 f., IV pr. 6, p. 254, IV pr. 6, p. 259, IV m. 6, p. 271, V pr. 4, p. 321, V pr. 6, p. 339, p. 342, p. 346. とりわけ V pr. 3, pp. 302 f. 以下参照。

[508] *Glosae super Boetium, Guillelmi de Conchis*, III m. 9 : Tempus est dimensio morae et motus rerum mutabilium. 同じ表現がときについてより詳しく論じた V pr. 6, p. 341 にも出てくる。Cf. Giles Constable, Past and Present in the Eleventh and Twelfth Centuries. Perceptions of Time and Change, pp. 153 f.

[509] Cf. Hans-Werner Goetz, *Das Geschichtsbild Ottos von Freising*, pp. 281 f.; 池上俊一「十二世紀の歴史叙述と歴史意識」90頁以下参照。十字軍に関する歴史叙述に関しては，櫻井康人『十字軍国家の研究―イェルサレム王国の構造』名古屋大学出版会，2020年。

[510] Franz-Josef Schmale, Die Gesta Friderici I. Imperatoris Ottos von Freising und Rahewins. Ursprüngliche Form und Überlieferung, in: *Deutsches Archiv für Erforschung des Mittelalters* 19 (1963), S. 168-214.

[511] 1167年に発給された DF I. 534 では証拠としてオットーの『年代記』の文言が挿入されている。Cf. Thomas Zotz, Königtum und Reich zwischen Vergangenheit und Gegenwart in der Reflexion von Herrscherurkunden des deutschen Hochmittelalters, in: Hans-Werner Goetz

11 移り変わりゆくときへの意識の高まりと今を見つめるまなざし 209

事を支えていたラヘヴィンが引き継いだこの『皇帝フリードリヒ1世の事績』においては[512]，記述そのものが起こった出来事（res gestae）を扱っているからだろう，残念ながらときの流れに直接言及した箇所は見当たらない。

b) 今を評価する ── 時代の変化を映し出すことば

これまでの研究で，ときの流れ（processus temporum）やときの移ろいやすさ（temporum mutabilitas）などのこの世の無常さを警告する表現と並んで，「当今の（modernus）」，「新奇さ（modernitas）」，「新奇な（novus）」，「新奇さ（novitas）」，「現前の時代（aetas praesens）」，「同時代の（coaetaneus/contemporaneus）」など，新機軸や新奇性あるいは同時代や現代を意味する概念が，11世紀から12世紀に新たな文脈で登場することが指摘されて久しい[513]。それらと同時に顕在化してくるのが，「同時代」への関心と一定の時間幅を有した「現在」に対する意識である。

Giles Constable が指摘しているように，「modernus」あるいは「modernitas」という概念の下で想定される時間幅には数十年から100

(Hg.), *Hochmittelalterliches Geschichtsbewußtsein im Spiegel nichthistoriographischer Quellen*, Berlin 1998, S. 237-255. ここでは S. 239；フライジンクのオットーの歴史叙述に関しては，Hans-Werner Goetz, *Das Geschichtsbild Ottos von Freising: Ein Beitrag zur historischen Vorstellungswelt und zur Geschichte des 12. Jahrhunderts*, Köln 1984; Hans-Werner Goetz, *Geschichtsschreibung und Geschichtsbewußtsein im hohen Mittelalter*, Berlin 1999, ²2009. とりわけ S. 188 ff. 及び S. 205 ff.; Joachim Ehlers, *Otto von Freising: ein Intellektueller im Mittelalter: eine Biographie*, München 2013.

512) 自身学識者として教育を受けていたラヘヴィンに関しては，Roman Deutinger, *Rahewin von Freising: Ein Gelehrter des 12. Jahrhunderts*, Hannover 1999.

513) 現世を肯定的に評価する12世紀の新しい歴史意識に関しては，Johannes Spörl, Das Alte und das Neue im Mittelalter. Studien zum Problem des mittelalterlichen Fortschrittsbewußtseins, in: *Historisches Jahrbuch* 50 (1930), S. 297-341 及び S. 498-524; Walter Freund, *Modernus und andere Zeitbegriffe des Mittelalters*, Köln/Graz 1957; Wilfried Hartmann, „Modernus" und „Antiquus": Zur Verbreitung und Bedeutung dieser Bezeichnungen in der wissenschaftlichen Literatur vom 9. bis zum 12. Jahrhundert, in: Albert Zimmermann (Hg.), *Antiqui und Moderni. Traditionsbewußtsein und Fortschrittsbewußtsein im späten Mittelalter*, Berlin/New York 1974, S. 21-39; Elisabeth Gössmann, *Antiqui und Moderni im Mittelalter. Eine geschichtliche Standortbestimmung*, München/Paderborn/Wien 1974; idem, Antiqui und Moderni im Mittelalter, in: Albert Zimmermann, *Antiqui und Moderni. Traditionsbewußtsein und Fortschrittsbewußtsein im späten Mittelalter*, Berlin/New York 1974, S. 41-57; 池上俊一「十二世紀の歴史叙述と歴史意識」97 頁以下参照。

年と差があって一様ではなかったが[514]，重要なのは過去と切り離された一定の時間幅を有する現在への強い関心である。今というときに人々の眼が向けられ，流れゆくときの中で生じる事象（res gestae）を無常の出来事として矮小化するのではなく，それらを記録にとどめる意義を認めるようになった背後には，救済に至る長い時間軸の中で「現在」の有する意味を積極的に問う姿勢が存在している。

「自分たちの時代（nostra aetas）」あるいは「同時代人の（coaetaneus/contemporaneus）」など同時代や現代を意味する概念のもとに，今というときを描いたイングランドの2人の歴史家を紹介しよう。

1人目は，マームズベリ修道院の司書（bibliothecarius）で，ベーダの『英国民の教会史 Historia ecclesiastica gentis Anglorum』を範とし449年から1127年までを扱った『イングランド国王の事績 Gesta Regum Anglorum』，『イングランド司教の事績 Gesta Pontificum Anglorum』[515]，そして1128年から1142年までを描いた『新しい歴史 Historia novella』を著したマームズベリのウィリアム（c.1090/96-1142/43）である[516]。ウィリアムは，「我々の時代（nostra aetas）」を強く意識した歴史家と言ってよいが，『イングランド国王の事績』で自分自身の時代を表す語として「同時代人の（contemporaneus）」を用いている他[517]，『新しい歴史』の序文で，「近年（moderno tempore）」イングランド起こった出来事を後世に伝えることをヘンリ2世の息子でグロースター伯のロバートが所望したと述べている他[518]，第3巻の序文で，「人の不安定な状態（statusque

---

514) Giles Constable, Past and Present in the Eleventh and Twelfth Centuries. Perceptions of Time and Change, p. 164.

515) William of Malmesbury, *Gesta Pontificum Anglorum: The history of the English Bishops*, Michael Winterbottom (ed.), 2 vols. Oxford 2019.

516) マームズベリのウィリアムに関しては，Rodney Thomson, *William of Malmesbury*, Woodbridge 1987; Rodney M. Thomson, Emily Dolman, Emily A. Winkler (eds.), *Discovering William of Malmesbury*, Woodbridge 2017; ウィリアムは事実を語る文書を引用したと述べている。William of Malmesbury, *Gesta regum Anglorum*, I 19, pp. 42-45, II 173, pp. 294-295; William of Malmesbury, *Gesta Pontificum Anglorum*, I 28, pp. 58-59: Cf. Michael Staunton, *The Historians of Angevin England*, p. 58.

517) William of Malmesbury, *Gesta regum Anglorum: The history of the English kings*, R. A. B. Mynors (ed.& trans.), completed R. M. Thomson, M. Winterbottom, 2 vols. Oxford 1998-1999. ここでは vol. I, iv, 342, pp. 592 f.

518) William of Malmesbury, *Historia novella: the contemporary history*, Edmund King

humani mutabilitatem）」にも触れている[519]。

　もう一人は，フランスで学び，テオバルトとトマス・ベケットという2人のカンタベリー大司教に仕え，最後はシャルトル司教となり，実務家としても世情に明るく，12世紀の知的活動のみならず政治状況を知るうえでも極めて重要な人物だったソールズベリのジョン（c.1120-80）である[520]。ジョンは，『ポリクラティクス Policraticus』の序文で，文書にしたためる重要性に触れ[521]，「我々の時代（nostra aetas）」[522]や「当今の思想（sententias modernas）」[523]など自分たちが生きている時代を意識した概念を用いている他，ときの不確かさを指摘している[524]。また『教皇史 Historia pontificalis』の序文で，ジョンは，歴史を著す目的を「同時代人（coaetaneus）」と後世の人たちの役に立てるためと述べている[525]。

(ed.), K. R. Potter (trans.), Oxford 1998. I, Prologue pp. 2-3: Nunc ea quae moderno tempore magno miraculo Dei acciderunt in Anglia, ut mandentur posteris, desiderat animus uestrae serenitatis.; Cf. Michael Staunton, Did the Purpose of History Change in England in the Twelfth Century ?, in: Laura Cleaver, Andrea Worm (eds.), *Writing History in the Anglo-Norman World: Manuscripts, Makers and Readers, c. 1066-c. 1250*, Cambridge 2018, pp. 8-27. ここでは p. 10; Cf. Walter Freund, *Modernus und andere Zeitbegriffe des Mittelalters*, Köln/Graz 1957, S. 88 ff..

519）　William of Malmesbury, *Historia novella: the contemporary history*, pp. 80 f.
520）　書簡集は，*The letters of John of Salisbury*, W. J. Millor (ed.), H. E. Butler, (rev.) C. N. L. Brooke, 2 vols. Oxford 1978-1986; 邦語文献として，柴田平三郎『中世の春―ソールズベリのジョンの思想世界』慶應義塾大学出版会，2002 年；甚野尚志『十二世紀ルネサンスの精神史―ソールズベリのジョンの思想構造』知泉書館，2009 年参照。
521）　校訂本は，*Ioannis Saresberiensis episcopi Carnotensis Policratici sive De nvgis cvrialivm et vestigiis philosophorvm libri VIII*, recognovit et prolegomenis, apparatu critico, commentario, indicibus instruxit Clemens, C. I. Webb, 2 vols., Frankfurt a. M., 1965; より新しい1巻から4巻までの校訂版は，*Ioannis Saresberiensis policraticus*, K. S. B. Keats-Rohan (ed.), Turnhout 1993, ここでは，Liber Primus, p. 21 ff.; Cf. Walter Freund, *Modernus und andere Zeitbegriffe des Mittelalters*, Köln/Graz 1957, S. 68 ff.; 英訳（抜粋）は John of Salisbury, *Policraticus: of the frivolities of courtiers and the footprints of philosophers*, Cary J. Nederman (ed. & trans.), Cambridge 1990; ドイツ語の部分訳は，Johannes von Salisbury, *Policraticus: eine Textauswahl: Lateinisch, Deutsch*, ausgewählt, übersetzt und eingeleitet von Stefan Seit, Freiburg i. Br. 2008.
522）　*Ioannis Saresberiensis policraticus*, K. S. B. Keats-Rohan (ed.), Turnhout 1993, Liber Primus, prologus, p. 23, l. 75.
523）　Ibid., Liber Primus, prologus, p. 26, l. 145; 英訳では，John of Salisbury, *Policraticus*, Cary J. Nederman (ed. & trans.), p. 7.
524）　Ibid., Liber Primus, p. 27, l. 22 f.
525）　*The Historia pontificalis of John of Salisbury*, Marjorie Chibnall (ed. & trans.), Oxford 1990. Prologus, pp. 2 & 3.

212　Ⅲ　ことばを操る人たち

c）今を記録する──都市史の登場とイタリア諸都市

　以上見てきたように，12世紀はときの流れとこの世の移ろいやすさを強く意識し，それらに翻弄される人間の記憶を記録に留める必要性が認識され，眼前で繰り広げられる出来事を写し出す鏡として歴史を描く，様々なジャンルの歴史叙述あるいは事績録が著された。

　とりわけ特筆に値するのが，先に挙げたように12世紀に登場したイタリア諸都市の記録である。神聖ローマ帝国皇帝フリードリヒ・バルバロッサと紛争状態にあったイタリア諸都市で著されたカッファーロとオベルトによる『ジェノヴァ編年誌』，モレーナのオットーとその息子アケルブスによる『皇帝フリードリヒのロンバルディアにおける事績についての書』，『ロンバルディアの圧搾と服従に関する匿名のミラノ市民の叙述』など，君主に伍する力を有したイタリア諸都市が都市側の視点で時代を描いた。いずれも聖職者ではなく，都市当局の中枢にいた人物あるいは匿名の有力商人によって著され，複数の書き手によって書き継がれている点に特徴がある。

　12世紀以降，北イタリア諸都市では他にも都市の記録が著された[526]。ミラノではアルヌルフと老ランドルフ[527]，ジェノヴァの好敵手ピサではベルナルド・マラゴーネ（c.1108-c.1188）[528]，ピアチェンツァではヨハネス・コダネルスなどに代表される書き手が様々な記述を残したが[529]，重要なのは，彼らのみならず複数の書き手によって都市の記録が誕生している点である。先述したJörg W. Buschによる詳細な研究によれば，11世紀から14世紀までに著されたミラノの歴史叙述が少なくとも26あ

---

526) Edward Coleman, Lombard City Annals and the Social and Cultural History of Northern Italy, in: *Chronicling History: Chroniclers and Historians in Medieval and Renaissance Italy*, Sharon Dale, Alison Williams Lewin and Duane J. Osheim (ed.) University Park, PA, 2007, pp. 1-28.

527) *Annales minores et notae Mediolanenses*, P. Jaffé (ed.), MGH SS 18, Hannover 1863, S. 383-402; Jörg W. Busch, *Die Mailänder Geschichtsschreibung zwischen Arnulf und Galvaneus Flamma. Die Beschäftigung mit der Vergangenheit im Umfeld einer oberitalienischen Kommune von späten 11. bis zum frühen 14. Jahrhunderts*, München 1997.

528) *Gli annales Pisani di Bernardo Maragone*, cura di Michele Lupo Gentile, Bologna 1936.

529) *Annales Placentini*, MGH SS 18, Hannover 1863, S. 457-581; O. Holder-Egger, Über die historischen Werke des Johannes Codagnellus von Piacenza, in: *Neues Archiv* 16 (1891), S. 253-346, S. 475-509.

る。多くが聖職者によるものだが，12世紀後半から13世紀前半にかけて俗人によるテクストが集中して成立した[530]。

その他クレモナ[531]，ベルガモ[532]，ブレシア[533]，ヴェローナ[534]，マントヴァ[535]，パルマ[536]などで都市編年史がまとめられており[537]，11世紀から14世紀にかけてロンバルディアの都市コムーネにおいて都市の記憶を記録しようとする営為が広範囲に確認できる[538]。Colemanがこれら編年史に表出する時への意識を的確に指摘しているように[539]，ロンバルディア都市コムーネで記録された編年史には，記述されている出来事が起こった年だけでなく，月[540]，日[541]，祝祭の期日[542]，曜日[543]，さらには1167年福音者ヨハネの祝日の8日目に起こった地震のように[544]，教会の

---

530) Jörg W. Busch, *Die Mailänder Geschichtsschreibung zwischen Arnulf und Galvaneus Flamma*, S. 35.

531) *Annales Cremonenses*, O. Holder-Egger (ed.), MGH SS 31, Hannover 1903, S. 1-21; idem. Über die Annalens Cremonenses, in: *Neues Archiv* 25 (1900), S. 499-519.

532) *Annales Bergomates*, P. Jaffé (ed.), MGH SS 18, Hannover 1863, S. 809-810.

533) *Annales Brixienses*, L. Bethmann (ed.), MGH SS 18, Hannover 1863, S. 811-820.

534) *Annlaes Veronenses*, G. H. Pertz (ed.), MGH SS 19, Hannover 1866, S. 1-18.

535) *Annales Mantuani*, MGH SS 19, Hannover 1866, S. 19-31.

536) *Annales et notae Parmenses et Ferrarienses, Annales Parmenses maiores*, P. Jaffé (ed.), MGH SS 18, Hannover 1863, S. 660-790.

537) Chris Wickham, The Sense of the Past in Italian Communal Narratives, p. 185, n. 29.

538) Cf. Jörg W. Busch, Spiegelungen des Verschriftlichungsprozesses in der lombardischen Historiographie des 11. Bis 13. Jahrhunderts, in: Hagen Keller, Thomas Behrmann (Hgg) *Kommunales Schriftgut in Oberitalien: Formen, Funktionen, Überlieferung*, München 1995, S. 305-321.

539) Edward Coleman, Lombard City Annals and the Social and Cultural History of Northern Italy, pp. 12 f.

540) ミラノの聖マリア教会の記録 *Notae sanctae Mariae Mediolanenses* には月，cf. *Annales minores et notae Mediolanenses*, P. Jaffé (ed.), MGH SS 18, Hannover 1863, S. 385 f.

541) 例えばミラノの聖ジョルジオ教会の記録 *Notae sanctii Georgii Mediolanenses* には日付，cf. *Annales minores et notae Mediolanenses*, P. Jaffé (ed.), MGH SS 18, Hannover 1863, S. 386 f.

542) *Annales Parmenses minores*, P. Jaffé (ed.), MGH SS 18, Hannover 1863, S. 662 f.

543) クレモナ編年史1149年の記載，*Annales Cremonenses*, S. 4: Quando Cremonenses et Parmenses ceperunt [Placentinos] apud Tabianum, MCXLVIIII. Quadam die dominica de sero.

544) クレモナ編年史の記述では誤って1116年と記載されている。*Annales Cremonenses*, S. 3: Quando fuit terre motus, MCXVI. In octava sancti Iohannis evangeliste, hora vesperarum.

時課[545)]などが記載されている事例が登場してくるのである[546)]。

d) 今を書き継ぐ ── イングランドの歴史叙述と時代の目撃者たち

時代の目撃者は，イタリアばかりではない。

先に挙げたマームズベリのウィリアムあるいはソールズベリのジョンのように，現代あるいは同時代を意味する概念のもとに，イングランドは，12世紀に今を書き継ぐ歴史家を輩出している[547)]。

ハンティンドン Huntingdon の大助祭ヘンリ（c.1088-1157）が，その著作『イングランドの歴史 Historia Anglorum』の序文で，歴史（historia）とは，現在のごとく過去を眼前に提示し，過去を心に描くことで未来（の人々）が判断するようにと述べたように[548)]，12世紀はイングランドで数多くの歴史叙述が著された。ここでは代表的な歴史叙述のみ紹介したい。

ハウデンの教区司祭で国王の書記を務めたロジャー（-1201/02）[549)]，聖ポール大聖堂の助祭（decanus）だったディスのラルフ（c.1120s-99/1200）[550)]は，一部他の歴史叙述を転用しながら，現代史の視点で同時代を描いた年代記者である[551)]。

ハウデンのロジャーが描いた歴史叙述は，その分量においても同時代

---

545) 他には例えば1165年に始まるパルマ大編年史の1216年あるいは1229年の記載，*Annales Parmenses maiores*, P. Jaffé (ed.), MGH SS 18, Hannover 1863, S. 666, 668. Cf. Edward Coleman, Lombard City Annals and the Social and Cultural History of Northern Italy, pp. 16 ff.

546) 例えば，ブレシア編年史の1189年の記載，*Annales Brixienses*, MGH SS 18, S. 814A.

547) Antonia Gransden, Prologues in the Historiography of Twelfth-Century England, in: Daniel Williams (ed.), *England in the twelfth century: proceedings of the 1988 Harlaxton symposium*, Woodbridge 1990, pp. 55-81; Nancy Partner (ed.), *Writing medieval history*, London 2005.

548) Henry, Archdeacon of Huntingdon, *Historia Anglorum: the history of the English people*, Diana Greenway (ed. & trans.), Oxford 1996, p. 4: Historia igitur preterita quasi presentia uisui representat, futura ex preteritiis imaginando diiudicat; Cf. Hans-Werner Goetz, Die Gegenwart der Vergangenheit im früh und hochmittelalterlichen Geschichtsbewußtsein, S. 63.

549) *Chronica Magistri Rogeri de Houedene (A.D. 732-1201)*, 4 vols., William Stubbs (ed.), London 1868-70, ND Wiesbaden 1964; Cf. Michale Staunton, *The Historians of Angevin England*, pp. 51-66.

550) Cf. Ibid., pp. 67-81.

551) Ibid., pp. 17 f.

の出来事を詳細に書き記している点においても際立っている。『ベーダ以降の歴史 Historia post Bedam』に依拠して 732 年から 1148 年までを,『メルローズ年代記』に依拠して 1148 年から 1169 年までを[552],さらに 1169 年から 1192 年までの出来事に関しては,ロジャーがこの事績録の作者であることが同定された『修道院長ベネディクトのヘンリの事績 Gesta Henrici Benedicti Abbatis』を用いて[553],さらにトマス・ベケットの伝記や書簡を活用して[554],1201 年までを扱う『ハウデンのロジャーの年代記 Chronica Magistri Rogeri de Houedene』をまとめ上げた[555]。ハウデンのロジャーは,ヴィーバルトと同様教育を受けた聖職者として,書記,外交の任に当たり[556],様々な情報に接することができたばかりではなく,自ら直接経験した出来事も描いたと推定される[557]。様々なテクストを渉猟しながら多元的に利用している点にロジャーの叙述の特徴があるが,豊富な情報源にどう接近できたのかなど未だ不明な点も多く,フライジンクのオットーのように君侯の依頼を受けて書き上げられたことを示す献呈文も付せられてはおらず,この年代記の成立背景は明白ではない。様々な文書の寄せ集めとも言えるロジャーの著作は,彼個人の

---

552) *The chronicles of John and Richard of Hexham. The chronicle of Holyrood. The chronicle of Melrose. Jordan Fantosme's chronicle. Documents respecting Canterbury and Winchester*, translated from the original texts with preface and notes by Joseph Stevenson, (The church historians of England, vol. 4, pt. 1, Seeleys, 1856.

553) この著作の著者の同定に関しては,Doris M. Stenton, Roger of Howden and Benedict, in: *English Historical Review* 68 (1953), 574-582.

554) 12 世紀プランタジネット朝の歴史叙述については,Henry Bainton, *History and the Written Word: Documents, Literacy, and Language in the Age of the Angevins*, Philadelphia 2019; Cf. Michael Staunton, *The Historians of Angevin England*, p. 53.

555) Michael Staunton, *The Historians of Angevin England*, pp. 54 f, p. 60; D. A. Carpenter, Abbot Ralph of Coggeshall's Account of the Last Years of King Richard and the First Years of King John, in: *English Historical Review* 113 (1998), pp. 1210-30; John Gillingham, Historians without Hindsight: Coggeshall, Diceto and Howden on the Early Years of John's Reign, in: *King John: New Interpretations*, S. D. Church (ed.), Woodbridge 1999, pp. 1-26; Ralph of Coggeshall は,シトー会修道院の修道院長である。12 世紀から 13 世紀にかけてのシトー会の歴史叙述に関しては,Elizabeth Freeman, *Narratives of a New Order: Cistercian Historical Writing in England 1150-1220*, Turnhout 2002.

556) 初期の写本では「*magister*」とされているが確証はない。Cf. John Gillingham, Writing the Biography of Roger of Howden, King's Clerk and Chronicler, in: *Writing Medieval Biography, 750-1250: Essays in Honour of Frank Barlow*, Suffolk 2006, pp. 207-220, ここでは p. 207 f. 及び Michael Staunton, *The Historians of Angevin England*, p. 54.

557) Cf. Michael Staunton, *The Historians of Angevin England*, p. 51.

歴史観だけで構成されているのではなく，彼が利用した著作が投影されている[558]。

パリで教育を受け，聖ポール大聖堂の助祭になったディスのラルフは[559]，サン・ヴィクトルのフゴの影響を受けつつ[560]，天地創造から1148年までを扱った『年代記小史 Abbreviationes Chronicorum』と[561]，後にヘンリ2世となるアンジューのアンリがカーライルで騎士に叙任された1149年から1199年までを描く『歴史叙述 Ymagines Historiarum』を著した[562]。ハウデンのロジャーが様々なテクストを活用して詳細な情報を提示しているのに比して簡略化した叙述にはなっているが，フランス国王ルイあるいはフィリップ尊厳王との合意やアイルランドに関する教皇の勅令，ビザンツ皇帝やシチリア国王との書簡等，当時の外交状況にも触れている[563]。

歴史叙述が華開いた12世紀イングランドでは，他にも，アウグスティノ律修参事会士のニューバラのウィリアム（c.1136-c.1198）が，リエヴォーの修道院長の命を受けて，60歳を過ぎた1196年から，『イングランドの歴史 Historia Anglorum』を著した[564]。1066年から1198年までを描いた本書は5巻からなり，おそらくウィリアムが亡くなった1198年未完の形で終わっている[565]。ベーダを称揚する一方で，モンマスのジェフリを「fabulator」と呼んで『ブリタニア列王史 Historia regum Britanniae』の信憑性を否定したウィリアムは[566]，同時代人には「parvus」

---

558) Cf. Ibid., pp. 65 f.

559) Ibid., p. 69.

560) Ibid., p. 76; Grover A. Zinn, The Influence of Hugh of St. Victor's Chronicon on the Abbreviationes chronicorum by Ralph of Diceto, in: *Speculum* 52-1 (1977), pp. 38-61; Julian Harrison, The English reception of Hugh of St. Victor's Chronicle, in: *Electronic British Library Journal* 1 (2002), pp. 1-33.

561) *Abbreviationes Chronicorum,* in: *The Historical Works of Master Ralph de Diceto, Dean of London*, William Stubbs (ed.), vol. 1, London 1876, ND Wiesbaden 1965, pp. 3-263,.

562) *Ymagines Historiarum*, in:*The Historical Works of Master Ralph de Diceto*, William Stubbs (ed.), London 1876, ND Wiesbaden 1965, vol. 1, pp. 291-440 及び vol. 2, pp. 3-173.

563) Cf. Michael Staunton, *The Historians of Angevin England*, p. 71.

564) ウィリアムに関しては，William of Newburgh, *The history of English affairs*, P. G. Walsh & M. J. Kennedy (ed. & trans.), 2 vols., Warminster 1988, vol. 1, Introduction, pp. 1-23; Michael Staunton, *The Historians of Angevin England*, pp. 82-94.

565) Ibid., p. 82.

566) *Chronicles of the reigns of Stephen, Henry II, and Richard I*, Richard Howlett (ed.), 4

と過小評価されていたものの[567]，彼の『イングランドの歴史』は，同時代を描く歴史叙述として13世紀以降の歴史叙述で参照されている[568]。統治業務に携わったハウデンのロジャーやディスのラルフとは異なり，シトー会の影響を受けながら霊的生活を送っていたウィリアムの歴史叙述は，この世の事象を記すだけでなく，十字軍におけるサラーフッディーンとの戦いの行方，ヘンリ2世や皇帝フリードリヒ・バルバロッサの生涯に神のご判断を読み取ろうとしているように，より霊的な色彩が強く，同時代を生き生きと描くだけでなく，教化的な側面を持つ歴史叙述と言えるだろう[569]。

　12世紀にヨーロッパ各地で見られる，目前で繰り広げられるこの世の事象を描く営為は，同時期に行政文書である証書の序文に頻出する，ときの流れと人間の記憶の不確かさゆえに文書に残す必要性を言及する行為と無関係ではない。現在を記録しようとする営為の背後には，移ろいゆくときに支配されている人間の記憶への不信が見え隠れしている。

　12世紀ルネサンスと呼ばれるこの時代に大きな変容をもたらしたのは，新たな科学知の受容，あるいは文書数の格段の増加が示す文書化の促進だけではなかった。ときの連鎖という座標軸における「今」に次第に向けられていく同時代人のまなざしが示しているように，時代の目撃者たちは，入手することのできた様々な文書を利用して記憶を記録化した。その基底には，ときの流れに対する高まりつつある意識と，移ろいゆくときに抗う術を持たない人間に対する深い洞察が存在していたのである。

---

vols., ND Wiesbaden 1964. vol.1, Liber primus,prooemium, pp. 16, 17, 18; Cf. Michael Staunton, *The Historians of Angevin England*, p. 84.
　　567) Cf. Ibid., p. 84; ウィリアムの『イングランドの歴史』を収めた12世紀末から15世紀までの九つの写本が伝来している。Ibid., p. 87 及び n. 21.
　　568) Cf. Ibid., p. 87.
　　569) Ibid., p. 87 f.

Ⅳ

君侯を描く，君侯が描く
——文書メディアと君侯たち——

1　伝統の構築と君主像

　伝統とは何だろうか。
　人の営みの総体である「伝統」は，静止することのない時間軸の中に存在している。時間とは瞬間の絶え間ない連続であり，それゆえ「伝統」とは，まさに瞬間瞬間どの方向にも変化しうるベクトルの連鎖の中にあって，その意味で常に可変性を有し，最終形を知らない。「伝統」とはこのダイナミズムと同義であり，「伝統」ということばが喚起する硬直化のイメージとは実は無縁なのである。
　伝統の生成が顕在化するのが，テクストが生み出され，受容され，そして文脈化される過程である。ここでいうテクストとはいわゆる書物に限定されない。元来織られたものを意味するテクスト「textum」とは，「紡ぐ」ことによって客体化されたものを意味していて，文字を媒介にした書物は一つの表現形態にすぎないからである。そもそもテクストは身体と不可分であり，テクストの中で語られることばは身体を通じて「今」に蘇る。よく知られているように，私たちにとっては自明の黙読という行為は，中世ヨーロッパ世界では——おそらくそののちも長く——，訓練を要する高度な読書行為であり，読書とは元来声という媒介を通して「現在化」される身体的営為だった[1]。読むという行為により，

---

1)　Cf. イヴァン・イリイチ『テクストのぶどう畑で』岡部佳世訳，法政大学出版局，1995年。ここでは，93，129頁以下参照。

ときの楔から解き放たれたテクストは，翻訳という変換を経て，時空間を自在に跳び超えることも可能となる。異なる文化圏に移送されたテクストは，新たな文脈で新たな伝統を紡ぎだしたのである。

「伝統の生成」に関する別の視角は，過去を利用し，「新たな伝統の生成」を促す営みである。特にこの行為は王朝の交代期あるいは弱体期における統治の正統性の構築・強化において見られた。代表的な例として挙げられるのが，カロリング朝の系譜を記した歴史叙述によって，王朝の正統性を主張したカペー朝である[2]。権威と結び付いたこのような行為もまた，「伝統の生成」の一面を表していると言えるだろう。

本章では，12世紀ザクセンとバイエルンという二つの強大な大公領の首長として，皇帝フリードリヒ・バルバロッサの帝国統治の片腕となり，帝国諸侯の中心にあって勢力図の書き換えを試み，リューベックなど商業活動の拠点となる都市の勃興を後押しし，新たな統治構造を編み出そうとしたハインリヒ獅子公に焦点を当てる。皇帝フリードリヒ・バルバロッサの従兄弟としてその統治を支えたハインリヒは，プランタジネット朝のヘンリ2世の娘マティルデと再婚し，英独の関係強化の礎となりながら，1180年には不名誉な帝国平和喪失（アハト）に処せられ，帝国追放の憂き目にあった。ハインリヒが，それでもなおなぜ「獅子公」という華々しい呼称で呼ばれているのか。12世紀波乱万丈の人生を送ったハインリヒ獅子公の光と影に着目しながら，様々な媒体を通じて新たな統治者像の構築を試みたその実像に光を当てたい。

2 ヴェルフェン家の野望

ハインリヒ獅子公（1129/30-95）を巡る文書メディアを論じる前に，異なる視点を有するテクストが紡ぎ出すその数奇な人生を繙いてみよ

---

2) Karl Ferdinand Werner, Die Legitimität der Kapetinger und die Entsethung des ‚Reditus regni Francorum ad stirpem Karoli', in: *Die Welt als Geschichte* 12 (1952), S. 203-225; Gabrielle M. Spiegel, The ‚Reditus regni ad stirpem Karoli Magni': a new look, in: *French Historical Studies* 7 (1971), pp. 145-174.

2 ヴェルフェン家の野望

う[3]。

　ハインリヒは，9世紀から続く名門ヴェルフェン家の血脈にあり[4]，二つの大公領すなわちバイエルン大公領と1137年からはザクセン大公領の首長となったハインリヒ傲慢公を父に，ローマ皇帝ロタル3世の娘ゲルトルードを母として生まれた。ハインリヒ傲慢公は，統治を支えた義理の父である皇帝ロタルの死後，有力な国王候補であったが，強大な長を戴くのを恐れる他の諸侯の反発を招き，ロタル3世と敵対関係にあったホーエンシュタウフェン家のコンラート3世が国王位を継承したのである。

　ハインリヒ傲慢公は，父ハインリヒ黒公からバイエルン大公領を，妻ゲルトルードの父であるローマ皇帝ロタル3世からザクセン大公領の統治権を受け継いでいた。二つの大公領を戴く強大な諸侯の存在を快く思わないコンラート3世は，ハインリヒ傲慢公にこれら二つの大公領の統治権を認めることを拒み，剥奪されたザクセン大公領は母方のいとこのアルプレヒト熊公に，バイエルン大公領は国王コンラート3世の異父弟のオーストリア辺境伯レオポルト4世に授封された。

　その2年後の1139年に父ハインリヒ傲慢公が無念の死を遂げると，ハインリヒ獅子公は二つの大公領の相続継承権／領有権を主張した。ザクセン大公領の統治に手こずっていたアルプレヒトは1142年にハインリヒ獅子公に統治権を返還したが，バイエルン大公領は1141年レオポルトの死後その兄であるヤゾミルゴットのハインリヒ2世に譲渡されていた[5]。ハインリヒ獅子公は1152年フリードリヒの国王選出を支援し，

　3）　ハインリヒ獅子公に関しては，1979年に出版されたカール・ヨルダンによる古典的著作の邦訳『ザクセン大公ハインリヒ獅子公──中世北ドイツの覇者』（瀬原義生訳，ミネルヴァ書房，2004年）があるが，ドイツではその後ヴェルフェン家及びハインリヒ獅子公に関する数多くの研究が出ている。1995年 Braunschweig では死後800年を記念した展覧会が開催され，4巻本のカタログ（*Heinrich der Löwe und seine Zeit*）が出版された。現在の研究状況を踏まえたハインリヒ獅子公に関するモノグラフィーは，Joachim Ehlers, *Heinrich der Löwe: Eine Biographie,* München 2008 (= idem, *Heinrich der Löwe. Der ehrgeizige Welfenfürst,* Darmstadt 2021).

　4）　古ヴェルフ家は，いったん途絶えている。

　5）　ハインリヒ獅子公の母ゲルトルードは夫ハインリヒ傲慢公が亡くなったのち，1142年にヤゾミルゴットのハインリヒ2世と再婚したが，翌1143年出産時に亡くなっている。この結婚により，ハインリヒ獅子公はヤゾミルゴットのハインリヒ2世と義理の親子関係となる。Helmut Hanko, *Heinrich II. Jasomirgott: Pfalzgraf bei Rhein, Herzog von Bayern, Herzog von*

その見返りにヤゾミルゴットのハインリヒ2世からの大公領の返還をフリードリヒ・バルバロッサに請求，1156年オーストリア辺境伯領を除いたバイエルン大公領の統治権がハインリヒ獅子公の手に返還されることになった[6]。この譲渡の代償としてヤゾミルゴットのハインリヒ2世が治めていたオーストリア辺境伯領は，有名な「*privilegium minus*」によりオーストリア公領（*ducatus Austrie*）に格上げされたのである[7]。

3 統治権／王位継承者を巡る争い

そもそも大公領の剥奪を伴う帝位／国王位を巡るホーエンシュタウフェン家とヴェルフェン家との対立は，ハインリヒ黒公の時代に遡る。ハインリヒ黒公はヴェルフ1世の次男であり，兄ヴェルフ2世（肥満公）はトスカーナ女伯のマティルデと結婚し，いわゆる教皇派ゲルフと皇帝派ギベリンの対立における教皇派の語源となった人物である。ハインリヒ黒公は，ローマ皇帝ハインリヒ5世の死後その後継者の選出に際して，ハインリヒ5世の甥であり娘ユーディットが嫁いだ娘婿シュヴァーベン大公フリードリヒ独眼公ではなく，息子ハインリヒ傲慢公とザクセ

Österreich, Darmstadt 2012.

　6)　Odilo Engels, Die Restitution des Bayernherzogtums an Heinrich den Löwen, in: *Heinrich der Löwe und seine Zeit*, Bd. 2, München 1995, S. 159-171.

　7)　オーストリア辺境伯領の大公領への格上げに関しては，DF I. 151. Cf. Heinrich Appelt, *Heinrich der Löwe und die Wahl Friedrich Barbarossas*, in: Alexander Novotny, Othmar Pickl (Hgg.), *Festschrift Hermann Wiesflecker zum sechzigsten Geburtstag*. Selbstverlag des Historischen Instituts der Universität, Graz 1973, S. 39-48; idem, *Privilegium minus. Das staufische Kaisertum und die Babenberger in Österreich,* Wien ²1976; Heinrich Büttner, Das politische Handeln Friedrich Barbarossas im Jahre 1156, in: *Blätter für deutsche Landesgeschichte 106* (1970), S. 54-67; Heinrich Fichtenau, *Von der Mark zum Herzogtum. Grundlagen und Sinn des „Privilegium minus" für Österreich*, München 1958; Erich Zöllner, *Das Privilegium minus und seine Nachfolgebestimmungen in genealogischer Sicht*, in: MIÖG 86 (1978), S. 1-26; Knut Görich, „... damit die Ehre unseres Onkels nicht gemindert werde ..." *Verfahren und Ausgleich im Streit um das Herzogtum Bayern 1152-1156,* in: Peter Schmid, Heinrich Wanderwitz (Hgg.), *Die Geburt Österreichs. 850 Jahre Privilegium minus*. Regensburg 2007, S. 23-35. ヤゾミルゴットのハインリヒ2世は，首都をクロスターノイブルクからウィーンに遷都している：大公領への格上げに関して発給された証書については，西川洋一「フリードリヒ・バルバロッサの証書における王権と法」ここでは24頁参照。

ン大公ズップリングブルク家のロータルの娘との結婚を機にロータル支持に回り，ロータル3世が王位に就いた[8]。

ハインリヒ傲慢公の姉妹ユーディットが嫁いだシュヴァーベン大公フリードリヒ独眼公は，後のドイツ国王コンラート3世の兄である。ユーディットとフリードリヒ独眼公の息子である皇帝フリードリヒ・バルバロッサ（赤髭王）とハインリヒ獅子公はともにハインリヒ黒公を祖父に持つ従兄弟同士であり，ハインリヒ獅子公はフリードリヒの統治に重要な役割を演じたが，後にフリードリヒによって帝国平和喪失（アハト）を宣告され追放の憂き目にあっている。ハインリヒ獅子公は祖父の代から帝国の統治権を争う渦中にあったヴェルフェン家の跡継ぎに生まれ，政局に翻弄される宿命を背負っていたのである（付録の系図を参照）。

4 ザクセン諸侯との対立

ハインリヒ獅子公は，1142年にその統治権を回復したザクセンの地において，諸侯との対立に直面していた。皇帝と直接臣従関係を結んでいたザクセン諸侯に対して，ハインリヒ獅子公は大公が封建君主であると主張し，彼らを直接統治下に置こうとしたのである[9]。ハインリヒ獅子公はこれまで重んじられてきた封建諸侯の独立性に介入し，統治基盤の強化を図ったが，この政策がザクセン諸侯との衝突を生むことになった（図4-1）[10]。

対立のきっかけとなったのはシュターデ伯領を巡る抗争である。1144年農民たちによってシュターデ伯ルドルフ2世が殺されると，弟でブレーメンの聖堂首席司祭でありマクデブルクの聖堂参事会士でもあったハルトヴィッヒは，その相続権をブレーメン大司教アダルベロに譲渡し

---

8) シュヴァーベン大公に関しては，Helmut Maurer, *Der Herzog von Schwaben. Grundlagen, Wirkungen und Wesen seiner Herrschaft in ottonischer, salischer und staufer Zeit*, Sigmaringen 1978.
9) Joachim Ehlers, *Heinrich der Löwe: Eine Biographie*, S. 116 及び S. 164.
10) Bernd Schneidmüller, *Die Welfen. Herrschaft und Erinnerung (819-1252)*. Stuttgart 2000, S. 224.

224　Ⅳ　君侯を描く，君侯が描く

図 4-1　ハインリヒ獅子公時代のザクセン
（Joachim Ehlers, *Heinrich der Löwe. Der ehrgeizige Welfenfürst*, Darmstadt 2021, S. 131 より作成）

た[11]。世襲制による相続権に依拠する聖界諸侯側に対し，ハインリヒ獅子公は男系相続者が不在の場合相続権は大公の手に戻ると主張し，ヒエラルヒーの強化を図った。両者の対立は国王により裁定され収められることになったが，和解交渉は不首尾に終わり，実力行使に出たハインリヒ獅子公に対する怨恨は燻り続けた。北ドイツの聖界諸侯との対立の中軸を担ったのが，マクデブルク大司教ヴィッヒマンとヒルデスハイム司教のヘルマンである[12]。

ハインリヒ獅子公とザクセン諸侯との軋轢は，フリードリヒの国王選出後間もない1152年5月メルゼブルクMerseburgの宮廷会議で，デンマーク王位を巡ってスヴェンとクヌートが対立した際に，クヌートを推すハインリヒ獅子公と，スヴェンを支援したブレーメン大司教ハルトヴィッヒらザクセン諸侯との対立という形で顕在化した[13]。ザクセン諸侯によって仕かけられたフェーデFehdeに対し，その仲裁役として皇帝フリードリヒ・バルバロッサが介入した[14]。失敗に終わった前回の和解交渉とは違って，粘り強い交渉により両者はいったん和解に至ったのであった。

5　マティルデとの婚姻

マクデブルク大司教ヴィッヒマン，ヒルデスハイム司教のヘルマンを

---

11)　シュターデ伯の裁判権は，義理の兄弟であるPfalzgrafのFriedrich von Sommerschenburgに譲渡した。Bernd Schneidmüller, Heinrich der Löwe. Innovationspotentiale eines mittelalterlichen Fürsten, in: Werner Hechberger, Florian Schuller (Hgg.), *Staufer & Welfen. Zwei rivalisierende Dynastien im Hochmittelalter*. Regensburg 2009, S. 50-65. ここではS. 56; idem, *Die Welfen. Herrschaft und Erinnerung (819-1252)*, S. 205 f.

12)　Matthias Puhle, Die politischen Beziehungen dem Braunschweiger Hof und dem Erzbistum Magdeburg zur Zeit Heinrichs des Löwen und Ottos IV., in: *Heinrich der Löwe und seine Zeit*, Bd. 2, München 1995, S. 149-158. Cf. Dietrich Claude, *Geschichte des Erzbistums Magdeburg bis in das 12. Jahrhundert*, 2 Bde., Köln 1972/75.

13)　服部良久「宮廷集会の内と外—フリードリヒ・バルバロッサ即位初年の事例より」服部良久編著『コミュニケーションから読む中近世ヨーロッパ史』ミネルヴァ書房，2015年，17-39頁所収，ここでは20頁以下参照。

14)　服部良久『中世のコミュニケーションと秩序—紛争・平和・儀礼』京都大学学術出版会，2020年，第5章第3節4「ハインリヒ獅子公とザクセン諸侯の争い」121頁以下参照。

はじめ，テューリンゲン方伯ルートヴィヒ2世，ブランデンブルク辺境伯アルプレヒト熊公，マイセン辺境伯オットー，アッセル Assel 伯のオルデンブルクのクリスティアン，シュヴァーレンベルク伯ヴィドウキントなど，名うてのザクセン諸侯たちによる反ハインリヒ獅子公の結束が強まった。シュヴァーベンの領地を巡って緊張関係が高まる中，ハインリヒ獅子公とフリードリヒ・バルバロッサの協調関係を示す重要な施策が打ち出された。教皇アレクサンデル3世と対立していたフリードリヒ・バルバロッサは，1164年クラレンドン法により聖職者の特権に制限を加えようとしたイングランド国王ヘンリ2世とカンタベリー大司教トマス・ベケットとの確執に乗じ，婚姻関係を通じてイングランド国王との関係強化を図っている[15]。

白羽の矢が立てられたのが，生まれて間もないフリードリヒ・バルバロッサの息子フリードリヒとハインリヒ獅子公だった[16]。ハインリヒ獅子公は1147年からツェーリンゲン大公コンラートの娘クレメンティアと婚姻関係を結んでいて，ハインリヒ獅子公の不在中はシャウムブルクのアドルフとともに統治を代行していたが[17]，両者の間には14年間の結婚生活の中で男系相続者が夭折したためおらず[18]，1162年近親婚を理由に結婚が解消されていた。

ハインリヒ獅子公の再婚を後押ししたのがフリードリヒ・バルバロッサである。フリードリヒ・バルバロッサとツェーリンゲン大公との間に確執が生じており，ハインリヒ獅子公とツェーリンゲン家の関係解消が望まれていたからである。

ヴュルツブルクの誓約直前の1165年初頭，ケルン大司教ダッセルのライナルトがフリードリヒの使節としてヘンリ2世のもとに派遣され，ハインリヒ獅子公とヘンリ2世の娘マティルデ，フリードリヒ・バルバ

---

15) Cf. Joachim Ehlers, *Heinrich der Löwe: Eine Biographie*, S. 183 ff.

16) フリードリヒ・バルバロッサの息子で同名のフリードリヒは，1164年7月にパヴィーアで生まれている。Ferdinad Opll, *Friedrich Barbarossa*, S. 73; Odilo Engles, Beiträge zur Geschichte der Staufer, im 12. Jahrhundert (II), S. 436, Anm. 47; 桑野聡「1165年のシュタウファー＝アンジュー二重婚姻協定—ヴェルフェン＝アンジュー同盟成立の背景」『郡山女子大学紀要』33（1997），71-90頁。

17) Helmold von Bosau, *Die Slawenchronik*, c. 70, S. 248 f. Cf. Karl Jordan, *Heinrich der Löwe. Eine Bibliographie*, München 1979, S. 54.

18) 長男ハインリヒは夭折している。

ロッサの長男フリードリヒとヘンリ2世の3歳の娘との結婚の約束を取り付けた。3年後の1168年2月1日ハインリヒ獅子公とヘンリ2世の娘マティルデとの婚姻の儀がミンデン Minden の聖堂で，結婚式がブラウンシュヴァイクで執り行われた[19]。この婚姻により，両家ばかりでなく，プランタジネット家とシュタウフェン家との間の「盟約（foedus）」と「友好関係（amicitia）」も強固なものとなった[20]。2人の間には，長女リヒェンツアが1172年に，さらに父と同名のハインリヒやロタル，後に皇帝となったオットー，そしてヴィルヘルムなど子供たちが生まれ，ヴェルフェン家とプランタジネット家との結び付きを強める礎となったのである[21]。

6　ハインリヒ獅子公の誕生とブラウンシュヴァイク[22]
——君侯の都市振興政策

　ハインリヒ獅子公がその統治基盤の中心に据えたのは，北ドイツの都市ブラウンシュヴァイクである。先述のように1168年ハインリヒ獅子公は，ヘンリ2世の娘マティルデとの結婚式をブラウンシュヴァイク

---

19)　同日にハインリヒ獅子公によるミンデン Minden の聖堂教会への寄進が行われている。*Die Urkunden Heinrichs des Löwen, Herzogs des Sachsen und Bayern*, Karl Jordan (ed.), Stuttgart 1941, 1949,（＝以下 UHdL と略）Nr. 77 (1168): Acta sunt hec Minde anno dominice incarnationis MCLXVIII, indictione I, quando Heinricus dux Bawarie et Saxonie Machtildem filiam regis Anglie ibidem subarravit, kalendis februarii; Cf. Joachim Ehlers, *Heinrich der Löwe: Eine Biographie*, S. 14; Bernd Schütte (Hg,), *Die Lebensbeschreibungen der Königin Mathilde*, MGH SS rer. Germ. 66, Hannover 1994.

20)　*Ottonis et Rahewini Gesta Friderici I. Imperatoris*, Georg Waitz (ed.), Appendix, S. 350: nam inter imperatorem et regem Angliae fedus et amicicia fuit, data filia sua in uxorem Heinrico duci Bawariae et Saxoniae.

21)　Jens Ahlers, *Die Welfen und die englischen Könige 1165-1235*, Hildesheim 1987; Alheydis Plassmann, Dominik Büschken (Hgg.), *Staufen and Plantagenets: two empires in comparison*, Göttingen 2018.

22)　Dirk Jäckel, *Der Herrscher als Löwe: Ursprung und Gebrauch eines politischen Symbols im Früh- und Hochmittelalter,* Köln/Weimar/Wien 2006; Gerd Althoff, Löwen als Begleitung und Bezeichnung des Herrschers im Mittelalter, in: Xenja von Ertzdorff, Rudolf Schulz (Hgg.), *Die Romane von dem Ritter mit dem Löwen: der tschechische "Bruncvík" sowie das Abenteuer mit dem zweiten Löwen aus dem russischen "Bruncvik" übersetzt von Winfried Baumann*, Leiden/Boston 1994, S. 119-134.

で挙行したが，その背景には，母方の祖母，皇帝ロータル3世の妃であったリヒェンツァが父方の家系ノルトハイム家の治めるザクセン大公領と，母方の家系ブルーノ家の治めるブラウンシュヴァイクの女相続人であり，ハインリヒ獅子公がブラウンシュヴァイクをその統治拠点としたのはこの母方の祖母の影響があった。

　ハインリヒ獅子公は積極的に都市政策を行っている。1157年にミュンヘン München を[23]，1159年にはホルシュタイン伯アドルフから統治権を奪取し，北ドイツのリューベックの発展の礎を築いた[24]。他にもハンザ交易の重要な取引品であった岩塩の産地リューネブルクや，ハインリヒ獅子公と縁の深いブラウンシュヴァイクやシュターデ Stade などの発展を推進したが，中でもハインリヒ獅子公が「余の街（civitas nostra）」と呼んだブラウンシュヴァイクとの結び付きは強く[25]，ハインリヒ獅子公は1142年から1180年までの間に21回ブラウンシュヴァイクに滞在しており，この数は他の都市に比べて格段に多い[26]。

　ハインリヒ獅子公がブラウンシュヴァイクに統治基盤を築こうとした意図を明確に示すのが，ハインリヒによるプファルツ建設である[27]。さらにハインリヒ獅子公は，1173年に再建された聖ブラジウス St. Blasius（現在のブラウンシュヴァイク聖堂）の敷地に，1164-76／81年高さ約1.6M，長さ2.8Mの獅子のブロンズ像を設置した（図4-2）[28]。

---

　23)　Rudolf Schieffer, Heinrich der Löwe, Otto von Freising und Friedrich Barbarossa am Beginn der Geschichte Münchens, in: Werner Hechberger, Florian Schuller (Hgg.), *Staufer & Welfen. Zwei rivalisierende Dynastien im Hochmittelalter*, Regensburg 2009, S. 66-77.

　24)　都市リューベックの発展とハインリヒ獅子公との関係に関しては，高橋理『ハンザ「同盟」の歴史―中世ヨーロッパの都市と商業』創元社，2013年。ここでは38頁以下参照。

　25)　UHdL 105 (1175): Acta sunt hec in civitate nostra Bruneswich; Bernd Schneidmüller, Der Ort des Schatzes. Branschweig als brunonisch-welfisches Herrschaftszentrum, in: Joachim Ehlers, Dietrich Kötzsche (Hgg.), *Der Welfenschatz und sein Umkreis*, Mainz 1998, S. 27-46. ここではS.43 f.; Stuart Jenks, Die Welfen, Lübeck und die werdende Hanse, in: S. 483-522.

　26)　Joachim Ehlers, *Heinrich der Löwe: Eine Biographie*, S. 235 f.

　27)　Johannes Fried, Königsgedanken Heinrichs des Löwen, in: *Archiv für Kulturgeschichte* 55 (1973), S. 312-351, S. 315. ハインリヒ獅子公の息子たちは「*palatium*」と呼んでいる。Bernd Schneidmüller, Burg – Stadt – Vaterland, Braunschweig und die Welfen im hohen Mittelalater, in: Johannes Fried, Gerhard Oexle (Hgg.), *Heinrich der Löwe. Herrschaft und Repräsentation*, Sigmaringen 2003, S. 27-81. ここでは S. 73, Anm 228.

　28)　建立時期は長年1166年と考えられてきた。その根拠となったのは1204年から1256年までを記載した年代記作者 Albert von Stade の記述である。*Annales Stadenses*, Georg

6 ハインリヒ獅子公の誕生とブラウンシュヴァイク

図4-2 ブラウンシュヴァイクの獅子像
（1989年以後ダンクヴァルデローデ城内に設置）

なぜ獅子公はブラウンシュヴァイクに獅子像を据えたのだろうか[29]。それはハインリヒが身に纏うことになった「獅子」という呼称と深く関係している。

1156年9月レーゲンスブルクで開催された宮廷会議で，ハインリヒ獅子公の手にバイエルン大公領の統治権が返還されたが，一連の出来事を記したボーザウのヘルモルトの『スラブ年代記 Chronica Slavorum』に以下のようなくだりがある。

> そして新しい名前が彼に生み出された。獅子ハインリヒ，バイエルン大公そしてザクセン大公である[30]。

[Heinrich Pertz (ed.), MGH SS 16, Hannover 1859, S. 271-379, S. 345: Henricus Dux supra basem leonis effigiem erexit et urbem fossa et vallo circumdedit; Peter Seiler は 1164-81 年，Bernd Schneidmüller は 1164-76 年と推定している。Bernd Schneidmüller, Burg – Stadt – Vaterland, Braunschweig und die Welfen im hohen Mittelalter, S. 58 ff.; Bernd Schneidmüller, *Die Welfen. Herrschaft und Erinnerung (819-1252).* Stuttgart 2000, S. 218; Bernd Schneidmüller, *Heinrich der Löwe. Innovationspotentiale eines mittelalterlichen Fürsten,* in: Werner Hechberger, Florian Schuller (Hgg.), *Staufer & Welfen. Zwei rivalisierende Dynastien im Hochmittelalter.* Regensburg 2009, S. 50-65, S. 58.

29) Peter Seiler, Richterlicher oder kriegerischer Furor? Untersuchungen zur Bestimmung der primären Bedeutung des Braunschweiger Burglöwen, in: Johannes Fried, Gerhard Oexle (Hgg.), *Heinrich der Löwe. Herrschaft und Repräsentation,* S. 135-197; Karl Schmid, *Welfisches Selbstverständnis,* in: Josef Fleckenstein, Karl Schmid (Hg.), *Adel und Kirche. Gerd Tellenbach zum 65. Geburtstag,* Freiburg u. a. 1968, S. 389-416, S. 410: Otto Gerhard Oexle, *Die Memoria Heinrichs des Löwen,* in: Dieter Geuenich, Otto Gerhard Oexle (Hgg.), *Memoria in der Gesellschaft des Mittelalters,* Göttingen 1994, S. 128-177. ここでは S. 145.

30) Helmoldi Chronica Slavorum, I. c. 86, S. 300: *Et creatum est ei nomen novum: Heinricus Leo, dux Bavariae et Saxoniae.*

同じく『スラブ年代記』には，1163年スラブ人の蜂起を鎮圧したハインリヒ獅子公に関して以下のように述べられている。

> このような行為によってスラブ人たちは辱められ，彼らは獣の中で最も強い獅子は何人を前にしても身を翻さぬことを悟ったのである[31]。

勇猛さの象徴である獅子の比喩は中世初期より用いられており，決して珍しい表現ではない。ビザンツ帝国においても統治者と2頭の獅子が象徴的に描かれている[32]。ボーザウのヘルモルトのみではあるが，獅子の呼称も，ハインリヒ獅子公の父であるハインリヒ傲慢公にも同様に用いられている[33]。

勇敢さの象徴である獅子の呼称は，12世紀以降ハインリヒ獅子公の義弟リチャード獅子心王(在位1189-99)やスコットランド国王ウィリアム1世(1165-1214)をはじめ，12世紀に度々登場するようになる。なかでもリチャード獅子心王は最も有名であり，その名が定着した人物の代表だろう。

ハインリヒ獅子公が建造させた獅子のブロンズ像は，プファルツとして統治基盤の中核に据えられたブラウンシュヴァイクにおいてその権勢を示す象徴となった[34]。ブラウンシュヴァイクの都市印章やハインリヒ獅子公のもと鋳造された貨幣にも「ハインリヒ獅子公／ブラウンシュヴァイクのハインリヒは獅子である DVX HEINRICVS LEO / HEINRICVS DE BRVNSWIC SVM LEO」という呼称が刻印されてお

---

31) *Helmoldi Chronica Slavorum* I. c. 93, S. 328: His ita gestis humiliatae sunt vires Slavorum, et recognoverunt, quia leo fortissimus bestiarum ad nullius pavet occorsum.

32) Percy Ernst Schramm, *Herrschaftszeichen und Staatssymbolik im Mittelalter*, Bd. I, S. 318 ff., 338 ff., Bd. III, S. 708, Anm. 5, S. 709 ff.

33) *Helmoldi Chronica Slavorum* I. c. 35, S. 146, c. 56, S. 206, c. 56, S. 210. ボーザウのヘルモルト Helmold von Bosau の年代記は1167／68年に編纂されており，ハインリヒ傲慢公への獅子の呼称は，ハインリヒ獅子公の呼称が一般に定着して以降に用いられたと考えられる。

34) Ursula Mende, Zu Gestalt und Nachfolge des Braunschweiger Löwen, speziell zur Kragenform seiner Mähne, in: Joachim Ehlers, Dietrich Kötzsche (Hgg.), *Der Welfenschatz und sein Umkreis*, Mainz 1998, S. 387-414; 同時代に建立された獅子像にはヴェネチアのサン・マルコ広場の獅子像がある。Bianca Maria Scarfì (ed.), Chris Heffer, David Kerr (transl.), *The Lion of Venice: studies and research on the bronze statue in the piazzetta*, München 1990.

6　ハインリヒ獅子公の誕生とブラウンシュヴァイク　　231

図 4-3　ハインリヒ獅子公が鋳造させた貨幣
イングランド王女マティルデとの「結婚貨幣」(下段中央)。ハインリヒ獅子公 Dux Heinricvs Leo の刻印とともに上部に百合の笏を持ったハインリヒとマティルデの姿が描かれている
(Joachim Ehlers, *Heinrich der Löwe. Der ehrgeizige Welfenfürst*, Darmstadt 2021, S. 264, Nr. 3 より作成)

図 4-4　ブラウンシュヴァイクの都市印章に描かれた獅子像，1231 年

り[35]，広く流通する貨幣に刻まれた「獅子Leo」という表現は呼称の定着に一役買ったと考えられる（図4-3，4-4）。

7　皇帝フリードリヒ・バルバロッサとの関係の変化

対イタリア政策において，ハインリヒ獅子公はフリードリヒ・バルバロッサの重要な支援者として大きな功績を上げている。長い間領地を離れる危険を鑑みて他の封建諸侯たちが同行を見送る中，ハインリヒ獅子公は1154／55年のイタリア遠征に随行し[36]，1155年6月手ごわい都市ローマを破り，「大いなる勝利の後，遠征に同行した他の誰よりも大公の名は褒め称えられた」という[37]。フリードリヒのローマでの戴冠に大いに貢献し，信頼を確かなものとしたハインリヒ獅子公を，1161年初めミラノとの激しい戦闘で死を覚悟したフリードリヒ・バルバロッサは，コンラート3世の息子シュヴァーベン大公フリードリヒとともに万一の場合その地位を引き継ぐ者（duos imperatores）に選んでいる[38]。

　名実ともに皇帝に次ぐ第二の地位を占めていたハインリヒ獅子公とフリードリヒ・バルバロッサとの関係に暗雲が立ち込めるきっかけとなったのは，シュヴァーベンを巡る相続争いであった。シュヴァーベンを治めていたヴェルフ6世の息子ヴェルフ7世が，1167年8月皇帝フリー

---

35)　ブラウンシュヴァイクでは1150年以降55種類の獅子が刻まれた貨幣が鋳造されている。Bert Biltzer, Das Münz- und Geldwesen im Herzogtum Sachsen unter Herzog Heirich dem Löwen, in: Wolf-Dieter Mohrmann (Hg.), *Heinrich der Löwe*, Göttingen 1980, S. 331-353. ここではS. 338; Cf. Joachim Ehlers, *Heinrich der Löwe: Eine Bibliographie*, S. 265; Johannes Fried, Königsgedanken Heinrichs des Löwen, S. 319 f.; 1180年の失墜後1188年から1194年の間に発布された証書のうち五つ（UUHdL 119, 120, 127, 128, 129）に獅子を描いた小さな印章が付されている。Dieter Matthes, Bemerkungen zum Löwensiegel Herzog Heinrichs, in: Joachim Ehlers, Dietrich Kötzsche (Hgg.), *Der Welfenschatz und sein Umkreis*, Mainz 1998, S. 354-373. ここではS. 355, 357; 1190年の印章は，Karl Heinemeyer, Der Prozeß Heinrichs des Löwen, in: *Blätter für deutsche Landesgeschichte* 117 (1981), S. 1-60, Abb. 3 参照。

36)　Joachim Ehlers, *Heinrich der Löwe: Eine Biographie*, S. 92.

37)　Cf. *Helmoldi Chronica Slavorum*, I, c. 81, S. 280 f.: Post factam victoriam magnificatum est nomen ducis super omnes qui erant in exercitu; Joachim Ehlers, *Heinrich der Löwe: Eine Biographie*, S. 95.

38)　Joachim Ehlers, *Heinrich der Löwe: Eine Biographie*, S. 178.

ドリヒ・バルバロッサのイタリア遠征の途上蔓延した疫病で死亡し，相続人の死亡によりシュヴァーベンの領有権を巡ってハインリヒ獅子公とフリードリヒ・バルバロッサの間で緊張関係が生じたのである。ヴェルフ6世は相続継承をハインリヒ獅子公にまず提示したが，その見返りの支払いをハインリヒが渋ったため，フリードリヒと交渉が行われた[39]。その結果ヴェルフ6世は金銭の授受と引き換えに，1173／74年まずイタリア領すなわちサルデーニャ，スポレト大公領を，そしてトスカーナ辺境伯領をフリードリヒ・バルバロッサに譲渡することを決めた[40]。

シュヴァーベンの地がどちらの手中に落ちるかは，両者の関係に影を落とすことになった。それまで良好だった両者の関係に変化が起こったことを示しているのが，皇帝証書の証人欄である。それまで重要な事案を扱う証書に証人としてその名が挙げられていたハインリヒ獅子公の名が1174年7月6日を最後に見当たらない[41]。証書の証人欄には，原則として当該の事案が裁定された場に居合わせた諸侯たちの名が挙げられるのが通例であり，フリードリヒ・バルバロッサが重要事案を討議する場でのハインリヒ獅子公の不在を意味していた。

8 キアヴェンナの会見と軍役の義務

ハインリヒ獅子公と皇帝フリードリヒ・バルバロッサとの関係悪化については，同時代あるいは後年まとめられた歴史叙述も説明は一様

---

39) *Ottonis de Sancto Blasio Chronica*, Adolf Hofmeiseter (ed.), ここでは S. 28 及び *Die Chronik von St. Blasien und die Marbacher Annalen*, Franz-Josef Schmale (Hg. u. übers.), S. 62 f.: Welfo vero dux orbatus herede in amisso filio … Heinricum ducem Saxonie et Bawarie fratruelem suum in heredem ascivit ab eoque pro hoc quantitatem peccunie exigens, dum consequi putat, frustratur promissis. Dux enim Heinricus quorundam pravorum consilio Welfonem iam grandevum cito moriturum presagiens argentum pro constituto dare distulit. Pro quo Welf iratus imperatori Fridrico sororio suo, recepta ab eo prius pro libitu suo peccunia … omnia predia sua ipsi contradidit eaque usque ad terminum vite pluribus aliis additis recepit; Cf. Otto Gerhard Oexle, Welfische Memoria. Zugleich ein Beitrag über adlige Hausüberlieferung und die Kriterien ihrer Erforschung, in: Bernd Schneidmüller (Hg.), *Die Welfen und ihr Braunschweiger Hof im hohen Mittelalter*, Wiesbaden 1995, S. 61-94. ここでは S. 81.

40) Cf. Joachim Ehlers, *Heinrich der Löwe: Eine Biographie*, S. 213-215.

41) DF I. 623; Cf. Joachim Ehlers, ibid., S. 215.

ではない。とりわけ解釈が分かれるのが，1176 年初頭キアヴェンナ Chiavenna での 2 人の交渉決裂の顛末である[42]。リューベックのアーノルトの『スラブ年代記 Chronica Slavorum』によれば，ロンバルディア同盟に手こずっていた皇帝フリードリヒは，帝国諸侯たちに援助を求めていた。なかなかイタリア遠征の軍隊派遣を承諾しないハインリヒ獅子公の翻意を促すために，皇帝フリードリヒ・バルバロッサはハインリヒ獅子公の足元にひれ伏してまで懇願したという[43]。ハインリヒ獅子公はフリードリヒ・バルバロッサの再三の要請にもかかわらず宮廷会議に出席せず，高齢を理由に出兵を拒否する代わりに資金の提供を申し出た[44]。

[42] 国王と領邦君主間の政治儀礼に関しては，Gerd Althoff の一連の著作の他，特にキャヴェンナのやりとりに関しては，Claudia Garnier, *Die Kultur der Bitte. Herrschaft und Kommunikation im mittelalterlichen Reich*, Darmstadt 2008, S. 188 以下参照。服部良久『中世のコミュニケーションと秩序─紛争・平和・儀礼』京都大学学術出版会，2020 年，第 5 章第 3 節 5「「キャヴェンナ会談」では何があったのか」124 頁以下参照。

[43] Arnold von Lübeck, *Arnoldi Chronica Slavorum*, II, 1, S. 38: ... imperator consurgens de solio suo, utpote quem angustie tenebant, ad pedes eius inclinavit. Dux autem vehementer conturbatus de re tam inaudita, quod humiliatus in terra iaceret sub quo curvatur orbis, quantocius eum a terra levavit, nec tamen eius consensui animum inclinavit; *Quellen zur Geschichte der Welfen und die Chronik Burchards von Ursberg*, Matthias Becher (Hg. u. übers.), S. 196 f.; Gerd Althoff, Colloquium familiare – colloquium secretum – colloquium publicum. Beratung im politischen Leben des früheren Mittelalters, in: *Frühmittelalterliche Studien* 24 (1990), S. 145-167. ここでは S. 158 f. (= in: ibid, *Spielregeln der Politik im Mittelalter. Kommunikation in Frieden und Fehde*, Darmstadt 1997, S. 157-184). このやりとりを記すリューベックのアーノルトの記述の信憑性に関しては，Gerd Althoff, Die Historiographie bewältigt. Der Sturz Heinrichs des Löwen in der Darstellung Arnolds von Lübeck, in: Bernd Schneidmüller (Hg.), *Die Welfen und ihr Braunschweiger Hof im hohen Mittelalter*. Wiesbaden 1995, S. 163-182 (= in: idem, *Inszenierte Herrschaft. Geschichtsschreibung und politisches Handeln im Mittelalter*, Darmstadt 2003, S. 190-210. ここでは S. 193 ff.).

[44] Arnold von Lübeck, *Arnoldi Chronica Slavorum*, II, 1. De discordia imperatoris et ducis, S. 37: et convocatiis principibus, eis perturbationem imperii exposuit, et ad comprimendos rebelles in Italicam expeditionem eos secum evocavit. Ducem etiam Heinricum ad hunc laborem omni instantia adducere conatus est, et quia eum formidabilem Longobardis expertus erat, dicebat, se omnimodis sine ipsius presentia contra eos prevalere non posse. Econtra ille pretendebat, se multis laboribus et expeditionibus tam Italicis quam etiam aliis innumeris utpote iam senem defecisse, et omni devotione imperatorie maiestati se obsecuturum affirmabat in auro et argento ceterisque impensis ad exercitum contrahendum, se tamen omnino salva gratia ipsius in persona propria venire posse negabat; ドイツ語訳は，*Die Chronik Arnolds von Lübeck nach der Ausgabe der Monumenta Germaniae*, übersetzt von Johann C. M. Laurent. Neu bearbeitet von Willhelm Wattenbach, Bad Feilnbach 2011, S. 34 f.; Gerd Althoff, Die Historiographie bewältigt, S. 195.

8　キアヴェンナの会見と軍役の義務　　　　　　　　　　235

図4-5　『ザクセン世界年代記 Sächsische Weltchronik』の
キアヴェンナの会見の様子

(Sächsische Weltchronik, 13世紀末, Bremen, Staats- und Universitätsbibliothek, msa 0033, fol. 88va)

　そのときの様子を13世紀末に制作された『ザクセン世界年代記 Sächsische Weltchronik』の写本（Bremen, Staats- und Universitätbibliothek, msa 0033）も伝えている（図4-5）[45]。その挿絵には馬上のハインリヒ獅子公に対して，跪いて助力を乞う皇帝フリードリヒ・バルバロッサが描かれている[46]。皇帝フリードリヒの懇願を拒否したハインリヒ獅子公は，軍隊派遣の見返りに銀山を擁するゴスラー Goslar を要求したが，これ

---

　45)　低地ドイツ語で1225年までを描いた『ザクセン世界年代記』は50を超える写本（断片含む）で伝えられている。写本系統は，① 1230年頃マクデブルクで成立したA，② 1240年頃成立したB，③ 1260/70年頃成立し，1260年まで扱ったC，さらに継続して描かれた④ 1275年までを扱ったザクセン版，⑤ 1353年までを扱ったテューリンゲン版，⑥ さらに4系統に分かれる四つのバイエルン版（I: 1216-1314, II: 1315-1348, III: 1315-1342, IV: 1314-1454）がある。彩色された挿絵の付いた絵入り写本は，1) Berlin, Staatsbibliothek Preußischer Kulturbesitz, Ms. Germ. fol. 129（14世紀初頭），2) Bremen, Staats- und Universitätbibliothek, msa 0033（13世紀末），3) Gotha, Forschungsbibliothek der Universität Erfurt, Memb. I 90（13世紀末）三つが知られている。校訂版は，*Sächsische Weltchronik*, ed. Ludwig Weiland, MGH *Deutsche Chroniken* 2, Hannover 1877, S. 1-279;『ザクセン世界年代記』に関しては数多くの研究があるが，近年のものでは以下参照。Michael Menzel, *Die Sächsische Weltchronik. Quellen und Stoffauswahl*, Sigmaringen 1985; Jürgen Wolf, *Die Sächsische Weltchronik im Spiegel ihrer Handschriften. Überlieferung, Textentwicklung, Rezeption*, München 1997. 史料状況は，Geschichtsquellen des deutschen Mittelalters, https://www.geschichtsquellen.de/werk/2243 も参照。

　46)　このときの様子を描いた歴史叙述に関しては，Johannes Fried, Königsgedanken Heinrichs des Löwen, S. 313 f.

は皇帝フリードリヒによって退けられた[47]。

　皇帝に対する軍役義務の不履行問題は以前も起こっていた。主君に対する軍役の義務違反に関して厳しい措置が取られたのもこれが最初ではない。フリードリヒ・バルバロッサは1154年12月5日ロンカリアで発布された皇帝証書において，皇帝による出兵の要請に従わない者は封土を喪失すると定め[48]，要請に従わなかったブレーメン大司教とハルバーシュタット司教たちは「誓いを破った者（transgressor iuramenti）」として封土が取り上げられている[49]。そののち1158年11月同じくロンカリアで発布された証書の中でも上記の定めが更新されている[50]。1158年には高齢を理由に固辞するマインツ大司教アーノルト[51]，さらに1161／62年にはザルツブルク大司教エバーハルトとの間で紛争が起きた[52]。エバーハルトは金銭による（cum taxatione pecuniae）代替措置を主張したが[53]，フリードリヒ・バルバロッサはこれを受け入れず，その理由として，慣習によって敵意を抱いている相手からは金銭を受領しないことを挙げている[54]。エバーハルトに対しても再三に渡る参内の要請を拒んだことが問題視されたように[55]，反逆罪に当たるかどうかは微妙な政治的

　47）　Cf. Karl Jordan, Goslar und das Reich im 12. Jahrhundert, in: *Niedersächsisches Jahrbuch für Landesgeschichte* 35 (1963), S. 49-77. ここでは S. 64 ff.

　48）　DF I. 91, S. 152 f. (= Const. 1, Nr. 148, S. 208); Alfred Haverkamp, Herrschaftsformen der Frühstaufer in Reichsitalien, Stuttgart 1970/71, 2 Bde., S. 51 f., 364 ff.; Gerd Althoff, Die Historiographie bewältigt, S. 196.

　49）　*Gesta Friderici*, II. 13, S. 304; *Helmoldi Chronica Slavorum*, I. c. 83, S. 286 f.; Gerd Althoff, Die Historiographie bewältigt, S. 196 f.; Jürgen Dendorfer, Roncaglia Der Beginn eines lehnrechtlichen Umbau des Reiches?, S. 126.

　50）　DF I. Nr. 242, S. 35 f.; Joachim Ehlers, *Heinrich der Löwe: Eine Biographie*, S. 92 f.; Jürgen Dendorfer, Roncagliaä Der Beginn eines lehnrechtlichen Umbau des Reiches?, S. 117.

　51）　*Vita Arnoldi archiepiscopi Moguntini*, Philipp Jaffé (ed.), Berlin 1866, S. 604-675, S. 624 f.; Gerd Althoff, Die Historiographie bewältigt, S. 198.

　52）　Gerd Althoff, Die Historiographie bewältigt, S. 197.

　53）　MGH Const. 1, Nr. 201, S. 278: Porro laborem expeditionis cum gratia vestra nos excepisse putabamus *cum taxatione pecuniae*, quam dignatio vestra nobis voluit imponere.

　54）　DF I. 346, S. 185, Z. 24-26 及び MGH Const. 1, Nr. 202, S. 279: Sane cum legationis tue nuncius ad nos venisset et *servitium pecuniae tuae pro redemptione expeditionis* nobis obtulisset, *nos communicato cum principibus nostris consilio pecuniam tuam cum honore non potuius accipere, quia nostre consuetudinis non est, alicuius pecuniam accipere et odium contra eum in mente retinere* ; Cf. Gerd Althoff, Die Historiographie bewältigt, S. 197 f..

　55）　Cf. Knut Görich, Geld und >honor<, Friedrch Barbarossa in Italien, in: Gerd Althoff (Hg.), *Funktionen und Formen der Kommunikation im Mittelalter*, Sigmaringen 2001, S. 177-200.

駆け引きによっていた[56]。ハインリヒ獅子公の金銭による支援という申し出は，前例がある行為だったが，皇帝による謙譲行為にもかかわらずその請願を拒む振舞いは，上位者の権威をないがしろにし，名誉を貶める行為と受け止められ，それが問題視されたのである[57]。

9　ハインリヒ獅子公の失墜

　1176年初頭キアヴェンナでの2人の交渉決裂の後，フリードリヒ・バルバロッサは1176年5月レニャーノ Legnano での戦いに敗北し，1177年7月ヴェネチアにおいて教皇アレクサンデル3世と結託したロンバルディア同盟との間で和平が結ばれた[58]。遠征に出兵しなかったハインリヒ獅子公に代わって，皇帝フリードリヒ・バルバロッサの宮廷で発言力を増していたのは，ハインリヒ獅子公と対立関係にあったケルン大司教ハインスベルクのフィリップとマクデブルク大司教ヴィッヒマンだった[59]。

　ハインリヒ獅子公に対する攻撃は，ケルン大司教フィリップ，そして1160年ハインリヒ獅子公によって廃位され，ヴェネチアでの和平によって1177年復位が認められたハルバーシュタット司教のウルリヒとの確

ここでは S. 185.

56)　Gerd Althoff, Konfliktverhalten und Rechtsbewußtsein. Die Welfen in der Mitte des 12. Jahrhunderts, in: *Frühmittelalterliche Studien* 26 (1992), S. 331-352 (= idem., *Spielregeln der Politik im Mittelalter. Kommunikation in Frieden und Fehde*, Darmstadt 1997, S. 57-84) 翻訳は，服部良久訳「紛争行為と法意識―12世紀におけるヴェルフェン家」服部良久編訳『紛争のなかのヨーロッパ中世』90-114頁；Cf. Gerd Althoff, Die Historiographie bewältigt, S. 203.

57)　服部良久『中世のコミュニケーションと秩序―紛争・平和・儀礼』京都大学学術出版会，2020年，第5章第3節5「「キャヴェンナ会談」では何があったのか」127頁以下参照；中世ヨーロッパにおける損なわれた名誉の回復に関する概観は，Gerd Althoff, Compositio. Wiederherstellung verletzter Ehre im frühen und hohen Mittelalter, in: Klaus Schreiner, Gerd Schwerhoff (Hgg.), *Verletzte Ehre. Ehrkonflikte in Gesellschaften des Mittelalters und der Frühen Neuzeit*, Köln 1995, S. 63-76.

58)　DF I. 689; Arnold von Lübeck, *Arnoldi Chronica Slavorum*, II, 9, S. 46 f.

59)　Arnold von Lübeck, *Arnoldi Chronica Slavorum*, II,10, S. 47 f.: De expeditione prima Coloniensis et citatione ducis 及び 11, S. 49: De secunda expeditione Philippi Coloniensis archiepiscopi を参照。

執から勃発した[60]。

　皇帝フリードリヒ・バルバロッサが「最も信頼する余の命の実行者 (*fidelissimus mandatorum nostrorum exsecutor*)」[61] と呼んだケルン大司教フィリップは，権勢を誇る一族の出であり，早くから聖界諸侯でのキャリアを期待され，ケルンでの初等教育の後，当時最も重要な教育機関であったランスの聖堂参事会学校で学んだ。1156 年 25 歳前後でケルン大司教座の聖堂参事会長に任じられていたフィリップは，フリードリヒ・バルバロッサの外交政策を左右する重責を担っていたダッセルのライナルトの後継者として，1168 年ケルン大司教に叙任されている。当時ロンドンとの交易で栄えたケルンは，12 世紀初めマームズベリーのウィリアムが「最大の都市であり，全ゲルマニアの首都 (*civitas maxima, totius Germania metropolis*)」と表現しているように[62]，帝国政治の中枢に坐する聖界諸侯を都市領主に戴く重要な商業拠点であった。

　ハインリヒ獅子公に対する包囲網は，1179 年 1 月ヴォルムスで開催された宮廷会議に召喚されていたハインリヒ獅子公が欠席したことで狭まった[63]。宮廷会議でハインリヒはザクセン諸侯との対立の申し開きをしなければならなかったのだが，その場に現れなかったのである。ハインリヒ獅子公にとって不利な状況に追い打ちをかけたのが，ヴェルフ 6 世によるシュヴァーベン領のフリードリヒ・バルバロッサへの譲渡である。前年 1178 年 11 月あるいは 12 月に開催されたウルムでの宮廷会議で，金銭を対価としてフリードリヒ・バルバロッサへの譲渡が約束され，翌年 1 月ヴォルムスの宮廷会議で公にされることになった[64]。

---

　60) *Regesta Imperii*, IV, 2, 3 (= *Die Regesten des Kaiserreichs unter Friedrich I. 1152 (1122) - 1190*, 3. Lief.: 1168 - 1180), nach Johann Friedrich Böhmer, neubearbeitet von Ferdinand Opll, Wien/Köln 2001, Nr. 2291; Joachim Ehlers, *Heinrich der Löwe: Eine Biographie*, S. 323 ff.

　61) DF I. 663.

　62) *Willelmi Malmesbiriensis monachi Gesta pontificum Anglorum*, N.E.S.A. Hamilton (ed.), London 1870, Wiesbaden 1964. 5, 268.

　63) Arnold von Lübeck, *Arnoldi Chronica Slavorum*, II,10, S. 47 f.: Quod imperator tunc quidem dissimulans, eis curiam indixit apud Wormatiam, ducem tamen precipue ad audentiam citavit, illuc responsurum querimoniis principum. Quod intelligens dux, eo venire dissimulavit. Imperator autem aliam ei curiam indixit in Magdeburg, ...

　64) *Historia Welforum. Continuatio Staingademensis*, Erich König (ed.), Stuttgart 1938, Sigmaringen ²1978, S. 70; Cf. Joachim Ehlers, *Heinrich der Löwe: Eine Biographie*, S. 330; Sigrid Hauser, *Staufische Lehnspolitik am Ende des 12. Jahrhunderts*, Frankfurt a. M. 1998. S. 102 ff., S.

ハインリヒ獅子公不在のため延期された 1179 年 6 月マクデブルクの宮廷会議にもハインリヒ獅子公は現れなかった。この行為は不服従罪 (contumacia) に当たるとして，ヴェッティン Wettin 家出身のラウジッツ辺境伯ディートリッヒは裁判手続きによる決闘を宣言したが[65]，マクデブルク近郊のハルデンスレーベン Haldensleben に逗留していたハインリヒ獅子公はこれを無視したのである[66]。

10　二つの『スラブ年代記』

この一連の顛末をリューベックのアーノルト (c. 1150-1211/14) が[67]，先述の『スラブ年代記』の中でハインリヒ獅子公を擁護する立場で描いている[68]。リューベックのアーノルトは，ヴェルフェン家の菩提修道院であるブラウンシュヴァイクのベネディクト会聖エギディウス修道院で教育を受け[69]，ボーザウのヘルモルト (c. 1120-77 以降) による『スラブ

---

360 ff.

65)　中世の裁判手続きによる決闘の受諾と拒絶に関しては，Franz Irsigler, Klugheit oder Feigheit. Zu Form, Gründen und Folgen der Verweigerung des gerichtlichen Zweikampfes im Hochmittelalter: Drei Grenzfälle aus dem Chronicon Hanoniense des Gislebert von Mons, in: Wolfgang Haubrichs, Kurt-Ulrich Jäschke, Michael Oberweis (Hgg.), *Festschrift für Reinhard Schneider. Grenzen erkennen – Begrenzungen Überwinden,* Sigmaringen 1999, S. 227-235.

66)　*Regesta Imperii,* IV, 2.3, S. 237, Nr. 2496; Gerhard Theuerkauf, Der Prozeß gegen Heinrich den Löwen, Über Landrecht und Lehnrecht im hohen Mittelalter, in: Wolf-Dieter Mohrmann (Hg.), *Heinrich der Löwe,* Göttingen 1980, S. 217-248.

67)　リューベックのアーノルトの人となりに関しては，Arnold von Lübeck, *Gesta Gregorii Peccatoris.* Untersuchungen und Edition von Johannes Schilling, Göttingen 1986, S. 12 ff.; Anna-Therese Grabkowsky, Abt Arnold von Lübeck, in: Silke Urbanski, Christian Lamschus, Jürgen Ellermeyer (Hgg.), *Recht und Alltag im Hanseraum, Gerhard Theuerkauf zum 60. Geburtstag,* Lüneburg 1993, S. 207-231.

68)　Arnold von Lübeck, *Arnoldi Chronica Slavorum,* Johann Martin Lappenberg (ed.), MGH SS rer. Germ. 14, Hannover 1978; ドイツ語訳は，*Die Chronik Arnolds von Lübeck nach der Ausgabe der Monumenta Germaniae,* übersetzt von Johann C. M. Laurent. Neu bearbeitet von Wilhelm Wattenbach, Bad Feilnbach 2011; Stephan Freund, Bernd Schütte (Hgg.), *Die Chronik Arnolds von Lübeck. Neue Wege zu ihrem Verständnis,* Frankfurt a. M 2008; Steffen Patzold, *Konsens und Konkurrenz. Überlegungen zu einem aktuellen Forschungskonzept der Mediävistik,* in: *Frühmittelalterliche Studien* 41 (2007), S. 75-103. ここでは S. 100.

69)　リューベックのアーノルトは，ハインリヒ獅子公の庇護のもとブラウンシュヴァイクで教育を受けたと，ハインリヒ獅子公の末子であるヴィルヘルムに依頼を受けて著した

年代記』の続編として，1210年同名の『スラブ年代記』を著した[70]。

1163年から1172年の間に著されたボーザウのヘルモルトの『スラブ年代記』は[71]，カール大帝以来のザクセン制圧やスラブ人の改宗を描いており，その中でヘルモルトは，ハインリヒ獅子公を「謀反人を屈服させ，その城を打ち砕き，脱走する者を破滅させ，国に平和をもたらし，最強の城塞を築き，莫大な財産を持つ君侯の中の君侯」と称賛している[72]。

1171年から1209年までの時期を扱うリューベックのアーノルトの『スラブ年代記』は，『スラブ年代記』と言いながら，ハインリヒ獅子公の失墜や彼の息子皇帝オットー4世の統治までヴェルフェン家の歴史を中心に描いている[73]。見落としてはならないのは，ボーザウのヘルモ

『罪びとグレゴーリウス』の中で述べている。Arnold von Lübeck, *Gesta Gregorii Peccatoris*. Untersuchungen und Edition von Johannes Schilling, Göttingen 1986, S. 177: Sed credo quod ad memoriam vobis occurrerit, quia ab ipsa puericia sub dicione memorandi patris vestri Henrici ducis incliti in Bruneswich educatus fuerim.; Cf. Volker Mertens, Deutsche Literatur am Welfenhof, in: *Heinrich der Löwe und seine Zeit*, München 1995, Bd. 2, S. 204-212. ここでは S. 210.

70) 北ドイツの年代記者に関しては，Volker Scior, *Das Eigene und das Fremde. Identität und Fremdheit in den Chroniken Adams von Bremen, Helmolds von Bosau und Arnolds von Lübeck*, Berlin 2002, S. 186.

71) Helmold von Bosau, *Die Slawenchronik = Helmoldi Chronica Slavorum*, Neu übertragen und erläutert von Heinz Stoob, Darmstadt ⁵1990; *Helmoldi Presbyteri Bozoviensis Cronica Slavorum (=Helmholds Slavenchronik)*, Bernhard Schmeidler (ed.), MGH, SS rer. Germ. 32, Hannover 1937; ボーザウのヘルモルトの『スラブ年代記 *Chronica Slavorum*』は，ブレーメンのアダム Adam von Bremen の『ハンブルク司教の事績 *Gesta Hammaburgensis ecclesiae pontificum*』をベースにしている。*Magistri Adam Bremensis Gesta Hammaburgensis ecclesiae pontificum (=Adam von Bremen, Hamburgische Kirchengeschichte)*, Bernhard Schmeidler (ed.), MGH SS rer. Germ. 2, Hannover 1917; Adam von Bremen: *Gesta Hammaburgensis ecclesiae pontificum*, in: Werner Trillmich, Rudolf Buchner (Hgg.), *Quellen des 9. und 11. Jahrhunderts zur Geschichte der Hamburgischen Kirche und des Reiches*, Darmstadt ⁷2000, S. 137-499; Klaus Nass, Geschichtsschreibung am Hofe Heinrichs des Löwen, in: Bernd Schneidmüller (Hg.), *Die Welfen und ihr Braunschweiger Hof im hohen Mittelalter*, Wiesbaden 1995, S. 123-161. ボーザウのヘルモルトに関しては，S. 156 f.; Cf. Joachim Ehlers, *Heinrich der Löwe. Eine Biographie*, S. 403.

72) *Helmoldi Chronica Slavorum*, II 102, S. 356: factus est princeps principum terrae et conculcavit colla rebellium et effregit municiones eorum et perdidit viros desertores et fecit pacem in terra et edificavit municiones firmissimas et possedit hereditatem multam nimis.

73) 詳細な記述にもかかわらず，信憑性に関しては長年評価が低かった。Cf. Karl Jordan, *Heinrich der Löwe. Eine Bibliographie*, München 1979, S. 189; Gerd Althoff, Die Historiographie bewältigt, S. 193; 本書の成立に関して Hucker は，皇帝オットー4世の委託によるとしているが史料的裏付けはない。Bernd Ulrich Hucker, Die Chronik Arnolds von Lübeck als „Historia Regum", in: DA 44 (1988), S. 98-119. ここでは S. 117; Stephan Panzer, Die Chronik

10 二つの『スラブ年代記』

ルトもリューベックのアーノルトもシュタウフェン，ヴェルフェンという概念を用いず，二項対立の家門意識で捉えていない点だろう[74]。

　中世ヨーロッパの家門形成を顕示するうえで命名は重要な表現媒体だが，ハインリヒ獅子公がヴェルフ Welf の名を子供たちに継承していないことは，ヴェルフの家門継承を意識していたかどうかを考察するうえで看過できない[75]。彼の息子2人がハインリヒの名（1名は夭折）を，1人が母方の祖父皇帝ロータル3世の名を，1人が母方の系譜をひくヴィルヘルムを，そして後にヴェルフェン家唯一の皇帝となったオットーがいるが，オットーの名は北ドイツと結び付きの深いオットー朝に由来しており，3人の息子たちはいずれも皇帝の名を受け継いでいる[76]。娘たちはハインリヒの母方の祖母で，ロータル3世妃のリヒェンツア，2人の娘でハインリヒの母と同名のゲルトルート，そしてハインリヒ獅子公の妃と同名マティルデの名をそれぞれ受け継いでいる。子供たちへの命

Arnolds von Lübeck- Darstellungsabsicht und Adressaten, in: Stephan Freund, Bernd Schütte (Hgg.), *Die Chronik Arnolds von Lübeck. Neue Wege zu ihrem Verständnis*, S. 45-71; Volker Scior, *Das Eigene und das Fremde. Identität und Freiheit in den Chroniken Adams von Bremen, Helmolds von Bosau und Arnolds von Lübeck*, S. 227；idem, Zwischen terra nostra und terra sancta. Arnold von Lübeck als Geschichtsschreiber, in: Stephan Freund, Bernd Schütte (Hgg.): *Die Chronik Arnolds von Lübeck. Neue Wege zu ihrem Verständnis*, S. 149-174. ハインリヒ獅子公の息子のオットー4世までの時代をヴェルフェン家に近い立場で描いた本書には，ヴェルフェン家の統治に批判的な論調も感じられる点を近年の研究は明らかにしている。Bernd Schütte, Staufer und Welfen in der Chronik Arnolds von Lübeck, in: Stephan Freund, Bernd Schütte (Hgg.), *Die Chronik Arnolds von Lübeck. Neue Wege zu ihrem Verständnis*, S. 113-148; 地域史の観点に関しては，Helmut G. Walther, Zur Verschriftlichung nordelbischen Selbstbewußtsein um 1200 in der Chronik Abt Arnolds von Lübeck, in: Matthias Thumser (Hg.), *Schriftkultur und Landesgeschichte. Studien zum südlichen Ostseeraum vom 12. bis zum 16. Jahrhundert*, Köln/Weimar/Wien 1997, S. 1-21 及び Thomas Scharff, *Otto IV. in der Geschichtsschreibung des 13. Jahrhunderts*, in: Bernd Ulrich Hucker, Stefanie Hahn, Hans-Jürgen Derda (Hgg.), *Otto IV. – Traum vom welfischen Kaisertum*, Petersberg 2009, S. 299-306.

74) 　Bernd Schütte, Staufer und Welfen in der Chronik Arnolds von Lübeck, S. 114; 同時代人たちがシュタウフェン家対ヴェルフェン家という二項対立の家門意識で捉えていなかった点に関しては，Werner Hechberger, Die Vorstellung vom staufisch-welfischen Gegensatz im 12. Jahrhundert. Zur Analyse und Kiritik einer Deurung, in: Johannes Fried, Otto Gerhard Oexle (Hgg.), *Heinrich der Löwe. Herrschaft und Repräsentation*. Stuttgart 2003, S. 381-425. ここでは S. 407 f.; ヴィテルボのゴットフリートの叙述に関しては，Werner Hechberger, *Staufer und Werfen 1125-1190*, Köln/Weimer/Wien 1996. ここでは S. 329.

75) 　Cf. Dirk Jäckel, *Der Herrscher als Löwe*, S. 62 f.

76) 　Bernd Ulrich Hucker, *Kaiser Otto IV.*, Hannover 1990, S. 5.

名を見る限り，ヴェルフェン家の興隆というより新たな家門形成を意識していたように見受けられる。

　ヴェルフェン家に近い立場のリューベックのアーノルトは，出廷を拒絶するというハインリヒ獅子公の行為は，帝国に対する大逆罪には値しない正当な行為であるという見解を示している[77]。皇帝フリードリヒ・バルバロッサ側には，マクデブルク大司教ヴィッヒマン，ブレーメン大司教ブランデンブルクのジークフリート，ハルバーシュタット司教ウルリヒ，リューベック司教ハインリヒ，メルゼブルク司教エバーハルト，ミンデン司教アンノ，オスナブリュック司教アーノルトなどの聖界諸侯たちがついており[78]，皇帝フリードリヒ・バルバロッサは，1179年6月のマクデブルクでの宮廷会議後訪れたハルデンスレーベン Haldensleben でのハインリヒ獅子公との会談（colloquium）の場で，ザクセン諸侯の怒りを鎮め，恩恵（gratia）を示すことを条件に，銀貨5,000マルクを要求した[79]。しかしマティルデの持参金の半分に相当するこの莫大な金額をハインリヒ獅子公は拒絶し，両者間の交渉は決裂した[80]。

　領有権の拡張を目指すケルン大司教フィリップと，ラントフリーデを破ったという理由でフィリップを訴えていたハインリヒ獅子公との武力衝突はすでに1178年に始まっていた。1179年8月ハラーフェルト Halerfeld での両者の戦闘を皮切りに，軍事拠点の包囲や破壊が繰り広げられ，複数回に及ぶ武力衝突は甚大な被害を与えた[81]。ハインリヒ獅子公は1179年7月のナウムブルク Naumburg，同年8月のカイナ Kayna，1180年1月のヴュルツブルクで開催された宮廷会議にも出廷しなかった[82]。そして裁定の場での申し開きを拒絶したという不服従罪

　77）　Cf. Gerd Althoff, Die Historiographie bewältigt, S. 199.
　78）　Joachim Ehlers, *Heinrich der Löwe: Eine Biographie*, S. 328.
　79）　Arnold von Lübeck, *Arnoldi Chronica Slavorum*, II, 10, S. 48: In Haldeslef tamen constitutus, per internuncios colloquium domni imperatoris expetiit. Imperator itaque exivit ad eum ad locum placiti. Quem dux verbis compositis lenire studuit. Imperator autem quinque milia marcarum ab eo expetiit, hoc ei dans consilium, ut hunc honorem imperatorie maiestati deferret et sic ipso mediante gratiam principum, quos offenderat, inveniret. Illi autem durum visum est tantam persolvere pecuniam, et non acquiescens verbis imperatoris discessit.
　80）　Joachim Ehlers, *Heinrich der Löwe: Eine Biographie*, S. 331 f.
　81）　Ibid., S. 326 ff.
　82）　*Regesta Imperii*, IV, 2.3, S. 240 f., Nr. 2507, S. 243, Nr. 2513.

(contumacia) によって，ハインリヒ獅子公は大逆罪に処せられることになったのである[83]。

　皇帝フリードリヒ・バルバロッサは帝国諸侯の支持基盤を確実にするために，彼らの了解なしにはハインリヒ獅子公に赦しと名誉ある地位を再び与えることはしないと約束せざるを得なかった。これにより1180年1月以降ハインリヒ獅子公はもはやハインリヒ獅子公ではなく「ブラウンシュヴァイクの貴族ハインリヒ (nobilis vir Hainricus de Bruneswic)」に格下げされたのである[84]。

11　二つの大公領の剥奪

　ハインリヒ獅子公が治めていた二つの大公領のうち，ザクセン大公領の扱いについては，1180年3月末から4月半ばまでゲルンハウゼン Gelnhausen で開催された宮廷会議で定められた[85]。ケルン大司教フィリップを受給者として4月13日付で発布されたこの有名な皇帝証書の narratio には[86]，神の教会と帝国貴族の自由と権利の重大な侵害

---

83) Odilo Engels, Zur Entmachung Heinrichs des Löwen, in: Pankraz Fried, Walter Ziegler (Hgg.), *Festschrift für Andreas Kraus zum 60. Geburtstag*, Kallmünz 1982, S. 45-59; Cf. Jens Ahlers, *Die Welfen und die englischen Könige 1165-1235*, S. 90; 北嶋繁雄「ハインリヒ獅子公の失脚 (1180年) をめぐって (1) 国制史的転期か」『文學論叢 (愛知大学人文社会学研究所)』121 (2000), 51-76頁。同「ハインリヒ獅子公の失脚 (1180年) をめぐって (2) 国制史的転期か」『文學論叢 (愛知大学人文社会学研究所)』122 (2000), 21-48頁。同「ハインリヒ獅子公の失脚 (1180年) をめぐって (3) 国制史的転期か」『文學論叢 (愛知大学人文社会学研究所)』123 (2001), 17-52頁。

84) Cf. DF I. 798.

85) *Regesta Imperii*, IV, 2.3, S. 238 f, Nr. 2500.

86) この有名な皇帝証書もまた1155年以来フリードリヒ・バルバロッサの尚書局で導入された，赤い絹糸で金の印章を付した金印証書で発布されたと記されている。*privilegio aurea excellentie nostre bulla insignito corroboramus*。第二次大戦下焼失したこの証書の伝来状況及び欠落部分の研究者の論争に関しては，Karl Heinemeyer, Der Prozeß Heinrichs des Löwen, S. 4 ff., Edition 及びドイツ語訳は，14 ff. それぞれの句の類似表現が用いられている証書に関しては S. 19-23, 諸侯たちの訴え *querimonia* やハインリヒ獅子公が犯した不正 *iniuria* については S. 49 f.; 学識法を学んだケルン大司教フィリップのこの証書への影響に関しては，Jürgen Dendorfer, Das Lehnrecht und die Ordnung des Reichs. >Politische Prozessen< am Ende des 12. Jahrhunderts, in: Karl-Heinz Spieß (Hg.), *Ausbildung und Verbreitung des Lehnswesen im Reich und in Italien im 12. Und 13. Jahrhundert*, Ostfildern 2013, S. 187-220. ここでは S. 205-

(*ecclesiarum dei et nobilium imperii libertatem possessiones eorum occupando et iura ipsorum imminuendo graviter oppresserat*)，君主の召喚を侮り，封建法に従って（*sub feodali iure*）[87]，3度召喚されたにもかかわらず宮廷に出廷しなかった君主に対する不服従罪（*contumacia*）をはじめ，ハインリヒ獅子公が犯した大逆罪（*reatus maiestatis*）として[88]，不正（*iniuria*），数々の恥辱（*contemptus*）の数々，諸侯たちの訴え（*querimonia*）が列挙されている[89]。その結果ハインリヒ獅子公は法に不服従の者（*contumax*）として断罪されたとある[90]。

さらにゲルンハウゼンの証書には，ハインリヒ獅子公が帝国から賦与

220.

87） マクデブルク宮廷会議までの「ラント法訴訟」とその後の「レーン法訴訟」の区分に関しては，Karl Heinemeyer, Der Prozeß Heinrichs des Löwen, ここでは S. 47 f.; 服部良久『中世のコミュニケーションと秩序――紛争・平和・儀礼』京都大学学術出版会，2020 年，第 5 章第 3 節 5 (3)「ラント法訴訟――交渉とアハト」138 頁以下参照。

88） 大逆罪 *reatus maiestatis* 及びフリードリヒ・バルバロッサの皇帝証書で頻出する君主に対し違反行為を犯したものに関する様々な概念（*violator, contemptor, offensor*）については，Jens Ahlers, *Die Welfen und die englischen Könige 1165-1235*, S. 87 ff. 特に S. 88, Anm. 406.

89） DF I. 795, S. 361 ff.: Henricus quondam dux Bawarie et Westfalie eo, quod ecclesiarum dei et nobilium imperii libertatem possessiones eorum occupando et iura ipsorum imminuendo graviter oppresserat, ex instanti principum querimonia et plurimorum nobilium, quia citacione vocatus maiestati nostre presentari contempserit et pro hac contumacia principum et sue condicionis Sueuorum proscriptionis nostre inciderit sentenciam, deinde quoniam in ecclesias dei et principum ac nobilium iura et libertatem crassari non destitit, tam pro illorum iniuria quam pro multiplici contemptu nobis exhibito ac precipue pro evidenti reatu maiestatis sub feodali iure legitimo trino edicto ad nostram citatus audientiam eo, quod se absentasset nec aliquem pro se misisset responsalem, contumax iudicatus est, ac proinde tam ducatus Bawarie quam Westfalie et Angarie quam etiam universa, que ab imperio tenuit, beneficia per unanimem principum sentenciam in sollempni curia Wirziburc celebrata ei abiudicata sunt nostroque iuri addicta et potestati; Gerhard Theuerkauf, Der Prozeß gegen Heinrich den Löwen, Über Landrecht und Lehnrecht im hohen Mittelalter, in: Wolf-Dieter Mohrmann (Hg.), *Heinrich der Löwe*, Göttingen 1980, S. 217-248; Edmund.E. Stengel, Zum Prozeß Heinrichs des Löwen, in: DA 5 (1942), S.493-510; Ferdinand Güterbock, *Der Prozess Heinrichs des Löwen: kritische Untersuchungen*, 1909; idem, *Die Gelnhäuser Urkunde und der Prozeß Heinrichs des Löwen : neue diplomatische und quellenkritische Forschungen zur Rechtsgeschichte und politischen Geschichte der Stauferzeit*, 1920.

90） この証書の構成及び論理展開に関しては，Karl Heinemeyer, Der Prozeß Heinrichs des Löwen, S. 14-24; Gerhard Theuerkauf, Der Prozeß gegen Heinrich den Löwen, Über Landrecht und Lehnrecht im hohen Mittelalter, ここでは S. 222-226; 服部良久「初期シュタウフェン朝時代の紛争解決と政治秩序――国王と「ヴェルフェン家」の対立をめぐって」『京都大学文学部研究紀要』49 (2010), 253-258 頁。

されていた諸権利が1180年1月ヴュルツブルクで開催された宮廷会議で剝奪されたと記されている[91]。ケルン大司教フィリップの要望通り定められたといってよいこのゲルンハウゼンの証書には[92]，マクデブルク大司教ヴィヒマン，オスナブリュック司教アーノルトら反ハインリヒ獅子公の聖界諸侯たちが証人として列挙して記載されている[93]。

　ハインリヒ獅子公の処遇に関する皇帝フリードリヒ・バルバロッサと諸侯たちのやりとりで重要なのは次のくだりである[94]。何名かの諸侯たちが，ドイツの慣習に則り，定められた法（*lex*）や説明（*ratio*）なしに，その意志を法／権利 *ius* とし，皇帝に対してこの権利の保持を欲すること，ハインリヒ獅子公に関する裁定は大公の領地の中で下されなければならないと主張したのに対し[95]，一人の貴族が「皇帝はその領土内の随意の場所において随意の相手を正義のために召喚することができる」と主張したのである[96]。ドイツの慣習では立法より臣下の意志を尊重し，

---

91)　DF I. 795: tam ducatus Bawarie quam Westfalie et Angarie quam etiam universa, que ab imperio tenuit, beneficia per unanimem principum sentenciam in sollempni curia Wirziburc celebrata ei abiudicata sunt nostroque iuri addicta et potestati; Cf. Joachim Ehlers, *Heinrich der Löwe: Eine Biographie*, S. 336.

92)　Cf. Stefan Weinfurter, Erzbischof Philipp von Köln und der Sturz Heinrichs des Löwen, in: idem, *Gelebte Ordnung - Gedachte Ordnung: Ausgewählte Beiträge zu König, Kirche und Reich: aus Anlaß des 60. Geburtstages*, Ostfildern 2005, S. 335-359. ここでは S. 354 ff.; Joachim Ehlers, *Heinrich der Löwe: Eine Biographie*, S. 332.

93)　Joachim Ehlers, Heinrich der Löwe und der sächsische Episkopat, in: Alfred Haverkamp (Hg.), *Friedrcih Barbarossa: Handlungsspielräume und Wirkungsweisen des staufischen Kaisers*, Sigmaringen 1992, S. 435-466 (= Joachim Ehlers, *Ausgewählte Aufsätze*, Berlin 1996, S. 451-488), ここでは S. 451.

94)　このやりとりをウルスブルクのブルヒャルトは1175年のキアヴェンナの会見後の出来事として記しているが，これは過ちである。Cf. *Quellen zur Geschichte der Welfen und die Chronik Burchards von Ursberg*, Matthias Becher (Hg. u. übers.), S. 198, Anm. 484; Ferdinand Opll, *Friedrich Barbarossa*, S. 216-219.

95)　*Quellen zur Geschichte der Welfen und die Chronik Burchards von Ursberg*, Matthias Becher (Hg. u. übers.), S. 196 f.: Ast imperator ipsum ducem frequenter evocat ad curiam ad obiecta responsurum. Ubi quidam principes et barones, fautores ducis, more Teutonicorum sine lege et ratione voluntatem suam pro iure statuentes, contra imperatorem hoc ius tenere volebant, ut imperator ducem condempnare non posset vel terras suas abiudicare, nisi infra terras ducis placitum statueret.

96)　この人物は，ハインリヒ獅子公に決闘を申し込んだラウジッツ伯のディートリッヒだと推定される。このくだりの後，自分と争おうと意図するものに対して，決闘あるいは法と説明（*ratio*）による証明を実行すると述べている。*Quellen zur Geschichte der Welfen und die Chronik Burchards von Ursberg*, Matthias Becher (Hg. u. übers.), S. 198 f.: Porro quidam

それが法／権利として通用するという諸侯側の主張は，合意形成における諸侯たちの意志の優位性を示す見解の表明と言えるだろう[97]。

一方バイエルン大公領は，ヴィッテルスバッハのバイエルン宮中伯オットーをはじめとする諸侯たちに分割されることになった。リューベックのアーノルトは，この一連の法行為はフリードリヒ・バルバロッサ主導によると述べているが，アーノルト以外の史料や近年の研究は，ハインリヒ獅子公の失墜は帝国諸侯が主導し，フリードリヒ・バルバロッサはそれを認めざるを得なかったにすぎないと解釈している[98]。非公式の交渉と，頻繁に開催されるフォーマルな宮廷会議とを通じて諸侯との合意形成を図り，政治秩序を維持しようとする政治手法は，現代にも通じる統治形態の特徴の一つと見なすべきだろう[99]。

自身の権利を侵害するこれらの措置に対し，ハインリヒ獅子公は武力を持って抗戦に打って出た。1180年4月の復活祭後最初の日曜日まで

---

nobilis exurgens in medium proposuit, quod lege duellionum, quod et lege et ratione firmatur, hoc vellet obtinere contra quemlibet secum pugnare volentem, quod imperator quemlibet principem posset evocare pro iustitia ad locum quemcumque vellet infra terminos sui imperii existentem.

97) 中世の統治における諸侯たちの助言や裁定については，Hermann Krause, Consilio et iudicio. Bedeutungsbreite und Sinngehalt einer mittelalterlichen Formel, in: Clemens Bauer (Hgg.), *Speculum historiale. Festschrift für Johannes Spörl*, Freiburg-München1965, S. 416-438. 1156年皇帝選挙がニュルンベルクの宮廷会議に延期されたことを描くフライジンクのオットーの記述の中にも出てくる。*Gesta Friderici*, II. 54. Cf. Krause, ibid., S. 428.

98) Karl Heinemeyer, Der Prozeß Heinrichs des Löwen, S. 26 ff.; Ferdinand Opll, *Friedrich Barbarossa*, S. 124 ff.; Stefan Weinfurter, Erzbischof von Köln und der Sturz Heinrichs des Löwen, in: Hanna Vollrath (Hgg.), Stefan Weinfurter, *Köln. Stadt und Bistum in Kirche und Reich des Mittelalters. Festschrift für Odilo Engels zum 65. Geburtstag*, Köln/Weimar/Wien 1993, S. 455-482, S. 467 ff. (= in: idem, *Gelebte Ordnung - Gedachte Ordnung*, S. 335-359); Joachim Ehlers, Heinrich der Löwe und der sächsische Episkopat, S. 456 f.; Cf. Gerd Althoff, Die Historiographie bewältigt, S. 201; Knut Görich, Jäger des Löwen oder Getriebener der Fürsten? Friedrich Barbarossa und die Entmachtung Heinrichs des Löwen, in: Werner Hechberger, Florian Schuller (Hgg.), *Staufer & Welfen. Zwei rivalisierende Dynastien im Hochmittelalter*. Regensburg 2009, S. 99-117, S. 109; 近代の研究における諸見解については，服部良久『中世のコミュニケーションと秩序―紛争・平和・儀礼』京都大学学術出版会，2020年，第5章第3節5「「キャヴェンナ会談」では何があったのか」133頁以下参照。

99) 中世の合意形成における儀礼的コミュニケーションに関しては，Gerd Althoffの一連の研究を参照のこと；服部良久『中世のコミュニケーションと秩序―紛争・平和・儀礼』京都大学学術出版会，2020年，第5章第4節「宮廷集会と政治的コミュニケーション」152頁以下；12世紀シュタウファー朝の統治構造に関しては，西川洋一「12世紀ドイツ王権の宮廷―その構造をめぐるいくつかの問題」渡辺節夫編『ヨーロッパ中世の権力変成と展開』東京大学出版会，2003年，79-116頁。

と定められた休戦期間が明けるとすぐに，シュタウフェン王家のお膝元であるゴスラーを攻撃し，テューリンゲン方伯ルートヴィヒ3世を捕らえたが，フリードリヒ・バルバロッサはハインリヒ獅子公に対する包囲網を狭めていく。1180年8月ヴェルラ Werla での宮廷会議で，ハインリヒ獅子公の支援者たちに対し，聖母マリア生誕の祝日9月8日，聖ミカエルの祝日9月29日，聖マルティンの祝日11月11日の三つの期限を提示し，期限までにハインリヒ獅子公への支持をやめなければ帝国からの封土レーエンを剥奪すると圧力をかけたのである[100]。

これまでの統治で封建諸侯たちの心を十分掌握しきれていなかったハインリヒ獅子公からの寝返りは早かった。1181年11月エアフルト Erfurt で開かれた宮廷会議でハインリヒ獅子公は皇帝フリードリヒ・バルバロッサの足元にひれ伏してその許しを請い，両者は平和の接吻を交わしたという。両大公領の剥奪が確定され，宣告された帝国平和喪失（アハト）の執行は帝国を離れることを条件に停止されることになった[101]。皇帝は諸侯たちに対して，皆が了解するのでなければハインリヒを復位させないと玉座にかけて誓った[102]。帝国追放の期間については，当初明確に定められていなかったが。フランス国王フィリップ2世と義理の父であるヘンリ2世，そしてフランドル伯フィリップの請願により，7年という期間が3年に短縮されたと『国王ヘンリ2世の事績 Gesta regis Henrici secundi』は記している[103]。リューベックのアーノルトは3年と伝えていて，後に編纂されたいくつかの年代記はアーノル

---

100) *Regesta Imperii*, IV, 2.3, S. 240 f., Nr. 2555; Joachim Ehlers, *Heinrich der Löwe. Biographie*, S. 338 f.

101) アハトの宣告から上級アハトによる執行までの期間は，和解のための交渉が行われる期間として機能していた。Cf. 服部良久『中世のコミュニケーションと秩序―紛争・平和・儀礼』京都大学学術出版会，2020年，第5章第3節5(3)「ラント法訴訟―交渉とアハトー」137頁以下参照；Joachim Ehlers, *Heinrich der Löwe: Eine Biographie*, S. 342 f.

102) Arnold von Lübeck, *Arnoldi Chronica Slavorum* II, 22, S. 67: Que tamen si vere fuerint ambigitur, nam videtur eum (= Henricum) vere non fuisse miseratus, quia ad statum pristini honoris eum restituere non est conatus. Quod tamen propter iusiurandum ad presens facere non potuit. Denique cum omnes principes ad deiectionem ipsius aspirarent, *iuravit eis imperator per thronum regni sui*, nunquam se eum in gradum pristinum restauraturum, nisi id fieret in beneplacitio omnium.

103) *Gesta regis Henrici secundi Benedicti abbatis*, William Stubbs (ed.), London 1867, I, p. 287; Cf. Joachim Ehlers, *Heinrich der Löwe. Biographie*, S. 343.

トのこの記述に依拠している[104]。1182年7月末ハインリヒ獅子公は，妃マティルデ，10歳になる娘リヒェンツァ（後にイングランドで母と同じ名前マティルデに改名），おそらくそれぞれ9歳，5歳になった2人の息子ハインリヒとオットー，近習の者たちとともに国外への逃亡を余儀なくされたのである[105]。

12　ハインリヒ獅子公の亡命と復権

　ハインリヒ獅子公は，1181年11月エアフルトで開かれた宮廷会議で，翌年1182年7月25日の聖ヤコブの祝日までに帝国の地を離れることが定められた。罪びとに科せられる贖罪の旅，強制巡礼だったという明確な表現は史料では確認できないが，7月25日を期限に定められていたことはサンティアゴ・コンポステーラ巡礼を想定していたと考えられる[106]。ハインリヒ獅子公一行はまず父王ヘンリ2世のいるシノン Chinon 城を目指した。秋にサンティアゴ・コンポステーラ巡礼に出発[107]，同年の降誕祭からはノルマンディ Normandie のイングランド国王ヘンリ2世のもとに滞在している[108]。

　1184年聖霊降臨祭に開催され，フリードリヒ・バルバロッサの2人の息子ハインリヒとフリードリヒへの刀礼が行われた有名なマインツの宮廷会議に，ハインリヒ獅子公はおそらくヘンリ2世の名代として出

　104）　Arnold von Lübeck, *Arnoldi Chronica Slavorum* II, 22, S. 67: Dux vero per triennium terram abiuravit, ut infra tempus illd terram suam non intraret, nisi per imperatorem revocatus. このアーノルトの記述に，『ブレーメン編年史 *Annales Bremenses*』（= Philipp Jaffé (ed.), MGH SS 17, S. 857），『ザクセン世界年代記 *Sächsische Weltchronik,*』（= Ludwig Weiland (ed.), MGH Dt. Chron. 2, S. 231 f.），『ケルン国王年代記 *Chronica regia Coloniensis*』（= Georg Waitz (ed.), MGH SS rer. Germ.18, S. 132）が依拠している。Cf. Jens Ahlers, *Die Welfen und die englischen Könige 1165-1235*, S.117 f, Anm. 545, 550.

　105）　7歳もしくは8歳になるロータル Lothar はドイツに残されている。Cf. Joachim Ehlers, *Heinrich der Löwe: Eine Biographie*, S. 354.

　106）　Bernd Schneidmüller, *Die Welfen. Herrschaft und Erinnerung (819-1252)*, Stuttgart 2000, S. 234; この巡礼の旅が強制巡礼だったかについては，Joachim Ehlers, *Heinrich der Löwe. Biographie*, S. 354.

　107）　ルートや同行者など詳細は不明である。

　108）　Cf. Joachim Ehlers, *Heinrich der Löwe: Eine Biographie*, S. 359.

席している[109]。ヴィッテルスバッハのオットー（バイエルン宮中伯1180-89）は亡くなってはいたが，バイエルン大公領の復権は叶わなかった。同年7月25日聖ヤコブの祝日に，ハインリヒ獅子公は初めてイングランドの地に足を踏み入れている。同年9月上旬，息子ヘンリの死後フランス国王フィリップに接近するリチャードとの確執に手を焼いていたヘンリ2世のもとに，表向きはトマス・ベケットの眠るカンタベリー詣でを理由に，ケルン大司教フィリップがプランタジネット家との婚姻を模索する皇帝フリードリヒ・バルバロッサの使者として訪れた。ヘンリ2世自らフィリップをドーヴァー Dover まで出迎え，多額の費用を投じて饗応した[110]。そののちヘンリ2世はドーヴァーからカンタベリーを越えてロンドン London までフィリップに同行したが，道々華やかに祝祭が繰り広げられた。ロンドンではまず聖ポール St. Paul に，さらにウェストミンスター寺院に詣でたのち，5日間王宮で見事な饗応を受けたと，その場に居合わせた聖ポールの助祭であるディスのラルフが記している[111]。

　ヘンリ2世は，ハインリヒ獅子公と長年対立していたケルン大司教

---

109) Peter Moraw, Die Hoffeste Kaiser Friedrich Barbarossas von 1184 und 1188, in: Uwe Schultz (Hg.), *Das Fest: eine Kulturgeschichte von der Antike bis zur Gegenwart*, München 1988, S. 70-83; Heinz Wolter, Der Mainzer Hoftag von 1184 als politisches Fest, in: Detlef Altenburg, Jörg Jarnut und Hans-Hugo Steinhoff (Hgg.), *Feste und Feiern im Mittelalter: Paderborner Symposion des Mediävistenverbandes*, Sigmaringen 1991, S. 193-199. ここでは S. 199; Werner Rösener, Die Hoftage Kaiser Friedrichs I. Barbarossa im Renum Teutonicum, in: Peter Moraw (Hg.), *Deutscher Königshof, Hoftag und Reichstag im späteren Mittelalter*, Sigmaringen 2002, S. 359-386; Stephan Freund, Symbolische Kommunikation und quellenkritische Probleme – Arnold von Lübeck und das Mainzer Pfingstfest von 1184, in: Stephan Freund, Bernd Schütte (Hgg.), *Die Chronik Arnolds von Lübeck. Neue Wege zu ihrem Verständnis*, S. 73-111; Cf. Joachim Ehlers, *Heinrich der Löwe: Eine Biographie*, S. 361 f.

110) Joachim Ehlers, *Heinrich der Löwe: Eine Biographie*, S. 363.

111) *Ymagines Historiarum*, in: *The Historical Works of Master Ralph de Diceto*, William Stubbs (ed.), vol. 2, London 1876, ND Wiesbaden 1965, pp. 3-174, p. 31: Philippus Coloniensis archiepiscopus, habens solacium in itinere Philippum comitem Flandriae, venit in Angliam, beato Thomae vota soluturus orationum. Archiepiscopo rex occurrens et comiti, petiit ab eis ut transitum facerent usque Lundoniam. In eorum adventu, quod ante non vidimus, civitas coronata fuit, gaudium, honor et tripudium per omnes civitatis plateas. Archiepiscopus sollenni processione recedptus est in ecclesia doctoris gentium Pauli. Susceptus est etiam apud Westmonasterium ipsa die sollenni processione sumptibus regiis, expensis effusioribus, lautioribus cibis omnem ultra sufficientiam abundantibus, per quinque dies infra regis palatium hospitatus. Sed an recesserit donatus multis muneribus est superfluum quaerere.

フィリップの同意と助言を取り付け[112]，皇帝フリードリヒ・バルバロッサの赦しを得る仲介の労を求めて，教皇ルキウス3世に使者を送った[113]。この働きかけが功を奏し，皇帝フリードリヒはハインリヒ獅子公に対する帝国追放の解除を認め，帰国の道筋が付けられることになった。

興味深いのは，ハインリヒ獅子公の亡命中財政的援助を行っていたヘンリ2世が，追放の解除を祝ってなのか，ハインリヒ獅子公のためにビールの醸造に必要な麦芽類に対し莫大な支出を行っている（*pro frumento et ordeo et melle ad cervisiam faciendam ad opus Ducis Saxonie*）点である[114]。ようやく帰国が認められたハインリヒ獅子公は，その後もしばらくイングランドに留まり，翌1185年復活祭後サザンプトン Southampton から出発，ノルマンディのヘンリ2世のもとに滞在した後，1185年9月29日聖ミカエルの祝日後ほどなくして妃マティルデ，息子ハインリヒとともにブラウンシュヴァイクに帰還したのである[115]。

13　1184年のマインツの宮廷会議と祝祭

1184年聖霊降臨祭にマインツで開催された宮廷会議で，フリードリヒ・バルバロッサの2人の息子，すなわち1169年8月15日アーヘンにて4歳でローマすなわちドイツ国王に戴冠されていたハインリヒ6世とシュヴァーベン大公フリードリヒ[116]の騎士叙任の刀礼が，続いて

---

112)　*Gesta regis Henrici secundi*, I, p. 318 f.

113)　*Gesta regis Henrici secundi*, I, p. 322 f.; *Chronica Magistri Rogeri de Houedene (A.D. 732-1201)*, William Stubbs (ed.), vol. 2, London 1869, ND Wiesbaden 1964, p.288; *Die Regesten der Erzbischöfe von Köln im Mittelalter*, II: 1100-1205, Richard Knipping, Bonn 1901, ND 1964, Bd. II, Nr. 1232.

114)　*Gesta regis Henrici secundi Benedicti abbatis*, William Stubbs (ed.), I, p. 206; Sybille Schröder, *Macht und Gabe: materielle Kultur am Hof Heinrichs II. von England*, Husum 2004; Joachim Ehlers, *Heinrich der Löwe: Eine Biographie*, S. 365.

115)　Arnold von Lübeck, *Arnoldi Chronica Slavorum*, III,13; Joachim Ehlers, *Heinrich der Löwe: Eine Biographie*, S. 365 f.

116)　ハインリヒは1165年10月に，元々コンラートと名付けられていたフリードリヒは1167年2月に誕生した。フリードリヒは兄フリードリヒが1170年に亡くなるとシュヴァーベン大公の位とその名を受け継いだ。Cf. Odilo Engels, Beiträge zur Geschichte der Staufer

近郊のインゲルハイム Ingelheim で騎馬試合が行われた。（図4-6）マインツの宮廷祝祭と呼ばれ[117]，騎士文化を象徴する一大スペクタクルであるこのときの様子を，出席していたモンスのジルベールが以下のように詳述している[118]。

エノー伯ボードゥアン5世は1184年3月11日の喜びの主日に，アグノー（ハーゲナウ）に滞在していたフリードリヒ・バルバロッサのもとを訪れた[119]。エノー伯ボードゥアンは，彼の叔父ナミュールとルクセンブルク伯アンリ4世の領土継承を巡って従兄ツェーリンゲン大公ベルトルトと争っており，自らの相続継承を皇帝に承認してもらうためであ

im 12. Jahrhundert (I), S. 106, Anm. 280; Gerhard Baaken, Die Altersfolge der Söhne Friedrich Barbarossas und die Königserhebung Heinrichs VI., in: DA 24 (1968), S. 46-78.

117)　Peter Moraw, Die Hoffeste Kaiser Friedrich Barbarossas von 1184 und 1188, in: Uwe Schultz (Hg.), *Das Fest: eine Kulturgeschichte von der Antike bis zur Gegenwart*, München 1988, S. 70-83; Josef Fleckenstein, Friedrich Barbarossa und das Rittertum. Zur Bedeutung der großen Mainzer Hoftage von 1184 und 1188, in: Arno Borst (Hg.), *Das Rittertum*, Darmstadt ²1989, S. 392-418; Michael Lindner, Fest und Herrschaft unter Kaiser Froedrcih Barbarossa, in: Evamaria Engel, Bernhard Töpfer (Hgg.), *Kaiser Friedrich Barbarossa: Landesausbau - Aspekte seiner Politik – Wirkung*, Weimar 1994, S. 151-170; Wilhelm Strömer, Königtum und Kaisertum in der mittelhochdeutschen Literatur der Zeit Friedrich Barbarossas, in: Alfred Haverkamp (Hg.), *Friedrich Barbarossa. Handlungsspielräume und Wirkungsweisen des staufischen Kaisers*, Sigmaringen 1992, S. 581-601; Stephan Freund, Symbolische Kommunikation und quellenkritische Probleme – Arnold von Lübeck und das Mainzer Pfingstfest von 1184, in: Stephan Freund, Bernd Schütte (Hgg.), *Die Chronik Arnolds von Lübeck. Neue Wege zu ihrem Verständnis*, S. 73-111; Gerhard Lubich, Das Kaiserliche, das Höfische und der Konsens auf dem Maizer Hoffest (1184). Konstruktion, Inszenierung und Darstellung gesellschaftlichen Zusammenhalts am Ende des 12. Jahrhunderts, in: Stefan Burkhardt, Thomas Metz, Bernd Schneidmüller, Stefan Weinfurter (Hgg.), *Staufisches Kaisertum im 12. Jahrhundert. Konzepte – Netzwerke – Politische Praxis*, Regensburg 2010, S. 277-293; 服部良久『中世のコミュニケーションと秩序─紛争・平和・儀礼』京都大学学術出版会，2020年，第6章第2節「マインツ宮廷集会（1184年）における祝祭・儀礼・紛争」166頁以下参照。

118)　*La chronique de Gislebert de Mons*, Leon Vanderkindere (ed.), Bruxelles 1904; *Chronicle of Hainaut by Gilbert of Mons*, Laura Napran (trans.), Woodbridge 2005, [107] pp. 84 f., [109], pp. 86-90; Heinz Wolter, 'Der Mainzer Hoftag von 1184 als politisches Fest', in: Detlef Altenburg, Jörg Jarnut und Hans-Hugo Steinhoff (Hgg.), *Feste und Feiern im Mittelalter*, Sigmaringen 1991, S. 193-199; Fernand Vercauteren, Note sur Gislebert de Mons, rédqcteur de chartes, in; MIÖG 62 (1954), S. 238-253; Arno Borst, Lebensformen im Mittelalter, Frankfurt a. M./Berlin 1973, S. 85 ff.; William Henry Jackson, Knighthood and nobility in Gislebert of Mons's <Chronicon Hanoniense> and in twelfth-century German literature, in: *The Modern Language Review* 75 (1980), pp. 797-809.

119)　Gislebert は1183年と記しているが1184年である。

252　　　Ⅳ　君侯を描く，君侯が描く

図 4-6　『ザクセン世界年代記』の写本（14 世紀初頭）に描かれた
1184 年マインツの宮廷祝祭での刀礼の様子
（Staatsbibliothek Preußischer Kulturbesitz, Ms. germ. fol. 129, fol. 112r）

る。しかし皇帝フリードリヒはその場では確約を与えず，聖霊降臨祭 5 月 20 日の日曜日にマインツで開催される宮廷会議にやってくればその願いが叶えられるだろうと伝えた。皇帝フリードリヒの 2 人の息子はそれぞれ 18 歳とそれより少し若い年齢になっていたが，マインツの宮廷会議で正式に騎士に叙任され，それを祝して続く日曜日に近郊のインゲルハイムで騎馬試合が執り行われる予定であった。この提案に対してエノー伯は宮廷会議にも騎馬試合にも出席すると返答した[120]。

　1184 年の聖霊降臨祭前日の土曜日に，エノー伯は，見事な装備を整え，たくさんの銀の食器を持参してマインツにやってきた。エノー伯ボードゥアンが引き連れてきた大勢の家臣の宿泊地として，皇帝フリードリヒはライン河の反対側の草地にテントを張ることを命じた。ボードゥアンの天幕はその見事さにおいて他の諸侯たちを凌駕していた。ジルベールによれば，アルプス以北の帝国全土から王太子，大司教，司教，修道院長，大公，辺境伯，宮中伯，伯，貴人，家人など，低い身分の者たちを除いても 7 万人もの身分の高い人々がマインツの宮廷会議

---

120)　*Chronicle of Hainaut by Gilbert of Mons*, Laura Napran (trans.), [107] pp. 84 f.

に集まっていたという[121]。

　聖霊降臨祭の主日，皇帝フリードリヒと皇妃ベアトリクスは帝冠を，国王ハインリヒは王冠を厳かに被っていた。皇帝フリードリヒの帝剣を預かろうと，2,000名の騎士を引き連れたボヘミア大公（国王），500名の騎士を伴ったオーストリア公レオポルト，ハインリヒ獅子公の後新たにザクセン大公に登位したアンハルトのベルンハルトは700名の騎士とともに，皇帝の弟であるライン宮中伯コンラートは1,000名以上，同じく1,000名以上の騎士を伴った皇帝の甥テューリンゲン方伯（ルートヴィヒ）などが待ち構える中，皇帝は行列で帝剣を捧げ持つ栄誉をエノー伯に与えたのであった。

　聖霊降臨祭のミサの後開催された会食の場では，大勢の道化師たちが男女を問わず華を添えていた[122]。皇帝の栄誉を高めるとともに自らの名を広めるため，諸侯たちは（捕虜となっている）哀れな騎士，十字を身に着けた騎士や道化師たちに，馬，豪華な衣服，金銀を気前良く分け与えた。続く月曜日と火曜日の朝食後フリードリヒの2人の息子は騎馬試合を行った[123]。2万人以上が参加したが，試合は武器を持たずに行われた。盾，槍，旗を持った騎士たちは一撃を加えることせずに馬術を披露した。馬上の皇帝のためにエノー伯は槍を捧げ持った。火曜日の夕方嵐が吹き，この災害によって皇帝がマインツに建てた木造の礼拝堂と，ライン河近くに大勢の人々のために新たに建てさせた家々や天幕が倒壊した。

　先に挙げた他にも，多くの諸侯が数多の騎士を引き連れてマインツの宮廷会議に出席していた。皇帝の親族であるマインツ大司教コンラート（在位1161-65，1183-1200）は1,000名[124]，エノー伯の親族であるケルン大司教フィリップ（在位1167-91）は1,700名，マクデブルク大司

---

121) 大司教6名，司教19名，帝国修道院長2名，大公9名，辺境伯4名，宮中伯3名，方伯1名，その他数多の伯，貴人，家人が参加していた。Knut Görich, *Friedrich Barbarossa: Eine Biographie*, S. 505.

122) Arnold von Lübeck, *Arnoldi Chronica Slavorum*, Johann Martin Lappenberg (ed.), MGH SS rer. Germ. 14, Hannover 1978, III. 9 及び 10, S. 87 ff.

123) 騎士の騎馬試合に関しては，Josef Fleckenstein (Hg.), *Das ritterliche Turnier im Mittelalter*, Göttingen 1985.

124) バイエルン宮中伯ヴィッテルスバッハのオットーの息子である。

教（ヴィッヒマン，在位1152-92）は600名，フルダ修道院長（コンラート）500名，トリアー大司教（ルドルフ），ブレーメン大司教（ブランデンブルクのジークフリート），ブザンソン大司教モンフォコンのティエリ2世，レーゲンスブルク司教（コンラート），カンブレ司教ロゲルス，リエージュ司教ラオール，メッス司教（ベルトルト），トゥール司教（ブリクシー Brixey のピエール），ヴェルダン司教（ブリースカステル Blieskastel のハインリヒ），エノー伯の親族であるユトレヒト司教（ボードゥアン），ヴォルムス司教（シュテルンベルク Sternberg のコンラート），シュパイアー司教（ウルリヒ），ストラスブール司教（ハインリヒ），バーゼル司教（ハインリヒ），コンスタンツ司教（ヘルマン），クール Chur 司教（ハインリヒ），ヴュルツブルク司教（アベンスベルク Abensberg, のラインハルト），バンベルク司教（アントレックス Andrechs のオットー），ミュンスター司教（ヘルマン），ヒルデスハイム司教（アデロク Adelog），ロルシュ，プリュム修道院長，バイエルン大公オットー（1183年7月11日死亡しており，実際にはルートヴィヒ），バイエルン宮中伯ディートリヒ（オットーにはこの名の弟はおらず，実際には弟のオットー），皇帝の叔父のバイエルン大公ヴェルフ（実際にはスポレト大公兼トスカーナ辺境伯）[125]，バイエルン方伯（オットー），エノー伯の従兄ツェーリンゲン大公ベルトルト，ブランデンブルク辺境伯 marquis（オットー，1184年死亡）[126]，マイセン辺境伯（オットー），シュタイアーマルク辺境伯（オトカール），（上ロレーヌ）ナンシー大公（シモン2世），后妃の叔父（実際には従兄）であるヴィエンヌ・スル・ル・ローヌ伯ジェラール（1184年死亡），テュービンゲン宮中伯（実際にはテュービンゲン伯でシュヴァーベン宮中伯ルドルフ），その他数多の大司教，司教，修道院長，大公，辺境伯，宮中伯，方伯，伯や役人などバイエルン，ザクセン，シュヴァーベン，フランケン Franconia，オーストリア，ボヘミア，ブルゴーニュ，ロレーヌから大勢の貴族がこの宮廷会議に招かれていた。

　列挙されている諸侯たちから，皇帝フリードリヒ・バルバロッサを取り巻く宮廷会議の陣容が垣間見える。ジルベールは43名の諸侯を挙げ

---

125) 彼の姉妹のユーディットはフリードリヒ・バルバロッサの母である。

126) Eberhard Schmidt, Markgraf Otto I. von Brandenburg. Leben und Wirken, in: *Zeitschrift der Savigny-Stiftung für Rechtsgeschichte. Germ. Abt.* 90 (1973), pp. 1-9.

ているが，複数の歴史叙述から，実際はハインリヒ獅子公はじめそれ以上の数の諸侯が出席していたと推定される[127]。ジルベールが描く同行騎士の数には誇張があり，正確な数ではないが，ジルベールを初め同時代人たちが考えるそれぞれの諸侯の権勢を反映していると言えるだろう。

　1184年のマインツの宮廷会議と壮麗な騎馬試合は，政権を脅かす強大なライバルだったハインリヒ獅子公を追放に追いやり，コンスタンツの和約によってイタリア諸都市との関係も一定の成果を達成した皇帝フリードリヒ・バルバロッサの統治が最高潮に達した瞬間だったが，同時に諸侯間の新たな緊張が顕在化する場でもあった。皇帝フリードリヒ・バルバロッサは諸侯間の序列を明示しないように，宿営天幕を円形状に設営させたと，聖ブラジウスのオットーが描いているように[128]，数多の封建諸侯が一同に会する場での諸侯間の緊張関係は回避しなければならなかった。

　一触即発の状況を象徴するのが，フルダ修道院長コンラートが，ケルン大司教フィリップの尊大な態度に対して彼が占めていた皇帝の左の席を要求した場面である[129]。

　フルダ修道院長の異議申し立てに憤ったケルン大司教フィリップが退席しようとすると，ライン宮中伯コンラート，ナッサウ伯，ブラバント大公が追随を申し出たという。この背景にはエノー伯の相続を巡るパワー・バランスの変容に敏感だったケルン大司教フィリップと，同じく

　127）　Arnold von Lübeck, *Arnoldi Chronica Slavorum*, Johann Martin Lappenberg (ed.), MGH SS rer. Germ. 14, Hannover 1978, III. 9, S. 88 f.; Cf. Heinz Wolter, 'Der Mainzer Hoftag von 1184 als politisches Fest', S. 194 f., Anm. 7.

　128）　*Ottonis de Sancto Blasio Chronica*, Adolf Hofmeister (ed.), S. 38 及び *Die Chronik Ottos von St. Blasien und die Marbacher Annalen*, Franz-Josef Schmale (Hg. u. übers.), S. 76 f.: Itaque foris civitatem in campi planicie palacio cum amplissimo oratorio ad diversorium imperatoris ex ligni materia facto domus principum procerissime constructe sunt in circuitu, singulis ad ostendendam' sue dignitatis magnificenciam sumptus ambiciosissime conferentibus; Peter Moraw, Die Hoffeste Kaiser Friedrich Barbarossas von 1184 und 1188, S. 75.

　129）　この一連のやりとりについては，リューベックのアーノルトの記述の抄訳を含めて，服部良久『中世のコミュニケーションと秩序―紛争・平和・儀礼』京都大学学術出版会，2020年，第6章第2節2「祝祭宮廷における争い」170頁以下参照：Arnold von Lübeck, *Arnoldi Chronica Slavorum*, III. 9, 10; Cf. Heinz Wolter, 'Der Mainzer Hoftag von 1184 als politisches Fest', S. 195 f., Anm. 10; Odilo Engels, Die Niederrhein und das Reich im 12. Jahrhundert, S. 193.

エノー伯の強大化を快く思わないブラバント大公らの思惑が重なっていた。宮廷会議でのポジションを巡る封建諸侯たちの抗争の解決に皇帝フリードリヒ・バルバロッサは苦慮したが，フルダ修道院長との対立に関しては帝国政治の要でもあるケルン大司教フィリップに有利に解決を図ることで鎮静化を図ったのであった。

宮廷会議には，諸侯たちが抱える案件に関する皇帝フリードリヒ・バルバロッサの裁定を仰ぐ目的があったが，エノー伯ボードゥアンは，彼の叔父ナミュールとルクセンブルク伯アンリ4世の領土継承を巡って従兄ツェーリンゲン大公ベルトルトと争っており，相続について皇帝の承認を求めていた[130]。

エノー伯ボードゥアン5世は，子供がいなかったナミュールとルクセンブルク伯アンリ4世の甥だった。アンリは1163年に義理の兄弟であるボードゥアン4世を相続人と定めており，彼の死後はその息子であるボードゥアンに相続継承を認めていた。ボードゥアンは，同じく子供のいないフランドル伯フィリップの姉妹と1169年に結婚しており，フィリップもまたボードゥアンをその後継者と宣言していた。さらに娘イザベラが1180年8月フランス国王フィリップ2世と結婚し，エノー伯ボードゥアンの権力は強大になることが予見されていた。この婚姻によってエノー伯がフランス国王と繋がりを強めていくのではと危機感を募らせたフランドル伯は，マインツにいた皇帝フリードリヒの支援を仰ぐとともに，イングランド国王ヘンリ2世にも接近している。

母クレメンティアがナミュール伯の姉妹だったことを理由に相続権を主張していたツェーリンゲン大公ベルトルトに，銀貨1,600マルクを支払って手を打とうとするボードゥアンに対して，フリードリヒ・バルバロッサは時期を待つようにという助言を与えた。そしてボードゥアンの相続を認め，ボードゥアンは叔父の死後継承する自由領（*allodium*）を皇帝に委譲すること，その後改めて皇帝は自由領とともにナミュール伯の帝国封土をボードゥアンに辺境伯領として与えること，さらには彼を

---

130) 服部良久『中世のコミュニケーションと秩序――紛争・平和・儀礼』京都大学学術出版会，2020年，第6章第2節1(2)「政治的決定――エノー伯の相続期待権をめぐって」169頁以下参照。

帝国諸侯（*princeps imperii*）に格上げすることを承認したのであった[131]。

14　シチリア王家との結婚交渉

　ヘンリ2世の使者としてマインツの宮廷会議を訪れたハインリヒ獅子公を通じて，ヘンリ2世は皇帝フリードリヒに次のような申し出を行った。すなわちヘンリ2世の義理の息子であるハインリヒ獅子公の国外追放の解除を認めてもらう代わりに，皇帝フリードリヒの息子国王ハインリヒと，シチリア国王ルッジェーロ2世の娘で，自分のもう一人の義理の息子シチリア国王グリエルモ2世にとっては叔母に当たるコンスタンツェとの婚姻を取り結ぶという提案である[132]。前述のようにハインリヒ獅子公はマインツの宮廷会議では国外追放は解除されてはおらず，皇帝フリードリヒとイングランド国王ヘンリ2世との外交交渉は，1184年9月重要な段階に入った。教皇ルキウス3世とのヴェローナでの会見が予定されていた皇帝フリードリヒ・バルバロッサがイタリアに出発するのと相前後して，ケルン大司教フィリップは，先述のようにヘンリ2世の息子リチャード獅子心王と皇帝フリードリヒ・バルバロッサの娘との結婚交渉を目的としてイングランドに赴いた[133]。ヘンリ2世との協議を経て，ハインリヒ獅子公の国外追放解除の承認を教皇ルキウス3世から取り付けるための使者がイタリアに送られ[134]，息子ハインリヒの皇帝戴冠の承認を教皇に求める皇帝フリードリヒ・バルバロッサとの間で交渉が成立した。その結果，同年10月29日には国王ハインリヒ

---

　131)　DF I. 857 (= MGH Const. 1, Nr. 298, S. 423 f.).

　132)　Gerhard Baaken, unio regni ad imperium. Die Verhandlungen von Verona 1184 und die Eheabredung zwischen König Heinrich VI. und Konstanze von Sizilien, in: QFIAB 52 (1972), S. 219-297. ここでは S. 247 ff.; Heinz Wolter, Die Verlobung Heinrichs VI. mit Konstanze von Sizilien im Jahre 1184, in: *Historische Jahrbuch* 105 (1985), S. 30-51. ここでは S. 35.

　133)　Richard Knipping, *Die Regesten der Erzbischöfe von Köln im Mittelalter*, Bd. II, Nr. 1232; Cf. Heinz Wolter, Die Verlobung Heinrichs VI. mit Konstanze von Sizilien im Jahre 1184, in: *Historische Jahrbuch* 105 (1985), S. 30-51. ここでは S. 45 f.

　134)　*Chronica Magistri Rogeri de Houedene (A.D. 732-1201)*, William Stubbs (ed.), vol. 2, London 1869, ND Wiesbaden 1964, p. 289; *Gesta regis Henrici secundi Benedicti abbatis*, William Stubbs (ed.), vol. 1, London 1867, p. 322 f.; Cf. Jens Ahlers, *Die Welfen und die englischen Könige 1165-1235*, S. 123.

6世とシチリア国王ルッジェーロ2世の娘コンスタンツェの婚約がアウクスブルク Augsburg で告知されたのである[135]。

　シチリア王家との結婚交渉は，ルッジェーロ2世の孫である国王グリエルモ2世の統治当初から各国元首の関心の的だった。1166年ビザンツ皇帝マヌエル1世は娘マリアとグリエルモ2世との結婚を模索していたし[136]，イングランド国王ヘンリ2世の娘ジョアンナとグリエルモ2世との結婚は，1171年トマス・ベケットが暗殺されたことにより暗礁に乗り上げており[137]，皇帝フリードリヒ・バルバロッサもまた長女ベアトリクスとグリエルモ2世との結婚交渉に乗り出していたが，教皇アレクサンデル3世の反対により頓挫していた[138]。様々な思惑が渦巻く中，グリエルモ2世は1176年イングランド国王ヘンリ2世との交渉を開始，翌年にその娘ジョアンナとの婚姻が成立していたのである[139]。

　1177年ヴェネチアの和約で教会分裂が終結し，シチリア王国とシュタウファー朝間で15年の休戦が成立したが，1177年の成婚によるプランタジネット朝との関係強化は，各国間のパワー・バランスに影響を与えた。影を落としたのが，1176年に顕在化したハインリヒ獅子公と皇

　　135）　時期と場所については，*Annales Augustani minores*, MGH SS 10, 9. Cf. Heinz Wolter, Die Verlobung Heinrichs VI. mit Konstanze von Sizilien im Jahre 1184, S. 30, Anm. 1.

　　136）　*Regesten der Kaiserurkunden des oströmischen Reiches von 565-1453*, Franz Dölger (ed.), 3. Bde., Berlin/München 1924-1932, ND Hildesheim 1976, Bd. II., Nr. 1470 (1166 年); *Romualdi II archiepiscopi Salernitani annales,* Wilhelm Arndt (ed.), MGH SS 19, Hannover 1866, S. 387-461. ここでは S. 439; Werner Ohnsorge, Die Byzanzpolitik Friedrich Barbarossas und der „Landesverrat" Heinrichs des Löwen, in: DA 6 (1943), S. 118-149. ここでは S. 133 f．その後皇帝マヌエルは皇帝フリードリヒ・バルバロッサの息子との婚姻を模索していた。Cf. ibid., Nr. 1503; John Parker, The Attempted Byzantine Alliance with the Sicilian Norman Kingdom (1166-7), in: *Papers of the British School at Rome* 24 NS11(1956), pp. 86-93.

　　137）　Ferdinand Chalandon, *Histoire de la domination normande en Italie et en Sicile*, Paris 1907, ND New York 1960, pp. 374 ff.

　　138）　*Romualdi Salernitani Chronicon*, Calro Alberto Garufi (ed.), pp. 265 f.：Sed rex W(ilhelmus), utpote christiaissimus et religiosus princeps, sciens hoc matrimonium Alexandro pape pluriimum displicere et Romane ecclesie non modicam iacutram inferre, Deum et Alexandrum papam in hac parte reveritus, imperatoris filiam in uxorem et eius pacem recipere noluit.

　　139）　1172年教皇アレクサンデル3世とイングランド国王ヘンリ2世との関係が修復していた。この結婚交渉の再開を Romuald はアレクサンデル3世によるとしている。*Romualdi Salernitani Chronicon*, p. 268. 一方イングランド側は，シチリアの使節がイングランドにやってきた1176年初頭に交渉が始まったとしている。*Gesta Heinrici II. et Ricardi I.*, F. Liebermann, R. Pauli (ed.), MGH SS 27, Hannover 1885, S. 81-132. ここでは S. 91.

14 シチリア王家との結婚交渉

帝フリードリヒ・バルバロッサとの対立である。ハインリヒ獅子公と姻戚関係にあるプランタジネット朝との婚姻成立は、グリエルモに帝国との関係において難しい舵取りを強いることになった。さらに目配りしなければならなかったのが帝国拡張を目論むビザンツ皇帝マヌエル1世（1180年9月24日死亡）の脅威であった[140]。叔母コンスタンツェと国王ハインリヒ6世との結婚が成立すれば、シチリア王国にとってシュタウフェン王家との関係修復に大きな一歩となるばかりでなく、英独仏各国間の綱引きに有利な立場で介入できると考えたとしても不思議ではない。

マインツの宮廷会議でハインリヒ獅子公を介して始められた、国王ハインリヒ6世とシチリア国王ルッジェーロ2世の娘コンスタンツェの婚姻交渉が成立するのは1185年のことであった[141]。そしてこの婚姻によって、後にキリスト教、イスラーム教そしてギリシアという多文化共生社会で育ったコスモポリタン君主となる皇帝フリードリヒ（フェデリコ）2世が1194年誕生したのである。

ジルベールと同じく、このマインツの宮廷会議にいたハインリヒ・フォン・フェルデケ Heinrich von Veldeke は、そのときの様子をフランス語版に依拠しつつウェルギリウスのアエネーイスを翻案した『エネイーデ Eneide』の中で触れている[142]。ハインリヒ・フォン・フェルデケは聖職者であったが、ラテン語ではなく、聴衆である騎士層が分かる俗語の中高ドイツ語で朗詠した。

　　ich ne vernam van hogetide

---

140) Heinz Wolter, Die Verlobung Heinrichs VI. mit Konstanze von Sizilien im Jahre 1184, S. 35.

141) *Ottonis de Sancto Blasio Chronica*, Adolf Hofmeister (ed.), S. 39 及び *Die Chronik Ottos von St. Blasien und die Marbacher Annalen*, Franz-Josef Schmale (Hg. u. übers.), S. 78 f.: Fridricus imperator missis legatis ad Willehelmum Sicilie regem filium Rogerii sororemque eius filio suo Heinrico regi desponsari fecit.

142) *Henric van Veldeken, Eneide I*, Gabriele Schieb, Theodor Frings (Hgg.), Berlin 1964, V. 13222 ff. ここでは Limburg 版校訂テクストによる。Limburg 版に関しては、idem, *Die handschriftliche Überlieferung der Eneide Henrics van Veldeken und das limburgische Original*, Berlin 1960; Cf. Joachim Bumke, *Mäzene im Mittelalter. Die Gönner und Auftraggeber der höfischen Literatur in Deutschland 1150-1300*. München 1979, Text 3, S.465 f.; 現代ドイツ語訳は、Peter Moraw, Die Hoffeste Kaiser Friedrich Barbarossas von 1184 und 1188, S. 76 f. 参照。

in aller wilen mare
dat also grot ware
alse da hadde Eneas,
mare dat te Magenze was,
...
da der keiser Frederic
gaf twein sinen sonen swert,
...
ich wane alle di nu leven
negein groter ne hebben gesin.
...
Dem keyser Frederiche
Geschach so manch ere,
Das man iemer mere
Wunder do vor sagen mac
Bis an den jungesten tac
Ane lugene vor war.

私はアエネーアスの祝祭ほど
素晴らしい祝祭が語られるのを聴いたことがない。
皇帝フリードリヒがその2人の息子に刀礼を与えた，
マインツで執り行われた祝祭を除いては。
同時代人たちは皆
これほどまでに華麗な祝祭を見たことがなかったろう。

皇帝フリードリヒにかくも数多の名誉が与えられ，
嘘偽りないことだが，
最後の審判の日まで
その驚異を語ることができるだろう。

　ハインリヒ獅子公に近い立場のリューベックのアーノルトもまた，1210年に著された『スラブ年代記』の第3巻の9章と10章で，この一

大スペクタクルといってよい出来事を詳細に描いている[143]。

15 プランタジネット朝との結び付き

　ハインリヒ獅子公の帝国追放が決まった1181年11月のエアフルトでの宮廷会議から，再びドイツの地に帰還する1185年9月29日聖ミカエルの祝日までの約4年間は，ハインリヒ獅子公の一族に年月以上の大きな影響を与えた[144]。

　ハインリヒ獅子公の子供たちは，おそらく人質としてドイツに残された7歳もしくは8歳のロータルを除いて，イングランドの地で母と同じマティルデという名に改名した10歳のリヒェンツァ，おそらくそれぞれ9歳，5歳になっていた2人の息子ハインリヒとオットー，そして亡命中の1184年ウィンチェスターで誕生した末子ヴィルヘルムは[145]，いずれもプランタジネット朝の領地であるアンジュー伯領，イングランド領で子供時代を過ごし，祖父ヘンリ2世，あるいは叔父リチャードの手厚い庇護のもと，プランタジネット朝の一員としての意識を強めていった。ヘンリ2世の死後王位を継いだ叔父リチャード獅子心王が十字軍の帰途，1192年降誕祭直前にオーストリア公レオポルトに捕らわれた際，皇帝ハインリヒ6世がその解放金を肩代わりする代わりに，オットーとヴィルヘルムが1193年人質として引き渡されている[146]。これもヴェルフェン家とプランタジネット王家の繋がりの強さを象徴する出来事と言えるだろう。

　143）Arnold von Lübeck, *Arnoldi Chronica Slavorum*, III. 9 及び 10, S. 87 ff.
　144）Joachim Ehlers, Anglonormanisches am Hof Heinrichs des Löwen? Voraussetzungen und Möglichkeiten, in: Joachim Ehlers, Dietrich Kötzsche (Hgg.), *Der Welfenschatz und sein Umkreis*, Mainz 1998, S. 105-217.
　145）『国王ヘンリ2世の事績』では，ヴィルヘルムに関する記述が1192年1月13日まで続いている。Cf. Jens Ahlers, *Die Welfen und die englischen Könige 1165-1235*, S. 136, Anm. 645.
　146）*Annales Stederburgenses auctore Gerhardo praeposito*, Georg Heinrich Pertz (ed.), MGH SS 16, Hannover 1859, S. 197-231. ここでは S. 229: siquidem duos minores natu, Ottonem et Willehelmum rex Angliae, avunculus ipsorum, pro multis milibus marcarum argenti, quod pro sui liberatione debebat domno imperatori, dederat in pignore; Cf. Jens Ahlers, *Die Welfen und die englischen Könige 1165-1235*, S. 136 f., Anm. 647 及び S. 160 ff.

とりわけリチャードから目をかけられ，1190年にヨークをはじめとする[147]，数々の重要な領地を授封され[147]，リチャード自身から刀礼を受け，ポワトゥ伯に任じられたオットーは[148]，彼が後に国王，皇帝として治めるドイツの地だけでなく，プランタジネット朝の広大な領地の統治を見据えた帝王学を学んでいったといっても過言ではない。プランタジネット朝は大陸とイングランドを治める統治を実現していたが，ヴェルフェン家との婚姻関係を基盤に，さらなるグローバル化への足掛かりを得ることになったのである。

1188年7月皇帝フリードリヒ・バルバロッサは，ゴスラーの宮廷会議にハインリヒ獅子公を召喚した。同年3月27日マインツの宮廷会議において，ハインリヒに対し，十字軍に参戦した後，かつて保有していたすべての権利の復権を認められるか，今一部の権利だけを取り戻すか，そのどちらも選ばない場合は最年長の息子とともにもう3年国外退去することを誓約するべしという決議が下され，ハインリヒ獅子公はそれに対する返答を迫られた。リューベックのアーノルトは『スラブ年代記』の中で，「望まない出兵を行うことも，損なわれた形でかつての権利を取り戻すことも」よしとしなかったハインリヒ獅子公を描いてい

---

147) ヨーク伯に任じられたオットーから封土を受け取ることに対して，これまで国王から直接授封されていた臣下たちの中には反対するものも多かった。*Chronica Magistri Rogeri de Houedene (A.D. 732-1201)*, William Stubbs (ed.), vol. 3, London 1870, ND Wiesbaden 1964, p.86: Eodem anno Ricardus rex Angliae dedit Othoni nepoti suo, filio Matildis sororis suae, quondam ducissae Saxoniae, comitatum Eboraci, et quamvis multi recepissent eum, et fecissent ei homagia et fidelitates, multi tamen ei resistebant, dicentes quod a fidelitate regis non recederent, priusquam cum eo ore ad os loquerentur. Unde factum est, quod dominus rex dedit eidem Othoni comitatum Pictavis in commutationem comitatus Eboraci.; Bernd Ulrich Hucker, *Kaiser Otto IV.*, S. 10; Cf. Jens Ahlers, *Die Welfen und die englischen Könige 1165-1235*, S. 170, Anm. 852.

148) Bernd Ulrich Hucker, *Kaiser Otto IV.*, S. 10; Jens Ahlers, *Die Welfen und die englischen Könige 1165-1235*, S. 170, Anm. 852.

149) ハウデンのロジャーは1190年としているが，これは誤りである。*Chronica Magistri Rogeri de Houedene (A.D. 732-1201)*, William Stubbs (ed.), vol. 3, p. 86. コッゲスホールのラルフは，1196年から1197年としている。*Radulphi de Coggeshall Chronicon Anglicanum*, Joseph Stevenson (ed.), Roll Series 66, London 1875, p. 70. Cf. Robert Favreau, Otto von Braunschweig und Aquitanien, in: *Heinrich der Löwe und seine Zeit*, Bd. 2, S. 369-376. ここでは S. 376, Anm. 10. 授封の時期ははっきりしないが，早くても1196年初頭と考えられる。Cf. Jens Ahlers, *Die Welfen und die englischen Könige 1165-1235*, S. 171; Joachim Ehlers, *Heinrich der Löwe: Eine Biographie*, S. 371 f.

る[150]。第三の選択を実現するために手を差し伸べてくれたのは，最初の結婚で生まれた娘ゲルトルートと1176年に結婚していたデンマーク国王クヌート6世の弟ヴァルデマールだった。しかしこの亡命の地の申し出を受けずに，ハインリヒ獅子公は再びヘンリ2世のもとに赴くことを選び，1189年復活祭の時期に妃マティルデを残し，ブラウンシュヴァイクを出立した。息子リチャードと手を結んだフランス国王フィリップとの戦いに追われていたヘンリ2世は，同年7月6日シノン城で亡くなったため，ハインリヒ獅子公はイングランドに足を向けたが，同年6月28日に亡くなった妃マティルデの訃報が届くと，急ぎブラウンシュヴァイクに帰還している。

皇帝フリードリヒ・バルバロッサの十字軍遠征は，ハインリヒ獅子公の復権に好機を与えた。まず再び入手したのは，ブレーメン大司教ハルトヴィヒによって授封されたシュターデ伯領だった。『ケルン国王年代記』によれば，ヘンリ2世の死後国王となっていたリチャード獅子心王とデンマーク国王クヌート6世の助力を得たという[151]。ハインリヒ獅子公が勢力を盛り返す最中の1189年末，11月18日に亡くなったグリエルモ2世のシチリア王国の相続を巡ってプランタジネット王家とシュタフェン王家間で確執が起こった。グリエルモ2世とヘンリ2世の娘ジョアンナとの間には後継者がおらず，グリエルモ2世の叔母コンスタンツェと結婚していたハインリヒ6世に相続権が生じたからだ[152]。シュタウフェン王家とシチリア王国との成婚はプランタジネット王家が先導し

---

150) Arnold von Lübeck, *Arnoldi Chronica Slavorum*, IV, 7, S. 128: Dux tamen magis elegit terram abiurare, quam vel ire quo nollet, vel honore pristino ulla diminutione mutilari; Joachim Ehlers, *Heinrich der Löwe; Eine Biographie*, S. 377 f.

151) *Chronica regia Coloniensis, cum continuationibus in monasterio S. Pantaleonis scriptis aliisque historiae Coloniensis monumentis*, Georg Waitz (ed.), MGH SS rer. Germ. 18, Hannover 1880, S. 143; *Die Kölner Königschronik*, nach der Ausgabe der Monumenta Germaniae übersetzt von Karl Platner, neu bearbeitet und vermehrt von Wilhelm Wattenbach, Leipzig 1896; 作者に関しては，Manfred Groten, *Klösterliche Geschichtsschreibung: Siegburg und die Kölner Königschronik*. in: *Rheinische Vierteljahrsblätter* 61 (1997), S. 50-78; Carl August Lückerath, *Coloniensis ecclesia, Coloniensis civitas, Coloniensis terra. Köln in der Chronica regia Coloniensis und der Chronica S. Pantaleonis*, in: *Jahrbuch des Kölnischen Geschichtsvereins* 71 (2000), S. 1-41.

152) Jens Ahlers, *Die Welfen und die englischen Könige 1165-1235*, S. 123; 家系図は，Joachim Ehlers, *Heinrich der Löwe: Eine Biographie*, S. 381.

た結婚であり，当初からその可能性は十分予測できたことであった[153]。

1190年7月フルダ Fulda で開催された宮廷会議でハインリヒ獅子公とハインリヒ6世の間でいったん和平が成立したが[154]，直前の6月10日十字軍に赴いていた皇帝フリードリヒが小アジアで落馬し頓死したことにより，ハインリヒ獅子公は再び反撃に転じている。1191年8月5日教皇ケレスティヌス3世からは，教皇と教皇特使によってのみ破門は宣告されるべしという特権状をハインリヒは得た[155]。この交渉の中1192年に，1189年のヘンリ2世の死後ヴェルフェン家の後ろ盾となっていたリチャード獅子心王が十字軍からの帰途，前述のようにオーストリア公レオポルトに捕らわれるという事件が起こったのである。リチャード獅子心王の処遇を巡って外交交渉が繰り広げられる最中，長年婚約状態にあったハインリヒ獅子公の息子ハインリヒとフリードリヒ・バルバロッサの異母弟ライン宮中伯コンラートの娘アグネスが，アグネスの母の手引きで1193年秘密裏に結婚するという事案が起こり[156]，ハインリヒ獅子公に対する皇帝ハインリヒの不信を掻き立てる事態になった[157]。

リチャード獅子心王の解放の条件として，ヴェルフェン家の子供たち，すなわちハインリヒ獅子公の2人の息子が1193年人質となって皇帝ハインリヒ6世に引き渡された。1194年3月7日皇帝ハインリヒ6世はハインリヒ獅子公を全き恩寵（*in plenam gratiam*）のもとに受け入れ[158]，これにより10年を超えるハインリヒ獅子公の帝国追放はようや

---

[153] *Chronica Magistri Rogeri de Houedene (A.D. 732-1201)*, William Stubbs (ed.), vol. 3, III, p. 29, 164.

[154] *Annales Stederburgenses auctore Gerhardo praeposito*, Georg Heinrich Pertz (ed.), S. 222.

[155] *Regesta pontificum Romanorum*, Phillip Jaffé (ed.), bearb. von Wilhelm Wattenbach, Leipzig 1888, Nr. 16736.

[156] *Continuationes Weingartenses Hugonis et Honorii chronicorum*, Georg Heinrich Pertz (ed.), MGH SS 21, 1869, S. 473-480, S. 479: Heinricus ...ad castrum Stâlegge festinanter accessit. Ubi inventa sponsa sua, matre puellae mediante, potius est uxore; Cf. Jens Ahlers, *Die Welfen und die englischen Könige 1165-1235*, S. 164.

[157] *The Historical Works of Master Ralph de Diceto*, William Stubbs (ed.), vol. 2, London 1876, ND Wiesbaden 1965, p.118: dux Saxonum nobis suspectus est, cuius malitiam veremur. Cf. Joachim Ehlers, *Heinrich der Löwe: Eine Biographie*, S. 385.

[158] *Annales Stederburgenses*, S. 229: Dux itaque, aliquantum receptis viribus suis, ad diem et locum sibi constitutum venit, et in plenam gratiam imperatoris ibi receptus est.

く終わりを告げたのである。

16　グローバル・リーダーたちを支える家臣団

a）ハインリヒ獅子公の家臣団

　ザクセン聖界諸侯たちとの確執に追われていたハインリヒ獅子公の統治は，右腕となってその統治を支えた家臣団の存在なしには語ることはできない[159]。二つの大公領の統治，帝国からの追放，復帰を支えた家臣団は，伯たち，文書行政を担う礼拝堂司祭たち（*capellani ducis*）と[160]，宮廷官僚として仕える家人ミニステリアーレンたち（*ministeriales*）からなる聖俗の家臣団から構成されていた[161]。

　ハインリヒ獅子公の宮廷に集う家臣団は，ハインリヒが発給した証書の証人欄から再構成可能である。ハインリヒ獅子公は，1142年から追放時期を含めて1195年までの54年間で，偽文書や様式書を除いて103の文書類を発給している[162]。保管状態の悪さから失われた可能性を考慮しても，皇帝フリードリヒ・バルバロッサの発給した皇帝証書とは，その発給数においても，証人として挙げられている諸侯たちの数においてもはるかに遠く及ばない。だがハインリヒは，聖界諸侯たちが司教証書を発給し，文書行政を推進していた時期に後れを取っていた帝国の世

---

159) Joachim Ehlers, Heinrich der Löwe und der sächsische Episkopat, in: Alfred Haverkamp (Hg.), *Friedrcih Barbarossa: Handlungsspielräume und Wirkungsweisen des staufischen Kaisers*, Sigmaringen 1992, S. 435-466.

160) 文書行政を担った礼拝堂司祭たちについては多くの研究があるが，まずHans Walter Klewitz, Cancellaria. Ein Beitrag zur Geschichte des geistlichen Hofdienstes, in: DA 1 (1937), S. 44-228; 大公の宮廷司祭と書記に関しては，Martin Kintzinger, Herrschaft und Bildung. Gelehrte Kleriker am Hof Heinrichs des Löwen, in: *Heinrich der Löwe und seine Zeit*, Bd. 2, S. 199-203. ここではS. 200 ff.

161) 宮廷官僚に関しては，Werner Rösener, Hofämter an mittelalterlichen Fürstenhöfen, in: DA 45 (1989), S. 485-550; Ernst Schubert, Der Hof Heinrichs des Löwen, in: *Heinrich der Löwe und seine Zeit*, Bd. 2, S. 190-198. ここではS. 195 f.

162) *Die Urkunden Heinrichs des Löwen, Herzog von Sachsen und Bayern*, Karl Jordan (ed.), MGH Laienfürsten- und Dynastenurkunden der Kaiserzeit 1, Stuttgart 1941/49. Cf. Joachim Ehlers, Der Hof Heinrichs des Löwen, in: Bernd Schneidmüller (Hg.), *Die Welfen und ihr Braunschweiger Hof im hohen Mittelalter*, Wiesbaden 1995, S. 43-59. ここでは45頁。

俗諸侯の中で，ザクセン大公として証書を発給した最初の世俗諸侯だった[163]。

　ハインリヒ獅子公が作成させた証書の証人欄には，ハインリヒと対立関係にありながら，その大司教登位に力を貸したマクデブルク大司教ヴィッヒマンやヒルデスハイム司教が挙げられている一方で[164]，ハルバーシュタット[165]，メルゼブルク，ミュンスター，オスナブリュック，ヴェルダンなどザクセン大公領内もしくは近郊の重要な司教たちの名が挙げられていない。Ehlers が的確に分析しているように，彼らはハインリヒ獅子公と距離を置いていたばかりでなく，ハインリヒの宮廷メンバーとしてその裁定の証人に名を挙げられることに慎重だったためと考えられる。発給された証書からも，敵対者の多いハインリヒ獅子公が置かれた微妙な政治的状況を読み取ることができるだろう[166]。

　ハインリヒ獅子公のもとに参集した貴自由人エーデルフライ Edelfrei のうち，ハーゲン伯グンツェリンは後に最初のシュヴェーリン伯になっているが[167]，長い間ハインリヒ獅子公の周辺で仕えた人物である。その他に同じくイェルサレム巡礼に同行したホンシュタイン伯ヘルガー，シャルツフェルト伯ジゲボド，ラッツェルブルク伯ベルンハルトの他，ダッセルのリュドルフ，ホルシュタイン伯のシャウエンブルクのアドルフ2世及び3世[168]，ヴェルニンゲローデのアダルベルト，ヴェルティンゲローデの3兄弟ブルヒャルト，ホイヤー，リュドルフ，ラーフェンスベルクのハインリヒとオットー，シュヴァーレンベルクのフォルクウィンとヴィドゥキント，エヴァーシュタインのアダルベルト，ローデンのコンラート，ブランケンブルクのポッポ，レーゲンシュタインのコンラート，ヴェルペのベルンハルト，アンデックス辺境伯ベルトルト，フォーブルク辺境伯ベルトルト，そして唯一バイエルンからシュタウフ

---

163) Joachim Ehlers, *Heinrich der Löwe: Eine Biographie*, S. 240.
164) Ibid., S. 132.
165) ハルバーシュタット司教ウルリヒは，ハインリヒ獅子公の因縁ある敵対者だった。Cf. Ibid., S. 132.
166) Joachim Ehlers, Heinrich der Löwe und der sächsische Episkopat, S. 451 f..
167) Joachim Ehlers, Der Hof Heinrichs des Löwen, S. 49, Anm. 40 と 42.
168) 1150／51 年ハインリヒ獅子公がバイエルン滞在中アドルフ2世が代行している。1164 年対オボトリート族 Obotriti 戦争で捕虜となって亡くなり，ハインリヒがその遺体をミンデンに弔っている。Cf. Joachim Ehlers, Der Hof Heinrichs des Löwen, S. 51.

のハインリヒなどがハインリヒの周辺に集っていた[169]。

b）文書行政と宮廷付き文官たち

　皇帝・国王の礼拝堂司祭たちは，帝国尚書局のメンバーとして証書，外交書簡の作成など文書行政を一手に担っていたが[170]，ハインリヒ獅子公もそれに倣って自分の統治拠点であるブラウンシュヴァイクの聖ブラジウスの律修参事会士たちを宮廷付き文官として任用していた。以下 Ehlers の研究に基づいて紹介しよう。

　ハインリヒ獅子公のもとで活動していた名前が分かっている 6 名の書記のうち，2 名もしくは 3 名（ゲロルト，バルトウィンとヨハネス）が聖ブラジウス出身，ハインリヒがゴスラー近郊のペータースベルク Petersberg の律修参事会に属し，ハルトヴィッヒは元々ブレーメンの律修参事会付きのミニステリアーレン，最後の一人ゲールハルトについては詳細が不明である[171]。この 6 名が同時期常に一緒に働いていたわけではなく，入れ代わり立ち代わり業務に当たっていた[172]。

　シュヴァーベンの名家の出のゲロルトは，聖ブラジウス参事会学校の教師（*magister scholarum*）で，1154 年ハインリヒ獅子公によってオルデンブルク司教に任じられている。ボーザウのヘルモルトは，このゲロルトの弟子であり，ゲロルトの勧めで『スラブ年代記』を著した。ゲロルトの人となりを伝えるヘルモルトによれば，ゲロルトは小柄だが，極めて知性に溢れ，聖書研究ではザクセンの他の聖職者よりはるかに秀でていたという。ゲロルトはハインリヒ獅子公に重用されたために，彼の兄弟コンラートが修道院長を務めるシトー会のリダックスハウゼン Riddagshausen 修道院に入ることを望んだものの，観想的生活のうちに一生を過ごすことはできなかった。

　ゲロルトの後任者となったペータースベルクのハインリヒは，1156 年から 1179 年までハインリヒ獅子公周辺に確認できる。1171 年まで

---

169) Joachim Ehlers, Der Hof Heinrichs des Löwen, S. 49 ff. 及び idem, *Heinrich der Löwe: Eine Biographie*, S. 245.

170) Josef Fleckenstein, *Die Hofkapelle der deutshen Könige*, 2 Bde., Stuttgart 1959/66.

171) Joachim Ehlers, Der Hof Heinrichs des Löwen, S. 54 ff.; Joachim Ehlers, *Heinrich der Löwe: Eine Biographie*, S. 238.

172) 以下 Joachim Ehlers, *Heinrich der Löwe: Eine Biographie*, S. 238 ff. 参照。

書記として活動したハインリヒは，ハインリヒ獅子公の外交で手腕を発揮し，1157年から1159年の間教皇ハドリアヌス4世からケーニヒスルター Königslutter への特権状を得るために，ローマに派遣されている。1163年にはブレーメンの聖シュテファン大聖堂と聖ヴィレハト St. Willehad の助祭として初めて登場し[173]，1179年に今度は教皇アレクサンデル3世のもとに派遣されている[174]。

ブレーメンのミニステリアーレン出身のウトレーデのハルトヴィッヒは，1158年から1176年までハインリヒ獅子公の宮廷で活躍した。高い教育を受け，「*magister*」の称号を持つハルトヴィッヒは1176年に文書庫長 (*magister cartularii*) と呼ばれている[175]。ハインリヒ獅子公の厚い信頼を得たハルトヴィッヒはブレーメンの聖堂参事会士の職を得ていたが[176]，1185年にはブレーメン大司教に登位した[177]。

1170年から1172年まで書記を務めたブラウンシュヴァイクの聖ブラジウスの参事会士のバルドウィンは，1169年から1194年までハインリヒ獅子公の礼拝堂司祭を務めた[178]。

1174年から1188年まで書記を務めたゲールハルトは，ザクセンからバイエルンまでハインリヒ獅子公に同行し[179]，聖ブラジウスの参事会士ヨハネスは1186年以降1194年までハインリヒ獅子公の最後の書記として務めた[180]。

これら名前が分かっている書記のうち，バルドウィンとハルトヴィッ

---

173) UHdL 60.
174) Arnold von Lübeck, *Arnoldi Chronica Slavorum*, II, 9.
175) UHdL 107. Ehlers は Hartwig がフランスで教育を受けた可能性を指摘している。Joachim Ehlers, *Heinrich der Löwe: Eine Biographie*, S. 239. ドイツの聖職者のフランスにおける教育については，Joachim Ehlers, Deutsche Schloaren in Frankreich während des 12. Jahrhunderts, in: Johannes Fried (Hg.), *Schule und Studium im sozialen Wandel des hohen und späten Mittelalters*, Sigmaringen 1986, S. 97-120; Peter Classen, Die hohen Schulen und die Gesellschaft im 12. Jahrhundert, in: *Archiv für Kulturgeschichte* 48 (1966), S. 155-180; Josef Fleckenstein, Miles und clericus am Königs-und Fürstenhof. Bemerkungen zu den Vorausetzungen, zur Entestehung und zur Trägerschaft der höfisch-ritterlichen Kultur, in: Josef Fleckenstein (Hg.), *Curialitas. Studien zu Grundfragen der höfisch-ritterlichen Kultur*, Göttingen 1990, S.302-325.
176) UHdL 77.
177) Arnold III. 13: 1184.
178) UHdL 80 f., 83, 89, 93, 119, 126, 128 f.
179) UHdL 100.
180) UHdL 118, 120, 126, 127, 128, 129, 130.

ヒは，後述するイェルサレム巡礼に出発したハインリヒ獅子公に同行している。

この他に，ハインリヒ獅子公の宮廷礼拝堂にはさらに7名のメンバーがおり，そのうち2名が上記6名同様キャリアを積んでいる[181]。そのうちの一人マルクヴァルトは1144年以降ハインリヒ獅子公の礼拝堂司祭として確認され，遅くとも1162年にはリューネブルクの聖ミヒャエリス Michaelis 修道院長になっている[182]。もう一人，ハルトヴィッヒ同様高い教育を受けたダヴィットは「*magister*」と呼ばれており，1170年以降度々ハインリヒ獅子公の証書の証人として登場し，ハインリヒ獅子公の失墜後もリューベック聖堂首席司祭（*prepositus*）として度々その宮廷を訪れている[183]。この他に大公の宮廷礼拝堂司祭（*capellanus ducis*）のゲプハルト[184]，ギーゼルベルト[185]，ゴットフリート[186]，ハイモ[187]，そしてシュヴァーベンのコンラート Conrad Sueuus が証人として名が挙げられている[188]。

礼拝堂司祭ではないが，ブラバント出身で聖エギディウス修道院長ハインリヒは，パリで勉学を修め[189]，ブラウンシュヴァイクの聖ブラジウスの聖堂参事会学校の教師（*magister scholarum*）として招聘される前には，ヒルデスハイムの聖堂参事会学校を統率していた。そののちベネディクト会修道院に入ったが，ハインリヒ獅子公は彼を観想的生活に留め置かず，ビザンツとイェルサレムに同行させ，1173年にハインリヒは，リューベック司教に登位したのである[190]。

---

181) 以下 Joachim Ehlers, *Heinrich der Löwe: Eine Biographie*, S. 240 参照。
182) UUHdL 6 及び 52.
183) UU HdL 81, 119, 126, 128..
184) UHdL 88.
185) UHdL 6.
186) UUHdL 80 と 89.
187) UHdL 80.
188) UUHdL 100 と 107.
189) Arnold von Lübeck, *Arnoldi Chronica Slavorum* III. 13; Joachim Ehlers, Der Hof Heinrichs des Löwen, S. 56 f.
190) Arnold von Lübeck, *Arnoldi Chronica Slavorum* III. 3; Joachim Ehlers, *Heinrich der Löwe: Eine Biographie*, S. 238 f.

c）家人ミニステリアーレン

12世紀は，家人ミニステリアーレン（*ministeriales*）が統治構造の中で存在感を増した時代といってよい。家人ミニステリアーレンは，封建主従関係においては非自由身分に属しながらも，帝国，領邦君主の統治を支える重要な要となっていった。

11世紀以降皇帝直属の家臣団は主として帝国ミニステリアーレンによって形成されていったが[191]，諸侯の宮廷でもこれに倣って，ドイツにおいてはまず大司教座において内膳頭（*dapifer*）[192]，主馬頭（*marscalcus/marescallus*）[193]，侍従頭（*cubicularius/camerarius*）[194]，献酌頭（*pincerna*）[195]ら宮廷官僚が登場し，遅れて他の諸侯たちの宮廷においても家人ミニステリアーレンが宮廷の官職として定着していった。

家人ミニステリアーレンについては，帝国ミニステリアーレン[196]，あるいは個々の封建諸侯のミニステリアーレンとがおり[197]，封建諸侯の統

---

191) Cf. Claus-Peter Hasse, *Die welfischen Hofämter und die welfische Ministerialität* S. 16 f.; Karl Bosl, *Die Reichsministerialität der Salier und Staufer 2*, S. 614 f.; Julius Ficker, Die Reichshofbeamtender staufischen Periode, in: *Sitzungsberichte der Philosophisch-Historischen Classe der Kaiserlichen Akademie der Wissenschaften* 40 (1862), S. 447-549; P. Schubert, Die Reichshofämter und ihre Inhaber bis um die Wende des 12. Jahrhunderts, in: MIÖG 34 (1913), S. 427-501. ここでは S. 444 ff.; Peter Moraw, Die Verwaltung des Königtums und des Reiches und ihre Bedingungen. Die königliche Verwaltung im einzelnen, in: K.G.A. Jeserich, H. Pohl, G.-Ch. v. Unruh (Hgg.), *Deutsche Verwaltungsgeschichte*, Bd.1: *Vom Spätmittelalter bis zum Ende des Reiches*, 1983, S. 21-53.

192) Wilhelm Pötter, *Die Ministerialität der Erzbischöfe von Köln*, S. 90.

193) Ibid., S. 96.

194) Ibid., S. 85.

195) Ibid., S. 93.

196) Karl Bosl, *Die Reichsministerialität der Salier und Staufer: Ein Beitrag zur Geschichte des Hochmittelalterlichen deutsche Volkes, Staates und Reiches*, 2 Bde., Stuttgart 1950/51; Jan Ulrich Keupp, *Dienst und Verdienst. Die Ministerialität Friedrich Barbarossas und Heinrichs VI.*, Stuttgart 2002.

197) 各地域の家人ミニステリアーレン研究に関する書誌情報を以下に挙げておく。ケルンについては，1) Jakob Ahrens, *Die Ministerialität in Köln und am Niederrhein*, Diss. Leipzig 1908, 2) Wilhelm Pötter, *Die Ministerialität der Erzbischöfe von Köln vom Ende des 11. Bis zum Ausgang des 13. Jahrhunderts*, Köln 1967, 3) Fabian Schmitt, Ministerialen des Kölner Erzstifts im Hochmittelalter: Dienst, Herrschaft und soziale Mobilität, Göttingen 2021. マインツについては，Ludwig Falck, Mainzer Ministerialität, in: Friedrich Ludwig Wagner, *Ministerialität im Pfälzer Raum*: Referate und Aussprachen der Arbeitstagung vom 12. bis 14. Oktober 1972 in Kaiserslautern, Speyer 1975, S. 44-59. トリアについては，Knut Schulz, *Ministerialität und Bürgertum in Trier. Untersuchungen zur rechtlichen und sozialen Gliederung*

治構造に関してはそれぞれ長らく研究が進められ，厚い研究蓄積がある[198]。ハインリヒ獅子公，あるいはヴェルフェン家のミニステリアーレンについては，Haendle[199]，Lubenow[200]，それらを踏まえた Hasse の詳細な研究がある[201]。

ヴェルフェン家のミニステリアーレンは，約 400 名，そのうち 257 名についてはある程度詳しい状況が分かっている[202]。とりわけ重要なの

---

der Trierer Bürgerschaft vom ausgehenden 11. Bis zum Ende des 14. Jahrhunderts, Bonn 1968. ライン宮中伯については，Meinrad Schaab, Die Ministerialität der Kirchen des Pfalzgrafen, des Reiches und des Adels am unteren Neckar und im Kraichgau, in: Friedrich Ludwig Wagner, *Ministerialität im Pfälzer Raum: Referate und Aussprachen der Arbeitstagung vom 12. bis 14. Oktober 1972 in Kaiseslautern*, Speyer 1975, S. 95-121. テューリンゲンについては，Hans Patze, Die Entstehung der Landesherrschaft in Thüringen 1, Köln 1962. ヴィッテルスバッハ家について は，Paul Kluckhohn, *Die Ministerialität in Südostdeutschland von zehnten bis zum Ende des dreizehnten Jahrhunderts*, Weimar 1910, ND 1970. ヴュルツブルクについては，J. Reimann, Die Ministerialen des Hochstifts Würzburg in sozial-, rechts- und verfassungsgeschichtlicher Sicht, in: *Mainfränkisches Jahrbuch für Geschichte und Kunst* 15/16 (1964), S. 1-266; アルザスについて は，Hans-Walter Klewitz, *Geschichte der Ministerialität im Elsaß bis zum Ende des Interregnums*, 1929; マイセンについては，Harald Schieckel, *Herrschaftsbereich und Ministerialität der Markgrafen von Meissen im 12. und 13. Jahrhundert: Untersuchungen über Stand und Stammort der Zeugen markgräflicher Urkunden*, Köln 1956. ブランデンブルクについては，Georg Winter, *Die Ministerialität in Brandenburg. Untersuchungen zur Geschichte der Ministerialität und zum Sachsenspiegel*, München/Berlin 1922.

198) Erich Maschke und Jürgen Sydow (Hgg.), *Stadt und Ministerialität: Protokoll der IX. Arbeitstagung des Arbeitskreises für Südwestdeutsche Stadtgeschichtsforschung, Freiburg i. Br., 13.-15. November 1970*, Stuttgart 1973; Knut Schulz, Die Ministerialität in rheinischen Bischöfsstädten, in: *Stadt und Ministerialität*, S. 16-42; Joachim Bumke, *Ministerilaität und Ritterdichtung*, München 1976; Werner Rösener, Hofämter an mittelalterlichen Fürstenhöfen, in: DA 45 (1989), S. 485-550，ここでは S. 526; Werner Hechberger, *Adel, Ministerialität und Rittertum im Mittelater*, Berlin/Boston ²2011; Werner Paravicini, *Die ritterlich-höfische Kultur des Mittelalters*, Berlin/Boston ³2015.

199) Otto Haendle, *Die Dienstmannen Heinrichs des Löwen: Ein Beitrag zur Frage der Ministerialität*, Stuttgart 1930.

200) Lubenow の博士論文は刊行されておらず見ることができていないが，書誌情報として挙げておく。Hubert Lubenow, *Die welfischen Ministerialen in Sachsen. Ein Beitrag zur Standesgeschichte der Stauferzeit*, Diss. Kiel 1964.

201) Claus-Peter Hasse, *Die welfischen Hofämter und die welfische Ministerialität in Sachsen: Studien zur Sozialgeschichte des 12. und 13. Jahrhunderts*, Husum 1995; Claus-Peter Hasse, Hofämter am welfischen Fürstenhof, in: Bernd Schneidmüller (Hg.), *Die Welfen und ihr Braunschweiger Hof im hohen Mittelalter*, Wiesbaden 1995, S. 95-122.

202) Joachim Ehlers, Der Hof Heinrichs des Löwen, S. 48; Cf. カール・ヨルダンは正確には算定できないとして，仮に 300 と見積もっている。Karl Jordan, *Heinrich der Löwe*, S. 128.

は，ハインリヒ獅子公の統治を近くで支えた上層ミニステリアーレンの存在である。

彼らのうちブランケンブルク Blankenburg，ダールム Dahlum，ハイムブルク Heimburg，パイネ Peine，ヴァイダ Weida 家のミニステリアーレンたちは，皇帝ロタール3世の時代から仕える家臣団だった。皇帝フリードリヒ・バルバロッサとハインリヒ獅子公とのキアヴェンナの会見で登場したブランケンブルクのヨルダンは，イェルサレム巡礼に兄弟のヨザリウスとともに同行し[203]，ハインリヒの失墜後もイングランド亡命に付き従っている[204]。内膳頭を務めたヨルダンを筆頭に，侍従頭そして 1152 年から 1163 年はゴスラーの代官（*advocatus*）を務めたハイムブルクのアンノ，代々ブラウンシュヴァイクの代官を務めたダールム家など，ミニステリアーレン上層部とハインリヒ獅子公との強い結び付きとその忠節なしには，ザクセン諸侯との対立をはじめとするハインリヒ獅子公の波乱に満ちた統治を理解することはできないだろう。多くのザクセンのミニステリアーレンの子弟がハインリヒの名を継いでいることも，その紐帯の強さを物語っている[205]。

諸侯たちは，所領を巡回し，裁定を下す巡回統治から，次第に統治，文化の中心として機能する特定の居城に居を構える時代に入っていたが[206]，複数の統治拠点間を移動する統治形態は依然として継続していた[207]。ザクセンとバイエルンという二つの大公領を治めるハインリヒ獅

---

203) UHdL. 94.

204) Cf. Joachim Ehlers, *Heinrich der Löwe: Eine Biographie*, S. 247.

205) Otto Haendle, *Die Dienstmannen Heinrichs des Löwen: Ein Beitrag zur Frage der Ministerialität*, Stuttgart 1930; Cf. Joachim Ehlers, *Heinrich der Löwe: Eine Biographie*, S. 246. ヨーロッパ中世社会における命名の意義に関しては，Gerd Althoff, Namensgebung und adliges Selbstverständnis, in: Dieter Geuenich, u. a. (Hgg.), *Nomen und gens. Zur historischen Aussagekraft frühmittelalterlicher Personennamen*, Berlin 1997, S. 126-139.

206) 巡回統治に関しては，Hans Conrad Peyer, Das Reisekönigtum des Mittelalters, in: *Vierteljahrschrift für Sozial- und Wirtschaftsgeschichte* 51 (1964), S. 1-21. 諸侯の Residenz，特に中世後期については，Hans Patze, Die Bildung des landesherrlichen Residenzen im Reich während des 14. Jahrhunderts, in: Wilhelm Rausch (Hg.), *Stadt und Stadtherr im 14. Jahrhundert*, Linz 1972, S. 1-54.

207) Johannes Heydel, Das Itinerar Heinrichs des Löwen, in: *Niedersächsisches Jahrbuch für Landesgeschichte* 6 (1929), S. 1-166; Cf. Arno Weinmann, *Braunschweig als landesherrliche Residenz im Mittelalter*, Braunschweig 1991.

子公は，追放の時期が長かったためもあるが，54年間の統治の間，ザクセンの統治拠点であるブラウンシュヴァイク滞在が確認されるのは28年である[208]。ミニステリアーレンたちも主君と移動を共にし，ブランケンブルクのヨルダン，ハイムブルクのアンノ，ヴァイダのハインリヒ，ヘルツベルクのリューポルト，ブランケンブルクのヨザリウスは，ハインリヒ獅子公とともにバイエルンにも同行していた一方で[209]，バイエルンのミニステリアーレンたちはザクセンでは活動していない[210]。この点からもハインリヒ獅子公の統治の中核はやはりブラウンシュヴァイク，そしてその周辺地域だったと言えるだろう。

17　歴史叙述の時代

　12世紀は歴史叙述の時代である。同時代の帝国における歴史叙述で筆頭に挙げられるのは，先述したようにフライジングのオットーとラヘヴィンの『皇帝フリードリヒ1世の事績』と『年代記あるいは二つの国の歴史』である[211]。

　フライジングのオットーは，フリードリヒ・バルバロッサが皇帝に登位する10年ほど前の1140年代に著した『年代記あるいは二つの国の歴史』を，フリードリヒの求めに応じて献呈している。1157年の献呈文の中でオットーは，武力で公益／国家（res publica）を守るだけでな

---

208)　Joachim Ehlers, Der Hof Heinrichs des Löwen, S. 46.
209)　UUHdL. 17, 37, 71, 84, 100; Cf. Joachim Ehlers, Der Hof Heinrichs des Löwen, S. 48, Anm. 32.
210)　Joachim Ehlers, Der Hof Heinrichs des Löwen, S. 48.
211)　*Ottonis et Rahewini Gesta Friderici I. Imperatoris*, Georg Waitz (ed.), MGH SS rer. Germ. 46, 1912; *Bischof Otto von Freising und Rahewin: Die Taten Friedrichs, oder richtiger Cronica*, Franz-Josef Schmale (Hg. u. übers.), Darmstat 1986; *Ottonis episcopi Frisingensis Chronica sive Historia de duabus civitatibus*, Adolf Hofmeister (ed.), MGH SS rer. Germ. 45, 1912; *Chronik, oder die Geschichte der zwei Staaten*, Otto Bischof von Freising, Adolf Schmidt (übers.), Walther Lammers (Hg.), Darmstadt ⁶2011; Otto von Freising に関しては，Hans-Werner Goetz, *Das Geschichtsbild Ottos von Freising. Ein Beitrag zur historischen Vorstellungswelt und zur Geschichte des 12. Jahrhunderts*, Köln/Wien 1984; Franz Nagel, *Die Weltchronik des Otto von Freising und die Bildkultur des Hochmittelalters*, Würzburg 2012; Joachim Ehlers, *Otto von Freising: ein Intellektueller im Mittelalter. Eine Biographie*, München 2013.

く，立法や裁定に役立てるため，皇帝が過去の統治者たちの行いを学ぼうと望んでいることは喜ばしいと述べている[212]。さらにフリードリヒの行いを後世に書き留めるため，帝国尚書局の書記たちがまとめた文書の利用を願い出ている[213]。

フライジングのオットーが甥フリードリヒ・バルバロッサの統治の正統性を根拠付けるために著し，ラヘヴィンが引き継いだこの『皇帝フリードリヒ１世の事績』が，ハインリヒ獅子公の競争心を搔き立てたことは想像に難くない[214]。

a）ヴェルフェン家を描く

カロリング朝に遡るヴェルフェン家の系譜を伝える歴史著述は複数ある[215]。

一つ目は1125／26年頃成立し，Cod. Lat. 21563, Staatsbibliothek München, fol. 41のみで伝えられている『ヴェルフェン家の系譜 *Genealogia Welforum*』である[216]。ヴェルフェン家の系譜をごく短く400語余で著した『ヴェルフェン家の系譜』は，9世紀前半の始祖エティヒョから始まり，ハインリヒ黒公の２人の息子ハインリヒ傲慢公とヴェルフ６世までを記している[217]。

---

212) Otto von Freising, *Chronik, oder die Geschichte der zwei Staaten*, S. 2, Z. 8-10: ob rei publicae non solum armis tutandae, sed et legibus et iudicüs informandae incrementa antiqua regum seu imperatorum gesta vos velle cognoscere.

213) Ibid., S. 4, Z. 28-30: Itaque si vestrae placuerit maiestati gestorum vestrorum nobilissimam in posterorum memoriam stilo commendare seriem, per notarios vestrae celsitudinis digestis capitulis mihique transmissis; Peter Ganz, Friedrich Barbarossa: Hof und Kultur, S. 632.

214) シュタウファー朝下の歴史叙述に関しては，Thomas Szabó, *Herrscherbild und Reichsgedanke: eine Studie zur höfischen Geschichtsschreibung unter Friedrich Barbarossa*, Freiburg i. B. 1973.

215) Josef Fleckenstein, Über die Herkunft der Welfen und ihre Anfänge in Süddeutschland, in: Gerd Tellenbach (Hg.), *Studien und Vorarbeiten zur Geschichte des großfränkischen und frühdeutschen Adels*, Freiburg i.B 1957, S. 71-136.

216) *Genealogia Welforum*, Georg Waitz (ed.), MGH SS 13, Hannover 1881, S. 733-734; *Quellen zur Geschichte der Welfen und die Chronik Burchards von Ursberg*, Matthias Becher (Hg. u. übers.), S. 24-28. 写本状況等に関してはS. 3, 12.

217) 各歴史叙述を比較したヴェルフェン家の系図は，Joachim Ehlers, *Heinrich der Löwe: Eine Biographie*, S. 24 f.; ヴェルフという名が「子犬 catulus」＝ Welpeに由来することが言及されている。*Genealogia Welforum*, 4及び5. Dirk Jäckel, *Der Herrscher als Löwe*, S. 67 ff.

二つ目は，いわゆる „sächsische Welfenquelle" と呼ばれる歴史叙述である[218]。1132／37年に，リューネブルク Lüneburg の聖ミヒャエリス S. Michaelis 修道院で編纂された可能性が指摘されているこの歴史叙述自体は失われているのだが[219]，後年の二つの年代記，すなわち編年記者サクソ Annalista Saxo の『帝国年代記』[220] と『ザクセン世界年代記 Sächsische Weltchronik』の補遺 IV[221] と呼ばれる史料により大部分が再構成されている。

ヴェルフェン家の歴史を描いたもう一つの歴史著述は，1167年から74年の間，おそらく1170年前後にスポレト大公兼トスカーナ辺境伯ヴェルフ6世の周辺で成立し，宮廷に近い聖職者の手によって著されたと推定される『ヴェルフェン家の歴史 Historia Welforum』である[222]。先の『ヴェルフェン家の系譜』に部分的に依拠してはいるが，ヴェルフェン家の始祖はカール大帝の同時代人でフランク王国の伯だったヴェ

---

218) Otto Gerhard Oexle, Die „sächsische Welfenquelle" als Zeugnis der welfischen Hausüberlieferung, in: DA 24 (1968), S. 435-497. 1134年ハインリヒ傲慢公がヴェルフェン家の歴史の中心をシュヴァーベンからザクセンへ移したことについては，S. 488 f.; Cf. Joachim Ehlers, Heinrich der Löwe: Eine Biographie, S. 21 ff.

219) Otto Gerhard Oexle, Die „sächsische Welfenquelle" als Zeugnis, S. 442.

220) Edition は，① Georg Heinrich Pertz (Hg.), Chronica et annales aevi Salici, Hannover 1844, S. 542-777, ② Klaus Nass (Hg.), Die Reichschronik des Annalista Saxo, Hannover 2006; Klaus Nass, Die Reichschronik des Annalista Saxo und die sächsische Geschichtsschreibung im 12. Jahrhundert, MGH Schriften, Bd. 41, Hannover 1996; Gerd Althoff, Heinrich der löwe und das Stader Erbe. Zum Problem der Beurteilung des „Annalista Saxo", in: DA 41 (1985), S. 66-100.

221) Sächsische Weltchronik, Ludwig Weiland (ed.), S. 274 ff.; Cf. Otto Gerhard Oexle, Die „sächsische Welfenquelle" als Zeugnis, S. 442 ff.

222) Erich König (Hg, u. übers.), Historia Welforum, Stuttgart 1938, Sigmaringen ²1978; Quellen zur Geschichte der Welfen und die Chronik Burchards von Ursberg, Matthias Becher (Hg. u. übers.), S. 34-91: Historia Welforum cum continuatione Seingardemensi; ヴェルフェン家を巡る歴史著述に関しては，Otto Gerhard Oexle, Die „sächsische Welfenquelle" als Zeugnis der welfischen Hausüberlieferung, in: DA 24 (1968), S. 435-497; idem, Adliges Selbstverständnis und seine Verknüpfung mit dem liturgischen Gedenken – das Beispiel der Welfen, in: Zeitschrift für die Geschichte des Oberrheins 134 (1986), S. 47-75; Gerd Althoff, Anlässe zur schriftlichen Fixierung adligen Selbstverständnisses, in: Zeitschrift für die Geschichte des Oberrheins 134 (1986), S. 34-46; Bernd Schneidmüller, Landesherrschaft, welfische Identität und sächsische Geschichte, in: Peter Moraw (Hg.), Regionale Identität und soziale Gruppen im deutschen Mittelalter, Berlin 1992, S. 65-101; 桑野聡「"Historia Welforum"の成立に関する諸問題—ヴェルフェンとヴァインガルテン修道院」東海史学 28 (1993), pp. 29-52; 同「ザクセンにおけるヴェルフェンの家系意識の形成—家系記述と政治状況の関連性に関する一考察」『西洋史学』179 (1995) 177-192 頁。

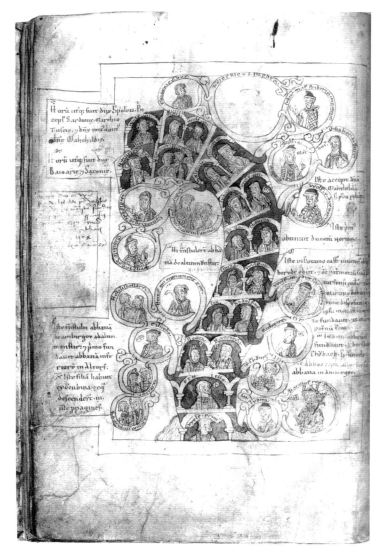

図 4-7 『ヴェルフェン家の歴史』に挿入された家系図
(Fulda, Hochschul- und Landesbibliothek, Handschrift D 11, fol. 13v)

ルフ1世とされ，ヴェルフ1世の2人の娘のうち，ユーディットはルートヴィヒ敬虔帝の2番目の妃になっており[223]，カール大帝の直系との結婚を基盤としてヴェルフェン家の確固たる地位を根拠付けている。

『ヴェルフェン家の歴史』には，家系図が描かれている（図4-7）。この家系図は，ヴェルフェン家の菩提修道院であるヴァインガルテンWeingartenの修道士，寄付者の名を記した死者名簿の最終ページに記されていたのだが，後年現在の形に綴じ直された[224]。『ヴェルフェン家の歴史』は，長らくシュヴァーベンのヴェルフェン家の菩提修道院であるヴァインガルテンで成立したと考えられていたが，20世紀になってHelene Wieruszowskiの写本研究によりヴェルフ6世周辺で成立したことが明らかになった[225]。

ヴェルフェン家はブルゴーニュ系と南ドイツ系の二系統に分かれたが，カロリング朝との婚姻関係により，フランク王国の分裂後もブルゴーニュの家系は1032年までブルゴーニュの地を治めている[226]。

---

223) Matthias Becher (Hg.), *Quellen zur Geschichte der Welfen und die Chronik Burchards von Ursberg*, S. 38.

224) Otto Gerhard Oexle, Welfische und staufische Hausüberlieferung in der Handschrift Fulda D 11 aus Weingarten, in: Artur Brall (Hg.), *Von der Klosterbibliothek zur Landesbibliothek: Beiträge zum zweihundertjährigen Bestehen der Hessischen Landesbibliothek Fulda*, Stuttgart 1978, S. 203-231, S. 207 ff.

225) 主たる系統写本は以下の五つ。① 1200年以前にAltmünster修道院で制作されたStaatsbibliothek zu Berlin, Ms. lat. Quart 795, fol. 70r-83r（Königの Edition は，1919年に発見され，第二次世界大戦で失われたこの写本に依拠している），② Hochschul- und Landesbibliothek Fulda, Cod. D 11（12世紀末），③ Bayerische Staatsbibliothek, München, Cod. lat. 12202a（Augustiner-Chorherrenstift Rottenbuch, 12世紀13世紀初め），④ Württembergische Landesbibliothek, Stuttgart, Historische Handschrift 2 Nr. 359（現在は失われたSteingaden修道院写本を手本に1503年に制作，Cf. König, XXV），⑤ Landesbibliothek Stuttgart, Handschrift H. B. XV, 72（15世紀のWeingarten写本，同じくSteingaden写本からの写し），⑥ Bayerische Staatsbibliothek, München, Cod. lat. 29091=Ranshofen写本；Cf. Helene Wieruszowski, *Neues zu den sogenannten Weingartener Quellen der Welfengeschichte*, in: *Neues Archiv* 49 (1930), S. 56-80; Historia Welforumの作者については，Matthias Becher, Der Verfasser der „Historia Welforum" zwischen Heinrich dem Löwen und den süddeutschen Ministerialen des welfischen Hauses, in: Johannes Fried, Otto Gerhard Oexle (Hgg.), *Heinrich der Löwe. Herrschaft und Repräsentation*, Ostfildern 2003, S. 347-380.

226) Josef Fleckenstein, *Über die Herkunft der Welfen und ihre Anfänge in Süddeutschland*, in: Gerd Tellenbach (Hg.), *Studien und Vorarbeiten zur Geschichte des großfränkischen und frühdeutschen Adels* (= Forschungen zur oberrheinischen Landesgeschichte. Bd. 4), Freiburg 1957, S. 71-136; Wolfgang Hartung, *Die Herkunft der Welfen aus Alamannien*, in: Karl Ludwig Ay,

この『ヴェルフェン家の歴史』はハインリヒ獅子公の命による歴史編纂ではないかと考えられているが，推測の域を出ておらず，確証は十分ではない[227]。しかしながら，『ヴェルフェン家の歴史』が編纂された1167年から1174年にかけての時期は，ヴェルフ6世の嫡男ヴェルフ7世がイタリア遠征で亡くなり，ヴェルフ6世の領地であるシュヴァーベン領の相続を巡って，ハインリヒ獅子公とフリードリヒ・バルバロッサ間で緊張関係が始まったまさにその時期と重なっている点に留意しなければならないだろう。

　着目したいのは，『ヴェルフェン家の歴史』を収めた最も古いフルダ写本の編纂の変遷である。ハインリヒ獅子公を「我らが主君（*dominus noster*）」と呼び，親ハインリヒ獅子公の立場を示している『ヴェルフェン家の歴史』を収めた写本のテクストが始まる直前に[228]，ヴェルフェン家の家系図（fol. 13v，図4-7），そしてその次頁（fol. 14r，図5-2参照）には「子孫の中央に皇帝である父が座す（*In medio prolis residet pater imperialis*）」という表記とともに，フリードリヒ・バルバロッサと2人の息子たち，すなわちハインリヒ6世とシュヴァーベン大公フリードリヒの細密画が描かれている。この一葉は，ハインリヒ獅子公が大公としての地位を追われ，シュタウフェン家がシュヴァーベンの地の統治者になってのち，おそらく1185年から90／91年の間に付け加えられたとOexleは結論付けている[229]。

b）ハインリヒ獅子公を描く

　ハインリヒ獅子公を語る歴史叙述は数多く伝来している。フライジンクのオットーとラヘヴィンによる『皇帝フリードリヒ1世の事績』[230]や

Lorenz Maier, Joachim Jahn (Hgg.), *Die Welfen. Landesgeschichtliche Aspekte ihrer Herrschaft* (= Forum Suevicum. Bd. 2), Konstanz 1998, S. 23-55.

227) Klaus Nass, Geschichtsschreibung am Hofe Heinrichs des Löwen, S. 158.

228) Cf. Joachim Ehlers, *Heinrich der Löwe: Eine Biographie*, S. 215.

229) Otto Gerhard Oexle, *Adliges Selbstverständnis und seine Verknüpfung mit dem liturgischen Gedenken – das Beispiel der Welfen*, in: Zeitschrift für die Geschichte des Oberrheins 134 (1986), S. 47-75, S. 54 f.; Joachim Ehlers, *Heinrich der Löwe: Eine Biographie*, S. 216 f.; Hansmartin Schwarzmaier, *Die Heimat der Staufer: Bilder uud Dokumente aus einhundert Jahren staufischer Geschichte in Südwestdeutschland*, Sigmaringen 1977, S. 117.

230) *Ottonis et Rahewini Gesta Friderici I. Imperatoris*, Georg Waitz (ed.), MGH SS rer.

『シュテーターブルク編年史 Annales Stederburgenses』をはじめ[231]，領土の安寧，平和構築に尽くした優れた統治者としてハインリヒ獅子公を褒めたたえる同時代人の叙述がある一方で[232]，フリードリヒ・バルバロッサに近い立場のヴィテルボのゴットフリートや[233]，ハインリヒ獅子公と対立するケルン大司教のもとで著された『ケルン国王年代記』や1229／30年に成立したウルスベルクのブルヒャルト（c.1177-c.1231）の『年代記』のように[234]，ハインリヒ獅子公に対して否定的な描写をする歴史叙述もある。

ハインリヒ獅子公は，皇帝をしのぐ権力を掌握したかったのだろうか[235]。皇帝フリードリヒ・バルバロッサと決裂したキアヴェンナでの会

Germ. 46, 1912; Bischof Otto von Freising und Rahewin: Die Taten Friedrichs, oder richtiger Cronica, Franz-Josef Schmale (Hg. u. übers.), Darmstat 1986.

231) Annales Stederburgenses auctore Gerhardo praeposito, Georg Heinrich Pertz (ed.), S. 197-231. 1179年から1181年に関しては S. 214. Cf. Herbert W. Wurster, Das Bild Heinrichs des Löwen, in der mittelalterlichen Chronistik Deutschlands und Englands, in: Wolf-Dieter Mohrmann (Hg.), Heinrich der Löwe, Göttingen 1980, S. 407-439. ここでは S. 415.

232) Frantisek Graus, Die Herrschersagen des Mittelalters als Geschichtsquelle, in: Archiv für Kulturgeschichte 51 (1969), S. 65-93, S. 76 f. 及び S. 83; Herbert W. Wurster, Das Bild Heinrichs des Löwen, S. 410.

233) Gotifredi Viterbiensis Gesta Friderici, Georg. Waitz (ed.), MGH SS 22, S. 307-334. ここでは S. 332. ハインリヒ獅子公に関する部分はもともと独立した著作として著されたとWaitz は考えている。Ibid., praef. S. 4, Z. 40; ゴットフリートはヴェルフェンの野望を，飛ぼうとする亀に例えている。Johannes Fried, Königsgedanken Heinrichs des Löwen, S. 340. 及び idem, „Das goldglänzende Buch". Heinrich der Löwe, sein Evangeliar, sein Selbstverständnis. Bemerkungen zu einer Neuerscheinung, in: Göttingische Gelehrte Anzeigen 242 (1990), S. 34-79. ここでは S. 75; Cf. Herbert W. Wurster, Das Bild Heinrichs des Löwen in der mittelalterlichen Chronistik Deutschlands und Englands, S. 414 f.

234) Chronica regia Coloniensis, Georg Waitz (ed.), MGH SS rer. Germ. 18, Hannover 1880. 『ケルン国王年代記』は，他の年代記に依拠しながら，その続編として書き継がれる形でいくつかの段階を経て成立した。アウラのエックハルトの Chronicon universale ab O.C.usque ad a. 1106，1177年以前にケルン司教区内のジークブルク Siegburg 修道院で成立した年代記，さらにケルンで1199年と1220年にまとめられた。MGHにはそれぞれの校訂テクストが収録されている。1) 576年から1175年までを描いた Annales Colonienses maximi, G.H. Pertz (ed.), MGH SS 17, Hannover 1861, S. 736-788, 2) 1175年から1220年までの Chronicae regia Coloniensis continuatio prima, G. Waitz (ed.), MGH SS 24, Hannover 1879, S. 4-20, 3) Chronica regia Coloniensis (Annales maximi Colonienses), MGH SS rer. Germ. 18, Hannover 1880. Cf. https://www.geschichtsquellen.de/werk/1047. 作者に関しては，Manfred Groten, Klösterliche Geschichtsschreibung: Siegburg und die Kölner Königschronik, in: Rheinische Vierteljahrsblätter 61 (1997), S. 50-78.

235) Johannes Fried, Königsgedanken Heinrichs des Löwen, S. 313 f.

談の顛末も，歴史叙述によって異なる視点が提示されている。ヴェルフェン家に近いリューベックのアーノルトは，足元にひれ伏した皇帝の姿にハインリヒ獅子公が激しく心を揺さぶられ，素早く皇帝を倒れ伏している地面から起こしたものの，合意に至ることはなかったと述べている[236]。一方，シュタウフェン家に近い立場のウルスベルクのブルヒャルトは，キアヴェンナでの会見の様子をアーノルトとは違った視点で描いている。

> 人々が述べているように，皇帝はコモ湖上方まで彼（＝ハインリヒ獅子公）を追ってやってきた。そしてたいそう遜(へりくだ)って，自分を見捨てないでくれと懇請し，その足元に伏して願おうとしたが，ハインリヒ獅子公は慎み深くそれを遮った。しかし，ハインリヒ獅子公の家臣のヨルダンは，傲慢にも次のように言い放ったという。「殿，帝国の冠をあなたの足元にこさせてください。いずれあなたの頭上に載るものなのですから。」[237]

ウルスベルクのブルヒャルトはシュタウフェン家に近い立場であるが[238]，リューベックのアーノルト同様この会見の場でハインリヒ獅子公が皇帝をすぐに立ち上がらせようとしたと述べ，決して尊大さを強調してはいない。非難されているのは，その家臣ミニステリアーレンのヨル

---

[236] Arnold von Lübeck, *Arnoldi Chronica Slavorum*, II, 1, S. 38: ... imperator consurgens de solio suo, utpote quem angustie tenebant, ad pedes eius corruit. Dux autem vehementer conturbatus de re tam inaudita, quod humiliatus in terra iaceret sub quo curvatur orbis, quantocius eum a terra levavit, nec tamen eius consensui animum inclinavit.

[237] *Quellen zur Geschichte der Welfen und die Chronik Burchards von Ursberg*, Matthias Becher (Hg. u. übers.), S. 196 f.: Quem, ut referunt homines, secutus est imperator et ad ipsum veniens super lacum Cumanum cum magna humilitate postulavit, ut se non desereret, ita ut videretur pro tali petitione ad pedes eius se velle demittere, quod dux discrete recusavit. Quidam autem ipsius ducis officialis, Iordanus nominee, narratur superbe dixisse: "Sinite, domine, ut corona imperialis veniat vobis ad pedes, quia veniet ad caput; 服部良久『中世のコミュニケーションと秩序──紛争・平和・儀礼』京都大学学術出版会，2020年，第5章第3節5「「キァヴェンナ会談」では何があったのか」130頁以下参照。

[238] Cf. Peter Johanek, Kultur und Bildung im Umkreis FriedrichBarbarossas, in: Alfred Haverkamp (Hg.), *Friedrich Barbarossa. Handlungsspielräume und Wirkungsweisen des staufischen Kaisers*, Sigmaringen 1992, S. 651-677; Peter Ganz, Friedrich Barbarossa: Hof und Kultur, in: Alfred Haverkamp (Hg.), *Friedrich Barbarossa*, S. 623-650. ここでは S. 652.

ダンの傲慢な態度である[239]。

c) イングランドの叙述
　ヘンリ2世に長く仕えていたギラルドゥス・カンブレンシスはじめ,亡命先となったイングランドの同時代の12世紀の年代記者たちは,ケルン大司教フィリップはじめ聖界諸侯との対立を先鋭化させていたハインリヒ獅子公を必ずしも好意的には描いていない[240]。ハウデンのロジャーは,ハインリヒ獅子公とケルン大司教との対立に焦点を当てて描いており[241],ロンドンの聖ポールの助祭だったディスのラルフもケルン大司教に対して損害を与えたとハインリヒ獅子公に否定的である[242]。イングランドと商業都市ケルンとの結び付きがその背景にはあると考えられるが,カンタベリーのゲルウァシウスもまた,ハインリヒ獅子公の

---

[239] このヨルダンが,『トリストラント *Tristrant*』の作成依頼者ではないかと Mertens は推測する。Mertens は Blankenburg を暗示する地名 Blankenlande (vv. 6284) に着目している。Volker Mertens, Eilhart, der Herzog und der Truchseß. Der ›Tristrant‹ am Welfenhof, in: Danielle Buschinger (Hg.), *Tristan et Iseut, Mythe européen et mondial. Actes du colloque des 10, 11 et 12 Janvier 1986*, Göppingen 1987, S. 262-281. ここでは S. 270 ff. Cf. Dieter Kartschoke, Deutsche Literatur am Hof Heinrichs des Löwen?, in: Johannes Fried, Gerhard Oexle (Hgg.), *Heinrich der Löwe. Herrschaft und Repräsentation*, Sigmaringen 2003, S. 83-134, S. 107 f. Truchseß の役割について,*Tristrant* で描かれている。以下中高ドイツ語テクストは,Franz Lichtenstein (Hg.), *Eilhart von Oberge*, Straßburg/London 1877, ND Hildesheim/New York 1973. ドイツ語訳は Kartschoke]: der selbe trogsêze was deme koninge lîp genûg: der scuzzele he doch nicht en trûg, wan in grôzer hôchzît, daz vorsach der koning im âne nît; wen he was ein forste hôch geborn. der koning hâte in ûz irkorn, daz he sînes rîches wîlt und im lant und êre behîlt. he was ein forste von dem lande, und stunt zu sîner hande allez daz in dem hove was, und was geheizen Tînas. Lîtân hîz sîne veste; he tet î gerne dez beste. he was hobisch unde rîche: daz irzêgete he gûtlîchin dicke an dem kinde (vv. 316-333). »Der Truchseß stand in großer Gunst beim König. Nur bei großen Festen trug er die Schüsseln auf. Das hatte der König ihm wohlwollend zugestanden, da er ein Fürst edler Abstammung war. Der König hatte ihn dazu auserwählt, sein Reich zu verwalten und sein Land und seine Ehre zu schützen. Er war ein großer Landesherr, und alles am Hof stand zu seiner Verfügung. Sein Name war Tinas, und seine Burg hieß Litan. Er bemühte sich immer um vorbildliches Verhalten, war höfisch und vornehm; das bewies er durch seine ständige Fürsorge für den Knaben«.

[240] Herbert W. Wurster, Das Bild Heinrichs des Löwen, S. 424 ff.

[241] *Chronica Magistri Rogeri de Houedene (A.D. 732-1201)*, William Stubbs (ed.), vol. 2, p. 200.

[242] *Ymagines Historiarum*, in: *The Historical Works of Master Ralph de Diceto, Dean of London*, William Stubbs (ed.), vol. 2, p. 12 f.: Henricus dux Saxonum, Matildem filiam regis Anglorum primogentiam habens in conjugem, insurrexit in Philippum Coloniensem archiepiscopum, et eum enormibus damnis affecit.

過度の貪欲さ，不実がその生まれの良さや栄華に恥辱を与えたと非難し[243]，ハインリヒ獅子公が自分の身の潔白を証明できる決闘に怖気づいて臨まず，そのすべての城と街を皇帝に譲ることになったと述べている[244]。

ハインリヒ獅子公に関する同時代人たちの叙述を見ると，その驕り高ぶった高慢さという非難が目を引く[245]。シュターデのアルベルトは，ハインリヒ獅子公の高慢さを象徴する出来事として，獅子像の建造を挙げている[246]。その一方で皇帝フリードリヒ・バルバロッサがキアヴェンナでハインリヒ獅子公に示した遜りは，シュタウフェン家寄りの歴史叙述では皇帝にふさわしくない態度とは描かれておらず，むしろオットー朝，ザリエル朝以来の「請願の文化」においては，高慢さの対極にある謙譲行為として好意的に描かれている[247]。

---

[243] *The Historical Works of Gervase of Canterbury*, vol. 1: The Chronicle of the Reigns of Stephen, Henry II., and Richard I., William Stubbs (ed.), London 1879, ND Wiesbaden 1965, p. 311: Nam cum esset genere nobilissimus et ipsius imperatoris consanguineus, miles optimus, statura procerus, generositatem suam et famae gloriam nimia foedavit avaritia et infidelitate. Erat enim tenax sui, boni cupidus alieni, superbus, elatus nimium, et, quod maxime principem dedecet, vix alicui fidem conservans illaesum.

[244] Ibid., p. 311: Unde tanto odilo etiam suis habitus est, ut duellio adjudicatus innocentiam suam purgare non auderet, ipso in munitissimum fugiente praesidium, omnia ipsius castella et civitates in manus imperatoris tradita sunt; 13世紀の史料であるが，イングランドにおける君主への大逆罪への厳しい措置に関しては，*Henrici de Bracton de legibus et consuetudinibus Angliae*, VI, Travers Twiss (ed.), Rolls Series 70, 1883, ND Wiesbaden 1964, p. 480: c. 31 de exceptionibus; Cf. Jens Ahlers, *Die Welfen und die englischen Könige 1165-1235*, S. 89.

[245] *superbia, superbus* に関しては，Heinz Krieg, *Herrscherdarstellung in der Stauferzeit, Friedrich Barbarossa im Spiegel seiner Urkunden und der staufischen Geschichtsschreibung*. S. 149 ff.

[246] *Annales Stadenses auctore Alberto*, Johann Martin Lappenberg (ed.), MGH SS 16, 1859, S. 271-379. ここでは S. 345: Heinricus dux super basem leonis effigiem erexit et urbem fossa et vallo circumdedit. Et quia potens et dives erat, contra imperium se erexit, unde imperator eum humiliare proposuit; Gerda Maeck, Vom Benediktinerabt zum Minderbruder. Studien zur Geschichtsschreibung Alberts von Stade, in: *Wissenschaft und Weisheit* 63 (2000), S.86-135; Cf. Herbert W. Wurster, Das Bild Heinrichs des Löwen, S. 428 f.; Wolfgang Hempel, *Übermuot diu alte ... : der Superbia-Gedanke und seine Rolle in der deutschen Literatur des Mittelalters*, 1970, S. 202 ff.

[247] Claudia Garnier, *Die Kultur der Bitte, Herrschaft und Kommunikation im mittelalterlichen Reich*, Darmstadt 2008, S. 188-204; 服部良久『中世のコミュニケーションと秩序―紛争・平和・儀礼』京都大学学術出版会，2020年，第5章第3節5「キャヴェンナ会談」では何があったのか」127頁以下参照。

ハインリヒ獅子公への関心は13世紀半ば下火になるが[248]、14世紀にその敬虔さが注目され、ミンデンのドミニコ会士ヘアフォートのハインリヒは、ハインリヒ獅子公がイェルサレム巡礼と聖地から持ち帰った聖遺物について触れている[249]。

18　イェルサレム巡礼

　12世紀半ば諸侯たちによって度々企てられたイェルサレム巡礼に[250]、ハインリヒ獅子公は1172年出発した。

　ハインリヒ獅子公によるイェルサレム巡礼に関しては、様々な歴史叙述が異なる解釈を示している。ハインリヒ獅子公の周辺で成立した僧コンラート Pfaffe Konrad による中高ドイツ語の『ロランの歌』の9066行以下の記述は、ハインリヒ獅子公の巡礼を指していると指摘する研究者もいる[251]。一方12世紀後半活躍したビザンツのヨハネス・キンナモスは1180／83年頃、ハインリヒ獅子公はビザンツ皇帝と皇帝フリードリヒ・バルバロッサの間の和平締結のために、ドイツ国王の外交使節としてコンスタンティノープルに来訪したと記しているが、巡礼については触れていない[252]。ヨハネス・キンナモスがハインリヒ獅子公を

---

248) Cf. Herbert W. Wurster, Das Bild Heinrichs des Löwen, S. 429.

249) Cf. Ibid., S. 431 f.; August Potthast, *Liber de rebus memorabilioribus sive Chronicon Henrici de Hervordia*, 1859, S. 158 f.

250) フランドル伯シャルル（1127年）、マイセン辺境伯コンラート（1145年）、アルブレヒト熊公（1158年）、ヴェルフ6世（1148年、1167年）、Pfullendorfのルドルフ（1180年）などを挙げておく。Cf. Johannes Fried, Jerusalemfahrt und Kulturimport. Offene Fragen zum Kreuzzug Heinrichs des Löwen, in: Joachim Ehlers (Hgg.), Dietrich Kötzsche, *Der Welfenschatz und sein Umkreis*, Mainz 1998, S. 111-137, S. 112; Cf. Karl-Ernst Geith, Karlsdichtung im Kreis des welfischen Hofes, in: Bernd Schneidmüller (Hg.), *Die Welfen und ihr Braunschweiger Hof im hohen Mittelalter*, Wiesbaden 1995, S. 337-346. ここでは S. 345.

251) *Das Rolandslied des Pfaffen Konrad*, Dieter Kartschoke (ed.), Stuttgart 1993, S. 606 f., S. 749 f.; Cf. Johannes Fried, Jerusalemfahrt und Kulturimport. Offene Fragen zum Kreuzzug Heinrichs des Löwen, S. 111, Anm. 4; Jeffrey Ashcroft, Honor imperii – des riches ere: The Idea of Empire in Konrad's Rolandslied, in: Volker Honemann (Hg.), *German Narrative Literature of the Twelfth and Thirteenth Centuries. Studies Presented to Roy Wisbey on his Sixty-fifth Birthday*, Tübingen 1994, ND 2012, S. 139-156.

252) Johannes Kinnamos, *Ioannis Cinnami Epitome rerum ab Ioanne et Alexio commenis*

交渉役として描いている一方で，1169-92年までを描いたピーターバラ Peterborough のベネティクトの名で流布している『国王ヘンリ2世の事績』では[253]，「皇帝フリードリヒ自身が，ハインリヒ獅子公によるコンスタンティノープルの皇帝マヌエル訪問を，フリードリヒとローマ帝国に損害を与えるものだと述べ，背任と偽誓ゆえに非難した」とある[254]。また『クレムスミュンスター年代記 Continuatio Cremifanensis』も同様に，1172年に「ハインリヒ獅子公一行がイェルサレムに赴き，ハインリヒ（獅子公自身かヤゾミルゴットのハインリヒかは明確ではない）が王国に敵対して誓いを立てる」と記している[255]。

『シュテーターブルク編年史』は，ハインリヒ獅子公の失墜の時期を語る重要な歴史記述であり，1164年から1209年まで律修参事会シュテーターブルク Steterburg の首席司祭だったゲールハルトが，ハインリヒ獅子公が亡くなった1195年8月6日までを描いている[256]。シュテーターブルクは皇帝フリードリヒ・バルバロッサがハインリヒ獅子公を攻撃した際甚大な被害を被ったため，ゲールハルトは親ハインリヒ獅子公の立場をとっており，その最後の告解を聴いた聴罪師でもある[257]。ゲー

---

gestarum: Nicephori Bryennii Commentarii, August Meineke (ed.), Bonn 1836. VI. 11, S. 286; 翻訳は，John Kinnamos, *The Deeds of John and Manuel Comnenus*, Charles M. Brand (trans.), New York 1976; ヨハネス・キンナモスに関しては，Werner Ohnsorge, Die Byzanzpolitik Friedrich Barbarossas und der „Landesverrat" Heinrichs des Löwen, in: DA 6 (1943), S. 118-149; Johannes Fried, Jerusalemfahrt und Kulturimport. Offene Fragen zum Kreuzzug Heinrichs des Löwen, S. 122.

253) Cf. Jens Ahlers, *Die Welfen und die englischen Könige 1165-1235*, S. 11 f.

254) *Gesta regis Henrici secundi, Benedicti abbatis*, William Stubbs (ed.), vol. 1, London 1867, p. 249: Fredericus imperator…hostiliter intravit in terram Henrici ducis Saxoniae…eo quod praedictus dux noluit in curiam suam venire et stare recto super iis quae adversus eum loqueretur. Dicebat enim imperator ille quod per defectum ducis amiserat Longobardiam, quia non permisit quod exercitus sui eum sequerentur. Praeterea imperator ipse dicebat quod idem dux profectus fuerat ad Manuelem imperatorem Constantinopolitanum, in detrimentum ipsius et imperii Romani; et in multis accusabat eum de fide laesa et *periurio*.

255) *Continuatio Cremifanensis*, in: *Chronica et annales aevi Salici*, Georg Heinrich Pertz (ed.), MGH SS 9, Hannover 1851, S. 546: Heinricus dux Bavariae et duo palatini Jerusalem tendunt. Heinricus contra regnum iurat; Cf. Johannes Fried, Jerusalemfahrt und Kulturimport. Offene Fragen zum Kreuzzug Heinrichs des Löwen, S. 122, Anm. 53.

256) *Annales Stederburgenses auctore Gerhardo praeposito*, Georg Heinrich Pertz (ed.), S. 197-231.

257) Cf. Johannes Fried, Jerusalemfahrt und Kulturimport. Offene Fragen zum Kreuzzug Heinrichs des Löwen, S. 123.

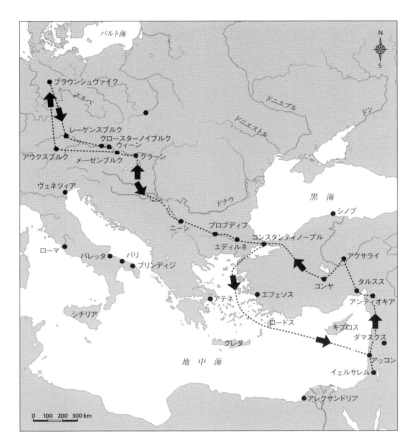

図 4-8　ハインリヒ獅子公のコンスタンティノープル訪問とイェルサレム巡礼行路
(Joachim Ehlers, *Heinrich der Löwe. Der ehrgeizige Welfenfürst*, Darmstadt 2021, S. 201 より作成)

ルハルトは，ハインリヒ獅子公が1191年ハインリヒ6世に送った使節で，1194年の最終的な和解の場に居合わせた人物であり，直接見聞きした事実を描いていると考えられる[258]。この編年史によれば，「ハインリヒは，司教，修道院長，助祭そして数多の貴族たちを伴って主の墓を訪れた」という（図4-8）[259]。

イェルサレム巡礼については，親ハインリヒ獅子公の立場をとるリューベックのアーノルトが，1210年に著した『スラブ年代記』で詳細に描いている[260]。

1172年1月ハインリヒ獅子公は，ブラウンシュヴァイクの聖エギディウス修道院長ハインリヒ，リューネブルクの聖ミヒャエリス修道院長ベルトルト，ブラウンシュヴァイクの聖ブラジウスの参事会士でその書記バルドウィン，オボトリート族長プリビスラフとその息子でハインリヒ獅子公の非嫡子の娘マティルデと結婚したボルヴィン，シュヴェーリン伯グンツェリン，ブランケンブルク伯ジークフリート，シャルツフェルト伯ジゲボド，ホンシュタイン伯ヘルガー，ラッツェブルク伯ベルンハルト，さらにハインリヒ獅子公を支えるミニステリアーレンのブランケンブルクの内膳頭ヨルダンとその兄弟で後に酌膳頭になっているヨザリウスと主馬頭のハインリヒらを伴って，イェルサレム巡礼に出発した[261]。途中クロースターノイブルクで義父ヤゾミルゴットのハインリ

---

258) Cf, Joachim Ehlers, *Heinrich der Löwe: Eine Biographie*, S. 386.

259) *Annales Stederburgenses auctore Gerhardo praeposito*, S. 210, Z. 46 f.: Heinricus dux cum episcopis, abbatibus, praepositis et aliis multis baronibus sepulchrum Domini visitat.

260) *Arnoldi abbatis Lubecensis chronica*, MGH SS 21, S. 115 ff. 及び Arnold von Lübeck, *Arnoldi Chronica Slavorum*, Johann Martin Lappenberg (ed.), MGH SS rer. Germ. 14, Hannover 1868, S. 10 ff..

261) Werner Rösener, Hofämter an mittelalterlichen Fürstenhöfen, S. 526; Reinhold Röhricht, *Die Deutschen im Heiligen Lande: Chronologisches Verzeichniss derjenigen Deutschen, welche als Jerusalempilger und Kreuzfahref sicher nachzuweisen oder wahrscheinlich anzusehen sind (c.650-1291)*, 1894, ND Aalen 1968, S. 4 f., 23 f., 42 f.; ドイツからの十字軍遠征に関しては，Röhrichtの一連の古典的研究がある。Reinhold Röhricht, *Beiträge zur Geschichte der Kreuzzüge*, 2 Bde., Aalen 1967. Idem, *Deutsche Pilgerreisen nach dem Heiligen Lande*, Innsbruck 1900, Aalen 1967. Idem, *Geschichte des ersten Kreuzzuges*, Aalen 1968; Joachim Ehlers, *Heinrich der Löwe: Eine Biographie*, S. 198 ff.; 伝えられている同行者数には幅がある。リューベックのアーノルトの『スラブ年代記 *Chronica Slavorum*』では約1200名の戦士（MGH SS 21, S. 118, Z. 42: Fuit autem numerus virorum educentium gladium mille ducenti.），『ケルン国王年代記 *Chronica regia Coloniensis*』では500名の騎士が同行したと伝えている（Georg Waitz (ed.),

18 イェルサレム巡礼

ヒの許を訪れ，亡くなった母の墓参りをしている。ヤゾミルゴットのハインリヒはハンガリーとの国境のメーゼンブルク Mesenburg（現在の Modony/Wieselburg）まで，そこからはおそらくヤゾミルゴットのハインリヒの義理の息子である国王シュテファン3世の使節がグラーン Gran まで同行している。グラーンに到着すると，前日の夜亡くなった国王シュテファンの訃報に接した。グラーンからの旅程には不安があったが，修道院長ハインリヒとベルトルトがグラーン大司教ルカから護衛の了解を取り付けた。

ウィーンでは，フリードリヒ・バルバロッサによるビザンツ皇帝マヌエル1世への使節としてコンスタンティノープルへの途上にあったヴォルムス司教コンラートと合流している。途中ドナウ河とドラーヴァ Drava 川の合流地点で乗っていた船が座礁したり，セルビア人との軍事衝突など様々な困難に遭遇しながらも歩を進めた。

テンプル騎士団，ヨハネ騎士団の護衛を得てイェルサレムに入場したハインリヒ獅子公一行は，彼らに対して数多くの武具（arma plurima）の他，土地を購入するための銀貨1,000マルクを寄進したが，後者は戦時に戦士（tyrones）を獲得する資金への充当を想定していた[262]。十字架の聖遺物が収められた聖墳墓教会の礼拝堂をモザイクで飾り，その扉を銀箔で覆う費用も寄進している[263]。さらに聖墳墓教会に永遠に消えることない蠟燭3本を寄進する文書を作成させていて，その費用はハインリヒ獅子公がイェルサレムに購入した，聖墳墓教会に隣接する500軒の家屋の賃貸料で賄うことが記されている（図4-9）[264]。ハインリヒ獅子公がイェルサレム巡礼から持ち帰った聖遺物については，リューベックのアーノルトが記している他[265]，ブラウンシュヴァイクの聖エギディウス修道院の聖血崇敬について記述した，1283年から1294年の間に聖エギディウスで編纂された『ハインリヒ大公の歴史 Historia de duce Hinrico』が言及している[266]。

MGH SS rer. Germ.18, 1880, I, 3, S. 123）。リューベックのアーノルトが同行したかどうかについては，第三者的な描写から Fried は懐疑的である。Cf. Johannes Fried, Jerusalemfahrt und Kulturimport. Offene Fragen zum Kreuzzug Heinrichs des Löwen, S. 120.

262) Arnold von Lübeck, *Arnoldi Chronica Slavorum*, I, 7, S. 121.

263) Hans Eberhard Mayer, Die Stiftung Herzog Heinrichs des Löwen für das Hl. Grab, in: Wolf-Dieter Mohrmann (Hg.), *Heinrich der Löwe*, Göttingen 1980, S. 307-330. ここでは S. 310 f.

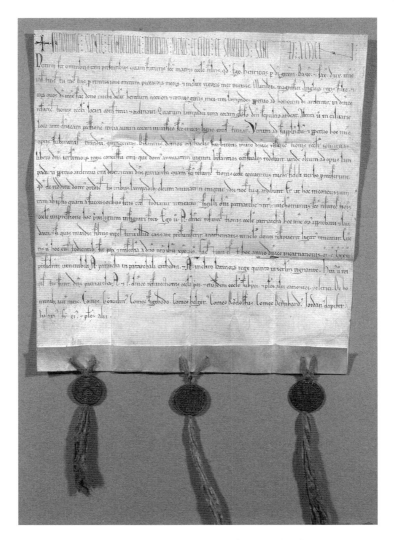

図 4-9　イェルサレムの聖墓教会への寄進証書

大勢の諸侯たちを伴ったハインリヒ獅子公の一行の中には，故国の地を2度と踏むことのできなかった者たちもいた。リューベック司教コンラート，リューネブルクの聖ミヒャエリス修道院長ベルトルトはパレスティナで死亡し，ブランケンブルク伯ジークフリート，シャルツフェルト伯ジゲボド，主馬頭のハインリヒに関する記録は聖地への往路を最後に途絶えている[267]。

19　歴史を書き継ぐ

　11世紀から13世紀，とりわけ12世紀以降北ドイツにおいては盛んに歴史叙述が編纂された。重要なのは，その当時入手できた様々な史料を用いながら，歴史が書き継がれている点である。例えば，先述の『ブラウンシュヴァイク聖エギディウス編年史 Annalium s. Aegidii Brunsvicensium』は，1087年から1142年までの記述を『パーダーボルン年代記 Annalium Patherbrunnensium』をはじめいくつかの年代記に依拠している[268]。

　この他にもハインリヒ獅子公の統治拠点であるブラウンシュヴァイ

---

　264)　UHdL 94. オリジナルは，StA. Wolfenbüttel, Urk. Abt. 1 N°4; 翻訳は，Joachim Ehlers, *Heinrich der Löwe. Biographie*, S. 206; Hans Eberhard Mayer, Die Stiftung Herzog Heinrichs des Löwen für das Hl. Grab, S. 321, 325 ff.; Mayer は，この証書が，ハインリヒ獅子公の書記の関与のもと受領者が作成したものであり，作成した書記は，ヨハネ騎士団の証書作成のために働いていた Magister Lambertus だとしている。Hans Eberhard Mayer, Die Stiftung Herzog Heinrichs des Löwen für das Hl. Grab, S. 310 f.

　265)　ハインリヒ獅子公が持ち帰った聖遺物に関しては，Arnold von Lübeck, *Arnoldi Chronica Slavorum*, Johann Martin Lappenberg (ed.), MGH SS rer. Germ. 14, Hannover 1978, I. 9, 24 及び I. 12, 30. Cf. Johannes Fried, Jerusalemfahrt und Kulturimport. Offene Fragen zum Kreuzzug Heinrichs des Löwen, S. 112, Anm. 8 及び S. 115.

　266)　Detlev Hellfaier, Die Historia de duce Hinrico − Quelle zur Heiligblutverehrung in St. Aegidien zu Braunschweig, in: Wolf-Dieter Mohrmann (Hg.), *Heinrich der Löwe*, Göttingen 1980, S. 389-396. Edition は S. 394 ff.

　267)　Joachim Ehlers, *Heinrich der Löwe: Eine Biographie*, S. 211.

　268)　*Annalium Patherbrunnensium fragmenta*, Heinrich Kaufmann (ed.), MGH SS 30, 2, Leipzig 1934, S. 1329-1332; Cf. Klaus Nass, Geschichtsschreibung am Hofe Heinrichs des Löwen, S. 147.

ク周辺では数多くの歴史叙述がまとめられた[269]。12世紀末から13世紀初頭に聖ブラジウス修道院の修道士オットーがまとめた『聖ブラジウスのオットーの年代記 Ottonis de Sancto Blasio Chronica』[270]，1279年から1292年までの間に著され，1298年まで追補された『ブラウンシュヴァイク韻文年代記 Braunschweiger Reimchronik』[271]や，1269／77に成立し，断片的にしか残っていないが，コルヴァイのヴィドゥキントなどを参照した『ブラウンシュヴァイク君侯年代記 Chronica principum Brunsvicensium fragmentum』[272]，さらにこれをほぼ踏襲し，1291年頃成立した『ブラウンシュヴァイク公年代記 Cronica ducum de Brunswick』[273]，そして先述のボーザウのヘルモルトによる『スラブ年代記 Chronica Slavorum』と，その続編としてまとめられたリューベックのアーノルドの『スラブ年代記 Chronica Slavorum』，これら二つの年代記を参照し，13世紀末ブラウンシュヴァイクの聖ブラジウスで『ザクセン君侯年代記 Chronica principum Saxoniae』がまとめられている[274]。その他ヴェルフェン家の死者祈念を行う修道院の一つであるリューネブルクの聖ミヒャエリスでは，1229年から1233年の間に『聖ミカエリス

---

269) Cf. Klaus Nass, Geschichtsschreibung am Hofe Heinrichs des Löwen, S. 131 ff.

270) *Ottonis de Sancto Blasio Chronica*, Adolf Hofmeister (ed.) Hannover 1912, S. 1-88. 作者は1160年までの記載に関しては，フライジングのオットーの『年代記あるいは二つの都市 *Historia de duabus civitatibus*』に依拠しつつ，1146年から1209年の皇帝オットー4世の戴冠までを描いている。この作者 Otto が修道院長 Otto と同一人物だったかどうかについては明確ではない。*Die Chronik Ottos von St. Blasien und die Marbacher Annalen*, Franz-Josef Schmale (Hg. u. übers.), S. 2.

271) *Braunschweiger Reimchronik,* Ludwig Weiland (ed.), MGH Dt. Chron. 2, Hannover 1877, S. 430-574, v. 4556-4562; Hans Patze, Karl-Heinz Ahrens, Die Begründung des Herzogtums Braunschweig im Jahre 1235 und die „Braunschweigische Reimchronik", in: *Blätter für deutsche Landesgeschichte* 122 (1986), S. 69-89. Cf. Klaus Nass, Geschichtsschreibung am Hofe Heinrichs des Löwen, S. 127, 140 f.

272) *Chronica principum Brunsvicensium fragmentum*, Oswald Holder-Egger (ed.), MGH SS 30, 1, 1896, S. 21-27; Cf. Otto Gerhard Oexle, Die „sächsische Welfenquelle" als Zeugnis der welfischen Hausüberlieferung, S. 494 f.; Klaus Nass, Geschichtsschreibung am Hofe Heinrichs des Löwen, S. 135.

273) *Cronica ducum de Brunswick*, Ludwig Weiland (ed.), MGH Dt. Chron. 2, 1877, S. 574-587; Klaus Nass, Geschichtsschreibung am Hofe Heinrichs des Löwen, S. 135.

274) *Chronica principum Saxoniae ampliata*, Oswald Holder-Egger (ed.), MGH SS 30, 1, 1896, S. 27-34. St. Blasius における歴史叙述に関しては，Klaus Nass, Geschichtsschreibung am Hofe Heinrichs des Löwen, S. 132 ff. 及び S. 150.

年代記 *Chronicon S. Michaelis*』が著された[275]。

ハインリヒ獅子公と歴史編纂[276]

このようにハインリヒ獅子公周辺で著された数多くの歴史叙述で，ハインリヒ獅子公を取り巻く政治状況やひととなりが描かれている[277]。

その中の一つ，1164年から1209年まで律修参事会シュテーターブルクの首席司祭だったゲールハルトの編年史『シュテーターブルク編年史』によれば，「ハインリヒ獅子公は晩年古い年代記の収集，編纂そして，朗読をさせた[278]。そしてこういったことをしながら一晩寝ずに過ごした」という[279]。

ハインリヒ獅子公周辺で編纂された歴史叙述を収めた写本を比較分析

---

275) Gerd Althoff, *Anlässe zur schriftlichen Fixierung adligen Selbstverständnisses*, in: *Zeitschrift für die Geschichte des Oberrheins* 134 (1986), S. 34-46；長らくザクセンシュピーゲルをまとめたアイケ・フォン・レプゴウが編者と考えられてきた *Sächsische Weltchronik* は，1225／26年から1260／75年までに Magdeburg 周辺で成立したと考えられている。Otto Gerhard Oexle, Die „sächsische Welfenquelle", S. 441 ff.; Jürgen Wolf, *Die Sächsische Weltchronik im Spiegel ihrer Handschriften. Überlieferung, Textentwicklung, Rezeption*, München 1997; Hubert Herkommer, *Das Buch der Welt: die Sächsische Weltchronik: [Ms Memb. I 90, Forschungs- und Landesbibliothek Gotha]*, Luzern 1996; Michael Menzel, *Die Sächsische Weltchronik: Quellen und Stoffauswahl*, Sigmaringen 1985.

276) Matthias Becher, Der Verfasser der „Historia Welforum" zwischen Heinrich dem Löwen und den süddeutschen Ministerialen des welfischen Hauses. in: Johannes Fried, Gerhard Oexle (Hgg.), *Heinrich der Löwe. Herrschaft und Repräsentation*, S. 347-380.

277) Cf. Gerd Althoff, Die Historiographie bewältigt, S. 190-210.

278) *coram recitari* は，「公の場で」を意味しているのではないかと Kartschoke は推定している。Dieter Kartschoke, Deutsche Literatur am Hof Heinrichs des Löwen?, S. 113; Dennis Howard Green, *Medieval Listening and Reading. The primary reception of German literature 800-1300*, Cambridge 1994, p. 78.

279) *Annales Stederburgenses auctore Gerhardo praeposito*, Georg Heinrich Pertz (ed.), S. 230, Z. 37-39: …, et antiqua scripta cronicorum colligi praecepit et conscribi et coram recitari, et in hac occupacione saepe totam noctam duxit insomnem; Herbert W. Wurster, Das Bild Heinrichs des Löwen, S. 416, Anm. 45；ハインリヒ獅子公が収集させた可能性のある写本に，① 1190年頃 Regensburg の Prüfening 修道院で編纂された可能性のある Kaiserchronk, フライジンクのオットーの *Gesta Friderici I. Imperatoris*, Pfaffe Lambrecht の Alexanderlied などを収めた Vorauer Codex 276, ②フライジンクのオットーの *Chronica*, プラハのコスマ Cosma の *Chronica Boemorum* (Cronica Boemorum, Oswald Holder-Egger (ed.), MGH SS 30, 1, 1896, S. 37-43) といわゆる Trierer Stilübungen が収められた Straßburg 国立図書館蔵 Codex 88 があるが，これは1870年に焼失している。Cf. Klaus Nass, Geschichtsschreibung am Hofe Heinrichs des Löwen, S. 128 及び 130. 写本に関する研究文献に関しては，ibid., S. 128, Anm, 17, 18.

したNassは,ここで「*conscribi*」は,様々なテクストを集めた一冊の写本を制作したことを意味するのではなく,収集したテクストから新たなテクストを編み直すことを意図したのではないかと推定している[280]。

　こういった観点から同時代に制作された写本を検討すると,晩年ハインリヒ獅子公が古い年代記の収集,編纂に努めたという写本に関していくつかの候補が出てくる[281]。G. H. PertzやGanzは,12世紀半ばに成立した編年記者サクソAnnalista Saxoの年代記が当該のテクストである可能性を指摘している[282]。もう一つは,1162年までの記載がある『ブラウンシュヴァイク聖エギディウス編年史』である[283]。当該の写本には1162年以降も書き継がれることを前提とした未記載の頁が付されている[284]。

　北ドイツを中心に歴史叙述を丁寧に比較分析したNassは,失われた『ザクセン年代記 *Cronica Saxonum*』に手掛かりの糸口を探り,『ザクセン年代記』の作者は,1294／96年聖ブラジウスで制作された蒐集写本 (Sammelhandschrift) を参照し[285],シュターデのアルベルト[286],そして1283年から1294年の間にブラウンシュヴァイクの聖エギディウスで

---

280) Klaus Nass, Geschichtsschreibung am Hofe Heinrichs des Löwen, S. 142.

281) Ibid., S. 143 ff.

282) オリジナル写本は,Paris, Bibliothèque Nationale, lat. 11851; G. H. Pertz, MGH SS 16, 1859, S. 230, Anm.80; *Die Reichschronik des Annalista Saxo,* ss (ed.), MGH SS 37 Hannover 2006; Klaus Nass, *Die Reichschronik des Annalista Saxo und die sächsische Geschichtsschreibung im 12. Jahrhundert* (= MGH Schriften. Bd. 41), Hannover 1996; Peter Ganz, Heinrich der Löwe und sein Hof in Braunschweig, in: Dietrich Kötschke (Hg.), *Das Evangeliar Heinrichs des Löwen. Komentari zum Faksimile*, Frankfurt a. M. 1989, S. 38; Annalsita Saxoとハインリヒ獅子公の関係については,Gerd Althoff, *Inszenierte Herrschaft. Geschichtsschreibung und politisches Handeln im Mittelalter*, Darmstadt 2003, S. 150-189.

283) Wolfenbüttel, Herzog August Bibliothek, 17.20 Aug 4°. Lothar von Heinemannの校訂テクスト (*Annalium s. Aegidii Brunsvicensium excerpta,* Lothar von Heinemann (ed.), MGH SS 30, 1, 1896, S. 6-15) は,4分の1抜粋収録しているのみである。

284) Cf. Klaus Nass, Geschichtsschreibung am Hofe Heinrichs des Löwen, S. 123-161, S. 144 f.

285) *Annalium s. Blasii Brunsvicensium maiorum fragmenta*, Oswald Holder-Egger (ed.), MGH SS 30, 1, 1896, S. 16-19; Klaus Nass, Geschichtsschreibung am Hofe Heinrichs des Löwen, S. 136, 150 f.

286) *Annales Stadenses auctore Alberto*, Johann Martin Lappenberg (ed.), MGH SS 16, 1859, S. 271-379; シュターデのアルバートに関しては,Gerda Maeck, Vom Benediktinerabt zum Minderbruder. Studien zur Geschichtsschreibung Alberts von Stade, in: *Wissenschaft und Weisheit* 63 (2000), S.86-135.

編纂され聖血崇敬を記した『ハインリヒ大公の歴史』などで補完し[287]，1299年かそののちまもなく，現在は失われてしまった『ザクセン年代記』をまとめ上げたと考えた[288]。

このように複数の候補が推定されるものの，ハインリヒ獅子公が「*conscribi*」させたものが何だったのか，残念ながら現時点では確定することはできない。

20　ハインリヒ獅子公の文化振興

常に政局の渦中にあったハインリヒ獅子公だが，パトロンとして文化振興にも熱心だった[289]。ハインリヒの再婚相手であるマティルデの母は，アキテーヌ公ギョーム10世の娘で，豊かなアキテーヌの宮廷文化の中で育ったかのアリエノールであり，ヘンリ2世とアリエノールの娘マティルデを通して，ハインリヒ獅子公が宮廷の雅な文化に関心を寄せたと想像するに難くない[290]。

---

287) Detlev Hellfaier, Die Historia de duce Hinrico – Quelle zur Heiligblutverehrung in St. Aegidien zu Braunschweig, in: Wolf-Dieter Mohrmann (Hg.), *Heinrich der Löwe*, Göttingen 1980, S. 389-396. Edition は S. 394 ff.

288) Klaus Nass, Zur Cronica Saxonum und verwandten Braunschweiger Werken, in: DA 49 (1993), S. 557-582. ここでは S. 557-561 及び S. 566-568.

289) Willibald Sauerländer, Dynastisches Mäzenatentum der Staufer und Welfen, in: Werner Hechberger, Florian Schuller (Hgg.), *Staufer & Welfen. Zwei rivalisierende Dynastien im Hochmittelalter.* Regensburg 2009, S. 119-141; Georg Steer, Literatur am Braunschweiger Hof Heinrichs des Löwen, in: Bernd Schneidmüller (Hg.), *Die Welfen und ihr Braunschweiger Hof im hohen Mittelalter*, Wiesbaden 1995, S. 347-375.

290) Karl-Ernst Geith, Karlsdichtung im Kreis des welfischen Hofes, S. 344.

291) Geith は，Pfaffe Konrad が1170年代ハインリヒ獅子公の宮廷礼拝堂 Hofkaplle に属していた「*magister*」もしくは「*presbiter*」，「*capellanus ducis*」と呼ばれた Conradus である可能性を示した Jeffrey Ashcroft の研究（idem, Magister Conradus Presbyter, Pfaffe Konrad at the Court of Henry the Lion, in: D. S. Brewer (ed.), *Literary Aspects of Courtly Culture*, Cambridge 1994, S. 301-308）を紹介し，「*Suevus*」という呼称がついていることから南ドイツの出身であると推測している。Cf. Karl-Ernst Geith, Karlsdichtung im Kreis des welfischen Hofes, S. 339; Dieter Kartschoke, Deutsche Literatur am Hof Heinrichs des Löwen?, S. 88 f. 及び S. 115;『ロランの歌 *Rolandslied*』の成立地については，ibid., S. 86 ff., 研究文献は，ibid., S. 86, Anm. 16; 写本の伝来状況に関しては，Barbara Gutfleisch-Ziche, Zur Überlieferung des deutschen ›Rolandsliedes‹. Datierung und Lokalisierung der Handschriften nach ihren paläographischen und

ハインリヒ獅子公の周辺では様々な騎士文芸が生まれている。僧コンラートの『ロランの歌 Rolandslied』[291]，『ルチダリウス Lucidarius』[292]，そしてオーベルクのアイルハルトの『トリストラント Tristrant』が挙げられる[293]。いずれもフランスの宮廷文化の中で成立した作品を翻案し中

schreibsprachlichen Eigenschaften, in: *Zeitschrift für deutsches Altertum und deutsche Literatur* 125 (1996), S. 142-186; Dieter Kartschoke, Deutsche Literatur am Hof Heinrichs des Löwen?, S. 115; Hans-Erich Keller, Der Pfaffe Konrad am Hofe von Braunschweig, in: Donald C. Riechel (Hg.), *Wege der Worte, Festschrift für Wolfgang Fleischhauer*, Köln/Wien 1978, S. 143-166.

292) Edition 及び詳細な伝来状況に関しては，*Der deutsche „Lucidarius". Kritischer Text nach den Handschriften*, Dagmar Gottschall, Georg Steer (Hgg.), Tübingen 1994; Georg Steer, Der deutsche Lucidarius ein Auftragswerk Heinrichs des Löwen?, in: *Deutsche Vierteljahrsschrift für Literaturwissenschaft und Geistesgeschichte* 64 (1990), S. 1-25; Dieter Kartschoke, Deutsche Literatur am Hof Heinrichs des Löwen?, S. 90 ff. Cf. Klaus Nass, Geschichtsschreibung am Hofe Heinrichs des Löwen?, S. 129;„*Lucidarius*"には Prolog A と Prolog B がある。80 を超える現存する写本のうち Prolog A を含む写本は八つにすぎない。Prolog A の作者は，おそらく 12 世紀 70 年代以降にアルザスで著された，オリジナル・テクスト（= Prolog B ?) の作者とは別の人物で，無名ではあるが，Luchidarius のラテン語の手本である Honorius Augustodunensis の *Elucidairum, Imago mundi*，コンシュのギョーム Guilelmus de Conchis の *Philosophia*，ドイツのルーペルト Rupert von Deutz の *De divinis officiis* など複数のラテン語テクストをドイツ語に翻案した極めて学識の高い，おそらく律修参事会士だと考えられる。作者についての言及は，Prolog B: Der daz bůch scribet,/ der ist vrager, der helic geist der lerer (V. 27-28); Prolog A: Er was der lerer/vnde ouch der vrager,/ der daz buch tichte (V. 33-35); Cf. Georg Steer, Literatur am Braunschweiger Hof Heinrichs des Löwen, S. 357 ff., 364 f. *Lucidarius* の題名に関して，*Lucidarius* の Prolog A では : Diz buch heizet elucidarius/vnde ist durch recht geheisen sus,/ wan ez ist ein erluchtere.(v. 1-3)... Der herzoge wolde,/ daz man ez hieze da/ Aurea gemma./ Do duchte ez den meister bezzer sus,/ daz ez hieze lucidarius,/ wan ez ein irluchter ist (V. 26-31). Prolog B では，Diz bůch heizet lucidarius./ Daz wirt getútzet alsus/ daz ist ein lúthere./ An dem bůche vindet man/ zuaren/ manic tǒgene dinc,/ die an den bůchen verborgen sint. Cf. Dieter Kartschoke, Deutsche Literatur am Hof Heinrichs des Löwen?, S. 91 ff. 及び Georg Steer, Literatur am Braunschweiger Hof Heinrichs des Löwen, S. 363; Prolog A では，ハインリヒ獅子公が *Lucidarius* を彼の capellan に命じてブラウンシュヴァイクで著されたと記されている。Got selbe hat den sin gegebin/ deme herzogen, der ez [daz buch elucidarius] schriben liez./Sine capellane er hiez/die rede suchen an den schriften/ vnd bat, daz sie ez tichten/ an rimen wolden,/ wan sie ensolden/ nicht schriben wan die warheit,/ als ez zv latine steit./ Daz taten sie willecliche/ dem herzogen heinriche,/ der es in gebot vnd bat,/ Zv brunswic in der stat/wart ez getichtet vunde geschriben (V. 10-23); Cf. Georg Steer, Literatur am Braunschweiger Hof Heinrichs des Löwen, S. 349 f., 364.

293) Eilhart von Oberg, *Tristrant. Synoptischer Druck der ergänzten Fragmente mit der gesamten Parallelüberlieferung*, Hadumod Bußmann (Hg.), Tübingen 1969.『トリストラント Tristrant』がハインリヒ獅子公に献呈されたことを示す証左は十分ではない。12 世紀の『トリストラント Tristlant』を収める写本は四つ，13 世紀に編纂された完成稿を収める 15 世紀の写本三つで伝来している。Cf. Dieter Kartschoke, Deutsche Literatur am Hof Heinrichs des Löwen?, S. 103. Georg Steer, Literatur am Braunschweiger Hof Heinrichs des

高ドイツ語で著されたものであり,北ドイツに文芸活動拠点を形成しようという意図が窺われる。ハインリヒ獅子公による文芸振興は彼の子供たちにも受け継がれた。『スラブ年代記』をまとめたリューベックのアーノルトは,ハインリヒ獅子公の息子であるリューネブルクのヴィルヘルムの依頼を受けて,ハルトマン・フォン・アウエの『グレゴーリウス Gregorius』を中高ドイツ語からラテン語の『罪びとグレゴリウスの事績 Gesta Gregorii Peccatoris』へと翻案している[294]。

僧コンラートの『ロランの歌』は,ハインリヒ獅子公の命によりフランス語の『ローランの歌 Chanson de Roland』を翻案し,中高ドイツ語で著した作品であることがエピローグに書かれている[295]。

僧コンラートの『ロランの歌 Rolandslied』は,封建関係に重きを置いて描かれた『ロランの歌 Chanson de Roland』からの単純な逐語訳ではなく,宗教的色彩を帯びた作品に仕上がっている[296]。僧コンラート

Löwen, S. 350 ff.; Eilhart の出身地に関しては,Joachim Bumke, *Mäzene im Mittelalter. Die Gönner und Auftraggeber der höfischen Literatur in Deutschland 1150-1300*, München 1979, S. 111. Rolandslied, Luchidarius, Tristrant それぞれに対するハインリヒ獅子公の関心については,Dieter Kartschoke, Deutsche Literatur am Hof Heinrichs des Löwen?, S. 102;『大公エルンスト Herzog Ernst』とハインリヒ獅子公の関係については,Georg Steer, Literatur am Braunschweiger Hof Heinrichs des Löwen, S. 352 f.

294) Arnold von Lübeck,*Gesta Gregorii Peccatoris*. Untersuchungen und Edition von Johannes Schilling, Göttingen 1986; Sylvia Kohushölter, *Die lateinische und deutsche Rezeption von Hartnmann Aue »Gregorius« im Mittelalter*, Tübingen 2012; オットー4世による文芸復興に関しては,Hans-Joachim Behr, Der Hof Ottos IV. als literarisches Zentrum, in: Bernd Ulrich Hucker, Stefanie Hahn, Hans-Jürgen Derda (Hgg.), *Otto IV. – Traum vom welfischen Kaisertum*, Petersberg 2009, S. 207-218.

295) *Das Rolandslied des Pfaffen Konrad*, Dieter Kartoschke (Hg.), Stuttgart 1993. V. 9017-24: Nû wünschen wir alle gelîche/ dem herzogen Hainrîche/ daz im got lône./ Diu matteria diu ist scoene/ Diu süeze wir von im haben./ daz buoch hiez er vor tragen/ gescriben ze den Karlingen./ des gerte diu edele herzoginne,/ aines rîchen küniges barn/; V. 9080-85: alsô ez an dem buoche gescribin stât/ in franzischer zungen,/ sô hân ich ez in die latîne betwungin,/ danne in die tû tiutische gekêret./ ich nehân der nicht an gemêret,/ ich nehân der nicht überhaben/; 他の校訂本は,*Das Alexanderlied des Pfaffen Lamprecht, Das Rolandslied des Pfaffen Konrad*, Friedrich Maurer (Hg.), Darmstadt 1964; Cf. Karl-Ernst Geith, Karlsdichtung im Kreis des welfischen Hofes, S. 338. Pfaffe Konrad が Chanson de Roland をラテン語,それからドイツ語に翻訳したこと (V. 9080-9083) については,Dieter Kartschoke, *in die latine bedwungin*. Kommunikationsprobleme im Mittelalter und die Übersetzung der ›Chanson de Roland‹ durch den Pfaffen Konrad, in: *Beiträge zur Geschichte der deutschen Sprache und Literatur* 111 (1989), S. 196-209. Cf. Dieter Kartschoke, Deutsche Literatur am Hof Heinrichs des Löwen?, S. 112.

296) Cf. Karl-Ernst Geith, Karlsdichtung im Kreis des welfischen Hofes, S. 339 f.

の『ロランの歌』が成立した時期は，1168年から大公位が剥奪された1180年の間，おそらく1170年前後と考えられるが[297]，この時期はヴェルフェン家の歴史を描いた『ヴェルフェン家の歴史』がまとめられ，その家門意識が前面に押し出された時期と重なっているのは偶然ではないだろう[298]。エピローグで僧コンラートは，ハインリヒ獅子公をダヴィデ王になぞらえていて Nunc mügen wir in disem zîte/ dem küninge Dâvîte/ niemen sô wol gelîchen/ sô den herzogen Hainrîchen (V. 9039-42)[299]，その主眼は，委託者であるハインリヒ獅子公を皇帝フリードリヒ・バルバロッサと同列に据えることに置かれていたと推測される。

a）『ハインリヒ獅子公の福音書』

皇帝フリードリヒ・バルバロッサに匹敵する統治者像を顕示しようというハインリヒ獅子公の意図が顕著に表れているのが，『ハインリヒ獅子公の福音書』である[300]。ハインリヒ獅子公は，キリスト教会への寄進

---

297) Cf. Dieter Kartschoke, Deutsche Literatur am Hof Heinrichs des Löwen?, S. 89.

298) ヴェルフェン家を巡る歴史著述に関しては，Johannes Fried, Königsgedanken Heinrichs des Löwen, in: *Archiv für Kulturgeschichte* 55 (1973), S. 312-351; Bernd Schneidmüller, Landesherrschaft, welfische Identität und sächsische Geschichte, in: Peter Moraw (Hg.), *Regionale Identität und soziale Gruppen im deutschen Mittelalter*, Berlin 1992, S. 65-101; Cf. Karl-Ernst Geith, Karlsdichtung im Kreis des welfischen Hofes, S. 340 f.; 早川良弥「中世盛期ドイツ貴族の家門意識―ヴェルフェン家の事例」前川和也編『家族・世帯・家門』ミネルヴァ書房，1993年；桑野聡「ザクセンにおけるヴェルフェンの家系意識の形成―家系記述と政治状況の関連性に関する一考察」『西洋史学』179（1995），177-192頁。

299) Cf. Karl-Ernst Geith, Karlsdichtung im Kreis des welfischen Hofes, S. 340 f.

300) Bernd Schneidmüller, Harald Wolter - von dem Knesebeck (Hgg.), *Das Evangeliar Heinrichs des Löwen und Mathildes von England*, Darmstadt 2018; Horst Fuhrmann, Florentine Mütherich, *Das Evangeliar Heinrichs des Löwen und das mittelalterliche Herrscherbild*, München 1986; Elisabeth Klemm, *Das Evangeliar Heinrichs des Löwen*, Frankfurt a. M 1988; *Das Evangeliar Heinrichs des Löwen,* im Auftrag der Eigentümer der Handschrift (der Bundesrepublik Deutschland, des Freistaates Bayern, des Landes Niedersachsen, und der Stiftung Preussischer Kulturbesitz Berlin) und für den Insel Verlag, Dietrich Kötzsche (Hg.), Frankfurt a. M. 1989; Peter Ganz, Heinrich der Löwe und sein Hof in Braunschweig, in: Dietrich Kötzsche (Hg.), *Evangeliarium Heinrici Leonis. Das Evangeliar Heinrichs des Löwen. Kommentar zum Faksimile*, Frankfurt a. M. 1989, S. 28-41; Ursula Nilgen, Theologisches Konzept und Bildorganisation im Evangeliar Heinrichs des Löwen, in: *Zeitschrift für Kunstgeschichte* 52 (1989), S. 301-331; Johannes Fried, „Das goldglänzende Buch". Heinrich der Löwe, sein Evangeliar, sein Selbstverständnis. Bemerkungen zu einer Neuerscheinung, in: *Göttingische Gelehrte Anzeigen* 242 (1990), S. 34-79; Otto Gerhard Oexle, Zur Kritik neuer Forschungen über das Evangeliar

者として聖遺物の移送 (translatio)，典礼に用いる聖具や典礼書の制作などを振興しているが，中でも統治の表象機能が顕著に表れているのがこの華麗な福音書だ。『ハインリヒ獅子公の福音書』は，1173／74年から1188／89年の間，おそらく1175年頃にハインリヒ獅子公の依頼を受けてヘルマースハウゼン Helmarshausen 修道院で制作されたと推定されている[301]。

　10世紀末創建されたヘルマースハウゼン修道院は，オットー1世の保護を受け，貨幣鋳造権，市場権，関税権などの諸権利のインムニテートを付与されたが，他の帝国修道院同様在地の諸侯との関係を変えながら発展を遂げた。ヘルマースハウゼンはとりわけ金銀細工などの工芸や写本制作で知られ，写本制作や顔料，ガラス，金属加工に関わる技術を記した『さまざまの技能について De diversis artibus または Schedula diversarum artium』を著したテオフィルスは，ヘルマースハウゼンのロゲルスと同人物であると長らく考えられてきたが，はっきりとした確証はなく，推定に留まっている[302]。工芸に秀でたロゲルスは，同じく写本制作で知られたスタブロ修道院，ケルンの聖パンタレオン St. Pantaleon を経て，1107年にヘルマースハウゼンに移ってきた。12世紀ヘルマースハウゼンでは数多くの重要な写本が制作されているが，その中の一冊

Heinrichs des Löwen, in: *Göttingische Gelehrte Anzeige* 245 (1993) S. 70-109; Otto Gerhard Oexle, *Die Memoria Heinrichs des Löwen,* in: Dieter Geuenich, Otto Gerhard Oexle (Hgg.), *Memoria in der Gesellschaft des Mittelalters.* Göttingen 1994, S. 128-177; Johannes Fried, Königsgedanken Heinrichs des Löwen, S. 343 f.; Otto Gerhard Oexle, *Adliges Selbstverständnis und seine Verknüpfung* S. 56 ff.

　301）制作年代に関しては，研究者の間で意見が分かれているが，ダヴィデ王になぞらえたハインリヒ獅子公の戴冠が描かれていることを考えれば，失墜した1180年以降に制作されたとは考えにくい。Cf. Johannes Fried, Königsgedanken Heinrichs des Löwen, S. 321; Bernd Schneidmüller, *Die Welfen. Herrschaft und Erinnerung (819-1252)*, S. 34; Bernd Schneidmüller, Heinrich der Löwe und Mathilde von England. Stifterwille und Stifterpaar, in: Bernd Schneidmüller, Harald Wolter- von dem Knesebeck (Hgg.), *Das Evangeliar Heinrichs des Löwen und Mathildes von England*, Darmstadt 2018, S. 11-65. ここでは S. 16; Johannes Fried, „*Das goldglänzende Buch". Heinrich der Löwe, sein Evangeliar, sein Selbstverständnis. Bemerkungen zu einer Neuerscheinung*, in: *Göttingische Gelehrte Anzeigen* 242 (1990), S. 34-79; Otto Gerhard Oexle, *Adliges Selbstverständnis und seine Verknüpfung mit dem liturgischen Gedenken*, S. 59 ff.

　302）邦訳は，テオフィルス『さまざまの技能について』森洋訳，中央公論美術出版，1996年；Eckhard Freise, Roger von Helmarshausen in seiner monastischen Umwelt, in: *Frühmittelalterliche Studien* 15 (1981), S. 180-293.

が『ハインリヒ獅子公の福音書』である。
　大きさは34.2 × 25.3／6cm，226葉のうち50葉が全頁彩色画の写本の中で，最も有名なのが，ハインリヒ獅子公と大公妃マティルデが聖ブラジウスと聖エギディウスによってマリアの許へ導かれている様子を描いた fol.19r と，fol. 171v の「ハインリヒ獅子公の戴冠」（Wolfenbüttel, Herzog August Bibliothek, Cod. Guelf. 105 Noviss. 2°, fol. 171v）と呼ばれる一葉である（図4-10）[303]。
　上下二つに区分された上部中央には，イエス・キリストの両側上下2段にそれぞれ4名の聖人，上段には福音者ヨハネ，洗礼者ヨハネ，聖ペテロ，聖バルトロメウスが，下段には聖ブラジウス，聖ゲオルク，聖グレゴリウス，聖トマス・ベケットが坐している。聖ペテロは二つの鍵を，洗礼者ヨハネ，聖ペテロ，聖バルトロメウスは殉教者のシュロの葉を持っている。
　主イエス・キリストの手には（マタイ 6, 24; Cf. ルカ 9, 23）「私に従おうと思うものは，自らを拒み，自分の十字を取って私に従いなさい QUI VULT VENIRE POST ME ABNEGET SEMETIPSUM ET TOLLAT CRUCEM SUAM ET S[EQUANTUR ME]」と書かれた帯が掲げられている。
　下部中央には靴を脱いで膝まずくハインリヒ獅子公と立位のマティルデが描かれ，二つの手が2人に冠を被せようとしている。
　戴冠されるばかりのハインリヒ獅子公夫婦の傍には，主イエス・キリストに従うも7名が立っており，7名のうち5名はそれぞれ右手に金色（1名は銀色）の十字を掲げた姿で描かれている。手に十字を掲げる姿はビザンツではよく見られるが，ヨーロッパでは極めて珍しい[304]。半身が隠れている両側端の女性2名は十字を持っているか判然としない。ハ

---

　303) 以下 Bernd Schneidmüller, Heinrich der Löwe und Mathilde von England. Stifterwille und Stifterpaar, S. 18 以下参照；Hermann Jakobs, Dynastische Verheißung. Die Krönung Heinrichs des Löwen und Mathildes im Helmarshausener Evangeliar, in: Jan Assmann, Dietrich Harth (Hgg.), *Kultur und Konflikt*, Frankfurt a. M., 1990, S. 215-259.
　304) Ursula Nilgen, Theologisches Konzept und Bildorganisation im Evangeliar Heinrichs des Löwen, S. 325; ビザンツの貨幣で用いられたモティーフに関しては，Olaf B. Lader, Kreuze und Kronen. Zum byzantinischen Einfluß im >Krönungsbild< des Evangeliars Heinrichs des Löwen, S. 206 ff.

20 ハインリヒ獅子公の文化振興   299

図 4-10 ハインリヒ獅子公の戴冠図
(Krönungsbild Evangeliar Heinrichs des Löwen, Wolfenbüttel,
Herzog August Bibliothek, Cod. Guelf. 105 Noviss. 2°, fol. 171v)

インリヒ獅子公の側には父ハインリヒ傲慢公，母ゲルトルート大公妃，皇帝ロータル3世，その妃で母方の祖母リヒェンツアが，大公妃マティルデの側にはイングランド国王ヘンリ2世，皇帝ハインリヒ5世の妃で，死別後アンジュー伯ジョフリと再婚してヘンリ2世を産んだ祖母マティルデ，名前の不明な未婚の女性がおり，ハインリヒ傲慢公，母ゲルトルート大公妃，そしてこの名前の分からない若い女性の3名には冠がない。

　注目すべきは，マティルデにとって母であるヘンリ2世の妃アリエノールが描かれていない点である。アキテーヌ大公の娘であったアリエノールは再婚したヘンリ2世との仲が険悪となり，1174年にヘンリ2世はアリエノールを幽閉し，翌1175年には離婚を企てている。1184年国外追放となったハインリヒ獅子公とともに，娘であるマティルデがイングランドに滞在するようになって，アリエノールと王家一族との交流が再開したが，一時的に緩和した期間を除き，ヘンリ2世が亡くなる1189年まで，アリエノールとヘンリ2世との険悪な関係は続いた。1184年以降の娘マティルデとの良好な関係を考えれば，戴冠図における母アリエノールの不在は，この福音書の制作時期が，ヘンリ2世とアリエノールの不協和音が顕在化する1174年から1184年の間ではないかという推測に導く[305]。

　戴冠図の中でハインリヒ獅子公夫妻の上に描かれているトマス・ベケットもまた，この福音書の成立時期を推定するうえで鍵となる人物である。1170年カンタベリー大聖堂で殺され，1173年2月21日教皇アレクサンデル3世によってトマス・ベケットは列聖されており，1174年7月にはヘンリ2世がトマス・ベケットの墓所で公式に贖罪を行っている[306]。暗殺の責任を問われたヘンリ2世の娘マティルデと結婚したハインリヒ獅子公が，福音書の中で中心となるページにトマス・ベケッ

---

305) Bernd Schneidmüller, Heinrich der Löwe und Mathilde von England. Stifterwille und Stifterpaar, S. 20.

306) *Ymagines Historiarum*, in:*The Historical Works of Master Ralph de Diceto, Dean of London*, vol. 1, William Stubbs (ed.), London 1876, ND Wiesbaden 1965, pp. 383 f.; *The Historical Works of Gervase of Canterbury*, vol. 1: The Chronicle of the Reigns of Stephen, Henry II., and Richard I., William Stubbs (ed.), London 1879, ND Wiesbaden 1965, p. 248; Cf. Ursula Nilgen, Theologisches Konzept und Bildorganisation im Evangeliar Heinrichs des Löwen, S. 301, Anm. 3.

トを描かせたとすれば，義理の父であるヘンリ2世の贖罪を後押しする意図があったと考えられるだろう。

ブラウンシュヴァイクとトマス・ベケットとの縁は深く，1226年12月29日——この日はトマス・ベケットが殉教した日である——に，ヴェルフェン家の菩提教会である聖ブラジウスの三番目の守護聖人にトマスはなっており[307]，同教会の南壁にはトマス・ベケットの亡命の様子が描かれている[308]。

聖グレゴリウスと呼ばれる聖人は複数おり，描かれている聖グレゴリウスが誰であるかは特定できないが，アングロサクソンへの布教を考えれば教皇大グレゴリスを推定させる[309]。

多くの研究者はこの『ハインリヒ獅子公の福音書』の成立時期を1175年前後と考えているが[310]，1173／74年から1188／89年の間と推定される成立年代を検討する際に重要なのが，ハインリヒ獅子公を取り巻く政治状況である。1176年キアヴェンナでの出来事の前後に成立したとすれば，ハインリヒ獅子公夫妻の戴冠をモチーフにしたこの福音書の制作は，フリードリヒ・バルバロッサとの関係悪化を促進する原因になったとも考えられる。

福音書中特に戴冠図に表れているビザンツの影響も見逃してはならないだろう。先述のように，1172年イェルサレム巡礼に赴いたハインリヒ獅子公はコンスタンティノープルを訪れた。戴冠図中に描かれている十字架を手にする人物像は，ビザンツでよく見られたが，ヨーロッパでは極めて珍しかった。他にもビザンツの影響が見られ，いわゆるヴェルフェンの十字架と呼ばれるイタリアで制作された琺瑯製の十字架もビザ

---

307) Ursula Nilgen, Thomas Becket und Braunschweig, in: Joachim Ehlers, Dietrich Kötzsche (Hgg.), *Der Welfenschatz und sein Umkreis*, Mainz 1998, S. 219-242. ここでは S. 219.

308) Ursula Nilgen, Thomas Becket und Braunschweig, S. 221, Abb. 3.

309) Bernd Schneidmüller, Heinrich der Löwe und Mathilde von England. Stifterwille und Stifterpaar, S. 19; Harald Wolter- von dem Knesebeck, Das Evalgeliar Heinrichs des Löwen und Mathildes von England. Ein Schlüsselwerk der hochmittelalterlichen Buchkunst, in: Bernd Schneidmüller, Harald Wolter- von dem Knesebeck (Hgg.), *Das Evangeliar Heinrichs des Löwen und Mathildes von England*, Darmstadt 2018, S. 151-232.

310) Walter Heinemeyer, Ältere Urkunden und ältere Geschichte der Abtei Helmarshausen, in: *Archiv für Diplomatik* 9/10 (1963/64), S. 299-368. ここでは S. 347-349; Johannes Fried, „Das goldglänzende Buch". Heinrich der Löwe, sein Evangeliar, sein Selbstverständnis. Bemerkungen zu einer Neuerscheinung, S. 40 ff.

ンツ工芸を模倣したものだった[311]。

b) カール大帝の後継者として[312]

『ハインリヒ獅子公の福音書』の献辞文（fol. 4v）の中で，ハインリヒ獅子公は皇帝カール大帝の子孫と関連付けられている[313]。

Geith も「文芸作品を政治的あるいはイデオロギー的な意図を表明する，もしくはプロパガンダの道具として用いることがこの時代知られていた」と指摘しているように[314]，12世紀カロリング朝の血筋を示す系譜は，統治の正統化の理由付けに用いられた[315]。

カール大帝は，中世に制作された多くの歴史叙述・騎士文芸の中で，正義と法をもたらす理想の統治者として描かれている[316]。1100年頃成立した『ローランの歌 Chanson de Roland』を筆頭に，1150年頃レーゲンスブルクで成立した『皇帝年代記 Kaiserchronik』ではカール大帝に関する記述に多く行数を割いているし[317]，同じく1150年頃偽テュルパ

---

311) Olaf B. Lader, Kreuze und Kronen. Zum byzantinischen Einfluß im >Krönungsbild< des Evangeliars Heinrichs des Löwen, S. 214, 219.

312) Gerhard Rauschen, *Die Legende des Karls des Großen im 11. Und 12. Jahrhundert*, Leipzig 1890.

313) Hanc stirps regalis, hunc edidit imperialis/ Ipse nepos Karoli, cui credidit Anglia soli …; Cf. Karl-Ernst Geith, Karlsdichtung im Kreis des welfischen Hofes, S. 342; この献辞文の作者がリューベックのアーノルドである可能性に関して，Ulrich Victor, Das Widmungsgedicht im Evalgeliar Heinrich des Löwen und sein Verfasser, in: *Zeitschrift für deutsches Altertum und deutsche Literatur* 114 (1985), S. 302-329. ここでは S. 321 f.; Cf. Gerd Althoff, Die Historiographie bewältigt, S. 194.

314) Cf. Karl-Ernst Geith, Karlsdichtung im Kreis des welfischen Hofes, S. 342 f.

315) Karl Ferdinand Werner, Die Legitimität der Karolinger und die Entstehung des *Reditus regni Francorum ad stirpem Karoli*, in: *Die Welt als Geschichte* 12 (1952), S. 203-225.

316) Karl-Ernst Geith, *Carolus Magnus: Studien zur Darstellung Karls des Grossen in der deutschen Literatur des 12. und 13. Jahrhunderts*, S. 90 ff.; Cf. Karl-Ernst Geith, Karlsdichtung im Kreis des welfischen Hofes, S. 344; Bernd Schütte, Karl der Große in der Geschichtsschreibung des hohen Mittelalters, in: *Karl der Große in den europäischen Literaturen des Mittelalters. Konstruktion eines Mythos*, Bernd Bastert (Hg.), Tübingen 2004, S. 223-245; Peter Wunderli, Das Karlsbild in der altfranzösischen Epik, in: Karl der Große in den europäischen Literaturen (wie Anm. 6), S. 17-37; Bernd Bastert, Heros und Heiliger. Literarische Karlbilder im mittelalterlichen Frankreich und Deutschland, in: *Karl der Große und das Erbe der Kulturen*, Franz Reiner Erkens (Hg.) (= Akten des 8. Symposiums des Mediävistenverbandes, Leipzig 15.-18. März 1999), Berlin 2001, S. 197-220.

317) *Deutsche Kaiserchronik*, Edward Schröder (ed.), Hannover 1969 (Nachdruck von

ン Pseudo-Turpin として知られるラテン語の『カール大帝とロトランドの歴史 Historia Karoli Magni et Rotholandi』が著された[318]。1170 年頃にはハインリヒ獅子公はドイツ語訳の『ロランの歌 Rolandslied』を僧コンラートにまとめさせたし[319]，13 世紀にはシュトリッカー Stricker の『カール Karl』が成立している[320]。

　カール大帝への暗喩は，先述のように僧コンラートの『ロランの歌』のエピローグでも描かれているが[321]，『ロランの歌』でロランが死を迎えたイベリア半島遠征が，ハインリヒ獅子公の参戦したヴェンド十字軍によるスラブ遠征を連想させるなど[322]，カール大帝にハインリヒ獅子公を重ね合わせることができるだろう[323]。

　12 世紀後半の統治者たちはカール大帝の称揚を重視していた。フリードリヒ・バルバロッサの委託によりアーヘンで制作されたアルヒポエタの『カール大帝の生涯 Vita Karoli Magni』もほぼ同時代の 1170 年代に成立しているが[324]，カール大帝の崇敬が皇帝フリードリヒ・バルバロッ

1892), MGH Deutsche Chroniken I, 1). Cf. Karl-Ernst Geith, *Carolus Magnus: Studien zur Darstellung Karls des Grossen*, S. 48-83.

318) Adalbert Hämel, *Überlieferung und Bedeutung des Liber Sancti Jacobi und des Pseudo-Turpin*, München 1950; idem *Vom Herzog Naimes "von Bayern,"dem Pfaffen Konrad von Regensburg und dem Pseudo-Turpin*, München 1955; idem, *Der Pseudo-Turpin von Compostela, aus dem Nachlass herausgegeben von André de Mandach*, München 1965; *Die Chronik von Karl dem Grossen und Roland□der lateinische Pseudo-Turpin in den Handschriften aus Aachen und Andernach*, Hans-Wilhelm Klein (ed, kommentiert und übers.), München 1986; *Karolleus atque, Pseudo-Turpini Historia Karoli Magni et Rothlandi*, Paul Gerhard Schmidt (Hg.), Stuttgart 1996; *The chronicle of Pseudo-Turpin: Book IV of the Liber Sancti Jacobi (Codex Calixtinus)*, Kevin R. Poole (ed. & trans.), New York 2014.

319) Dieter Kartschoke, *Die Datierung des deutschen Rolandsliedes*, Stuttgart 1965.

320) Cf. Karl-Ernst Geith, *Carolus Magnus: Studien zur Darstellung Karls des Grossen in der deutschen Literatur des 12. und 13. Jahrhunderts*, S. 164-192.

321) Cf. Georg Steer, Literatur am Braunschweiger Hof Heinrichs des Löwen, S. 354.

322) V. 9045/6: die criten hât er wol gêret/ die haiden sint von im bekêret; 北方十字軍に関しては，山内進『北の十字軍』講談社，1997 年。ハインリヒ獅子公のヴェンド十字軍については，Friedrich Lotter, Die Vorstellungen von Heidenkrieg und Wendenmission bei Heinrich dem Löwen, in: Wolf-Dieter Mohrmann (Hg.), *Heinrich der Löwe*, Göttingen 1980, S. 11-43.

323) Volker Mertens, Deutsche Literatur am Welfenhof, in: *Heinrich der Löwe und seine Zeit*, München 1995, Bd. 2, S. 204-212. ここでは S. 205 f.

324) Adalbert Hämel, Die Entstehungszeit der Aachener Vita Karoli Magni und der Pseudo-Turpin, in: *Quellen und Forschungen aus italienischen Archiven und Bibliotheken* 32 (1942), S. 243-253.

サの政策の柱に据えられたことを内外に明示したのが，1165 年 12 月 29 日アーヘンで行われた列聖（canonizatio）である[325]。カール大帝の聖性と権威を高めることにより，世俗の統治者と神との結び付きの顕示を目指したと考えられるが，翌 1166 年 1 月 8 日付で発布された証書には，「カール大帝の範に倣って，教会の権利と，公益／国家（res publica）の不可侵性と帝国における法の不可触性を守る」と記されている[326]。先例となったのは，1161 年 2 月 7 日教皇アレクサンデル 3 世によるエドワード証聖王の列聖であり，1166 年 1 月 8 日付の皇帝証書はアレクサンデル 3 世による教皇文書を手本としている[327]。1163 年 10 月 13 日ヘンリ 2 世による同王のウェストミンスターへの移送も影響を与えただろう[328]。証書にはイングランド国王ヘンリ 2 世の働きかけだったとも書かれており[329]，フリードリヒ・バルバロッサがヘンリ 2 世との関係を強化しようとしていたこの時期，教皇アレクサンデル 3 世との関係にそれぞれ暗雲が立ち込めていた両者の思惑を窺わせる。

　フリードリヒは，さらにカール大帝の腕を納めた聖遺物入れをアーヘンのマリア聖堂参事会に献呈している[330]。表側側面中央には，2 人の天

---

[325] Knut Görich, Karl der Größe - ein 'politischer' Heiliger im 12. Jahrhundert?, in: *Religion und Politik im Mittelalter. Deutschland und England im Vergleich - Religion and Politics in the Middle Ages. Germany and England by Comparison*, in: Ludger Körntgen, Dominik Waßenhoven (Hgg.), Berlin/Boston 2013, S. 117-155; Dietrich Lohrmann, Politische Instrumentalisierung Karls des Großen durch die Staufer und ihre Gegner, in: *Zeitschrift des Aachener Geschichtsvereins* 104/105 (2002/2003), S. 95-112; Cf. Karl-Ernst Geith, Karlsdichtung im Kreis des welfischen Hofes, S. 343 f.

[326] DF I. 502, S. 432: Ex quo primitus divina ordinante clementia imperii Romani fastigia gubernanda suscepimus, voluntatis nostre atque propositi summum desiderium fuit, ut divos reges et imperatores, qui nos precesserunt, precipue *maximum et gloriosum imperatorem Karolum quasi formam vivendi* atque subditos regendi sequeremur et sequendo pre oculis semper haberemus, *ad cuius imitationem ius ecclesiarum, statum rei publice incolumem et legum integritatem per totum imperium nostrum servaremus*.

[327] Erich Meuthen, Barbarossa und Aachen, S. 54, Anm. 167; Aachener Urkunden 1101-1250, Erich Meuthen (bearb.), 1972.

[328] Jürgen Petersohn, Saint-Denis – Westminster – Aachen. Die Karls-Translatio von 1165 und ihre Vorbilder, S. 436

[329] DF I. 502, S. 433: sedula peticione karissimi amici nostri Heinrici illustris regis Anglie inducti.

[330] *Regesta Imperii*, IV, 2,2, S. 243, Nr.1530; Knut Görich, *Friedrich Barbarossa: Eine Biograhie*, S. 642 f.; Idem., Karl der Größe - ein 'politischer' Heiliger im 12. Jahrhundert?, S. 122, Abb. 1; Jürgen Petersohn, Kaisertum und Kultakt in der Stauferzeit, in: idem (Hg.), *Politik und*

使に囲まれた聖母マリアの両側にフリードリヒ・バルバロッサとその妃ベアトリクスが，裏側中央には使徒ペテロとパウロに囲まれた主イエス・キリストの両側に国王コンラート3世とシュヴァーベン大公フリードリヒが彫られており，シュタウファー朝の系譜が表現されている。現在ルーブル美術館に所蔵されているこの聖遺物入れよりもさらに有名なのが，1215年に制作されたより豪華なカール大帝の聖遺物入れだ[331]。

1170年前後，シュタウフェン周辺で，カール大帝の系譜の政治的利用を確認することができるが，それに対抗する形でハインリヒ獅子公は，僧コンラートの『ロランの歌』，そして『ハインリヒ獅子公の福音書』をまとめさせたのである。

21　ハインリヒ獅子公の memoria[332]

ハインリヒ獅子公は，1173年にブラウンシュヴァイクの聖ブラジウスを再建した[333]。それまでヴェルフェン家の菩提教会はリューネブルクの聖ミヒャエリスだったが[334]，統治拠点であるプファルツ建設と並び，死者祈念「memoria」においてもブラウンシュヴァイクの重要性が増していった。

聖ブラジウスとの特別な結び付きを象徴する出来事が1188年の聖母

Heiligenverehrung, Sigmaringen 1994, S. 101-146. ここでは S. 110; Michael Borgolte, Der König als Stifter. Streiflichter auf die Geschichte des Willens, in: *Stiftungen und Stiftungswirklichkeiten*, Michael Borgolte (Hg.), Berlin 2000, S. 39-58.

331)　Knut Görich, Karl der Größe - ein 'politischer' Heiliger im 12. Jahrhundert?, S. 123, Abb. 2 及び S. 128, Abb. 3.

332)　寄進者と Memoria に関する包括的な研究は，Christine Sauer, *Fundatio und Memoria. Stifter und Klostergründer im Bild 1100-1350*, Göttingen 1993; Otto Gerhard Oexle, *Die Memoria Heinrichs des Löwen*, S. 145; idem, Fama und Memoria Heinrichs des Löwen: Kunst im Kontext der Sozialgeschichte. Mit einem Ausblick auf die Gegenwart, in: Joachim Ehlers, Dietrich Kötzsche (Hgg.), *Der Welfenschatz und sein Umkreis*, Mainz 1998, S. 1-25.

333)　*Annales et notae Sancti Blasii Brunsvicensis*, O. Holder-Egger (ed.), MGH SS 24, Hannover 1879, S. 823-827. ここでは S. 824: Anno Domini 1195. Obiit Dux Heinricus Leo, fundator noster secundus.

334)　Eckhard Michael, Die Klosterkirche St. Michael in Lüneburg als Grablege der Billunger und Askanier, in: Hans Patze, Werner Paravicini (Hgg.), *Fürstliche Residenzen inm spätmittelalterlichen Europa*, Sigmaringen 1991, S. 393-410.

図 4-11　ハインリヒ獅子公とマティルデの墓像

マリア祭壇への寄進である[335]。1223 年のライン宮中伯ハインリヒの確認証書（UHdL121）では，「この寄進はハインリヒ獅子公とマティルデの追悼「*memoria*」のために行われた」と記されている[336]。翌 1189 年 6 月 28 日マティルデは亡くなり，おそらく現在葬られている場所，すなわち寄進した聖母マリア祭壇の足元に葬られたと推定される。

　皇帝ハインリヒ 6 世との会見が準備されていた 1194 年 2 月ザールフェルト Saalfeld へ赴く途上，ハインリヒ獅子公は落馬し，致命的な怪我を負った。このため 3 月に延期されたティレダ Tilleda での会見で最終的な和解が成立し，皇帝ハインリヒ 6 世はハインリヒ獅子公を全き恩

335）　*Annales et notae Sancti Blasii Brunsvicensis*, O. Holder-Egger (ed.), S. 824: Anno Domini 1188. Dedicatum est altare Sancte Marie in choro. この寄進はハインリヒ獅子公，大公妃マティルデ両名によって行われたものだったが，1223 年の宮中伯ハインリヒの確認証書（UHdL121）では，マティルデ一人を寄進者としている。

336）　UHdL121: *ob salutarem et piam anime eius et carorum suorum memoriam*; Cf. Willibald Sauerländer, Zur Stiftertumba für Heinrich dern Löwen und Herzogin Mathilde in St. Blasius in Braunschweig, in: Joachim Ehlers, Dietrich Kötzsche (Hgg.), *Der Welfenschatz und sein Umkreis*, Mainz 1998, S. 439-483, S. 442.

寵（in plenam gratiam）のもとに受け入れている[337]。だがこの事故が原因となり，1195年8月6日ハインリヒ獅子公は永遠の眠りについた[338]。ハインリヒ獅子公は妃マティルデとともに，ブラウンシュヴァイクの聖ブラジウスに埋葬されたが，1245年頃装飾を極力排除した，ハインリヒ獅子公を象徴する獅子も，盾も，冠も，天使も彫られてはいない[339]，極めてシンプルな墓像 Tumba に納められた（図4-11）[340]。

22　ハインリヒ獅子公の残光

　ハインリヒ獅子公の生涯を総括することは容易ではない。領邦君主たちがひしめき合う群雄割拠の時代，大公権力を中心としたヒエラルキーの強化を目指した領邦統治においては，二つの大公領を失ったハインリヒ獅子公は「失墜」という評価に甘んじる結果にならざるを得ない。だが，外交面で言えば英仏両方に領土を有するプランタジネット家との婚姻関係と国外追放により，子供たちが国境を越えたネットワークを構築する礎を築いた。文化政策の観点から言えば，ハインリヒ獅子公が統治拠点に据えたブラウンシュヴァイクを中心に，歴史叙述の編纂を後押しし，文芸作品のパトロンとなり，教会の文化財等文化面でも重要な足跡を残している。ハインリヒ獅子公の記憶と深く結び付いているブラウンシュヴァイクの獅子像は，1300年頃制作された『エプストルフ世界地

---

337)　*Annales Stederburgenses*, S. 229: Dux itaque, aliquantum receptis viribus suis, ad diem et locum sibi constitutum venit, et in plenam gratiam imperatoris ibi receptus est.

338)　*Annales Stederburgenses auctore Gerhardo praeposito*, Georg Heinrich Pertz (ed.), S. 231.

339)　Willibald Sauerländer, Zur Stiftertumba für Heinrich der Löwen und Herzogin Mathilde, S. 448.

340)　このドイツで最も古い夫婦揃っての墓像 Tumba は1226年以降に制作されたと推定される。Cf. Joachim Ehlers, *Heinrich der Löwe: Eine Biographie*, S. 392 f. 枕と脚台が付いた Tumba は，この時代プランタジネット家の墓所であるフォントヴロー修道院のヘンリ2世とアリエノール，リチャード獅子心王に見られるのみである。Willibald Sauerländer, *Gotische Skulptur in Frankreich. 1140-1270*, München 1970, Nr. 142. Cf. Joachim Ehlers, *Heinrich der Löwe: Eine Biographie*, S. 390; Martin Möhle, Die Krypta als Herrscherkapelle: Die Krypta des Braunschweiger Domes, ihr Patrozinium und das Evangeliar Heinrichs des Löwen, in: *Archiv für Kulturgeschichte* 73 (1991), S. 1-24.

図 *Ebstorfer Weltkarte*』にもブラウンシュヴァイクの都市の象徴として描かれている（図 4-12）[341]。

統治者としてあるべき姿を様々なメディアを使って発信したハインリヒ獅子公は，血脈だけでなく文化芸術面においても，フリードリヒ・バルバロッサと伍する力[342]，あるいはそれ以上の影響力を有していたといってもよいだろう[343]。文化面での直接的関与に関しては十分明らかにできない部分があるにせよ，修道院等で編纂された歴史叙述，文芸作品の成立を後押しした統治者として，ハインリヒ獅子公の人生を，単に

---

341) Hartmut Kugler, *Die Ebstorfer Weltkarte: Die größte Karte des Mittelalters*, 2 Teile, Darmstadt 2020; Jürgen Wilke, *Die Ebstorfer Weltkarte*. Text- und Tafelband, Bielefeld 2001; Hartmut Kugler (Hg.), *Ein Weltbild vor Columbus: die Ebstorfer Weltkarte : Interdisziplinäres Colloquium 1988*, Weinheim 1991. 第二次大戦による戦火で原本は焼失しているが，19 世紀末 1891 年，1896 年に制作された古いファクシミリ版に基づいて，戦後オリジナルの大きさで四つのファクシミリが作成された。直径おおよそ 3.57m の極めて大きな「*mappa mundi*」であるこの世界地図は，30 枚の継ぎ合わせから構成されており，都市の建造物の他に，島々，60 ほどの動物たち，河川には魚類が描かれている，約 1,500 の説明文が記載されている（Cf. Jürgen Wilke, *Die Ebstorfer Weltkarte.*, S. 11, Anm. 14.）。地図の中心にイェルサレムが，その他ローマ，アーヘン，ケルン，ブラウンシュヴァイクそして制作場所と考えられた Ebstorf 修道院のあるリューネブルクなどが描かれている。欠落している左下部分のすぐ右上に，説明文はないがブラウンシュヴァイクを象徴する建造物として獅子像が描かれている。長らく，プランタジネット家のヘンリ王子とオットー 4 世と近い関係にあるティルビリ Tilbury のゲルウァシウス Gervasius の作と考えられていたが，Kugler, Wilke による文献研究により否定されている。ティルビリのゲルウァシウスと，エプストルフ修道院助祭を 1223 年から 1234 年まで務めたゲルウァシウス，2 人のゲルウァシウスを巡る論争に関しては，Armin Wolf, Gervasius von Tilbury und die Welfen. Zugleich Bemerkungen zu Ebstorfer Weltkarte, in: Bernd Schneidmüller (Hg.), *Die Welfen und ihr Braunschweiger Hof im hohen Mittelalter*. Wiesbaden 1995, S. 407-439; Armin Wolf, Kriterien zur Datierung der Ebstorfer Weltkarte, in: Nathalie Kruppa und Jürgen Wilke (Hgg.), *Kloster und Bildung im Mittelalter*, Göttingen 2006, S. 425-469; Armin Wolf, Die „Ebstorfer Karte" und Gervasius von Tilbury – Ein Weltbild im Umkreis des Kaisers, in: Bernd Ulrich Hucker, Stefanie Hahn, Hans-Jürgen Derda (Hgg.), *Otto IV. – Traum vom welfischen Kaisertum*, Petersberg 2009, S. 195-206.

342) Cf. Peter Johanek, Kultur und Bildung im Umkreis FriedrichBarbarossas, in: Alfred Haverkamp (Hg.), *Friedrich Barbarossa. Handlungsspielräume und Wirkungsweisen des staufischen Kaisers*, Sigmaringen 1992, S. 651-677. ここでは S. 654; Peter Ganz, Friedrich Barbarossa: Hof und Kultur, S. 636 ff.

343) フリードリヒ・バルバロッサの宮廷文化については，Odilo Engels, Friedrich Barbarossa im Urteil seiner Zeitgenossen, in: idem, *Stauferstudien*. Beitr:ge zur Geschichte der Staufer im 12. Jahrhundert, Sigmaringen ²1996, S. 225-245; Roman Deutinger, Imperiale Konzepte in der hofnahen Historiographie der Barbarossazeit, in: Stefan Burkhardt, Thomas Metz, Bernd Schneidmüller, Stefan Weinfurter (Hgg.), *Staufisches Kaisertum im 12. Jahrhundert. Konzepte – Netzwerke – Politische Praxis*, Regensburg 2010, S. 25-39.

22 ハインリヒ獅子公の残光

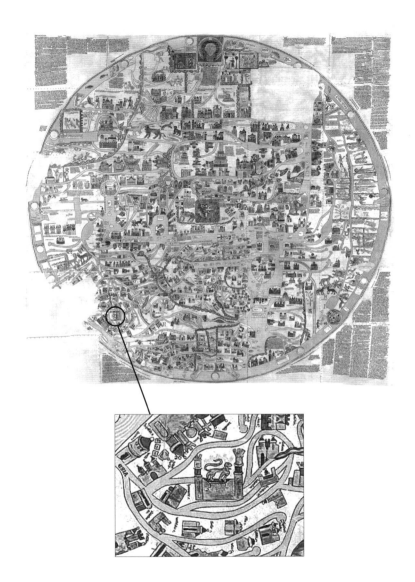

図 4-12　エプストルフ世界地図（1300 年頃制作）の複写図
上：全体図　／　下：ブラウンシュヴァイクの獅子像が描かれた部分
（オリジナルは第二次世界大戦で散逸）

「失墜」という表現で一括りにすることはできない。

　統治者の新たな伝統構築を目指したハインリヒ獅子公は，12 世紀という有力諸侯たちが自己表現に重きを置いた時代の申し子であり，その意味で時代の要請を具現化した統治者だったのである。

V

グローバル・ネットワークの形成と歴史叙述
―― 史実とフィクションの狭間で ――

　波乱万丈の人生を送りながら，皇帝となって帝政を動かす権力を獲得するには至らなかったハインリヒ獅子公だが，イングランド，ビザンツ帝国をはじめ，列強の君主たちと対等に渡り合い，12世紀の外交を牽引するグローバル・リーダーの一人として大きな存在感を示したと言える[1]。若くして参戦したヴェンド十字軍，ビザンツ帝国を経由したイェルサレム巡礼あるいは贖罪の旅であるサンティアゴ・デ・コンポステーラ巡礼は，異なる風土を肌で感じる機会をもたらしたに違いない。何より帝国追放となり，イングランド，ノルマンディに滞在を余儀なくされ，異国の文化・習俗に触れたことは，ハインリヒ獅子公自身のみならず，同行した次世代を担うヴェルフェン家の子弟・子女たちに大きな影響を与えた。
　ドーヴァー海峡を跨いで大陸とイングランド両側に領土を有したプランタジネット王家の一員としてふさわしい養育を受けた彼らもまた，異なる文化圏をよく知るグローバル・リーダーとして成長していくことになる。

---

1) ボーザウのヘルモルトは，1164年ビザンツ皇帝マヌエル1世の使節がハインリヒ獅子公との会見のためブラウンシュヴァイクに来訪したことを伝えている。Helmold von Bosau, *Die Slawenchronik*, c. 101, S. 352 f.

1　グローバル・リーダーの育成
──リチャード獅子心王とオットー4世

　ハインリヒ獅子公の3人の息子の中でも，リチャード獅子心王との結び付きがとりわけ強かったのは後に皇帝となるオットー（1175/76-1218）である。1193年オットーはリチャード獅子心王の解放の条件に，弟ヴィルヘルムとともに人質としてハインリヒ6世に引き渡されている。翌年1194年2月にリチャード獅子心王は，ケルン銀貨15万マルクという法外な身代金と，60名を超える人質と引き換えに解放された[2]。人質となったオットーを解放するために，リチャード獅子心王はオットーを十字軍に同行させることを皇帝ハインリヒ6世に願い出たが，これは受け入れられず，その代わりに3名の家臣を付けるという同意を取り付けた[3]。

　1194年の後半リチャード獅子心王とスコットランド国王ウィリアムの間で，イングランドに戻ったオットーと，国王ウィリアムの娘マルガレーテとを結婚させようという交渉が行われた。リチャード獅子心王はオットーに，スコットランド国境のノーサンバーランドNorthumberlandとカーライルCarlisleを授封し，あわよくばまだ息子のいないウィリアムの後継者としてオットーをスコットランド国王にと考えたのである。だがこの計画は王位継承権を有するウィリアムの弟のハンティンドン伯デイヴィッドと，ダンバーDunbar伯など貴族層の反対によって，1195年の降誕祭に締結される直前に頓挫した[4]。

　1195年8月6日に亡くなったハインリヒ獅子公は，正式な文書では

　2）　Cf. Bernd Ulrich Hucker, *Kaiser Otto IV.*, S. 12; Cf. Sonja Zöller, *Kaiser, Kaufmann und die Macht des Geldes*, S. 313.

　3）　*Regesta Imperii* IV, 3 (= *Die Regesten des Kaiserreichs unter Heinrich VI. 1165 (1190)-1197*), bearb. Gerhard Baaken, Wien/Köln 1972, Nr. 337; *The Historical Works of Master Ralph de Diceto, Dean of London*, William Stubbs (ed.), vol. 2, p. 118.

　4）　*Chronica Magistri Rogeri de Houedene (A.D. 732-1201)*, William Stubbs (ed.), vol. 3, pp. 298 f. 及び p. 308.

1 グローバル・リーダーの育成 313

ないものの遺言の形で後継者への相続を示している[5]。長男ハインリヒはブラウンシュヴァイク公（dux de Brunswick）に、オットーはハルデンスレーベンを、ヴィルヘルムはリューネブルク公（dux de Luneburch）とされている。一見するとオットーへの相続分が少ないが、おそらくリチャード獅子心王からのオットーへの授封と、進みつつある結婚計画が影響したものと考えられる[6]。

リチャード獅子心王から1190年ヨークを[7]、続いてポワトゥ北東部のラ・マルシェ伯領など数々の重要な領地を授封されていたオットーは[8]、1196年リチャード獅子心王から刀礼を受けポワトゥ伯に任じられた[9]。オットーは、証書類においてポワトゥ伯と並んでアキテーヌ大公（dux Aquitanie et comes Pictavie）と称されているが、これは共同統治者を意味していたにすぎない[10]。リチャードから目をかけられていたオットーは、リチャードとフランドル伯との盟約文書で、リチャードの弟で後に国王となるジョンの次に名を連ねているが、これもまたオットーにリチャードが重きを置いていた証左といえよう[11]。

1197年9月28日シチリア遠征中皇帝ハインリヒ6世が熱病で亡くなると、シュタウファー朝の王位継承を巡る不安定な状況が露呈した。王位継承者であるフリードリヒはまだ幼く、皇帝ハインリヒによって代理人に任じられていた末弟シュヴァーベン大公のフィリップ（1177-1208）

---

5) UHdL 140; Bernd Ulrich Hucker, Das Testament Heinrich des Löwen, in: *Niedersächsisches Jahrbuch für Landesgeschichte* 56 (1984), S. 193-201; Andrea Briechle, *Heinrich Herzog von Sachsen und Pfalzgraf bei Rhein: ein welfischer Fürst an der Wende vom 12. zum 13. Jahrhundert*, Heidelberg 2013, S. 95.

6) Bernd Ulrich Hucker, *Kaiser Otto IV.*, S. 14.

7) Ibid., S. 9; Jens Ahlers, *Die Welfen und die englischen Könige 1165-1235*, S. 170, Anm. 852.

8) Jens Ahlers, *Die Welfen und die englischen Könige 1165-1235*, S. 170, Anm. 852.

9) 授封の時期ははっきりしないが、早くても1196年初頭と考えられる。Cf, Jens Ahlers, *Die Welfen und die englischen Könige 1165-1235*, S. 171, Anm. 862; Joachim Ehlers, *Heinrich der Löwe: Eine Biographie*, S. 371 f.

10) *Layettes du Tredor des chartes*, Alexandre Teulet (ed.), ND 1977, vol. 2, p. 2256: De comitatu Pirctavie erat Otto homo ligius regis Ricardi; Cf. Bernd Ulrich Hucker, *Kaiser Otto IV.*, S. 14, Anm. 37; Jens Ahlers, *Die Welfen und die englischen Könige 1165-1235*, S. 172 f., 176 f.

11) *Diplomatic documents preserved in the Public Record Office I, 1101-1272*, Pierre Chaplais (ed.), London 1964, Nr. 7, p. 19; Jens Ahlers, *Die Welfen und die englischen Könige 1165-1235*, S. 175.

図 5-1
『ケルン国王年代記』に描かれた
シュヴァーベンのフィリップ
(Brüssel, Bibliothèque Royale, Ms. 467, 13 世紀)

が継承候補者として名乗りを挙げた。(図5-1) ケルン大司教のアルテナのアドルフは、本来国王選挙で第一声 *prima vox* を発するマインツ大司教コンラートが十字軍に参戦していたため、その代行者として[12]、同年12月ルーアンにいるリチャード獅子心王に宛てて、翌1198年2月22

---

12) Cf. *Chronica Magistri Rogeri de Houedene (A.D. 732-1201)*, William Stubbs (ed.), vol. 4, pp. 28 f.; Cf. *Regesta Archiepiscoporum Moguntinensium: Regesten zur Geschichte der Mainzer Erzbischöfe von Bonifatius bis Uriel von Gemmingen 742?-1514, Bd. II: Von Konrad I. bis Heinrich II.,1161-1288*, Johann Friedrich Böhmer, Cornelius Will (bearb.), Innsbruck 1886, Aalen ND 1966, S. 108, Nr. 372: 10 月 28 日; 国王選挙に関しては、Hugo Stehkämper, Über das Motiv der Thronstreit-Entscheidungen des Kölner Erzbischofs Adolf von Altena 1198-1205: Freiheit der fürstlichen Königswahl oder Aneignung des Mainzer Erstkurrechts, in: *Rheinische Vierteljahrblätter* 67 (2003), S. 1-20; idem, *Der Kölner Erzbischof von Altena und die deutsche Königswahl (1195-1205)* (= Historische Zeitschrift Beiheft 2), München 1973, S. 5-83; Ulrich Schmidt, *Königswahl und Thronfolge im 12. Jahrhundert*, Köln/Wien 1987; Franz-Reiner Erkens, *Der Erzbischof von Köln und die deutsche Königswahl: Studien zur Kölner Kirchengeschichte, zum Krönungsrecht und zur Verfassung des Reiches (Mitte 12. Jahrhundert bis 1806)*, Siegburg 1987.

1 グローバル・リーダーの育成　　　315

日にケルンで開催される選挙への招聘書簡を送っている[13]。

　1198年3月6日テューリンゲン Thüringen において，シュヴァーベン大公フィリップが，彼の支持者たちによって国王に選出された[14]。国王候補には，他にもシュタウファー朝と敵対するツェーリンゲンのベルトルト5世の名が挙がっていた[15]。ツェーリンゲンのベルトルトは，選出のためにすでに選挙人たちに資金を投入していたが，彼らから更なる要求を受けて候補から退き，フィリップのもとに下ったのであった[16]。

　リチャード獅子心王は当初，ハインリヒ獅子公の長男で彼にとっては甥にあたるブラウンシュヴァイクのハインリヒ（1173/74-1227）をドイツ国王候補にと考えていた[17]。しかしハインリヒはいまだ十字軍から戻っておらず，その弟のオットー擁立に路線を変更したのである[18]。ケルン大司教アドルフとの交渉は難航したが，ケルン大司教は前任者ハインスベルクのフィリップ以来シュタウファー朝と敵対関係にあり，シュヴァーベン大公フィリップを容認できなかったアドルフは，結局ケルン大司教領にとって脅威となりうるライン宮中伯である兄ハインリヒよりも，帝国では特に強力な権力基盤を持たないオットー擁立の側に回った

13） Cf. Jens Ahlers, *Die Welfen und die englischen Könige 1165-1235*, S. 179 f.; *Chronica Magistri Rogeri de Houedene (A.D. 732-1201)*, William Stubbs (ed.), vol. 4, pp. 37 f.; Cf. J. F. Böhmer, *Regesta Archiepiscoporum Moguntinensium*, Nr. 383, S. 110.

14） *Regesta Imperii*, V, 1,1, (= *Die Regesten des Kaiserreichs: unter Philipp, Otto IV., Friedrich II., Heinrich (VII.), Conrad IV., Heinrich Raspe, Wilhelm und Richard: 1198-1272*), nach der Neubearbeitung und dem Nachlasse J.F. Böhmer's neu herausgegeben und ergänzt von Julius Ficker, Innsbruck 1881, S. 6-7, Nr.15a.

15） *Die Chronik von St. Blasien und die Marbacher Annalen*, Franz-Josef Schmale (Hg. u. übers.), Darmstadt 1998, S. 202 f.; *Ottonis de Sancto Blasio Chronica*, Adolf Hofmeister (ed.), MGH SS rer. Germ. 47, Hannover/Leipzig 1912, 1-88, S. 73; *Quellen zur Geschichte der Welfen und die Chronik Burchards von Ursberg*, Matthias Becher (Hg. u. übers.), S. 236 f.; *Burchardi praepositi Urspergensis Chronicon*, Oswald Holder-Egger (ed.), MGH SS rer. Germ. 16, Hannover 1916, S. 79; *Chronica regis Coloniensis*, Georg Waitz (ed.), S. 162.

16） Cf. Jens Ahlers, *Die Welfen und die englischen Könige 1165-1235*, S. 181.

17） Andrea Briechle, *Heinrich Herzog von Sachsen und Pfalzgraf bei Rhein: ein welfischer Fürst an der Wende vom 12. zum 13. Jahrhundert*, Heidelberg 2013.

18） *Chronica Magistri Rogeri de Houedene (A.D. 732-1201)*, William Stubbs (ed.), vol. 4, p. 38: Ipse vero rex Angliae modis omnibus nitebatur efficere, quod Henricus dux Saxoniae, nepos ejus, fieret imperator. Sed quia ipse nondum de peregrinatione sua redierat, et mora ad se periculum trahebat, praefatus rex Angliae effecit adversus archiepiscopos Coloniensem et Maguntinum, et adversus quosdam aliorum magnatum Alemanniae, quod ispi elegerunt Othonem nepotem suum, fratrem praedicti Henrici ducis Saxoniae, in imperatorem.

のであった[19]。

　リチャード獅子心王，フランドル伯ボードゥアン，ケルン大司教アドルフの支持を得たオットーは，1198年6月9日ケルンで議を経て国王に選出[20]，7月12日新たにしつらえられた帝国権標によって，ケルン大司教アドルフによってアーヘンで戴冠された[21]。オットーは，教皇インノケンティウス3世（在位1198-1216）に対して，ケルンでの選出から7月の戴冠までの間に，教皇の意向に沿った統治，すなわち教皇の所領を守り，維持し，欠けているものに関しては回復するために力を尽くすこと，現教皇とその後継者を敬い，忠実であること，ローマの民，トスカーナ及びロンバルディア同盟の良き慣習の維持のため教皇の助言と意志に従うこと，フランス国王フィリップと和平を結ぶこと，もし教会がフィリップと戦争に至る場合は，その費用を供出することを約束する誓約を立てた[22]。さらにケルン大司教アドルフに対してもその特権を認める証書を発給し，その足固めをしている[23]。

　アーヘンでの戴冠前日の1198年7月11日，その時点では息子がま

　19）　*Chronica regis Coloniensis*, Georg Waitz (ed.), S. 163; *Quellen zur Geschichte der Welfen und die Chronik Burchards von Ursberg*, Matthias Becher (Hg. u. übers.), S. 236 f.; *Ottonis de Sancto Blasio Chronica*, Adolf Hofmeister (ed.), S. 73; *Annales Stadenses auctore M. Alberto*, Georg Heinrich Pertz (ed.), S. 353; Continuationes Weingartenses Hugonis et Honorii chronicorum, Georg Heinrich Pertz (ed.), S. 480; Hugo Stehkämper, England und die Stadt Köln als Wahlmacher König Ottos IV., in: *Mitteilungen aus dem Stadtarchiv Köln* 60 (1971), S. 213-244, S. 237 f.; idem, *Der Kölner Erzbischof von Altena und die deutsche Königswahl (1195-1205)*, München1973, S. 5-83; Cf. Jens Ahlers, *Die Welfen und die englischen Könige 1165-1235*, S. 182 f.; Karl Wand, Die Englandpolitik der Stadt Köln und ihrer Erzbischöfe im 12. und 13.Jahrhundert, in: *Aus Mittelalter und Neuzeit, Festschrift für Gerhard Kallen*, Bonn 1957, S. 77-95.

　20）　*Regesta Imperii*, V, 1,1, S. 56, Nr. 198 f ; Richard Knipping, *Die Regesten der Erzbischöfe von Köln im Mittelalter*, II: 1100-1205, Bonn 1901 ND 1964, Nr. 1541-1543, S. 314 f.

　21）　*Regesta Imperii*, V, 1,1, S. 57, Nr. 200 i; Bernd Ulrich Hucker, *Kaiser Otto IV.*, S. 24 f.; オットーの権標に関しては，idem, Die imperiale Politik Kaiser Ottos IV., in: Bernd Ulrich Hucker, Stefanie Hahn, Hans-Jürgen Derda (Hgg.), *Otto IV. – Traum vom welfischen Kaisertum*, Petersberg 2009, S. 81-90; インノケンティウス3世にオットーの選出と戴冠を知らせるオットー，ケルン大司教アドルフ，フランドル伯ボードゥアン，ダクスブルク伯アルベルトの書簡は，Const. 2, Nr. 18-22.

　22）　Const. 2, Nr. 16. この誓約は1201年更新されている。Cf. Const. 2, Nr. 23 及び *Regesta Imperii*, V, 1,1, S. 64, Nr. 217.

　23）　Const. 2, Nr. 17; *Urkundenbuch für die Geschichte des Niederrheins*, Theodor Josef Lacomblet (Hg.), Bd.1: *Von dem Jahr 779 bis 1200 einschliesslich*, Düsseldorf 1840, ND 1960, Nr. 562, S. 392.

1 グローバル・リーダーの育成　　317

図 5-2　帝国権標（王冠，宝珠，王笏）を持つ皇帝フリードリヒ・バルバロッサ
とハインリヒ 6 世（向かって左側）とシュヴァーベン大公フリードリヒ
（『ヴェルフェン家の歴史』Fulda, Hochschul- und Landesbibliothek, Handschrift D 11, fol. 14r）

だいなかったブラバント大公アンリの娘マリアとオットーの婚約の儀が整えられた[24]。ブラバント大公アンリは十字軍の途上にあったが，マリーの母マティルデは，ブーローニュ伯マシューを父に，イングランド王女のマリアを母に持ち，イングランドの血筋を引いていた。一方シュヴァーベンのフィリップは，1193 年に結婚してすぐに亡くなったシチリア国王ロジェール 3 世の妃だったビザンツ皇女イレーネ（マリア）と，1197 年に婚姻を成立させていた[25]。シュヴァーベンのフィリップは，

24) Bernd Ulrich Hucker, *Kaiser Otto IV.*, S. 37 f.
25) イレーネはこの婚姻以降帝国側の史料ではマリア名で表記されている。Cf. Bernd Schütte, *König Philipp von Schwaben : Itinerar, Urkundenvergabe, Hof*, Hannover 2002, S. 47; *Die*

1198年6月29日フランス国王フィリップと同盟を結び[26]、9月8日シュタウファー側が保持していた正統な帝国権標によりマインツで戴冠された。(図 5-2) これにより、ドイツ国王選出を巡ってプランタジネット朝とカペー朝の対立が先鋭化することになった。

オットーのドイツ国王擁立支持には、オットーの兄で、1198年からオットーの証書類で、ライン宮中伯 (*comes palatinus Rheni*) という称号と並んでザクセン大公 (*dux Saxonie*) として登場するブラウンシュヴァイクのハインリヒの他[27]、ナミュール伯フィリップ、リンブルク大公ハインリヒ、ホラント伯ディルク、ブラバント大公アンリなど[28]、いずれもイングランド国王リチャード獅子心王が定期金レーエンによってその支持を獲得していた諸侯が与していた[29]。ペルシュ伯ジョフロワもまたカペー王家の家臣であったが、オットー支持に回っていた[30]。

リチャード獅子心王は、オットー支持を確実にするために多額の資金を投入するとともに[31]、教皇インノケンティウス3世に書簡を送っている[32]。シュヴァーベンのフィリップを支持するフランス国王フィリップとその離婚問題で対立していたインノケンティウス3世はオットー支持に傾いていたが[33]、1198年降誕祭前プランタジネット王家とカペー朝の

Urkunden Philipps von Schwaben und Otto IV. <1198-1212>, Paul Zinsmaier, Stuttgart 1969; Peter Csendes, *Philipp von Schwaben: ein Staufer im Kampf um die Macht*, Darmstadt 2003, S. 97.

26) Const. 2, Nr. 1: pactum cum Philippo II. Rege Franciae, S. 1 f.

27) Bernd Ulrich Hucker, *Kaiser Otto IV.*, S. 40, Anm. 66.

28) ハインリヒは教皇インノケンティウス3世宛ての支持者の書簡に賛同している。*Regestum Innocentii III Papae super negotio Romani Imperii*, Friedrich Kempf (ed.), Roma 1947, Nr. 10: Ego Heinricus, dux Lotharingie, qui et Brabantie, marchio Romani imperii elegi et subscripsi; Cf. Bernd Ulrich Hucker, *Kaiser Otto IV.*, S. 38, Anm. 56.

29) Bryce D. Lyon, The Money Fief under the English Kings, 1066-1485, in: *English Historical Review* 66 (1951), p.161-193; ブラバント大公アンリは1194年以来定期金レーエンをイングランドから得ている。Bernd Ulrich Hucker, *Kaiser Otto IV.*, S. 38; Cf. Jens Ahlers, *Die Welfen und die englischen Könige 1165-1235*, S. 188.

30) *Chronica Magistri Rogeri de Houedene (A.D. 732-1201)*, William Stubbs (ed.), vol. 4, p. 54.

31) Bernd Ulrich Hucker, *Kaiser Otto IV.*, S. 25 ff.; Cf. Jens Ahlers, *Die Welfen und die englischen Könige 1165-1235*, S. 189 ff.

32) *Regestum Innocentii III*, Nr. 4, S. 13-15; Cf. Jens Ahlers, *Die Welfen und die englischen Könige 1165-1235*, S. 191, Anm. 994.

33) 1203年にインノケンティウス3世がオットーに送った書簡で、当初からオットー支持だったと表明している。*Regestum Innocentii III*, Nr. 105, p. 262, Z. 11-14; Cf. Jens Ahlers,

和平交渉に，枢機卿カプアのペトルスをフランスへと派遣している[34]。オットーは，1199年初頭インノケンティウス3世に宛てて彼の選出告知と[35]，それを支持するミラノのポデスタのジョバンニ・ルスカ[36]，フランドル伯ボードゥアン[37]，ダクスブルクのアルベルト[38]，ケルン大司教アドルフ[39]，その他の諸侯たちの推挙状[40]を送付している[41]。

オットー[42]とシュヴァーベンのフィリップ[43]，リチャード獅子心王[44]，そしてフランス国王フィリップ[45]からそれぞれ教皇インノケンティウス3世に宛てて，誰を支持するか態度の明示を求める書簡が送られると，教皇インノケンティウス3世は，ようやく1199年5月3日付の書簡で誰を支持するか間もなく表明するだろうと返答した[46]。そして5月20日に，彼が将来教会に恭順を示すならばという条件を付けて，オットーを推薦する旨を告知した[47]。しかし，教皇の態度表明を待つことなく，列強との外交交渉の要であったリチャード獅子心王が，1199年4月6日ポワトゥの家臣たちとの戦いで亡くなってしまう。彼の死によってオットーは大きな後ろ盾を失うことになったのである。

2　選挙資金の調達とケルン商人

オットーの選出のために，リチャード獅子心王は各所から資金援助

Die Welfen und die englischen Könige 1165-1235, S. 192.
34)　*Chronica Magistri Rogeri de Houedene (A.D. 732-1201)*, William Stubbs (ed.), vol. 4, p. 73.
35)　*Regestum Innocentii III*, Nr. 3.
36)　Ibid., Nr. 6.
37)　Ibid., Nr. 7.
38)　Ibid., Nr. 8.
39)　Ibid., Nr. 9.
40)　Ibid., Nr. 10.
41)　Cf. Jens Ahlers, *Die Welfen und die englischen Könige 1165-1235*, S. 195.
42)　*Regestum Innocentii III*, Nr. 3.
43)　Ibid., Nr. 12.
44)　Ibid., Nr. 4, 5.
45)　Ibid., Nr. 13.
46)　Ibid., Nr. 2, S. 6-9.
47)　Ibid., Nr. 11, S. 27-29.

を得ていた。例えば教皇インノケンティウス3世の支持獲得のためローマに派遣した外交使節の費用は，ピアチェンツァの商人スペロヌスSperonusとバガロトゥスBagarotusが銀貨2,125マルクを用立てており，1199年8月25日までに返済の約束をしている[48]。度々リチャードに資金援助をしていたイーペルIeper/Ypresのフゴ・オイゼルは，リチャードの死後の1199年後半さらに銀貨1,000マルクをオットーのために用立てた[49]。

とりわけリチャード獅子心王の資金援助の基盤となったのは，イングランドとケルン商人の強い結び付きである。ライン河沿岸の交通の要所に位置していたケルンは，イングランドの重要な交易パートナーであり，ハンザ都市の外地商館が置かれていたロンドンとの交易で繁栄していた[50]。12世紀ケルンのマルク銀貨 (*marca puri argenti*) は233.85gの銀と等価とされ，基軸通貨として中央ヨーロッパのみならず地中海沿岸まで広く流通していた[51]。

1157年もしくは1176年にリチャード獅子心王の父ヘンリ2世が，ワインに関してケルン商人が持ち込むライン産ワインをフランス産ワインと同じ条件で取引するという条件で優遇し[52]，ロンドンの商館であるギルド・ホールを保護下に置くとともに，これまで慣習的に課せられてい

---

48) *Rotuli chartarum in turri Londinensi*, I pars 1, ab anno 1199 ad annum 1216, Thomas Duffus Hardy (ed.), London 1837, p. 31 a; Bernd Ulrich Hucker, *Kaiser Otto IV.*, S. 36.

49) *Rotuli chartarum in turri Londinensi*, I pars 1, p. 11; Bernd Ulrich Hucker, *Kaiser Otto IV.*, S. 30 f., S. 36; Jens Ahlers, *Die Welfen und die englischen Könige 1165-1235*, S. 198 f.

50) ケルン市に関する史料としてはまず，Leonard Ennen, Gottfried Eckertz (Hgg.), *Quellen zur Geschichte der Stadt Köln*, 6 Bde., Köln 1860-1879, ND Aalen 1970.

51) Cf. Sonja Zöller, *Kaiser, Kaufmann und die Macht des Geldes*, S. 27及びS. 45; Edith Ennen, Kölner Wirtschaft im Früh- und Hochmittelalter, in: Hermann Kellenbenz (Hg.), *Zwei Jahrtausende Kölner Wirtschaft*, 2 Bde., Köln 1975. Bd.1, S. 87-193. ここではS. 144; Elisabeth Nau, Münzen und Geld in der Stauferzeit, in: Reiner Haussherr (Hg.), *Die Zeit der Staufer: Geschichte, Kunst, Kultur: Katalog der Ausstellung [Stuttgart, Altes Schloß und Kunstgebäude, 26. März-5. Juni 1977]*, 5 Bde., 1977-1979. Bd. 3, S. 87-102. ここではS. 93.

52) *Hansisches Urkundenbuch*, Bd. 1, Verein für Hansische Geschichte (Hg.), Halle 1876. Nr. 13 (= *Quellen zur Geschichte der Stadt Köln, Bd. 1, Nr. 69)*: Heinricus Dei gracia rex Anglie et dux Normannie et Aquitanie et comes Andegavie vicecomitibus et ballivis suis Lundensibus salutem. Concedo, ut homines Colonienses vendant vinum suum ad forum, quo venditur vinum Franciginum, scilicet sextarium pro 3 denariis. Et ideo prohibeo, ne ipsi inde disturbentur ne aliquis super hoc injuriam eis faciat vel contumeliam. Testibus Ricardo de Luci et Wilhelmo filio Aldelmi dapifero. Apud Norhampton.

なかった，あるいは強制されることのなかった新たな税や規制をかけることを禁止した[53]。さらにリチャード獅子心王は，自身の解放のために多額の費用を用立てたケルン市民に対して，1194年関税の全廃と自由な交易活動・市場交易を承認した[54]。リチャード獅子心王がニーダーラインの諸侯たちとの臣従関係において導入した定期金レーエンなど，オットー選出のためにリチャード獅子心王が投入した莫大な資金は，重要な交易パートナーであったケルンとの良好な関係がなければ，不可能だったといっても過言ではない[55]。

3 ケルン商人『善人ゲールハルト』

オットーの選出にケルン商人が大きく貢献したことをナラティブに

---

53) *Hansisches Urkundenbuch*, Bd. 1, Nr. 14 = *Die Quellen zur Hanse-Geschichte*, Rolf Sprandel (Hg.), Darmstadt 1982, S. 170 f., B.1: Henricus Dei gracia rex Anglie et dux Normannie et Aquitanie et comes Andigavie iusticiariis, vicecomitibus et omnibus ministris suis Anglie salutem. Precipio vobis, quod custodiatis et manuteneatis et protegatis homines et cives Colonienses sicut homines meos proprios et amicos et omnes res et mercaturas suas et possessiones, ita quod neque de domo sua Londonensi gildhalla sua neque de rebus neque de mercaturis suis aut aliquibus aliis ad eos spectantibus iniuriam aliquam vel contumeliam eis faciatis nec fieri permittatis, quia fideles mei sunt et ipsi et omnia sua sunt in custodia et protectione mea. Et ideo firmam pacem habeant faciendo rectas consuetudines suas, et nullas exigatis ab eis novas consuetudines vel rectitudines, quas facere non debeant nec facere solebant. Et si quis eis super hoc in ali quo forifecerit, plenariam eis inde sine dilacione iusticiam fieri faciatis. Testibus Ricardo de Luci, Wilhelmo filio Aldelmi dapifero. Apud Norhampton; Philippe Dollinger, neu bearbeitet von Volker Henn und Nils Jörn, *Die Hanse*, Stuttgart 2012, S. 5 及び S. 503 f., Anhang, Nr. 2 も参照。年号が記載されていないこの特権状の発給時期を Hansisches Utkundenbuch では 1157 年，Dollinger も 1157 年としているが，新たになされたそのドイツ語翻訳では 1176 年としている。: Cf. ケルンのワイン交易に関しては，J. L. Bolton, *Money in the medieval English economy, 973-1489*, Manchester 2012; Nick Baratt, Finance and the Economy in the Reign of Henry II, in: Christopher Harper-Bill, Nicholas Vincent (eds.), *Henry II: new interpretations*, Woodbridge 2007, pp. 242-256; J. L. Bolton, *The medieval English economy: 1150-1500*, London 1980.

54) *Hansisches Urkundenbuch*, Bd. 1, Nr. 40 (= *Quellen zur Geschichte der Stadt Köln, Bd. 1, Nr. 109*).

55) Hugo Stehkämper, England und die Stadt Köln als Wahlmacher König Ottos IV.(1198), in: *Mitteilungen aus dem Stadtarchiv Köln* 60 (1971), S. 213-244; idem, Geld bei Königswahlen des 13. Jahrhunderts, in: Jürgen Schneider (Hg.),*Wirtschaftskräfte und Wirtschaftsweg: Festschrift für Hermann Kellenbenz* 1, Stuttgart 1978, S. 83-136.

語っているのが，1208年もしくは1225年頃エムスのルドルフによって中高ドイツ語で書かれた『善人ゲールハルト der guote Gêrhart』である[56]。同時期に成立した他の叙述作品とは異なり，『善人ゲールハルト』の主人公は騎士ではなく，ケルンの大商人ゲールハルトだ。同名の実在するモデルがおり，またこの物語のあちこちには史実が見え隠れする，極めて興味深い作品である。

　簡単にあらすじを紹介しよう。

　名声を得んがため多くの善行を成してきたオットー大帝（912-973）は，自分が死後どのような報酬を得られるかを知りたいと傲慢にも神に願う。すると，この世の称賛を得られても，償いを成さぬ限りは報酬を受けることはないだろうと諭され，天国の『生命の書』にその名が記されているケルンの善き商人ゲールハルトから彼の善行について直接聞くように告げられた。

　マクデブルクの都城から，ケルン商人ゲールハルトの助言を請うために遥々ケルンの地にやってきた皇帝オットーは，ゲールハルトになぜ善人と呼ばれているのかと問うた。尋ねられたゲールハルトは語るには値しないと話すのを何度も固辞し，もしその命令をとりさげてくれるのであれば銀貨1,000マルクお支払いしましょうとまで申し出た（1053-80行）。しかし語ることこそが神の御心に適っているという皇帝のたっての願いに逆らえず，ようやく事の次第を語り出した。

　ケルン商人ゲールハルトは，地中海，バルト海，そしてロンドンとの交易で活躍する商人だった。やがて一人息子にも，「富裕者ゲールハルト」と呼ばれた父のようになってほしいと願って，莫大な財産を分け，自分は銀貨5万マルクを携えて，異教の地へ旅立つことを決意する。北はバルト海沿岸の地，南はサマルカンド Samarqand，ダマスクスまで足を延ばしたゲールハルトは，嵐で異教徒ムスリムの地に流れ着いた。フランス語は分かるかと問われたゲールハルトは「国もことばもよく存じ

56）Rudolf von Ems, der guote Gêrhart, John A. Asher (ed.), Tübingen, 1962, ND Berlin/Boston 2013. 翻訳は，ルドルフ・フォン・エムス『善人ゲールハルト─王侯・騎士たち・市民たち』平尾浩三訳・編，慶應義塾大学出版会，2005年；Sonja Zöller, Kaiser, Kaufmann und die Macht des Geldes: Gerhard Unmaze von Köln als Finanzier der Reichspolitik und der "Gute Gerhard" des Rudolf von Ems, München 1993.

ておりまする」と答え（1343-76 行），どんな用事でこの地を訪れたのかという問いかけには，自分はドイツ商人でこの地で毎年開かれる市のため数多の商品を携えてきたと答えている（同上）。嵐に遭って漂着したと言わなかったのは，海岸に漂着した難破船の財貨は発見者かその地の住民，あるいはその地を納める領主に帰属するという海難漂着物占有権（ius naufragii/Grundruhr）という慣習法があったためである[57]。この地の領主はモロッコ王に仕えているという設定だが，おそらくイベリア半島を想定して描かれたと考えられる[58]。

　信頼関係を築いたその地の領主ストランムールは，ゲールハルトの持参した豪華な品々と自分の持っている品々とを交換しようと申し出た。さぞかし素晴らしい品物を提供されるのだろうと期待していたゲールハルトを待っていたのは，あろうことか捕虜となったキリスト教徒の老齢の騎士たちと高貴な婦人たちだった。

　ストランムールによれば，彼らはイングランドのものたちで彼らの身代金は銀貨 10 万マルクを下らないだろうという。イングランドの若き王ヴィレハルムが騎士たちを率いてノルウェーに王女を妃に迎えにいったのだが，帰国の途上嵐に遭って，王女たちはこの地に漂着した。訊けばイングランド王ヴィレハルムは途中沈んだ船もろとも波にのまれてしまったという。

　ゲールハルトは，この思いがけないない取引に応じ，ノルウェーから来た姫君を連れてケルンに帰国したが，数多の品々を携えてくることを期待していた彼の妻は不満を漏らした。イングランドあるいはノルウェーからの知らせを待って 1 年経ったものの一向に知らせが届かない。婚約者であるイングランド国王ヴィレハルムへの想いを抱き続ける姫君に，思い切ってゲールハルトは息子との結婚を申し出た。消息の分からぬヴィレハルムのためあと 1 年待ってほしいという姫君の願いを受け入れもう 1 年待ったが，やはり消息は分からずじまいだった。

　ついにゲールハルトの息子で同名のゲールハルトと姫君の婚礼の日が

---

57)　Vilho Niitemaa, *Das Strandrecht in Nrdeuropa im Mittelalter*, Helsinki 1955; 岩波敦子「中世における難破船」ルドルフ・フォン・エムス『善人ゲールハルト―王侯・騎士たち・市民たち』平尾浩三訳・編所収，335-338 頁。

58)　同書 64 頁，註 71 参照。

やってきた。聖霊降臨祭の祝日大勢の人々が列席し，祝宴，婚礼，騎馬試合と華やかな婚礼の儀が始まった。息子ゲールハルトはまだ正式な騎士になっておらず，翌日刀礼を受けることになっており，婚礼の晩も姫と床を共にしてはいなかった。商人の息子が刀礼を受けるのは奇異に映るかもしれないが，この話のモデルになった後述するケルン商人ゲールハルト・ウンマーセには，家人ミニステリアーレンとなった同名の甥がおり，彼は騎士ゲールハルト Gerhart miles（de curia/ante curiam）と呼ばれていた。この時期富裕市民層から騎士となるものが出ており，両身分の垣根は低くなっていた[59]。

　ゲールハルトは，婚礼の宴で柱の陰にたたずむ若者に気づく。みすぼらしい風体をしたその巡礼こそは，かのイングランド国王ヴィレハルムだった。姫君エーレーネをノルウェーに迎えに行った帰途，嵐に遭ったヴィレハルムが事の次第を語り出した。婚礼までは姫君に触れぬという誓いを守るため，2人は別々の船で航海していたところ，船が砕け，難破してしまった。共に行動していた高貴な身分のものたちが波間に沈んでいくのを目の当たりにしながら，ヴィレハルムは1本の丸太にしがみついてある海岸にたどり着いた。そして姫君を探すうちに3年半の時が過ぎたという。

　事の次第を聞き終えたゲールハルトは，愛しき姫君を妻に迎えて有頂天の息子に，本来の結婚相手であるヴィレハルムに譲るように諭した。ケルン大司教とともに懇々と説得すると，息子ゲールハルトは胸が引き裂かれそうになりながら，健気にもこの提案を受け入れた。

　ゲールハルトの臨機応変な対応で国王にふさわしい身なりを整えたヴィレハルムは，婚礼の場に馬で登場すると，姫君の隣に坐を占めた。翌日騎士見習いから晴れて刀礼を受け騎士となったヴィレハルムは，誓いの通り姫君と名実ともに結婚の契りを結ぶことになった。

　長年祖国を離れていたヴィレハルムは，不在の間王位簒奪を画策する輩が反旗を翻していると伝え聞いた。ヴィレハルム，エーレーネとともに国の都ロンドンへと足を踏み入れたゲールハルトは，ヴィレハルム

59）Cf. ルドルフ・フォン・エムス『善人ゲールハルト―王侯・騎士たち・市民たち』113頁，註123。

は亡くなったものと考え，その後継者を誰にするかを協議している，かつて彼が助けたかの騎士たちに再会した。驚き喜びに溢れ，ゲールハルトに王冠を授けようとする人々に，ゲールハルトはようやく事の次第を語って聞かせた。

歓喜の涙にくれる人々の前にヴィレハルムが登場し，国王の帰還に人々は大いに喜んだ。ヴィレハルムは，ゲールハルトに銀貨5万マルクに加えてケント大公領の受封を申し出たが，ゲールハルトがこれを丁重に断ると（6141-6200行），ならばとヴィレハルムは息子ゲールハルトに授けるという。息子ゲールハルトも固辞すると今度はロンドン市を授封しようとまでいうのであった（6231-60行）。数々の感謝御礼の品々をきっぱりと断ってゲールハルトはケルンに帰国した。そして人々の称賛を得て善人と呼ばれるようになったのである。

4　実在のモデル——ゲールハルト・ウンマーセ

エムスのルドルフが描いたケルン商人には歴史上のモデルがいる[60]。

ケルン大司教フィリップのもとで，副代官 Untervogt，収税吏，そしてケルン市の参審人（scabini/senatores）の一員となり，参審人長（magister senatorum），ケルン市の名望家団体リッヒェルツェッヘ Richerzeche（richirzegeheide）の代表 Amtmann を務めたゲールハルト・ウンマーセである。

ウンマーセとは，「Unmaze 途方もない，限度のない」を意味し，これが呼称として付けられた人物である[61]。この呼称「ウンマーセ」とい

60）ゲールハルトに関しては，Sonja Zöller, Kaiser, Kaufmann und die Macht des Geldes: Gerhard Unmaze von Köln als Finanzier der Reichspolitik und der "Gute Gerhard" des Rudolf von Ems, München 1993 及び Bernd Ulrich Hucker, Kaiser Otto IV., S. 32 ff.；ルドルフ・フォン・エムス『善人ゲールハルト——王侯・騎士たち・市民たち』252頁以下参照。

61）Sonja Zöller, Kaiser, Kaufmann und die Macht des Geldes, S. 25 及び 32 f.；ケルンのリッヒェルツェッヘに関しては，Robert Hoeniger, Die älteste Urkunde der Kölner Richerzeche, 1895；エーディト・エネン『ヨーロッパの中世都市』佐々木克己訳，167頁参照。Knut Schulz, Richerzeche, Meliorat und Ministerialität in Köln, in: Köln, das Reich und Europa. Abhandlungen über weiträumige Verflechtungen der Stadt Köln im Mittelalter, Köln 1971, S. 170 ff.；リッヒェルツェッヘは1180年代（1183/4-1185/86）に史料に登場する。Manfred

う語は,限度なく財を成した資産家であり,中世社会で徳と考えられていた中庸 maze を損なっているという意味で,必ずしも肯定的評価ということはできず善悪両面の意味を有しているが[62],ゲールハルトの父で聖ラウレンツ St. Laurenz 教区の代表を務めた同じくゲールハルトも,ラテン語でウンマーセを意味する「節度のない(immoderatus)」として史料に登場している[63]。さらにゲールハルトの弟で,同じくケルン大司教の副代官 Untervogt,参審人そしてリッヒェルツェッヘへの代表を務めたディートリヒもまた同じ呼称で呼ばれていた。彼らは家人ミニステリアーレン層に属しており[64],ゲールハルトは1166年から69年まで,ディートリヒはその後を引き継いで副代官の職を務めた。

弟ディートリヒには騎士となったゲールハルト・ミレースと呼ばれる息子がおり,このゲールハルトは,ゲールハルト・ウンマーセの2度目の結婚相手の連れ子であるリッヒムートと結婚している。『善人ゲールハルト』で刀礼を受けた息子ゲールハルトのモデルは,この甥で義理の息子でもあるこのゲールハルト・ミレースと考えられる[65]。

1169年から収税長官を務めていたゲールハルトは,金融業を営み,財を成して有力商人団体のリッヒェルツェッヘへのメンバーとなった[66]。

Groten, Die Kölner Richerzeche im 12. Jahrhundert (mit einer Brgermeister), in: *Rheinische Vierteljahresblätter* 48 (1984), S. 34-85. ここでは S. 42;リッヒェルツェッヘへの数は25名程度で,上層階層とミニステリアーレンから構成されていた。Knut Schulz, Richerzeche, S. 161.

62) Sonja Zöller, Besitzkonzentration in einer mittelalterlichen Großstadt. Grund- und Hausbesitz der Kölner Familie Unmaze in der zweiten Hälfte des 12. Jahrhundert, in: Uwe Bestmann, Franz Irsigler, Jürgen Schneider (Hgg.), *Hochfinanz, Wirtschaftsräume, Innovationen: Festschrift für Wolfgang von Stromer*, Auenthal 1987, S. 103-126. ここでは, S. 104.

63) ゲールハルト・ウンマーセ一族については,Sonja Zöller, Besitzkonzentration in einer mittelalterlichen Großstadt, S. 104 及び S. 118, Anm. 6.

64) ミニステリアーレンが世襲だったかどうかはケルンの家人法 Dienstrecht からは断言できない。Cf. Lorenz Weinrich (Hg.), *Quellen zur deutschen Verfassungs-, Wirtschafts- und Sozialgeschichte bis 1250*, S. 276; Cf. Sonja Zöller, *Kaiser, Kaufmann und die Macht des Geldes*, S. 47.

65) ゲールハルト・ウンマーセ一族の家系図は,Sonja Zöller, Besitzkonzentration in einer mittelalterlichen Großstadt. S. 125 及び Sonja Zöller, *Kaiser, Kaufmann und die Macht des Geldes*, S. 128.

66) ゲールハルトに関する史料上の初出に関しては,Thomas Zotz, Städtisches Rittertum und Bürgertum in Köln um 1200, in: Lutz Fenske, Werner Rösener, Thomas Zotz (Hgg.), *Institutionen, Kultur und Gesellschaft im Mittelalter. Festschrift für Josef Fleckenstein zum 65. Geburtstag*, Sigmaringen, S. 609-638. ここでは S. 617, Anm. 58;ケルンの名望家層については,

4 実在のモデル

ゲールハルトには,「ウンマーセ」の他,「*de curia（ante curiam）*」という呼称も付せられているように,ケルン大司教の居館の向かい,ケルン旧市街の中心部に居住していた[67]。ゲールハルトが所有していた不動産は,大聖堂にほど近い聖ラウレンツ教区に集中しているが,ここにはケルン大司教の代官や役人の館,そしてユダヤ人共同体が住まう地区があった[68]。ケルンの土地台帳シュラインスカルテン（*Schreinskarten*）から,ゲールハルトが金融業を営み,担保として不動産を獲得するに至ったことが分かっている[69]。

ゲールハルトは1174年フリードリヒ・バルバロッサの第5次イタリア遠征の際に,ケルン大司教フィリップに関税徴収権を担保に銀貨600マルクを貸付けていて[70],当該の証書（Historisches Archiv der Stadt Köln, HUA 3/26）には,この貸し付けが「教会の必要と帝国の栄誉のため（*pro necessitate ecclesie et honore imperii*）」になされたと記されている[71]。この他にケルンの名望家層を指していると考えられるケルン市民（*cives Colonienses*）が,銀貨1,000マルクを用立てている[72]。

12世紀ケルンのマルク銀貨（*marca puri argenti*）は233.85gの銀と等価とされていたので,140kgを超える銀をゲールハルトが用立てたこと

Luise von Winterfeld, *Handel, Kapitel und Patriziat in Köln bis 1400*, Lübeck 1925. ゲールハルトについては S. 12.

67) ゲールハルトの居住地に関する地図は,Sonja Zöller, Besitzkonzentration in einer mittelalterlichen Großstadt. S. 126 及び Sonja Zöller, *Kaiser, Kaufmann und die Macht des Geldes*, S. 144.

68) ケルンのユダヤ人街は,旧市街地の大聖堂近くにあった。Cf. Sonja Zöller, Besitzkonzentration in einer mittelalterlichen Großstadt. S. 105.

69) Schreinskarten に基づいたケルン市のトポグラフィーに関する研究では,Hermann Keussen, *Topographie der Stadt Köln im Mittelalter*, 2 Bde., Düsseldorf 1986; Cf. Sonja Zöller, Besitzkonzentration in einer mittelalterlichen Großstadt. S. 109 ff. 及び Sonja Zöller, *Kaiser, Kaufmann und die Macht des Geldes*, S. 143 ff.; 12世紀ケルンにおける家屋の売買と担保に関しては,Clemens von Looz, Hausverkauf und Verpfändung in Köln im 12. Jahrhundert, in: Hermann Kellenbenz (Hg.), *Zwei Jahrtausende Kölner Wirtschaft*, Bd. 1, Köln 1975, S. 195-204.

70) *Urkundenbuch für die Geschichte des Niederrheins*, Th. J. Lacomblet (Hg.), Bd. 1, Düsseldorf 1840, ND 1960, Nr. 452; Richard Knipping, *Die Regesten der Erzbischöfe von Köln im Mittelalter*, II: 1100-1205, Bonn 1901 ND 1964, Nr. 1010; Cf. Sonja Zöller, Besitzkonzentration in einer mittelalterlichen Großstadt. S. 105; Sonja Zöller, *Kaiser, Kaufmann und die Macht des Geldes*, S. 45 ff. 及び S. 48.

71) Cf. Sonja Zöller, *Kaiser, Kaufmann und die Macht des Geldes*, S. 48.

72) Ibid., S. 52.

になる[73]。またゲールハルトは，約束の期日までに返済がなされなかった場合，25％の利子を取った最も早いキリスト教徒の金融業者として知られている[74]。

　ゲールハルトには重要なパートナーがいた。改宗したユダヤ人の出身で，1180年から1196年ケルンの貨幣鋳造長官だったコンスタンティンである[75]。コンスタンティンは金融業を営んでおり，ケルン大司教は一時ケルンの関税徴収権を担保にコンスタンティンから資金を得ていた。1196年から1200年までに作成された日付のない文書に収税吏としてコンスタンティンが登場することから，遅くとも1198年には亡くなっていたと推定されるゲールハルトの後任として，コンスタンティンが収税長官の職を引き継いでいた可能性をHuckerは指摘している[76]。その他1180年から1212年まで登場するランベルトは，オットー4世が度々イングランドに送った使節の中にその名が見出される。これら3名，すなわちゲールハルト，コンスタンティン，ランベルトが，1198年のオットーの選出の時期ケルンの財政で中核的な役割を担っていたケルン商人であり，『善人ゲールハルト』には彼らの姿が投影されているのである。

5　2人のオットー ―― この世の栄誉と来世の栄光

　『善人ゲールハルト』を理解するうえで重要な鍵となるのは，ゲールハルトにこの物語を語らせたオットー大帝である。この物語の成立時期に関しては，1208年直後と1225年前後で学説が分かれているものの[77]，オットー4世がケルン商人の財力を使ってフィリップと相争い，

---

　73)　Ibid., S. 45.
　74)　Cf. Sonja Zöller, Besitzkonzentration in einer mittelalterlichen Großstadt. S. 110: ... et si tunc non redimitur, quod marca stabit pro fertone uno. 1 fertoは，4分の1マルクである。Cf. Sonja Zöller, *Kaiser, Kaufmann und die Macht des Geldes*, S. 67.
　75)　ケルンにはドイツ最古のユダヤ人共同体があった。ライン都市におけるユダヤ人共同体に関しては，*Monumenta Judaica: 2000 Jahre Geschichte und Kultur der Juden am Rhein*, Konrad Schilling, 2 Bde., Köln 1964; Rudolf Schieffer, *Die ältesten Judengemeinden in Deutschland*, Paderborn 2015.
　76)　Bernd Ulrich Hucker, *Kaiser Otto IV.*, S. 34.
　77)　ルドルフ・フォン・エムス『善人ゲールハルト―王侯・騎士たち・市民たち』平尾

帝位に就いた時期以降に当たる。この世の栄誉を求めるオットー大帝の姿と重なるのは，当然オットー4世の姿だろう。

　作者であるエムスのルドルフ（c.1200-c.1254）は，ボーデン湖にほど近いホーエンエムスの出身で，ヴィンターシュテッテンのコンラートの推薦で文人として活躍し始めた[78]。このコンラートは，皇帝フリードリヒ2世（1194-1250，シチリア国王1998-，ドイツ国王1212-，皇帝在位1220-50）の息子ハインリヒ7世の教育係だった人物で，ルドルフはフリードリヒ2世のもう一人の息子コンラート4世に付き従ってイタリア遠征に加わり，1254年頃イタリアで没したと考えられる。ルドルフの晩年の作品『世界年代記』はこのコンラート4世の依頼によって書かれた作品であり[79]，ルドルフはヴェルフェン家を称揚する支持者ではなく，シュタウフェン家に近い立場にあった人物だった。

　多くの中世文芸がそうであるように，この作品にも祖型があった。その中の一つ1030年頃北アフリカでニッシム・ベン・ヤーコブというユダヤ人ラビによって著された逸話は，『善人ゲールハルト』の骨格と極めて類似している。

　『善人ゲールハルト』を翻訳した平尾浩三によって紹介されているこの逸話を，以下ここでそのまま引用しよう[80]。

　　敬虔な学者が，天国で仲間となるのは誰か，教えてくださいと，神に願う。すると夢で名指されたのは，一人の高貴ならざる肉屋であった（肉屋の仕事は血と関係するため，不名誉なものとされていた）。誇りを傷つけられた学者はその肉屋を探し出し，事の次第を問い詰める。話すに値しないことと言って辞退した後で，肉屋が話し出したのは――彼はある若い敬虔なユダヤ娘を非ユダヤの囚人群の中から，自分の財産を上回る金額と引き換えに開放し，我が家に伴い，

浩三訳・編，慶應義塾大学出版会，2005年，264頁以下参照

[78] 作者エムスのルドルフについては不明な点が多い。ルドルフ・フォン・エムス『善人ゲールハルト―王侯・騎士たち・市民たち』平尾浩三訳・編，252頁以下参照。

[79] エムスのルドルフによる作品については，ルドルフ・フォン・エムス『善人ゲールハルト―王侯・騎士たち・市民たち』平尾浩三訳・編，258頁以下参照。

[80] ルドルフ・フォン・エムス『善人ゲールハルト―王侯・騎士たち・市民たち』平尾浩三訳・編，慶應義塾大学出版会，2005年，266頁以下参照。

自分の倅と結婚させようとした。しかし豪華な婚礼の祝いの場に，彼女の昔の婚約者が登場する。婚約者は行方不明の彼女を探し回ったために，零落している。今ようやく見出された彼女は，他の男と婚礼を遂げようとしているのである。それを聞いた肉屋は倅を説得して結婚をあきらめさせ，倅のために用意してあった結婚支度金を，今現れた男に譲り，2人を結婚させて，彼らを故郷に送り返した。──敬虔なる学者は，かかる肉屋と天国で仲間になれることを喜び，神を称賛する。

物語のモチーフの類似性は一目瞭然である。とすれば，翻案である『善人ゲールハルト』の意図するところは何だったのだろうか。無論，この物語の主人公であるケルン大商人ゲールハルトの徳多き行為を称賛する意図はあっただろう。だが皇帝オットーがゲールハルトに「善人」と呼ばれる理由を尋ねたのは，徳や名誉について悩み，自分の生き方に思うところがあったオットー大帝に，神がその答えをゲールハルトに求めるよう促したからだった（477-656 行）。

オットー大帝を隠れ蓑にして，12 世紀に統治理念としてクローズアップされたこの世の栄誉（honor）と，来世での栄光（gloria）とを対比して説いてみせることによって，2人の対立国王が擁立される中，商人たちの財力で，諸侯たちの支持をいわば資金で買うヴェルフェン家のオットーとケルン商人たちの暗躍をやんわりと皮肉っていると解釈することもできるだろう[81]。放浪により零落していたヴィレハルムは，十字軍からの帰途捕えられたリチャード獅子心王の姿を彷彿させるし，ヴィレハルムの不在中，王位篡奪を画策する輩にはリチャード獅子心王の弟ジョンが重なって見えてくる。

1208 年もしくは 1225 年頃エムスのルドルフによって中高ドイツ語で書かれた『善人ゲールハルト』は，まさに史実を投影した物語だったのである。

---

81) オットーの宮廷における霊的生活については，Hans Martin Schaller, Das geistige Leben am Hofe Kaiser Ottos IV. von Braunschweig, in: DA 45 (1989), S. 54-82; Peter Johanek, Kultur und Bildung im Umkreis Friedrich Barbarossas, S. 652.

6　ジョン欠地王とオットー4世

　人の死はときに時代の流れを大きく変える。

　ヴェルフ家で初めてドイツ国王に選出され，ローマ皇帝の帝冠を約束されたとはいえ，もともと帝国内に盤石な支持基盤を持たないオットーは，リチャード獅子心王の死によって統治を支える屋台骨を失った。互いに牽制し合い，強大な君主を頂くことを回避しようとしていた諸侯たちは，それぞれの思惑が蠢く中，虎視眈々と自らの勢力拡張を狙っていた。

　複雑な思いを抱いていたのが，リチャード獅子心王の弟でその王位継承者であるジョンである。甥アルチュールは，アンジュー，メーン，ブルターニュの相続権を主張していたが，その背後にはフランス国王フィリップが控えており[82]，甥オットーの擁立そして有力諸侯たちとの協調関係が統治の安定には不可欠だった[83]。

　1200年5月22日ル・グレ Le Goulet で，ジョンは，兄リチャード獅子心王の大陸におけるすべての封土の唯一の継承者であることを承認してもらう対価として，封主であるフランス国王フィリップに銀貨2万マルク支払うこと，フィリップに敵対するフランドル伯に与しないこと，さらにフィリップの了解なしにオットーを財政的にも人的にも支援しないことを確認した[84]。さらにリチャード獅子心王が定めていたオットー

---

82) *Chronica Magistri Rogeri de Houedene (A.D. 732-1201)*, William Stubbs (ed.), vol. 4, p. 86 f., 94 f.; Cf. Jens Ahlers, *Die Welfen und die englischen Könige 1165-1235*, S. 197.

83) *Chronica Magistri Rogeri de Houedene (A.D. 732-1201)*, William Stubbs (ed.), vol. 4, p. 93 ff.; Cf. Jens Ahlers, *Die Welfen und die englischen Könige 1165-1235*, S. 198.

84) *Diplomatic documents preserved in the Public Record Office I, 1101-1272*, Pierre Chaplais (ed.), London 1964, Nr. 9, p. 22 (= *Recueil des actes de Philippe Auguste, II.* Nr. 633): In convencionibus istis nobis habet rex Anglie convencionem quod ipse nepoti suo Ottoni nullum faciet auxilium neque per peccuniam neque per milites nec per gentem nec per se nec alium nisi per consilium et assensum nostrum.; *Chronica Magistri Rogeri de Houedene (A.D. 732-1201)*, William Stubbs (ed.), vol. 4, pp.106 f., 115, 148-151; Cf. Jens Ahlers, *Die Welfen und die englischen Könige 1165-1235*, S. 200; Theo Holzapfel, *Papst Innozenz III., Philipp II. August, König von Frankreich und die englisch-welfische Verbindung, 1198-1216*, Frankfurt a. M. 1991. ここでは S. 43 ff.

への大陸の所領相続の承認をジョンがすべて退けたことで[85]，長年に渡り良好な関係だったプランタジネット王家とヴェルフ家の家門連合に大きな亀裂が入ったのである。

　両者の関係悪化は，教皇，ケルン大司教をはじめとする大陸の諸侯たちにも大きな影を落とした。ニーダーラインの諸侯たちとの関係強化を目的として，とりわけ重要なパートナーであったケルンにイングランド国王から支払われていた定期金レーエンが，1200／01年の会計年度では4分の1に減額されている[86]。

　帝冠を巡る争いが混迷を見せる中，リチャード獅子心王に代わる強固な盟約相手を求めるオットーに教皇が接近した。教皇インノケンティウス3世は，オットー支持の立場を表明し，血縁関係の近いブラバント大公アンリの娘マリアとオットーとの成婚に向けて特免を認めている[87]。これは教皇が，シュタウファー朝のシュヴァーベンのフィリップを迫害者の家系と見なし[88]，マインツ大司教が介入・後押しする[89]，皇帝ハインリヒ6世の息子でシチリアで育ったフリードリヒ2世が帝国とシチリア王国の二つの冠を戴くことを警戒したためである[90]。さらにインノケンティウス3世は，1200年5月にル・グレでフランス国王フィリップと結んだ盟約の誓いからジョンを解放し[91]，オットー支持を固めるために1201年3月1日付で聖界諸侯に宛てて回書を[92]，さらにオットー支持者には今後も忠実に仕えるように[93]，シュタウフェン家支持者にはオットーの側に回るように告げる書簡を個別に送っている[94]。さらに

---

85) *Chronica Magistri Rogeri de Houedene (A.D. 732-1201)*, William Stubbs (ed.), vol. 4, p.116（1200年について）: Otho rex Alemanorum, electus Romanorum imperator, misit Henricum ducem Saxoniae et Willelmum Wintoniensem, freatres suos, ad Johannem regem Angliae avunculum suum, petens ab eo comitatum Eboraci, et comitatem Pictavis, quos Ricardus rex Angliae ei dederat, et duas partes totius thesauri Ricardi regis Angliae, et omnia exenia sua, quae idem rex Angliae ei divisit. Sed Johannes rex Angliae nihil horum quae petebat facere volebat, propter jusjurandum quod juraverat regi Franciae, videlicet, quod nullum auxilium faceret ipsi Othoni contra ducem Swaviae.; Cf. Jens Ahlers, *Die Welfen und die englischen Könige 1165-1235*, S. 173及び201.

86) Cf. Jens Ahlers, *Die Welfen und die englischen Könige 1165-1235*, S. 201.

87) 血縁上4親等内の2人の結婚に対する特免を教皇インノケンティウス3世は1200年に与えている。*Regestum Innocentii III*, Nr. 23, S. 67.

88) インノケンティウス3世の反フィリップの表明は，*Regestum Innocentii III*, Nr. 21, S. 60, Z. 15及びS. 61, Z. 26. さらにNr. 29, S. 83では *de genere persecutorum* と呼んでいる。

1201 年 5 月 1 日には国王フィリップに対してオットー支持に回るように書簡を送った[95]。

同年 6 月 8 日ノイス Neuß でオットーは誓いを立て教皇のイタリア政策を支援することを約束した[96]。教皇の強力な支援策が功を奏して、ダクスブルクのアルベルト、テューリンゲン方伯のヘルマン、ストラスブール司教コンラート、ゲルダーン伯、ローツ伯、フィリップの尚書局長クヴェアフルトのコンラート、ボヘミアのオトカー、メーレン辺境伯など多くのシュタウフェン家支持者たちがオットー側に寝返った[97]。

インノケンティウス 3 世による再三再四の要請には鈍い反応を見せていたジョンだが、大陸の所領を巡って困った事態に追い込まれた。アキテーヌの家臣たちとの係争に関してフランス国王フィリップが裁定を下す宮廷裁判に出廷しなかったために、ル・グレの盟約でようやく手に入れた大陸における所領喪失という裁定が 1202 年 4 月 30 日に下ったのである[98]。イングランド王家と関係の深いニーダーラインの諸侯たちはフランドル伯ボードゥアンを筆頭に十字軍に出兵していたが、ジョンはケルンとの関係を修復し[99]、オットー支持の立場を表明した。家臣団を

---

89) インノケンティウス 3 世はマインツ大司教の介入を非難している。*Regestum Innocentii III*, Nr. 22.

90) インノケンティウス 3 世は枢機卿会議でこの見解を明らかにしている。*Regestum Innocentii III*, Nr. 29, S. 79, Z. 5-9; Cf. Jens Ahlers, *Die Welfen und die englischen Könige 1165-1235*, S. 202, Anm. 1060.

91) *Regestum Innocentii III*, Nr. 60, S. 161 f.; Cf. Jens Ahlers, *Die Welfen und die englischen Könige 1165-1235*, S. 203.

92) *Regestum Innocentii III*, Nr. 33, S. 102-110; Cf. Jens Ahlers, *Die Welfen und die englischen Könige 1165-1235*, S. 204.

93) *Regestum Innocentii III*, Nr. 34, 35, 37, 39, 40, 41.

94) Ibid., Nr. 36, 38, 42, 43, 44, 45.

95) Ibid., Nr. 47.

96) Ibid., Nr. 77, S. 209-211;ノイスの誓約については、Const. 2, Nr. 23, S. 27 f. も参照。

97) Hermann von Thuringen の寝返りについては、Cf. Andrea Briechle, *Heinrich Herzog von Sachsen und Pfalzgraf bei Rhein*. S. 105; Cf. Jens Ahlers, *Die Welfen und die englischen Könige 1165-1235*, S. 205.

98) 同年 7 月アルトゥール Arthur に、ブルターニュ、トゥレーヌ Touraine、アンジュー、メーン、ポアトゥが授封されている。Frederick Maurice Powicke, The loss of Normandy (1189-1204), Manchester ²1961, pp. 145-148, 309-328; Cf. Jens Ahlers, *Die Welfen und die englischen Könige 1165-1235*, S. 208.

99) オットーの内膳頭の Johannes Lupus に定期金レーエンを更新した他、ケルン市との関係を修復している。Cf. Jens Ahlers, *Die Welfen und die englischen Könige 1165-1235*, S. 208

通じて甥オットーとの交渉を再開したジョンは，1202年9月8日オットーと同盟（confederatio）を結んだのであった[100]。

7　冠位を巡る争い —— シュヴァーベンのフィリップとオットー

オットーを取り巻く有利な状況に暗雲が立ち込めるきっかけとなったのは，兄ハインリヒとの関係悪化である。この背景については，様々な年代記が異なる理由を挙げており，その説明は一様ではない[101]。視座によって異なる姿を描き出す年代記を突き合わせながら，この時期の錯綜するヨーロッパの政治状況に光を当ててみよう。

リューベックのアーノルトは，弟への誠実と宮中伯領の召し上げを脅すシュヴァーベンのフィリップとの間で揺れ動くハインリヒとオットーとのやりとりを記している[102]。オットーに対してハインリヒは，血縁と君主への信義の二つを理由に奉仕への当然の見返りとして[103]，ブラウンシュヴァイク市とリヒテンベルク城を要求したが[104]，オットーはまずは帝国のものとしたうえでその後任せようと侮蔑的な返答を返したという[105]。

---

f.

100）Const. 2, Nr. 25, S. 29 f.

101）Cf. Andrea Briechle, *Heinrich Herzog von Sachsen und Pfalzgraf bei Rhein*, S. 103 f.

102）Arnold von Lübeck, *Arnoldi Chronica Slavorum*, Johann Martin Lappenberg (ed.), VI, 6, S. 227: Palatinus sane, qui partes fratris instanter iuvabat, continuas minas a Philippo audiebat, quod dignitatem palatii quam circa Renum habebat, perderet nisi a fratre recederet.... Durum ergo visum est palatino, utrobique dispendium pati, in fratris servitio sua expendere et, neglecto Philippo, palatii dignitatem perdere.; ドイツ語訳は，*Die Chronik Arnolds von Lübeck nach der Ausgabe der Monumenta Germaniae,* übersetzt von Johann C. M. Laurent. Neu bearbeitet von Wilhelm Wattenbach, S. 270 f.

103）Arnold von Lübeck, *Arnoldi Chronica Slavorum*, VI, 6, S. 227: Frater, ego quidem tibi servire dupliciter teneor et iure consanguinitatis et fide regie maiestatis. Ut igitur tibi plenarie possim assistere, equum est, ut aliquid emolumenti a te debeam, accipere.

104）Ibid., VI, 6, S. 227: Dimittas ergo michi si placet civitatem Bruneswich et castrum Lichtenberg, ut his munitionibus roboratus, omnibus adversariis tuis circumquaque resistere sim paratus.

105）Ibid., VI, 6, S. 227: His auditis frater rex non sine dedignatione respondit: Non sic, frater mi! magis expedit, me primo regni gubernacula potenter possidere, et sic omnia que volueris una mecum equaliter tenere.

兄ハインリヒがフィリップ側に寝返ったことは，多くのものが驚きと悲しみを持って受け止めたが，その苦渋の決断は必要と熟慮のうえだと，リューベックのアーノルトは述べている[106]。諸侯たちは度々支援する相手を乗り換えたが，リューベックのアーノルトは，この記述のすぐ前で，幾度も寝返りを繰り返したテューリンゲン方伯のヘルマンについて[107]，血筋と君主への誠実誓約にもかかわらずオットー側についたと述べている[108]。

一方『ケルン国王年代記』は，ハインリヒはフィリップによって金銭で買収されたという説明を提示している[109]。ヨーロッパ中世社会では忠誠に対し十分に報いることが求められており[110]，オットーは兄ハインリヒに対しては授封を留保しているものの，父ハインリヒ獅子公以来ヴェルフェン家と難しい関係にあったマクデブルク大司教アルプレヒト２世に対して[111]，大聖堂再建の資金，貨幣鋳造権と関税徴収権の付与など優遇措置を講じていて[112]，フィリップもまた自らの側に招き寄せ

---

106) Ibid., VI, 6, S. 227: Quid plura? Sive deliberatione sive necessitate palatinus, relicto fratre, multis mirantibus vel etiam lacrimantibus, ad Philippum transiit, et Otto in Brunesvich rediit.

107) テューリンゲンのヘルマンの寝返りに関しては，Christian Friedl, *Politischer Pragmatismus – Opportunismus – Treue? Zeugenkontinuität von Philipp von Schwaben bis Friedrich II.*, in: Andrea Rzihacek, Renate Spreitzer (Hgg.): *Philipp von Schwaben. Beiträge zur internationalen Tagung anlässlich seines 800. Todestages, Wien, 29. bis 30. Mai 2008.* Wien 2010, S. 215-225. ここでは S. 216 ff.

108) Arnold von Lübeck, *Arnoldi Chronica Slavorum*, VI, 5, S. 224: Hermannus igitur, qui filius sororis Fritherici imperatoris fuerat, immemor consanguinitatis et iurisiurandi ad Ottonem regem se transtulit; ドイツ語訳は，*Die Chronik Arnolds von Lübeck nach der Ausgabe der Monumenta Germaniae*, S. 267.

109) *Chronica regia Coloniensis, cum continuationibus in monasterio S. Pantaleonis scriptis aliisque historiae Coloniensis monumentis*, Georg Waitz (ed.), S. 217 f.

110) Hermann Kamp, *Geld, Politik und Moral im hohen Mittelalter*, in: *Frühmittelalterliche Studien* 35 (2001), S. 329-347. ここでは S. 330; Knut Görich, Geld und >honor<, Friedrch Barbarossa in Italien, in: Gerd Althoff (Hg.), *Funktionen und Formen der Kommunikation im Mittelalter*, Sigmaringen 2001, S. 177-200; Steffen Krieb, *Vermitteln und Versöhnen. Konfliktregelung im deutschen Thronstreit 1198-1208*, Köln 2000, S. 35-57; Gerd Althoff, Otto IV. – Woran scheiterte der welfische Traum vom Kaisertum? , in: *Frühmittelalterliche Studien* 43 (2009), S. 199-214. ここでは S. 203.

111) Matthias Puhle, Die politischen Beziehungen dem Braunschweiger Hof und dem Erzbistum Magdeburg zur Zeit Heinrichs des Löwen und Ottos IV., in: *Heinrich der Löwe und seine Zeit*, Bd. 2, München 1995, S. 149-158.

112) Bernd Ulrich Hucker, *Kaiser Otto IV.*, S. 97. Cf. Matthias Puhle, Die Beziehung

るために諸侯たちに気前よく見返りを与えている[113]。コッゲスホールのラ（ド）ルフの『イングランド年代記 Radulphi de Coggeshall chronicon Anglicanum』は、ハインリヒに対しフィリップがザクセン大公への復位を約束したことを理由に挙げているが[114]，実際にハインリヒがフィリップから得たのはゴスラーの代官職だった[115]。前述のように 1198 年からハインリヒはオットーの証書類でザクセン大公と称されていたが，1204 年以降大公の呼称は使われなくなっている[116]。1204 年春ハインリヒの妻であり，フリードリヒ・バルバロッサの異母弟コンラートの娘アグネスが亡くなったことが，ハインリヒのシュタウフェン家との関係に影響を与えたのは間違いないだろう[117]。

1205 年 1 月ハインリヒはアーヘンで開催された宮廷会議に出席し，1 月 6 日ケルン大司教アドルフによってアーヘンでフィリップが改めて国王に戴冠されている[118]。1205 年初め教皇インノケンティウス 3 世は，

---

zwischen Otto IV. und Erzbischof Albrecht II. von 1205 bis 1218, in: Bernd Ulrich Hucker, Stefanie Hahn, Hans-Jürgen Derda (Hgg.), *Otto IV. – Traum vom welfischen Kaisertum*, Petersberg 2009, S. 75-90. ここでは S. 77; Wolfgang Leschhorn, Münzpolitik und Münzprägung Ottos IV., in: Bernd Ulrich Hucker, Stefanie Hahn, Hans-Jürgen Derda (Hgg.), *Otto IV. – Traum vom welfischen Kaisertum*, S. 91-98. ここでは S. 93.

113) ハインリヒに対してフィリップはライン宮中伯への復位，ゴスラー代官職への任命と金銭を与え，ボヘミア大公オトカーには大公から国王への昇格を約束，王位を授封し，ユーリヒ伯にはその労に報いて沢山の報酬を与えることを誓約を立てて約束している。Arnold von Lübeck, *Arnoldi Chronica Slavorum*, VII, 1, S. 254; Gerd Althoff, *Otto IV. – Woran scheiterte der welfische Traum vom Kaisertum?*, ここでは S. 205 及び S. 213; Steffen Krieb, *Vermitteln und Versöhnen: Konfliktregelung im deutschen Thronstreit 1198-1208*, Köln 2000, S. 37.

114) *Radulphi de Coggeshall Chronicon Anglicanum*, Joseph Stevenson (ed.), Rolls Series 66, London 1875, p. 147: Si quidem dux Suaviae promiserat duci Saxonie quemdam comitatum, et ducatus Saxonici redintegrationem qui a tempore illo quo pater suus…; Bernd Ulrich Hucker, *Kaiser Otto IV.*, S. 238; Briechle は，この記述は信憑性が低いとしている。Andrea Briechle, *Heinrich Herzog von Sachsen und Pfalzgraf bei Rhein*, S. 104.

115) *Chronicon Montis Serenis*, E. Ehrenfeuchter (ed.), S. 171: Philippus rex, dimissis auxiliatoribus, Goslarium cum suis regreditur, ubi cum rex Otho militibus collectis cum ipso congredi temptaret, Heinricus palatinus, frater ipsius, ad Philippum transiit, prestitaque ei fidelitate advocaciam Goslariensem ab eo promeruit.

116) Cf. Bernd Ulrich Hucker, *Kaiser Otto IV.*, S. 41.

117) 死亡月日については，Andrea Briechle, *Heinrich Herzog von Sachsen und Pfalzgraf bei Rhein*, S. 105, Anm. 422.

118) *Regesta Imperii* V, 1,1, S. 30, Nr. 89a; Andrea Briechle, *Heinrich Herzog von Sachsen und Pfalzgraf bei Rhein*, S. 110 f.

ハインリヒの裏切り，すなわち誠実誓約を破り，奉仕を軽んじ，シュヴァーベン大公（！）フィリップと密約を結んだ行為に対し，マインツ大司教とヒルデスハイム司教に，オットーのもとに戻るようにハインリヒを説得し，もし従わない場合にはハインリヒの破門と彼の領地内における聖務執行停止を命じる書簡を[119]，9月にはハインリヒに破門をちらつかせてオットーのもとに戻るよう迫る書簡を送っている[120]。1208年6月21日フィリップがバンベルクで暗殺されるまで，フィリップのもとで作成された証書の証人欄にハインリヒの名が挙げられているものの[121]，フィリップの死後ほどなくしてハインリヒがオットーのもとに返り咲いたことが，オットーがインノケンティウス3世に宛てた書簡から分かる[122]。『ケルン国王年代記』では，ハインリヒが，ケルン大司教ブルーノとマインツ大司教ジークフリートとともに，ブラバント大公アンリとフランス国王フィリップの企てを阻止した功績が記されている[123]。

8　ニーダーラインの諸侯たち

イングランド国王ジョン（1166-，国王在位1199-1216）に対してフランス国王フィリップが優勢となる状況下，1204年11月12日ケルン大司教アドルフと，オットーの婚約者だったマリアの父ブラバント

---

119) *Regestum Innocentii III*, Nr. 120, S. 296: Suam ad nos ...rex Otto, in Romanorum imperatorem electus, querimoniam destinauit quod, cum nobilis uir H(enricus), palatinus Reni, fidelitatis ei prestiterit iuramentum, contra factum suum uenire non metuens, non solum seruare contempsit, quod ei sub iurisiurandi religione promisit, sed contra eum nobili uiro …, duce Suevie, coniurauit.

120) Ibid., Nr. 121, S. 297-299.

121) Andrea Briechle, *Heinrich Herzog von Sachsen und Pfalzgraf bei Rhein*, S. 110.

122) *Regestum Innocentii III*, Nr. 160, S. 361: Frater noster Palatinus Comes Rheni, Deo gratias, ad nostram integre rediit caritatem; et ex quo mortuus fuit consanguineus noster, nobis etiam ignorantibus nos in omnibus quibus promouere potuit non cessauit.

123) *Chronica regis Coloniensis*, Georg Waitz (ed.), S. 183: Heinricus dux Lovanie hortatu et instinctu regis Francie necnon et regine, regis Philippi coniugis, pro optinendo regno quosdam principes interpellare pertemptat. Set Bruone archiepiscopo, Sifrido Mogonciensi archiepiscopo, qui eo tempore, utputa divina disponente providentia, de Roma pariter advenerant, et Heinrico palatino aliisque quam pluribus unanimiter sibi resistentibus, a regno cessavit.

大公アンリ等ニーダーラインの諸侯たちがシュタウフェン家支持に寝返った[124]。『ケルン国王年代記』によれば，ケルン大司教アドルフはフィリップから銀貨 9,000 マルク[125]，ハイスターバッハのカエサリウス（c.1180-1240 以降）の『ケルン大司教一覧 Catalogus archiepiscoporum Coloniensium』によれば，銀貨 5,000 マルクを得たという[126]。

ハイスターバッハのカエサリウスが，1219 年から 1223 年の間に著した『奇跡についての対話 Dialogus miraculorum』の中で描いている話は以下の通りである。聖アンドレアスの参事会士ゴットフリートは，ケルン大司教アドルフが戴冠の対価としてフィリップから得た賄賂で貸付金を返済しようと目論み，大司教アドルフの債権者のために宴を開いた。宴の後，ゴットフリートは哀れにも卒中に襲われ口がきけなくなり，告解も秘跡も受けることなく死んでしまった。その後ある聖職者が次のような幻視，すなわちゴットフリートが鉄床のうえでケルン銀貨を前にして倒れていて，彼と親しかったユダヤ人司教（＝ラビ）がデナリウス銀貨のように薄くなるまでゴットフリートを鉄槌で叩いていたという幻視を視たと伝え，吝嗇の罪に警告を発している[127]。このゴットフリートは，

124) Knipping, *Regesten, II*, Nr. 1651, 1652; *Chronica regia Coloniensis*, Georg Waitz (ed.), S. 219. ブラバント大公アンリの息子で同名のアンリは，シュヴァーベンのフィリップの娘と結婚していた。さらにブラバント大公の娘マティルデは，オットー 4 世の甥でライン宮中伯のハインリヒと結婚しており，ブラバント大公はヴェルフェン家，シュタウフェン家両方と姻戚関係にあった。Cf. Christian Friedl, *Politischer Pragmatismus – Opportunismus – Treue?*, S. 220.

125) *Chronica regia Coloniensis,* Georg Waitz (ed.), S. 218.

126) *Caesarius von Heisterbach, Catalogus archiepiscoporum Coloniensium*, H. Cardauns (ed.), MGH SS 24, Hannover 1879, S. 332-367. ここ で は S. 345; Cf. Bernd Ulrich Hucker, *Kaiser Otto IV.*, S. 79, Anm. 198; Claudia Garnier, *Amicus amicis, inimicus inimicis: politische Freundschaft und fürstliche Netzwerke im 13. Jahrhundert*, Stuttgart 2000, S. 165 f.

127) Cf. Bernd Ulrich Hucker, *Kaiser Otto IV.*, S. 80 f.; Caesarius von Heisterbach, *Dialogus miraculorum* = Dialog über die Wunder, Nikolaus Nösges , Horst Schneider (übers. und komm.), Turnhout 2009, XI, 44, 2: Godefridus vero non minus misere defunctus est. Erat siquidem avarus valde, et magnam in curia pecuniam collegerat. Die quadam tempore Philippi Regis Romani magnum in domo sua debitoribus domini sui fecerat convivium, ex pecuniis eiusdem Philippi, quas Adolpho pro coronatione dederat, illis accommodata restituere proponens. Ante enim quam de eodem convivio gustasset, apoplexia tactus obmutuit, et sine confessione atque sacra communione spiritum exhalavit. Post cuius mortem cuidam sacerdoti talis de eo visio ostensa est. Vidit eum Coloniae ante monetam incudi impositum ; quem Jacobus Judeus, imo Judeorum episcopus, cui fuerat familiaris, malleo extendit usque ad denarii tenuitatem. Et bene concordabat poena culpe. Fuerat enim magister monete, et monetariorum socius; et quia multam ibi congregaverat pecuniam,

先述したケルンの貨幣鋳造長官のコンスタンティンの後継者と思われ，ハイスターバッハのカエサリウスは『奇跡についての対話』を通して，金銭で人心を買う行為を揶揄している[128]。さらにカエサリウスは『奇跡についての対話』の別の箇所で，公正さと忠誠を取り消し，誓約をないがしろにし，誓約を違えること (periuria) を何とも思わない人々を非難していて[129]，王位を巡る争いで裏切りを厭わない諸侯が跋扈する世の中に苦言を呈している。ケルン大司教の支持を得たシュヴァーベンのフィリップは，ケルン大聖堂に縁ある東方の博士に因んだ 1205 年 1 月 6 日の主の公現の祝日に，正式な戴冠にふさわしいアーヘン大聖堂でケルン大司教の手によって改めて戴冠された[130]。

　ニーダーラインの諸侯たちの離脱は，ジョンにとって甥オットーを支援する理由の喪失を意味していた。1205 年オットーとジョン間で目立った外交使節の往来はなかったが[131]，教皇インノケンティウス 3 世は 1205 年秋と 1206 年 2 月に，リチャード獅子心王が約束した相続をきちんとオットーに供与するように[132]，さらにオットーに対する全面的支援を要求する書簡をジョンに宛てて送付している[133]。1206 年 7 月 27 日ケルン市民の支援を受けながら戦ったヴァッセンブルク Wassenburg の戦いでフィリップに敗北したオットーに，ニーダーラインでもはや頼る支援者はいなかった。

　翌 1207 年春オットーとジョンの間で外交交渉が再開された。復活祭直前オットーはイングランドに渡り，豪華なもてなしを受けたのち交渉

---

luere ibidem visus est avaritie poenam.
　128) Bernd Ulrich Hucker, *Kaiser Otto IV.*, S. 82.
　129) Caesarius von Heisterbach, *Dialogus miraculorum*, II, 30, S. 478 f.: Ex tunc crudelis illa bestia, scilicet avaritia, facta est homo, id est, hominibus ita sociabilis et cara, ut eius zelo Christinianae potestates a iustitia et fide moti, negligerent iuramenta, periuria parvipendentes; Ibid., X, 24, S. 1950 f. も参照：Cf. Gerd Althoff, *Otto IV. – Woran scheiterte der welfische Traum vom Kaisertum?*, ここでは S. 204.
　130) *Chronica regia Coloniensis*, S. 173 f., S. 219; Cf. Bernd Ulrich Hucker, *Kaiser Otto IV.*, S. 80; Hugo Stehkämper, *Der Kölner Erzbischof Adolf von Altena und die deutsche Königswahl (1195-1205)*, München 1973, S. 71-76.
　131) Cf. Jens Ahlers, *Die Welfen und die englischen Könige 1165-1235*, S. 218, Anm. 1182.
　132) *Regestum Innocentii III*, Nr. 129, 132.
　133) Ibid., Nr. 131, S. 310, Z. 24-27; Cf. Jens Ahlers, *Die Welfen und die englischen Könige 1165-1235*, S. 217.

に入り，銀貨 6,000 マルクという多額の支援金を得て，復活祭後イングランドをあとにしている[134]。イングランドからの資金援助とデンマークの軍事支援を得たオットーは再びシュタウファーに対する抗戦を強め，王位を巡る争いの終結がまた遠のいたが，教皇使節は 1207 年夏両者の調停を図り，1208 年 6 月 24 日までの休戦と[135]，その間の交渉継続の約束を取り付けている[136]。

大きな転機となったのは，1208 年 6 月 21 日バンベルクでの宮中伯ヴィッテルスバッハのオットー（バイエルン宮中伯 1189-1208）によるフィリップの殺害である。（図5-3）この暗殺の理由は明白ではないが[137]，ウルスベルクのブルヒャルトは粗暴なオットーに娘クニグンデ Kunigunde を娶せるのをフィリップが躊躇したと説明している[138]。その他にもヴィッテルスバッハ宮中伯オットーが自分と婚約していたフィリップの娘に別の結婚の計画が持ち上がっていると聞き付け名誉が傷つけられたと考えた報復説[139]，あるいはブラバント大公アンリを擁立しようというテューリンゲン方伯ヘルマンらの密約の可能性が挙げられる[140]。シュヴァーベンのフィリップが教皇との和平協定を約束し[141]，教

---

134) Cf. Jens Ahlers, *Die Welfen und die englischen Könige 1165-1235*, S. 220, 257; Theo Holzapfel, *Papst Innozenz III., Philipp II. August, König von Frankreich und die englisch-welfische Verbindung, 1198-1216*, S. 122 ff.

135) *Annales Stadenses auctore M. Alberto*, Georg Heinrich Pertz (ed.), S. 354.

136) *Regestum Innocentii III*, Nr. 142, S. 336, Z. 16 f.; Cf. Jens Ahlers, *Die Welfen und die englischen Könige 1165-1235*, S. 222.

137) Cf. Bernd Ulrich Hucker, *Kaiser Otto IV.*, S. 95. この暗殺へのインノケンティウス 3 世の関与を示唆した Wolfgang von Stromer の見解に対する考察は，Werner Maleczek, Papst Innocenz III. und die Ermordung Philipps von Schwaben. Überlegungen zum Verfahren gegen den Königsmörder und seine mutmaßlichen Helfer, in: Andrea Rzihacek, Renate Spreitzer (Hgg.), *Philipp von Schwaben. Beiträge der internationalen Tagung anläßlich seines 800. Todestages, Wien, 29. bis 30. Mai 2008*, Wien 2010, S. 25-58.

138) *Quellen zur Geschichte der Welfen und die Chronik Burchards von Ursberg*, Matthias Becher, S. 254 f.

139) Cf. Knut Görich, *Die Staufer. Herrscher und Reich*, München ⁴2019, S. 85

140) Bernd Ulrich Hucker, Der Königsmord von 1208 - Privatsache oder Staatsreich, in: *Die Andechs-Meranier in Franken: europäisches Fürstentum im Hochmittelalter*, Mainz 1998, S. 111-128.

141) *Regestum Innocentii III*, Nr. 90, S. 236; Const. 2, Nr. 8; *Regesta Imperii*, V, 1,1, Nr. 79, S. 25-26,; Cf. Bernd Ulrich Hucker, *Kaiser Otto IV.*, S. 90 f.

8 ニーダーラインの諸侯たち　　　341

図 5-3
『ザクセン世界年代記』の写本（14世紀初頭）に描かれたシュヴァーベンのフィリップの暗殺場面
(Staatsbibliothek Preußischer Kulturbesitz, Ms. germ. fol. 129, fol. 117v)

皇使節がイタリアに戻る途上の出来事であった[142]。シュヴァーベンのフィリップの死という予期せぬ事態に，フランス国王フィリップはブラバント大公アンリを国王候補の後継者に据える一方で，多くのドイツ諸侯は再びオットー支持に回った[143]。

1209年3月22日オットー4世は，ローマ教会の諸権利を認める豪華な金印を付した証書を発給した。教会法に基づく高位聖職者の自由選挙，教皇への制約のない上訴権の承認，死去した司教の動産に対する権利と空位の司教区からの収入を徴収する権利の放棄，教会に聖界 (spiritualia) に対する独占的な権限などを認め，さらにローマ教会にラディコファーニ Radicofani からツェペラーノ Ceperano まで，アンコーナ辺境伯領，スポレト大公領，トスカーナ女伯マティルデ遺領，ラヴェンナ総督府 (Exarchatus Ravennatis) を承認し，それらの獲得を支援すること，ローマ教会に属すると認められたシチリア王国を維持，防衛する旨約束した[144]。

フィリップの存命中，両者の和解のために彼の娘ベアトリクスとオットーの結婚交渉が教皇主導で行われていたとウルスベルクのブルヒャルトは伝えている[145]。フィリップの亡くなった翌年1209年5月24日ヴュ

---

142) Cf. Bernd Ulrich Hucker, *Kaiser Otto IV.*, S. 95.
143) Cf. Jens Ahlers, *Die Welfen und die englischen Könige 1165-1235*, S. 223.
144) Const. 2, Nr. 31, S. 36 f.; *Regesta Imperii*, V, 1,1, S. 86-87, Nr. 274.
145) *Burchardi praepositi Urspergensis Chronicon*, Oswald Holder-Egger (ed.), S. 89;

ルツブルクで，親等の近さに関する教皇の特免と諸侯の同意を得てこの結婚協定が取り結ばれた[146]。オットーはこの成婚によって統治基盤の地固めをするとともに，マクデブルク大司教に3,000マルク，その宮廷に銀貨500マルク，その兄弟ハインリヒとギュンターに銀貨1,000マルク渡すなど多額の金銭を諸侯に投入することによって帝国全土を手中に収めようとした[147]。

　シュタウフェン家と姻戚関係を結んだオットーは，バイエルン大公ルートヴィヒを厚遇し，大公領を恒久的に承認，数多くの所領を授封した他[148]，シュヴァーベンのフィリップの家臣を自らのブレーンに積極

Matthias Becher (Hg. u. übers.), *Quellen zur Geschichte der Welfen und die Chronik Burchards von Ursberg*, S. 252 f., S. 260 f. オットーの2度に渡る結婚については，Amalie Fößel, Beatrix von Schwaben und Maria von Brabant – die Frauen Ottos IV., in: Bernd Ulrich Hucker, Stefanie Hahn, Hans-Jürgen Derda (Hgg.), *Otto IV. – Traum vom welfischen Kaisertum*, S. 229-236.

146) この成婚に関しては後の教皇書簡（*Regestum Innocentii III*, Nr. 153, S. 351, Z. 16-19）が触れているが，別の書簡では（Nr. 165, S. 368, Z. 3-6）最終段階にまで至っていなかったと記している；Arnold von Lübeck, *Arnoldi Chronica Slavorum*, Johann Martin Lappenberg (ed.), VII, 17, S. 289-291; *Chronica regis Coloniensis*, Georg Waitz (ed.), S. 228 f.; *Ottonis de Sancto Blasio Chronica*, Adolf Hofmeister (ed.), S. 38; *Die Chronik Ottos von St. Blasien und die Marbacher Annalen*, Franz-Josef Schmale (Hg. u. übers.), S. 84-86; この近親婚に対してシトー会モリモン修道院長Heidenreichは，オットーが贖罪にイェルサレムの教会へ詣でることを要求し，オットーはこれに同意している。*Ottonis de Sancto Blasio Chronica*, Adolf Hofmeister (ed.), S. 85 f. 及び *Die Chronik Ottos von St. Blasien und die Marbacher Annalen*, Franz-Josef Schmale (Hg. u. übers.), S. 154 f.: abbas Morimundensis Cisterciensis ordinis surrexerit omniumque abbatum aliorumque claustralium utriusque ordinis, Cluniacensis videlicet et Cisterciensis, personam assumens delictum hoc conubio contra consuetudinem ecclesie quamvis dispensatorie committendum monastico ordini auctoritate apostolica imposuit, regi pro hoc iniungens penitenciam, ut monasteriorum aliarumque ecclesiarum pro posse defensor existeret, viduis et pupillis iusto iudicio preesset monasteriumque Cysterciensis ordinis in fundo proprio edificaret ac post hec persona Hierosolimitane in propria persona subveniret. His omnibus rege obediente, ...; Bernd Ulrich Hucker, *Kaiser Otto IV.*, S. 114 及び 127 ff.; Bernd Schneidmüller, Rechsfürstliches Feiern. Die Welfen und ihre Feste im 13. Jahrhundert, in: Detlef Altenburg, Jörg Jarnut. Hans-Hugo Steinhoff (Hgg.), *Feste und Feiern im Mittelalter*, Sigmaringen 1991, S. 165-180.

147) Const. 2, Nr. 26, S. 31, Art. 10, 11; Hugo Stehkämper, Geld bei Königswahlen des 13. Jahrhunderts, in: Jürgen Schneider (Hg.), *Wirtschaftskräfte und Wirtschaftsweg 1: Mittelmeer und Kontinent. Festschrift für Hermann Kellenbenz* 1, Stuttgart 1978, S. 83-136. ここでは S. 89; Cf. Bernd Ulrich Hucker, *Kaiser Otto IV.*, S. 100.

148) *Monumenta Wittelsbacensia: Urkundenbuch zur Geschichte des Hauses Wittelsbach*, Franz Michael Wittmann (Hg.), Aalen 1969, Bd. 5, Nr. 3, S. 9-11. オットーは代理誓約ではなく，自ら誓約を立てている *iurare fecimus in animam nostram*。諸侯たちと誓っている（Const. 2, Nr. 40）。München, Bayerisches Hauptstaatsarchiv, Kaiserselekt 593; Cf. Hubertus Seibert, Fidelis et dilectus noster. Kaiser Otto IV. und der Südosten des Reiches (1198–1212), in: MIÖG 118 (2010),

に登用した[149]。フィリップの宮廷において筆頭書記官を務めていたシュパイアー司教シャルフェンベルクのハインリヒは，1208年にオットーの帝国尚書局長（*cancellarius imperialis*）になっており[150]，1212年には二つ目の司教座としてメッス司教に叙任された[151]。オットーの目下の懸案事項は，カペー朝フィリップ2世に対する牽制と，皇帝ハインリヒ6世の息子フリードリヒ2世によるシュタウフェン家の遺産請求だった。フリードリヒを支持しないという約束をインノケンティウス3世からすでに取り付けてはいたが[152]，1209年9月末オットーはインノケンティウス3世とヴィテルボで対面している[153]。フランス国王フィリップとの

S. 82-102. ここでは S. 96.

149） マインフランケンの帝国ミニステリアーレンの家系出身で，シュヴァーベンのフィリップの宮廷の酌膳頭 *pincerna imperii* だったシュップ Schüpf のヴァルターは，1208年6月のフィリップの暗殺後11月にはオットーの宮廷で酌膳頭として証書の中に登場する。その後1212年9月にフリードリヒ2世がドイツ内に入るとその5か月後には，フリードリヒ2世の下で再び酌膳頭として証書にその名が頻繁に挙げられている。Cf. Christian Friedl, Politischer Pragmatismus – Opportunismus – Treue?, S. 222.

150） シャルフェンベルクのハインリヒは，シュヴァーベンのフィリップの死後預かっていた皇帝の標標を1208年11月にオットー4世に渡している。*Quellen zur Geschichte der Welfen und die Chronik Burchards von Ursberg*, Matthias Becher (Hg. u. übers.), S. 260 f. Cf. Christian Friedl, Politischer Pragmatismus – Opportunismus – Treue?, S. 223; シュヴァーベンのフィリップが皇帝ハインリヒ6世の尚書局の書記を採用できたのに対し，オットーの文書行政は弱体であった。Bernd Schütte, Das Königtum Philipps von Schwaben im Spiegel zeitgenössischer Quellen, in: Bernd Ulrich Hucker, Stefanie Hahn, Hans-Jürgen Derda (Hgg.), *Otto IV. – Traum vom welfischen Kaisertum*, S. 113-128. ここでは S. 121. 1198年から1208年の間シュヴァーベンのフィリップが約190の証書を発給しているのに対し，オットーは38にすぎない（ポワトウ伯名の証書は除く）。Cf. Renate Spreiter, Urkundenvergabe und Herrscherpraxisim Nordosten des Reichs während des Thronstreits, in: *Otto IV. – Traum vom welfischen Kaisertum*, S. 179-191. ここでは S. 180. 国王証書以外における君主の統治年による発給年記載 *regnante* に関しては，Georg Scheibelreiter, Der deutsche Thronstreit 1198-1208 im Spiegel der Datierung von Privaturkunden 1, in: MÖIG 84 (1976), S. 337-377 及び idem, Der deutsche Thronstreit 2, in: MÖIG 85 (1977), S. 36-76. Cf. Hubertus Seibert, Fidelis et dilectus noster, S. 93 f.; シュヴァーベンのフィリップが発給した証書の校訂版は，*Die Urkunden Philipps von Schwaben*, Andrea Rzihacek, Renate Spreitzer (ed.), MGH DD XII, Wiesbaden 2014. フィリップの国王尚書局については，ibid., Einleitung, S. XXXIII-LXIX 参照。

151） *Burchardi praepositi Urspergensis Chronicon,* Oswald Holder-Egger (ed.), S. 96; *Quellen zur Geschichte der Welfen und die Chronik Burchards von Ursberg*, Matthias Becher (Hg. u. übers.), S. 260 f.; Cf. Jens Ahlers, *Die Welfen und die englischen Könige 1165-1235*, S. 231.

152） *Regestum Innocentii III*, Nr. 188; Cf. Jens Ahlers, *Die Welfen und die englischen Könige 1165-1235*, S. 232.

153） *Regesta Imperii,* V, 1,1, S. 96, Nr. 300e.

和解を求めるインノケンティウス3世の要請をオットーは拒絶したが，同年聖ミカエルの祝祭の時期10月4日にオットーはローマで皇帝に戴冠された[154]。戴冠同日インノケンティウス3世に立てた誓約の遵守は1198年，1201年に立てた具体的な項目を挙げた誓約に比してごく短いものだった[155]。1279年から1292年の間に成立した『ブラウンシュヴァイク韻文年代記 Braunschweiger Reimchronik』は，オットーはノイスの誓約制約の更新を拒否したと伝えている[156]。

オットーは叔父ジョンに支援を約束する書簡を送り[157]，両者はフランス国王フィリップとの抗争に再び乗り出したが，教皇との関係がそれぞれに影を落とすことになった。

イングランドは，カンタベリー大司教座を巡る争いを理由として，教皇インノケンティウス3世により聖務執行停止を申し渡されていた[158]。他方フランス国王フィリップとの和睦に関する教皇の要請を拒絶したオットーが叔父ジョンと手を組んでいるという情報が寄せられると，インノケンティウス3世は破門でもって脅すとともに[159]，フィリップに助力を仰ぎ，ドイツの諸侯たちにオットーへの反抗を促すよう助言したのである[160]。

154) *Regesta Imperii*, V, 1,1, Nr. 302a; Matthias Becher (Hg. u. übers.), *Quellen zur Geschichte der Welfen und die Chronik Burchards von Ursberg*, S. 262 f.: circa festum sancti Michahelis; Cf. Bernd Ulrich Hucker, *Kaiser Otto IV.*, S. 117; Arnold von Lubeck は誤って（おそらく意図的に）戴冠日を主の日である日曜と伝えている。Arnold von Lübeck, *Arnoldi Chronica Slavorum*, Johann Martin Lappenberg (ed.), VII, 1, S. 294: Sicque in dominica Da pacem Domine domnus imperator cum magna pace et tranquillitate et iocunditate consecratur et coronatur, omnibus magnifice letantibus et cantantibus: Fiat pax in virtute tua!

155) Const. 2, Nr. 34, S. 43 及び *Regesta Imperii*, V, 1,1, S. 97, Nr. 301.

156) *Braunschweiger Reimchronik*, Ludwig Weiland (ed.), MGH Dt. Chron. 2, Hannover 1877, S. 430-574, v. 6644 ff., S. 542.

157) Hans-Eberhard Hilpert, Zwei Briefe Kaiser Ottos IV. an Johann Ohneland, in: DA 38 (1982), S. 123-140. Edition は S. 139 f.

158) Cf. Jens Ahlers, *Die Welfen und die englischen Könige 1165-1235*, S. 236.

159) *Quellen zur Geschichte der Welfen und die Chronik Burchards von Ursberg*, Matthias Becher (Hg. u. übers.), S. 264 f.; *Acta imperii inedita*, Eduard Winkelmann (ed.), Bd. 2, 1885, Nr. 1009, S. 677, Z. 41-45; Cf. Jens Ahlers, *Die Welfen und die englischen Könige 1165-1235*, S. 237.

160) 教皇への返書は，cf. *Catalogue des actes de Philippe-Auguste: avec une introduction sur les sources, les caractères et l'importance historiques de ces documents*, Léopold Delisle (ed.), Genève ND 1975, App. Nr. 1251, pp. 517 ff. 及び *Recueil des actes de Philippe Auguste, III*. Nr. 1158, pp. 255 f.

8 ニーダーラインの諸侯たち　　　　　　　　　　　　　　345

　フィリップは1210年10月ドイツの封建諸侯たちすなわちマインツ大司教，トリア大司教，バンベルク司教，ボヘミア国王，テューリンゲン方伯らとともに教皇に宛て書簡を送り，オットーに対する誠実誓約から彼らを解き放ち，新たに選挙のやり直しを要請した[161]。オットーがシチリア侵攻に向けて出立後の1210年11月18日インノケンティウス3世はオットーの破門を言い渡し[162]，オットーに対し諸侯たちが立てていた誠実誓約から解放すること，そして破門に処せられたものを支援するなら教会から処罰を受けるだろうとマインツ大司教ジークフリートを通じて告知している[163]。それに対してオットーの側も，兄ブラウンシュヴァイクのハインリヒ，ブラバント大公アンリらが，マインツ大司教らへの対抗措置の準備に取り掛かったのであった[164]。

　一方フランス国王フィリップもほぼ同時期武力衝突に向けて着々と準備を進めていた。ランスをはじめとするシャンパーニュ地方，ピカルディー，ロレーヌと，帝国との境界地域の足固めをするとともに，オットーに対する軍役などの奉仕義務から解いた[165]。

　オットーと対立する諸侯たちは，翌1211年9月オットーの廃位と皇帝ハインリヒ6世の息子フリードリヒへの支持を表明し[166]，急遽シチリ

---

161) *Catalogue des actes de Philippe-Auguste*, Nr. 1251.

162) *Quellen zur Geschichte der Welfen und die Chronik Burchards von Ursberg*, Matthias Becher (Hg. u. übers.), S. 264 f.; 破門の時期については，Helen Tillmann, Datierungsfragen zur Geschichte des Kampfes zwischen Innocenz III. und Kaiser Otto IV., in: *Historisches Jahrbuch* 84 (1964), S. 34-85; Tillmannの見解に対して，Anton Haidacher, Zum Zeitpunkt der Exkommunikation Kaiser Ottos IV. durch Papst Innocenz III. Replik zu Helene Tillmann, Datierungsfragen zur Geschichte des Kampfes zwischen Innocenz III. und Kaiser Otto IV., in: *Römische Historische Mitteilungen* 11 (1969), S. 206-209.

163) Andrea Briechle, *Heinrich Herzog von Sachsen und Pfalzgraf bei Rhein*, S. 117; Cf. Jens Ahlers, *Die Welfen und die englischen Könige 1165-1235*, S. 238.

164) *Chronica regis Coloniensis*, Georg Waitz (ed.), 1880, S. 232: Sed cum plures assensum non preberent, infecto negotio recesserunt. Syfridus similiter a papa se legatum per Alemanniam constitutum affirmans, Ottonem imperatorem [sepius] excommunicavit, et missis litteris suis ad omnes archiepiscopos et episcopos, ut ipsum facerent, auctoritate apostolica precepit. Unde commotus palatinus comes Reni Heinricus, frater imperatoris, cum duce Brabancie et ceteris nobilibus Lotharingiae et superiorum partium, totum episcopatum Mogonciensem circa festum sancti Michaelis incendio et rapina vastavit, nichil preter civitates et castra intactum relinquens.

165) Cf. *Recueil des actes de Philippe Auguste: roi de France*, publié sous la direction de Charles Samaran, par J. Monicat et J. Boussard, tome III., Paris 1966, Nr. 1169, 1170, pp. 264 f.

166) *Regesta Imperii*, V, 1,1, S. 170, Nr. 646b.

ア侵攻を断念したオットーと[167]，教皇インノケンティウス3世との和議が企てられたものの不調に終わった。帝国に戻ったオットーは，1212年3月16日フランクフルトで開催された宮廷会議で，兄ブラウンシュヴァイクのハインリヒやニーダーラインの諸侯たち，バイエルン大公ルートヴィヒ[168]，マイセン辺境伯のディートリヒらと協議を行っている[169]。

一方イングランド国王ジョンは，助力を求めてきたブーローニュ伯ルノーの受け入れをロンドンでの宮廷会議で公に表明し[170]，フランス国王フィリップに対抗する態度を鮮明にした[171]。同じ月にオットーの使節団31名がイングランドを訪れ，失われた大陸の所領をフランス国王フィリップから奪還するという願いを抱くジョンとの間で交渉を行ったのである[172]。

9　決戦への布石

長年に渡る王位を巡る争いで顕在化した，資金によって諸侯たちを味方に取り込むという施策は，国王権力を弱体化した。諸侯たちは有利な条件を求めて支持する相手を度々変え，その度に勢力図が書き換えられることになった。1212年7月にオットーと結婚したばかりのシュヴァーベンのフィリップの娘ベアトリクスが8月11日に亡くなったことも，多くの諸侯たちがオットー支持からシュタウフェン家側に最終的に移る契機となった[173]。その1か月後には皇帝ハインリヒ6世の息子フリード

---

167) *Regesta Imperii*, V, 1,1, Nr. 447 d, e.
168) バイエルン大公ルートヴィヒとの調停 compositio は Const. 2, Nr. 40, S. 49 f. 及び *Regesta Imperii*, V, 1, S. 137, Nr. 471.
169) マイセン辺境伯ディートリヒと3月20日に締結した協約 conventio は，Const. 2, Nr. 39, S. 48 f. 及び *Regesta Imperii*, V, 1,1, S. 137, Nr. 472.
170) *Mattaei Parisiensis, monachi sancti Albani, Chronica maiora*, Henry Richards Luard (ed.), vol. 2, London 1874, Wiesbaden 1964, p. 532.
171) *Rotuli chartarum in turri Londinensi*, I pars 1, ab anno 1199 ad annum 1216, Thomas Duffus Hardy (ed.), p. 186; Walther Kienast, *Deutsche Fürsten im Dienste der Westmächte bis zum Tode Philipps des Schönen von Frankreich*, I, Utrecht 1924, S. 186-188.
172) Cf. Jens Ahlers, *Die Welfen und die englischen Könige 1165-1235*, S. 241.
173) Cf. Ibid., S. 241, 244.

9　決戦への布石　　　　　　　　　　　　　　　　　　347

リヒがアルプスを越えて帝国に入り[174]，フランス国王フィリップの支援を受けて[175]，同年 12 月 5 日にマインツで国王に選出されたのである[176]。

　オットー支持者の中でも重大な変化が起こった。翌 1213 年 4 月にオットーは，フリードリヒ支持に回ったマクデブルク大司教とテューリンゲン方伯ヘルマンとの戦いに備えてザクセンに向かった[177]。一方兄であるブラウンシュヴァイクのハインリヒは息子にフリードリヒ側に寝返ることを容認し，ライン宮中伯領とともにザクセン死守を図っている。状況を複雑にしたのはフランドル地域の各諸侯との関係であった。ジョンからの度重なる資金援助によっても，ブラバント大公，そしてホーホシュターデン伯たちをオットー陣営に引き留めることはできなかったが[178]，ジョンは 1213 年 5 月フランドルに船を送りフランスから進行してくる戦闘船をダンメ Damme で破壊した。これが功を奏して，1211 年フランドル伯ボードゥアンの娘ジャンヌと結婚し，フランドル伯となって 1212 年 1 月 22 日にフランス国王フィリップに臣従の誓いを立てていたフェラン Ferrand がオットーとジョン側に寝返った[179]。Ahlers によれば，1213 年 7 月に銀貨 1 万マルクがロンドンからサンドウィッチ経由でフランドルに送られ，7 月 28 日と 8 月 24 日には合わせて銀貨 5,000 マルク，1214 年 7 月 21 日には 5,000 マルクが，さらに 1214 年 5 ／6 月には銀貨 6,000 マルクが送られたという[180]。

　一方フランス国王フィリップは帝国だけでなく，イングランドにも影響力を及ぼそうと食指を伸ばし，ジョンに冷遇されている貴族や司教た

---

　　174)　*Regesta Imperii*, V, 1,1, Nr. 671. フリードリヒ 2 世は，選定されたローマ皇帝 *Romanorum imperator electus*，シチリア国王 *rex Sicilie* として，9 月 26 日バーゼルで選出に尽力したボヘミア国王オトカーに対し，シチリア国王の印章が付せられた豪華な証書を発給している。*Die Urkunden Friedrichs II.*, Walter Koch (ed.), MGH DD XIV, 2. Teil , 2007. Nr. 171.
　　175)　フリードリヒの尚書局長，メッス及びシュパイエル司教のコンラートがフランス国王フィリップに宛てて感謝の書簡を送っている。Const. 2, Nr. 451, S. 621.
　　176)　*Regesta Imperii*, V, 1,1, Nr. 486 a-490 a; 680 a, b.
　　177)　*Regesta Imperii*, V, 1,1, Nr. 494 a-495; Cf. Jens Ahlers, *Die Welfen und die englischen Könige 1165-1235*, S. 247.
　　178)　Cf. Jens Ahlers, *Die Welfen und die englischen Könige 1165-1235*, S. 245 ff., Anm. 1361.
　　179)　Ibid., S. 248.
　　180)　Ibid., S. 248.

ちをフランスに受け入れる姿勢を示した[181]。この動きに対しジョンは，トゥールーズ伯レーモン，アラゴン国王ペドロと連携を図り，カペー王家に対して包囲網を敷こうと試みている[182]。

10 「ブーヴィーヌの戦い」を語る

歴史に名高いブーヴィーヌ Bouvines の戦いについては，この出来事を同時代人の眼で再現して見せたジョルジュ・デュビーの『ブーヴィーヌの日曜日 Le Dimanche de Bouvines : 27 juillet 1214』[183]の他，2018年に出版されたバルテルミーの著作が詳細に論じている[184]。デュビーの著作には『マルシエンヌの記録』[185]，『ベテューヌの逸名作家』[186]，『フィリピデ』[187]，ウェンドーヴァーのロジャー (-1236) による『年代記あるいは史華』[188]等同時代人による叙述を含めた重要な史料等が付されている。一方バルテルミーは，ブーヴィーヌの戦いがこれまでどう描かれてきたかを長い時間軸で多角的に論じている。ブーヴィーヌの戦いを扱う同時代の叙述では，戦闘時の名乗りの様子や[189]，フランス国王が戦闘の際にサン・ドニ修道院から受け取る王旗 Oriflamme など[190]，戦闘の様子

---

181) フィリップの積極的関与については，C. R. Cheny, The alleged desposition of King John, in: Studies in medieval history presented to Frederick Maurice Powicke, R.W. Hunt, W. A. Pantin, R.W. Southern (ed.), Oxford 1969, pp. 100-116; Cf. Jens Ahlers, Die Welfen und die englischen Könige 1165-1235, S. 245, Anm. 1350.

182) Cf. Ibid., S. 250.

183) ジョルジュ・デュビー『ブーヴィーヌの戦い―中世フランスの事件と伝説』松村剛訳，平凡社，1992（＝以下『ブーヴィーヌの戦い』と略）。

184) Dominique Barthélemy, La bataille de Bouvines Histoire et legends, Paris 2018.

185) マルシエンヌ修道院の記録は De Pugna Bovinis として MGH に収められている。Georg Waitz (ed.), MGH SS 26, Hannover 1882, S. 390-391.

186) Léopold Delisle (ed.), Recueil des Historiens des Gaules et de la France 24, pp. 750-775 に収録。

187) Philippidos, Léopold Delisle (ed.), in: Recueil des Historiens des Gaules et de la France 17 (1878), pp. 117-287.

188) Rogeri de Wendover, Chronica sive Flores Histoirarum, Henry O. Coxe (ed.), London 1841, t. III, pp. 287-291.

189) Cf.『ブーヴィーヌの戦い』史料五「フィリップ・ムスケ」316頁以下。

190) Cf.『ブーヴィーヌの戦い』史料三「フィリピデ」293頁。

が生き生きと描かれていて，文学的要素が盛り込まれているにせよ，騎士たちの実戦を知るまたとない史料群である。

帝冠を巡る争いを決定付けただけでなく，カペー王家とプランタジネット王家間の長年に渡るパワー・バランスを崩す分岐点となったブーヴィーヌの戦いを理解するためには，プランタジネット王家と緊密な関係で結ばれていたヴェルフェン家，さらにシュタウファーの領邦君主たちの視点から，史料に基づいて複眼的に跡付ける作業が不可欠である。帝国側の史料としては『ケルン国王年代記』，親シュタウファーの立場のウルスベルクのブルヒャルトの『年代記』などあるものの，簡潔な記述に留まっていて，オットー寄りのリューベックのアーノルトの年代記も修道士オットーの『聖ブラジウスのオットーの年代記』も，オットーが皇帝として戴冠された1209年まで終わっており[191]，1214年に起こったブーヴィーヌの戦いを詳細に描くフランス側の豊富な叙述群に比して，オットー側に近い史料は十分ではない。最後に，ヴェルフェン家の運命を決したこの天下分け目の戦いについて，Ahlers 及び Theo Holzapfel の研究[192]，そしてイングランド側の歴史叙述から簡単に概略を紹介したい。

1214年7月ヴァランシエンヌ Valenciennes にジョン，オットーの同盟軍が集結した。フランドル伯フェランの働きかけによってオットー側についていたブラバント大公とリンブルク大公が戦闘直前に寝返るという事態が起こり[193]，ブーヴィーヌでの戦闘の前から不穏な空気が流れていた。ウェンドーヴァーのロジャーの『年代記あるいは史華』によれば，主日である日曜日に戦闘を行うことにブーローニュ伯ルノーは反対し，オットー軍では戦闘を行うべきかを巡って激しいやりとりが繰り広げられたという[194]。フランス国王フィリップも躊躇した後，やむを得ず

---

191) Cf. Jens Ahlers, *Die Welfen und die englischen Könige 1165-1235*, S. 232.

192) Theo Holzapfel, *Papst Innozenz III., Philipp II. August, König von Frankreich und die englisch-welfische Verbindung, 1198-1216*, Frankfurt a. M. 1991. 決戦直前の状況に関して多くの重要な史料はほとんど語っていない。Ibid., S. 230 ff.

193) Cf. Jens Ahlers, *Die Welfen und die englischen Könige 1165-1235*, S. 251.

194) *Rogeri de Wendover, Chronica sive Flores Histoirarum*, Henry O. Coxe (ed.), London 1841, t. III, pp. 287-291; Cf.『ブーヴィーヌの戦い』310頁。

戦闘を開始したとベテューヌの匿名の作者は伝えている[195]。

　1219年から1225年にかけて成立したと推定されるウェンドーヴァーのロジャーの『年代記あるいは史華』は，戦闘の様子を詳細に伝えている[196]。ロジャーの記述を信じるとすれば[197]，ブーヴィーヌの戦いはオットー側の第一部隊を形成していた2名，すなわちフランス国王を封建君主として頂くフランドル伯フェラン，ブーローニュ伯ルノーと，フランス国王フィリップとの争いが引き金となった。

　オットーら連合軍は，フランドル伯フェラン，ブーローニュ伯ルノー，ソールズベリ伯ウィリアムを指揮官とする第一部隊，ホラント伯ヴィレルムらブラバント人たちの第二部隊，皇帝オットーが指揮するドイツ人の第三部隊という三部隊に分かれており[198]，両軍のラッパが吹き鳴らされると，フランス国王フィリップによって相続権を剥奪されていたブーローニュ伯ルノーがフィリップをめがけて突進した。フィリップは落馬し，ルノーが剣でとどめを刺そうとすると，間に入った臣下が致命傷を負いながらフィリップを助け，駆け付けた家臣たちがフィリップを馬に乗せた。一方オットーは勇猛果敢に両手に握った剣を振り回し，怯む敵の間を縫って，三度乗っている馬を槍で突き倒されながら，馬を変えて戦場を後にした。思いがけない勝利に歓喜するフランス国王フィリップは，捕虜たちを引き連れパリに帰還し，到着から翌日の晩まで，松明と提灯で照らされ，綴れ織りや絹の布が家々に吊り下げられたパリの街中が喜びに包まれて，歌，歓声，ファンファーレ，賛歌が鳴り響き続けたという[199]。

　7月27日ブーヴィーヌでの戦闘は，数時間の後に決着がついた。オットーは戦場を脱出し，フランドル伯フェラン，ソールズベリ伯ウィリア

---

195) Cf.『ブーヴィーヌの戦い』史料二「ベテューヌの逸名作家」p. 283. *Histoiriens de la France*, t. XXIV, pp. 768-770 からの翻訳。

196) *Rogeri de Wendover, Chronica sive Flores Histoirarum*, Henry O. Coxe (ed.), London 1841, t. III, pp. 287-291; Cf.『ブーヴィーヌの戦い』史料四「ロジャー・オヴ・ウェンドーヴァー」『年代記あるいは史華』309-312頁。

197) ジョルジュ・デュビーは，ロジャーの記述は偏りのない，信憑性に足るものと評価している。Cf.『ブーヴィーヌの戦い』229頁。

198) Cf.『ブーヴィーヌの戦い』史料四「ロジャー・オヴ・ウェンドーヴァー」『年代記あるいは史華』311頁。

199) Cf.『ブーヴィーヌの戦い』同上，312頁。

ム，ブーローニュ伯ルノー，ホラント伯ヴィレルムを初め200名を超える騎士たちが捕らえられた[200]。この戦いについてはフランス側，連合軍側様々な歴史叙述が描かれていて，オットーの遁走については，ウェンドーヴァーのロジャーの『年代記あるいは歴史の華』は，三度馬が殺されるという苦境に見舞われた皇帝を助けた臣下たちの行為を称賛し，馬上の戦いでは皇帝は不敗のまま戦場をあとしたと述べている[201]。フランス側の叙述では，ランスの宮廷詩人が敵前から逃げ帰った皇帝は施療院で不遇に過ごしたと述べてはいるが[202]，騎士にあるまじき行為と一方的に非難してはいない。フィリップ・ムスケが1242年までのフランス国王の歴史を描いた『韻文年代記』では，皇帝が逡巡しながら戦場を立ち去り，皇帝の名誉を損なうことなくオットーを逃がした行為はむしろ騎士道にふさわしい行為として描かれている[203]。

　ブーヴィーヌの戦いは列強諸国の勢力図を書き換える分岐点となる戦いだったが，先述のように，フランス国王フィリップと皇帝オットーは直接対決はしておらず，フランドル，ブラバントの諸侯たちの関与が複雑に絡み合っており，フランス国王フィリップ対皇帝オットーの戦いと単純化して理解してはならないだろう[204]。『ケルン国王年代記』やウルスベルクのブルヒャルトの『年代記』などがあるものの，リューベックのアーノルトの年代記も，『聖ブラジウスのオットーの年代記』も1209年までで終わっていて，オットー側に近い史料が欠けているのが惜しまれる。

　一方ジョンは2か月ほどラ・ロシェル La Rochelle 近郊に留まったのち，同年9月18日シノン城でフランス国王フィリップと5年間の休戦を締結した[205]。ブーヴィーヌでの敗戦後も，ジョンはオットーに金銭的

---

200) Cf. Jens Ahlers, *Die Welfen und die englischen Könige 1165-1235*, S. 251.
201) Cf.『ブーヴィーヌの戦い』311-312頁。
202) *Ex Historiis annonymi Remensis*, Otto Holder-Egger (ed.), MGH SS 26, Hannover 1882, S. 540, [287]: Et s'en ala et li empereres en Alemaingne, et fu morz une piece apres en une maison Dieu, povres et a meschief.; Cf.『ブーヴィーヌの戦い』史料五「ランスの宮廷詩人」329頁。
203) Dominique Barthélemy, *La bataille de Bouvines Histoire et legends*, pp. 261-269; Cf.『ブーヴィーヌの戦い』史料五「フィリップ・ムスケ」324頁。
204) Dominique Barthélemy, *La bataille de Bouvines Histoire et legends*, pp. 119-126.
205) *Recueil des actes de Philippe Auguste, III.*, Nr. 1340, pp. 480-483. p. 483: Fridercus

支援を続け[206]，教皇庁との交渉も行わせていた。

　他方1212年12月5日フランクフルトで国王に選出，12月9日にマインツで大司教によって戴冠されていたフリードリヒ2世は[207]。1215年7月25日アーヘンでマインツ大司教によって国王に戴冠された[208]。インノケンティウス3世によって1215年11月に開催された第4回ラテラノ公会議では，両陣営からオットーの処遇を巡って侃々諤々議論が戦わされた[209]。反オットーのモンフェラート辺境伯グリエルモは，オットーを支持するミラノ市民を，彼らが偽誓を行ったこと，異端を容認していること，破門されたオットーを支持しているゆえに彼ら自身破門に値するという三つの理由から非難，牽制したうえで，以下七つの理由からオットーの贖罪は不可能であると論じている[210]。

　まず第一に，オットーは一度誓いを破っているために贖罪に関して誓約による保証を与えることはできないこと，第二に，ローマ教会に与えられた損害に対して，補償を与えていないこと，第三に，国王フリードリヒに敵対し，ローマ教会に属する所領を簒奪，今日まで占領していること，第四に，ミュンスター司教を捕らえたこと，第五に，クエドリンブルクQuedlinburg女子修道院を占領し，修道女たちを追い払い，城を建設したこと，第六に，帝国諸侯から選出された国王フリードリヒを，ローマ教会を辱める，「司祭たちの王（*rex presbiterorum*）」と称したこと，第七に破門されたブレーメン（大）司教に援助を与え，レガーリアを与

---

rex Romanorum et Sicilie erit in ista nostra treuga, si voluerit, et rex Otho similiter erit in treuga regis Anglie, si volierit, et si alter illorum noluerit esse in treuga, nos poterimus juvare Fridericum in imperio et rex Anglie Othonem in imperio similiter absque meffacere et absque faciendo guerram inter Johannem regem Anglie et nos de terris nostris; 全訳は，『ブーヴィーヌの戦い』史料七「フィリップ・オーギュストとジョン欠地王とのあいだの休戦条約」330-333頁；Cf. Jens Ahlers, *Die Welfen und die englischen Könige 1165-1235*, S. 252, Anm. 1395 及び S. 259.

　206）Cf. Holzapfelは，1214年9月，11月，1215年1月と3回，オットーには総額2200マルク，その妻でブラバント大公アンリの娘マリアには800マルクの支援金が供与されたと指摘している。Theo Holzapfel, *Papst Innozenz III., Philipp II. August, König von Frankreich und die englisch-welfische Verbindung, 1198-1216*, S. 271; Jens Ahlers, *Die Welfen und die englischen Könige 1165-1235*, S. 261.

　207）*Regesta Imperii*, V, 1,1, S. 177, Nr. 680a, b.

　208）*Regesta Imperii*, V, 1,1, S. 201, Nr. 810b.

　209）Cf. Bernd Ulrich Hucker, *Kaiser Otto IV.*, S. 322 ff.

　210）ヴァチカン写本Vat. Lat. 3555とサン・ジェルマーノのリッカルドの年代記は六つの理由を挙げている。Cf. Bernd Ulrich Hucker, *Kaiser Otto IV.*, S. 322 f., Anm. 124.

えたこと，以上である[211]。

　この非難に対し，ミラノ側は，クウェドリンブルク女子修道院を破壊したのではなく，敵から教会と修道女を守るために，その上方に防御施設を建設したなど，一つ一つ反対弁論を行った[212]。第4回ラテラノ公会議では，フリードリヒの選出の承認はなされているが，Hucker が指摘しているようにオットーの廃位は明確に宣言されてはいない[213]。しかしながら，第4回ラテラノ公会議で損なわれた皇帝としての威信は回復されることはなかった。明言されたかどうかにかかわらず，実質的にオットーの帝位は存在意義を失っていたからである。

　リチャード獅子心王の死によってもたらされたヴェルフェン家とプランタジネット王家との同盟関係の変化は，諸侯たちの勢力均衡関係を崩すきっかけとなった。兄リチャード獅子心王が所有していた大陸における所領相続を盤石にしたいジョンは，カペー朝との外交交渉で揺れ動き，1207年になってようやくオットーを支援する態度を明確化したが，人心を掌握しきれない君主はもはや強いリーダーシップを発揮することはできなかった。

　12世紀末から13世紀初めの帝位を巡る抗争は，北西ヨーロッパから南はイタリアまで，大陸のみならずイングランドまで巻き込み，封建君主と封臣との信義に基づく盟約関係の脆弱さを露呈させた。度重なる外政への出費は，イングランドに断続的な財政負担を強いたばかりでなく，内政の不安定化を促した。国内の不穏な動きの中で家臣たちに対する統率力と君主としての威信を損ない，大きな譲歩を余儀なくさ

---

211) Stephan Kuttner, Antonio García y García (eds.), A New Eyewitness Account of the Fourth Lateran Council, in: *Traditio* 20 (1964), pp. 115-178. ここでは，p. 126. Ipsum vero dominum Ottonem non debere absolvi VII. De causis: Prima, quod cum idem Otto semel periuraverit, iam cautio iuratoria non sufficeret ad ipsius absoltionem. Secunda, quod de dampnis ecclesie Romane illatis non posset satisfacere. Tercia, quod regem Fridericum impecierit et bona isius occupaverit, que de Romana tenet ecclesia, et adhuc detineat occupata. Quarta, quod Monasteriensem episcopum captivaverit. Quinta, quod monasterium Quidelincburc destruxerit et castrum ibidem fecerit, Sexta, quod regem Fridericum, quem principes imperii in imperatorem elegrerant, subsannando regem solummodum presbiterorum esse dixerit. Septima, quod eiscopo Bremensi excommunicato et destitute regalia porrexerit.

212) Bernd Ulrich Hucker, *Kaiser Otto IV.*, S. 324 f., Anm. 127.

213) Ibid., S. 325.

図 5-4
『ブラウンシュヴァイク聖堂にある
ハインリヒ獅子公もしくはオットー
4世と考えられている彫像

れたジョンは，1215年にマグナ・カルタ Magna Carta を発布した[214]。翌1216年10月18日に亡くなったジョンの死後も，ブラウンシュヴァイクのハインリヒはプランタジネット王家との関係継続を試みたものの成果を上げることはなかった。ヴェルフェン家とプランタジネット王家との同盟関係は，ジョンの死によって終わりを告げたのである。

ブーヴィーヌの戦いに敗れ，ブラウンシュヴァイク周辺で滞在してい

---

[214] マグナ・カルタに関しては数多くの研究書がある。ここでは代表的なものとして James C. Holt, *Magna Carta*, Cambridge ³2015 及びジョンの治世に関する多角的な視座からの研究論文集として，S. D. Church (ed.), *King John: New interpretations*, Woodbridge1999 を挙げておく。

たオットーは，その後歴史の表舞台から姿を消してしまう[215]。1214／15年には，プランタジネット王家に縁深いティルベリのゲルウァシウス（c. 1150-1234/35）によって 1210 から 1214 年の間にまとめられた『皇帝の閑暇 Otia imperialia』がオットーに献呈されている[216]。様々な驚異譚を収集したこの著作が，晩年オットーに献呈されたのは象徴的である。ティルベリのゲルウァシウスが「寒い冬の夕べ，権勢ある貴族たちの許では食事の後，家族たちが暖炉に集い，昔の出来事を語る物語に耳を傾けるのが常であった」と述べたように[217]，オットーはこの著作を通じて，もう少しで手中に収めることのできた神聖ローマ帝国の未知の地を思い描いたかもしれないからである。

オットーの晩年は，シトー会ヴァルケンリート Walkenried 修道院長フリードリヒが，『皇帝オットー4世の死についての叙述 Narratio de morte Ottonis IV. imperatoris』の中で描いている[218]。1218 年 5 月 19 日急な病で亡くなる直前にオットーは遺言書をしたためさせ，兄ハインリヒに遺言の執行を託した[219]。オットーの埋葬に参列したのは，近郊にいたごくわずかの者たちだけだったという[220]。皇帝として戴冠され，時代を動かした人物であるにもかかわらず，ヴェルフェン家の菩提教会である

---

215) Cf. Thomas Scharff, Otto IV. in der Geschichtsschreibung des 13. Jahrhunderts, in: Bernd Ulrich Hucker, Stefanie Hahn, Hans-Jürgen Derda (Hgg.), *Otto IV. – Traum vom welfischen Kaisertum*, S. 299-306.

216) Michael Rothmann, Adelige Kaminabende – Erzählstoffe am Hofe Kaiser Ottos IV: am Beispiel der höfischen Enzyklopädie des Gervasius von Tilbury, in: Bernd Ulrich Hucker, Stefanie Hahn, Hans-Jürgen Derda (Hgg.), *Otto IV. – Traum vom welfischen Kaisertum*, S. 175-186; この著作に関しては，18 世紀以来数多くの校訂版及び各国語への翻訳がある。邦訳はティルベリのゲルウァシウス『西洋中世奇譚集成―皇帝の閑暇』池上俊一訳，青土社，1997 年。

217) Gervase of Tilbury, *Otia imperialia: recreation for an emperor*, S.E. Banks and J.W. Binns (ed. &trans.), Oxford 2002, p. 670: cum in hyemis intemperie post cenam noctu familia diuitis ad focum, ut potentiores moris est, recensendis antiquorum gestis operam daret, et aures accommodaret.

218) Claudia Lydorf, „Wem nützt es, dass wir über mein Leben verhandeln, da es keines mehr ist?" Testament und Tod Kaiser Ottos IV., in: Bernd Ulrich Hucker, Stefanie Hahn, Hans-Jürgen Derda (Hgg.), *Otto IV. – Traum vom welfischen Kaisertum*, S. 281-288.

219) Const. 2, Nr. 42, S. 51 ff. 及び *Regesta Imperii*, V, 1,1, S. 152 f., Nr. 511.

220) Caspar Ehlers, Die Bestattung Ottos IV. in der Braunschweiger Stiftskirche St. Blasius im Kontext der deutschen Königsgrablegen. Tradition oder Innovation?, in: Bernd Ulrich Hucker, Stefanie Hahn, Hans-Jürgen Derda (Hgg.), *Otto IV. – Traum vom welfischen Kaisertum*, S. 289-298, ここでは S. 290.

ブラウンシュヴァイクの聖ブラジウス教会には，オットーの可能性が指摘されている石像があるものの（図5-4)[221]，18世紀初めにオットーの墓石は取り除かれていて，彼の両親が葬られている棺型墓の前に彼の名前を刻んだプレートが嵌め込まれているだけである。奇しくも亡くなるちょうど1年前の1214年5月19日に長い婚約期間を経て紆余曲折の後結婚したブラバント大公の娘マリアは，オットーの死後，ホラント伯ヴィレルムとの短い結婚期間を経て再び寡婦になっていたが[222]，1237年ブラバントのビンデレン Binderen にオットーの死者記念として聖マリア女子修道院 Sancta Maria de Valle Imperatricis を創建したのであった[223]。

---

221) Bernd Ulrich Hucker, *Kaiser Otto IV.*, S. 629 f.
222) Amalie Fößel, Beatrix von Schwaben und Maria von Brabant – die Frauen Ottos IV., S. 234.
223) Bernd Ulrich Hucker, *Kaiser Otto IV.*, S. 355 f.

終　章
グローバル・リーダーたちの12世紀

　12世紀は人々の視野が物理的にも心的にも大きく拡がった時代である。身分，階層，職業を問わず活発化していく移動と交流を通じて，人々は新たに拓けた地平で獲得した可能性を積極的に活用する機会を享受した。知的好奇心に突き動かされた人々は新しい知識を追い求め，知の交流を通して共通の知的基盤を作り上げていった。

　この社会構造の変化を示しているのが，知の実用化を通じて発言力を増していった宮廷官僚たちである。彼らはことばを操る能力を駆使し，知識を力に変え，キャリアを積んでいった。新機軸の受容を厭わない彼らは，新たな伝統を紡ぎ出す術を心得ていた。「帝国の栄誉（honor imperii）」という12世紀に中核をなす統治理念の導入・顕示は，それを体現する統治者のみならず，外交文書の作成に当たった宮廷官僚なくして実現できなかったのである。

　陣容を変えつつあるステークホルダーは，外交の軸に影響を及ぼした。点と点で結ばれてきた外交交渉が線から面へと次元を変え，常に変動するパワー・バランスの中で行動する環境が整っていった。シュタウファー朝の皇帝フリードリヒ・バルバロッサの対イタリア政策は，存在感を強めていく都市コムーネが，領邦君主の交渉相手として重要性を増していく過程を如実に示している。

1　合意形成を保証する手段と担保

　錯綜する外交ネットワークにおいては，合意形成を保証する手段が鍵を握った。

　12世紀から13世紀にかけて各国間の結束に確かな保証を与えたのは，「誓い」を担保に結ばれた信義と，姻戚関係による強固な絆である。君主と言えども絶対的な権力を持たず，家臣団との双務関係が統治基盤となっていた中世において，「誓い」によって不可分となった人的紐帯と，物理的国境を越えて取り結ばれる婚姻がグローバル・ネットワークの礎となり，新たな政治的布置を生み出した。

　異なる法慣習が並存する中世社会において，重要な局面を迎えた数々の外交交渉で，「誓い」が約定を保証する手段として登場し，度々史料の中で言及されるのは一見奇異に映る。これは公衆の面前で立てられた「誓い」という儀礼的行為が，国境を越えて法的拘束力を有し，それが自明のこととして通用していた証左だろう。「誓い」を覆すことを怖れ，ときに「誓い」を忌避する姿は，「誓い」の呪縛力を端的に示している。

　婚姻によってもたらされる相続権は，将来の統治基盤を強化する確かな担保だった。シュタウファー朝のフリードリヒ・バルバロッサ主導で取り結ばれたハインリヒ獅子公とプランタジネット王家の婚姻は，12世紀後半から13世紀初めの勢力再編の時期，外交関係に当初の予想をはるかに超える影響を与えた。1180年のハインリヒ獅子公の帝国平和喪失（アハト）宣告まで静かな同盟者だったプランタジネット王家は，ヴェルフェン家一族に避難場所と，次世代の絆を強めるまたとない機会を提供した。王朝間の成婚は，ボーダーレスに行動するグローバル・リーダーの育成を促したが，皇帝フリードリヒ・バルバロッサの死後，プランタジネット王家は，大陸における封建君主であるカペー朝との緊張関係の中で，ヴェルフェン家と手を結んでシュタウファー朝を脅かす存在となったのである。

　列強諸国がしのぎを削っていた12世紀末から13世紀にかけてヨーロッパの外交政治を動かした別の基軸は，教皇とシチリア王国，そして

ビザンツ帝国である。教皇領を脅かす脅威となりうるシチリア王国は，アルプス以北のどこと結束するかによって，教皇と教皇領の行く末を左右するキャスティング・ボードを握っており，婚姻の成立が外交交渉のカードとなって各国間で駆け引きが続いていたし，ビザンツ帝国との良好な外交関係の維持は，帝国統治を安定させ，交渉を有利に進めるために不可欠な施策だった。

　12世紀末からの冠位を巡る争いは，一見ヴェルフェン対シュタウフェンの様相を呈しながら，両陣営の背後ではプランタジネット，カペー両王家が主導権を握ろうと虎視眈々と機会を窺っていた。さらにアルプスを越えた地にいる教皇とシチリア国王との協調関係がステーク・ホルダー間のパワー・バランスを変動させたのである。

　この状況下で新たな時代の扉を開いたのが，シュタウフェン家の皇帝ハインリヒ6世とシチリア国王ルッジェーロ2世の娘コンスタンツェとの間に1194年イタリアで生まれたフリードリヒ2世である[1]。ラテン，ギリシア，アラビア語が併用され，ラテン，ビザンツ，アラビア文化が共存する多文化共生の地シチリア島で育ち，六つの言語を操ったと後年の年代記者が伝えたフリードリヒ2世は[2]，1224年にナポリ大学を創設[3]，サレルノにおける医学教育の振興，医薬分業への道を拓い

---

  1) フリードリヒ2世に関しては，エルンスト・カントーロヴィチによる古典的研究（邦訳は『皇帝フリードリヒ二世』小林公訳，中央公論新社，2011年）をはじめ，数多くの研究書がある。基礎文献となるフリードリヒ2世の証書は，MGHから現在1198年から1231年まで公刊されているがまだ完結していない。*Die Urkunden Friedrichs II.*, Walter Koch (ed.) (= MGH DD XIV, 1), Teil 1: 1198-1212, Hannover 2002. Teil 2: 1212-1217, Hannover 2007. Teil 3: 1218-1220, Hannover 2010. Teil 4: 1220-1222, Wiesbaden 2014. Teil 5: 1222-1226, Wiesbaden 2017. Teil 6: 1226-1231, Wiesbbaden 2021; 近年のドイツ語の研究書としては，Wolfgang Stürner, *Friedrich II. 1194 – 1250*, Darmstadt 2009; idem, *Staufisches Mittelalter: Ausgewählte Aufsätze zur Herrschaftspraxis und Persönlichkeit Friedrichs II.*, Wien/Köln/Weimar 2012; Olaf B. Rader, *Friedrich II.: Der Sizilianer auf dem Kaiserthron: Eine Biographie*, München 2019.

  2) それぞれの運用能力には違いがあったと想定されるが，ラテン語，アラビア語，ギリシア語，アプリア／シチリア地方で使用されていた俗語の他，中高ドイツ語，古フランス語を理解したと考えられる。Cf. Wolfgang Stürner, *Friedrich II. 1194 – 1250*, Teil 2, Der Literatenkreis um Friedrich. Troubadours, Minnesänger und die Sizilianische Dichterschule, S. 361-375. ここではS. 361.

  3) Wolfgang Stürner, *Friedrich II. 1194 – 1250*, Teil 2, Die Gründung der Universität zu Neapel, S. 47-57; idem, Die Gründung der Universität Neapel durch Kaiser Friedrich II., in: idem, *Staufisches Mittelalter*, S. 191-204.

た[4]。自ら『鷹狩の書 De arte venandi cum avibus』を著すなど学芸振興にも努め[5]，その宮廷には文芸人たちが集う他[6]，フィボナッチやマイケル・スコットをはじめ様々な知識人が訪れる知の交流地となっていた[7]。破門されたまま向かった第6回十字軍ではムスリム側と外交交渉を行い，1229年には10年間の期限でイェルサレムが返還されたにもかかわらず，教皇との不協和音はその政治的成果に影を落とすことになった。1231年にはメルフィ勅法集成あるいは『皇帝の書 Liber Augustalis』と呼ばれる法典を編纂[8]，発布させるなど中央集権的統治体制の礎を築いたフリードリヒ2世は，1250年その死を記したイングランドの年代記者マシュー・パリスが「世界の驚異（stupor mundi)，驚くべき変革者

---

4) Wolfgang Stürner, *Friedrich II. 1194 – 1250*, Teil 2, Die Rolle der Medizin und die Neuordnung der Äryteausbildung in Salerno, S. 375-385. ここでは S. 378.

5) 2巻本と6巻本の二系統ある。写本状況は，Stefan Georges, *Das zweite Falkenbuch Kaiser Friedrichs II. : Quellen, Entstehung, Überlieferung und Rezeption des Moamin. Mit einer Edition der lateinischen Überlieferung*, Berlin 2010; Kaiser Friedrich II., *Über die kunst mit vögeln zu jagen*, Carl Arnold Willemsen (übert. und hg.), 2 Bde., Frankfurt a. M. 1964; ファクシミリ版 は，*Das Falkenbuch Friedrichs II. : Cod. Pal. Lat. 1071 der Biblioteca Apostolica Vaticana*, Kommentar von Dorothea Walz, Carl Arnold Willemsen, Graz 2000; Johannes Fried, Kaiser Friedrich II. als Jäger, in: Werner Rösener, *Jagd und höfische Kultur im Mittelalter*, Göttingen 1997, S. 149-166.

6) Wolfgang Stürner, *Friedrich II. 1194 – 1250*, Teil 2, Der Literatenkreis um Friedrich. Troubadours, Minnesänger und die Sizilianische Dichterschule, S. 361-375.

7) Cf. Charles Burnett, Michale Scot and the Transmission of Scientific Culture from Toledo to Bologna via the Court of Frederik II Hohenstaufen, in: *Micrologus* 2, pp. 101-126; Silke Ackermann, *Sternkunden am Kaiserhof. Michael Scotus und sein Buch von dern Bildern und Zeichen des Himmels*, Frankfurt a. M. 2009; Wolfgang Stürner, *Friedrich II. 1194 – 1250*, Teil 2, Kaiserliche Wißbegier: Die Kontakte zu Leonardo von Pisa und die Sizilianischen Fragen, S. 385-397. Ibid., Michael Scotus und seine Übersetzungen des Aristoteles, Avicenna und Averroes, S. 400-408. Ibid., Michael als Hofastrologe und selbständiger Autor, S. 408-416. Ibid., Des Kaisers Wissenshorizont und der Rang von Michaels Werk, S. 416-422.

8) *Die Konstitutionen Friedrichs II. für das Königreich Sizilien*, Wolfgang Stürner (ed.), MGH Const. 2, Suppl., Hannover 1996; Hermann Dilcher, *Die sizilische Gesetzgebung Kaiser Friedrichs II. Quellen der Constitutionen von Melfi und ihrer Novellen*, Köln/Wien 1975; Herman Conrad, Thea von der Lieck-Buyken und Wolfgang Wagner (Hgg. und übers.), *Die Konstitutionen Friedrichs II. von Hohenstaufen für sein Königreich Sizilien: nach einer lateinischen Handschrift des 13. Jahrhunderts*, Köln/Wien 1973; 英訳 は，James M. Powell, *The Liber Augustalis of Constitutions of Melfi promulgated by the Emperor FrederickII for the Kingdom of Sicily in 1231*, New York 1971; 久保正幡「Liber Augustalis について」『法制史研究』32 (1982), pp. 1-16; 序文及び部分訳は，清水廣一郎「シチリア王国勅法集成」『西洋法制史料選 II 中世』134-143 頁。原文は 40-43 頁。

1 合意形成を保証する手段と担保　　　361

図 6-1
『鷹狩の書 De arte venandi cum avibus』
息子マンフレッドに献呈された写本
に描かれたフリードリヒ 2 世
(Bibliotheca Vaticana, Pal. lat. 1071)

(*immutator mirabilis*)」と褒めたたえたように[9]，時代を先取りした先進的な統治者だった[10]。しかし彼もまた時代の波に揉まれ，波乱万丈の人生を送ったのである（図 6-1）。

---

9) *Ex Mathei Parisiensis Operibus* (= MGH SS 28), S. 74-455. ここでは S. 319, Z. 16 f.: Obiit autem circa eadem tempora principum mundi maximus Fretherieus, stupor quoque mundi et immutator mirabilis (= *Matthæi Parisiensis: monachi Sancti Albani, Chronica majora*, Henry Richards Luard (ed.), vol. 5, London 1880, Wiesbaden 1964, p.190); *Chronicles of Matthew Paris: monastic life in the thirteenth century*, Richard Vaughan (ed., & transl.), Gloucester 1984, pp. 272 f.; Björn Weiler, *Stupor Mundi*: Matthäus Paris und die zeitgenössische Wahrnehmung Friedrichs II. in England, in: Knut Görich, Jan Keupp, Theo Broekmann (Hgg.): *Herrschaftsräume, Herrschaftspraxis und Kommunikation zur Zeit Friedrichs II.*, München 2008, S. 63-95, ここでは S. 73; Klaus Joachim Heinisch (Hg.), *Kaiser Friedrich II . Sein Leben in zeitgenössischen Berichten*, Darmstadt 1969, ⁶1979, S. 170 f.; Klaus van Eickels / Tania Brüsch (Hgg.), *Kaiser Friedrich II . Leben und Persönlichkeit in den Quellen des Mittelalters*, 2000. ここでは S. 426.

10) フリードリヒ 2 世の合理性を表す例として引き合いに出されるのは，メルフィ勅法集成での私戦フェーデ（*Die Konstitutionen Friedrichs II. fr das Königreich Sizilien*, I 9)，神明裁判及び決闘（II 31, II 32）の禁止（その例外に関しては II 33）である。その一方で約定に対しては誓約を立てることが求められている他（I 46, I 62.1, I 69. 1, I 83，代闘士の立てる誓約は II 38），宣誓補助人にも言及している（I 59）。文書及び証人の挙証力に関して（I 82, II 27），偽造文書の使用に関して（III 64），偽りの証言を行った証人に関して（III 65），偽誓に関して（III 90, 92），また医師免許のないものが医療行為を行うことの禁止（III 45）。

2 都市の躍進と社会的紐帯の変容

　領邦諸侯たちもまた，各君主間のパワー・バランスに大きな影響力を行使していた。自分たちに有利な条件を求めて同盟者を変え，定期金レーエンの授封など実利的な見返りを求める諸侯たちを掌握するために，国王・皇帝の二重選挙によって動いた資金は莫大だった。

　しかし，12世紀末になって初めて，報酬の対価として金銭の授受が登場したわけではない。フリードリヒ・バルバロッサの治世下でも，度々多額の資金が合意を妥結するための切り札となっていた[11]。

　イタリア諸都市との軋轢が顕在化するきっかけとなった1154年の晩秋，再び横暴を訴えられたミラノは皇帝を懐柔するため銀貨4,000マルクの支払いを約束した[12]。対照的なのは，同じロンカリアの帝国会議に訪れたジェノヴァ市民たちが，恭順を示すために，金銭ではなく，獅子やダチョウ，鸚鵡など数々の珍奇な動物を贈り物として持参している点である[13]。

　金銭の授受を対価とする態度は，イタリア諸都市が牽引していた貨幣経済の定着と無論無関係ではない。損なわれた名誉を金銭によって贖おうとする態度に対する反感は，皇帝戴冠に向けてローマに向かったフリードリヒが，ローマ側から多額の資金と三度の誓約を求められ，「帝国を金銭で買うつもりはない」と激怒したエピソードにも看取できる[14]。封建社会の頂点に立つものとしてその道徳観念を体現する立場にあったフリードリヒは，金銭という刹那的利益より「名誉」と信義を優先したと言えるだろう。フリードリヒの恩赦を金銭によって得ることはできないと悟ったミラノは，1158年諸侯の口添えを得ようとしたが失敗している[15]。

---

　　11)　Cf. Knut Görich, Geld und >honor<, Friedrch Barbarossa in Italien, in: Gerd Althoff (Hg.), *Funktionen und Formen der Kommunikation im Mittelalter*, Sigmaringen 2001, S. 177-200.
　　12)　本書26頁参照。
　　13)　*Gesta Friderici*, II. 16, S. 314 f.
　　14)　本書27頁参照。
　　15)　*Gesta Friderici*, III. 33, S. 464 f.

その一方で，1168年にマインツ大司教に登位するクリスティアンが前年尚書局長だった時期に，皇帝フリードリヒへの口利きの対価として，銀貨13,000マルクという途方もない額をピサから供与されたように[16]，金銭によって支援を得る行為は12世紀において決して珍しいことではなく，金銭の授受が必ずしもすべて拒否されていたわけではなかった[17]。1161／62年にはザルツブルク大司教エバーハルトとの間で紛争が起きた際に，エバーハルトが金銭による (cum taxatione pecuniae) 代替措置を主張した事例[18]，1176年初頭ハインリヒ獅子公がキアヴェンナの会見でイタリア遠征での軍役を拒否し，資金提供を申し出た事例は，資金による代替措置が法に違反していると見なされていたわけではなかったことをいみじくも示している。しかしエバーハルトの申し出を拒絶したフリードリヒが，敵意を抱いている相手から金銭は受領しないと述べているように，フリードリヒ・バルバロッサの統治下で金銭の授受はあくまで信義を礎としていたのである。

　金銭が交渉のカードとして再び歴史の表舞台に登場するのは，12世紀末から13世紀にかけての時期である。シュタウフェン，ヴェルフェンという二つの家門から国王が擁立された冠位を巡る争いで支持者獲得の重要な手段となったのが，金銭による買収工作だった。封建関係の礎である封土と並んで金銭的報酬を求めて諸侯たちが支持する相手を変更する姿は，封建社会の互酬関係に生じた変化がもはや後戻りできないものになったことを如実に示している。

　これを後押ししたのが，都市の勃興によって貨幣経済が定着していく中，都市の自治を推進した都市民である。イタリア諸都市だけでなく，北西ヨーロッパでも，都市による資金的支援なくして抗争を継続することは難しかった。

　とりわけ12世紀半ば以降イングランドと緊密な交易関係を結び，ハンザ諸都市の中核となって，ケルン銀貨を北西ヨーロッパの基軸通貨の

---

　16)　Regesta Imperii, IV, 2, 2, S. 225, Nr. 1467.
　17)　政治状況については，Knut Görich, Geld und >honor<, Friedrch Barbarossa in Italien, in: Gerd Althoff (Hg.), *Funktionen und Formen der Kommunikation im Mittelalter*, Sigmaringen 2001, S. 177-200. ここでは S. 192.
　18)　本書236頁以下参照。

一つに押し上げたケルン市民たちは，イングランド国王リチャード獅子心王の強いリーダーシップの下，プランタジネット王家と姻戚関係にあったヴェルフェン家のオットーの支持者獲得のため莫大な資金を調達した[19]。冠位を巡る争いで，ザクセン諸侯と長年対立関係にあったヴェルフェン家のオットーは，商人層の後ろ盾なしにはシュタウフェン家のフィリップに伍して争うことはできなかったと言える。この時代の変化を叙述的に描いているのが，騎士文芸が華やかな時代，奇しくもケルン商人を主人公に据えた『善人ゲールハルト』だったのである。

3　権威の顕示と合意形成を演出する場

　12世紀のグローバル・リーダーたちを描くとき，忘れてならないのが合意形成の場である宮廷と，彼らを取り巻く宮廷人たちである。聖俗諸侯とともに統治行政を担う文官たちが集まり，政策を練り，協議を通じて政治的意志決定を下す場である宮廷は，巡行とともにその人的構成を変え，可視化された言語である象徴的儀礼を通じて，合意形成のプロセスを明示し，人々に記憶の共有化を促した。

　それを示しているのが，1162年初春長年皇帝と相争っていたミラノが降伏し，皇帝フリードリヒ・バルバロッサが大きな勝利を収めた事例である。モレーナのオットーによれば，1162年3月1日の木曜日，ローディに滞在中の皇帝のもとにやってきた9名のコンスルと8名の騎士が皇帝に対して恭順の意を示し，皇帝の命に従うという誓いを立てるとともに，同様に市民にも誓約させることを約束した。続く日曜日にミラノからやってきた300名の騎士たちは36の小旗を皇帝に手渡し，その足元に口づけしたうえで，ミラノ市民の中で最も機略に富んだ師グインテルムスが，皇帝に全市を象徴する都市の鍵を捧げ，さらに彼らは皇帝とその使節の命に従うと誓いを立てたという[20]。

---

　19) Hugo Stehkämper, Geld bei deutschen Königswahl des 13. Jahrhunderts, in: Jürgen Schneider (Hg.), *Wirtschaftskräfte und Wirtschaftswege 1: Mittelmeer und Kontinent. Festschrift für Hermann Kellenbez*, Stuttgart 1978, S. 83-135.
　20) 本書30頁参照。

3　権威の顕示と合意形成を演出する場　　　　　　　　　　365

　さらに 1183 年皇帝側，イタリア諸都市など関係者が一堂に集って締結されたコンスタンツの和約においても，都市の鍵の引き渡しが象徴的行為として登場している。1183 年 6 月コンスタンツで開催された厳粛な宮廷会議には，少なくとも 8 名の大司教及び司教，2 名の修道院長，4 名の大公，3 名の辺境伯，14 名の伯，さらに多くの帝国ミニステリアーレンが参集していたが，そのうえさらに，25 名を超えるイタリア同盟側の使節が来訪し，誓約によって和議が結ばれた。イタリア同盟側から 17 都市，64 名が誓約を立て，執政官は皇帝に誠実誓約を行い，統治権を象徴する黄金の都市の鍵が手渡された。都市の鍵の授受によって，皇帝への恭順が公の場で演出され，皇帝の至高権が確認されたのである[21]。

　宮廷会議に伴う祝祭もまた，合意形成を明示するとともに，正統な権威を顕示する場であった[22]。1180 年にハインリヒ獅子公を失墜させたフリードリヒ・バルバロッサが，1184 年にマインツで開催した宮廷祝祭は権力が最高潮に達したことを示す一大スペクタクルだった。皇帝ハインリヒ 6 世が急逝し，その後継者となるべく相争ったシュヴァーベンのフィリップもまた，ヴェルフェン家のお膝元ブラウンシュヴァイクにほど近く，ハインリヒ獅子公と長年対立関係にあったマクデブルク大司教の座するマクデブルクの地で 1199 年の降誕祭に宮廷祝祭を開催し，その様子を宮廷歌人ヴァルター・フォン・デア・フォーゲルヴァイデが謳い伝えている[23]。

---

21)　本書 82 頁以下参照。
22)　宮廷会議はしばしば教会祝日，特に復活祭，聖霊降臨祭，降誕祭に開催された。Cf. Hans Matin Schaller, Der heilige Tag als Termin mittelalterlicher Staatsakte, in: DA 30 (1974), S. 1-24. ここでは S. 8; Stefan Pätzold, *Curiam celebrare*. König Philipps Hoftag zu Magdeburg im Jahre 1199, in: *Zeitschrift für Geschichtswissenschaft* 47-12 (1999), S. 1061-1075. ここでは S. 1070.
23)　Walther von der Vogelweide, Werke Bd. 1: *Spruchlyrik*. Mittelhochdeutsch/Neuhochdeutch, Günther Schweikle (Hg., übers.u. komm.), Stuttgart 1994, II 3, S. 86 f.; Walther von der Vogelweide, *Leich, Lieder, Sangsprüche*, 14., völlig neubearbeitete Aufl. der Ausgabe Karl Lachmanns mit Beiträgen von Thomas Bein und Horst Brunner, Christoph Cormeau (Hgg.), Berlin 1996, L19,5; Friedrich Maurer (ed.), *Die Lieder Walthers von der Vogelweide: 1. Bändchen: Die religiösen und die politischen Lieder*, Berlin/Boston ⁴2016, L 19,5, S. 23; Walther von der Vogelweide, *Lieder und Sprüche: Auswahl, mittelhochdeutsch und neuhochdeutsch*, Helmut Protze (Hg.) neuhochdeutsche Fassung von Richard Schaeffer, Leipzig 1970. 該当箇所は L. 19,5, S. 28

紛争後の合意形成にとって，損なわれた名誉の回復を明示し，権威を顕示する象徴的な場が不可欠であったことは[24]，恭順の意を示す平伏行為（deditio）が端的に示している。教皇との和解が成立した1177年のヴェネチアの和約において，皇帝フリードリヒは，衆目の面前で皇帝のマントを脱ぎ，教皇の前で全身を床に延べて平伏（deditio）し，まず教皇の足元，それからその膝に接吻した後，教皇は皇帝を立ち上がらせ，接吻し，祝福を与えたのである。

　オットー，フィリップ両陣営で国王選出・戴冠の儀式が繰り返されたのは，ローマでの皇帝戴冠には，カール大帝以来正統な戴冠地であるアーヘンで，そして1052年以来ケルン大司教（選挙の第一声 prima vox はマインツ大司教）によって国王戴冠式が挙行されることが慣例となっていたためである[25]。

　権威を顕示する場が重要視されていた一方で，正統な国王であることを示す帝国権標（王冠，聖なる槍，宝珠，王笏，皇帝衣など）の扱いは興味深い[26]。1198年6月9日ケルンでの議を経て国王に選出されたオッ

---

f.; ヴァルター・フォン・デア・フォーゲルヴァイデによるシュヴァーベンのフィリップ像については，Theodor Nolte, Das Bild König Philipps von Schwaben in der Lyrik Walthers von der Vogelweide, in: Andrea Rzihacek, Renate Spreitzer (Hgg.), *Philipp von Schwaben. Beiträge der internationalen Tagung anläßlich seines 800. Todestages, Wien, 29. bis 30. Mai 2008*, Wien 2010, S. 99-111.

　24）　Cf. Knut Görich, Geld und >honor<, Friedrch Barbarossa in Italien, in: Gerd Althoff (Hg.), *Funktionen und Formen der Kommunikation im Mittelalter*, Sigmaringen 2001, S. 177-200. ここでは S. 186.

　25）　Egon Boshof, Aachen und die Thronerhebung des deutschen Königs in salisch-staufischer Zeit, in: *Zeitschrift des Aachener Geschichtsvereins* 97 (1991), S. 5-32. ここでは S. 21; ケルン大司教に戴冠の権利を認めた教皇レオ9世の特権状に関しては，Heinz Wolter, Das Privileg Leos IX. für die Kölner Kirche vom 7. Mai 1052 (JL. 4271), in: Egon Boshof, Heinz Wolter (Hgg.), *Rechtsgeschichtlich-diplomatische Studien zu frühmittelalterlichen Papsturkunden*, Köln/Wien 1976, S. 101-151; 国王選挙に関しては，Hugo Stehkämper, Über das Motiv der Thronstreit-Entscheidungen des Kölner Erzbischofs Adolf von Altena 1198-1205: Freiheit der fürstlichen Königswahl oder Aneignung des Mainzer Erstkurrechts, in: *Rheinische Vierteljahrsblätter* 67 (2003), S. 1-20; idem, *Der Kölner Erzbischof von Altena und die deutsche Königswahl (1195-1205)* (= Historische Zeitschrift Beiheft 2), München 1973, S. 5-83; Ulrich Schmidt, *Königswahl und Thronfolge im 12. Jahrhundert*, Köln/Wien 1987; Franz-Reiner Erkens, *Der Erzbischof von Köln und die deutsche Königswahl: Studien zur Kölner Kirchengeschichte, zum Krönungsrecht und zur Verfassung des Reiches (Mitte 12. Jahrhundert bis 1806)*, Siegburg 1987.

　26）　帝権における王冠に関しては，Peter Classen, Corona Imperii. Die Krone als Inbegriff des römisch-deutschen Reiches im 12. Jahrhundert, in: idem, *Ausgewählte Aufsätze*, Sigmaringen

3 権威の顕示と合意形成を演出する場

トーは,7月12日新たにしつらえられた権標によって,ケルン大司教アドルフによってアーヘンで戴冠された[27]。ヨーロッパ中世社会において権標は統治の正統性を顕示するために不可欠だった。親シュタウフェン家の立場をとるウルスベルクのブルヒャルトは,フィリップのもとに帝国権標(*insignia imperialia*)があったことを伝えているが[28],少なくともそれを主たる論点としてオットー側を非難してはいない。オットー支持の立場をとる教皇インノケンティウスは,選出されたシュヴァーベンのフィリップへの支持を求めていたドイツ諸侯宛ての回状の中で,「誰が,どのような種類で,何によって,いかに選出されるのか,そしてどこで誰によって戴冠されるのか」に言及して,その要求を退けている[29]。Petersohnが指摘するように,戴冠の正統性の主張においては,権標よりも,どこで誰によって戴冠されたが重要視されていたと言える[30]。フィリップは1206年教皇インノケンティウス3世に宛てて,自らが帝国の権標,すなわち宝珠,聖なる槍,王冠,皇帝衣などを所有していると述べているが[31],ヴァルター・フォン・デア・フォーゲルヴァイデがフィリップの王冠がフィリップより古いと称えることで間接的に批判しているものの(Kronenspruch)[32],正統な権標を有さないオットー側

1983, S. 503-514.
27) 本書316頁以下参照。
28) *Quellen zur Geschichte der Welfen und die Chronik Burchards von Ursberg*, S. 232 f.
29) *Regestum Innocentii III*, Nr. 15, S. 39 f.: quis et qualis, a quibus et qualiter sit electus, ubi et a quo etiam coronatus. Cf. Jürgen Petersohn, *Echte und falsche Insignien im deutschen Krönungsbrauch des Mittelalters? Kritik eines Forschungsstereotyps* (= Sitzungsberichte der Wissenschaftlichen Gesellschaft an der Johann Wolfgang Goethe-Universität Frankfurt/Main 30-3), Stuttgart 1993, ここではS. 76, Anm. 15; idem, Der König ohne Krone und Mantel. Politische und kulturgeschichtliche Hintergründe der Darstellung Ottos IV. Auf dem Kölner Dreikönigsschrein, in: idem (Hg.), *Überlieferung - Frömmigkeit - Bildung als Leitthemen der Geschichtsforschung: Vorträge beim Wissenschaftlichen Kolloquium aus Anlass des Achtzigsten Geburtstags von Otto Meyer, Würzburg, 25. Oktober 1986*, Wiesbaden 1987, S. 43-76.
30) Jürgen Petersohn, *Echte und falsche Insignien im deutschen Krönungsbrauch des Mittelalters?*, S. 79.
31) *Regestum Innocentii III*, Nr. 136, S. 319: ... habuimus etiam in potestate nostra sanctam crucem, lanceam, coronam, indumenta imperialia et omnia insignia imperii.
32) Walther von der Vogelweide, Werke Bd. 1: *Spruchlyrik. Mittelhochdeutsch/ Neuhochdeutsch*, Günther Schweikle (Hg., übers.u. komm.), Stuttgart 1994, II 2, S. 84 f.; Walther von der Vogelweide, *Leich, Lieder, Sangsprüche*, L18,29; Walther von der Vogelweide, *Lieder und Sprüche: Auswahl, mittelhochdeutsch und neuhochdeutsch*, Helmut Protze (Hg.), 該当箇所はL.

が新たに作らせた権標で戴冠されることを直接非難する記述は見当たらない。

4　ことばを操る

　口頭での交渉，権威の象徴として機能する証書と外交書簡において，ことばを操る能力にたけた文官たちは，重要な局面で鍵を握る存在となった。
　外交に用いられる公用語であるラテン語を俗語でいかに表現するかによって，一触即発の事態に陥ったことを示す好事例が，皇帝フリードリヒ・バルバロッサと教皇ハドリアヌス間の衝突である。帝国尚書局長で語学にたけたライナルトのダッセルは，忖度してか「beneficium」を封土と訳し，これが皇帝側の怒りを産み，皇帝・教皇間の対立の引き金を引くことになったのである[33]。
　各地の尚書局で経験を積み，帝国尚書局で皇帝証書の作成に当たった文官たちは，証書作成に当たり伝統を受け継ぐとともに，各自の教養を表現に反映させた。証書作成を通じて外交交渉などの経験を積んだ文官たちの中には，ダッセルのライナルトのように，尚書局長を経て帝国大尚書官長を兼務するケルン大司教という上位のポジションへとキャリアアップを遂げた者，あるいは帝国尚書局筆頭書記官だったヴォルトヴィンのように，重要な外交交渉に同行した者がいた。
　12世紀に北西ヨーロッパの各地で定着する文書行政は，領邦君主の統治形態にも影響を与えた。記憶に基づく慣習的権利の主張から，文書による権利の確認へと軸足を移し始めた統治形態は，急激に発給数が増加した君主証書のみならず領邦諸侯の宮廷で発給される証書数の増加にも反映されている。儀礼的な授受行為を伴って手交される証書は，過去のある時点で完結した法的行為の記録ではなく，係争が生じた際には時空を超えて記憶を想起させるための手段であり，そこに記載された証人

18,29, S. 24 f.
　33)　本書53頁以下参照。

たちの名は，共有された記憶の現在化を可能にする仲介者だったのである。

5　共同体の記憶を紡ぐ

　記憶を次世代に繋いだのが，12世紀にヨーロッパ各地で成立した様々な形態のテクスト群である。等身大の人々の姿を描き出すナラティブなテクストは，時代に通底する価値観を投影する鏡である。事実の取捨選択によって陰影が付けられたリーダー像は，史実を映し出すだけでなく，あるべき姿を描くことで，人々が求める理想の生き方が具現化された。

　宮廷に仕えた人々は，それぞれ独自の視角からプリズムを通して伝えることで，献呈する主君の姿に色を添えた。フリードリヒ・バルバロッサの帝国尚書局で書記を務めるとともに数々の著作を著したヴィテルボのゴットフリート，フリードリヒ・バルバロッサを称える歌を献呈した詩人グンテル，シュヴァーベンのフィリップ，オットー4世，そしてフリードリヒ2世の治世を謳ったヴァルター・フォン・デア・フォーゲルヴァイデをはじめとする宮廷人[34]，同時代，そして続く時代の歴史家たちが領邦君主たちの事績を描く数多くの歴史叙述を著した。

　時代精神の具現化に意義を見出していたのは，文字文化の担い手だけではなかった。パトロンとして様々な文化芸術の振興に寄与した統治者

---

34) ヴァルター・フォン・デア・フォーゲルヴァイデはシュヴァーベンのフィリップを称える Philippston では，君主にふさわしい気前良さを望む歌（L.16, 36）を謳っている。Cf. Walther von der Vogelweide, *Lieder und Sprüche: Auswahl, mittelhochdeutsch und neuhochdeutsch*, Helmut Protze (Hg.), 該当箇所は S. 30 f.; フィリップの死後は皇帝に戴冠されたオットーを称える Ottenton を謳った（L. 12,18 など）。Cf. Friedrich Maurer (ed.), *Die Lieder Walthers von der Vogelweide: 1. Bändchen: Die religiösen und die politischen Lieder*, Berlin/Boston ⁴2016. Ottenton は S. 41 ff.; 1212 年フリードリヒ2世がマインツで戴冠されると，もはやオットーを王の称号で呼ばず，報酬の約束を守らない態度を非難する一方で，フリードリヒに気前の良さを望み（L. 26,23 及び L. 26,33），その報酬に感謝している（L. 28,1 及び L. 84,30）。Cf. Walther von der Vogelweide, *Lieder und Sprüche: Auswahl, mittelhochdeutsch und neuhochdeutsch*, Helmut Protze (Hg.), 該当箇所は S. 48 ff. 及び S. 56 ff.; Friedrich Maurer (ed.), *Die Lieder Walthers von der Vogelweide: 1. Bändchen: Die religiösen und die politischen Lieder*, 該当箇所はいずれも S. 56; フリードリヒに宛てた Friedrichs-Ton は，ibid., S. 53 ff., S. 61 ff.

たちの意を酌んだ制作者たちは，証書や書簡などの公文書，豪華な手写本，さらには具象的な工芸品や通貨など多岐に渡る表現媒体を活用して，時代を導く統治理念と時代が求める統治者像を顕示したのである。

12世紀に顕在化する移ろいゆく現世に対する意識の高まりは，「今」への強い関心呼び起こし，ときの変容を超えて共同体の記憶を書き継ぐ行為に意味を付与した。

救済史や終末論と並んで，世界の始原から現在までを記す普遍史，世界年代記や編年史，あるいは個人に特化した事績録，家門意識を醸成した歴史叙述や地域に根差した都市史などが著された12世紀には，ときに関わる様々なジャンルのテクストが著されたが，太古から救済へと至る長い時間軸の中で「今」を語る意義を再確認し，人の営為を現在そして未来に繋がる人類の歩みとして刻んだのである。

時間認識に変化が生まれたことを示しているのが，ときに関わる諸概念である。12世紀は，過去の権威「*antiqui/auctoritas*」に新機軸「*moderni/modernus*」を対置し，新機軸を肯定的に捉える新たな時間意識が生み出された時期であり，変容する現世の意味を救済史の中で問おうとする姿勢は12世紀を特徴付けていると言えるだろう。

この世の無常さをモティーフとして描く歴史叙述が盛んに生まれ，ときの移ろいやすさ（*temporum mutabilitas*），そしてこの世の移ろいやすさ（*mutabilitas mundi*）を対置し，この世の事象の変化（*mutatio rerum*）をその叙述の中心に据えて，救済史の視点とこの世の事象を記録する事績録の両面から，時代の変容とときの経過に着眼する人々が登場したのは特筆に値する。

刻々と変わる状況を見極めながら，自分の生きる道を模索した12世紀のグローバル・リーダーたちは，偶発的な出来事に左右されながらも常に複眼的視野で時代の流れを読み，数歩先の未来を見据えた行動を求められた。それはまた，先人から次世代へと繋がるときの連鎖の中で，新たな価値を身に纏った時代精神のもと歴史を紡ぎ出す意義を確認する行為だったのである。

結びにかえて
　　　──史料の声を聴く──

　　　　────────

　人の営みは，途切れることがないときの流れの中に存在する。私たちは過去─現在─未来が繋ぐ時間軸の中に生きていて，過去を見ることで今を理解し，過去から現在へと繋がる歴史の先に未来を見据える。過去に拘泥してばかりでは前進できないが，過去に向き合う姿勢なくして，未来を語るのは難しい。

　時間の流れの中で歪みを増していく歴史の姿を，その時々のまなざしで語ってくれるのが，様々な形で残されている史料群である。史料を繙くということは，先人の声に耳を傾けることであり，私たちは，ある時は声高に，またある時は途切れ途切れに聴こえてくるその声に丁寧に耳を傾けながら，先人たちに向き合わなければならない。

　史料は無論万能ではないだろう。史料という文書メディアが伝えているのは，限られた情報にすぎないうえに，史料が示す関心や目的は多様で，史料から聴こえてくる声は均質ではなく，それぞれが異なる時間軸を持っているからである。

　留意しなければならないのは，史料の編纂時期と史料の中で語られる対象との時間的距離である。同時代に編纂された史料であれば，政治的立ち位置などに注意すればよいが，年月を経てまとめられたとりわけ歴史叙述では，参照した元データとの関係性，すなわちなぜそれらを選択，参照したのか，選択の意図や入手上の制約などの確認が必要となる。これは，オリジナルか借用かに重きを置かず，参照元を明示せずに紡いでいく中世ヨーロッパ独特のテクストのあり方に起因する問題だと言えるが，続く時代に個々の事象がどんな意味を持ちえたのかという歴

史認識に対する根源的問いかけでもある。過去へ向けるまなざしは常に時代に規定されていて，過去から現在へと受け継がれた歴史像は，時代を映し出す解釈の連鎖なのである。

　史料と向き合う作業の中で見えてくるのは，文書メディアが示す様々な表情だ。

　史料によって立ち上がってくる歴史的風景がその都度異なるのは，私たちが今同じ場に居合わせた出来事であっても，語り手によって必ずしも同じようには再現されないのと類似している。異なる角度から見えてくる風景が重なり合うことによって生じる濃淡や，描き方の相違が生み出す色彩の変化など，プリズムによって姿を変える歴史像は，歴史が多面体であり，私たちが見ているのは一つの視座にすぎないことを想い起こさせてくれる。

　学識を伝える手写本もまた，前近代社会のテクストの動態性を語る史料群だ。一つ一つ収録される論稿が異なる手写本には，二つとして全く同じものはない。編み方ばかりでなく，転写されていく過程で絶えず揺らぎを見せる手写本テクストの可変性は，編まれた瞬間に完成する静止したテクストという現代的イメージとは程遠い。論稿の組み合わせを変えることで独自の表現媒体となる手写本は，それ自体作品であり芸術である。

　国王や諸侯たちが発給する行政文書である証書や公的書簡は，象徴的機能と実務的機能の両面を持つ文書メディアだ。12世紀は，厳かに受領する象徴的儀礼によって権威を付与された証書類に，より実務的な挙証力を付与しようという心性の変化が顕在化する変容の時期を迎えていた。

　文書は，時空の中に搔き消えていくことばを物理的空間に閉じ込め保存する。合意された事項を証書の形でとどめ，証書の提示によって権利保全をはかった背景には，流れていく時間への認識と人間の記憶の不確かさへの危惧が存在していた。慣習的に保有していた権利を確認する証書の発給数の増加は，時間の移ろいやすさに抗い，その有効性をより明確にし，係争を回避しようという試みの表れである。

　その一方で，度々生じることばを巡る攻防は，発話されたことばの呪縛力を示している。儀礼的行為を重視する社会では，記憶を共有化する

声の力は絶対的であり，音声化されたことばである誓いが，抗いがたい強制力を有するという国際的な共通理解が通用していた。時空の中に放たれる誓いの有効性を担保するのは，記憶を共有する人々の間で結ばれた信義である。誓いは単なる対人的な口約束ではなく，神そして社会に向けた決意表明であって，名誉をかけた自らへの呪縛のことばだったのである。現在でも例えばアメリカ大統領が就任する際に，衆目の中で聖書に手を置いて誓いを立てるのは，人間の身体的記憶と切り離した文書という物証だけでは，記憶の共有には十分ではなく，法行為は貫徹されないと理解されているからだろう。

　信義に基づくにもかかわらず繰り返される結託と裏切りは，人と人とを結び付ける絆が，約定となることばから金銭による見返りへと次第にその軸足を変えつつある時代を迎え，ことばを信じ切れるのかという人々の葛藤と逡巡を示している。

　「誓い」という身体化されたことばを絆とした社会的紐帯を通して結ばれ，信義の絆の強制力を信じて行動した12世紀のグローバル・リーダーたちの運命を握っていたのは，信念に従い，表層で揺れ動くことばに惑わされず，時代の流れを読み，ときに方向転換を恐れずに選択する勇気と，選ばなかった道が導いたかもしれない未来を思い描く多元的思考力だったのである。

参 考 文 献

略　語

DA = Deutsches Archiv für Erforschung des Mittelalters
MIÖG = Mitteilungen des Instituts für Österreichische Geschichtsforschung
Neues Archiv = Neues Archiv der Gesellschaft für Ältere Deutsche Geschichtskunde zur Beförderung einer Gesamtausgabe der Quellenschriften deutscher Geschichten des Mittelalters
QFIAB = *Quellen und Forschungen aus italienischen Archiven und Bibliotheken*
MGH = Monumenta Germaniae Historica

史　料

〈Edition〉

Aachener Urkunden 1101-1250, Erich Meuthen (bearb.), Bonn 1972.

Abbreviationes Chronicorum, in: *The Historical Works of Master Ralph de Diceto, Dean of London*, William Stubbs (ed.), vol. 1, London 1876, ND Wiesbaden 1965, pp. 3-263.

Actes des princes Lorrains, 2ème série: Princes ecclésiastiques, I: Le évêques de Metz, B: Etinenne Bar 1120-1162, par Michel Parisse, Nancy.

Adam von Bremen: *Gesta Hammaburgensis ecclesiae pontificum*, in: Werner Trillmich, Rudolf Buchner (Hgg.), *Quellen des 9. und 11. Jahrhunderts zur Geschichte der Hamburgischen Kirche und des Reiches*, Darmstadt ^{7}2000, S. 137-499.

Die Admonter Briefsammlung, Günther Hödl, Peter Classen (ed.), MGH Briefe der deutschen Kaiserzeit 6, 1983 München, S. 35-148.

Das Alexanderlied des Pfaffen Lamprecht, Das Rolandslied des Pfaffen Konrad, Friedrich Maurer (Hg.), Darmstadt 1964.

Annales Mediolanenses, Georg Heinrich Pertz (ed.), MGH SS. 18, Hannover 1863, S. 357-378.

Annales et notae Sancti Blasii Brunsvicensis, O. Holder-Egger (ed.), MGH SS 24, Hannover 1879, S. 823-827.

Annalium Patherbrunnensium fragmenta, Heinrich Kaufmann (ed.), MGH SS 30, 2, Leipzig 1934.

Annales Stadenses, Georg Heinrich Pertz (ed.), MGH SS 16, Hannover 1859, S. 271-379.

Annales Stederburgenses auctore Gerhardo praeposito, Georg Heinrich Pertz (ed.), MGH SS 16, Hannover 1959, S. 197-231.

Annali genovesi di Caffaro e de' suoi continuatori, Luigi Tommaso Belgrano (ed.), Nuova ed., 2 vols., Roma 1967.

Annalium s. Blasii Brunsvicensium maiorum fragmenta, Oswald Holder-Egger (ed.), MGH SS 30, 1, 1896, S. 16-19.

Aristoteles latinus: codices, Georgius Lacombe, A. Birkenmajer, M. Dulong, Aet. Franceschini (eds.), 2 vols., Roma 1939-1955.

Aristoteles Latinus, codices: supplementa altera, L. Minio-Paluello, G. Vebeke (ed.), Bruges 1961.

Aristoteles Latinus, L. Minio-Paluello, G. Vebeke (ed.), Bruges 1962.

Arnold von Lübeck, *Arnoldi Chronica Slavorum*, Johann Martin Lappenberg (ed.), MGH SS rer. Germ. 14, Hannover 1978.

————, *Gesta Gregorii Peccatoris*. Untersuchungen und Edition von Johannes Schilling, Göttingen 1986.

Boso, *Vita Alexandri III.*, Louis Duchesne (ed.), *Le Liber Pontificalis*, T. 2, Paris ²1955.

Boso's Life of Alexander III., Peter Munz (intro.), G. M. Ellis (trans.), Oxford 1973.

Braunschweiger Reimchronik, Ludwig Weiland (ed.), MGH Dt. Chron. 2, Hannover 1877, S. 430-574,

Das Briefbuch Abt Wibalds von Stablo und Corvey, Martina Hartmann (ed.), 3 Teile, MGH Briefe d. dt. Kaiserzeit 9, Hannover 2012.

Burchardi praepositi Urspergensis Chronicon, Oswald Holder-Egger (ed.), MGH SS rer. Germ. 16, Hannover 1916.

Caesarius von Heisterbach, *Catalogus archiepiscoporum Coloniensium*, H. Cardauns (ed.), MGH SS 24, Hannover 1879, S. 332-367.

Caesarius von Heisterbach = *Dialogus miraculorum* = Dialog über die Wunder, Nikolaus Nösges, Horst Schneider (übers. und komm.), Turnhout 2009.

Cafari et continuatorum Annales Ianuenses, a. 1099-1294, Georg Heinrich Pertz (ed.), MGH SS 18, Hannover 1863, S. 11-356.

Caffaro, Genoa and the twelfth-century, Martin Hall and Jonathan Phillips (trans.), Farnham/Burlington, 2013, London 2016, pp. 196-203.

Carmen de gestis Friderici I. imperatoris in Lombardia, I. Schmale-Ott (Hg.), Hannover 1962.

Cartulaire de l'abbaye de Molesme ancien diocèse Langres 916-1250, publié par Jacques Laurent, Tome II, Paris 1911.

Cartulaire de l'abbaye de Ronceray d'Angers (1028-1184), publié par Paul Marchegay, Angers 1854.

Cartulaire de l'abbaye de Saint-Aubin d'Angers, publié par le Comte Bertrand de Broussillon, Tome II, Paris 1903.

Cartulaire du chapitre de la cathédrale d'Amiens, Tome I, par J. Roux, Amiens 1905.

Catalogi bibliothecarum antiqui, G. Becker, Bonn 1885.

Chartes de l'abbaye de Saint-Martin de Tournai, par Armand d'Herbomez, Bruxelles 1898.

Catalogue des actes de Philippe-Auguste: avec une introduction sur les sources, les caractères et l'importance historiques de ces documents, Léopold Delisle (ed.), Genève ND 1975.

Chronica de Mailros codice unico in Bibliotheca Cottoniana servato, nunc iterum in lucem, Joseph Stevenson (ed.), Edinburgh 1835.

Chronica et annales aevi Salici, Georg Heinrich Pertz (ed.), Hannover 1844, S. 542-777.

Chronica Magistri Rogeri de Houedene (A.D. 732-1201), 4 vols., William Stubbs (ed.), London 1868-1870, ND Wiesbaden 1964.

Chronica principum Brunsvicensium fragmentum, Oswald Holder-Egger (ed.), MGH SS 30, 1, 1896, S. 21-27.

Chronica principum Saxoniae ampliata, Oswald Holder-Egger (ed.), MGH SS 30, 1, 1896, S. 27-34.

Chronica regia Coloniensis, cum continuationibus in monasterio S. Pantaleonis scriptis aliisque historiae Coloniensis monumentis, Georg Waitz (ed.), MGH SS rer. Germ. 18, Hannover 1880.

Chronicle of Hainaut by Gilbert of Mons, Laura Napran (trans.), Woodbridge 2005.

Chronicles of Matthew Paris: monastic life in the thirteenth century, Richard Vaughan (ed., & transl.), Gloucester 1984.

The chronicle of Pseudo-Turpin: Book IV of the Liber Sancti Jacobi (Codex Calixtinus), Kevin R. Poole (ed. & trans.), New York 2014.

Chronicon Montis Sereni, Ernst Ehrenfeuchter (ed.), MGH SS 23, Hannover 1874, S. 130-230.

Die Chronik Arnolds von Lübeck nach der Ausgabe der Monumenta Germaniae, übersetzt von Johann C. M. Laurent. Neu bearbeitet von Willhelm Wattenbach, Bad Feilnbach 2011.

Die Chronik Ottos von St. Blasien und die Marbacher Annalen, Franz-Josef Schmale (Hg. u. übers.), Darmstadt 1998, S. 15-157.

Die Chronik von Karl dem Grossen und Rolandäder lateinische Pseudo-Turpin in den Handschriften aus Aachen und Andernach, Hans-Wilhelm Klein (ed, kommentiert und übers.), München 1986.

Chroniken der deutschen Städte vom 14. bis ins 16. Jahrhundert, Die Historische commision bei der königliche Akademie der wissenschaften (Hg.), Bd. 7, Leipzig 1869.

La chronique de Gislebert de Mons, Leon Vanderkindere (ed.), Bruxelles 1904.

The Church Historians of England, vol. IV, part I: Containing The Chronicles of John and Richard of Hexham. The Chronicle of Holyrood. The Chronicle of Melrose. Jordan

Fantosme's Chronicle. Documents Respecting Canterbury and Winchester, Joseph Stevenson (ed.), 1856, Reprint 2021.

Civis Mediolanensis anonymi Narratio de Longobardie obpressione et subiectione, in: Franz-Josef Schmale (übers.), *Italienische Quellen über die Taten Kaiser Friedrichs I.*, S. 240-295.

Codex Udalrici, Klaus Nass (Hg.), 2 Teile., Wiesbaden 2017.

Codice diplomatico del Senato romano dal MCXLIV al MCCCXLVII (= CDSR と略), a cura di Franco Bartoloni, Roma 1948.

Codice diplomatico della repubblica di Genova, a cura di Cesare Imperiale di Sant' Angelo, 1859-1940, vol. 1, Roma 1936, Torino 1969.

Constitutiones, MGH Const., Bd.1, Ludwig Weiland (ed.), Hannover 1893.

Continuatio Cremifanensis, in: *Chronica et annales aevi Salici*, Georg Heinrich Pertz (ed.), MGH SS 9, Hannover 1851.

Continuationes Weingartenses Hugonis et Honorii chronicorum, Georg Heinrich Pertz (ed.), MGH SS 21, 1869, S. 473-480.

Cronica ducum de Brunswick, Ludwig Weiland (ed.), MGH Dt. Chron. 2, 1877, S. 574-587.

Der deutsche „Lucidarius". Kritischer Text nach den Handschriften, Dagmar Gottschall, Georg Steer (Hgg.), Tübingen 1994.

De Pugna Bovinis, Georg Waitz (ed.), MGH SS 26, Hannover 1882, S. 390-391.

De rebus gestis Friderici I. in Italia, Lodovico Antonio Muratori (ed.), *Rerum Italicarum scriptores*, SS. 6, S. 1173-1195.

The Digest of Justinian, Volume 1, Alan Watson (ed.), Philadelphia 1998, 2009.

Diplomatic documents preserved in the Public Record Office I, 1101-1272, Pierre Chaplais (ed.), London 1964.

Eilhart von Oberge, Franz Lichtenstein (Hg.), Straßburg/London 1877, ND Hildesheim/ New York 1973.

Eilhart von Oberg, *Tristrant. Synoptischer Druck der ergänzten Fragmente mit der gesamten Parallelüberlieferung*, Hadumod Bußmann (Hg.), Tübingen 1969.

Ethica Nicomachea, Rene A. Gauthier (ed.), (= *Aristoteles Latinus* 26.1-3), Leiden 1972-1974.

Fibonacci's Liber Abaci, Laurence Sigler (trans.), New York 2002.

Das Evangeliar Heinrichs des Löwen, im Auftrag der Eigentümer der Handschrift (der Bundesrepublik Deutschland, des Freistaates Bayern, des Landes Niedersachsen, und der Stiftung Preussischer Kulturbesitz Berlin) und für den Insel Verlag, Dietrich Kötzsche (Hg.), Frankfurt a. M. 1989.

Das Evangeliar Heinrichs des Löwen und Mathildes von England, Bernd Schneidmüller, Harald Wolter - von dem Knesebeck (Hgg.), Darmstadt 2018.

Ex Historiis annonymi Remensis, Otto Holder-Egger (ed.), MGH SS 26, Hannover 1882, S. 523-555.

The first Latin translation of Euclid's Elements commonly ascribed to Adelard of Bath: books I-VIII and books X. 36-XV. 2, Hubert L. Busard (ed.), Toronto 1983.

Kaiser Friedrich II., *Über die kunst mit vögeln zu jagen*, Carl Arnold Willemsen (übert. und hg.), 2 Bde., Frankfurt a. M. 1964.

Die Gedichte des Archipoeta, kritisch bearb. von Heinrich Watenphul, Heinrich Krefeld (Hgg.), Heidelberg 1958.

Genealogia Welforum, Georg Waitz (ed.), MGH SS 13, Hannover 1881, S. 733-734.

Gervase of Tilbury, *Otia imperialia: recreation for an emperor*, S.E. Banks and J.W. Binns (ed. &trans.), Oxford 2002.

Gesta Frederici I. Imperatoris in Lombardia, Oswald Holder-Egger (ed.), MGH SS rer. Germ. 27, Hannover/Leipzig 1892, S. 14-64.

Gesta Heinrici II. et Ricardi I., F. Liebermann, R. Pauli (ed.), MGH SS 27, Hannover 1885, S. 81-132.

Gesta regis Henrici secundi Benedicti abbatis, William Stubbs (ed.), London 1867.

Gli annales Pisani di Bernardo Maragone, cura di Michele Lupo Gentile, Bologna 1936.

Gli Atti del Comune di Milano fino all'anno MCCXVI, Cesare Manaresi (ed.), Milano 1919.

Gotifredi Viterbiensis, Gesta Friderici, Georg Waitz (ed.), MGH SS 22, Hannover 1872, S. 307-334.

Gunther der Dichter, Ligurinus, Erwin Assmann (Hg.), Hannover 1987.

Handschriften antiker Autoren in mittelalterlichen bibliothekskatalogen, Max Manitius, Leipzig 1935.

Hansisches Urkundenbuch, Bd. 1, Verein für hansische Geschichte (Hg.), Halle 1876.

Henric van Veldeken, *Eneide I*, Gabriele Schieb, Theodor Frings (Hgg.), Berlin 1964.

Heinrich von Veldeke, *Eneide: mit Einleitung und Anmerkungen*, Otto Behaghel (ed.), Hildesheim 1970.

Heinrich von Veldeke, *Eneit*, J. W. Thomas (trans.), New York 1985.

Helmold von Bosau, *Die Slawenchronik = Helmoldi Chronica Slavorum,* neu übertragen und erläutert von Heinz Stoob, Darmstadt ^{5}1990.

Helmoldi Presbyteri Bozoviensis Cronica Slavorum (= Helmholds Slavenchronik), Bernhard Schmeidler (ed.), MGH, SS rer. Germ. 32, Hannover 1937.

Henrici de Bracton de legibus et consuetudinibus Angliae, VI, Travers Twiss (ed.), Rolls Series 70, 1883, ND Wiesbaden 1964.

Historia ducem Venedicorum, H. Simonsfeld (ed.), MGH SS 14, Hannover 1883, S. 72-97.

The Historia pontificalis of John of Salisbury, Marjorie Chibnall (ed.), New York 1956, ND Oxford ^{2}1986.

Historia Welforum. Continuatio Staingademensis, Erich König (ed.), Stuttgart 1938 ^{2}1978.

The Historical Works of Gervase of Canterbury, vol. 1: The Chronicle of the Reigns of Stephen, Henry II., and Richard I., William Stubbs (ed.), London 1879, ND Wiesbaden 1965.

Hugues Falcand, *Le livre du royaume de Sicile : intrigues et complots à la cour normande de Palerme (1154-1169)*, texte présenté et traduit par Egbert Türk, Turnhout 2011.

Hugo Falcandus, *The History of the Tyrants of Sicily by ‚Hugo Falcandus' 1154-69*, Graham A. Loud, Thomas Wiedemann (trans.), Manchester/New York 1998.

Hugonis Pictavini, Liber de Libertate Monasterii Vizeliacensis, Georg Waitz (ed.), MGH SS. 26, Hannover 1882, S. 143-150.

Introductions to Traditional Astrology: Abu Ma'shar & al-Qabisi, Benjamin N. Dykes (trans. & ed.), Minneapolis 2010.

Johannes Kinnamos, *Ioannis Cinnami Epitome rerum ab Ioanne et Alexio commenis gestarum: Nicephori Bryennii Commentarii*, August Meineke (ed.), Bonn 1836.

John Kinnamos *The Deeds of John and Manuel Comnenus*, Charles M. Brand (trans.), New York 1976.

Johannes of Salisbury, Letters, vol. 1: *The Early Letters (1153-1161)*, W. J. Millor, H. E. Butler (eds.), Edinburgh 1955; vol 2: *The Later Letters (1163-1180)*, W. J. Millor, C. N. L. Brooke (eds.), Oxford 1979.

Ioannis Saresberiensis episcopi Carnotensis Policratici sive De nvgis cvrialivm et vestigiis philosophorvm libri VIII, recognovit et prolegomenis, apparatu critico, commentario, indicibus instruxit Clemens, C. I. Webb, 2 vols., Frankfurt a. M., 1965.

Ioannis Saresberiensis policraticus, K. S. B. Keats-Rohan (ed.), Turnhout 1993.

Karolleus atque, Pseudo-Turpini Historia Karoli Magni et Rothlandi, Paul Gerhard Schmidt (Hg.), Stuttgart 1996.

Die Kölner Königschronik, Karl Platner (übers.), Wilhelm Wattenbach (bearb.), Leipzig 1896.

Die Konstitutionen Friedrichs II. für das Königreich Sizilien, Wolfgang Stürner (ed.), MGH Const. 2, Suppl., Hannover 1996.

The Latin translation of the Arabic version of Euclid's Elements commonly ascribed to Gerard of Cremona, introduction, edition and critical apparatus by Hubert L. Busard, Leiden 1984.

The Latin translation of the Arabic version of Euclid's Elements commonly ascribed to Gerard of Cremona, Hubert L. Busard (ed.), Leiden 1984.

Layettes du Tredor des chartes, Alexandre Teulet (ed.), vol. 2, ND 1977.

The letters of Arnulf of Lisieux, Frank Barlow (ed.), London 1939.

The letter collections of Arnulf of Lisieux, Carolyn Poling Schriber (trans.), Lewiston 1997.

The Letters of John of Salisbury, vol. 1: The Early Letters (1153-1161), W.J. Millor -H.E. Butler (ed.), London 1955.

The Letters of Peter the Venerable I, Giles Constable (ed.), Cambridge/Mass. 1967.

Magistri Adam Bremensis Gesta Hammaburgensis ecclesiae pontificum (= *Adam von Bremen, Hamburgische Kirchengeschichte*), Bernhard Schmeidler (ed.), MGH SS rer. Germ. 2, Hannover 1917.

Mainzer Urkundenbuch, Bd. 2, Teil 1:1137-1175, Peter Acht (Hg.), Darmstadt 1968.
Materials for the history of Thomas Becket, vol. 5: Letters, James Craigie Robertson (ed.), London 1881, Wiesbaden Reprint 1965.
Mattaei Parisiensis, monachi sancti Albani, Historia Anglorum, sive ut vulgo dicitur, historia minor, Frederick Madden (ed.), 4 vols. Rolls Series 44, 1866-1869.
The Mediaeval Latin Translation of Euclid's Elements made directly from the Greek, Hubert L. Busard, Wiesbaden 1987.
Methaphysica Lib. I-IV, 4: TranslatioJacobisive 'Vetustissima' cum scholiis et translation composite sive 'Vetus', Gudrun Vuillemin-Diem (ed.), (= *Aristoteles Latinus* 25.1-1a), Brussels 1970.
Mirabilia Urbis Romae. Die Wunderwerke der Stadt Rom, Gelinde Huber-Renenich, Martin Wallraff, Katharina Heyden und Thoma Krünung (Hgg.), Freiburg i. B. 2014.
Mittelalterliche Bibliothekskataloge Deutschlands und der Schweiz, Bayerische Akademie der Wissenschaften in München, Paul Lehmann u.a., München 1918.
Monumenta Corbeiensia, Philipp Jaffé (ed.), (= Bibliotheca rerum Germanicarum 1), Berlin 1864, ND Aalen 1964.
Nemesius d'Emese, De natura hominis. Traduction de Burgundio de Pise, Gerard Verbeke, J. R. Moncho (ed.), Corpus Latinum Commentariorum in Aristotelem Graecorum Suppl. 1, Leiden 1975.
Opuscula agrimensorum veterum. Editio stereotypa editionis anni 1913 cum addendis, Carolus Thulin (ed.), Stuttgart 1971.
Ottonis epsicopi Frisingensis Chronica sive Historia de duabus civitatibus, Adolf Hofmeister (ed.), MGH SS rer. Germ. 45, Hannover 1912.
Ottonis et Rahewini Gesta Friderici I. Imperatoris, Georg Waitz (ed.), MGH SS rer. Germ. 46, Hannover/Leipzig 1912.
Ottonis Episcopi Frisingensis et Rahewini Gesta Frederici seu rectius cronica (= *Bischof Otto von Freising und Rahewin: Die Taten Friedrichs, oder richtiger Cronica*), Adolf Schmidt (übers.), Franz-Josef Schmale (Hg.), Darmstadt 1965, 1986, (= *Gesta Friderici*).
Otto Bischof von Freising, *Chronik oder die Geschichte der zwei Staaten* (= *Ottonis episcopi Frisingensis Chronica sive Historia de duabus civitatibus*), Adolf Schmidt (übers.), Walther Lammers (Hg.), mit einem Literaturnachtrag von Hans-Werner Goetz, Darmstadt 1960, 1990, ⁶2011.
Otto Morena, Acerbus Morena, *Anonymus de rebus Laudensibus*, Philipp Jaffé (ed.), in: Georg Heinrich Pertz (ed.), MGH SS. 18, Hannover 1863, S. 582-659.
Ottonis Morena et continuatorum historia Frederici I. = Das Geschichtswerk des Otto Morena und seiner Fortsetzer über die Taten Friedrichs I. in der Lombardei, Ferdinand Güterbock (ed.), MGH. SS. rer. Germ. NS. 7, Berlin 1930 ND 1964.
Ottonis Morenae eiusdemque a Frederico imperatore gestis continuatorum Libellus de rebus (= *Ottos Morena und seiner Fortsetzer Buch über die Taten Friedrich*

Barbarossas), in: Franz-Josef Schmale (übers.), *Italienische Quellen über die Taten Kaiser Friedrichs I. in Italien und der Brief über den Kreuzzug Kaiser Friedrichs I.*, Darmstadt 1986, S. 34-239.

Ottonis de Sancto Blasio Chronica, Adolf Hofmeiseter (ed.), MGH SS rer. Germ.47, Hannover 1912, S. 1-88.

Philippidos, Léopold Delisle (ed.), in: *Recueil des Historiens des Gaules et de la France* 17 (1878), pp. 117-287.

Physica: Translatio Vaticana, Auguste Mansion (ed.) (= Aristoteles Latinus 7.2), Bruges 1957.

Quellen zur Geschichte der Stadt Köln, Leonard Ennen, Gottfried Eckertz (Hgg.), 6 Bde., Köln ND Aalen 1970.

Quellen zur Geschichte der Welfen und die Chronik Burchards von Ursberg, Matthias Becher (Hg. u. übers.), Darmstadt 2007.

Quellen zur Verfassungsgeschichte des Römisch-Deutschen Reiches im Spätmittelalter (1250-1500), ausgewählt und übersetzt von Lorenz Weinrich, Darmstadt 1983.

Radulphi de Coggeshall chronicon Anglicanum, Joseph Stevenson (ed.), Rolls Series 66, London 1875.

Recueil des Actes de Louis VI roi de France (1108-1137), Tome I: 1108-1125, publié sous la direction de Robert-Henri Bautier par Jean Dufour, Paris 1992.

Recueil des Actes de Louis VI roi de France (1108-1137), Tome II: 1126-1137, publié sous la direction de Robert-Henri Bautier par Jean Dufour, Paris.

Recueil des Actes de Louis VI roi de France (1108-1137), publié sous la direction de Robert-Henri Bautier par Jean Dufour, Tome III: Introduction, Paris 1993.

Recueil des actes de Philippe Auguste: roi de France, publié sous la direction de Charles Samaran, par J. Monicat et J. Boussard, tome III., Paris 1966.

Recueil des chartes de l'abbaye de S. Benoît-sur-Loire, par M. Prou, A. Vidier, Paris/Orléans 1900.

Recueil des chartes de Stavelot-Malmedy I, par Joseph Halkin et C.-G. Roland, 1909.

Recueil des historiens des Gaules et de la France 16, Martin Bouquet (éd.), Léopold Delisle (nouv. éd.), Paris 1968.

Regesta pontificum Romanorum, Phillip Jaffé (ed.), bearb. von Wilhelm Wattenbach, Leipzig 1888.

Die Regesten der Erzbischöfe von Köln im Mittelalter, II: 1100-1205, Richard Knipping, Bonn 1901, ND 1964.

Regesta Archiepiscoporum Moguntinensium: *Regesten zur Geschichte der Mainzer Erzbischöfe von Bonifatius bis Uriel von Gemmingen 742?-1514, Bd. II: Von Konrad I. bis Heinrich II.,1161-1288*, Johann Friedrich Böhmer (ed.), Cornelius Will (bearb.), Innsbruck 1886, Aalen ND 1966.

Regesta Imperii, IV, 2, 1 (= *Die Regesten des Kaiserreichs unter Friedrich I. 1152 (1122) – 1190*, 1. Lief.: 1152 (1122) - 1158, nach Johann Friedrich Böhmer, neubearbeitet

von Ferdinand Opll, unter Mitwirkung von Hubert Mayr , Wien/Köln/Graz 1980).
Regesta Imperii, IV, 2, 2, (= *Die Regesten des Kaiserreichs unter Friedrich I. 1152 (1122) - 1190*, 2. Lief.: 1158 - 1168) nach Johann Friedrich Böhmer, neubearbeitet von Ferdinand Opll, Wien/Köln 1991.
Regesta Imperii, IV, 2, 3, (= *Die Regesten des Kaiserreichs unter Friedrich I. 1152 (1122) - 1190*, 3. Lief.: 1168 - 1180) nach Johann Friedrich Böhmer, neubearbeitet von Ferdinand Opll, Wien/Köln 2001.
Regesta Imperii, IV, 3 (= *Die Regesten des Kaiserreichs unter Heinrich VI. 1165 (1190)- 1197*), bearb. Gerhard Baaken, Wien/Köln 1972.
Regesta Imperii, V, 1, Johann Friedrich Böhmer, Julius Ficker (ed.), Innsbruck 1881-1901 (= *Die Regesten des Kaiserreichs: unter Philipp, Otto IV., Friedrich II., Heinrich (VII.), Conrad IV., Heinrich Raspe, Wilhelm und Richard: 1198-1272*), nach der Neubearbeitung und dem Nachlasse J.F. Böhmer's neu herausgegeben und ergänzt von Julius Ficker und Eduard Winkelmann.
Die Regesten der Erzbischöfe von Köln im Mittelalter, II: 1100-1205, Richard Knipping, Bonn 1901 ND 1964.
Regesten der Kaiserurkunden des oströmischen Reiches von 565-1453, Franz Dölger (ed.), 3. Bde., Berlin/München 1924-1932, ND Hildesheim 1976.
Die Regesten des Kaiserreiches unter Friedrich I., 1152 (1122)-1190 (= *Regesta Imperii*) Johann Friedrich Böhmer (ed.), neubearbeitet von Ferdinand Opll, Band. 4, Abt. 2, Lfg. 3, Wien/Köln 1991.
Regestum Innocentii III Papae super negotio Romani Imperii, Friedrich Kempf (ed.), Roma 1947.
Die Reichschronik des Annalista Saxo, Klaus Nass (ed.), Hannover 2006.
Rogeri de Wendover, Chronica sive Flores Histoirarum, Henry O. Coxe (ed.), t. III London 1841.
Rogeri de Wendover Liber qui dicitur Flores historiarum ab Anno Domini MCLIV. annoque Henrici Anglorum regis secundi primo: The flowers of history by Roger de Wendover: from the year of Our Lord 1154, and the first year of Henry the Second, king of the English, Henry G. Hewlett (ed.), 3 vols. London 1886-1889.
Das Rolandslied des Pfaffen Konrad, Dieter Kartschoke (ed.), Stuttgart 1993.
Romualdi Salernitani, Chronicon, Calro Alberto Garufi (ed.) (Rerum Italicarum Scriptores, Nuova edizione, 7.1) Città di Castello 1935, Z. 32-297.
Romoaldi II. archiepiscopi Salertani Annales a. 893-1178, Wilhelm Arndt (ed.), Hannover 1886, MGH SS 19, S. 387-461.
E Romoaldi Archiepiscopi Salernitati Chronico= Aus der Chronik des Erzbischofs Romoald v. Salerno, in: Franz-Josef Schmale (Hg), *Italienische Quellen über die Taten Kaiser Friedrichs I.*, S. 308-371.
Die Quellen zur Hanse-Geschichte, Rolf Sprandel (Hg.), Darmstadt 1982.
Robert of Chester's(?) Redaction of Euclid's Elements, the So-Called Adelard II Version,

Hubert L. Busard, Menso Folkerts (ed.), 2 vols., Basel 1992.

Rotuli chartarum in turri Londinensi, I pars 1, ab anno 1199 ad annum 1216, Thomas Duffus Hardy (ed.), London 1837.

Rudolf von Ems, *der guote Gêrhart*, John A. Asher (ed.), Tübingen, 1962, ND Berlin/ Boston 2013.

Sächsische Weltchronik, Ludwig Weiland (ed.), MGH *Deutsche Chroniken* 2, Hannover 1877, S. 1-279.

Select Charters and other illustrations of English constitutional history, from the earliest times to the reign of Edward the First, William Stubbs (ed.), London 1913.

Statuti inediti della città di Pisa: dal XII al XIV secolo, Francesco Bonaini (ed.), Firenze 1854.

Sigeberti Gemblacensis, Continuatio Aquicinctina a. 1138-1237, Ludwig C. Bethmann (ed.), MGH SS 6, Hannover 1844, S. 405-438.

Die *„Summa de ordine iudiciario"* des Magister Damasus, in: Ludwig Wahrmund (ed.), *Quellen zur Geschichte des römisch-kanonischen Prozesses im Mittelalter*, Bd. 4, Heft 4, Innsbruck 1926, ND Aalen 1962.

Die Tegernseer Briefsammlung des 12. Jahrhunderts, Helmut Plechl (ed.), MGH Briefe der deutschen Kaiserzeit 8, Hannover 2002.

Thomas von Pavia, *Gesta imperatorum et pontificum*, Ernst Ehrenfeuchter (ed.), MGH SS 22, Hannover 1872, S. 483-528.

Die Urkunden Friedrichs I., Heinrich Appelt (ed.), 5 Bde., MGH DD 10, Hannover 1975/79/85/90/90.

Die Urkunden Friedrichs II., Walter Koch (ed.) (= MGH DD XIV, 1) , Teil 1: 1198-1212, Hannover 2002. Teil 2: 1212-1217, Hannover 2007. Teil 3: 1218-1220, Hannover 2010. Teil4: 1220-1222, Wiesbaden 2014. Teil 5: 1222-1226, Wiesbaden 2017. Teil 6: 1226-1231, Wiesbbaden 2021.

Die Urkunden Heinrichs des Löwen, Herzogs des Sachsen und Bayern, Karl Jordan (ed.), Stuttgart 1941, 1949.

Die Urkunden Konrads III. und seines Sohnes Heinrich, MG DD IX, Friedrich Hausmann (bearb.), Wien/Köln/Graz 1969.

Die Urkunden Philipps von Schwaben, Andrea Rzihacek, Renate Spreitzer (ed.), MGH DD XII, Wiesbaden 2014.

Urkundenbuch für die Geschichte des Niederrheins oder des Erzstifts Cöln, der Fürstenthümer Jülich und Berg, Geldern, Meurs, Cleve und Mark und der Reichsstifte Elten, Essen und Werden, Th. J. Lacomblet (Hg.), Bd. 1, Düsseldorf 1840, ND 1960.

Urkundenbuch zur Geschichte der, jetzt die Preussischen Regierungsbezirke Coblenz und Trier bildenden mittelrheinischen Territorien, Heinrich Beyer, (Hg.), Bd.1: Von den ältesten Zeiten bis zum Jahre 1169, Coblenz 1860.

Urkundenbuch zur Geschichte der, jetzt die Preussischen Regierungsbezirke Coblenz und Trier bildenden mittelrheinischen Territorien, Heinrich Beyer, Leopold Eltester und

Adam Goerz (Hgg.), Bd.2: Vom Jahre 1169 bis 1212, Coblenz 1865.

Urkundenbuch zur Geschichte der, jetzt die Preussischen Regierungsbezirke Coblenz und Trier bildenden mittelrheinischen Territorien, Leopold Eltester, Adam Goerz (Hgg.), Bd 3: Vom Jahre 1212 bis 1260, Coblenz 1874.

Vinzenz von Prag, *Vincentii Pragensis annales (1140-1167)*, Wilhelm Wattenbach (ed.), MGH SS 17, Hannover 1861, S. 658-683.

Vita Arnoldi archiepiscopi Moguntini, Philipp Jaffé (ed.), Berlin 1866, S. 604-675.

Walter Map, *De Nugis curialium. Courtier's trifles,* (ed. and trans.) M. R. James, (rev.) C. N. L. Brooke et al., (Oxford Medieval Texts), Oxford 1983.

Walther von der Vogelweide, *Leich, Lieder, Sangsprüche,* 14., völlig neubearbeitete Aufl. der Ausgabe Karl Lachmanns mit Beiträgen von Thomas Bein und Horst Brunner, Christoph Cormeau (Hg.), Berlin 1996.

Walther von der Vogelweide, *Lieder und Sprüche: Auswahl, mittelhochdeutsch und neuhochdeutsch*, Helmut Protze (Hg.) neuhochdeutsche Fassung von Richard Schaeffer, Leipzig 1970.

Walther von der Vogelweide, Werke Bd. 1: *Spruchlyrik*. Mittelhochdeutsch/ Neuhochdeutsch, Günther Schweikle (Hg., übers.u. komm.), Stuttgart 1994

Die Lieder Walthers von der Vogelweide: 1. Bändchen: Die religiösen und die politischen Lieder, Friedrich Maurer (ed.), Berlin/Boston ⁴2016.

Willelmi Malmesbiriensis monachi Gesta pontificum Anglorum, N.E.S.A. Hamilton (ed.), London 1870, Wiesbaden 1964.

William of Malmesbury, *Gesta regum Anglorum* (Deeds of the Kings of the English), R. A. B. Mynors, R. M. Thomson and M. Winterbottom (ed. and trans.), vol.I, Oxford 1998.

William of Malmesbury, *Historia novella: the contemporary history*, Edmund King (ed.), (trans.) K. R. Potter, Oxford 1998.

Ymagines Historiarum, in:*The Historical Works of Master Ralph de Diceto*, William Stubbs (ed.), London 1876, ND Wiesbaden 1965, vol. 1, pp. 291-440 及び vol. 2, pp. 3-173.

研究文献

〈欧文文献〉

Silke Ackermann, *Sternkunden am Kaiserhof. Michael Scotus und sein Buch von dern Bildern und Zeichen des Himmels*, Frankfurt a. M. 2009.

Jakob Ahrens, *Die Ministerialität in Köln und am Niederrhein*, Diss. Leipzig 1908.

Jens Ahlers, *Die Welfen und die englischen Könige 1165-1235*, Hildesheim 1987.

Gerd Althoff, Heinrich der löwe und das Stader Erbe. Zum Problem der Beurteilung des „Annalista Saxo", in: DA 41 (1985), S. 66-100.

―――, *Anlässe zur schriftlichen Fixierung adligen Selbstverständnisses*, in: Zeitschrift für die Geschichte des Oberrheins 134 (1986), S. 34-46.

————, Colloquium familiare – colloquium secretum – colloquium publicum. Beratung im politischen Leben des frühreren Mittelalters, in: *Frühmittelalterliche Studien* 24 (1990), S. 145-167 (= in: ibid, *Spielregeln der Politik im Mittelalter. Kommunikation in Frieden und Fehde*, Darmstadt 1997, S. 157-184).

————, Konfliktverhalten und Rechtsbewußtsein. Die Welfen in der Mitte des 12. Jahrhunderts, in: *Frühmittelalterliche Studien* 26 (1992), S. 331-352 (= idem., *Spielregeln der Politik im Mittelalter. Kommunikation in Frieden und Fehde*, Darmstadt 1997, S. 57-84).

————, Löwen als Begleitung und Bezeichnung des Herrschers im Mittelalter, in: Xenja von Ertzdorff, Rudolf Schulz (Hgg.), *Die Romane von dem Ritter mit dem Löwen: der tschechische "Bruncvík" sowie das Abenteuer mit dem zweiten Löwen aus dem russischen "Bruncvik" übersetzt von Winfried Baumann*, Leiden/Boston 1994, S. 119-134.

————, Compositio. Wiederherstellung verletzter Ehre im frühen und hohen Mittelalter, in: Klaus Schreiner, Gerd Schwerhoff (Hgg.), *Verletzte Ehre. Ehrkonflikte in Gesellschaften des Mittelalters und der Frühen Neuzeit*, Köln 1995, S. 63-76.

————, Die Historiographie bewältigt. Der Sturz Heinrichs des Löwen in der Darstellung Arnolds von Lübeck, in: Bernd Schneidmüller (Hg.), *Die Welfen und ihr Braunschweiger Hof im hohen Mittelalter*. Wiesbaden 1995, S. 163-182 (= in: idem, *Inszenierte Herrschaft. Geschichtsschreibung und politisches Handeln im Mittelalter*, Darmstadt 2003, S. 190-210.

————, *Spielregeln der Politik im Mittelalter. Kommunikation in Frieden und Fehde*, Darmstadt 1997.

————, Empörung, Tränen, Zerknirschung, »Emotionen« in der öffentlichen Kommunikation des Mittelalters, in: idem, *Spielregeln der Politik im Mittelalter. Kommunikation in Frieden und Fehde*, Darmstadt 1997, S. 258-281.

Gerd Althoff, Namensgebung und adliges Selbstverständnis, in: Dieter Geuenich, u. a. (Hgg.), *Nomen und gens. Zur historischen Aussagekraft frühmittelalterlicher Personennamen*, Berlin 1997, S. 126-139.

————, Das Privileg der deditio. Formen gütlicher Konfliktbeendigung in der mittelalaterlichen Adelsgesellschaft, in: idem, *Spielregeln der Politik im Mittelalter: Kommunikation in Frieden und Fehde*, Darmstadt 1997. S. 99-125.

————, Friedrich Barbarossa als Schauspieler? Ein Beitrag zum Verständnis des Friedens von Venedig (1177), in: Trude Ehlert (Hg.), *Chevaliers errants, demoiselles et l'autre: Höfische und nachhöfische Literatur im europäischen Mittelalter. Festschrift für Xenja von Ertzdorff*, Göppingen 1998, S. 3-20.

————, (Hg.), *Formen und Funktionen öffentlicher Kommunikation im Mittelalter*, Sigmaringen 2001.

Gerd Althoff, Otto IV. – Woran scheiterte der welfische Traum vom Kaisertum? , in: *Frühmittelalterliche Studien* 43 (2009), S. 199-214.

――, *Kontrolle der Macht: Formen und Regeln politischer Beratung im Mittelalter*, Darmstadt 2016.

Marie-Thérèse d'Alverny, "Translations and Translators", in: Robert L. Benson and Giles Constable (ed.), *Renaissance and Renewal in the twelfth century*, Cambridge 1982, pp. 421-462.

Hans Peter Apelt, *Rahewins Gesta Friderici I. Imperatoris: ein Beitrag zur Geschichtsschreibung des 12. Jahrhunderts*, München 1971.

Heinrich Appelt, *Heinrich der Löwe und die Wahl Friedrich Barbarossas*, in: Alexander Novotny, Othmar Pickl (Hgg.), *Festschrift Hermann Wiesflecker zum sechzigsten Geburtstag*. Selbstverlag des Historischen Instituts der Universität, Graz 1973, S. 39-48.

――, *Friedrich Barbarossa und das römische Recht*, in: Gunther Wolf (Hg.), *Friedrich Barbarossa*, Darmstadt 1975, S. 58-82.

――, *Friedrich Barbarossa und die italienischen Kommunen*, in: Gunther Wolf (Hg.), *Friedrich Barbarossa*, Darmstadt 1975, S. 83-103.

――, *Privilegium minus. Das staufische Kaisertum und die Babenberger in Österreich*, Wien ²1976.

――, *Die Kaiseridee Friedrich Barbarossas*, in: Gunther Wolf (Hg.), *Friedrich Barbarossa*, Darmstadt 1975, S. 208-244.

Karl Otmar von Aretin, Das Reich ohne Hauptstadt? Die Multizentralität der Hauptstadtfunktionen im Reich bis 1806, in: Theodor Schieder, Gerhard Brunn (Hgg.), *Hauptstädte in europäischen Nationalstaaten*, München u. a. 1983, S. 5-13.

Jeffrey Ashcroft, Honor imperii – des riches ere: The Idea of Empire in Konrad's Rolandslied, in: Volker Honemann (Hg.), *German Narrative Literature of the Twelfth and Thirteenth Centuries. Studies Presented to Roy Wisbey on his Sixty-fifth Birthday*, Tübingen 1994, ND 2012, S. 139-156.

――, Magister Conradus Presbyter, Pfaffe Konrad at the Court of Henry the Lion, in: D. S. Brewer (ed.), *Literary Aspects of Courtly Culture*, Cambridge 1994, S. 301-308.

Aleida Assmann, *Erinnerungsräume. Formen und Wandlungen des kulturellen Gedächtnisses*, München 1999.

――, *Geschichte im Gedächtnis : von der individuellen Erfahrung zur öffentlichen Inszenierung*, München 2007.

――, *Das neue Unbehagen an der Erinnerungskultur : eine Intervention*, München 2013.

――, *Formen des Vergessens*, Göttingen 2016.

Jan Assmann, *Das kulturelle Gedächtnis. Schrift, Erinnerung und politische Identität in frühen Hochkulturen*, München 1992.

Aleida Asssmann, Dietrich Harth (Hgg.), *Mnemosyne. Formen und Funktion der kulturellen Erinnerung*, Frankfurt a. M. 1991.

Aleida und Jan Assmann, Chritof Hardmeier (Hgg.), *Schrift und Gedächtnis. Beiträge zur*

Archäologie der literarischen Kommunikation, München 1993.

Stefan Ast, Ostensio cartae. Italienische Gerichtsurkunden des 10. Jahrhunderts zwischen Schriftlichkeit und Performanz, in: *Archiv für Diplomatik: Schriftgeschichte, Siegel, und Wappenkunde* 53 (2007), S. 99-122.

Gerhard Baaken, Die Altersfolge der Söhne Friedrich Barbarossas und die Königserhebung Heinrichs VI., in: DA 24 (1968), S. 46-78.

Gerhard Baaken, unio regni ad imperium. Die Verhandlungen von Verona 1184 und die Eheabredung zwischen König Heinrich VI. und Konstanze von Sizilien, in: QFIAB 52 (1972), S. 219-297.

―――, Zur Beurteilunge Gottfrieds von Viterbo, in: Karl Hauck, Hubert Mordek (Hgg.), *Geschichtsschreibung und geistiges Leben im Mittelalter: Festschrift für Heinz Löwe zum 65. Geburtstag*, Wien 1978, S. 372 ff.

Nick Baratt, Finance and the Economy in the Reign of Henry II, in: Christopher Harper-Bill, Nicholas Vincent (eds.), *Henry II: new interpretations*, Woodbridge 2007, pp. 242-256.

Frank Barlow, The English, Norman, and French Councils called to deal with the Papal Schism of 1159, in: *English Historical Review* 51 (1936), S. 264-268.

Dominique Barthélemy, *La bataille de Bouvines Histoire et legends*, Paris 2018.

Bernd Bastert, Heros und Heiliger. Literarische Karlbilder im mittelalterlichen Frankreich und Deutschland, in: *Karl der Große und das Erbe der Kulturen*, Franz Reiner Erkens (Hg.) (= Akten des 8. Symposiums des Mediävistenverbandes, Leipzig 15.-18. März 1999), Berlin 2001, S. 197-220.

Friedrcih Battenberg, Studien zum Personal des königlichen Hofgerichts im Mittelalter, in: Friedrich Battenberg und Filippo Ranieri (Hgg.), *Geschichte der Zentraljustiz im Mitteleuropa. Festschrift für Bernhard Diestelkamp zum 65. Geburtstag*, Weimar/Köln/Wien 1994, S. 61-77.

Ingrid Baumgärtner, Die normativen Grundlagen des Rechtslebens in der Stadt Rom und die Entwicklung der Gesetzgebung, in: A. Gouron, A. Rigaudiere (eds.), *Renaissance du pouvoir legislatif et genese de l'etat*, Montpellier 1988, pp. 13-27.

―――, Rombeherrschung und Romerneuerung. Die römische Kommune im 12. Jahrhundert, in: *Quellen und Forschungen aus italienischen Archiven und Bibliotheken* 69 (1989), S. 27-79.

―――, Geschichtsbewußtsein in hochmittelalterlichen italienischen Privaturkunden, in: Hans- Werner Goetz (Hg.), *Hochmittelalterliches Geschichtsbewußtsein im Spiegel nichthistoriographischer Quellen*, Berlin 1998, S. 269-292.

―――, Romerneuerung im Zeichen der Praxis? Der Bibliothekar im kommenalen Zusammenhang, in: Bernhard Schimmelpfennig, Ludwig Schmugge (Hgg.), *Rom im hohen Mittelalter. Studien zu den Romvorstellunegn und zur Rompolitik vom 10. Bis zum 12. Jahrhundert: Reinhard Elze zur Vollendung seines siebzigsten Lebensjahres gewidmet*, Sigmaringen 1992, S. 65-77.

Matthias Becher, Der Verfasser der „Historia Welforum" zwischen Heinrich dem Löwen und den süddeutschen Ministerialen des welfischen Hauses, in: Johannes Fried, Otto Gerhard Oexle (Hgg.), *Heinrich der Löwe. Herrschaft und Repräsentation*, Ostfildern 2003, S. 347-380.

Hans-Joachim Behr, Der Hof Ottos IV. als literarisches Zentrum, in: Bernd Ulrich Hucker, Stefanie Hahn, Hans-Jürgen Derda (Hgg.), *Otto IV. Traum vom welfischen Kaisertum*, Petersberg 2009, S. 207-218.

Thomas Behrmann, Verschriftlichung als Lernprozeß: Urkunden und Statuten in den lombardischen Stadtkommunen, in: *Historisches Jahrbuch* 111 (1991), S. 385-402.

——— , „Ad maiorem cautelam", Sicherheitsgedanken, Zukunftbewußtsein und schriftliche Fixierung im Rechtsleben der italienischen Kommunen in: *Quellen und Forschungen aus italienischen Archiven und Bibliotheken* 72 (1992), S. 26-53.

——— , Von der Sentenz zur Akte. Beobachtungen zur Entwicklung des Prozeßschriftgutes in Mailand, in: Hagen Keller, Thomas Behrmann (Hgg.), *Kommunales Schriftgut in Oberitalien. Formen, Funktionen, Überlieferung*, München 1995, S. 70-91.

——— , Anmerkungen zum Schriftgebrauch in der kommunalen Diplomatie des 12. und frühen 13. Jahrhunderts, in: Hagen Keller, Thomas Behrmann (Hgg.), *Kommunales Schriftgut in Oberitalien: Formen, Funktionen, Überlieferung*, München 1995, S. 265-281.

Anthony Lo Bello (ed.), *Gerard of Cremona's translation of the commentary of Al-Nayrizi on Book I of Euclid's Elements of geometry, with an introductory account of the twenty-two early extant Arabic manuscripts of the Elements*, Boston 2003.

Robert L Benson, Political Renovatio: Two Models from Roman Antiquity, in: Robert L. Benson, Giles Constable (eds.), *Renaissance and Renewal in the Twelfth Century*, Cambridge Mass. 1982, pp. 339-386.

Wilhelm Berges, Das Reich ohne Hauptstadt, in: *Das Hauptstadtproblem in der Geschichte. Festgabe zum 90. Geburtstag Friedrich Meineckes gewidmet vom Friedrich-Meinecke-Institut an der Freien Universität Berlin*, Tübingen 1952, S. 1-29.

Walter Berschin, *Griechisch-Lateinisches Mittelalter. Von Hieronimus zu Nikolaus von Kues*, Bern/München 1980.

Holger Berwinkel, *Verwüsten und Belagern: Friedrich Barbarossas Krieg gegen Mailand, 1158-1162*, Tübingen 2007.

Bert Biltzer, Das Münz- und Geldwesen im Herzogtum Sachsen unter Herzog Heirich dem Löwen, in: Wolf-Dieter Mohrmann (Hg.), *Heinrich der Löwe*, Göttingen 1980, S. 331-353.

Axel Björnbo, Über zwei mathematische Handschriften aus dem Vierzehnten Jahrhundert, in: *Bibliotheca mathematica* 3 (1902), S. 63-75.

Heribert Bloch, The New Fascination with Ancient Rom, in: R. L. Benson, G. Constable (ed.), *Renaissance and Renewal in the Twelfth Century*, Cambridge 1982, pp. 615-

636.

———, Der Autor der „Graphia aurae urbis Romae", in; DA 40 (1984), S. 55-174.

———, Peter the Deacon's Vision of Byzantium and a Rediscovered Treatise in his Acta S. Placidi, in: *Bisanzio, Roma e l'Italia nell'alto Medioevo: 3-9 aprile 1986*, Spoleto 1988, pp. 797-847.

———, Tertullus' Sicilian Donation and a Newly Discovered Treatise in Peter the Deacon's Placidus Forgeries, in: *Fälschungen im Mittelalter, Teil IV: Diplomatische Fälschungen (II)*, 1988, S. 97-128.

———, Tertullus' Sicilian Donation and a Newly Discovered Treatise in Peter the Deacon's Placidus Forgeries, in: *Fälschungen im Mittelalter, Teil IV: Diplomatische Fälschungen (II)*, 1988, S. 97-128.

Isabel Blumenroth, *Das Alexandrinische Schisma in Briefen und Ideenwelt des Arnulf von Lisieux und Johannes von Salisbury*, Göttingen 2021.

J. L. Bolton, *The medieval English economy: 1150-1500*, London 1980.

———, *Money in the medieval English economy, 973-1489*, Manchester 2012

Michael Borgolte, Der König als Stifter. Streiflichter auf die Geschichte des Willens, in: *Stiftungen und Stiftungswirklichkeiten*, Michael Borgolte (Hg.), Berlin 2000, S. 39-58.

Arno Borst, Lebensformen im Mittelalter, Frankfurt a. M./Berlin 1973.

Egon Boshof, Aachen und die Thronerhebung des deutschen Königs in salisch-staufischer Zeit, in: *Zeitschrift des Aachener Geschichtsvereins* 97 (1991), S. 5-32.

Johann Wilhelm Braun, Studien zur Überlieferung der Werke Anselms von Havelberg, in: DA 28 (1972), S. 133-209.

Andrea Briechle, *Heinrich Herzog von Sachsen und Pfalzgraf bei Rhein: ein welfischer Fürst an der Wende vom 12. zum 13. Jahrhundert*, Heidelberg 2013.

Anna-Dorothee v. den Brincken, *Studien zur lateinischen Weltchronistik bis in das Zeitalter Ottos von Freising*, 1957.

Carlrichard Brühl, Purpururkunden, in: Kurt-Ulrich Jäschke, Reinhard Wenskus (Hgg.), *Festschrift für Helmut Beumann zum 65. Geburtstag*, Sigmaringen 1977, S. 3-21.

Max Buchner, Das fingierte Privileg Karls des Großen für Aachen — eine Fälschung Reinalds von Dassel — und die Entstehung der Aachener „Vita Karoli Magini", in: *Zeitschrift der Aachener Geschichtsvereins* 47 (1925), S. 179-254.

Heinrich Büttner, Das politische Handeln Friedrich Barbarossas im Jahre 1156, in: *Blätter für deutsche Landesgeschichte* 106 (1970), S. 54-67.

Joachim Bumke, *Ministerilaität und Ritterdichtung*, München 1976.

Joachim Bumke, *Mäzene im Mittelalter. Die Gönner und Auftraggeber der höfischen Literatur in Deutschland 1150-1300*. München 1979.

Charles Burnett, A Group of Arabic-Latin translators working in northern Spain in the mid-12th century, in: *The Journal of the Royal Asiatic Society of Great Britain and Ireland* 1 (1977), pp. 62-108.

―――, Arabic into Latin in Twelfth Century Spain: the Works of Hermann of Carinthia, in: *Mittellateinisches Jahrbuch* 13 (1978), pp. 100-134.

―――, 'Hermann of Carinthia's Attitude towards his Arabic Sources', in: Christian Wenin (ed.), *L'homme et son univers au moyen âge : Actes du septieme Congres international de philosophie medievale, 30 Auot - 4 Septembre 1982,* Louvain-la-Neuve 1986, I pp. 307-322.

―――, Adelard of Bath and Arabs, in: Jacqueline Hamesse, Marta Fattori (eds.), *Rencontres de cultures dans la philosophie médiévale : traductions et traducteurs de l'antiquité tardive au XIVe siècle: actes du Colloque international de Cassino, 15-17 juin 1989* / organisé par la Société internationale pour l'étude de la philosophie médiévale et l'Università degli Studi di Cassino, Louvain-la-Neuve 1990, pp. 89-107.

―――, "Michael Scotus and the Transmission of Scientific Culture from Toledo to Bologna via the Court of Frederick II Hohenstaufen, in: *Micrologus* 2 (1994), pp. 101-126, Charles Burnett, K. Yamamoto, M. Yano (eds.), *The Abbreviation of the Introduction to Astrology: Together with the Medieval Latin Translation of Adelard of Bath*, Leiden/New York, 1994 (Arabic & Latin text).

―――, John of Seville and John of Spain: *a mise au point*, in: *Bulletin de philosophie médiévale* 44 (2002), pp. 59-78.

Jörg W. Busch, Zum Prozeß der Verschriftlichung des Rechtes in lombardischen Kommunen des 13. Jahrhunderts, in: *Frühmittelalterliche Studien* 25 (1991) S. 373-390.

―――, Spiegelungen des Verschriftlichungsprozesses in der lombardischen Historiographie des 11. Bis 13. Jahrhunderts, in: *Kommunales Schriftgut in Oberitalien : Formen, Funktionen, Überlieferung*, Hagen Keller, Thomas Behrmann (Hgg.), München 1995, S. 305-321.

―――, *Die Mailänder Geschichtsschreibung zwischen Arnulf und Galvaneus Flamma. Die Beschäftigung mit der Vergangenheit im Umfeld einer oberitalienischen Kommune von späten 11. bis zum frühen 14. Jahrhunderts*, München 1997.

―――, Die Erinnerung an die Zerstörung Mailands 1162. Die Rezeption und Instrumentalisierung des ersten Mailänder Laiengeschichtswerken, in: *Das Mittelalter* 5 (2000), S. 105-113.

Michele Campopiano, The Problems of Origins in Early Communal Historiography: Pisa, Genoa, and Milan Compared', in: Marco Mostert and Anna Adamska (ed.). *Uses of the Writeten Word in Medieval Towns. Medieval Urban Literacy II*, Marco Mostert and Anna Adamska (ed.), 2 vols, Utrecht Studies in Medieval Literacy 28, Turnhout 2014, pp. 227-250.

Francis J. Carmody, *Arabic astronomical and astrological sciences in Latin translation: a critical bibliography*, Berkeley 1956.

Mary Carruthers, *The Book of Memory: A Study of Memory in Medieval Culture*, Cambridge 1990, 2008.

Erich Casper, *Petrus Diaconus und die Monte Cassineser Fälschungen: Ein Beitrag zur Geschichte des Italienischen Geisteslebens im Mittelalter*, Berlin 1909.

Ferdinand Chalandon, *Histoire de la domination normande en Italie et en Sicile*, Paris 1907, ND New York 1960.

M.-D. Chenu, Notes de lexicographic philosophique médiévale. Antiqui, moderni, in: *Revue des sciences philosophiques et théologiques* 17 (1928), pp. 82-94.

S. D. Church (ed.), *King John: New interpretations*, Woodbridge1999.

Michael T. Clanchy, *From Memory to Written Record. England 1066-1307*, Chichester ³2013.

Peter Classen, Die hohen Schulen und die Gesellschaft im 12. Jahrhundert, in: *Archiv für Kulturgeschichte* 48 (1966), S. 155-180.

―――, Das Konzil von Toulouse 1160: Eine Fiktion, in: DA 29 (1973), S. 220-223.

―――, *Burgundio von Pisa. Richter - Gesandter – Übersetzer*, Heidelberg 1974.

―――, Richterstand und Rechtswissenschaft in italienischen Kommunen des 12. Jahrhunderts, in: idem, Johannes Fried (Hg.), *Studium und Gesellschaft im Mittelalter*, Schriften der MGH 29, Stuttgart 1983, S. 27-126.

―――, Italienische Rechtsschulen außerhalb Bolognas, in: Johannes Fried (hg.), *Studium und Gesellschaft im Mittelalter*, Stuttgart 1983, S. 29-45.

―――, Richter, Rechtslehrer und Politik in Mailand, in: Johannes Fried (Hg.), *Studium und Gesellschaft im Mittelalter*, Stuttgart 1983, S. 45-68.

―――, Zur Geschichte der Frühscholastik in Österreich und Bayern, in: *Ausgewählte Aufsätze von Peter Classen*, Sigmaringen 1983, S. 279-306.

―――n, Corona imperii. Die Krone als Inbegriff des römisch-deutschen Reiches im 12. Jahrhundert, in: idem, *Ausgewählte Aufsätze*, (= V u. F. 28), Sigmaringen 1983, S. 503-514.

Dietrich Claude, *Geschichte des Erzbistums Magdeburg bis in das 12. Jahrhundert*, 2 Bde., Köln 1972/75.

Edward Coleman, Lombard City Annals and the Social and Cultural History of Northern Italy, in: ibidem, *Chronicling History: Chroniclers and Historians in Medieval and Renaissance Italy*, Sharon Dale, Alison Williams Williams Lewin and Duane J. Osheim (ed.) University Park, PA, 2007, pp. 1-28.

Janet Coleman, *Ancient and Medieval Memories*, Cambridge 1992.

Vittore Colorni / Gero Dolezalek (übers.), *Die drei verschollenen Gesetze des Reichstages bei Roncaglia, wieder aufgefunden in einer Pariser Handschrift (Bibl. Nat. Cod. Lat. 4677)*, Aalen 1969.

Herman Conrad, Thea von der Lieck-Buyken und Wolfgang Wagner (Hgg. und übers.), *Die Konstitutionen Friedrichs II. von Hohenstaufen für sein Königreich Sizilien: nach einer lateinischen Handschrift des 13. Jahrhunderts*, Köln/Wien 1973.

Peter Cornelius Claussen, Renovatio Romae. Erneuerungsphasen römischer Architektur im 11. und 12. Jahrhundert, in: Bernhard Schimmelpfennig, Ludwig Schmugge (Hgg.),

Rom im hohen Mittelalter. Studien zu den Romvorstellunegn und zur Rompolitik vom 10. Bis zum 12. Jahrhundert: Reinhard Elze zur Vollendung seines siebzigsten Lebensjahres gewidmet, Sigmaringen 1992, S. 87-125.

Peter Csendes, *Philipp von Schwaben: ein Staufer im Kampf um die Macht*, Darmstadt 2003.

Christoph Dartmann, Schrift im Ritual. Der Amtseid des Podestà auf den geschlossenen Statutencodex der italienischen Stadtkommune, in: *Zeitschrift für Historische Forschung* 31 (2004), S. 169-204.

―――, Die Legitimation von Amtsgewalt in den oberitalienischen Städten des 12. Jahrhunderts zwischen kaiserlichen Ansprüchen und kommunaler Praxis, in: Gerhard Dilcher, Diego Quaglioni (Hgg.), *Gli inizi del diritto pubblico: l'età di Federico Barbarossa: legislazione e scienza del diritto = Die Anfänge des öffentlichen Rechts: Gesetzgebung im Zeitalter Friedrich Barbarossas und das Gelehrte Recht*, Bologna/ Berlin 2007, S. 327-343.

―――, Medien in den städtischen Öffentlichkeit: innere Friedensschlüsse in den italienischen Kommunen des Mittelalters, in: Bent Jörgensen, Raphael Krug Christine Lüdke (Hgg.), *Friedensschlüsse: Medien und Konfliktbewältigung vom 12. bis zum 19. Jahrhundert*, 2008.

―――, *Politische Interaktion in der italienischen Stadtkommune (11.-14. Jahrhundert)*, Ostfildern 2012.

―――, Der Lombardenbund regionale Koordination und mediterrane Bezüge im hochmittelalterlich Oberitalien, in: *Städtebünde und städtische Außenpolitik: Träger, Instrumentarien und Konflikte während des hohen und späten Mittelalters: 55. Arbeitstagung in Reutlingen, 18.-20. November 2016*, Roland Deigendesch, Christian Jörg (Hgg.), Ostefidern 2019, S. 47-65.

Jürgen Dendorfer, Roncaglia: Der Beginn eines lehnrechtlichen Umbau des Reiches?, in: Stefan Burkhardt, Thomas Metz, Bernd Schneidmüller, Stefan Weinfurter (Hgg.), *Staufisches Kaisertum im 12. Jahrhundert. Konzepte – Netzwerke – Politische Praxis*, Regensburg 2010, S. 111-132.

―――, Das Lehnrecht und die Ordnung des Reichs. >Politische Prozessen< am Ende des 12. Jahrhunderts, in: Karl-Heinz Spieß (Hg.), *Ausbildung und Verbreitung des Lehnswesen im Reich und in Italien im 12. Und 13. Jahrhundert*, Ostfildern 2013, S. 187-220.

Roman Deutinger, *Rahewin von Freising: ein Gelehrter des 12. Jahrhunderts*, Hannover 1999.

―――, Imperiale Konzepte in der hofnahen Historiographie der Barbarossazeit, in: Stefan Burkhardt, Thomas Metz, Bernd Schneidmüller, Stefan Weinfurter (Hgg.), *Staufisches Kaisertum im 12. Jahrhundert. Konzepte – Netzwerke – Politische Praxis*, Regensburg 2010, S. 25-39.

Stefanie Dick, Die Königserhebung Friedrich Barbarossas im Spiegel der Quellen, in:

Zeitschrift der Savigny-Stiftung für Rechtsgeschichte, Germ. Abt. 121 (2004), S. 200-237.

Gerhard Dilcher, *Die Entstehung der lombardischen Stadtkommune: Eine rechtsgeschichtliche Untersuchung*, Aalen 1967.

―――――, Gesetzgebung als rechtserneuerung. Eine Studie zum Selbstverständnis mittelalterlicher Leges, in: *Rechtsgeschichte als Kulturgeschichte: Festschrift für Adalbert Erler zum 70. Geburtstag*, Aalen 1976, S. 13-35.

―――――, Königliche Privilegienerneuerung und kirchliches Reformdenken bei Konrad III., in: Clausdieter Schott und Claudio Soliva (Hgg.), *Nit anders denn liebs und guets: Petershauser Kolloquium aus Anlass des achtzigsten Geburtstags von Karl S. Bader*, Sigmaringen 1986, S. 47-55.

―――――, Mittelalterliche Rechtsgewohnheit als methodisch-theorethisches Problem, in: Gerhard Dilcher, Heiner Lück, Rainer Schulze, Elmar Wadle, Jürgen Weitzel, Udo Wolter (Hgg.), *Gewohnheitsrecht und Rechtsgewohnheiten im Mittelalter*, Berlin 1992, S. 21-65.

―――――, Der Gedanke der Rechtserneuerung im Mittelalter, in: *Geschichte der Zentraljustiz in Mitteleuropa, Festschrift für Bernhard Diestelkamp*, Friedrich Battenberg, Filippo Ranieri (Hgg.), Weimar/Köln/Wien 1994, S. 1-16.

―――――, Zeitbewußtsein und Geschichtlichkeit im Bereich hochmittelalterlicher Rechtsgewohnheit, in: Hans-Werner Goetz (Hg.), *Hochmittelalterliches Geschichtsbewußtsein im Spiegel nichthistoriographischer Quellen*, Berlin 1998, S. 31-54.

―――――, Die staufische Renovatio im Spannungsfeld von traditionellem und neuem Denken. Rechtskonzeptionen als Handlungshorizont der Italienpolitik Friedrich Barbarossas, in: *Historische Zeitschrift* 276 (2003), Heft 3, S. 613-646.

―――――, Das staufische Herrschaftskonzept in der roncalischen Gesetzgebung und im Konstanzer Frieden: Tragende Prinzipien und innere Widersprüche, in: Gerhard Dilcher, Diego Quaglioni (Hgg.), *Gli inizi del diritto pubblico: l'età di Federico Barbarossa: legislazione e scienza del diritto = Die Anfänge des öffentlichen Rechts: Gesetzgebung im Zeitalter Friedrich Barbarossas und das Gelehrte Recht*, Bologna/Berlin 2007, S. 19-46.

Hermann Dilcher, *Die sizilische Gesetzgebung Kaiser Friedrichs II. Quellen der Constitutionen von Melfi und ihrer Novellen*, Köln/Wien 1975.

Philippe Dollinger, neu bearbeitet von Volker Henn und Nils Jörn, *Die Hanse*, Stuttgart 2012.

Maria E. Dorninger, *Gottfried von Viterbo. Ein Autor in der Umgebung der frühen Staufer*, Stuttgart 1997.

John Dotson, 'The Genoese Civic Annals: Caffaro and his Continuators', in: *Chronicling History: Chroniclers and Historians in Medieval and Renaissance Italy*, Sharon Dale, Alison Williams Williams Lewin and Duane J. Osheim (ed.) University Park, PA,

2007, pp. 55-85.

Jean Dufour, Typologie des actes de Philippe Ier (1060-1108) et de Louis VI (1108-1137), rois de France, in: *Typologie der Könihgsurkunden*, Jan Bistricky (Hg.), Olmütz 1998.

Caspar Ehlers, Die Bestattung Ottos IV. in der Braunschweiger Stiftskirche St. Blasius im Kontext der deutschen Königsgrablegen. Tradition oder Innovation?, in: Bernd Ulrich Hucker, Stefanie Hahn, Hans-Jürgen Derda (Hgg.), *Otto IV. Traum vom welfischen Kaisertum*, Petersberg 2009, S. 289-298.

Joachim Ehlers, Deutsche Schloaren in Frankreich während des 12. Jahrhunderts, in: Johannes Fried (Hg.), *Schule und Studium im sozialen Wandel des hohen und späten Mittelalters*, Sigmaringen 1986, S. 97-120.

————, Heinrich der Löwe und der sächsische Episkopat, in: Alfred Haverkamp (Hg.), *Friedrcih Barbarossa: Handlungsspielräume und Wirkungsweisen des staufischen Kaisers*, Sigmaringen 1992, S. 435-466 (= Joachim Ehlers, *Ausgewählte Aufsätze*, Berlin 1996, S. 451-488).

————, Der Hof Heinrichs des Löwen, in: Bernd Schneidmüller (Hg.), *Die Welfen und ihr Braunschweiger Hof im hohen Mittelalter*, Wiesbaden 1995, S. 43-59.

————, Anglonormanisches am Hof Heinrichs des Löwen? Voraussetzungen und Möglichkeiten, in: Joachim Ehlers, Dietrich Kötzsche (Hgg.), *Der Welfenschatz und sein Umkreis*, Mainz 1998, S. 105-217.

————, *Heinrich der Löwe: Eine Biographie*, München 2008 (= idem, *Heinrich der Löwe. Der ehrgeizige Welfenfürst*, Darmstadt 2021).

————, *Otto von Freising: ein Intellektueller im Mittelalter: eine Biographie*, München 2013.

Eduard Eichmann, Die römischen Eide der deutschen Könige, in: *Zeitschrift der Savigny-Stiftung für Rechtsgeschichte, Kan. Abt.* 6 (1916), S. 140-205.

Gerhard Endress, Wissenschaftliche Literatur, in: *Grundriss der arabischen Philologie*, Helmut Gätje (ed.), Bd. 2, Wiesbaden 1987, S. 400-506.

————, Jan Aertsen, Klaus Braun (ed.), *Averroes and the Aristotelian Tradition: Sources, Constitution, and Reception of the Philosophy of Ibn Rushd (1126-1198): Proceedings of the Fourth Symposium Averroicum*, Cologne, 1996, Leiden 1999, pp.339-381.

————, Averrois Opera. A Bibliography of editions and Contributions to the Text, in: Raif Georges Khoury (Hg.), *Averroes (1126-1198), oder, Der Triumph des Rationalismus: internationales Symposium anlässlich des 800. Todestages des islamischen Philosophen: Heidelberg, 7.-11. Oktober 1998*, Heidelberg 2002, pp. 339-381.

————, Wissenschaftliche Literatur, in: *Grundriss der arabischen Philologie*, Bd. 3, Wolfdietrich Fischer (ed.), Wiesbaden 1992, S. 3-152.

Evamaria Engel und Bernhard Töpfer, Kaiser Friedriich Bararossaä Landesausbau, Aspekte seiner Politik, Weimar 1994.

Odilo Engels, Beiträge zur Geschichte der Staufer im 12. Jahrhundert (I), in: DA 27 (1971), S. 373-456 (= idem, Erich Meuthen, Stefan Weinfurter (Hgg.), *Stauferstudien: Beiträge zur Geschichte der Staufer im 12. Jahrhundert*, Sigmaringen 1988, ²1996, S. 32-115).

―――――, Kardinal Boso als Geschichtsschreiber, in: Georg Schwaiger (Hg.), *Konzil und Papst. Historische Beiträge zur Frage der höchsten Gewalt in der Kirche, Festgabe für Hermann Tüchle*, München/Paderborn/Wien 1975, S. 147-168.

―――――, Zur Entmachung Heinrichs des Löwen, in: Pankraz Fried, Walter Ziegler (Hgg.), *Festschrift für Andreas Kraus zum 60. Geburtstag*, Kallmünz 1982.

―――――, Zum Konstanzer Vertrag von 1153, in: Ernst Dieter Hehl, Hubertus Seibert, Franz Staab (Hgg.), *Deus qui mutat tempora: Menschen und Institutionen im Wandel des Mittelalters: Festschrift für Alfons Becker zu sienen 65. Geburtstag*, Sigmaringen 1987, S. 235-258.

―――――, Gottfried von Viterbo und seine Sicht des staufischen Kaiserhauses, in: Hubert Mordek (Hg.), *Aus Archiven und Bibliotheken. Festschrift für Raymund Kottie zum 65. Geburtstag*, Frankfurt a. M. 1992, S. 327-345.

Odilo Engels, Die Restitution des Bayernherzogtums an Heinrich den Löwen, in: *Heinrich der Löwe und seine Zeit*, Bd. 2, München 1995, S. 159-171.

―――――, Friedrich Barbarossa im Urteil seiner Zeitgenossen, in: idem, *Stauferstudien. Beiträge zur Geschichte der Staufer im 12. Jahrhundert*, Sigmaringen ²1996, S. 225-245.

―――――, Beiträge zur Geschichte der Staufer im 12. Jahrhundert (II), in: Franz-Reiner Erkens und Hartmut Wolff (Hgg.), *Von Sacerdotium und regnum: geistliche und weltliche Gewalt im frühen und hohen Mittelalter: Festschrift für Egon Boshof zum 65. Geburtstag*, Köln 2002, S. 423-459.

Edith Ennen, Kölner Wirtschaft im Früh- und Hochmittelalter, in: Hermann Kellenbenz(Hg.), *Zwei Jahrtausende Kölner Wirtschaft*, 2 Bde., Köln 1975.

―――――, Funktions- und Bedeutungswandel der 'Hauptstadt' vom Mittelalter zur Moderne, in: Theodor Schieder, Gerhard Brunn (Hgg.), *Hauptstädte in europäischen Nationalstaaten*, München u. a. 1983, S. 153-164.

Steven A. Epstein, *Genoa & the Genoese, 958-1528*, Chapel Hill, N.C. 1996.

Franz-Reiner Erkens, *Der Erzbischof von Köln und die deutsche Königswahl: Studien zur Kölner Kirchengeschichte, zum Krönungsrecht und zur Verfassung des Reiches (Mitte 12. Jahrhundert bis 1806)*, Siegburg 1987.

Adalbert Erler, Necessitas als Impuls der Rechtserneuerung, in: *La formazione storica del diritto moderno in Europa*, vol. 1, Firenze 1977, pp. 113-122.

Arnold Esch, Spolien. Zur. Wiederverwendung antiker Baustücke und Skulpturen im mittelalterlichen Italien, in: *Archiv für Kulturgeschichte* 51 (1969) S. 1-64.

―――――, Überlieferungs-Chance und Überlieferungs-Zufall als methodisches Problem des Historikers, in: *Historische Zeitschrift* 240 (1985), S. 529-570.

Gillian Rosemary Evans, Two Aspects of 'Memoria' in Eleventh and Twelfth Century Writings, in: *Classica et Medievalia* 32 (1971-80), S. 263-278.

Richard D. Face, Secular History in Twelfth-Century Italy: Caffaro of Genoa, in: *Journal of Medieval History* 6, 2 (1980), pp. 169-184.

Ludwig Falck, Mainzer Ministerialität, in: Friedrich Ludwig Wagner, *Ministerialität im Pfälzer Raum*: *Referate und Aussprachen der Arbeitstagung vom 12. bis 14. Oktober 1972 in Kaiserslautern*, Speyer 1975, S. 44-59.

Gina Fasoli, Friedrich Barbarossa und die italienische Städte, in: Gunther Wolf (Hg.), *Friedrich Barbarossa*, Darmstadt 1975, S. 149-183.

Heinrich von Fichtenau, Bamberg, Würzburg und die Stauferkanzlei, in: MIÖG 53 (1939), S. 241-286.

Heinrich Fichtenau, *Arenga. Spätantike und Mittelalter im Spiegel von Urkundenformel*, Wien/Köln/Graz 1957.

—————, Rhetorische Elemente in der ottonisch-salischen Herrscherurkunde, in: MIÖG 68 (1960), S. 39-62.

—————, *Von der Mark zum Herzogtum. Grundlagen und Sinn des „Privilegium minus" für Österreich*, München 1958; Erich Zöllner, *Das Privilegium minus und seine Nachfolgebestimmungen in genealogischer Sicht*, in: MIÖG 86 (1978), S. 1-26.

Julius von Ficker, *Reinald von Dassel: Reichskanzler und Erzbischof von Köln 1156-1167*, Köln 1850, Aalen 1966.

Julius Ficker, Die Reichshofbeamtender staufischen Periode, in: *Sitzungsberichte der Philosophisch-Historischen Classe der Kaiserlichen Akademie der Wissenschaften* 40 (1862), S. 447-549.

Josef Fleckenstein, Über die Herkunft der Welfen und ihre Anfänge in Süddeutschland, in: Gerd Tellenbach (Hg.), *Studien und Vorarbeiten zur Geschichte des großfränkischen und frühdeutschen Adels*, Freiburg i.B 1957, S. 71-136.

—————, *Die Hofkapelle der deutshen Könige*, 2 Bde., Stuttgart 1959/66.

————— (Hg.), *Das ritterliche Turnier im Mittelalter*, Göttingen 1985.

—————, Friedrich Barbarossa und dasa Rittertum. Zur Bedeutung der großen Mainzer Hoftage von 1184 und 1188, in: Arno Borst (Hg.), *Das Rittertum*, Darmstadt ^{2}1989, S. 392-418.

—————, Miles und clericus am Königsßund Fürstenhof. Bemerkungen zu den Vorausetzungen, zur Entestehung und zur Trägerschaft der höfisch-ritterlichen Kultur, in: Josef Fleckenstein (Hg.), *Curialitas. Studien zu Grundfragen der höfisch-ritterlichen Kultur*, Göttingen 1990, S.302-325.

Marie Theres Fögen, Römisches Recht und Rombilder im östlichen und westlichen Mittelalter, in: Bernd Schneidmüller und Stefan Weinfurter (Hgg.). *Heilig-Römisch-Deutsch: das Reich im mittelalterlichen Europa*, Dresden 2006, S. 57-83.

Walther Föhl, Studien zu Rainald von Dassel. Rainalds Jugend und Studium, in: *Jahrbuch des kölnischen Geschichtsvereins* 17 (1935), S. 234-259; idem, Studien zu

Rainald von Dassel II. Der Weg in die Reichskanzlei, in: *Jahrbuch des kölnischen Geschichtsvereins* 20 (1938), S. 238-260.

―――, Bischof Eberhard II. von Bamberg, ein Staatsmann Friedrichs I., als Verfasser von Briefen und Urkunden, in: MIÖG 50 (1936), S. 73-132.

Amalie Fößel, Beatrix von Schwaben und Maria von Brabant – die Frauen Ottos IV., in: Bernd Ulrich Hucker, Stefanie Hahn, Hans-Jürgen Derda (Hgg.), *Otto IV. – Traum vom welfischen Kaisertum*, Petersberg 2009, S. 229-236.

Menso Folkerts, *„Boethius" Geometrie II: ein mathematisches Lehrbuch des Mittelalters*, 1970.

―――, The Importance of the Pseudo-Boethian Geometria during the Middle Ages, in: *Boethius and the Liberal Arts: A Collection of Essays*, M. Masi (ed.), Berne 1981, pp. 187-209.

Elizabeth Freeman, *Narratives of a New Order: Cistercian Historical Writing in England 1150-1220*, Turnhout 2002.

Eckhard Freise, Roger von Helmarshausen in seiner monastischen Umwelt, in: *Frühmittelalterliche Studien* 15 (1981), S. 180-293.

Barbara Frenz, Barbarossa und der Hoftag von Roncaglia (1158) in der Historiographie des 12. und 13. Jahrhunderts, in: Gerhard Dilcher, Diego Quaglioni, *Gli inizi del diritto pubblico: l'età di Federico Barbarossa: legislazione e scienza del diritto = Die Anfänge des öffentlichen Rechts: Gesetzgebung im Zeitalter Friedrich Barbarossas und das Gelehrte Recht* (Hgg.), Bologna/Berlin 2007, S. 101-123.

Stephan Freund, Boten und Briefe. Formen und Wege bayerisch-italienischer Kommunikation im Früh- und Hochmittelalter, in: Heinz Dopsch u.a. (Hgg.), *Bayern und Italien. Politik, Kultur, Kommunikation (8.-15. Jahrhundert). Festschrift für Kurt Reindel zum 75. Geburtstag*, (= Zeitschrift für bayerische Landesgeschichte. Beiheft 18) 2001, S. 55-103.

―――, Symbolische Kommunikation und quellenkritische Probleme – Arnold von Lübeck und das Mainzer Pfingstfest von 1184, in: Stephan Freund, Bernd Schütte (Hgg.), *Die Chronik Arnolds von Lübeck. Neue Wege zu ihrem Verständnis*, Frankfurt a. M. 2008, S. 73-111.

―――, Bernd Schütte (Hgg.), *Die Chronik Arnolds von Lübeck. Neue Wege zu ihrem Verständnis*, Frankfurt a. M. 2008.

Walter Freund, *Modernus und andere Zeitbegriffe des Mittelalters*, Köln/Graz 1957.

Johannes Fried, Der Regalienbegriff im 11. Und 12. Jahrhundert, in: DA 29 (1973), S. 450-528.

―――, Königsgedanken Heinrichs des Löwen, in: *Archiv für Kulturgeschichte* 55 (1973), S. 312-351.

―――, *Die Entstehung des Juristenstandes im 12. Jahrhundert*, Köln/Wien 1974.

―――, Die Wirtschaftspolitik Friedrich Barbarossas in Deutschland, in: *Blätter für deutsche Landesgeschichte* 120 (1984), S. 195-239.

―――, Die Rezeption Bologneser Wissenschaft in Deutschland während des 12. Jahrhunderts, in: *Viator* (1990), S. 103-145.

―――, „*Das goldglänzende Buch*". Heinrich der Löwe, sein Evangeliar, sein Selbstverständnis. Bemerkungen zu einer Neuerscheinung, in: *Göttingische Gelehrte Anzeigen* 242 (1990), S. 34-79.

Johannes Fried, Kaiser Friedrich II. als Jäger, in: Werner Rösener, *Jagd und höfische Kultur im Mittelalter*, Göttingen 1997, S. 149-166.

―――, Jerusalemfahrt und Kulturimport. Offene Fragen zum Kreuzzug Heinrichs des Löwen, in: Joachim Ehlers (Hgg.), Dietrich Kötzsche, *Der Welfenschatz und sein Umkreis*, Mainz 1998, S. 111-137.

―――, «...*Auf Bitten der Markgräfin Mathilde*» Werner von Bologna und Irnerius, in: Klaus Herbers (Hg.), *Europa an der Wende vom 11. zum 12. Jahrhundert: Beiträge zu Ehren von Werner Goez*, Stuttgart 2001, S. 171-201.

Christian Friedl, Politischer Pragmatismus – Opportunismus – Treue? Zeugenkontinuität von Philipp von Schwaben bis Friedrich II., in: Andrea Rzihacek, Renate Spreitzer (Hrsg.): *Philipp von Schwaben. Beiträge zur internationalen Tagung anlässlich seines 800. Todestages, Wien, 29. bis 30. Mai 2008.* Wien 2010, S. 215-225.

Horst Fuhrmann, Florentine Mütherich, *Das Evangeliar Heinrichs des Löwen und das mittelalterliche Herrscherbild*, München 1986.

Peter Ganz, Heinrich der Löwe und sein Hof in Braunschweig, in: Dietrich Kötzsche (Hg.), *Evangeliarium Heinrici Leonis. Das Evangeliar Heinrichs des Löwen. Kommentar zum Faksimile*, Frankfurt a. M. 1989, S. 28-41.

―――, Friedrich Barbarossa: Hof und Kultur, in: Alfred Haverkamp (Hg.), *Friedrich Barbarossa: Handlungsspielräume und Wirkungsweisen des staufischen Kaisers*, Sigmaringen 1992, S. 623-650.

Claudia Garnier, Zeichen und Schrift. Symbolische Handlungen und literale Fixierung am Beispiel von Friedensschlüssen des 13. Jahrhunderts, in: *Frühmittelalterliche Studien* 32 (1998), S. 263-287.

Claudia Garnier, *Amicus amicis, inimicus inimicis: politische Freundschaft und fürstliche Netzwerke im 13. Jahrhundert*, Stuttgart 2000.

―――, *Die Kultur der Bitte*, Herrschaft und Kommunikation im mittelalterlichen Reich, Darmstadt 2008.

Karl-Ernst Geith, *Carolus Magnus: Studien zur Darstellung Karls des Grossen in der deutschen Literatur des 12. und 13. Jahrhunderts*, Bern/München 1977.

―――, Karlsdichtung im Kreis des welfischen Hofes, in: Bernd Schneidmüller (Hg.), *Die Welfen und ihr Braunschweiger Hof im hohen Mittelalter*, Wiesbaden 1995, S. 337-346.

Stefan Georges, *Das zweite Falkenbuch Kaiser Friedrichs II. : Quellen, Entstehung, Überlieferung und Rezeption des Moamin. Mit einer Edition der lateinischen Überlieferung*, Berlin 2010.

Wolfgang Georgi, *Friedrich Barbarossa und die auswärtigen Mächte: Studien zur Aussenpolitik 1159-1180*, Frankfurt a. M. 1990.

―――, Legatio uirum sapientem requirat. Zur Rolle der Erzbischöfe von Köln als königlich-kaiserliche Gesandte, in: Stefan Weinfurter, Hanna Vollrath (Hgg.), *Köln: Stadt und Bistum in Kirche und Reich des Mittelalters: Festschrift für Odilo Engels zum 60. Geburtstag*, Köln 1993, S. 61-124.

―――, Wichmann, Christian, Philipp und Konrad: Die »Friedensmacher« von Venedig?, in: Stefan Weinfurter (Hg.), *Stauferreich im Wandel. Ordnungsvorstellungen und Politik in der Zeit Friedrich Barbarossas*, Sigmaringen 2002, S. 41-84.

J. Gessler, Les catalogues des bibliothèques monastiques de Lobbes et de Stavelot, in: *Revue d'Histoire Ecclésiastique* 29 (1933), pp. 86-96.

John Gillingham, Historians without Hindsight: Coggeshall, Diceto and Howden on the Early Years of John's Reign, in: *King John: New Interpretations*, S. D. Church (ed.), Woodbridge 1999, pp. 1-26.

―――, William of Newburgh and Emperor Henry VI, in: *Auxilia Historica. Festschrift für Peter Acht zum 90. Geburtstag*, Walter Koch, Alois Schmid and Wilhelm Volkert (Hgg.), München 2001, S. 51-72.

―――, 'Writing the Biography of Roger of Howden, King's Clerk and Chronicler', in: *Writing Medieval Biography, 750-1250: Essays in Honour of Frank Barlow*, Suffolk 2006, pp. 207-220.

Knut Görich, Der Herrscher als parteiischer Richter. Barbarossa in der Lombardei, in: *Frühmittelalterliche Studien* 29 (1995), S. 273-288.

Knut Görich, *Die Ehre Friedrich Barbarossas. Kommunikation, Konflikt und politisches Handeln im 12. Jahrhundert.* Darmstadt 2001.

Knut Görich, Geld und >honor<, Friedrch Barbarossa in Italien, in: Gerd Althoff (Hg.), *Funktionen und Formen der Kommunikation im Mittelalter*, Sigmaringen 2001, S. 177-200.

―――, Ehre als Ordnungsfaktor. Anerkennung und Stabilisierung von Herrschaft unter Friedrich Barbarossa und Friedrich II., in: Bernd Schneidmüller, Stefan Weinfurter (Hgg.), *Ordnungskonfigurationen im hohen Mittelalter*, Ostfildern 2006 (= V. u. F. 64), S. 59-92.

―――, Fragen zum Kontext der roncalischen Gesetze Friedrich Barbarossas, in: Gerhard Dilcher, Diego Quaglioni (Hgg.), *Gli inizi del diritto pubblico: l'età di Federico Barbarossa: legislazione e scienza del diritto = Die Anfänge des öffentlichen Rechts: Gesetzgebung im Zeitalter Friedrich Barbarossas und das Gelehrte Recht*, Bologna/Berlin 2007, S. 305-323.

―――, „... damit die Ehre unseres Onkels nicht gemindert werde ..." *Verfahren und Ausgleich im Streit um das Herzogtum Bayern 1152-1156*, in: Peter Schmid, Heinrich Wanderwitz (Hgg.), *Die Geburt Österreichs. 850 Jahre Privilegium minus.*

Regensburg 2007, S. 23-35.
――――, Unausweichliche Konflikte? Friedrich Barbarossa, Friedrich II. und der lombardische Städtebund in: Oliver Auge, Felx Biermann, Matthias Müller, Dirk Schultze (Hgg.), *Bereit zum Konflikt: Strategien und Medien der Konflikterzeugung und Konfliktbewältigung im europäischen Mittelalter*, Ostfidern 2008, S. 195-213.
――――, Jäger des Löwen oder Getriebener der Fürsten? Friedrich Barbarossa und die Entmachtung Heinrichs des Löwen, in: Werner Hechberger, Florian Schuller (Hgg.), *Staufer & Welfen. Zwei rivalisierende Dynastien im Hochmittelalter.* Regensburg 2009, S. 99-117.
――――, *Friedrich Barbarossa: Eine Biographie*, München 2011.
――――, Karl der Größe - ein 'politischer' Heiliger im 12. Jahrhundert?, in: *Religion und Politik im Mittelalter. Deutschland und England im Vergleich - Religion and Politics in the Middle Ages. Germany and England by Comparison*, in: Ludger Körntgen, Dominik Waßenhoven (Hgg.), Berlin/Boston 2013, S. 117-155.
――――, Frieden schließen und Rang inszenieren. Friedrich I. Barbarossa in Venedig 1177 und Konstanz 1183, in: Alheydis Plassmann, Dominik Büschken (Hgg.), *Staufen and Plantagenets: two empires in comparison*, Göttingen 2018, S. 19-52.
Elisabeth Gössmann, „Antiqui" et „moderni" im 12. Jahrhundert, in: Albert Zimmermann and Gudrun Vuillemin-Diem (Hgg.), *Antiqui und Moderni: Traditionsbewußtsein und Fortschrittsbewußtsein im spaten Mittelalter*, Berlin/Boston 1973, S. 40-57.
――――, *Antiqui et moderni im Mittelalter: eine geschichtliche Standortbestimmung*, München 1974.
Hans-Werner Goetz, *Das Geschichtsbild Ottos von Freising: Ein Beitrag zur historischen Vorstellungswelt und zur Geschichte des 12. Jahrhunderts*, Köln 1984.
――――, *Geschichtsschreibung und Geschichtsbewußtsein im hohen Mittelalter*, Berlin 1999, ²2009.
――――, Zeitbewußtsein und Zeitkonzeptionen in der hochmittelalterlichen Geschichtsschreibung, in: Trude Ehlert (Hg.), *Zeitkonzeptionen Zeiterfahrung Zeitmessung. Stationen ihres Wandels vom Mittelalter bis zur Moderne*, Paderborn/München/Wien/Zürich 1997, S. 12-32.
Werner Goez, ⋯ iuravit in anima regis: Hochmittelalterliche Beschränkungen königlicher Eidesleistung, in: DA 42, 1986, S. 517-554.
Rudolf Goy, *Die Überlieferung der Werke Hugos von St. Viktor. Ein Beitrag zur Kommunikationsgeschichte des Mittelalters*, Stuttgart 1976.
Therese Grabkowsky, Abt Arnold von Lübeck, in: Silke Urbanski, Christian Lamschus, Jürgen Ellermeyer (Hgg.), *Recht und Alltag im Hanseraum, Gerhard Theuerkauf zum 60. Geburtstag*, Lüneburg 1993, S. 207-231.
Antonia Gransden, Prologues in the Historiography of Twelfth-Century England, in: Daniel Williams (ed.), *England in the twelfth century: proceedings of the 1988 Harlaxton symposium*, Woodbridge 1990, pp. 55-81.

Frantisek Graus, Die Herrschersagen des Mittelalters als Geschichtsquelle, in: *Archiv für Kulturgeschichte* 51 (1969), S. 65-93.

Werner Grebe, Studien zur geistigen Welt Rainalds von Dassel, in: Gunther Wolf (Hg.), *Friedrich Barbarossa*, Darmstadt 1975, S. 245-296.

Dennis Howard Green, *Medieval Listening and Reading. The primary reception of German literature 800-1300*, Cambridge 1994.

Leopold Josef Grill, Das Itinerar Ottos Freising, in: Herwig Ebner (Hg.), *Festschrift für Friedrich Hausmann*, Granz 1977, S. 153-177.

Manfred Groten, Die Kölner Richerzeche im 12. Jahrhundert (mit einer Brgermeister), in: *Rheinische Vierteljahresblätter* 48 (1984), S. 34-85.

―――, *Klösterliche Geschichtsschreibung: Siegburg und die Kölner Königschronik*, in: *Rheinische Vierteljahrsblätter* 61 (1997), S. 50-78.

―――, Köln und das Reich. Zum Verhältnis von Kirche und Stadt zu den staufischen Herrschern 1151-1198, in: Stefan Weinfurter (Hg.), *Stauferreich im Wandel. Ordnungsvorstellungen und Politik in der Zeit Friedrich Barbarossas*, Sigmaringen 2002, S. 237-252.

Herbert Grundmann, Rezension von Peter Rassow, *Honor Imperii*, in: Gunther Wolf (Hg.), *Friedrich Barbarossa*, Darmstadt 1975, S. 26-32 (= *Historische Zeitschrift* 164 (1941), S. 577-582).

Ferdinand Güterbock, *Der Friede von Montebello und die Weiterentwickelung des Lombardenbundes*, Berlin 1895.

―――, *Der Prozess Heinrichs des Löwen: kritische Untersuchungen*, 1909.

―――, *Die Gelnhäuser Urkunde und der Prozeß Heinrichs des Löwen: neue diplomatische und quellenkritische Forschungen zur Rechtsgeschichte und politischen Geschichte der Stauferzeit*, 1920.

―――, Kaiser, Papst und Lombardenbund nach dem Frieden von Venedig, in: *Quellen und Forschungen aus italienischen Archiven und Bibliotheken* 25 (1933/34), S. 158-191.

Barbara Gutfleisch-Ziche, Zur Überlieferung des deutschen ›Rolandsliedes‹. Datierung und Lokalisierung der Handschriften nach ihren paläographischen und schreibsprachlichen Eigenschaften, in: *Zeitschrift für deutsches Altertum und deutsche Literatur* 125 (1996), S. 142-186.

Dieter Hägermann, Die Urkunden Erzbischof Christians I. von Mainz als Reichslegat Friedrich Barbarossas in Italien, in: *Archiv für Diplomatik* 14 (1968), S. 202-301.

―――, Beiträge zur Reichlegation Christians von Mainz in Italien, in: *Quellen und Forschungen aus italienischen Archiven und Bibliotheken* 49 (1969), S. 186-238.

Adalbert Hämel, Die Entstehungszeit der Aachener Vita Karoli Magni und der Pseudo-Turpin, in: *Quellen und Forschungen aus italienischen Archiven und Bibliotheken* 32 (1942), S. 243-253.

―――, *Überlieferung und Bedeutung des Liber Sancti Jacobi und des Pseudo-Turpin*,

München 1950.
―――, *Vom Herzog Naimes "von Bayern," dem Pfaffen Konrad von Regensburg und dem Pseudo-Turpin*, München 1955.
―――, *Der Pseudo-Turpin von Compostela, aus dem Nachlass herausgegeben von André de Mandach*, München 1965.
Otto Haendle, *Die Dienstmannen Heinrichs des Löwen: Ein Beitrag zur Frage der Ministerialität*, Stuttgart 1930.
Anton Haidacher, Zum Zeitpunkt der Exkommunikation Kaiser Ottos IV. Durch Papst Innocenz III.; Replik zu Helene Tillmann, Datierungsfragen zur Geschichte des Kampfes zwischen Innocenz III. und Kaiser Otto IV., in: *Römische Historische Mitteilungen* 11 (1969), S. 206-209.
Siegfried Haider, *Das bischöfliche Kapellanat. 1: Von den Anfängen bis in das 13. Jahrhundert*, Wien/Köln/Graz 1977.
―――, Zum Verhältnis von Kapellanat und Geschichtsschreibung im Mittelalter, in: Karl Hauck, Hubert Mordek (Hgg.), *Geschichtsschreibung und geistiges Leben im Mittelalter: Festschrift für Heinz Löwe zum 65. Geburtstag*, Wien 1978, S.102-138.
Louis Halphen, *Etudes sur l'administration de Rome au Moyen Age (751-1252)*, Paris 1907, ND Genève 1981.
Helmut Hanko, *Heinrich II. Jasomirgott: Pfalzgraf bei Rhein, Herzog von Bayern, Herzog von Österreich*, Darmstadt 2012.
Martina Hartmann, Timothy Reuter and the edition of Wibald of Stavelot's letter collection for the MGH in: *Challenging the Boundaries of Medieval History: The Legacy of Timothy Reuter*, Patricia Skinner (ed.), Turnhout, 2009, pp. 185-191.
―――, *Studien zu den Briefen Abt Wibalds von Stablo und Corvey sowie zur Briefliteratur in der frühen Stauferzeit*, Hannover 2011.
Wilfried Hartmann, „Modernus" und „antiquus": Zur Verbreitung und Bedeutung dieser Bezeichunungen in der wissenschaftlichen Literatur von dem 9. Bis zum 12. Jahrhundert, in: Albert Zimmermann and Gudrun Vuillemin-Diem (Hgg.), *Antiqui und Moderni: Traditionsbewußtsein und Fortschrittsbewußtsein im späten Mittelalter*, Berlin/Boston 1973 , S. 21-39.
Wolfgang Hartung, *Die Herkunft der Welfen aus Alamannien*, in: Karl Ludwig Ay, Lorenz Maier, Joachim Jahn (Hgg.), *Die Welfen. Landesgeschichtliche Aspekte ihrer Herrschaft (= Forum Suevicum. Bd. 2)*, Konstanz 1998, S. 23-55.
Charles H. Haskins and Dean Putnam Lockwood, The Sicilian Translators of the Twelfth Century and the First Latin Version of Ptolemy's Almagest, in: *Harvard Studies in Classical Philology* 21 (1910), pp. 75-102.
Charles H. Haskins, Further Notes on Sicilian Translation of the Twelfth Century, in: *Harvard Studies in Classical Philology* 23 (1912), pp. 155-166.
―――, *Studies in the History of Mediaeval Science*, New York 1924, 1926^2.
―――, *The Renaissance of the twelfth century*, New York 1957.

Claus-Peter Hasse, *Die welfischen Hofämter und die welfische Ministerialität in Sachsen: Studien zur Sozialgeschichte des 12. und 13. Jahrhunderts*, Husum 1995.

Claus-Peter Hasse, Hofämter am welfischen Fürstenhof, in: Bernd Schneidmüller (Hg.), *Die Welfen und ihr Braunschweiger Hof im hohen Mittelalter*, Wiesbaden 1995, S. 95-122.

Sigrid Hauser, *Staufische Lehnspolitik am Ende des 12. Jahrhunderts*, Frankfurt a. M. 1998.

Friedrich Hausmann, *Reichskanzlei und Hofkapelle unter Heinrich V. und Konrad III.*, Stuttgart 1956.

―――, Wortwin, Protnotar Kaisers Friedrich I. und Stiftpropst zu Aschaffenburg, in: *Aschaffenburger Jahrbuch fur Geschichte, Landeskunde und Kunst des Untermaingebietes* 4 (1957), S. 321-372.

―――, Formularbehelfe der frühen Stauferkanzlei. Untersuchungen über deren Herkunft, Verwendung und Verhältnis zur Unrkundensanmmlung des Codex Udalrici, in: MIÖG 50 (1958), S. 68-96.

―――, Gottfried von Viterbo, Kapellan und Notar, Magister, Geschichtsschreiber und Denker, in: Alfred Haverkamp (Hg.), *Friedrich Barbarossa. Handlungsspielräume und Wirkungsweisen des staufischen Kaisers*, Sigmaringen 1992, S. 603-621.

――― und Alfred Gawlik, *Arengenverzeichnis zu den Königs- und Kaiserurkunden von den Merowingern bis Heinrich VI.*, München 1987.

Alfred Haverkamp, Die Regalien-, Schutz- und Steuerpolitik in Italien unter Friedrich Barbarossa bis zur Entstehung des Lombardenbundes, in: *Zeitschrift für Bayerische Landesgeschichte* 29 (1966), S. 3-156.

―――, *Herrschaftsformen der Frühstaufer in Reichsitalien*, 2 Teile, Stuttgart 1970-1971.

―――, Der Konstanzer Friede zwischen Kaiser und Lombardenbund (1183), in: Helmut Maurer (Hg.), *Kommunale Bündnisse Oberitaliens und Oberdeutschlands im Vergleich*, Sigmaringen 1987 (= V. u. F. 33), S. 11-44.

Anselm Haverkamp, Renate Lachmann (Hgg.), *Gedächtniskunst. Raum - Schrift - Bild. Studien zur Mnemotechnik*, Frankfurt a. M. 1991.

Anselm Haverkamp, Reinhart Herzog, Renate Lachmann (Hgg.), *Memoria. Vergessen und Erinnern*, München 1993.

Werner Hechberger, *Staufer und Werfen 1125-1190*, Köln/Weimer/Wien 1996.

―――, Die Vorstellung vom staufisch-welfischen Gegensatz im 12. Jahrhundert. Zur Analyse und Kiritik einer Deurung, in: Johannes Fried, Otto Gerhard Oexle (Hgg.), *Heinrich der Löwe. Herrschaft und Repräsentation*. Stuttgart 2003, S. 381-425.

―――, *Adel, Ministerialität und Rittertum im Mittelater*, Berlin/Boston [2]2011.

Karl Heinemeyer, Der Prozeß Heinrichs des Löwen, in: *Blätter für deutsche Landesgeschichte* 117 (1981), S. 1-60.

Walter Heinemeyer, Studien zur Diplomatik mittelalterlicher Verträge vornehmlich des 13.

Jahrhunderts, in: *Archiv für Urkundenforschung* 14 (1936), S. 321-413.

――――, Der Friede von Montebello (1175). in: DA 11 (1954/55), S. 101-139.

――――, Die Verträge zwischen dem Oströmischen Reiche und den italienischen Städten Genua, Pisa und Venedig vom 10. bis 12. Jahrhundert, in: *Archiv für Diplomatik* 3 (1957), S. 79-161.

――――, Ältere Urkunden und ältere Geschichte der Abtei Helmarshausen, in: *Archiv für Diplomatik* 9/10 (1963/64), S. 299-368.

――――, Die Verhandlungen an der Saone im Jahre 1162, in: DA 20 (1964), S. 155-189.

――――, „beneficium – non feudum sed bonum". Der Streit auf dem Reichstag zu Besançon 1157 (1969), in: *Archiv für Diplomatik* 15 (1969), S. 155-236.

Karl Helleiner, Der Einfluß der Papsturkunde auf die Diplome der deutschen Könige im zwölften Jahrhundert, in: MIÖG 44 (1930), S. 21-53.

Detlev Hellfaier, Die Historia de duce Hinrico – Quelle zur Heiligblutverehrung in St. Aegidien zu Braunschweig, in: Wolf-Dieter Mohrmann (Hg.), *Heinrich der Löwe*, Göttingen 1980, S. 389-396.

Wolfgang Hempel, *Übermuot diu alte ... : der Superbia-Gedanke und seine Rolle in der deutschen Literatur des Mittelalters*, 1970.

Peter Herde, *Die Katastrophe vor Rom im August 1167. Eine historisch-Epidemiologische Studie zum vierten Italienzug Friedrichs I. Barbarossa*, Stuttgart 1991.

Rainer Maria Herkenrath, Rainald von Dassel als Verfasser und Schreiber von Kaiserurkunden, in: MIÖG 72 (1964), S. 34-62.

――――, Zwei Notare Friedrich Barbarossas und des Reichslegaten Christian von Buch, in: MIÖG 73 (1965), S. 247-268.

――――, *Regnum und Imperium. Das „Reich" in der frühstaufischen Kanzlei (1138-1155)*, Wien 1969.

――――, Der frühstaufische Notar Albert von Sponheim, in: *Zeitschrift des Aachener Geschichtsvereins* 80 (1970), S. 73-98.

――――, *Die Reichskanzlei in den Jahren 1174 bis 1180*, Wien 1977.

――――, Studien zum Magistertitel in der frühen Stauferzeit, in: MIÖG 88 (1980), 3-35.

――――, *Die Reichskanzlei in den Jahren 1181 bis 1190*, Wien 1985.

――――, Ein Legastheniker in der Kanzlei Barbarossas. Studien zum kaiserlichen Notar Arnold II. D (1152-1155), in: *Archiv für Diplomatik* 33 (1987), S. 269-291.

Hubert Herkommer, *Das Buch der Welt: die Sächsische Weltchronik: [Ms Memb. I 90, Forschungs- und Landesbibliothek Gotha]*, Luzern 1996.

Johannes Heydel, Das Itinerar Heinrichs des Löwen, in: *Niedersächsisches Jahrbuch für Landesgeschichte* 6 (1929), S. 1-166.

Rudolf Hiestand, Iudex sacri Lateranensis palatii, in: DA 43 (1987) S. 62-80.

Hans-Eberhard Hilpert, Zwei Briefe Kaiser Ottos IV. an Johann Ohneland, in: DA 38 (1982), S. 123-140.

Hans Hirsch, Erzbischof Arnold II. von Köln als Schreiber von Diplomen Konrads III., in:

Rheinische Vierteljahrsblätter 7 (1937), S. 161-171.

Theodor Hirschfeld, Das Gerichtswesen der Stadt Rom vom 8. Bis 12. Jahrhundert wesentlich nach stadtromischen Urkunden, in: *Archiv für Urkundenforschung* 4 (1912), S. 419-562.

Eduard Hlawitschka, Weshalb war die Auflösung der Ehe Friedrich Barbarossas und Adelas von Hohburg möglich, in: DA 61 (2005), S. 509-536.

Günther Hödl, Die Admonter Briefsammlung 1158-1162, in: DA 25 (1969), S. 347-470, 及び in: DA 26 (1970), S. 150-199.

Robert Hoeniger, *Die älteste Urkunde der Kölner Richerzeche*, 1895.

Hartmut Hoffmann, *Hugo Falcandus und Romuald von Salerno,* in: DA 23 (1967), S. 116-170.

―――, Chronik und Urkunde in Montecassiono, in: QFIAB 51 (1971), S. 93-206.

―――, Petrus Diaconus, die Herren von Tusculum und der Sturz Oderisius' II. von Montecassino, in: DA 27 (1971), S. 1-109.

―――, Studien zur Chronik von Montecassino, in: DA 29 (1973), S. 59-162.

―――, *Buchkunst und Königtum im ottonischen und frühsalischen Reich*, 2 Bde., Stuttgart 1986, S. 127-129.

―――, *Bücher und Urkunden aus Helmarshausen und Corvey*, Hannover 1992.

―――, Das Briefbuch Wbalds von Stablo, in: DA 63 (2007), S. 41-69.

Adolf Hofmeister, Eine neue Quelle zur Geschichte Friedrich Barbarossas. *De Ruina civitatis Terdonae*. Untersuchungen zum 1. Römerzug Friedrichs I., in: Neues Archiv 43 (1922), S. 143-157.

O. Holder-Egger, Über die historischen Werke des Johannes Codagnellus von Piacenza, in: *Neues Archiv* 16 (1891), S. 253-346, S. 475-509.

―――, Über die Annalens Cremonenses, in: *Neues Archiv* 25 (1900), S. 499-519.

James C. Holt, *Magna Carta*, Cambridge ³2015

Theo Holzapfel, *Papst Innozenz III., Philipp II. August, König von Frankreich und die englisch-welfische Verbindung, 1198-1216*, Frankfurt a. M. 1991.

Robert Holzmann, Zum Strator- und Marschalldiesnst, in : *Historische Zeitschrift* 145 (1932), S. 301-350.

Michael Horn, *Studien zur Geschichte Papst Eugens III. (1145-1153)*, Frankfurt a. M u.a. 1992.

Walter Hotz, *Pfalzen und Burgen der Stauferzeit. Geschichte und Gestalt*, Darmstadt 1981.

Hubert Houben, Barbarossa und die Normannen. Traditionelle Zuge und neue Perspektiven imperialer Süditalienpolitik, in: Alfred Haverkamp (Hg.), *Friedrich Barbarossa. Handlungsspielräume und Wirkungsweisen des staufischen Kaisers*, Sigmaringen 1992, S. 109-128.

Bernd Ulrich Hucker, *Kaiser Otto IV.*, Hannover 1990.

―――, Der Königsmord von 1208 - Privatsache oder Staatsreich, in: *Die Andechs-Meranier in Franken: europäisches Fürstentum im Hochmittelalter*, Mainz 1998, S.

111-128.

―――, Das Testament Heinrich des Löwen, in: *Niedersächsisches Jahrbuch für Landesgeschichte* 56 (1984), S. 193-201.

Bernd Ulrich Hucker, Stefanie Hahn, Hans-Jürgen Derda (H g g.), *Otto IV. – Traum vom welfischen Kaisertum*, Petersberg 2009.

Bernd Ulrich Hucker, Die imperiale Politik Kaiser Ottos IV., in: Bernd Ulrich Hucker, Stefanie Hahn, Hans-Jürgen Derda (Hgg.), *Otto IV. – Traum vom welfischen Kaisertum*, Petersberg 2009, S. 81-90.

Franz Irsigler, Klugheit oder Feigheit. Zu Form, Gründen und Folgen der Verweigerung des gerichtlichen Zweikampfes im Hochmittelalter: Drei Grenzfälle aus dem Chronicon Hanoniense des Gislebert von Mons, in: Wolfgang Haubrichs, Kurt-Ulrich Jäschke, Michael Oberweis (Hgg.), *Festschrift für Reinhard Schneider. Grenzen erkennen – Begrenzungen Überwinden*, Sigmaringen 1999, S. 227-235.

Atsuko Iwanami, *memoria et oblivio. Die Entwicklungs des Begriffs memoria in Herrscherurkunden in Hochmittelalter*, Berlin 2004.

Dirk Jäckel, *Der Herrscher als Löwe: Ursprung und Gebrauch eines politischen Symbols im Früh- und Hochmittelalter*, Köln/Weimar/Wien 2006.

William Henry Jackson, Knighthood and nobility in Gislebert of Mons's <Chronicon Hanoniense> and in twelfth-century German literature, in: *The Modern Language Review* 75 (1980), pp. 797-809.

Franz Josef Jakobi, *Wibald von Stablo und Corvey (1098-1158): benediktinischer Abt in der frühen Stauferzeit*, Aschendorff 1979.

Hermann Jakobs, Dynastische Verheißung. Die Krönung Heinrichs des Löwen und Mathildes im Helmarshausener Evangeliar, in: Jan Assmann, Dietrich Harth (Hgg.), *Kultur und Konflikt*, Frankfurt a. M. 1990, S. 215-259.

Wilhelm Janssen, *Die päpstlichen Legaten in Frankreich, vom Schisma Anaklets II. bis zum Tode Coelestins III. (1130-1198)*, Köln 1961.

Jörg Jarnut, Barbarossa und Italien. Zeitvorstellungen im staatlichen und politischen Denken des Kaisers, in: Hans- Werner Goetz (Hg.), *Hochmittelalterliches Geschichtsbewusstsein im Spiegel nichthistoriographischer Quellen*, Berlin 1998, S. 257-267.

Peter Johanek, *Die Frühzeit der Siegelurkunde im Bistum Würzburg*, Würzburg 1969.

―――, Zur rechtlichen Funktion von Traditionsnotiz, Traditionsbuch und Siegelurkunde, in: *Recht und Schrift im Mittelalter*, Peter Classen (Hg.), Sigmaringen 1977, S. 131-162.

―――, Zur Geschichte der Reichskanzlei unter Friedrcih Barbarossa, in: MIÖG 86 (1978), S. 27-45.

―――, Kultur und Bildung im Umkreis FriedrichBarbarossas, in: Alfred Haverkamp (Hg.), *Friedrich Barbarossa. Handlungsspielräume und Wirkungsweisen des staufischen Kaisers*, Sigmaringen 1992, S. 651-677.

Karl Jordan, Goslar und das Reich im 12. Jahrhundert, in: *Niedersächsisches Jahrbuch für Landesgeschichte* 35 (1963), S. 49-77.

――――, *Heinrich der Löwe. Eine Bibliographie*, München 1979.

Hermann Kamp, *Friedensstifter und Vermittler im Mittelalter*, Darmstadt 2001.

Hermann Kamp, *Geld, Politik und Moral im hohen Mittelalter*, in: *Frühmittelalterliche Studien* 35 (2001), S. 329-347.

Ernst Kantorowicz, *The King's Two Bodies. A Study in Mediaeval Political Theology*, Princeton 1957.

Hermann Kantorowicz, *Studies in the Glossators of the Roman Law. Newly Discoverd Writings of the Twelfth Century*, Cambridge 1938, Scientia Aalen 1969.

Dieter Kartschoke, *Die Datierung des deutschen Rolandsliedes*, Stuttgart 1965.

――――, Deutsche Literatur am Hof Heinrichs des Löwen?, in: Johannes Fried, Gerhard Oexle (Hgg.), *Heinrich der Löwe. Herrschaft und Repräsentation*, Sigmaringen 2003, S. 83-134.

――――, in die latine bedwungin. Kommunikationsprobleme im Mittelalter und die Übersetzung der ›Chanson de Roland‹ durch den Pfaffen Konrad, in: *Beiträge zur Geschichte der deutschen Sprache und Literatur* 111 (1989), S. 196-209.

Paul Kehr, Scrinium und Palatium. Zur Geschichte des päpstlichen Kanzleiwesens im XI. Jahrhundert, in: MIÖG *Mitteilungen des Instituts für Österreichische Geschichtsforschung*, Ergänzungsband 6 (1901), S. 70-112.

Hagen Keller, *Adelsherrschaft und städtische Gesellschaft in Oberitalien: 9. bis 12. Jahrhundert*, Tübingen 1979.

――――, Oberitalienische Statuten als Zeugen und als Quellen für den Verschriftlichungsprozeß im 12. Und 13. Jahrhunderts, in: *Frühmittelalterliche Studien* 22 (1988), S. 286-314.

――――, *Zwischen regionaler Begrenzung und universalem Horizont. Deutschland im Imperium der Salier und Staufer 1024 bis 1250*, Frankfurt a. M./ Berlin 1990.

――――, Vorschrift, Mitschrift, Nachschrift. Instrumente des Willens zu vernunftgemäßen Handeln und guter Regierung in den italienischen Kommunen des Duecento, in: idem, Christel Meier, Thomas Scharff (Hgg.), *Schriftlichkeit und Lebenspraxis im Mittelalater. Erfassen, Bewahren, Verändern*, München 1999.

――――, Die Herrscherurkunden: Botschaft des Privilegierungsaktes – Botschaft des Privilegientextes, in: Fondazione Centro italiano di studi sull'alto Medioevo (ed.), *Fondazione Centro italiano di studi sull'alto Medioevo* (= Settimane di studio della Fondazione Centro italiano di studi sull'alto Medioevo 52), Spoleto 2005, vol. 1, pp. 231-278.

――――, The Privilege in the Public Interaction of the Exercise of Power: Forms of Symbolic Communication Beyond the Text, in: Marco Mosert, P. S. Barnwell (eds.), *Medieval Legal Process. Physical, Spoken and Written Performance in the Middle Ages*, Turnhout 2011, pp. 75-108.

———, Jörg W. Busch (Hgg.), *Statutencodices des 13. Jahrhunderts als Zeugen pragmatischer Schriftlichkeit: die Handschriften von Como, Lodi, Novara, Pavia und Voghera*, München 1991.

———, Klaus Grubmüller, Nikolaus Staubach (Hgg.), *Pragmatische Schriftlichkeit im Mittelalter*, München 1992.

———, Christel Meier, Thomas Scharff (Hgg.), *Schriftlichkeit und Lebenspraxis. Erfassen, Bewahren, Verändern*, München 1999.

———, Christoph Dartmann, Inszenierung von Ordnung und Konsens: Privileg und Statutenbuch in der symbolischen Kommunikation mittelalterlicher Rechtsgemeinschaften, in: Gerd Althoff (Hg.), *Zeichen - Rituale - Werte: internationales Kolloquium des Sonderforschungsbereichs 496 an der Westfälischen Wilhelms-Universität Münster*, Münster 2004, S. 201-223.

Hans-Erich Keller, Der Pfaffe Konrad am Hofe von Braunschweig, in: Donald C. Riechel (Hg.), *Wege der Worte, Festschrift für Wolfgang Fleischhauer*, Köln/Wien 1978, S. 143-166.

Hermann Keussen, *Topographie der Stadt Köln im Mittelalter*, 2 Bde., Düsseldorf 1986.

Walther Kienast, *Deutsche Fürsten im Dienste der Westmächte bis zum Tode Philipps des Schönen von Frankreich*, I, Utrecht 1924.

Martin Kintzinger, Herrschaft und Bildung. Gelehrete Kleriker am Hof Heinrichs des Löwen, in: *Heinrich der Löwe und seine Zeit*, München 1995, Bd. 2, S. 199-203.

Elisabeth Klemm, *Das Evangeliar Heinrichs des Löwen*, Frankfurt a. M 1988.

Hans-Walter Klewitz, *Geschichte der Ministerialität im Elsaß bis zum Ende des Interregnums*, 1929.

———, Cancellaria. Ein Beitrag zur Geschichte des geistlichen Hofdienstes, in: DA 1 (1937), S. 44-228.

Paul Kluckhohn, *Die Ministerialität in Südostdeutschland von zehnten bis zum Ende des dreizehnten Jahrhunderts*, Weimar 1910, ND 1970.

Helmuth Kluger, Friedrich Barbarossa und sein Ratgeber Rainald von Dassel, in: Stefan Weinfurter (Hg.), *Stauferreich im Wandel. Ordnungsvorstellungen und Politik in der Zeit Friedrich Barbarossas*, Sigmaringen 2002, S. 27-40.

Gottfried Koch, *Auf dem Wege zum Sacrum Imperium: Studien zur ideologischen Herrschafts-begrundung der deutschen Zentralgewalt im 11. und 12. Jahrhundert*, Berlin 1972.

Walter Koch, *Die Reichskanzlei in den Jahren 1167 bis 1174: eine diplomatisch-paläographische Untersuchung*, Wien 1973.

———, *Die Schrift der Reichskanzlei im 12. Jahrhundert (1125-1190): Untersuchungen zur Diplomatik der Kaiserurkunde*, Wien 1979.

———, Zu Sprache, Stil und Arbeitstechnik in den Diplomen Friedrich Barbarossas, in: MIÖG 88 (1980), S. 36-69.

Rudolf Köbler, Consuetudo legitime praescripta. Ein Beitrag zur Lehre vom

Gewohnheitsrecht und vom Privileg, in: *Zeitschrift der Savigny-Stiftung für Rechtsgeschichte, Kan. Abt.* 8 (1918), S. 154-194.

Theo Kölzer, Der Hof Friedrich Barbarossas und die Reichsfürsten, in: Peter Moraw (Hg.), *Deutscher Königshof, Hoftag und Reichstag im späteren Mittelalter*, Stuttgart 2002, S. 3-47.

——, Der Hof Friedrich Barbarossas und die Reichsfürsten, in: Stefan Weinfurter (Hg.), *Stauferreich im Wandel. Ordnungsvorstellungen und Politik in der Zeit Friedrich Barbarossas*, Sigmaringen 2002, S. 75-92.

Sylvia Kohushölter, *Die lateinische und deutsche Rezeption von Hartnmann Aue »Gregorius« im Mittelalter*, Tübingen 2012.

Lothar Kolmer, Promissorische Eide im Mittelalter (Regensburger historische Forschungen, 12), Kallmünz 1989.

Geoffrey Koziol, *Begging Pardon and Favor. Ritual and Political Order in Early Medieval France*, Ithaca/London 1992.

Hermann Krause, Dauer und Vergänglichkeit im mittelalterlichen Recht, in: *Zeitschrift für Savigny-Stiftung der Rechtsgeschichte*, Germ. Abt., 75 (1958), S. 206-251.

——, Consilio et iudicio. Bedeutungsbreite und Sinngehalt einer mittelalterlichen Formel, in: Clemens Bauer (Hgg.), *Speculum historiale. Festschrift für Johannes Spörl*, Freiburg-München1965, S. 416-438.

——, Die Rolle der Bestätigung in der Hohenstaufenzeit, in: Ursula Floßmann, *Rechtsgeschichte und Rechtsdogmatik. Festschrift Hermann Eichler zum 70. Geburtstag am 10. Oktober 1977*, Wien/New York 1977, S. 387-409.

Steffen Krieb, *Vermitteln und Versöhnen: Konfliktregelung im deutschen Thronstreit 1198-1208*, Köln 2000.

Heinz Krieg, *Herrscherdarstellung in der Stauferzeit, Friedrich Barbarossa im Spiegel seiner Urkunden und der staufischen Geschichtsschreibung*, (= V u. F. Sonderband 50), Ostfildern 2003.

Hartmut Kugler (Hg.), *Ein Weltbild vor Columbus: die Ebstorfer Weltkarte: Interdisziplinäres Colloquium 1988*, Weinheim 1991.

——, *Die Ebstorfer Weltkarte: Die größte Karte des Mittelalters*, 2 Teile, Darmstadt 2020.

Paul Kunitzsch, *Der Almagest: Die Syntaxis Mathematica des Claudius Ptolemäus in arabisch lateinischer Überlieferung*, Wiesbaden 1974.

——, Gerard's Translation of Astronomical Texts, Especially the *Almagest*, in: P. Pizzamiglio (ed.), *Gerardo da Cremona*, Cremona 1992, pp. 71-84.

——, Gerhhard von Cremona als Übersetzer des Almagest, in: M. Forstner (ed.), *Festgabe für Hans-Rudolf Singer, zum 65. Gerburtstag am 6. April 1990*, Frankfurt a. M./New York/Paris 1991, S. 347-358.

Stephan Kuttner, Antonio García y García (eds.), A New Eyewitness Account of the Fourth Lateran Council, in: *Traditio* 20 (1964), pp. 115-178.

Olaf B. Lader, Kreuze und Kronen. Zum byzantinischen Einfluß im >Krönungsbild< des Evangeliars Heinrichs des Löwen, in: Johannes Fried, Gerhard Oexle (Hgg.), *Heinrich der Löwe. Herrschaft und Repräsentation*, Sigmaringen 2003, S. 199-238.

Gerhart B. Ladner, Terms and Ideas of Renewal in the Twelfth Century, in: idem, *Images and Ideas in the Middle Ages. Selected Studies in History and Art*, Bd. II, Roma 1983, S. 687-726.

Harriet Pratt Lattin, *Letters of Gerbert, with his papal privileges as Sylvester II*, New York 1961.

Johannes Laudage, *Alexander III. und Friedrich Barbarossa*, Köln/Weimar/Wien 1997.

Claudia Lydorf, „Wem nützt es, dass wir über mein Leben verhandeln, da es keines mehr ist?" Testament und Tod Kaiser Ottos IV., in: Bernd Ulrich Hucker, Stefanie Hahn, Hans-Jürgen Derda (Hgg.), *Otto IV. – Traum vom welfischen Kaisertum*, Petersberg 2009, S. 281-288.

Paul Lehmann, Corveyer Studien, in: *Erforschung des Mittelalters* 5 (1962), S. 94-178.

Wolfgang Leschhorn, Münzpolitik und Münzprägung Ottos IV., in: Bernd Ulrich Hucker, Stefanie Hahn, Hans-Jürgen Derda (Hgg.), *Otto IV. – Traum vom welfischen Kaisertum*, Petersberg 2009, S. 91-98.

Jay T. Lees, *Anselm of Havelberg. Deeds into words in the Twelfth Century*, Leiden/New York 1998.

Richard Lemay, *Abu Ma'shar and Latin Aristotelianism in the twelfth century: the Recovery of Aristotle's Natural Philosophy through Arabic Astrology*, Beirut 1962.

————, The True Place of Astrology in Medieval Science and Philosophy, in: Patrick Curry (ed.), *Astrology, Science and Society*, Woodbridge 1987, pp. 57-73.

Wilhelm Levison, Die mittelalterliche Lehre von den beiden Schwertern. Ein Vortrag, in: DA 9 (1952), S. 14-42.

David C. Lindberg, The transmission of Greek and Arabic Learning to the West, in: idem (ed.), *Science in the Middle Ages*, Chicago 1978, pp. 52-90.

Michael Lindner, Die Hoftage Kaiser Friedrichs I. Barbarossa, in: *Jahrbuch für Geschichte des Feudalismus* 14 (1990), S. 54-74.

Dietrich Lohrmann, Politische Instrumentalisierung Karls des Großen durch die Staufer und ihre Gegner, in: *Zeitschrift des Aachener Geschichtsvereins* 104/105 (2002/2003), S. 95-112.

Alphons Lhotsky, Das Nachleben Ottos von Freising, in: *Aufsätze und Vorträge, Bd.1: Europäisches Mittelalter: Das Land Österreich*, München 1970, S. 29-48.

Michael Lindner, Fest und Herrschaft unter Kaiser Froedrcih Barbarossa, in: Evamaria Engel, Bernhard Töpfer (Hgg.), *Kaiser Friedrich Barbarossa: Landesausbau - Aspekte seiner Politik – Wirkung*, Weimar 1994, S. 151-170.

Clemens von Looz, Hausverkauf und Verpfändung in Köln im 12. Jahrhundert, in: Hermann Kellenbenz (Hg.), *Zwei Jahrtausende Kölner Wirtschaft*, Bd. 1, Köln 1975, S. 195-204.

Friedrich Lotter, Die Vorstellungen von Heidenkreig und Wendenmission bei Heinrich dem Löwen, in: Wolf-Dieter Mohrmann (Hg.), *Heinrich der Löwe*, Göttingen 1980, S. 11-43.

Gerhard Lubich, Das Kaiserliche, das Höfische und der Konsens auf dem Maizer Hoffest (1184). Konstruktion, Inszenierung und Darstellung gesellschaftlichen Zusammenhalts am Ende des 12. Jahrhunderts, in: Stefan Burkhardt, Thomas Metz, Bernd Schneidmüller, Stefan Weinfurter (Hgg.),*Staufisches Kaisertum im 12. Jahrhundert. Konzepte – Netzwerke – Politische Praxis*, Regensburg 2010, S. 277-293.

Carl August Lückerath, *Coloniensis ecclesia, Coloniensis civitas, Coloniensis terra. Köln in der Chronica regia Coloniensis und der Chronica S. Pantaleonis*, in: *Jahrbuch des kölnischen Geschichtsvereins* 71 (2000), S. 1-41.

Bryce D. Lyon, The Money Fief under the English Kings, 1066-1485, in: *English Historical Review* 66 (1951), p.161-193.

Gerda Maeck, Vom Benediktinerabt zum Minderbruder. Studien zur Geschichtsschreibung Alberts von Stade, in: *Wissenscaft und Weisheit* 63 (2000), S.86-135.

Paul Magdalino, *The empire of Manuel I Komnenos*, 1143-1180, Cambridge 1993.

Werner Maleczek, Papst Innocenz III. und die Ermordung Philipps von Schwaben. Überlegungen zum Verfahren gegen den Königsmörder und seine mutmaßlichen Helfer, in: Andrea Rzihacek, Renate Spreitzer (Hgg.), *Philipp von Schwaben. Beiträge der internationalen Tagung anläßlich seines 800. Todestages, Wien, 29. bis 30. Mai 2008*, Wien 2010, S. 25-58.

Guy P. Marchal, Memoria, Fama, Mos Maiorum. Vergangenheit in mündlicher Überlieferung im Mittelalter, unter besonderer Berücksichtigung der Zeugenaussagen in Arezzo von 1170/80, in: *Vergangenheit in mündlicher Überlieferung* (Hg.) Jürgen von Ungern-Sternberg, Hansjörg Rau (Colloquium Rauricum 1), Stuttgart 1988, S. 289-319.

Erich Maschke und Jürgen Sydow (Hgg.), *Stadt und Ministerialität: Protokoll der IX. Arbeitstagung des Arbeitskreises für Südwestdeutsche Stadtgeschichtsforschung, Freiburg i. Br., 13.-15. November 1970*, Stuttgart 1973; Knut Schulz, Die Ministerialität in rheinischen Bischöfsstädten, in: *Stadt und Ministerialität*, S. 16-42.

Dieter Matthes, Bemerkungen zum Löwensiegel Herzog Heinrichs, in: Joachim Ehlers, Dietrich Kötzsche (Hgg.), *Der Welfenschatz und sein Umkreis*, Mainz 1998, S. 354-373.

Donald J. A. Matthew, The Chronicle of Romuald of Salerno, in: Ralph Henry Carless Davis, John Michael Wallace-Hadrill (eds.), *The Writing of History in the Middle Ages. Essays presented to Richard William Southern*, Oxford 1981, pp. 239-274.

Friedrich Maurer, *Die Lieder Walthers von der Vogelweide: Unter Beifügung erhaltener und erschlossener Melodien. Bändchen 1, Die religiösen und die politischen Lieder Walther von der Vogelweide*, Berlin/Boston 1967, 42016.

Helmut Maurer, *Der Herzog von Schwaben. Grundlagen, Wirkungen und Wesen seiner Herrschaft in ottonischer, salischer und staufer Zeit*, Sigmaringen 1978.

―――― (Hg.), *Kommunale Bündnisse Oberitaliens und Oberdeutschlands im Vergleich*, Sigmaringen 1987.

Hans Eberhard Mayer, Die Stiftung Herzog Heinrichs des Löwen für das Hl. Grab, in: Wolf-Dieter Mohrmann (Hg.), *Heinrich der Löwe*, Göttingen 1980, S. 307-330.

Otto Mayer, Eine Kapelle des hl. Kaisers Heinrich im Würzburger Dom der Stauferzeit, in: Dieter Harmening (Hg.), *Volkskultur und Geschichte. Festgabe für Josef Dünninger, zum 65. Geburtstag*, Berlin 1970. S. 452-462.

Ursula Mende, Zu Gestalt und Nachfolge des Braunschweiger Löwen, speziell zur Kragenform seiner Mähne, in: Joachim Ehlers, Dietrich Kötzsche (Hgg.), *Der Welfenschatz und sein Umkreis*, Mainz 1998, S. 387-414.

Michael Menzel, *Die Sächsische Weltchronik. Quellen und Stoffauswahl*, Sigmaringen 1985.

Volker Mertens, Eilhart, der Herzog und der Truchseß. Der ›Tristrant‹ am Welfenhof, in: Danielle Buschinger (Hg.), *Tristan et Iseut, Mythe européen et mondial. Actes du colloque des 10, 11 et 12 Janvier 1986*, Göppingen 1987, S. 262-281.

Volker Mertens, Deutsche Literatur am Welfenhof, in: *Heinrich der Löwe und seine Zeit*, München 1995, Bd. 2, S. 204-212.

Erich Meuthen, Die Aachener Pröpste bis zum Ende der Stauferzeit, in: *Zeitschrift des Aachener Geschichtsvereins* 78 (1966/7), S. 5-95.

―――――, Barbarossa und Aachen, in: *Rheinische Vierteljahrsblätter* 39 (1975), S. 28-59.

Andreas Meyer, *Felix et inclitus notarius: studien zum italienischen Notariat vom 7. bis zum 13. Jahrhundert*, Tübingen 2000.

Christoph H. F. Meyer, Europa lernt eine neue Sprache: Das römische Recht im 12. Jahrhundert, in: Bernd Schneidmüller, Stefan Weinfurter, Alfried Wieczorek (Hgg.), *Verwandlungen des Stauferreichs: drei Innovationsregionen im mittelalterlichen Europa*, Darmstadt 2010, S. 321-335.

Eckhard Michael, Die Klosterkirche St. Michael in Lüneburg als Grablege der Billunger und Askanier, in: Hans Patze, Werner Paravicini (Hgg.), *Fürstliche Residenzen inm spätmittelalterlichen Europa*, Sigmaringen 1991, S. 393-410.

L. Minio-Paluello, *Opuscula: The Latin Aristotle*, Amsterdam 1972.

Martin Möhle, Die Krypta als Herrscherkapelle: Die Krypta des Braunschweiger Domes, ihr Patrozinium und das Evangeliar Heinrichs des Löwen, in: *Archiv für Kulturgeschichte* 73 (1991), S. 1-24.

Peter Moraw, Die Verwaltung des Königtums und des Reiches und ihre Bedingungen. Die königliche Verwaltung im einzelnen, in: K.G.A. Jeserich, H. Pohl, G.-Ch.v. Unruh (Hgg.), *Deutsche Verwaltungsgeschichite*, Bd.1: *Vom Spätmittelalter bis zum Ende des Reiches*, 1983, S. 21-53.

―――― (Hg.), *Deutscher Königshof, Hoftag und Reichstagim späteren Mittelalter*,

Stuttgart 2002.

―――, Die Hoffeste Kaiser Friedrich Barbarossas von 1184 und 1188, in: Uwe Schultz (Hg.), *Das Fest: eine Kulturgeschichte von der Antike bis zur Gegenwart*, München 1988, S. 70-83.

Peter Munz, Papst Alexander III. Geschichte und Mythos bei Boso, in: *Saeculum* 41 (1990), S. 115-129.

J.E. Murdoch, Euclides Graeco-Latinus: A Hitherto Unknown Medieval Latin Translation of the Elements Made Directly from the Greek, in: *Harvard Studies in Classical Philology* 71 (1966), pp. 249-302.

Franz Nagel, *Die Weltchronik des Otto von Freising und die Bildkultur des Hochmittelalters*, Würzburg 2012.

Klaus Nass, Zur Cronica Saxonum und verwandten Braunschweiger Werken, in: DA 49 (1993), S. 557-582.

―――, Geschichtsschreibung am Hofe Heinrichs des Löwen, in: Bernd Schneidmüller (Hg.), *Die Welfen und ihr Braunschweiger Hof im hohen Mittelalter*, Wiesbaden 1995, S. 123-161.

―――, *Die Reichschronik des Annalista Saxo und die sächsische Geschichtsschreibung im 12. Jahrhundert*, MGH Schriften, Bd. 41, Hannover 1996.

Elisabeth Nau, Münzen und Geld in der Stauferzeit, in: Reiner Haussherr (Hg.), *Die Zeit der Staufer: Geschichte, Kunst, Kultur: Katalog der Ausstellung [Stuttgart, Altes Schloß und Kunstgebäude, 26. März-5. Juni 1977]*, 5 Bde., 1977-1979.

Jan Paul Niederkorn, Zu glatt und daher verdächtig? Die Glaubenswürdigkeit der Schilderung der Wahl Friedrich Barbarossas (1152) durch Otto von Freising, in: *Mitteilungen des Instituts für Österreichische Geschichtsforschung* 115 (2007), S. 1-9.

Vilho Niitemaa, *Das Strandrecht in Nrdeuropa im Mittelalter*, Helsinki 1955.

Ursula Nilgen, Theologisches Konzept und Bildorganisation im Evangeliar Heinrichs des Löwen, in: *Zeitschrift für Kunstgeschichte* 52 (1989), S. 301-331.

Dieter Nörr, *Die Entstehung der longi temporis praescriptio* (= Arbeitsgemeinschaft für Forschung des Landes Nordrhein-Westfalen. Geisteswissenschaften 156), Köln/Opladen 1969.

Theodor Nolte, Das Bild König Philipps von Schwaben in der Lyrik Walthers von der Vogelweide, in: Andrea Rzihacek, Renate Spreitzer (Hgg.), *Philipp von Schwaben. Beiträge der internationalen Tagung anläßlich seines 800. Todestages, Wien, 29. bis 30. Mai 2008*, Wien 2010, S. 99-111.

Siglinde Oehring, Erzbischof Konrad I. von Mainz im Spiegel seiner Urkunden und Briefe (1161-1200), Darmstadt 1973.

Otto Gerhard Oexle, Die „sächsische Welfenquelle" als Zeugnis der welfischen Hausüberlieferung, in: DA 24 (1968), S. 435-497.

―――, Memoria und Memorialüberlieferung im früheren Mittelalter, in: *Frühmittelalterliche Studien*, 10 (1976), S. 70-95.

―――, Welfische und staufische Hausüberlieferung in der Handschrift Fulda D 11 aus Weingarten, in: Artur Brall (Hg.), *Von der Klosterbibliothek zur Landesbibliothek: Beiträge zum zweihundertjährigen Bestehen der Hessischen Landesbibliothek Fulda*, Stuttgart 1978, S. 203-231.

―――, *Adliges Selbstverständnis und seine Verknüpfung mit dem liturgischen Gedenken – das Beispiel der Welfen*, in: *Zeitschrift für die Geschichte des Oberrheins* 134 (1986), S. 47-75.

―――, *Zur Kritik neuer Forschungen über das Evangeliar Heinrichs des Löwen*, in: *Göttingische Gelehrte Anzeige* 245 (1993) S. 70-109.

―――, *Memoria in der Gesellschaft des Mittelalters*, Göttingen1994.

―――, *Die Memoria Heinrichs des Löwen*, in: Dieter Geuenich, Otto Gerhard Oexle (Hgg.), *Memoria in der Gesellschaft des Mittelalters*, Göttingen 1994, S. 128-177.

―――, *Memoria als Kultur*, Göttingen 1995.

―――, Welfische Memoria. Zugleich ein Beitrag über adlige Hausüberlieferung und die Kriterien ihrer Erforschung, in: Bernd Schneidmüller (Hg.), *Die Welfen und ihr Braunschweiger Hof im hohen Mittelalter*, Wiesbaden 1995, S. 61-94.

―――, Fama und Memoria Heinrichs des Löwen: Kunst im Kontext der Sozialgeschichte. Mit einem Ausblick auf die Gegenwart, in: Joachim Ehlers, Dietrich Kötzsche (Hgg.), *Der Welfenschatz und sein Umkreis*, Mainz 1998, S. 1-25.

Werner Ohnsorge, Die Byzanzpolitik Friedrich Barbarossas und der „Landesverrat" Heinrichs des Löwen, in: DA 6 (1943), S. 118-149.

Ferdinand Opll, Das kaiserliche Mandat im 12. Jahrhundert (1125-1190), in: MIÖG 84 (1176), S. 209-327.

―――, *Das Itinerar Kaiser Friedrich Barbarossas (1152-1190)*, Wien/Köln/Graz 1978.

―――, *Friedrich Barbarossa*, Darmstadt 1990, ⁴2009.

―――, *Zwang und Willkür: Leben und städtischer Herrschaft in der Lombardei der frühen Stauferzeit*, Köln 2010.

Irene Ott, Der Regalienbegriff im 12. Jahrhundert, in: *Zeitschrift der Savigny-Stiftung für Rechtsgeschichte*, Kan. Abt. 35 (1948), S. 234-304.

Stefan Pätzold, *Curiam celebrare*. König Philipps Hoftag zu Magdeburg im Jahre 1199, in: *Zeitschrift für Geschichtswissenschaft* 47-12 (1999), S. 1061-1075.

Stephan Panzer, Die Chronik Arnolds von Lübeck- Darstellungsabsicht und Adressaten, in: Stephan Freund, Bernd Schütte (Hgg.), *Die Chronik Arnolds von Lübeck. Neue Wege zu ihrem Verständnis*, Frankfurt a.M. 2008, S. 45-71.

Werner Paravicini, *Die ritterlich-höfische Kultur des Mittelalters*, Berlin/Boston ³2015.

John Parker, The Attempted Byzantine Alliance with the Sicilian Norman Kingdom (1166-7), in: *Papers of the British School at Rome* 24 NS11(1956), pp. 86-93.

Hans Patze, Die Entstehung der Landesherrschaft in Thüringen 1, Köln 1962.

―――, Die Bildung des landesherrlichen Residenzen im Reich während des 14. Jahrhunderts, in: Wilhelm Rausch (Hg.), *Stadt und Stadtherr im 14. Jahrhundert*,

Linz 1972, S. 1-54.

―――, Karl-Heinz Ahrens, Die Begründung des Herzogtums Braunschweig im Jahre 1235 und die „Braunschweigische Reimchronik", in: *Blätter für deutsche Landesgeschichte* 122 (1986), S. 69-89.

Steffen Patzold, *Konsens und Konkurrenz. Überlegungen zu einem aktuellen Forschungskonzept der Mediävistik*, in: *Frühmittelalterliche Studien* 41 (2007), S. 75-103.

Jürgen Petersohn, Saint-Denis – Westminster – Aachen. Die Karls-Translatio von 1165 und ihre Vorbilder, in: DA 31 (1975), S. 420-454.

Jürgen Petersohn, Der König ohne Krone und Mantel. Politische und kulturgeschichtliche Hintergründe der Darstellung Ottos IV. Auf dem Kölner Dreikönigsschrein, in: idem (Hg.), *Überlieferung - Frömmigkeit - Bildung als Leitthemen der Geschichtsforschung: Vorträge beim Wissenschaftlichen Kolloquium aus Anlass des Achtzigsten Geburtstags von Otto Meyer, Würzburg, 25. Oktober 1986*, Wiesbaden 1987, S. 43-76.

―――, Friedrcih Barbarossa und Rom, in: Alfred Haverkamp (Hg.), *Friedrich Barbarossa. Handlungsspielräume und Wirkungsweisen des staufischen Kaisers*, Sigmaringen 1992, S. 129-146.

―――, *Rom und der Reichstitel "Sacrum Romanum imperium"*, Stuttgart, 1994.

Jürgen Petersohn, *Echte und falsche Insignien im deutschen Krönungsbrauch des Mittelalters? Kritik eines Forschungsstereotyps* (= Sitzungsberichte der Wissenschaftlichen Gesellschaft an der Johann Wolfgang Goethe-Universität Frankfurt/Main 30-3), Stuttgart 1993.

―――, Kaisertum und Kultakt in der Stauferzeit, in: idem (Hg.), *Politik und Heiligenverehrung im Hochmittelalter*, Sigmaringen 1994, S. 101-146.

―――, Kaiserliche Scriniare in Rom bis zum Jahre 1200, in: *Quellen und Forschungen aus italienischen Archiven und Bibliotheken* 75 (1995), S. 1-31.

―――, Kaiser, Papst und römisches Recht im Hochmittelalter. Friedrich Barbarossa und Innozenz III. beim Umgang mit dem Rechtsinstitut der langfristigen Verjährung, in: Jürgen Petersohn (Hg.), *Mediaevalia Augiensia. Forschungen zur Geschichte des Mittelalters*, Stuttgart 2001, S. 307-355.

―――, *Kaisertum und Rom in spätsalischer und staufischer Zeit. Romidee und Rompolitik von Heinrich V. bis Friedrich II.*, Hannover 2010.

Wolfgang Petke, *Kanzlei, Kapelle und königliche Kurie unter Lothar III. (1125-1137)*, (= Forschungen zur Kaiser- und Papstgeschichte des Mittelalters. Beihefte zu J. F. Böhmer, *Regesta Imperii* V), Köln/Wien 1985.

Hans Conrad Peyer, Das Reisekönigtum des Mittelalters, in: *Vierteljahrschrift für Sozial- und Wirtschaftsgeschichte* 51 (1964), S. 1-21.

Antonio Placanica, L'opera storiografica di Caffaro, in: *Studi Medievali*, Serie 3, 1 (1995), pp. 1-62.

Alheydis Plassmann, *Die Struktur des Hofes unter Friedrich I. Barbarossa nach den deutschen Zeugen seiner Urkunden*, Hannover 1998.

―――, Barbarossa und sein Hof beim Frieden von Venedig unter verschiedenen Wahrnehmungsperspektiven, in: Stefan Weinfurter (Hg.), *Stauferreich im Wandel. Ordnungsvorstellungen und Politik in der Zeit Friedrich Barbarossas*, Stuttgart 2002, S. 85-106.

―――, Dominik Büschken (Hgg.), *Staufen and Plantagenets: two empires in comparison*, Göttingen 2018.

Wilhelm Pötter, *Die Ministerialität der Erzbischöfe von Köln vom Ende des 11. Bis zum Ausgang des 13. Jahrhunderts*, Köln 1967.

August Potthast, *Liber de rebus memorabilioribus sive Chronicon Henrici de Hervordia*, 1859.

James M. Powell (trans.), *The Liber Augustalis of Constitutions of Melfi promulgated by the Emperor FrederickII for the Kingdom of Sicily in 1231*, New York 1971.

Frederick Maurice Powicke, The loss of Normandy (1189-1204), Manchester ^{2}1961.

Paolo Prodi (Hg.), *Glaube und Eid: Treuformeln, Glaubensbekenntnisse und sozialdisziplinierung zwischen Mittelalter und Neuzeit*, München 1993.

―――, *Das Sakrament der Herrschaft. Der politische Eid in der Verfassungsgeschichte des Okzidents*, übers. von Judith Elze, Berlin 1997.

Uwe Prutscher, *Der Eid in Verfassung und Politik Italienischer Städte: Untersuchungen im Hinblick auf die Herrschaftsformen Kaiser Friedrich Barbarossas in Reichsitalien*, Gießen 1980.

Matthias Puhle, Die politischen Beziehungen dem Braunschweiger Hof und dem Erzbistum Magdeburg zur Zeit Heinrichs des Löwen und Ottos IV., in: *Heinrich der Löwe und seine Zeit*, Bd. 2, München 1995, S. 149-158.

Matthias Puhle, Die Beziehung zwischen Otto IV. und Erzbischof Albrecht II. von 1205 bis 1218, in: Bernd Ulrich Hucker, Stefanie Hahn, Hans-Jürgen Derda (Hgg.), *Otto IV. – Traum vom welfischen Kaisertum*, Petersberg 2009, S. 75-90.

Olaf B. Rader, *Friedrich II.: Der Sizilianer auf dem Kaiserthron: Eine Biographie*, München 2019.

Peter Rassow, *Honor imperii. Die neue Politik Friedrich Barbarossas 1152-1159. Durch den Text des Konstanzer Vertrages ergänzte Neuausgabe*. Darmstadt 1940, ND 1960.

Gerhard Rauschen, *Die Legende des Karls des Großen im 11. Und 12. Jahrhundert*, Leipzig 1890.

Timothy Reuter, Gedenküberlieferung und -praxis im Briefbuch Wibalds von Stablo, in: Karl Schmid und Joachim Wollasch (Hgg.), *Der Liber vitae der Abtei Corvey: Studien zur Corveyer Gedenküberlieferung und- praxis und zur Erschließung des Liber Vitae*, 1989, S. 161-177.

―――, Rechtliche Argumentation in den Briefen Wibalds von Stablo, in: Hubert Mordek (Hg.), *Papsttum, Kirche und Recht im Mittelalter: Festschrift für Horst*

Fuhrmann zum 65. Geburtstag, Tübingen 1991, S. 251-264.

B.M. Bedos-Rezak, Ritual in the royal chancery: Text, image, and the presentation of kingship in medieval French diplomas (700-1200), in: Heinz Duchhardt, Richard A. Jackson, David J. Sturdy (ed.), *European Monarchy: Its Evolution and Practice from Roman Antiquity to Modern Times*, Stuttgart 1992, pp. 27-40.

J. Reimann, Die Ministerialen des Hochstifts Würzburg in sozial-, rechts- und verfassungsgeschichtlicher Sicht, in: *Mainfränkisches Jahrbuch für Geschichte und Kunst* 15/16 (1964), S. 1-266.

Josef Riedmann, Studien über die Reichskanzlei unter Friedrich Barbaross in den Jahren 1156-1166, in: MIÖG 75 (1967), S. 322-402, 76(1968), S. 23-105.

―――――, *Die Beurkundung der Verträge Friedrich Barbarossas mit italienischen Städten: Studien zur diplomatischen Form von Vertragsurkunden im 12. Jahrhundert*, Wien 1973.

Maureen Robinson, The History and Myths surrounding Johannes Hispalensis, in: *Bulletin of Hispanic Studies*, vol. 80-4 (2003), pp. 443-470.

―――――, The Heritage of Medieval Errors in the Latin Manuscripts of Johannes Hispalensis (John of Seville), in: *Al-Qanṭara* 28-1 (2007), pp. 41-71.

Reinhold Röhricht, *Die Deutschen im Heiligen Lande: Chronologisches Verzeichniss derjenigen Deutschen, welche als Jerusalempilger und Kreuzfahref sicher nachzuweisen oder wahrscheinlich anzusehen sind (c.650-1291)*, 1894, ND Aalen 1968.

Werner Rösener, Hofämter an mittelalterlichen Fürstenhöfen, in: DA 45 (1989), S. 485-550.

―――――, Die Hoftage Kaiser Friedrichs I. Barbarossa im Regnum Teutonicum, in: Peter Moraw (Hg.), *Deutscher Königshof, Hoftag und Reichstag im späteren Mittelalter*, Sigmaringen 2002, S. 359-386.

Johann Paul Ruf, *Studien zum Urkundenwesen der Bischöfe von Freising im 12. Und 13. Jahrhundert*, Diss. München 1914.

Michael Rothmann, Adelige Kaminabende – Erzählstoffe am Hofe Kaiser Ottos IV: am Beispiel der höfischen Enzyklopädie des Gervasius von Tilbury, in: Bernd Ulrich Hucker, Stefanie Hahn, Hans-Jürgen Derda (Hgg.), *Otto IV. – Traum vom welfischen Kaisertum*, Petersberg 2009, S. 175-186.

Andrea Rzihacek, Renate Spreitzer (Hgg.), *Philipp von Schwaben. Beiträge der internationalen Tagung anläßlich seines 800. Todestages, Wien, 29. bis 30. Mai 2008*, Wien 2010.

Christine Sauer, *Fundatio und Memoria. Stifter und Klostergründer im Bild 1100-1350*, Göttingen 1993.

Willibald Sauerländer, *Gotische Skulptur in Frankreich. 1140-1270*, München 1970.

―――――, Zur Stiftertumba für Heinrich dern Löwen und Herzogin Mathilde in St. Blasius in Braunschweig, in: Joachim Ehlers, Dietrich Kötzsche (Hgg.), *Der Welfenschatz und sein Umkreis*, Mainz 1998, S. 439-483.

―――――, Dynastisches Mäzenatentum der Staufer und Welfen, in: Werner Hechberger, Florian Schuller (Hgg.), *Staufer & Welfen. Zwei rivalisierende Dynastien im Hochmittelalter.* Regensburg 2009, S. 119-141.

Bianca Maria Scarfi (ed.), Chris Heffer, David Kerr (transl.), *The Lion of Venice: studies and research on the bronze statue in the piazzetta*, München 1990.

Meinrad Schaab, Die Ministerialität der Kirchen des Pfalzgrafen, des Reiches und des Adels am unteren Neckar und im Kraichgau, in: Friedrich Ludwig Wagner, *Ministerialität im Pfälzer Raum: Referate und Aussprachen der Arbeitstagung vom 12. bis 14. Oktober 1972 in Kaiseslautern*, Speyer 1975, S. 95-121.

Hans Martin Schaller, Der heilige Tag als Termin mittelalterlicher Staatsakte, in DA 30 (1974), S. 1-24.

―――――, Das geistige Leben am Hofe Kaiser Ottos IV. von Braunschweig, in: DA 45 (1989), S. 54-82.

Thomas Scharff, Zur Sicherung von Verträgen in Eiden kommunaler Amtsträger und in Statuten (ca. 1150-1250), in: Hagen Keller, Jörg W. Busch (Hgg.), *Statutencodices des 13. Jahrhunderts als Zeugen pragmatischer Schriftlichkeit: die Handschriften von Como, Lodi, Novara, Pavia und Voghera*, München 1991, S. 15-24

Thomas Scharff, Otto IV. in der Geschichtsschreibung des 13. Jahrhunderts, in: Bernd Ulrich Hucker, Stefanie Hahn, Hans-Jürgen Derda (Hgg.), *Otto IV. – Traum vom welfischen Kaisertum*, Petersberg 2009, S. 299-306.

Georg Scheibelreiter, Der deutsche Thronstreit 1198-1208 im Spiegelder Datierung von Privaturkunden 1, in: MÖIG 84(1976), S. 337-377 及び idem, Der deutsche Thronstreit 2, in: MÖIG 85(1977), S. 36-76.

Harald Schieckel, *Herrschaftsbereich und Ministerialität der Markgrafen von Meissen im 12. und 13. Jahrhundert: Untersuchungen über Stand und Stammort der Zeugen markgräflicher Urkunden*, Köln 1956.

Rudolf Schieffer, Hofkapelle und Aachener Marienstift bis in Staufische Zeit, in: *Rheinische Vierteljahrsblätter* 51 (1987), S. 1-21.

―――――, Von Ort zu Ort. Aufgaben und Ergebnisse der Erforschung ambulanter Herrschaftspraxis, in: Caspar Ehlers (Hg.), *Orte der Herrschaft. Mittelalterliche Königspfalzen*, Göttingen 2002, S. 11-23.

―――――, Heinrich der Löwe, Otto von Freising und Friedrich Barbarossa am Beginn der Geschichte Münchens, in: Werner Hechberger, Florian Schuller (Hgg.), *Staufer & Welfen. Zwei rivalisierende Dynastien im Hochmittelalter*, Regensburg 2009, S. 66-77.

―――――, *Die ältesten Judengemeinden in Deutschland*, Paderborn 2015.

Bernhard Schimmelpfennig, Die Bedeutung Roms im päpstlichen Zeremoniell, in: Bernhard Schimmelpfennig, Ludwig Schmugge (Hgg.), *Rom im hohen Mittelalter*, S. 47-63.

Walter Schlesinger, Bischofssitze, Pfalzen und Städten, im deutschen Itinerar Friedrich Barbarossas, in: *Aus Stadt- und Wirtschaftsgeschichte Sudwestdeutschlands. Festschrift für Erich Maschke, zum 75. Geburtstag*, Stuttgart 1975, S. 1-56.

Franz-Josef Schmale, Die Gesta Friderici I. Imperatoris Ottos von Freising und Rahewins. Ursprüngliche Form und Überlieferung, in: DA 19 (1963), S. 168-214.

―――, Friedrich I. und Ludwig VII. Im Sommer des Jahres 1162, in: *Zeitschrift für bayerische Landesgeschichte* 31 (1968), S. 315-368.

―――, Überlieferung und Text des 'Libellus' des Otto Morena und seiner Fortsetzer, in: DA 41 (1985), S. 438-459.

Karl Schmid, *Welfisches Selbstverständnis*, in: Josef Fleckenstein, Karl Schmid (Hg.), *Adel und Kirche. Gerd Tellenbach zum 65. Geburtstag*, Freiburg u. a. 1968, S. 389-416.

―――, Joachim Wollasch (Hgg.), *Memoria: der geschichtliche Zeugniswert des liturgischen Gedenkens im Mittelalter*, München 1984.

―――, Joachim Wollasch (Hgg.), *Der Liber Vitae der Abtei Corvey*, 1989.

―――, Joachim Wollasch (Hgg.), *Das Gedächtnis, das Gemeinschaft stiftet*, München/ Zürich 1985.

Eberhard Schmidt, Markgraf Otto I. von Brandenburg. Leben und Wirken, in: *Zeitschrift der Savigny-Stiftung für Rechtsgeschichte. Germ. Abt.* 90 (1973), pp. 1-9.

Ulrich Schmidt, *Königswahl und Thronfolge im 12. Jahrhundert*, Köln/Wien 1987.

Fabian Schmitt, Ministerialen des Kölner Erzstifts im Hochmittelalter: Dienst, Herrschaft und soziale Mobilität, Göttingen 2021.

Bernd Schneidmüller, Briefe und Boten im Mittelalter. Eine Skizze, in: Wolfgang Lotz (Hg.), *Deutsche Postgeschichte. Essays und Bilder*, 1989, S. 10-21.

―――, Rechsfürstliches Feiern. Die Welfen und ihre Feste im 13. Jahrhundert, in: Detlef Altenburg, Jörg Jarnut. Hans- Hugo Steinhoff (Hgg.), *Feste und Feiern im Mittelalter*, Sigmaringen 1991, S. 165-180.

―――, Landesherrschaft, welfische Identität und sächsische Geschichte, in: Peter Moraw (Hg.), *Regionale Identität und soziale Gruppen im deutschen Mittelalter*, Berlin 1992, S. 65-101.

―――, Der Ort des Schatzes. Branschweig als brunonisch-welfisches Herrschaftszentrum, in: Joachim Ehlers, Dietrich Kötzsche (Hgg.), *Der Welfenschatz und sein Umkreis*, Mainz 1998, S. 27-46.

―――, *Die Welfen. Herrschaft und Erinnerung (819-1252)*. Stuttgart 2000.

―――, Burg – Stadt – Vaterland, Braunschweig und die Welfen im hohen Mittelalter, in: Johannes Fried, Gerhard Oexle (Hgg.), *Heinrich der Löwe. Herrschaft und Repräsentation*, Sigmaringen 2003, S. 27-81.

―――, *Heinrich der Löwe. Innovationspotentiale eines mittelalterlichen Fürsten*, in: Werner Hechberger, Florian Schuller (Hgg.), *Staufer & Welfen. Zwei rivalisierende Dynastien im Hochmittelalter*. Regensburg 2009, S. 50-65.

―――, Heinrich der Löwe und Mathilde von England. Stifterwille und Stifterpaar, in: Bernd Schneidmüller, Harald Wolter- von dem Knesebeck (Hgg.), *Das Evangeliar Heinrichs des Löwen und Mathildes von England*, Darmstadt 2018, S. 11-65.

Norbert Schnitzler, Geschmähte Symbole, in: Klaus Schreiner, Gerd Schwerhoff (Hgg.), *Verletzte Ehre. Ehrkonflikte in Gesellschaften des Mittelalters und der Frühen Neuzeit*, Köln/Weimar/Wien 1995, S. S. 279-302.

Wilfried Schöntag, *Untersuchungen zur Geschichte des Erzbistums Mainz unter den Erzbischöfen Arnold und Christian I (1153-1183)*, Darmstadt/Marburg 1973.

Percy Ernst Schramm, *Kaiser, Rom und Renovatio: Studien und Texte zur Geschichte des römischen Erneuerungsgedanken vom Ende des karolingischen Reiches bis zum Investiturstreit*, Leipzig/Berlin1929, Darmstadt ³1963.

Klaus Schreiner, Vom geschichtlichen Ereignis zum historischen Exempel. Ein denkwürdige Begegnung zwischen Kaiser Friedrich Barbarossa und Papst Alexander III. In Venedig 1977 und ihre Folgen in Geschichtsschreibung, Literatur und Kunst, in: Peter Wapnewski (Hg.), *Mittelalter-Rezeption DFG-Symposion 1983*, Stuttgart 1986, S. 145-176.

―――― »Gerechtigkeit und Frieden haben sich geküßt« (Ps. 84,11). Friedensstiftung durch szmboloches Handeln, in: Johannes Laudage (Hg.), *Träger und Instrumentarien des Friedens im hohen und späten Mittelalter*, VuF 43, Sigmaringen 1996, S. 37-86.

Sybille Schröder, *Macht und Gabe: materielle Kultur am Hof Heinrichs II. von England*, Husum 2004.

Ernst Schubert, Der Hof Heinrichs des Löwen, in: *Heinrich der Löwe und seine Zeit*, Bd. 2, München1995, S. 190-198.

Paul Schubert, Die Reichshofämter und ihre Inhaber bis um die Wende des 12. Jahrhunderts, in: MIÖG 34 (1913), S. 427-501.

Bernd Schütte (Hg,), *Die Lebensbeschreibungen der Königin Mathilde*, MGH SS rer. Germ. 66, Hannover 1994.

Bernd Schütte, *König Philipp von Schwaben: Itinerar, Urkundenvergabe, Hof*, Hannover 2002.

―――, Karl der Große in der Geschichtsschreibung des hohen Mittelalters, in: *Karl der Große in den europäischen Literaturen des Mittelalters. Konstruktion eines Mythos*, Bernd Bastert (Hg.), Tübingen 2004, S. 223-245.

―――, Nachrichtenaustausch und persönliche Beziehungsgefüge im Spiegel von Wibalds Briefbuch, in: *Concilium medii aevi* 10 (2007), S. 113-151.

―――, Staufer und Welfen in der Chronik Arnolds von Lübeck, in: Stephan Freund, Bernd Schütte (Hgg.), *Die Chronik Arnolds von Lübeck. Neue Wege zu ihrem Verständnis*, Frankfurt a. M. 2008, S. 113-148.

Bernd Schütte, Das Königtum Philipps von Schwaben im Spiegel zeitgenössischer Quellen, in: Bernd Ulrich Hucker, Stefanie Hahn, Hans-Jürgen Derda (Hgg.), *Otto IV.*

— *Traum vom welfischen Kaisertum*, Petersberg 2009, S. 113-128.

―――, Studien zu den königlichen Kanzlern in frühstaufischer Zeit (1138-1197), in: *Archiv für Diplomatik* 58 (2012), S. 169-238.

Petra Schulte „Omnis homo sciat et audiat". Die Kontrolle kommunalen Handelns in Como im späten 12. und 13. Jahrhundert, in: *Mélanges de l'École française de Rome. Moyen âge* 110-2 (1998), pp. 501-547.

―――, Friedrich Barbarossa, die italienischen Kommunen und das politische Konzept der Treue, in: *Frühmittelalterliche Studien* 38 (2004), S. 153-172.

―――, *Scripturae publicae creditur: das Vertrauen in Notariatsurkunden im kommunalen Italien des 12. und 13. Jahrhunderts*, 2003.

Ernst Schulz, Die Entstehungsgeschichte der Werke Gotfrids von Viterbo, in: *Neues Archiv* 46 (1925), S. 86-131.

Knut Schulz, *Ministerialität und Bürgertum in Trier. Untersuchungen zur rechtlichen und sozialen Gliederung der Trierer Bürgerschaft vom ausgehenden 11. Bis zum Ende des 14. Jahrhunderts*, Bonn 1968.

―――, Richerzeche, Meliorat und Ministerialität in Köln, in: *Köln, das Reich und Europa. Abhandlungen über weiträumige Verflechtungen der Stadt Köln im Mittelalter*, Köln 1971.

―――, Die Ministerialität in rheinischen Bischöfsstädten, in: *Stadt und Ministerialität*, in: Erich Maschke und Jürgen Sydow (Hgg.), *Stadt und Ministerialität : Protokoll der IX. Arbeitstagung des Arbeitskreises für Südwestdeutsche Stadtgeschichtsforschung, Freiburg i. Br., 13.-15. November 1970*, Stuttgart 1973, S. 16-42.

Reiner Schulz, « Gewohnheitsrecht » und « Rechtsgewohnheiten « im Mittelalter -Einführung, in: Gerhard Dilcher, Heiner Lück, Rainer Schulze, Elmar Wadle, Jürgen Weitzel, Udo Wolter (Hgg.), *Gewohnheitsrecht und Rechtsgewohnheiten im Mittelalter*, Berlin 1992, S. 9-20.

Hans K. Schulze, *Die Heiratsurkunde der Kaiserin Theophanu und das römisch-deutsche Reich 972-991*, Hannover 2007.

Beate Schuster, Das Treffen von St. Jean de Losne im Widerstreit der Meinungen. Zur Freiheit der Geschichtsschreibung im 12. Jahrhundert, in: *Zeitschrift für Geschichtswissenschaft* 43 (1995), S. 211-245.

Hansmartin Schwarzmaier, *Die Heimat der Staufer: Bilder uud Dokumente aus einhundert Jahren staufischer Geschichte in Südwestdeutschland*, Sigmaringen 1977.

Frank Schweppenstette, *Die Politik der Erinnerung: Studien zur Stadtgeschichtsschreibung Genuas im 12. Jahrhundert*, Frankfurt a. M., u. a. 2003.

Volker Scior, *Das Eigene und das Fremde. Identität und Fremdheit in den Chroniken Adams von Bremen, Helmolds von Bosau und Arnolds von Lübeck*, Berlin 2002.

―――, Stimme, Schrift und Performanz. ‚Übertragungen' und ‚Reproduktionen' durch frühmittelalterliche Boten, in: Britta Bussmann u.a. (Hg.), *Übertragungen. Formen und Konzepte von Reproduktion in Mittelalter und Früher Neuzeit*, (Trends in

Medieval Philology 5) 2005, S. 77-99.

Volker Scior, Zwischen terra nostra und terra sancta. Arnold von Lübeck als Geschichtsschreiber, in: Stephan Freund, Bernd Schütte (Hgg.): *Die Chronik Arnolds von Lübeck. Neue Wege zu ihrem Verständnis*, Frankfurt am Main 2008, S. 149-174.

Hubertus Seibert, Fidelis et dilectus noster. Kaiser Otto IV. und der Südosten des Reiches (1198–1212), in: MIÖG 118 (2010), S. 82-102.

Peter Seiler, Richterlicher oder kriegerischer Furor? Untersuchungen zur Bestimmung der primären Bedeutung des Braunschweiger Burglöwen, in: Johannes Fried, Gerhard Oexle (Hgg.), *Heinrich der Löwe. Herrschaft und Repräsentation*, S. 135-197.

Carlo Servatius, Zur Englandpolitik der Kurie unter Paschalis II, in: Ernst Dieter Hehl, Hubertus Seibert, Franz Staab (Hgg.), *Deus qui mutat tempora: Menschen und Institutionen im Wandel des Mittelalters: Festschrift für Alfons Becker zu sienen 65. Geburtstag*, Sigmaringen 1987, S. 173-190.

Fuat Sezgin, *Geschichte des arabischen Schrifttums, VII*, Leiden 1979, pp. 139-151.

Gabrielle M. Spiegel, The ‚Reditus regni ad stirpem Karoli Magni': a new look, in: *French Historical Studies* 7 (1971), pp. 145-174.

Karl-Heinz Spieß, Der Hof Kaiser Barbarossas und die politische Landschaft am Mittel-Rhein, in: Peter Moraw (Hg.), *Deutscher Königshof, Hoftag und Reichstag im späteren Mittelalter*, Stuttgart 2002, S. 49-76.

Johannes Spörl, Das Alte und das Neue im Mittelalter, in: *Historisches Jahrbuch* 50 (1930), S. 299-334, S. 498-524.

Renate Spreiter, Urkundenvergabe und Herrscherpraxisim Nordosten des Reichs während des Thronstreits, in: Bernd Ulrich Hucker, Stefanie Hahn, Hans-Jürgen Derda (Hgg.), *Otto IV. – Traum vom welfischen Kaisertum*, Petersberg 2009.

Georg Steer, Der deutsche Lucidarius ein Auftragswerk Heinrichs des Löwen?, in: *Deutsche Vierteljahrsschrift für Literaturwissenschaft und Geistesgeschichte* 64 (1990), S. 1-25.

―――――, Literatur am Braunschweiger Hof Heinrichs des Löwen, in: Bernd Schneidmüller (Hg.), *Die Welfen und ihr Braunschweiger Hof im hohen Mittelalter*, Wiesbaden 1995, S. 347-375.

Hugo Stehkämper, England und die Stadt Köln als Wahlmacher König Ottos IV., in: *Mitteilungen aus dem Stadtarchiv Köln* 60 (1971), S. 213-244

―――――, *Der Kölner Erzbischof von Altena und die deutsche Königswahl (1195-1205)* (= Historische Zeitschrift Beiheft 2), München1973, S. 5-83.

―――――, Geld bei Königswahlen des 13. Jahrhunderts, in: Jürgen Schneider (Hg.),*Wirtschaftskräfte und Wirtschaftsweg 1: Mittelmeer und Kontinent. Festschrift für Hermann Kellenbenz*, Stuttgart 1978, S. 83-136.

―――――, Friedrich Barbarossa und die Stadt Köln. Ein Wirtschaftskrieg am Niederrhein, in: Hanna Vollrath, Stefan Weinfurter (Hgg.), *Köln. Stadt und Bistum in Kirche und Reich des Mittelalters. Festschrift für Odilo Engels zum 65. Geburtstag*, Köln 1993, S.

367-413.

Hugo Stehkämper, Über das Motiv der Thronstreit-Entscheidungen des Kölner Erzbischofs Adolf von Altena 1198-1205: Freiheit der fürstlichen Königswahl oder Aneignung des Mainzer Erstkurrechts, in: *Rheinische Vierteljahrblätter* 67 (2003), S. 1-20.

Harold Steinacker, 'Traditio cartae' und ‚traditio per cartam' ein Kontinuitätsproblem, in: *Archiv für Diplomatik: Schriftgeschichte, Siegel, und Wappenkunde* 5 (1960), S. 1-72.

Winfried Stelzer, Zum Scholarenprivileg Friedrich Barbarossas (Authentica „Habita"), in: DA 34 (1978), S. 123-165.

―――, Altmann von St. Florian, in: MIÖG 84 (1976), S. 60-104.

Arnold Stelzmann, Rainald von Dassel und seine Reichspolitik, in: *Jahrbuch des kölnischen Geschichtsvereins* 25 (1950), S. 60-82.

Andrea Stieldorf, Reiseherrschaft und Residenz im frühen und hohem Mittelalter, in: *Historisches Jahrbuch* 129 (2009), S. 147-178.

Wilhelm Strömer, Königtum und Kaisertum in der mittelhochdeutschen Literatur der Zeit Friedrich Barbarossas, in: Alfred Haverkamp (Hg.), *Friedrich Barbarossa. Handlungsspielräume und Wirkungsweisen des staufischen Kaisers*, Sigmaringen 1992, S. 581-601.

Tilman Struve, Die Rolle des römischen Rechts in der kaiserlichen Theorie vor Roncaglia, in: Gerhard Dilcher, Diego Quaglioni (Hgg.), *Gli inizi del diritto pubblico: l'età di Federico Barbarossa: legislazione e scienza del diritto = Die Anfänge des öffentlichen Rechts: Gesetzgebung im Zeitalter Friedrich Barbarossas und das Gelehrte Recht*, Bologna/Berlin 2007, S. 71-99.

―――, Vorstellungen von «König»und «Reich» in der zweiten Hälfte des 12. Jahrhundert, in: Stefan Weinfurter (Hg.), *Stauferreich im Wandel. Ordnungsvorstellungen und Politik in der Zeit Friedrich Barbarossas*, Sigmaringen 2002, S. 288-311.

―――, Roma caput mundi. Die Gegenwart Roms in der Vorstellung des Mittelalters, in: Franz-Reiner Erkens und Hartmut Wolff (Hgg.), V*on Sacerdotium und regnum: geistliche und weltliche Gewalt im frühen und hohen Mittelalter: Festschrift für Egon Boshof zum 65. Geburtstag*, Köln 2002, S. 153-179.

Wolfgang Stürner, *Friedrich II. 1194 – 1250*, Darmstadt 2009.

Wolfgang Stürner, *Staufisches Mittelalter: Ausgewählte Aufsätze zur Herrschaftspraxis und Persönlichkeit Friedrichs II.*, Wien/Köln/Weimar 2012.

Vedran Sulovsky, *Sacrum imperium*: Lombard Influence and the 'Sacralization of the State' in the Mid-twelfth Century Holy Roman Empire (1125-1167), in: *German History*, Volume 39, Issue 2, June 2021, pp. 147-172.

Thomas Szabó, *Herrscherbild und Reichsgedanke: eine Studie zur höfischen Geschichtsschreibung unter Friedrich Barbarossa*, Freiburg i. B. 1973.

―――, Römischrechtliche Einflüsse auf die Beziehung des Herrschers zum Recht,

Eine Studie zu vier Autoren aus der Umgebung Friedrich Barbarossas, in: QFIAB 53 (1973), S. 34-48.

Hiroshi Takayama, *Sicily and the Mediterranean in the Middle Ages*, London/New York 2019.

Gerd Tellenbach, Die Stadt Rom in der Sicht ausländischer Zeitgenossen (800-1200), in: *Saeculum: Jahrbuch für Universalgeschichte* 24 (1973), S. 1-40.

Gerhard Theuerkauf, Der Prozeß gegen Heinrich den Löwen, Über Landrecht und Lehnrecht im hohen Mittelalter, in: Wolf-Dieter Mohrmann (Hg.), *Heinrich der Löwe*, Göttingen 1980, S. 217-248.

Rodney M. Thompson, *De pace Veneta relatio*. An English Eyewitness of the Peace of Venice 1177, in: *Speculum* 50 (1975), pp. 21-32.

Lynn Thorndike, The Latin Translations of Astrological Works by Messahala, in: *Osiris* 12 (1956), pp. 49-72.

Carl Thulin, *Zur Überlieferungsgeschichte des Corpus Agrimensorum*, Göteborg 1911.

Matthias Thumser, Die frühe römische Kommune und die staufischen Herrscher in der Briefsammlung Wibalds von Stablo, in: DA 57 (2001) S. 111-147.

Helen Tillmann, Datierungsfragen zur Geschichte des Kampfes zwischen Innocenz III. und Kaiser Otto IV., in: *Historisches Jahrbuch* 84 (1964), S. 34-85.

Eleni Tounta, Byzanz als Vorbild Friedrich Barbarossas, in: Stefan Burkhardt, Thomas Metz, Bernd Schneidmüller, Stefan Weinfurter (Hgg.), *Staufisches Kaisertum im 12. Jahrhundert. Konzepte – Netzwerke – Politische Praxis*, Regensburg 2010, S. 159-174.

Christian Uebach, *Die Ratgeber Friedrich Barbarossas (1152-1167)*, Marburg 2008.

B. L. Ullman, Geometry in the Medieval quadrivium, in: *Studi di bibliografia e di storia in onore di Tammaro de Marinis* 4 (1964), pp. 263-285.

Karl-Heinz Ullrich, *Die Einleitungsformeln (Arengen) in den Urkunden des Mainzer Erzbischofs Heinrich I. (1142-1153)*, Diss. Marburg 1961.

Fernand Vercauteren, Note sur Gislebert de Mons, rédqcteur de chartes, in; MIÖG 62 (1954), S. 238-253.

Ulrich Victor, Das Widmungsgedicht im Evalgeliar Heinrich des Löwen und sein Verfasser, in: *Zeitschrift für deutsches Altertum und deutsche Literatur* 114 (1985), S. 302-329.

Hanna Vollrath, Konrad III. und Bysanz, in: *Archiv für Kulturgeschichte* 59 (1977), S. 321-365.

―――, Politische Ordnungsvorstellungen und politisches Handeln im Vergleich. Philipp II. August von Frankreich und Friedrich Barbarossa im Konflikt mit ihren mächstigsten Fürsten, in: Joseph Canning, Otto Gerhard Oexle (Hgg.), *Political thought and the realities of power in the Middle Ages: Politisches Denken und die Wirklichkeit der Macht im Mittelalter*, Göttingen 1998, S. 33-51.

―――, Lüge oder Fälschung? Die Überlieferung von Barbarossas Hoftag zu Würzburg im Jahr 1165 und der Becket-Streit, in: Stefan Weinfurter (Hg.), *Stauferreich im Wandel. Ordnungsvorstellungen und Politik in der Zeit Friedrich Barbarossas*, Sigmaringen 2002, S. 149-171.

Elmar Wadle, Gewohnheitsrecht und Privileg – Allgemeine Fragen und ein Befund nach Königsurkunden des 12. Jahrhunderts, in: Gerhard Dilcher, Heiner Lück, Rainer Schulze, Elmar Wadle, Jürgen Weitzel, Udo Wolter (Hgg.), *Gewohnheitsrecht und Rechtsgewohnheiten im Mittelalter*, S. 116-148.

Helmut G. Walther, Das gemessene Gedächtnis. Zur politisch-argumentativen Handhabung der Verjährung durch gelehrte Juristen des Mittelalters, in: Albert Zimmermann (Hg.), *Mensura, Mass, Zahl, Zahlensymbolik im Mittelalter*, Berlin / New York 1983, S. 212-233.

――――, Die Anfänge des Rechtsstudiums und die kommunale Welt Italiens im Hochmittelalter, in: *Schulen und Studium im sozialen Wandel des hohen und späten Mittelalters*, hg. v. Johannes Fried (Hg.), Sigmaringen 1986. S. 121-162.

――――, Zur Verschriftlichung nordelbischen Selbstbewußtsein um 1200 in der Chronik Abt Arnolds von Lübeck, in: Matthias Thumser (Hg.), *Schriftkultur und Landesgeschichte. Studien zum südlichen Ostseeraum vom 12. bis zum 16. Jahrhundert*, Köln/Weimar/Wien 1997, S. 1-21.

Karl Wand, Die Englandpolitil der Stadt Köln und ihrer Erzbischöfe im 12. und 13.Jahrhundert, in: *Aus Mittelalter und Neuzeit, Festschrift für Gerhard Kallen*, Bonn 1957, S. 77-95.

Wilhelm Wattenbach, *Deutschlands Geschichtsquellen im Mittelalter bis zur Mitte des dreizehnten Jahrhunderts*, Bd. 2, Darmstadt 1971.

Loren J. Weber, The Historical Importance of Godfrey of Viterbo, in: *Viator* 25 (1994), pp. 153-196.

Björn Weiler, *Stupor Mundi*: Matthäus Paris und die zeitgenössische Wahrnehmung Friedrichs II. in England, in: Knut Görich, Jan Keupp, Theo Broekmann (Hgg.): *Herrschaftsräume, Herrschaftspraxis und Kommunikation zur Zeit Friedrichs II.*, München 2008, S. 63–95.

Stefan Weinfurter, Erzbischof von Köln und der Sturz Heinrichs des Löwen, in: Hanna Vollrath (Hgg.), Stefan Weinfurter, *Köln. Stadt und Bistum in Kirche und Reich des Mittelalters. Festschrift für Odilo Engels zum 65. Geburtstag*, Köln/Weimar/Wien 1993, S. 455-482 (= in: idem, *Gelebte Ordnung - Gedachte Ordnung*, S. 335-359).

――――, Venedig 1177. Wende der Barbarossa-Zeit? Zur Einführung, in: Stefan Weinfurter (Hg.), *Stauferreich im Wandel. Ordnungsvorstellungen und Politik in der Zeit Friedrich Barbarossas*, Sigmaringen 2002, S. 9-25.

――――, Erzbischof Philipp von Köln und der Sturz Heinrichs des Löwen, in: Stefan Weinfurter, [Helmuth Kluger, Hubertus Seibert, Werner Bomm (Hgg.)], *Gelebte Ordnung - Gedachte Ordnung: Ausgewählte Beiträge zu König, Kirche und Reich: aus Anlaß des 60. Geburtstages*, Ostfildern 2005, S. 335-359.

Arno Weinmann, *Braunschweig als landesherrliche Residenz im Mittelalter*, Braunschweig 1991.

Alois Weissthanner, Regesten des Freisinger Bischofs Ottos I. (1138-1158), in: *Analecta Sacri Ordinis Cisterciensis* 14 (1958), S. 151-222.

Horst Wenzel, *Höfische Repräsentation: symbolische Kommunikation und Literatur im Mittelalter*, Darmstadt 2005.

Karl Ferdinand Werner, Die Legitimität der Kapetinger und die Entsethung des ‚Reditus regni Francorum ad stirpem Karoli', in: *Die Welt als Geschichte* 12 (1952), S. 203-225.

Chris Wickham, The Sense of the Past in Italian Communal Narratives, in: *The Perception of the Past in Twelfth-Century Europe*, Paolo Magdalino (ed.), London 1992, pp. 173-189.

————, *Sleepwalking into a New World. The Emergence of Italian City Communities in the Twelfth Century*, Princeton 2015.

Helene Wieruszowski, *Neues zu den sogenannten Weingartener Quellen der Welfengeschichte*, in: Neues Archiv 49 (1930), S. 56-80.

Jürgen Wilke, *Die Ebstorfer Weltkarte*. Text- und Tafelband, Bielefeld 2001.

Michael Wilks (ed.), *The World of John of Salisbury*, Oxford 1984,1994.

Georg Winter, *Die Ministerialität in Brandenburg. Untersuchungen zur Geschichte der Ministerialität und zum Sachsenspiegel*, München/Berlin 1922.

Luise von Winterfeld, *Handel, Kapitel und Patriziat in Köln bis 1400*, Lübeck 1925.

Susanne Wittekind, *Altar – Reliquiar -Retabel: Kunst und Liturgie bei Wibald von Stablo*, Köln 2004.

Armin Wolf, Gervasius von Tilbury und die Welfen. Zugleich Bemerkungen zu Ebstorfer Weltkarte, in: Bernd Schneidmüller (Hg.), *Die Welfen und ihr Braunschweiger Hof im hohen Mittelalter*. Wiesbaden 1995, S. 407-439.

Armin Wolf, Kriterien zur Datierung der Ebstorfer Weltkarte, in: Nathalie Kruppa und Jürgen Wilke (Hgg.), *Kloster und Bildung im Mittelalter*, Göttingen 2006, S. 425-469;

Armin Wolf, Die „Ebstorfer Karte" und Gervasius von Tilbury – Ein Weltbild im Umkreis des Kaisers, in: Bernd Ulrich Hucker, Stefanie Hahn, Hans-Jürgen Derda (Hgg.), *Otto IV. – Traum vom welfischen Kaisertum*, Petersberg 2009, S. 195-206.

Gunther Wolf, Der »Honor Imperii« als Spannungsfeld von lex und sacramentum im Hochmittelalter, in: Gunther Wolf (Hg.), *Friedrich Barbarossa*, Darmstadt 1975, S. 297-322.

Jürgen Wolf, *Die Sächsische Weltchronik im Spiegel ihrer Handschriften. Überlieferung, Textentwicklung, Rezeption*, München 1997.

Heinz Wolter, *Arnold von Wied, Kanzler Konrad III. und Erzbischof von Köln*, Köln 1973.

Heinz Wolter, Das Privileg Leos IX. für die Kölner Kirche vom 7. Mai 1052 (JL. 4271), in: Egon Boshof, Heinz Wolter (Hgg.), *Rechtsgeschichtlich-diplomatische Studien zu frühmittelalterlichen Papsturkunden*, Köln/Wien 1976, S. 101-151.

—————, Die Verlobung Heinrichs VI. mit Konstanze von Sizilien im Jahre 1184, in: *Historische Jahrbuch* 105 (1985), S. 30-51.

—————, Der Mainzer Hoftag von 1184 als politisches Fest, in: Detlef Altenburg, Jörg Jarnut und Hans-Hugo Steinhoff (Hgg.), *Feste und Feiern im Mittelalter: Paderborner Symposion des Mediävistenverbandes*, Sigmaringen 1991, S. 193-199.

—————, Friedrich Barbarossa und die Synode zu Pavia im Jahre 1160, in: Stefan Weinfurter, Hanna Vollrath (Hgg.), *Köln: Stadt und Bistum in Kirche und Reich des Mittelalters: Festschrift für Odilo Engels zum 60. Geburtstag*, Köln 1993, S. 415-453.

Wolfgang Wulz, *Der spätstaufische Geschichtsschreiber Burchard von Ursberg. Persönlichkeit und historisch-politisches Weltbild*, Stuttgart 1982.

Peter Wunderli, Das Karlsbild in der altfranzösischen Epik, in: Karl der Große in den europäischen Literaturen (wie Anm. 6), S. 17-37.

Herbert W. Wurster, Das Bild Heinrichs des Löwen, in der mittelalterlichen Chronistik Deutschlands und Englands, in: Wolf-Dieter Mohrmann (Hg.), *Heinrich der Löwe*, Göttingen 1980, S. 407-439.

Frances A. Yates, *The Art of Memory*, London 1966.

Heinz Zatschek, Über Formularbehelfe in der Kanzlei der älteren Staufer, in: MIÖG 41 (1926), S. 93-107.

—————, Zu Petrus Diaconus. Beiträge zur Entstehungsgeschichte des Registers, der Fortsetzung der Chronik und der Besitzbestätigung Lothars III. für Monte Cassino, in: *Neues Archiv* 47 (1928), S. 174-224.

—————, *Wibald von Stablo, Studien zur Geschichte der Reichskanzlei und Reichspolitik unter den älteren Staufern* (= MIOG, Ergbd.10), 1928, S. 237-495.

Kurt Zeillinger, Zwei Diplome Friedrich Barbarossas für seine römischen Parteigänger (1159), in: DA 20 (1964), S. 568-581.

—————, Die Notare der Reichskanzlei in den ersten Jahren Friedrich Barobarossas, in: DA 22 (1966), S. 472-555.

—————, Friedrich Barbarossa, Wibald von Stablo und Eberhard von Bamberg, in: MIÖG 78 (1970), S. 210-223.

—————, Das erste Lehensgesetz Friedrich Barbarossas, das Scholarenprivileg (*Authentica Habita*) und Gottfried Viterbo, in: *Römische Historische Mitteilungen* 26 (1984), S. 191-217.

—————, Die Anfänge des Protonotariats in der Reichskanzlei unter den Frühstaufern, in: *Römische Historische Mitteilungen* 30 (1988), S. 53-86.

Hans-Ulrich Ziegler, Das Urkundenwesen der Bischöfe von Bamberg von 1007 bis 1139. Mit einem Ausblick auf das Ende des 12. Jahrhunderts, in: *Archiv für Diplomatik* 27 (1981), S. 1-110, 28 (1982), S. 158-189.

Detlev Zimpel, *Die Weltchronik Bischof Romualds von Salerno. Überlegungen zur Verfasserschaft und zum Anlaß der Abfassung*, in: Thomas Martin Buck (Hg.),

Quellen, Kritik, Interpretation. Festschrift für Hubert Mordek, Frankfurt am Main 1999, S. 183-193.

Paul Zinsmaier, *Die Urkunden Philipps von Schwaben und Otto IV. <1198-1212>*, Stuttgart 1969.

Sonja Zöller, Besitzkonzentration in einer mittelalterlichen Großstadt. Grund- und Hausbesitz der Kölner Familie Unmaze in der zweiten Hälfte des 12. Jahrhundert, in: (Hgg.) Uwe Bestmann, Franz Irsigler, Jürgen Schneider, *Hochfinanz, Wirtschaftsräume, Innovationen: Festschrift für Wolfgang von Stromer*, Auenthal 1987, S. 103-126.

―――, *Kaiser, Kaufmann und die Macht des Geldes: Gerhard Unmaze von Köln als Finanzier der Reichspolitik und der "Gute Gerhard" des Rudolf von Ems*, München 1993.

Thomas Zotz, Städtisches Rittertum und Bürgertum in Köln um 1200, in: Lutz Fenske, Werner Rösener, Thomas Zotz (Hgg.), *Institutionesn, Kultur und Gesellschaft im Mittelalter, Festschrift für Josef Fleckenstein*, S. 609-638, Sigmaringen 1984, S. 609-638.

―――, Königtum und Reich zwischen Vergangenheit und Gegenwart in der Reflexion von Herrscherurkunden des deutschen Hochmittelalters, in: Hans- Werner Goetz (Hg.), *Hochmittelalterliches Geschichtsbewußtsein im Spiegel nichthistoriographischer Quellen*, Berlin 1998, S. 237-255.

〈邦語文献〉

有光秀行「イングランド宮廷とケルト的周縁―ロジャ・オヴ・ハウデンに着目して」『宮廷と広場』刀水書房，2002 年，47-65 頁。

伊東俊太郎『12 世紀ルネサンス』岩波書店，1993 年。

岩村清太『ヨーロッパ中世の自由学芸と教育』知泉書館，2007 年。

岩波敦子「12 世紀の外交官・修道院長ヴィーハルトの生涯」宮崎揚弘編『続・ヨーロッパ世界と旅』法政大学出版局，2001 年，108-142 頁。

―――「中世における難破船」ルドルフ・フォン・エムス『善人ゲールハルト―王侯・騎士たち・市民たち』平尾浩三訳・編，慶應義塾大学出版会，2005 年所収，335-338 頁。

―――『誓いの精神史―中世ヨーロッパの《ことば》と《こころ》』講談社選書メチエ，2007 年。

―――「ライヒェナウのヘルマヌスと中世ヨーロッパにおける天文学写本の伝播」『慶應義塾大学言語文化研究所紀要』第 43 号（2012），43-67 頁。

―――「アバクスからアルゴリズムへ―ヨーロッパ中世の計算法の系譜」『慶應義塾大学言語文化研究所紀要』第 44 号（2013），43-68 頁。

―――「学知の旅，写本の旅―中世地中海世界における科学知の継受と伝播」，長谷部史彦編『地中海世界の旅人―移動と記述の中近世史』慶應義塾大学出版会，2014 年，83-107 頁。

――――「中世地中海世界における科学知の継承と占星術的天文学」神崎忠昭編『断絶と新生―中近世ヨーロッパとイスラームの信仰・思想・統治』慶應義塾大学出版会，2016 年，31-55 頁。

――――「適正な時の把握を目指して―カロリング朝の文教政策と暦算法（computus）論争」神崎忠昭・野元晋編『自然を前にした人間の哲学―古代から近代にかけての 12 の問いかけ』慶應義塾大学出版会，2020 年，165-195 頁。

――――「ハインリヒ獅子公の誕生―新たな統治者像の生成と伝統」『中世ヨーロッパの「伝統」テクストの生成と運動』赤江雄一・岩波敦子編，慶應義塾大学出版会，2022 年所収，149-202 頁。

――――「ときを記録する―中世ヨーロッパの時間意識と過去―現在―未来」徳永聡子編『神・自然・人間の時間―古代・中近世のときを見つめて』慶應義塾大学出版会，2024 年，55-88 頁。

神崎忠昭「『ローマの都の驚異 Mirabilia Urbis Romae』考―「ガイドブック」あるいは政治的文書」長谷部文彦編『地中海世界の旅人―移動と記述の中近世史』慶應義塾大学出版会，2014 年，109-136 頁。

北嶋繁雄「「ヴュルツブルクの宣誓」（一一六五年）について」『文學論叢（愛知大学人文社会学研究所）』48 (1972), 57-87 頁。

――――「ライナルト・フォン・ダッセル―一つの覚え書」『文學論叢（愛知大学人文社会学研究所）』100 (1992), 89-131 頁。

――――「ハインリヒ獅子公の失脚（1180 年）をめぐって（1）国制史的転期か」『文學論叢（愛知大学人文社会学研究所）』121 (2000), 51-76 頁。

――――「ハインリヒ獅子公の失脚（1180 年）をめぐって（2）国制史的転期か」『文學論叢（愛知大学人文社会学研究所）』122 (2000), 21-48 頁。

――――「ハインリヒ獅子公の失脚（1180 年）をめぐって（3）国制史的転期か」『文學論叢（愛知大学人文社会学研究所）』123 (2001), 17-52 頁。

――――「ケルンのアルヒポエタ（大詩人）について」『文學論叢（愛知大学人文社会学研究所）』128 (2003), 378-356 頁。

久保正幡「Liber Augustalis について」『法制史研究』32 (1982), pp. 1-16.

桑野聡「"Historia Welforum" の成立に関する諸問題―ヴェルフェンとヴァインガルテン修道院」『東海史学』28 (1993), 29-52 頁。

――――「ザクセンにおけるヴェルフェンの家系意識の形成―家系記述と政治状況の関連性に関する一考察」『西洋史学』179 (1995), 177-192 頁。

――――「1165 年のシュタウファー＝アンジュー二重婚姻協定―ヴェルフェン＝アンジュー同盟成立の背景」『郡山女子大学紀要』33 (1997), 71-90 頁。

櫻井康人『十字軍国家の研究―イェルサレム王国の構造』名古屋大学出版会，2020 年。

佐藤眞典『中世イタリア都市国家成立史研究』ミネルヴァ書房，2001 年。

柴田平三郎『中世の春―ソールズベリのジョンの思想世界』慶應義塾大学出版会，2002 年。

清水廣一郎「シチリア王国勅法集成」『西洋法制史料選Ⅱ　中世』134-143 頁。

甚野尚志『十二世紀ルネサンスの精神－ソールズベリのジョンの思想構造－』知泉書館，2009 年．
─── 「ライヒェナウ修道院の『記念書』─カロリング王権と祈禱兄弟契約」渡辺節夫編『ヨーロッパ中世の権力変成と展開』東京大学出版会，2003 年，7-40 頁．
高田京比子「第 3 章 支配のかたち」『イタリア都市社会史入門─12 世紀から 16 世紀まで』齋藤寛海・山辺規子・藤内哲也編，昭和堂，2008 年所収．
高橋理『ハンザ「同盟」の歴史─中世ヨーロッパの都市と商業』創元社，2013 年．
高山博『中世地中海世界とシチリア王国』東京大学出版会，1993 年．
─── 『中世シチリア王国の研究 異文化が交差する地中海世界』東京大学出版会，2015 年．
寺田龍男「ハインリヒ・フォン・ミュンヘンの『世界年代記』─研究の現状と課題」『北海道大学メディア・コミュニケーション研究』71 (2018)，111-142 頁．
中谷惣「中世イタリアのコムーネと司法」『史林』89 巻 3 号（2006 年），444-463 頁．
中平希『ヴェネツィアの歴史─海と陸の共和国』創元社，2018 年．
服部良久「宮廷集会の内と外─フリードリヒ・バルバロッサ即位初年の事例より」服部良久編著『コミュニケーションから読む中近世ヨーロッパ史』ミネルヴァ書房，2015 年，17-39 頁所収．
─── 『中世のコミュニケーションと秩序─紛争・平和・儀礼』京都大学学術出版会，2020 年．
早川良弥「中世盛期ドイツ貴族の家門意識─ヴェルフェン家の事例」前川和也編『家族・世帯・家門』ミネルヴァ書房，1993 年．
西川洋一「フリードリヒ・バルバロッサの証書における王権と法」『国家学会雑誌』98 巻 1・2 号（1985 年），1-80 頁．
─── 「12 世紀ドイツ王権の宮廷」渡辺節夫編『ヨーロッパ中世の権力変成と展開』東京大学出版会，2003 年．
藤崎衛『中世教皇庁の成立と展開』八坂書房，2013 年．
花田洋一郎『フランス中世都市制度と都市住民─シャンパーニュの都市プロヴァンを中心にして』九州大学出版会，2002 年．
山内進『北の十字軍』講談社，1997 年．
山辺規子「ポデスタ─イタリアの都市をつなぐ役人」イタリア史研究会編『イタリア史のフロンティア』昭和堂，2022 年，96-109 頁．
渡辺節夫「カペー王権と中央統治機構の発展」渡辺節夫編『ヨーロッパ中世の権力変成と展開』東京大学出版会，2003 年，147-183 頁．

ゲルト・アルトホッフ「紛争行為と法意識─12 世紀におけるヴェルフェン家」服部良久訳，服部良久編訳『紛争のなかのヨーロッパ中世』90-114 頁．
アライダ・アスマン『想起の空間─文化的記憶の形態と変遷』安川晴基訳，水声社，2007 年．
─── 『想起の文化─忘却から対話へ』安川晴基訳，岩波書店，2019 年．

イヴァン・イリイチ『テクストのぶどう畑で』岡部佳世訳, 法政大学出版局, 1995年.
ルドルフ・フォン・エムス『善人ゲールハルト—王侯・騎士たち・市民たち』平尾浩三訳・編, 慶應義塾大学出版会, 2005年.
エーディト・エネン『ヨーロッパの中世都市』佐々木克巳訳, 岩波書店, 1987年.
―――『ヨーロッパ都市文化の創造』佐々木克巳訳, 知泉書館, 2009年.
メアリー・カラザース『記憶術と書物—中世ヨーロッパの情報文化』柴田裕之(その他)訳, 工作舎, 1997年.
エルンスト・カントーロヴィチ『王の二つの身体』小林公訳, みすず書房, 1992年.
ディミトリ・グタス『ギリシア思想とアラビア文化—初期アッバース朝の翻訳運動』山本啓二訳, 勁草書房, 2002年.
E・グラント『中世における科学の基礎づけ』小林剛訳, 知泉書館 2007年.
カール・クレッシェル「カール・クレッシェル「中世の国制史と法制史」翻訳と解説」西川洋一訳,『国家学会雑誌』97巻7・8号(1984年), 530-569頁.
ハーゲン・ケラー「中世の伝承に見るヨーロッパ文字文化の発展—所見と考察(資料)」西川洋一訳,『大阪市立大学法学雑誌』37巻2号(1990年), pp. 265-287.
ティルベリのゲルウァシウス『西洋中世奇譚集成—皇帝の閑暇』池上俊一訳, 青土社, 1997年.
ジョルジュ・デュビー『ブーヴィーヌの戦い—中世フランスの事件と伝説』松村剛訳, 平凡社, 1992年.
フィリップ・ドランジェ『ハンザ—12 - 17世紀』奥村裕子他共訳, みすず書房, 2016年.
ウォルター・マップ『宮廷人の閑話』瀬谷幸男訳, 論創社, 2014年.
ジェフリー・オヴ・モンマス著『ブリタニア列王史—アーサー王ロマンス原拠の書』瀬谷幸男訳, 南雲堂, 2007年.
ペーター・ランダウ「アルキポエタ:ドイツの最初の詩人法律家—バルバロッサ期の政治的詩人の同定のために」西川洋一訳,『国家学会雑誌』124巻7・8号(2011年), 545-597頁.
ピエール・リシェ『ヨーロッパ成立期の学校教育と教養』岩村清太訳, 知泉書館, 2002年.
カール・ヨルダン『ザクセン大公ハインリヒ獅子公—中世北ドイツの覇者』瀬原義生訳, ミネルヴァ書房, 2004年.

図 版 一 覧

――――――――

図 1-1　アバクス計算表
　　Menso Folkerts, *The Names and Forms of the Numerals on the Abacus in the Gerbert Tradition*, Fig. 4, in: idem, *Essays on Early Medieval Mathematics*, Aldershot 2003 より

図 1-2　悪魔と手を結んだ人物として描かれた教皇シルウェステル 2 世（ゲルベルトゥス）
　　Pope Silvester II. and the Devil. Miniature from Martinus Oppaviensis' *Chronicon pontificum et imperatorum*, Cod. Pal. germ. 137, fol. 216v

図 1-3　バースのアデラルドゥスによるエウクレイデスの『原論』のラテン語訳
　　大英図書館所蔵 Burney 275, fol. 293r, 1309-16 年

図 1-4　アルマゲストのラテン語写本
　　フランス国立図書館所蔵 BNF Ms. lat. 16200, fol.1, 1210-20 年頃

図 2-1　アバクス計算表に記載されているグーバー記号
　　Menso Folkerts, *"Boethius" Geometrie II: ein mathematisches Lehrbuch des Mittelalters*, Franz Steiner 1970, Taf. 1.

図 2-2　フィボナッチが著した『計算の書 *Liber Abaci*』
　　フィレンツェ国立図書館所蔵 Codice magliabechiano cs cl, 2616, fol. 124r

図 2-3　ロンバルディア諸都市①
　　Knut Görich, *Friedrich Barbarossa: eine Biographie*, München 2011, p. 339 より作成

図 2-4　ロンバルディア諸都市②
　　Knut Görich, *Friedrich Barbarossa: eine Biographie*, München 2011, p. 376 より作成

図 3-1　ヴィテルボのゴットフリートの『パンテオン』の挿絵
　　フランス国立図書館所蔵 BNF Ms. lat. 4895 A, fol. Av.
　　（Knut Görich, *Friedrich Barbarossa: eine Biographie*, München 2011, p. 205 より作成）

図 3-2　1138 年 4 月 11 日国王コンラート 3 世がスタブロ修道院に発給した証書（DKo III. 5）
　　Münchener Digitalisierungszentrum (MDZ)
　　https://www.digitale-sammlungen.de/de/view/bsb00009144?page=179

図 4-1　ハインリヒ獅子公のザクセン

図 4-2　ブラウンシュヴァイクの獅子像
　　　https://commons.m.wikimedia.org/wiki/File:Braunschweiger_Loewe_Original_Brunswick_Lion.jpg#mw-jump-to-license
図 4-3　ハインリヒ獅子公が鋳造させた貨幣
　　　Joachim Ehlers, *Heinrich der Löwe. Der ehrgeizige Welfenfürst*, Darmstadt 2021, S. 264, Nr. 3 より作成
図 4-4　ブラウンシュヴァイクの都市印章 1231 年
　　　https://commons.m.wikimedia.org/wiki/File:Braunschweig_Stadtsiegel_von_1231_Faksimileabdruck_2_11a_A_I_1_3_1231_7_(Stadtarchiv_Braunschweig).JPG#mw-jump-to-license
図 4-5　『ザクセン世界年代記 *Sächsische Weltchronik*』のキアヴェンナの会見の様子
　　　Sächsische Weltchronik, 13 世紀末, Bremen, Staats- und Universitätsbibliothek, msa 0033, fol. 88va
図 4-6　『ザクセン世界年代記』の写本（14 世紀初頭）に描かれた 1184 年マインツの宮廷祝祭での刀礼の様子
　　　Staatsbibliothek Preußischer Kulturbesitz, Ms. germ. fol. 129, fol. 112r
図 4-7　『ヴェルフェン家の歴史』に挿入された家系図
　　　Fulda, Hochschul- und Landesbibliothek, Handschrift D 11, fol. 13v
図 4-8　ハインリヒ獅子公のコンスタンティノープル訪問とイェルサレム巡礼行路
　　　Joachim Ehlers, *Heinrich der Löwe. Der ehrgeizige Welfenfürst*, Darmstadt 2021, S. 201 より作成
図 4-9　イェルサレムの聖墓教会への寄進証書
　　　Joachim Ehlers, *Heinrich der Löwe. Der ehrgeizige Welfenfürst*, Darmstadt 2021, S. 207 より作成
図 4-10　ハインリヒ獅子公の戴冠図
　　　Krönungsbild Evangeliar Heinrichs des Löwen, Wolfenbüttel, Herzog August Bibliothek, Cod. Guelf. 105 Noviss. 2°, fol. 171v
図 4-11　ハインリヒ獅子公とマティルデの墓像
　　　Joachim Ehlers, *Heinrich der Löwe. Der ehrgeizige Welfenfürst*, Darmstadt 2021, S. 391 より作成
図 4-12　エプストルフ世界地図（1300 年頃制作）の複写図
　　　https://commons.m.wikimedia.org/wiki/File:Ebstorfer-stich2.jpg#mw-jump-to-license
図 5-1　『ケルン国王年代記』に描かれたシュヴァーベンのフィリップ
　　　Brüssel, Bibliothèque Royale, Ms. 467, 13 世紀
図 5-2　帝国権標（王冠，宝珠，王笏）を持つ皇帝フリードリヒ・バルバロッサとハインリヒ 6 世（向かって左側）とシュヴァーベン大公フリードリヒ
　　　『ヴェルフェン家の歴史』Fulda, Hochschul- und Landesbibliothek, Handschrift D

11, fol. 14r
図 5-3 『ザクセン世界年代記』の写本（14 世紀初頭）に描かれたシュヴァーベンのフィリップの暗殺場面
Staatsbibliothek Preußischer Kulturbesitz, Ms. germ. fol. 129, fol. 117v
図 5-4 ブラウンシュヴァイク聖堂にあるハインリヒ獅子公もしくはオットー 4 世と考えられている彫像
https://de.m.wikipedia.org/wiki/Otto_IV._(HRR)
図 6-1 『鷹狩の書 De arte venandi cum avibus』息子マンフレッドに献呈された写本に描かれたフリードリヒ 2 世
Bibliotheca Vaticana, Pal. lat. 1071
地図　12／13 世紀のヨーロッパ中央部
付録　ヴェルフェン家・シュタウフェン家家系図

年表

年月	帝国（ドイツ）領土内の動き	外交上の動き	文化活動
1100頃			『ローランの歌 Chanson de Roland』
1122		ヴォルムスの協約	
1125/26			『ヴェルフェン家の系譜 Genealogia Welforum』
1131-37			『ローマ帝国の威厳の書 Liber dignitatum Romani imperii』
1132/37			„sächsiche Welfenquelle"
1140-43			『都市ローマの驚異 Mirabilia Urbis Romae』
1142	ハインリヒ獅子公へのザクセン大公領授封		
1144		ローマの元老院の復活	
1146			フライジングのオットーによる『年代記あるいは二つの国の歴史』
1147		ヴェンド十字軍	
1150頃			『皇帝年代記 Kaiserchronik』
1150頃			偽テュルパン Pseudo-Turpin の『カール大帝とロトランドの歴史 Historia Karoli Magni et Rotholandi』
1152	フリードリヒ・バルバロッサのドイツ国王戴冠		
1153		コンスタンツの協約	
1154/55		第1次イタリア遠征	
1155.4		フリードリヒ・バルバロッサによるトルトーナ破壊	
6	フリードリヒ・バルバロッサがローマで皇帝戴冠		
7		フリードリヒ・バルバロッサによるスポレト制圧	
9		フリードリヒ・バルバロッサによるヴェローナ攻撃	
1155/56			『都市トルトーナの破壊について De Ruina civitatis Terdonae』
1156	ハインリヒ獅子公にバイエルン大公領授封		
1156		privilegium minus によるオーストリア大公領 ducatus Austrie への格上げ	

年月	帝国（ドイツ）領土内の動き	外交上の動き	文化活動
1157	ブザンソンの帝国会議（beneficium をめぐる衝突）		
1157/58	ハインリヒ獅子公によるミュンヘンの建設		
1158-		第2次イタリア遠征	
1158.8		フリードリヒ・バルバロッサによるブレーシア破壊，ミラノ包囲	
9		ミラノを制圧	
11		ロンカリア立法の公布	
1159.4		ミラノ市民を帝国の反逆者として宣告	
7		フリードリヒによるピアチェンツァ破壊，クレーマ包囲	
9		二人の教皇アレクサンデル3世とウィクトル4世の選出	
1159	ダッセルのライナルトがイタリア大尚書官長を兼ねるケルン大司教に選出		
1159	リューベックの建設		
1160.1		フリードリヒによるブレーシア破壊，ミラノ包囲，クレーマ破壊	
2		フリードリヒがパヴィーアにて教会会議を招集 ウィクトル4世を正式な教皇と宣言	
3		アレクサンデル3世によるフリードリヒ破門宣告	
1160			フライジングのオットーとラヘヴィンによる『皇帝フリードリヒ1世の事績』
1160		オボトリ族の領土征服	
1161.8		フリードリヒによるミラノ包囲	
1161/64-			モレーナのオットーとその息子アケルブスによる『皇帝フリードリヒの事績についての書』
1162.3		フリードリヒによるミラノ破壊	
4		ピサとの協約	
6		ジェノヴァとの協約	
6		フリードリヒとラヴェンナのコンスルの選出，任命に関する協約	

年月	帝国（ドイツ）領土内の動き	外交上の動き	文化活動
6		フリードリヒとクレモナのコンスルの選出，任命に関する協約	
6		トマス・ベケットがカンタベリー大司教に叙任	
1162.8/9		フリードリヒ・バルバロッサとルイ7世のサン・ジャン・ドゥ・ローヌにおける会見の企て	
1162/65頃			匿名の詩人『ロンバルディアにおける皇帝フリードリヒ1世の事績の歌 Carmen de gestis Frederici I imperatoris in Lombardia』
1163		第3次イタリア遠征	
1163-72			ボーザウのヘルモルトの『スラブ年代記 Chronica Slavorum』
1163/73-1294			カッファーロとオベルトによる『ジェノヴァ編年誌』
1164		ヴェローナ都市同盟の結成	
1164-76/81			ブラウンシュヴァイクの獅子像の建造
1165 聖霊降臨祭	ヴュルツブルクの誓約		
		ハインリヒ獅子公とイングランド国王ヘンリ2世の王女マティルデとの婚約	
1165/66-78以降			枢機卿ボゾによる『アレクサンデル3世の生涯 Vita Alexandri III.』
1165.12	カール大帝の列聖 canonizatio		
1166-70	ザクセン戦争		
1166.1		第4次イタリア遠征	
1167		フリードリヒのトゥスクルムでの勝利	
		アレクサンデル3世ベネヴェントに亡命，シチリア国王の庇護を受ける	
7		パスカリス3世教皇に登位	
8		ローマ市民，皇帝に誠実誓約を立てる	
12		ロンバルディア同盟の結成	
1167-74 (1170頃)			『ヴェルフェン家の歴史 Historia Welforum』

年月	帝国（ドイツ）領土内の動き	外交上の動き	文化活動
1168-80 (1170頃)			僧コンラートの『ロランの歌』
1168		ハインリヒ獅子公とイングランド国王の娘マティルデとの結婚	
1170頃			アルヒポエタの『カール大帝の生涯 Vita Karoli Magni』
1172		ハインリヒ獅子公コンスタンティノーブルとイェルサレムへ遠征	
1173/74-88/89			『ハインリヒ獅子公の福音書』
1174		第5次イタリア遠征 フリードリヒによるアレッサンドリア包囲	
1175.4		フリードリヒと都市同盟間でモンテベッロにて和平交渉開始	
1176	フリードリヒ・バルバロッサとハインリヒ獅子公がキャヴェンナで会見		
1176	レニャーノの戦いへの参戦をハインリヒ獅子公拒否		
1176.5		フリードリヒがレニャーノの戦いで敗北	
1177以前			『メルローズ年代記 Ex Annalbus Melrosensibus』
1177			『ロンバルディアの圧搾と服従に関する匿名のミラノ市民の叙述』
1177夏		ヴェネチアの和約締結	
1178	ケルン大司教フィリップとハインリヒ獅子公間の武力衝突		
1178以降			サレルノ大司教ロムアルドによる『世界年代記』
1179.6	マクデブルクの宮廷会議 フリードリヒとハインリヒ獅子公とのハルデンスレーベンでの会談 colloquium		
8	ハラーフェルトで開始されたフリードリヒとハインリヒ獅子公の武力衝突		
1180.1	ヴュルツブルクの宮廷会議でハインリヒ獅子公に有罪宣告		
3月-4月	ゲルンハウゼンの宮廷会議でザクセン大公領の剥奪決定		

年月	帝国（ドイツ）領土内の動き	外交上の動き	文化活動
4月13日	ゲルンハウゼン証書の発給 皇帝対ハインリヒ獅子公の武力衝突		
1180 以降			ヴィテルボのゴットフリートによる『フリードリヒの事績 Gesta Friderici』
1181.11	エアフルトの宮廷会議でハインリヒ獅子公恭順を示す		
1182-84	ハインリヒ獅子公追放，ノルマンディー滞在		
1183.6		コンスタンツの和約締結 ロンバルディア同盟の拠点アレッサンドリアのカエサリーナへの改名	
1183 頃			ヴィテルボのゴットフリートによる『君侯の鏡 Speculum regum』
1184 聖霊降臨祭	マインツの宮廷会議／祝祭		
1184-85	ハインリヒ獅子公イングランド滞在		
1186		皇太子ハインリヒ6世とシチリア王女コンスタンツェとの結婚	
1186/87			詩人グンテルによる歴史叙事詩『リグリヌス Ligurinus』
1187/88			ヴィテルボのゴットフリートによる『パンテオン Pantheon』
1189	ハインリヒ獅子公2回目の追放		
1190.6	フリードリヒ・バルバロッサが小アジアのサレフ川で死亡		
7	ハインリヒ6世とハインリヒ獅子公フルダで和平締結		
1191/92	ザクセンでの武力衝突		
1192		リチャード獅子心王がオーストリア大公レオポルトによって捕えられる	
1194	ハインリヒ獅子公と皇帝ハインリヒ6世の和解		
1195 以降			『シュテーターブルク編年史 Annales Stederburgenses』
1196 以降			ニューバラのウィリアムによる『イングランドの歴史 Historia Anglorum』

年月	帝国（ドイツ）領土内の動き	外交上の動き	文化活動
1197.9	皇帝ハインリヒ6世メッシーナで死亡		
1197	シュヴァーベンのフィリップとビザンツ皇女イレーネ（マリア）と結婚		
1198.3	シュヴァーベンのフィリップがテューリンゲンで国王に選出		
6	オットーがケルンで国王に選出		
7	オットーがアーヘンでケルン大司教アドルフによって国王に戴冠		
9	シュヴァーベンのフィリップがマインツで国王に戴冠		
1199.4		リチャード獅子心王がポワトゥで死亡	
12	シュヴァーベンのフィリップがマクデブルクで宮廷祝祭開催		
1199以降			ディスのラルフによる『歴史叙述 Ymagines Historiarum』
1200.5		ル・グレ Le Goulet でのフランス国王フィリップとイングランド国王ジョンの盟約	
1201.6		ノイス Neuß でのオットー4世と教皇の盟約	
1201以降			『ハウデンのロジャーの年代記 Chronica Magistri Rogeri de Houedene』
1202.9		オットーとジョンが同盟締結	
1202			ピサのフィボナッチによる『計算の書 Liber Abaci』
13世紀初頭			『聖ブラジウスのオットーの年代記 Ottonis de Sancto Blasio Chronica』
1205.1	シュヴァーベンのフィリップがアーヘンでケルン大司教アドルフによって国王に戴冠		
1206.7	ヴァッセンブルクの戦いでオットー敗北		
1208.6	フィリップがバンベルクでヴィッテルスバッハのオットーによって暗殺		
1208/25			エムスのルドルフによる中高ドイツ語の『善人ゲールハルト der guote Gêrhart』

年月	帝国（ドイツ）領土内の動き	外交上の動き	文化活動
1209.1	オットーが皇帝に戴冠		
5	対立国王シュヴァーベンのフィリップの娘ベアトリクスとオットーの結婚協定締結		
1209.10	オットーがローマで皇帝に戴冠		
1210.10		教皇インノケンティウス3世がオットーを破門	
1210			リューベックのアーノルトの『スラブ年代記 Chronica Slavorum』
1212.12	フリードリヒ2世がマインツでマインツ大司教によって国王に戴冠		
1214.7		ブーヴィーヌ Bouvines の戦い	
1215.6		マグナ・カルタの発布	
7	フリードリヒ2世がアーヘンでマインツ大司教によって国王に戴冠		
11		第4回ラテラノ公会議	
1215			カール大帝の聖遺物入れ
1218.5	オットー4世死亡		
1219/23			ハイスターバッハのカエサリウス『奇跡の対話』
1220	フリードリヒ2世ローマで教皇ホノリウス3世によって戴冠		
1220 頃			『ケルン国王年代記 Chronica regia Coloniensis』
1229/30			ウルスベルクのブルヒャルトの『年代記』
1229/33			『聖ミカエリス年代記 Chronicon S. Michaelis』
1230/40-60/70			『ザクセン世界年代記 Sächsische Weltchronik』
1230-75			『ザクセン世界年代記 Sächsische Weltchronik』
1240 年代			『鷹狩の書 De arte venandi cum avibus』
1269/77			『ブラウンシュヴァイク君侯年代記 Chronica principum Brunsvicensium fragmentum』
1279/92-98			『ブラウンシュヴァイク韻文年代記 Braunschweiger Reimchronik』

年月	帝国（ドイツ）領土内の動き	外交上の動き	文化活動
1283/94			『ハインリヒ大公の歴史 *Historia de duce Hinrico*』
1291			『ブラウンシュヴァイク公年代記 *Cronica ducum de Brunswick*』
13世紀末			『ザクセン君侯年代記 *Chronica principum Saxoniae*』
-1300頃			エプストルフ世界地図

ヴェルフェン家・シュタウフェン家 家系図

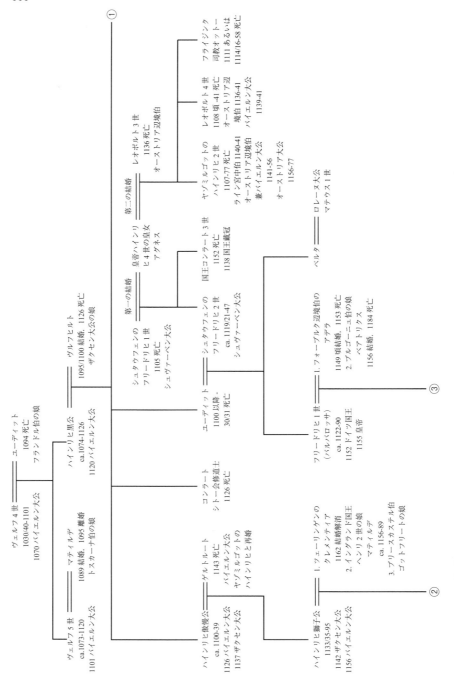

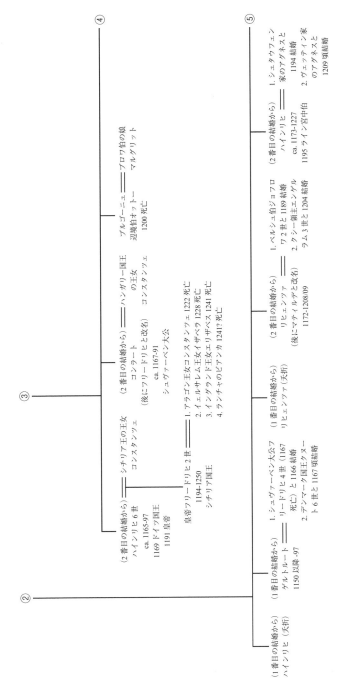

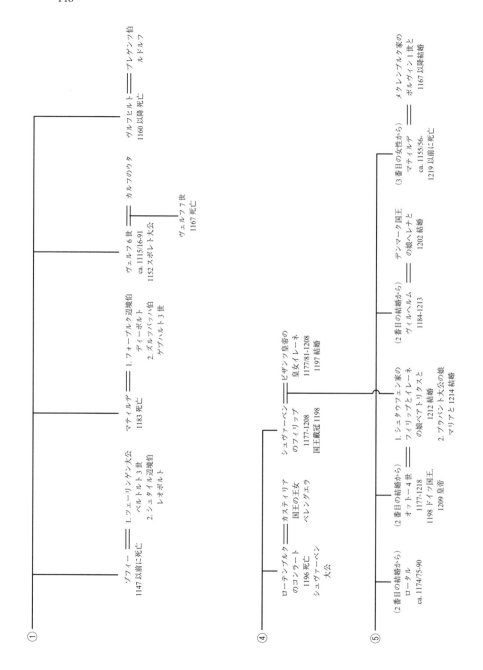

あとがき

　一冊の書物は，今も昔も多くの人々の協同作業の賜物である。中世ヨーロッパの人々が，書物を書き記す支持体と呼ばれる羊皮紙などの獣皮紙を鞣し，ペンを削り，インクとなる植物や岩石などをつぶして材料を揃えたように，現代に生きる私たちもまた，多くの人々の協力を得て，一冊の書物を世に出すことができる。

　書物で提示されている考察もまた，執筆者一人だけの力で生み出されるわけではない。アイザック・ニュートンのことばとして知られるようになった「私たちは先人たちの肩に乗っている小人のようなものである」という格言は，12世紀の神学者シャルトルのベルナルドゥスのことばだが，「テクストを編む」とは，それぞれのトピックに関する先人たちの考察を辿りながら，先人たちとの対話を通じて現在の立脚点を問い直し，新たな視点で紡ぎ直す行為を意味している。

　拙著においても，筆者のこれまでの考察の積み重ねと，多くの方々の協力を得て，今ある形でまとめ上げることが可能となった。

　膨大な資料の収集に関しては，勤務校である慶應義塾大学メディアセンターの迅速かつ献身的なサポートのお蔭で，学内所蔵の書籍ばかりでなく，国内外の貴重な資料を入手することができた。国内では，提携を結んでいる早稲田大学図書館の他，東京大学，一橋大学，北海道大学をはじめ数多くの大学図書館から借りた書物を繙きながら，手にしている資料の所蔵にあたって力を尽くされたのはあの先生だろうか，この先生だろうかと，先生方の顔を想い浮かべながら，頁を捲っていた。お世話になって来たたくさんの方々のお名前をここでお一人お一人挙げることは叶わないが，資料収集に当たって手間を惜しまず入手先を探してくださったメディアセンターの方々に，この場をお借りして心から御礼申し上げたい。

　各トピックの考察に当たっては，2002年ベルリン自由大学に受理さ

れた博士論文の他，これまで参加させていただいた各研究会での成果を活用している。とりわけ1998年以来断続的に参加してきた慶應義塾大学言語文化研究所の公募研究では，分野横断的なテーマのもと，哲学，西洋古典学，言語学，文学，歴史学，美術史を専門とする様々な学術機関に所属する優れた研究者が集い，多角的な視座からの知見を交換するという贅沢な機会に恵まれた。知の交流の場の形成を目指すという新たな試みである公募研究に，当時専任講師の私を誘ってくださった，アウグスティヌス研究で知られる故中川純男先生の，若手研究者にチャンスを与えようというお気持ちに少しでも応えることができていればと願うばかりである。

本書第Ⅳ章「君侯を描く，君侯が描く」は，前述の公募研究の成果として慶應義塾大学言語文化研究所が刊行した『中世ヨーロッパの「伝統」──テクストの生成と運動』（赤江雄一・岩波敦子共編，慶應義塾大学出版会，2022年3月）収録の「ハインリヒ獅子公の誕生──新たな統治者像の生成と伝統」に節を増やし，大幅加筆した論稿である。同様に，『神・自然・人間の時間──古代・中近世のときを見つめて』（徳永聡子編，慶應義塾大学出版会，2024年3月）収録の「ときを記録する──中世ヨーロッパの時間意識と過去 - 現在 - 未来」は，第Ⅲ章11節「移り変わりゆくときへの関心の高まりと今を見つめるまなざし」に反映されている。

刊行に際して，知泉書館の小山光夫社長と編集を担当してくださった松田真理子さんから様々な形で篤いサポートを頂戴した。学術出版に関する小山さんのお話はいつも楽しく，長く学術出版に携わってこられた編集者ならではの視点は，自分の視座に拘泥しがちな研究者にとって貴重な示唆を与えてくれた。一歩前へ進むための道標を絶妙なタイミングで示してくださった担当の松田真理子さんには，編集作業は勿論，領邦君主，諸侯間で複雑に絡み合う婚姻関係を示す家系図を分かり易く作成して下さるなど，要所要所でお力添えを頂いた。調べれば調べるほど次の課題が見えてくる作業の中で，「時間の許す限り，納得のいく校正をして下さい。」というご助言に，どんなに勇気づけられたことだろう。優れた編集者に恵まれることは，良き伴走者を得たマラソンランナーに似ている。本書が世に出ることができたのは，お二人をはじめ，出校，印刷，装丁など刊行に向けた作業に携わってくださった方々のお蔭であ

る。

　大学在学中に父を亡くし，その後国内外の奨学金を受給しながら研究の道を志すことができた。奨学事業は金銭的援助に留まらず，自分の可能性を信じる力を与えてくれる。これまでご支援くださったすべての関係者に，この場をお借りして心から御礼申し上げる。

　今年10月に米寿を迎える母に，これまでの感謝を込めて拙著を捧げたい。人生の分岐点でどんな道を選んでも，「やめておいたら」ということばを母からは聴いたことがないように思う。そして最後に，仕事優先の私の我儘をいつも我慢してくれている家族に感謝のことばを伝えたい。

　2024年夏

岩　波　敦　子

人名索引

ア 行

アヴェロエス（イブン・ルシュド）Averroes（1126-98） 9, 16
アウグスティヌス Augustinus 205
アウルス・ゲッリウス Aulus Gellius 154
アキテーヌ公ギョーム10世 293
アグネス Agnes（ライン宮中伯コンラートの娘） 264
アケルブス Acerbus 96 f.
アブー・マアシャル Abū Ma'šar（787-886） 15
アラゴン国王ペドロ Pedro 348
（アキテーヌの）アリエノール Aliénor（c. 1124-1204） 44, 293, 300
アリストテレス Aristoteles 11, 16 ff.
アルキメデス Archimedes 11, 15
アル＝キンディー Alchindus（c. 801-c. 866） 11,
アル＝ザルカーリー Al=Zarqali 11
アル＝ファーラービー Alpharabius（c. 870-950） 11,
アル＝ファルガーニー Alfraganus 11
アル＝フワリズミー Al-Khuwarizmi（c. 780-c. 850） 8, 11
アルチュール Arthur（リチャード獅子心王とジョン欠地王の甥） 331
アルヌルフ Arnulf 68
アルバート Albert（帝国尚書局書記） 141
アルヒポエタ Archipoeta 87, 196, 303
アルプハイム Alpheim のハインリヒ 52
アルプレヒト熊公 Albrecht der Bär 35, 221, 226
アレクサンデル3世 Alexander III.（ロランド・バンディネッリ）（教皇在位 1159-81） 29, 31 f., 33 ff., 76 f., 120, 164, 258, 268, 300, 304
アンジュー伯ジョフリ 299
アンデックス Andechs 辺境伯ベルトルド Berthold 266
アンハルト Anhalt のベルンハルト 253
イブン・アル＝ハイサム Ibn al-Haitham 11
イルチェスター Ilchester のリチャード 39 ff.
イルネリウス Irnerius（1125年以降死亡） 104 f.
（皇妃）イレーネ Irene（ズルツバッハ Sulzbach のベルタ Bertha） 155
インノケンティウス3世 Innocentius III.（在位 1198-1216） 316, 318 ff., 332 f., 336, 343 f., 352, 367
ヴァイダ Weida のハインリヒ 273
ヴァルケンリート Walkenried 修道院長フリードリヒ 355
ヴァルター・フォン・デア・フォーゲルヴァイデ Walther von der Vogelweide 365, 367, 369
ヴァルデマール Waldemar（デンマーク国王クヌート6世の弟） 263
ヴァレリウス・マクシムス Valerius Maximus 155
ヴィート Wied 伯家のアーノルト Arnold（c. 1098-1156） 141, 144 f.
ヴィーバルト Wibald 49, 68, 139, 143 ff., 179 ff., 193
ヴィエンヌ・スル・ル・ローヌ Vienne-sur-le-Rhône 伯ジェラール Gérard

人 名 索 引

254
ウィクトル 4 世 Victor IV.（在位 1159-64）　29, 30, 32, 33 ff., 164
ヴィッテルスバッハ Wittelsbach のオットー 6 世 Otto VI.（バイエルン宮中伯 1156-80; バイエルン大公 1180-83）　62, 248
ヴィッテルスバッハ Wittelsbach のオットー 7 世 Otto VII.（バイエルン宮中伯 1180-89）　248
ヴィッテルスバッハ Wittelsbach のオットー 8 世 Otto VIII.（バイエルン宮中伯 1189-1208）　340
ヴィッテルスバッハ Wittelsbach のコンラート Konrad（マインツ大司教 1162-/65, 1183-1200; ザルツブルク大司教 1177-83）　171
ヴィテルボ Viterbo のゴットフリート Gottfried（1125 年頃 -91 以降死亡）　86, 110, 141 f., 162 ff., 196, 279
ウィトルウィウス Vitruvius　12
ヴィレハルム Willehalm　323 ff., 330
ヴィンターシュテッテンのコンラート　329
ウェールズ Wales のゲラルドゥス Gerardus　204
ヴェネチアのジャコモ Jacomo　17
ヴェルティンゲローデ Wöltingerode のブルヒャルト Burchard　266
ヴェルティンゲローデ Wöltingerode のホイヤー Hoyer　266
ヴェルティンゲローデ Wöltingerode のリュドルフ Liudolf　266
ヴェルニンゲローデ Wernigerode のアダルベルト Adalbert　266
ヴェルフ 2 世（肥満公）　222
ヴェルフ 6 世 Welf VI.　232 f., 238, 278
ヴェルフ 7 世 Welf VII.　47, 232 f.
ヴェルペ Wölpe のベルンハルト Bernhard　266
ウェンドーヴァー Wendover のロジャー Roger（-1236）　349
ウォルター・マップ Walter Map（c. 1130-1209/10）　49
ヴォルトヴィン Wortwin（帝国尚書局筆頭書記官）　79, 139, 141, 158 ff., 187
ヴォルムス Worms 司教コンラート Konrad　77, 79, 161, 287
ウトレーデ Uthlede のハルトヴィッヒ Hartwig　268
ヴュルツブルク司教エンブリヒョ Embricho　198
ヴュルツブルク Würzburg 司教ハインリヒ 2 世 Heinrich II.　160
ヴュルツブルク Würzburg 司教ヘロルト Herold　160
ヴュルツブルク（ヴィーゼンバッハ Wiesenbach?）のハインリヒ Heinrich（帝国尚書局筆頭書記官）　150, 158, 195
ウルスベルク Ursberg のブルヒャルト Burchard（c.1177-c.1231）　87, 279 f., 341, 367
ウルバヌス 3 世 Urbanus III.　162, 165, 199
ウルリヒ B　Ulrich B（帝国尚書局書記）　187
エーレーネ Erene　324
エフーシュタイン Everstein のアダルベルト Adalbert　266
エウクレイデス Euclides　8, 10 ff.
エウゲニウス 3 世 Eugenius III.（在位 1145-53）　24, 52, 145, 150 f.
エティヒョ Eticho　274
エドワード証聖王 Edward the Confessor　43
エノー Hainaut 伯ボードゥアン 5 世 Balduin V.　251, 256
エムス Ems のルドルフ Rudolf（c.1200-c.1254）　329
エメサ Emesa のネメシウス Nemesius　199

人 名 索 引

エンマ Emma（ロンスレー女子修道院長） 176
オーストリア辺境伯レオポルト3世 Leopold III. 204
オーストリア辺境伯レオポルト4世 Leoplod IV. 221
オーストリア公レオポルト5世 Leoplod V.（在位 1177-94） 253, 261, 264
オーベルク Oberg(e) のアイルハルト Eilhart 294
オーリャック Aurillac のゲルベルトゥス（シルウェステル2世）Gerberus（Silvester II.）（c. 946-1003） 6, 10
オウィディウス Ovidius 155
オクスフォードのジョン John 39 ff.
オゲリオ・パーネ Ogerio Pane 95
オスナブリュック Osnabrück 司教アーノルト Arnold 242, 245
オットー大帝 Otto der Große（912-73） 322, 328 ff., 330
オットー2世 Otto II.（955-83） 184
オットー4世 Otto IV.（1175/76-, 国王 1198-, 皇帝 1209-18） 241, 316 ff., 329, 334, 339 f. 345 ff., 364, 369
オットボーノ・スクリボ Ottobono Scribo 95
オットーボイレン Ottobeuren 修道院長イジングリム Isingrim 205
オベルト Oberto Nasello/Obertus Nasellus 92ff.
オリゲネス Origenes 155
オルデリクス・ウィタリス Ordericus Vitalis（1075-c.1142） 200
オルデンブルク Oldenburg のクリスティアン Christian（アッセル Assel 伯） 226
オロシウス Orosius 205

カ 行

ガーランディア Garlandia のエティエンヌ Étienne 189 f.

カール大帝 Karl der Große（747/748-, 皇帝在位 -814） 4, 43, 303, 366
カッファーロ Caffaro di Rustico da Caschifellone 92ff.
カリンティア Carinthia のヘルマヌス Hermanus 15
カルキディウス Calcidius 13
ガレノス Galenos 10
カンタベリー Canterbury 大司教テオバルト Theobald（在位 1139-61） 32, 37, 211
カンタベリーのゲルウァシウス Gervasius（-c. 1210） 281
カンブレ司教ロゲルス 254
キケロ Cicero 146, 154, 179, 182
騎士ゲールハルト Gerhart miles（de curia/ante curiam） 324
ギラルドゥス・ペスタ Girardus Pesta 112
グエルキオ（ギュルツイオ）のヘンリクス（ヘンリコ）Henricus Guercio 81
ギラルドゥス・カンブレンシス Giraldus Cambrensis 281
グインテルムス Guintelmus 30, 364
クヴェアフルト Querfurt のコンラート Konrad 333
クニグンデ Kunigunde（シュヴァーベンのフィリップの娘，ヴィッテルスバッハのオットーと婚約，後にボヘミア国王ヴェンツェル1世と結婚） 340
クヌート6世 Knut VI.（デンマーク国王在位 1182-1202） 262 f.
グラーン大司教ルカ Luka 287
（シチリア国王）グリエルモ1世 Guglielmo I.（c. 1121-66） 121
（シチリア国王）グリエルモ2世 Guglielmo II.（c. 1153-89） 79, 132, 144, 258, 263
グレゴリウス7世 Gregorius VII.（1073-85） 91, 205

454　人名索引

グレゴリウス 8 世 Gregorius VIII.
　（1187.10-1187.12）　164 f.
クレモナ Cremona のゲラルドゥス
　Gerardus（c. 1114-87）　9, 10 f.,
　15 f.
クレルヴォー Clairevaux のベルナルドゥ
　ス Bernardus　150, 204
グロースター Gloucester 伯ロバート
　Robert　210
グロイチュ Groitsch 伯デード Dedo
　131
クレメンティア Clementia（ツェーリン
　ゲン大公コンラートの娘；ハインリ
　ヒ獅子公の最初の妻）　226
ゲルトルート Gertrud（コンラート 3 世
　妃）　155
ゲルトルート Gertrud（ハインリヒ傲慢
　公妃）　300
ゲルノート Gernot（マインツ大司教書
　記）　171 f., 19
ゲールハルト・ウンマーセ Gerhard
　Unmaße　322 ff., 325 ff.
ケルン Köln 大司教ハインスベルク
　Heinberg のフィリップ Philipp（在
　位 1167-1191）　79, 237 f., 242 ff.,
　249, 253, 255, 315, 325, 327
ケルン Köln 大司教アルテナ Altena のア
　ドルフ Adolf　314, 316, 319, 336
　ff., 366
ケルン Köln 大司教ブルーノ Bruno　337
ケレスティヌス Coelestinus 3 世（在位
　1191-98）　264
ゲロルト Gerold（オルデンブルク
　Oldenburg 司教）　267
コッゲスホール Coggeshall のラ（ド）
　ルフ Radulf　336
ゴットフリート G　Gottfried G（帝国尚
　書局書記）　188
ゴツェリーン Gozelin（ヴュルツブルク
　の聖堂参事会学校教師）　198
コルヴァイ Corvey のヴィドゥキント
　Widukind（c.925-73 以降）　289

コンラート 3 世 Konrad III.（1093/94-
　1152；国王在位 1138-52）　24,
　49, 66, 70 f., 112, 138, 143, 145, 150,
　156, 179, 182 ff., 305
コンラート 3 世 Konrad IV.　329
コンシュ Conches のギョーム Guillaume
　（c.1090/91-c.1155）　155, 207
コンスタンツェ Constanze（シチリア国
　王ルッジェーロ 2 世の娘で皇帝ハイ
　ンリヒ 6 世と結婚）　165, 258 f.,
　263, 359
コンスタンティン Constantin（ケルンの
　貨幣鋳造長官）　328, 339

サ　行

ザクセン Sachsen 大公アンハルト Anhalt
　のベルンハルト Bernhard　252
サラーフッディーン　217, 236
ザルツブルク Salzburg 大司教エバーハ
　ルト Eberhard（在位 1147-64）
　31, 153, 195, 363
サレルノ Salerno の医学生ヘルマヌス
　Hermanus　13, 16
サレルノ大司教ロムアルド Romuald（c.
　1115-81/82）　77, 79 f., 100 f., 132,
　134 f.
サン・ヴィクトル St. Victor のフゴ Hugo
　（c. 1097-1141）　155, 201, 204,
　216
ジーベンアイヒのルドルフ　132 f.
シェシー Chécy のシモン Simon　190,
シモン・ドナーティ Symon Donati　64
詩人グンテル Gunther　86, 91, 128,
　199, 369
ジャコポ・ドリア Jacopo Doria　92, 95
シャルツフェルト Scharzfeld 伯ジゲボド
　Sigebodo　266, 286, 289
（シュパイアー司教）シャルフェンベル
　ク Scharfenberg のハインリヒ　343
シャンパーニュ伯トロワのアンリ Henri
　34 f.

人 名 索 引   455

ジャンブルー Gembloux のシギベルトゥス Sigebertus　135
シャンフルーリ Champfleury のユーグ Hugh　154
シャンポー Champeaux のギョーム Guillaume　155
シュヴァーベン Schwaben 大公フィリップ Philipp（皇帝フリードリヒ 1 世の末子 ;1177-, 国王 1198-1208）　313, 329, 334 f., 339 ff., 343, 367, 369
シュヴァーベン Schwaben 大公フリードリヒ Friedrich（コンラート 3 世の息子；大公在位 1152-67）　35, 222, 232, 315, 317 ff.
シュヴァーベン Schwaben 大公フリードリヒ 6 世 Friedrich VI.（皇帝フリードリヒ 1 世の三男；大公在位 1170-91）　250
シュヴァーベンのコンラート Conrad Sueuus　269
シュヴァーレンベルク Schwalenberg のヴィドゥキント Widukind　226, 266
シュヴァーレンベルク Schwalenberg のフォルクウィン Folcwin　266
シュヴェーリン Schwerin 伯グンツェリン Gunzlin　286
シュターデ Stade 伯ルドルフ 2 世 Rudolf II.　223
シュターデ Stade のアルベルト Albert　282
シュタイアーマルク辺境伯オトカール（在位 1129-64）　195, 254
シュタウフ Stauf のハインリヒ Heinrich　266
シュテータブルク Steterburg のゲールハルト（-1209）　284
シュパイアー司教シャルフェンブルク Scharfenburg のハインリヒ Heinrich　343
尚書局長（Sitzenberg-Helfenstein 伯家出身の）ゴットフリート Gottfried　79, 132, 137, 161,
ジョバンニ・ルスカ Johannes Ruscha　319
ジョン（欠地王）(1166-；国王在位 1199-1216)　330 f., 339, 346, 353 f.
シルヴァ・ベネディクタ Silva Benedicta のカルトジオ会修道士テオドリクス　81
シルウェステル 2 世（オーリャックのゲルベルトゥス）　6, 12
枢機卿カプアのペトルス Petrus　319
枢機卿ピサのグイド Guido　77
枢機卿ボソ Boso　33, 77, 132, 134 f., 161
スコットランド国王ウィリアム William (1165-1214)　230, 312
ストラスブルク司教コンラート Konrad　333
ストランムール Stranmur　323
ズルツバッハ Sulzbach のベルタ Bertha（皇妃イレーネ）　156
聖アンドレアスの参事会のゴットフリート　338
聖エギディウス修道院長（ブラウンシュヴァイク）ハインリヒ　286
聖グレゴリウス　300
聖クレメンテ S. Clemente のベルナルド　55
聖ブラジウス（ブラウンシュヴァイク）のオットー Otto　87, 255, 289, 349, 351
聖ブラジウス（ブラウンシュヴァイク）参事会士バルトウィン Balduin　268, 286,
聖ミヒャエリス修道院長（リューネブルク）ベルトルド Berthold　286, 289
セネカ Seneca　178
セベリャのヨハンネス Johannes (c. 1090-c. 1150)　9, 15
ソールズベリ Salisbury 伯ウィリアム

William　201, 350 f.
ソールズベリ Salisbury のジョン John
　（c.1120-80）　32, 42, 211, 214
僧コンラート Pfaffe Konrad　283, 294, 295

タ　行

ダーラム Durham 司教ユーグ Hugh　32
大公オダリク Odalricus　121
ダクスブルク Dagsburg のアルベルト　319, 333
ダッセル Dassel のライナルト Rainald（帝国尚書局長 1156-；ケルン大司教 1159-67）　27, 29, 31 f., 36, 40, 47, 51 ff., 62, 65, 129, 142, 146, 154, 182, 196, 226, 368
ダッセル Dassel のリュドルフ Liudolf　266
タンクレッド Tancred　165
チェスター Chester のロベルトゥス Robertus（1141-47 北スペインに滞在）　9, 12
チェスター Chester 司教ブロワのヘンリ　32
ツェーリンゲン Zähringen 大公コンラート Konrad　226
ツェーリンゲン Zähringen 大公ベルトルト 5 世 Berthold V.　251, 254 f., 256, 315
ディーツ Diez 伯ハインリヒ Heinrich　132, 195
帝国尚書局長ゴットフリート Gottfried　161
ディス Diceto のラルフ Radulfus（c.1120s-1199/1200）　78, 214, 216, 281
ティルベリ Tilbury のゲルウァシウス Gervasius（c. 1150-1234/35）　308, 355
テオファヌ Theophanu（c. 955-91, 972- 皇帝オットー 2 世妃）　184
テオフィルス Theophilus（ヘルマースハウゼン Helmershausen のロゲルス Rogerus ？）　297
テューリンゲン Thüringen 方伯のヘルマン Hermann　333, 335, 340, 347
テューリンゲン Thüringen 方伯ルートヴィヒ Ludwig　35, 226, 247, 253
トゥールーズ Toulouse の修道士レーモン Raimundus　73
トゥールーズ Toulouse 伯レーモン Raymond　348
ドイツ Deutz のルーペルト Rupert（c.1070-1129）　144, 200
トスカナ女伯マティルデ　104 f., 222
トマス・ベケット Thomas Becket（1119/20-1170；カンタベリ大司教 1162-）　37 f., 199, 211, 226, 258, 300 f.
ドミニクス・グンディサリヌス Dominicus Gundissalinus（-1178/80 頃までトレド滞在）　9
トリア Trier 大司教アーノルト 1 世 Arnold I.　79, 161, 179
トリエント Trient 司教アルベロ Albero　59 f.

ナ　行

内膳頭ジーベンアイヒ Siebeneich のルドルフ Rudolf　133
内膳頭ジゲボト Sigebot　131
ナミュール Namur 伯フィリップ Philipp　318
ニッシム・ベン・ヤーコブ Nissim ben Jacob　329
ニューバラ Newburh のウィリアム William（c.1136-c.98）　204, 216
ノトカー・バルブス Notker Balbus　12

ハ　行

ハーゲン Hagen 伯グンツェリン Gun-

人名索引

zelin（最初のシュヴェーリン伯） 266
バース Bath のアデラルドゥス Adelardus（1075/80-c. 1152） 9, 12, 15
ハーゼンブルク Hasenburg 伯マルクアルト Marquardus 121
ハーゼンブルク Hasenburg 伯ブルカルト Burckardus 121
ハーフェルベルク Havelberg のアンセルム Anselm（c.1099-1158） 144, 157, 182, 201
ハイスターバッハ Heisterbach のカエサリウス Caesarius 338 f.
バイエルン宮中伯（ヴィッテルスバッハの）オットー Otto 7 世（在位 1180-89） 35
バイエルン大公ルートヴィヒ Ludwig（大公在位 1183-, ライン宮中伯 1214-31） 346
ハイムブルク Heimburg のアンノ Anno 272 f.
ハインリヒ 4 世 Heinrich IV.（国王在位 1053-1105） 112
ハインリヒ 6 世 Heinrich VI.（国王在位 1169-, 皇帝在位 1191-97, シチリア国王 1194-97） 156, 164, 263 f., 305 f., 312 f., 332, 343, 365
ハインリヒ 7 世 Heinrich VII.（ローマ - ドイツ国王在位 1220-42） 329
ハインリヒ傲慢公 Heinrich der Stolze 221 f., 300
ハインリヒ黒公 Heinrich der Schwarze 221 ff.
ハインリヒ獅子公 Heinrich der Löwe（1129/30-1195） 35, 59, 78, 220 ff., 312, 363, 365, etc.
ハインリヒ・フォン・フェルデケ Heinrich von Veldeke 259
パヴィア Pavia のトマゾ Tomaso 44
ハウデン Howden のロジャー Roger（-1201/02） 42, 214
パスカリス 3 世 Paschalis III.（在位 1164-68） 38, 46
ハドリアヌス 4 世 Hadrianus IV.（在位 1154-59） 27, 29, 77, 150, 268, 368
ハルトマン・フォン・アウエ Hartmann von Aue 295
ハルバーシュタット Halberstadt 司教ウルリヒ Ulrich 237, 242
ハンティンドン Huntingdon 伯デイヴィッド David 312
ハンティンドン Huntingdon のヘンリ Henry（c.1088-1157） 204, 214
バンベルク Bamberg 司教エバーハルト Eberhard 31, 51
バンベルク Bamberg 司教オットー 1 世 Otto I. 162
ピーターバラ Peterborough のベネティクト 284
（枢機卿）ピサ Pisa のグイド Guido 77
ピサ Pisa のブルグンディオ Burgundio 199
ピサ Pisa のランベッロ Lambertus 122
ビザンツ皇女イレーネ（マリア）Irene（Maria） 317
ビザンツ皇帝マヌエル 1 世 Manuel I.（1118-80） 78, 148, 150, 156, 182, 195, 258, 287
ヒルデスハイム Hildesheim 司教のヘルマン Hermann 225
ブーローニュ Boulogne 伯ルノー Reinald 346, 349 f.
フィボナッチ Fibonacci（c. 1170-c. 1240/50） 21 f., 360
フィリップ Philippe 2 世（フランス国王） 247, 249, 256, 263, 316, 331 ff., 343 ff., 346 f., 350, 352
フィリップ・ムスケ Philippe Mousket 351
フォーブルク Vohburg のアデラ Adela 157
フォーブルク Vohburg 辺境伯ベルトルト

Berthold　266
フォルマーシュタイン Volmarstein のハインリヒ　52
フゴ・オイゼル Hugo Oisel　320
フゴ Hugo de Porta Ravennate　106
フゴ・ファルカンドゥス Hugo Falcandus　100
ブザンソン大司教モンフォコン Montfaucon のティエリ Thierry 2 世　254
プトレマイオス Ptolemaios　10 ff.
フライジンク Freising 司教オットー Otto（c.1112-58）　25, 27, 53, 66, 69, 88 ff., 201, 203 ff., 273
ブラウンシュヴァイク Braunschweig 大公ハインリヒ Heinrich（1173/74-1227）　313, 315, 318, 345 ff.
ブラバント Brabant 大公アンリ Henri　317 f., 332, 337 f., 341, 345
ブランケンブルク Blankenburg のポッポ Poppo　266
ブランケンブルク Blankenburg 伯ジークフリート Siegfried　286, 28
ブランケンブルク Blankenburg の酌膳頭ヨザリウス Jo(u)sarius　272 f., 286
ブランケンブルク Blankenburg の内膳頭ヨルダン Jordan　272 f., 280, 286
フランドル Flandern 伯フィリップ Philipp　78, 247, 256
フランドル Flandern 伯フェラン Ferrand　347, 350 f.
フランドル Flandern 伯ボードゥアン Balduin　316, 319, 333, 347
フリードリヒ・バルバロッサ（フリードリヒ 1 世）Friedrich Barbarossa（c. 1122-90；国王在位 1152-, 皇帝在位 1155-90）　23 f., 26 ff., 31 ff., 40 ff., 75 f., 78 ff., 105 ff., 118, 128 ff., 194 ff., 208, 225 ff., 232 ff., 262 ff., 278 ff., 357 ff.
フリードリヒ 2 世 Friedrich II.（1194-1250, シチリア国王 1998-, ローマ - ドイツ国王 1212-, 皇帝在位 1220-50）　259, 329, 332, 344, 347, 352, 359 f., 369
プリニウス Plinius　13
プリビスラフ Pribislaw（オボトリート族長 Obotriti）　286
ブルガルス Bulgarus　106
ブルクハルト Burkhard　187
フルダ修道院長コンラート　255
ブレーメン Bremen 大司教アダルベロ Adalbero　223
ブレーメン Bremen 大司教ブランデンブルク Brandenburg のジークフリート Siegfried　242
ブレーメン Bremen 大司教ウトレーデのハルトヴィッヒ Hartwig　225, 264
ブレーメン Bremen のアダム Adam　240
ブレシア Brescia のアーノルド Arnold　23, 209
ベーダ Beda　210, 216
ペータースベルク Petersberg のハインリヒ Heinrich　267
ベアトリクス Beatrix（フリードリヒ・バルバロッサ皇妃）　253, 305
ベアトリクス Beatrix（フリードリヒ・バルバロッサの娘）　258
ベアトリクス Beatrix（シュヴァーベン大公フィリップの娘）　341, 346
ヘアフォート Herford のハインリヒ Heinrich　283
ペトルス・ウェネラビリス Petrus Venerabilis（クリュニー修道院長在位 1122-56）　73
ペトルス・ディアコヌス Petrus Diaconus（c. 1107-59）　67, 73 ff., 145
ペトルス・ロンバルドゥス Petrus Lombardus（1095/1100-1160）　89, 155
ヘリベルト Heribert（帝国尚書局書記,

人名索引   459

後にブザンソン大司教）　141,
182
ペルシュ Perche 伯ジョフロワ Geoffroi
318
ヘルツベルク Herzberg のリューポルト
Liupold　273
ベルナルド・マラゴーネ Bernardo Maragone　232
ベルヒテスガーデン Berchtesgaden の首席司祭ハインリヒ　32
ヘルマースハウゼン Helmarshausen のロゲルス Rogerus　297
辺境伯グエルキオ（ギュルツイオ）のヘンリクス（ヘンリコ）　81
編年記者サクソ Annalista Saxo　275, 292
ヘンリ2世 Henry II.（1133-89：イングランド国王在位1154-89）　31 f., 37 f., 216 f., 226, 247 f., 256, 263, 300, 320
ボーザウ Bosau のヘルモルト Helmold (c.1120-77)　33
ボエティウス Boethius　12, 207
ホノリウス・アウグストドゥネンシス Honorius Augustodunensis　155, 207
ボヘミア国王ウラディスラフ Vladislav　195
ボヘミアのオトカー　333
ホラント伯ヴィレルム　350 f., 356
ホラント伯ディルク　318
ボルヴィン Borwin（オボトリート族長プリビスラフの息子）　286
ホルシュタイン Holstein 伯シャウエンブルク Schauenburg のアドルフ Adolf　266
ポワティエ Poitiers のギルベルトゥス Gilbertus　89
ポワティエ Poitiers のユーグ Hugh　33
ホンシュタイン Honstein 伯ヘルガー Helger　266, 286

マ 行

マームズベリ Malmesbury のウィリアム William（c.1090/96-1142/43）　7, 204, 210, 214, 238
マイケル・スコット Michael Scot　17, 360
マイセン Meißen 辺境伯オットー Otto　35, 226
マインツ Mainz 大司教アーノルド Arnold（在位1153-1160）　171 f.
マインツ Mainz 大司教アダルベルト Adalbert　175
マインツ Mainz 大司教ヴィッテルスバッハ Wittelsbach のコンラート Konrad（在位1161-65, 1183-1200）　171, 253, 314
マインツ Mainz 大司教ブーフのクリスティアン Christian von Buch（在位1165-83）　76, 79, 161, 171, 363
マインツ Mainz 大司教ジークフリート Siegfried　337, 345
マインツ Mainz 大司教ハインリヒ1世 Heinrich（在位1142-53）　171
マクデブルク Magdeburg 大司教ヴィッヒマン Wichman（在位1152-92）　38, 76, 79, 120, 129, 161, 199, 225, 237, 242, 245, 253, 266
マクデブルク大司教ルドルフ Ludolf　199
マクデブルク大司教アルブレヒト Albrecht 2世　335 f.
マグヌス Magnus（マインツ大司教書記）　171
マクロビウス Macrobius　13, 155
マシュー・パリス　360
マティルデ（ヘンリ2世の娘，ハインリヒ獅子公妃）　40, 226 f., 242, 250, 263, 297, 300
マネゴルト magister Manegold　155
マリー（ブラバント大公アンリの娘）

317

マルクス・アントニウス Marcus Antonius　154

マルクヴァルト Markward（リューネブルクの聖ミヒャエリス Michaelis 修道院長）　268

マルティアヌス・カペッラ Martianus Capella　13

マルティヌス・ゴシア Martinus Gosia　106

ミラノ Milano 大司教オトベルト Otbert　109

ミンデン Minden 司教アンノ Anno　242

メルゼブルク Merseburg 司教エバーハルト Eberhard　242

モレーナ Morena のオットー Otto　30, 96 f., 364

モレームのロベール　204

モンス Mons のジルベール Gislebert　251

モンフェラート Monferrat 辺境伯コンラート Konrad　132, 137

モンフェラート Monferrat 辺境伯グリエルモ Guglielmo　352

モンマス Monmouth のジェフリ Geoffrey（c.1100-55）　204, 216

ヤ 行

ヤゾミルゴット Jasomirgott のハインリヒ Heinrich　221 f., 284, 286
　ライン宮中伯 1140-1141
　オーストリア辺境伯 1141-56
　バイエルン大公 1143-56
　オーストリア公 1156-77

ユーディット Judith（ルードヴィヒ敬虔帝の二番目の妻）　275

ユリウス・フロンティヌス Iulius Frontinus　155

ヨハネス・キンナモス Johannes Cinnamos　284

ヨハネス・コダネルス Johannes Codagnellus　99, 212

（聖ブラジウスの参事会士）ヨハネス Johannes　268

ラ 行

ラーフェンスベルク Ravensberg のオットー Otto　266

ラーフェンスベルク Ravensberg のハインリヒ Heinrich　266

ライヒェルスベルク Reichersberg のゲルホー Gerhoh（c. 1092/93-1169）　201, 207

ライン宮中伯コンラート Konrad　121, 253, 255, 264

ライン宮中伯ハインリヒ Heinrich　306

ラインハウゼン Reinhausen のラインハルト Reinhard　145

ラウジッツ辺境伯ディートリッヒ　239

ラッツェブルク Ratzeburg 伯ベルンハルト Bernhard　266, 286

ラヘヴィン Rahewin　51, 53 ff., 88 ff., 198, 273

ラン Laon のアンセルム Anselm　155

ランス Reims 大司教ギョーム Guillaume　78

ランベルト Lambert（ケルン商人）　328

リチャード獅子心王 Richard the Lionheart（イングランド国王在位 1189-99）　230, 261, 263, 312 f., 314 ff., 318, 330 f., 339, 353, 364

リヒェンツア Richenza（ロータル3世妃）　300

リューネブルク Lüneburg のヴィルヘルム Wilhelm　295, 313

リューベック Lübeck のアーノルト Arnold（c. 1150-1211/14）　120, 234, 246 f., 260, 262, 280, 286, 295, 334

リューベック Lübeck 司教ハインリヒ

　　　　　　　　人名索引　　　　　　　　　461

　　　Heinrich　　242
リューベック Lübeck 司教コンラート
　　　Konrad　　289
リンブルク Limburg 大公ハインリヒ
　　　Heinrich　　318
ルイ敬虔帝　　275
ルイ 6 世 Louis VI.（1081-1137；フラン
　　ス国王在位 1108-37）　　189
ルイ 7 世 Louis VII.（1120-80；フラン
　　ス国王在位 1137-80）　　31, 189
ルキウス 3 世 Lucius III.（教皇在位 1181
　　-85）　　250, 257
ルクセンブルク Luxemburg 伯アンリ
　　　Henri　　251, 255
ルゲンベルク Luggenberg 伯ゲプハルト
　　　Gebhard　　121
ルッジェーロ 2 世 Ruggero II.（シチリア

　　国王在位 1130-54）　　24, 258, 359
レーゲンシュタイン Regenstein のコン
　　ラート Konrad　　266
レーゲンスブルク Regensburg の修道士
　　オトロー Otloh　　68
レスター Leicester のロバート Robert
　　42
ロタル 3 世 Lothar III.（c. 1075-1137；
　　国王在位 1125-, 皇帝在位 1133-37）
　　49, 54, 138, 143 f., 156, 223, 300
ローデン Roden のコンラート Konrad
　　266
老ランドルフ Landulf Senior　　232
ロランド・バンディネッリ Roland Ban-
　　dinelli（＝アレクサンデル 3 世）（在
　　位 1159-81）　　29, 77

地名索引

ア 行

アーヘン Aachen　160, 303, 316, 336, 352, 366
アウクスブルク Augsburg　257
アッシャフェンブルク Aschaffenburg　162
アナーニ Anagni　77, 161
アルメリア Almeria　94
アレッサンドリア Alessandria　82
アンジェ Angers　176, 178
イーペル Ieper/Ypres　320
イェルサレム Jerusalem　269, 284, 287, 360
イタリア王国 regnum Italiae　23
イベリア半島　10, 94, 323
インゲルハイム Ingelheim　251
ヴァランシエンヌ Valenciennes　349
ヴァルケンリート Walkenried　67
ウィーン Wien　287
ヴィエンヌ Vienne　35
ヴィチェンツァ Vicenza　45
ヴィテルボ Viterbo　343
ウィンチェスター Winchester　261
ウェストミンスター Westminster　43, 78, 249, 304
ヴェズレー Vézelay　34, 35
ヴェネチア Venezia　45, 75 ff., 78, 80, f. 130, 237
ヴェルダン　265
ヴェルチェッリ Vercelli　126
ヴェルラ Werla　346
ヴェローナ Verona　45, 123, 213
ヴュルツブルク Würzburg　38 ff., 50, 68, 158 ff., 242, 342

ヴォルソール Waulsort　144
ヴォルムス Worms　50, 159, 238
ウルム Ulm　50, 238
エアフルト Erfurt　247, 261
オスナブリュック Osnabrück　265
オルレアン Orléans　191

カ 行

カーライル Carlisle　312
カイナ Kayna　242
カエサリーナ Caesariea　82
カピトリーノの丘 Capitolino　69
カンタベリー Canterbury　249
キオッジャ Chioggia　78, 130
キアヴェンナ Chiavenna　233 f., 279, 282, 301, 363
グラーン Gran　287
クロースターノイブルク Klosterneuburg　204, 286
クレーマ Crema　31
クレモナ Cremona　28, 45, 61, 213
ケーニヒスルター Königslutter　268
ケムナーデ Kemnade　183
ケルン Köln　237, 314, 316, 320, 322 f., 325, 366
ゲルンハウゼン Gelnhausen　243
ゴスラー Goslar　235, 247, 262, 272
コモ Como　25, 28, 195, 280
コルシカ島　121
コルドバ　11, 16
コンスタンツ Konstanz　24, 82, 365
コンスタンティノープル Constantinople　195, 284, 287, 301

サ 行

ザールフェルト Saalfeld　306
ザクセン Sachsen　220 ff., 272, 347, etc.
サザンプトン Southampton　250
サマルカンド Samarqand　322
サルデーニャ Sardegna　121
サレルノ Salerno　359
サン・ジャン・ドゥ・ローヌ St. Jean-de-Losne　33
サン・ニコロ・ディ・リド　135
シエナ Siena　97
ジェノヴァ Genova　61, 63 ff., 87, 121, 124, 212
シチリア Sicilia　10, 24, 47, 61, 121, 131, 257, 358
シャルトル Chartres　201
シュヴァーベン　35, 156, 232 ff., 277, 334
シュターデ Stade　228
シュテーターブルク Steterburg　284, 290
シュパイエル Speyer　50
小アジア　264
ジローナ／ヘローナ Gerona　6
ソーヌ Saône 川　33

タ 行

ダーラム Durham　32
ダマスクス Dimashq　322
ダンメ Damme　347
ツェペラーノ Ceperano　341
ディジョン Dijon　36
ティレダ Tilleda　307
デンマーク Danmark　225, 262 f., 340,
テューリンゲン Thüringen　315
ドーヴァー Dover　249
トゥールーズ Toulouse　31
トゥスクルム Tusculum　46

ドナウ Donau 河　287
ドラーヴァ Drava 川　287
トリア Trier　34, 119
ドリュー Dreux　191
トルトーナ Tortona　25 f., 66
トルトーザ Tortosa　94
トレヴィーゾ Treviso　45
トレド Toledo　18
トロワ Troyes　5

ナ 行

ナウムブルク Naumburg　242
ニーダーライン Niederrhein　321, 332 f., 337 ff., 340, 346
ニュルンベルク Nürnberg　50
ノーサンバーランド Northumberland　312
ノイス Neuß　333, 344
ノナントーラ Nonantola　113
ノルウェー Norge　323 ff.
ノルマンディ Normandie　248, 250

ハ 行

ハーゲナウ Hagenau（アグノー）　251
バイエルン Bayern　89, 91, 220, 254, 266, 268, 272
パヴィーア Pavia　25, 28, 31, 37, 61, 120, 139, 160
パドヴァ Padova　45
ハラーフェルト Halerfeld　242
パリ Paris　89, 190, 199, 203, 215, 269, 350 f.
バル＝シュル＝オーブ　5
ハルデンスレーベン Haldensleben　239, 242
ハルバーシュタット Halberstadt　265
パルマ Parma　45, 213
パレスティナ Palestina　89, 287
パレルモ Palermo　15
バンベルク Bamberg　68, 340

ピアチェンツァ Piacenza　　28, 45, 61, 63 f., 81 f., 124, 133, 212
ピサ Pisa　　61 ff., 72, 87, 121, 124, 212
ビトリア Bitolia　　158
ヒルデスハイム Hildesheim　　52, 195
（ブラバントの）ビンデレン Binderen　356
ファルファ Farfa　　72
フィッシュベック Fischbeck　　183
フェッラーラ Ferrara　　45
ブザンソン Besançon　　27, 29, 52, 66, 194
ブラウンシュヴァイク Braunschweig　227 ff., 250, 263, 289, 307, 365
ブラバント Brabant　　350 f., 356
フランクフルト Frankfurt　　50, 160, 346, 352
フランケン Franconia　　162, 254
ブルゴーニュ　　50, 277
フルダ Fulda　　264
ブレーメン Bremen　　35
ブレシア Brecia　　45, 232
プロヴァン Provins　　5
ヘアフォート Hereford　　183
ベネヴェント Benevent　　46
ベルガモ Bergamo　　45, 213
ベルヒテスガーデン Berchtesgaden　31
ポー Po 川　　109
ポルトヴェネーレ Portovenere　　63
ボローニャ Bologna　　104 f., 106, 162, 197, 248

マ 行

マインツ Mainz　　50, 250, 262, 318, 352
マクデブルク Magdeburg　　239, 322, 365
マントヴァ Mantova　　45, 61, 213
ミラノ Milano　　25 f., 28, 30 f., 45, 87, 97 ff., 125, 212, 362, 364, 366
ミュンスター Münster　　265
ミュンヘン München　　228
ミンデン Minden　　227, 282
メーゼンブルク Mesenburg（現在の Modony/Wieselburg）　　287
メルゼブルク Merseburg　　225, 265
モナコ Monaco　　63
モデナ Modena　　59
モン・スニ峠 Col du Mont-Cenis　　47
モンテベッロ Montebello　　75, 139

ヤ・ラ 行

ヨーク York　　261, 313

ライン Rhein 河　　252 f.
ラヴェンナ Ravenna　　34, 61, 64
ラディコファーニ Radicofani　　351
ラニー＝シュル＝マルヌ　　5
ラ・ロシェル La Rochelle　　351
ラン Laon　　201
ランス Reims　　52, 201
リエージュ Liège　　144, 179
リューネブルク Lüneburg　　228
リューベック Lübeck　　228
リヨン Lyon　　34
ルーアン Rouen　　314
ル・グレ Le Goulet　　331 f.
ルッカ Lucca　　61, 114
レーゲンスブルク Regensburg　　50
レニャーノ Legnano　　76, 161, 237
ローディ Lodi　　24 f., 28, 30, 45, 87, 96 f., 195
ローマ Roma　　69 ff., 160, 344, 366
ロンカリア Roncaglia　　26, 28, 90, 106, 236
ロンドン London　　32, 249, 320, 322, 325, 346 f.
ロンバルディア Lombardia　　86, 99

事項索引

あ行

『アウテンティカ・ハビタ Authentica Habita』 105, 139, 143, 163, 197
アキテーヌ公領 44
アキテーヌ大公かつポワトウ伯 dux Aquitanie et comes Pictavie 313
アクイレイア総大司教 136
アンジュー伯領 44, 261
アストロラーベ 6
『新しい歴史 Historia novella』 205
『アッティカの夜 Noctes Atticae』 154
アドモント Admont 書簡集 153
アバクス 6
アルマゲスト Almagest 13 f.
『アルメリアとトルトーザ Tortosa 攻略史 Historia Captionis Almarie et Tortuose』 94
『アレクサンデル3世の生涯 Vita Alexandri III.』 86, 161
『イェルサレム王国略史 Regni Iherosolymitani Brevis Hystoria』 94
イェルサレム Jerusalem 巡礼 268, 272, 283 ff., 301
生ける法 lex viva 110
イタリア王国 regnum Italiae 23, 50
イタリア都市コムーネ 91, 103, 108 f.
命ある法 lex animata 110
一般宮廷会議（帝国会議）curia generalis/universalis 49
医薬分業 359
『イングランド国王の事績 Gesta Regum Anglorum』 204, 209
『イングランド司教の事績 Gesta Pontificum Anglorum』 210
『イングランドの歴史 Historia Anglorum』 214, 216
『韻文年代記』 351
インムニテート immunitas 175
ヴァインガルテン Weingarten 修道院 277
ヴァッセンブルク Wassenburg の戦い 339
ヴァルケンリート Walkenried 修道院 67, 355
ウェストミンスター寺院 249
『ヴェズレー Vézelay 修道院の自由に関する書』 35
『ヴェネチア元首の歴史 Historia ducem Venedicorum』 134
ヴェネチアの和約 75 ff., 366
『ヴェルフェン家の系譜 Genealogia Welforum』 274
『ヴェルフェン家の歴史 Historia Welforum』 275 ff., 296
ヴェローナ同盟 45
ヴェンド十字軍 303, 311
『宇宙の哲学 Philosophia mundi』 155
ヴュルツブルクの誓約 38 ff.
ウルスベルクのブルヒャルトの『年代記』 87, 279, 349, 351
『エネーイデ Eneide』 259
永遠の不変性 (a)eternorum stabilitas 203
『英国民の教会史 Historia ecclesiastica gentis Anglorum』 210
『エプストルフ世界地図 Ebstorfer Weltkarte』 308
オーストリア公領 ducatus Austrie 222
王旗 Oriflamme 348

『黄金の都市ローマの記述 Graphia aureae Urbis Romae』 73
オットーボイレン Ottobeuren 修道院 205
オボトリート族 Obotriti 286

か 行

(シュトリッカー Stricker の)『カール Karl』 303
『カール大帝とロトランドの歴史 Historia Karoli Magni et Rotholandi』 303
『カール大帝の生涯 Vita Karoli Magni』 303
海難漂着物占有権 ius naufragii/Grundruhr 323
『雅歌註解 In Cantica canticorum』 154
過去の権威 antiqui/auctoritas 202, 370
家臣団 entourage 264 ff.
『神の国』 205
家門意識 201, 241, 295, 370
カルチュレール cartulaire 152, 190
カンタベリー大聖堂 300
『記憶の書 Liber memorialis』 164
儀式規定書 Ordines 68
貴自由人エーデルフライ Edelfrei 266
偽証書 170, 174
偽誓 periurium 283, 339, 352
『奇跡についての対話 Dialogus miraculorum』 338 f.
騎馬試合 4, 251, 253 f., 324
規約書 statutum 125
休戦 treuga 76, 80 f., 121, 131, 246, 258, 340, 352
宮廷会議 curia 49, 251
宮廷祝祭 Hoffest 251, 365
『宮廷人の閑話』 49
宮廷礼拝堂司祭 capellanus 49, 162
教会分裂 39
『教皇史 Historia pontificalis』 211
教師 scholasticus 171, 198

ギルド・ホール 320
金印 61, 64, 160, 183, 341
グーバー Ghubar 記号 6, 19 f.
クウェドリンブルク Quedlinburg 女子修道院 352 f.
クラレンドン法 38, 226
『グレゴーリウス Gregorius』 295
『クレムスミュンスター年代記 Continuatio Cremifanensis』 284
『君侯の鏡 Speculum regum』 164, 197
『軍略 Strategemata』 154
『計算の書 Liber Abaci』 21 f.
携行書 vademecum 149
結婚交渉 31, 40, 42, 44, 257 ff., 312, 342
決闘 239, 281
家人ミニステリアーレン ministeriales 49, 265, 270 ff., 324
ケムナーデ Kemnade 女子修道院 183
ゲルダーン伯 333
ケルン銀貨 320, 327 f., 363
『ケルン国王年代記 Chronica regia Coloniensis』 33, 263, 279, 335, 337 f., 349, 351
ケルン商人 320 ff.
『ケルン大司教一覧 Catalogus archiepiscoporum Coloniensium』 338
ゲルンハウゼン Gelnhausen 証書 188, 243 f.
元首ドージェ 130
現前の時代 aetas praesens 208
献酌頭 pincerna 49, 270
ケント大公領 325
元老院 senatus 21, 69 ff.
原論 10 ff.
『コーデックス・ウダルリキ Codex Udalrici』 67 f., 186
公益／国家 res publica 52, 273, 304
『皇帝オットー4世の死についての叙述 Narratio de morte Ottonis IV. imperatoris』 355
『皇帝年代記 Kaiserchronik』 302

事項索引

『皇帝の閑暇 Otia imperialia』　355
『皇帝の書 Liber Augustalis』　360
『皇帝フリードリヒ1世の事績 Gesta Friderici』　31, 53 ff., 66, 85, 88 ff., 94, 108 f., 118, 123 f., 151, 165, 273, 278
『皇帝フリードリヒのロンバルディアにおける事績の書 Libellus de rebus ab imperatore Frederico in Longobardia gestis』　85, 212
国王選挙　184, 314
国王大権レガーリア　57, 64, 81, 106, 114, 119, 352
『国王ヘンリ2世の事績 Gesta regis Henrici secundi』　247, 284
心の眼 mentis oculus　175 ff.
『黒海からの書簡 Epistolae ex Ponto』　155
『コッゲスホールのラルフのイングランド年代記 Radulphi de Coggeshall chronicon Anglicanum』　336
この世の移ろいやすさ mutabilitas mundi　203, 370
コルヴァイ Corvey 修道院　148, 152, 154, 158, 181, 183
コンスタンツの協約（1153年）　57, 64, 91, 114, 128, 149, 163, 197
コンスタンツの和約　84, 132, 254, 365
コンスル consules　28, 92 ff., 114, 119, 121 ff., 125
コンパーニャ compagna　93
コンパーニャの誓約 iuramentum compagne　124

さ　行

裁治権 iurisdictio　84
ザクセン大公 dux Saxonie　318
『ザクセン君侯年代記 Chronica principum Saxoniae』　290
『ザクセン世界年代記 Sächsische Weltchronik』　235, 275
『ザクセン年代記 Cronica Saxonum』　293 f.
『サトゥルナリア Saturnalia』　155
『さまざまの技能について De diversis artibus または Schedula diversarum artium』　297
参審人 scabini/senatores/Schöffe　325 f.
参審人長 magister senatorum　325
サンティアゴ・コンポステーラ巡礼　248, 311
サン・ドニ修道院　348
サン・マルコ大聖堂　135 f.
サン・マルコ広場　134 f.
サン・レミ修道院（ランス）　183
『ジェノヴァ司教の名声 Notitia Episcoporum Ianuensium』　94
『ジェノヴァ編年史 Cafari et continuatorum Annales Ianuenses』　85, 92 ff., 212
時効　112 ff.
司祭たちの王 rex presbiterorum　352
獅子 Leo　229 ff.
獅子像　228 ff., 282, 307
死者祈念 memoria　305
侍従頭 cubicularius/camerarius　49, 270
司書 bibliothecarius　209
事象の移ろいやすさ mutatio rerum　205, 370
事績 res gestae　180, 206
使節 missus　195
シチリア王国　64, 258 ff., 263
執政官 senator　23, 25, 28
シノン Chinon 城　248, 263, 351
『詩篇註解 Commentarius in Psalmos』　155
シャンパーニュの大市　19
シュヴェーリン伯　266, 286
十字軍　145, 208, 217, 262 ff., 315, 330, 333, 360
就任時宣誓　124 f.
自由領 allodium　256

収税長官　326
『修道院長ベネディクトのヘンリの事績 Gesta Henrici Benedicti Abbatis』　215
『シュテーターブルク編年史 Annales Stederburgenses』　279, 290
シュターデ伯領　223, 263
主馬頭 marscalcus/marescallus　49, 270
シュラインスカルテン Schreinskarten　327
称賛 laudes　69
尚書局長 cancellarius　66
証書の提示 ostensio chartae　168
書簡集　32, 58, 148 ff., 153 f., 182
書記 notarius　49, 139
書札 breve/brevia　125
叙任権闘争　58, 91, 202, 207
証人の声 vox testium　174
新奇さ modernitas　209
新機軸 moderni/modernus　202, 209, 370
神聖なる帝国 sacrum imperium　65 ff., 75
『人生の短さについて』　178
人民宣誓 sacramentum populi　122
スクリニアリウス scriniarius　68, 72
スタブロ修道院 Stablo/Stavelot　144 f., 152, 158, 179, 180, 184, 297
スポレト大公領　233, 341
『スラブ年代記 Chronica Slavorum』
　ボーザウのヘルモルト　229 f., 239 ff., 267, 290
　リューベックのアーノルド　234, 239 ff., 286, 290, 295, 351
聖アンドレアス St. Andreas（ケルン）　87, 196, 338
聖遺物　40, 117, 175, 282, 287, 296, 304
聖ヴィレハト St. Willehad（ブレーメン）　268
聖エギディウス修道院（ブラウンシュヴァイク）　239, 269, 286, 287

聖エティエンヌ St. Etienne（ドリュー）　191
聖オーバン St. Aubin（アンジェ）　178
請願の文化　282
聖血崇敬　287
聖十字架聖堂参事会 St. Croix（オルレアン Orléans）　191
誠実誓約 sacramentum fidelium/sacramentum fidelitatis　28, 46, 62, 64, 80 ff., 96, 117 ff., 121 ff., 128, 335, 337, 345, 365
聖シュテファン大聖堂 St. Stephan（マインツ）　171, 198, 267
聖シュテファン大聖堂 St. Stephan（ブレーメン）　268
聖パンタレオン St. Pantaleon（ケルン）　297
聖ブノワ・シュル・ロワール St. Benoît sur Loire　178
聖ブラジウス St. Blasius（現在のブラウンシュヴァイク聖堂）　266, 269, 284, 305 f., 356
『聖ブラジウスのオットーの年代記 Ottonis de Sancto Blasio Chronica』　87, 290, 349, 351
聖墳墓教会　287
聖マリア女子修道院（ビンデレン）Sancta Maria de Valle Imperatricis　356
聖ミヒャエリス St. Michaelis（リューネブルク）　269, 275, 286, 287, 305
『聖ミカエリス年代記 Chronicon S. Michaelis』　290
聖務執行停止　23, 344
『生命の書 Liber Vitae』　184, 322
誓約 iuramentum/sacramentum　27, 30, 35 f., 38 ff., 45, 54, 61, 76, 78, 82, 117 ff., 133, 137, 236, 339, 352, 358, 362, 364 f.
誓約団体 iuramentum compagne/ iuramentum de comuni　119
誓約文言　63, 123 ff.

誓約文言書札 breve/brevia　123
聖ヤコブの祝日（7月25日）　136, 248 f.
聖ラウレンツ St. Laurenz 教区　326 f.
『当代の記憶 Memoria seculorum』　164
世界の驚異 stupor mundi　360
『世界年代記』　86, 100 f.
雪冤宣誓 iuramentum purgatorium　118
『善人ゲールハルト der guote Gêrhart』　322 ff., 364
相互盟約 coniuratio /coniurationes　118 ff.
属司教 suffragator　42

た　行

第一声 prima vox　314, 366
戴冠　164, 318, 339, 352, 366, etc.
代官 advocatus　123, 271
大教会分裂者 archischismaticus　42
代理誓約（王の魂にかけて in anima regis）　40, 128, 131
第4回ラテラノ公会議　353
『鷹狩の書 De Arte Venandi cum Avivus』　360
ダンバー Dunbar 伯　312
誓いを破ったもの transgressor iuramenti　236
仲介者 mediatores　76, 131
『罪びとグレゴリウスの事績 Gesta Gregorii Peccatoris』　295
テーゲルンゼー Tegernsee 書簡集　153
定期金レーエン　318, 321, 332
帝国権標　318, 366 f.
帝国平和喪失（アハト）Reichsacht　63, 220, 223, 247
帝国尚書局長 cancellarius　146
帝国諸侯 princeps imperii　257
『帝国年代記』　275
帝国の栄誉 honor imperii　56 ff., 146
帝国の有力者 maiores imperii　161

帝国ミニステリアーレン　82, 128, 131, 270, 365
テ・デウム　135
テンプル騎士団　287
天幕　4, 109, 252, 255
天文学序説　15
ドイツ王国 Regnum Teutonicum　50
同時代人の coaetaneus / contemporaneus　210 f.
トゥスクルムの戦い　46
『東方の諸都市の解放について De liberatione civitatum orientis/ Liberatio Civitatum Orientis』　94
同盟 confederatio　334
刀礼　248, 250, 262, 324, 326
『都市トルトーナの破壊について De Ruina civitatis Terdonae』　66, 85
ときの移ろいやすさ temporum mutabilitas　207 ff., 370
ときの流れ processus temporum など　172, 209
都市の鍵 claves civitatis　30, 83, 364 f.
『都市ローマの驚異 Mirabilia Urbis Romae』　74
トスカーナ女伯マティルデ遺領　78, 80, 341
『トロイア族の歴史 Ystoria gentis Troiane』　73
『トリストラント Tristrant』　294

な　行

内膳頭 dapifer　49, 270
ナポリ大学　359
人間の軽率さ levitas humanae　189
『年代記あるいは二つの国の歴史 Chronica sive Historia de duabus civitatibus』　69, 88, 165 ff., 205, 273
『年代記あるいは歴史の華』　348 f.
『年代記小史 Abbreviationes Chronicorum』　216

『ノアからロムルスまでの歴史 Historia Romana a Noe usque ad Romulum』 73
（ヴュルツブルクの）ノイミュンスター参事会 158 f.
『農地法について De lege agraria』 154
ノルマンディ公領 44

　　　　　　は　行

『パーダーボルン年代記 Annalium Patherbrunnensium』 289
『ハインリヒ獅子公の福音書』 296ff.,
『ハインリヒ大公の歴史 Historia de duce Hinrico』 289, 293
『ハインリヒ6世の事績 Gesta Heinrici VI.』 165,
『ハウデンのロジャーの年代記 Chronica Magistri Rogeri de Houedene』 215
ハギア・ソフィア大聖堂 157
馬丁奉仕 stratoris officium 137
『パトリキウス Patricius』 74
破門 anathema 205, 344 f.
ハルバーシュタット司教 236 f., 242,
ハンザ 5, 228, 320, 363
『パンテオン Pantheon』 87, 163, 165 ff., 197
『秘跡論 De sacramentis』 155
筆頭書記官 protonotarius 72
人質 261, 264, 312
人の心 mens humana 175 ff.
ビザンツ外交 66 f.
ビザンツ工芸 301
ビザンツ帝国 66, 194, 230, 311, 359
ブーヴィーヌ Bouvines の戦い 348 ff.
『ブーヴィーヌの日曜日 Le Dimanche de Bouvines : 27 juillet 1214』 348
フィッシュベック Fischbeck 女子修道院 183
『フィリッピカ Philippica』 154
『フィリピデ Philippidos』 348
フェーデ Fehde 225

復活 renovatio 69 ff.
復興 restauratio 69 ff.
プファルツ Palatium/Pfalz 28, 230, 305
不服従罪 contumacia 239, 242, 244,
不服従者 contumax 244
『普遍の書 Liber universalis』 164, 197
ブラウンシュヴァイク公 dux de Brunswick 313
『ブラウンシュヴァイク韻文年代記 Braunschweiger Reimchronik』 290, 344
『ブラウンシュヴァイク君侯年代記 Chronica principum Brunsvicensium fragmentum』 290
『ブラウンシュヴァイク聖エギディウス編年史 Annalium s. Aegidii Brunsvicensium』 289, 292
ブラウンシュヴァイク公年代記 Cronica ducum de Brunswick』 290
『プラハのヴィンセントの編年史 Vincentii Pragensis annales』 85 f.
プランタジネット朝 318 f.
（ヴィテルボのゴットフリートの）『フリードリヒの事績 Gesta Friderici』 86, 109 f., 164, 197
『ブリタニア列王史 Historia regum Britanniae』 204, 216
フルダ修道院長 253, 255
文書庫長 magister cartularii 268
『文法論 De grammatica』 155
『ベダ以降の歴史 Historia post Bedam』 215
平伏 deditio 135, 366
『ベテューヌの逸名作家』 348
ヘルマースハウゼン Helmershausen 修道院 297
ホーホシュターデン Hochstaden 伯 347
ポワトゥ伯 262
法 lex 245
法／権利 ius 245

法慣習 consuetudo　111
奉献児童 puer oblatus　74
法書 liber iuris　125
「法廷における特権 privilegium fori」　37
封土 feudum　57, 247
ポデスタ Podestà　28, 96, 125, 128
『ポリクラティクス Policraticus』　211

ま行

『マクデブルク・ショッペン年代記』　199
マグナ・カルタ Magna Carta　354
マリア聖堂参事会（アーヘン）　160, 304
マルク銀貨　327
『マルシエンヌの記録』　348
マルムディ Malmedy 修道院　184
『ロンバルディアの圧搾と服従に関する匿名のミラノ市民の叙述 Civis Mediolanensis anonymi Narratio de Longobardie obpressione et subiectione』　86, 97 f., 211
メーレン Mähren 辺境伯　333
盟約 foedus　227
メルフィ勅法集成　360
『メルローズ年代記 Ex Annalbus Melrosensibus』　41 f., 215
モリモン Morimond 修道院　89, 204
モレーム Molesme 修道院　176
モンテ・カッシーノ修道院　74, 145

や行

ユークリッド幾何学　12
友好関係 amicitia　227
ユスティニアヌス法典 Corpus iuris civilis　67, 105
ユダヤ人共同体　327
ヨハネ騎士団　287

ら行

ライン宮中伯 comes palatinus Rheni　318
ライン都市同盟　127
ラヴェンナ総督府 Exarchatus Ravennatis　341
ラテラノ宮殿　54
ラ・マルシェ La Marche 伯領　313
ラントフリーデ Landfriede　107, 109, 120, 242
『リグリヌス Ligurinus』　86, 91, 128
リダックスハウゼン Riddagshausen 修道院　267
リッヒェルツェッヘ Richerzeche　326
リヒテンベルク城　334
リューネブルク公 dux de Luneburch　313
ル・グレ Le Goulet の盟約　331 ff.
『ルチダリウス Luchidarius』　294
レーン法　107, 109, 128, 143, 162 f., 197
レガーリア（国王大権）　57, 64, 81, 106, 114, 119, 352
『霊魂の宝石 Gemma animae』　155
礼拝堂司祭 capellanus/capellani　49, 162, 195 f., 265 ff.
『歴史叙述 Ymagines Historiarum』　216
暦算法 computus　6
列聖 canonizatio
　エドワード証聖王　43, 159, 304
　カール大帝　43, 304
ローツ Looz 伯　333
『ローマ皇帝の威厳の書 Liber dignitatum Romani imperii』　74
ローマ法　146, 159, 162
『ローランの歌 Chanson de Roland』　295, 302
（僧コンラートの）『ロランの歌』　283, 295, 302 ff., 305
ロムアルドの『世界年代記』　100 ff.

ロンカリア立法　　31, 66, 88, 106 ff.
ロンスレー Renceray 修道院　　176
ロンバルディア同盟 Lega Lombarda
　　45, 80 f., 87, 97, 120, 161, 237, 316
『ロンバルディアにおける皇帝フリードリヒ 1 世の事績の歌 Carmen de gestis Friderici I. imperatoris in Lombardia』　　85, 97 ff.
『ロンバルディアの圧搾と服従に関する匿名のミラノ市民の叙述』　　212

岩波　敦子（いわなみ・あつこ）

1962年生。1990年慶應義塾大学大学院後期博士課程単位取得退学。1990-92年ドイツ学術交流会（DAAD）奨学生としてベルリン自由大学に留学。1993-96年ミュンスター・ヴェストファーレン・ヴィルヘルム大学Graduiertenkolleg, Schriftkultur und Gesellschaft im Mittelalter博士論文提出資格者奨学生。2002年ベルリン自由大学にて博士号Dr.phil.取得。慶應義塾大学言語文化研究所前所長。現在，慶應義塾大学理工学部教授。

〔主要業績〕『続・ヨーロッパ世界と旅』（共著）法政大学出版局，2001年，*memoria et oblivio. Die Entwicklung des Begriffs memoria in Bischofs- und Herrscherurkunden des Hochmittelalters*, Berlin: Duncker & Humblot 2004, *Minds of the Past*, Keio University Press, 2005（共著），『誓いの精神史―中世ヨーロッパのことばとこころ』講談社選書メチエ，2007年，『精神史における言語の創造力と多様性』（共編）慶應義塾大学言語文化研究所，2008年，『名誉の原理』（共著）国際書院，2010年，『中世ヨーロッパの「伝統」── テクストの生成と運動』（共編）慶應義塾大学言語文化研究所，2022年，ゲルハルト・ドールン＝ファン・ロッスム『時間の歴史―近代の時間秩序の誕生』（共訳）大月書店，1999年，他。

〔変革する12世紀〕　　　　　　　　　　　ISBN978-4-86285-416-2

2024年10月 5日　第1刷印刷
2024年10月11日　第1刷発行

著　者　岩　波　敦　子
発行者　小　山　光　夫
印刷者　藤　原　愛　子

発行所　〒113-0033 東京都文京区本郷1-13-2
電話03(3814)6161　振替00120-6-117170
http://www.chisen.co.jp
株式会社　知泉書館

Printed in Japan　　　　　　　　　印刷・製本／藤原印刷

コンスタンティノープル使節記
リウトプランド／大月康弘訳　〔知泉学術叢書10〕新書/272p/3300円

報復の書／レーギノ年代記続編
リウトプランド, アーダルベルト／三佐川亮宏訳注　A5/554p/8000円

オットー朝年代記
メールゼブルクのティートマル／三佐川亮宏訳注　A5/836p/12000円

ザクセン人の事績
コルヴァイのヴィドゥキント／三佐川亮宏訳　四六/336p/4000円

ランゴバルドの歴史
パウルス・ディアコヌス／日向太郎訳　菊/304p/6000円

大グレゴリウス小伝　西欧中世世界の先導者
P. リシェ／岩村清太訳　四六/212p/2800円

カロリング帝国の統一と分割　『ニタルトの歴史四巻』
ニタルト／岩村清太訳　四六/134p/1800円

国王証書とフランス中世
渡辺節夫訳著　〔知泉学術叢書19〕新書/662p/6500円

中世ヨーロッパ社会の内部構造
O. ブルンナー／山本文彦訳　四六/206p/2200円

中世ヨーロッパの社会秩序
G. デュビィ／金尾健美訳　〔知泉学術叢書25〕新書/684p/6200円

ヨーロッパ都市文化の創造
E. エネン／佐々木克巳訳　A5/526p/8500円

東西中世のさまざまな地平　フランスと日本の交差するまなざし
江川溫・M. スミス・田邊めぐみ・H. ウェイスマン共編　菊/392p/5000円

十二世紀ルネサンスの精神　ソールズベリのジョンの思想構造
甚野尚志　A5/584p/8000円

ヨーロッパ中世の時間意識
甚野尚志・益田朋幸編　菊/396p/6000円

旅するナラティヴ　西洋中世をめぐる移動の諸相
大沼由布・徳永聡子編　菊/302p/4500円

(本体価格、税友表示)